全国技工教育规划教材

职业教育·道路运输类专业教材

Gonglu Gongcheng Celiang

# 公路工程测量

丁雪松　主　编

赵小飞　马　松　副主编

刘治新　栾亨乐　主　审

人民交通出版社股份有限公司
China Communications Press Co.,Ltd.

## 内 容 提 要

本书以项目驱动的形式编写，包括14个项目，主要内容包括：公路工程测量基本知识、水准测量、角度测量、距离测量、全站仪测量、GPS卫星定位测量、控制测量、地形图测绘、道路中线测设、施工测设方法、路线纵横断面测量、测量误差基础知识、桥梁施工测量、隧道测量。

本书可作为交通类职业院校公路养护与管理专业及公路工程相关专业教材使用。

**本教材配套多媒体课件，可通过加入职教路桥教学研讨群（QQ561416324）索取。**

**图书在版编目（CIP）数据**

公路工程测量／丁雪松主编. —北京：人民交通出版社股份有限公司，2017.8

职业教育道路运输类专业教材

ISBN 978-7-114-13948-2

Ⅰ.①公… Ⅱ.①丁… Ⅲ.①道路测量—职业教育—教材 Ⅳ.①U412.24

中国版本图书馆CIP数据核字（2017）第150573号

全国技工教育规划教材
职业教育道路运输类专业教材

**书　　名：公路工程测量**
**著 作 者：**丁雪松
**责任编辑：**刘　倩
**出版发行：**人民交通出版社股份有限公司
**地　　址：**（100011）北京市朝阳区安定门外外馆斜街3号
**网　　址：**http://www.ccpcl.com.cn
**销售电话：**（010）59757973
**总 经 销：**人民交通出版社股份有限公司发行部
**经　　销：**各地新华书店
**印　　刷：**北京虎彩文化传播有限公司
**开　　本：**787×1092　1/16
**印　　张：**22.25
**字　　数：**546千
**版　　次：**2017年8月　第1版
**印　　次：**2023年6月　第7次印刷
**书　　号：**ISBN 978-7-114-13948-2
**定　　价：**52.00元

# 前　　言

我国一直以来都高度重视交通基础设施建设,也特别注重建设所需专业技能人才的培养。交通运输部《公路水路交通运输中长期人才发展规划纲要(2011—2020 年)》提出:到 2020 年新增高等级公路建养领域高端技能型人才 20 万人。作为职业技术院校,为顺应时代的发展和社会的需求,就要严格地与一线企业零距离对接,培养出具有创新精神和扎实技能的高素质人才。

《公路工程测量》是全国交通类职业院校公路养护与管理专业通用教材之一。工程测量是一门专业基础课,承担着培养学生公路工程测量技能的重任,有着非常重要的作用和特殊的地位。

本书具有以下特点:

(1)教材内容严格与行业标准相融合,适应当前公路施工行业的基本要求,全部采用最新的标准和规范,符合先进性、科学性、规范性的要求。

(2)本书采用项目驱动的方式编写,全书包括 14 个项目,每个项目下设计了多个与公路工程施工建设一线零距离对接的教学任务,通过任务实施进行教学,更有利于采用翻转课堂的授课方式,突出了合理性和适用性的要求。

参加本书编写工作的有:山东公路技师学院的曲元梅(编写项目 1)、丁雪松(编写项目 2)、孟凯(编写项目 3、项目 11)、段超(编写项目 7、项目 9)、赵小飞(编写项目 8)、杨庆振(编写项目 10)、杨万忠(编写项目 13)、董明(编写项目 14),广西公路高级技工学校张磊(编写项目 4),陕西交通技师学院刘增理(编写项目 5),山西交通技师学院武小兵(编写项目 6),河南省南阳市公路技工学校马松(编写项目 12)。全书由丁雪松担任主编,赵小飞、马松担任副主编,刘治新、栾亨乐担任主审。济南金诺公路工程监理有限公司冯子强、济南金日公路工程有限公司丁秋香、山东大学曹卫东、北京德通达交通工程监理咨询有限责任公司丁雪林对本教材作了审阅和技术指导,在此一并表示感谢。

由于编者水平有限,书中难免有错误之处,请读者批评指正。

**编　者**
**2017 年 6 月**

# 目　录

# 项目1　公路工程测量基本知识

## 项目内容

本项目为公路工程测量基本知识介绍,主要包括以下三项内容:

1. 测量学基本知识;

2. 点的位置表示方法;

3. 直线的表示方法。

## 项目要求

通过本项目的学习,应做到:

1. 了解测量学的概念,熟悉公路工程测量的任务,掌握公路工程测量的基本原则和程序;

2. 掌握水准面,我国大地水准面和水准原点,高程、高差,独立平面直角坐标系定义及规定;

3. 理解直线基本方向规定,掌握方位角定义。

## 项目知识点、技能点

1. 测量学基本知识

1)测量学的概念和分类;

2)公路工程测量的任务;

3)公路工程测量的基本原则和程序;

4)对施工测量技术人员的基本要求。

2. 点的位置表示法

1)地球形状和大小;

2)水准面、我国大地水准面和水准原点;

3)高程、高差;

4)独立平面直角坐标系;

5)用水平面代替水准面的限度。

3. 直线的表示方法

1)直线基本方向;

2)方位角。

# 任务1-1 测量学基本知识

## 任务描述

××高速公路第七合同段起始桩号为 $X$,终点桩号为 $Y$,主线全长5km。主要工程包括:路基填挖方,大桥、涵洞、通道施工和排水防护工程。结合该工程实例,让我们看一下贯穿公路工程建设的整个过程,具体的工程测量工作有哪些?

## 任务目标

通过学习和完成本任务,你将能够:

1. 明确测量学的概念、分类及公路工程测量的任务;
2. 掌握公路工程施工测量的基本原则和程序,明确对施工测量技术人员的基本要求。

## 建议课时

1课时。

## 任务引入和分析

本合同段施工测量主要包括高墩柱桥梁施工测量和路基施工测量,所有部位的放样均采用全站仪和GPS坐标法。

施工控制测量是在首级控制网下加密的,按照图纸及规范的要求,对精密导线点和水准点进行测设。本标段首级控制点的等级为三等导线。为了便于施工测量控制,我们在各大桥附近加密了3个四等导线点和3个二等水准点。涵洞附近设2个四等导线点和1个二等水准点。路基方面根据具体情况加密导线点和水准点,进行三维坐标控制。

结合该公路工程建设案例,本任务主要讲解工程测量在每一个阶段中的任务与作用,测量的基本原则和程序,对测量技术人员的基本要求。

## 任务实施

### 一、测量学的概念与分类

#### (一)测量学的概念

测量学是研究地球的形状和大小(包括地球重力场)以及确定地面点的空间位置(含地下和空间)信息的科学。它的任务包括测定和测设两个部分。

测定是指使用测量仪器和工具,通过测量和计算,得到一系列测量数据,或把地球表面的形状缩绘成地形图,供经济建设、规划设计、科学研究和国防建设使用。测设是指把图纸上规划设计好的建筑物、构筑物的位置在地面上标定出来,作为施工的依据。

#### (二)测量学的分类

测量学迄今已发展为以下几门彼此紧密联系又自成体系的分支学科,它包括:

**1. 大地测量学**

研究和确定地球形状、大小和地球重力场、整体与局部运动和地表面点的几何位置以及它们的变化的理论、技术的学科。其基本任务是在较大区域内建立高精度国家大地控制网，为地形测图和各种工程测量工作提供高精度的基础起算数据，为空间科学技术、军事科学及研究地壳变形、地震预报等提供重要资料。按照测量手段的不同，大地测量学又分为常规大地测量学、卫星大地测量学及物理大地测量学等。

**2. 摄影测量学**

研究利用电磁波传感器获取目标物的影像数据，从几何和物理方面进行分析处理，并用图形、图像和数字形式表达的学科。由于摄影取得的信息能真实和详尽地记录摄影瞬间客观景物的形态，具有良好的量测精度和判读性能，广泛应用于建筑、考古、生物、医学、工业等领域，如桥梁变形观测、汽车碰撞试验、爆炸过程监视和动态目标测量等方面。根据获得影像的方式及遥感距离的不同，本学科又分为地面摄影测量学、航空摄影测量学和航天遥感测量等。

**3. 地图制图学**

是研究地图及其编制和应用的一门学科。它的基本任务是利用各种测量成果编制各类地图，其内容一般包括地图投影、地图编制、地图整饰和地图制印等分支。

**4. 普通测量学**

研究地球表面较小区域内测绘工作的基本理论、技能、方法及普通测量仪器使用技术和大比例尺地形图测绘与应用的学科，是测量学的基础部分。

**5. 工程测量学**

研究测量和制图的理论、技术在工程建设中的应用，即各项工程（包括：工业建设、铁路、公路、桥梁、隧道、水利工程、地下工程、管线工程、矿山和城市建设等）在规划设计、施工建设和运营管理阶段所进行的各种测量工作的学科。主要内容有：工程控制网的建立、地形测绘、施工放样、设备安装测量、竣工测量、变形监测分析和维修养护测量等。工程测量学是一门应用科学，它是在数学、物理学等有关学科的基础上，应用各种测量技术解决工程建设中实际测量问题，以及研究与测量和工程有关的信息并进行管理和使用的学科，是测绘学在国民经济和国防建设中的直接应用。随着激光技术、光电测距技术、工程摄影测量技术、快速高精度空间定位技术在工程测量中的应用，工程测量学的服务面愈来愈广，特别是现代大型工程的建设，大大促进了工程测量学的发展。

## 二、公路工程测量的任务

测量在公路工程建设中占有非常重要的地位，从公路与桥梁的勘测设计，到施工放样、竣工检测无不用到测绘技术。例如公路在建设之前，为了确定一条经济合理的路线，必须进行路线勘测，绘制带状地形图和纵、横断面图，并在图上进行路线设计，然后将设计路线的位置标定在地面上，以便进行施工。当路线跨越河流时，必须建造桥梁，在建桥之前，测绘桥址河流两岸的地形图，测量河床断面、水位、流速、流量和桥梁轴线的长度，以便设计桥台和桥墩的位置，最后将设计位置测设到实地。当路线跨越高山时，为了降低路线的坡度，减小路线的长度，多采用隧道穿越高山。在隧道修建之前，应测绘隧道大比例尺地形图，测定隧道轴线、洞口、竖井等位置，为隧道设计提供必要的数据。在隧道施工过程中还需要不断地进行贯通测量，以保证隧道构造物的平面位置和高程正确。

在道路与桥隧工程勘测及施工测量工作中，其主要工作内容包括：路桥勘测过程中的野外定点，施工中道路和桥隧工程实体的几何定位及有关尺寸、形状的控制和放样测量。而施工测量的目的是根据施工的需要，将设计的工程建筑物或构筑物的平面位置和高程，按设计要求以一定的精度敷设在地面上，并在施工过程中进行一系列的测量工作，以衔接和指导各工序间的施工。施工测量贯穿于整个施工过程中。从道路导线、水准联测、中边线放样、桥隧等构筑物的轴线定位，到基础工程施工，从桥梁下部构造到桥梁上部构件的安装和桥梁的桥面系施工以及施工场地平整等，都需要进行施工测量。有些高大或特殊的建筑物（如高填方路基、软土地质的路基及结构物）在建成后，还要定期进行沉降观测与变形观测，以便积累资料，掌握下沉和变形的规律，为今后建筑物、道路及结构物的设计、维护和使用提供资料。

道路、桥涵、隧道工程定位与放样，包括路线放样、路基路面放样、桥涵放样、隧道放样和排水工程及附属设施放样。

路线放样是指根据设计文件提供的“路线平面图”“直线、曲线及转角表”或“逐桩坐标表”及“导线点坐标表”等设计图表文件，在原地面上放出路线的中心线桩和重要的固定桩志等。

路基、路面放样，是根据设计文件提供的“水准点表”“路基横断面图”“路基设计表”和“路面结构图”等图表文件，放样出路堑开挖坡顶边桩和路堤填筑坡脚边桩，以及附属工程定位中心桩和边桩等。在路面施工中，每施工一层路面结构层都要放出该层的路面中心线和边缘线，有时为了精确做出路拱，还要放出路面左右高程各 1/4 的宽度线桩，然后对路面结构层在其放样的高程控制位置处进行高程测定，以控制各层的施工高程。

桥涵放样主要是指在桥涵施工中的桥轴线、墩台中心定位（钻孔柱的孔位、扩大基础底面中心位置），有关尺寸放样、高程放样，涵洞洞身、洞口建筑放样，以及桥涵基础开挖轮廓放样等。

隧道放样包括洞内和洞外导线测量，竖井联系测量，隧道轴线、腰线的标定和开挖断面轮廓放样，以及地下水准测量等。

排水设施、附属设施等工程放样，包括放出边沟、截水沟、排水沟、跌水、急流槽、渗沟、取土坑、弃土堆、护坡道、碎落台、挡土墙等的位置和开挖或填筑断面线等。

为了使放样位置尽可能的准确，以上放样工作都是遵循“先控制，后碎部”的原则进行。如放样中线的程序是先进行导线点的敷设与联测，继而放出中线。有时为防止施工与设计的周期差而导致的导线控制网的偏位，在放样前还应对控制网进行复测。

## 三、公路工程施工测量的基本原则和程序

### （一）必须逐级控制，做到层层放样

测量过程当中产生误差是不可避免的，无论是测定或测设，若从一点开始逐点进行测量，前一点测量的误差会传递到下一点，依次积累，随着范围扩大，导致点位误差超出所要求的限度。为了限制误差传递和误差积累，提高测量精度，公路工程测量工作必须遵循“先整体后局部，先控制后碎部，由高级到低级”的原则来组织实施。首先在测区范围内全盘考虑，布设若干个有利于碎部测量的点，然后再以这些点为依据进行碎部地区的测量工作，这样可以减小误差的积累，使测区内精度均匀。因此，测量工作的基本程序可分为控制测量、碎部测量两步。

公路工程结构物的定位和放样工作中，习惯上是按“逐级控制”的办法来进行。这种控制分为平面控制和纵面控制。对于路线放样，目前有 3 种平面控制方法。一种是沿路线附近设置的由一系列导线点构成的所谓“专控导线”，亦称为“自由导线”，如图 1-1-1c）所示。

这些导线点往往和国家高级控制网联测，其坐标取自国家高级坐标系统，是经过严密的平差计算后而得到的。公路中线是以这些控制导线点为依据，再确定公路中线上各桩点位置的，即确定导线点与中线点之间的相对距离和相对方向，继而确定公路中线。另一种是过去传统沿用的方法，即路线的导线基本上是公路中线，只不过是在转折处敷设曲线构成。这实际上也是一种控制，即由交点和转点构成的路线控制导线，俗称为“顺路导线”或“中线导线”，如图 1-1-1 b）所示。放线时，先放这些控制点，然后再放中线，而边线则是在中线的基础上放样出来的。

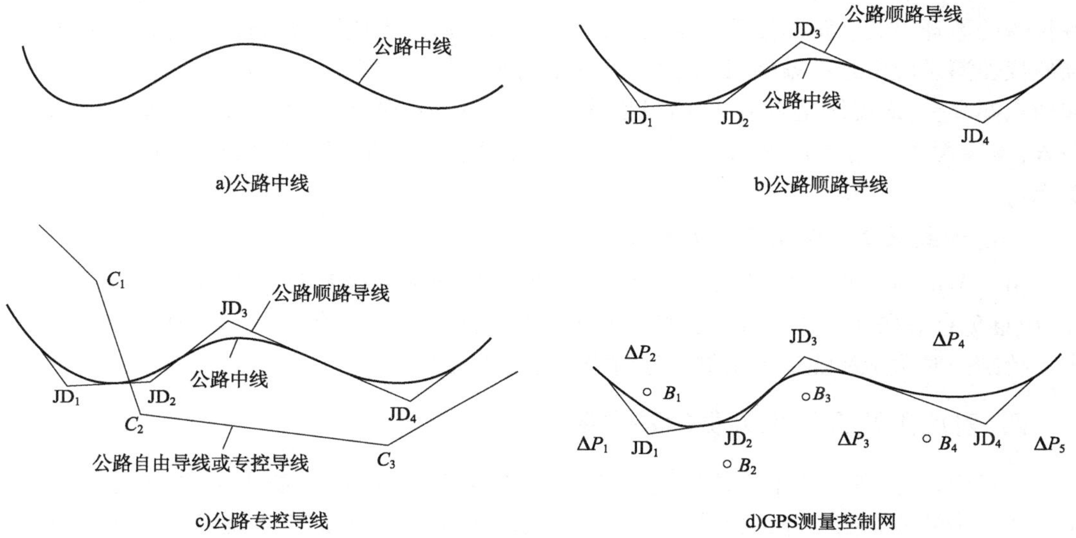


图 1-1-1　道路测设各种控制导线和控制网

以上两种控制的放线方法是先放路线导线，再放中线，最后放边线，即逐级控制放线。此外，还有一种是采用 GPS 网控制，在此不作阐述。

图 1-1-1 中 a）~ d）为路线测设和施工测量工作中，各种方法的逐级控制示意图。

对于斜、弯、坡桥放样逐级控制的办法是，先在“专控导线”的基础上，围绕桥梁设一个闭合导线圈，这些闭合导线点跟路线的控制导线进行联测，在符合精度要求的前提下，经过导线平差计算，得到闭合导线点的精确位置；再以导线点为基础，放置桥梁的轴线桩、墩台中心桩和基础轮廓及开挖边线等，这也是一种平面逐级控制的办法。再如，施工大型结构物往往要在结构物附近引测几个水准点，这些水准点引自路线水准点并经平差，再以这些水准点控制桥梁各部位的施工高程，这是纵面逐级控制。

总之，施工测量放线要符合：布局上“由整体到局部”，程序上“先控制后碎部”，精度上“由高级到低级”的基本原则。

**（二）留有校核依据，符合精度要求**

施工定位和放线过程中，另一个重要的问题是要有校核的依据。比如，放样一个墩台基础高程时，从水准点出发，放出后再回到另一个水准点或本水准点，只有这样才知道放得是否正确，否则是不可靠的。再如，放一个位于季节性或浅水河道上的斜弯坡桥墩台中心桩，一般从导线点上以坐标法放 1 ~ 2 次，还要沿跨径方向通过拨角量距的办法再放 1 次，当两种方法确定的点位相符或在一定的限差内，方可施工。

**（三）选用仪器正确，采用方法得当**

测量放样的基本工作是确定两点的相对位置，测前应明确确定测量点位所用仪器设备正确，测量原理及测量方法得当，以确保点位最大限度地准确。

测量结果受仪器、观测者、外界条件等的影响，不可避免存在误差，测量技术人员必须采取一定的措施，尽可能消除误差。

**（四）仪器检校完善，误差消除及时**

要熟练并能灵活地进行放样工作，应首先掌握测量学的有关知识，尤其应注意和了解各种仪器的原理、构造、正确使用方法及注意事项等。例如，当使用微倾式水准仪时，使用前必须使仪器满足四个几何条件，其中之一是水准管轴平行于视准轴，因为它是利用水平视线求取两点间高差，而视线是否水平，肉眼是看不见的，也就是说，仪器上必须有判别视线水平的装置，水准管就是这样的装置。因此，常用的经纬仪、水准仪等仪器，使用前务必检验和校正。

**（五）做到反复放样，注重步步校验**

由于不可预见的因素，在实际工作中，尽管我们十分谨慎和仔细地做了大量的测量工作，但难免有遗漏和疏忽之处。为此，放样后的点位应至少校验 1 ~ 2 次，力求做到万无一失。特别是对桥梁和隧道等重要工程结构物尤应如此。

## 四、对施工测量技术人员的基本要求

一般而言，工程的施工质量受施工用材、施工试验、施工测量、施工工艺、施工组织和施工机械六个环节影响。施工测量不但影响工程质量，而且影响工程进度，所以，必须予以足够重视。

**（一）做好周密计划，精心组织安排**

施工测量时，根据施工组织设计和施工进度安排，编制项目施工测量计划。根据单位工程、分部工程和分项工程的具体施工工序，分清主次、精心安排，认真组织好每一次施工测量，使测量环节与施工工序密切衔接。

**（二）认真做好现场记录，以方便查用**

外业测量必须要做好现场记录，现场记录必须经过施工技术负责人签字认可；测量完毕必须同施工技术负责人进行详细施工桩位交底。人工记录时，为防止因潮湿或雨淋造成数据涂染，按规定都要用铅笔填写在规定的表格内。错误之处不能用橡皮涂擦，而要将其划掉，在旁边重写，以分清责任。当用全站仪等自带电子记录簿的仪器记录测量数据时，应配用计算机现场传输并储存数据。

**（三）测量仪器专人保管、定期保养维护**

制定测量仪器专人保管、定期保养制度，及时校验及自校，建立仪器设备台账。为防止仪器因管理不善而出现损坏现象，测量仪器必须由专人妥善保管，平时不用时仪器箱要上锁。对于常用的测量仪器，使用过程中还应注意保养维护。例如，钢尺在使用时，应严禁扭拉，用毕上油卷顺。

**（四）检校仪器完善，使用仪器得当**

仪器的轴线，如水准仪的水准管轴、竖轴、视准轴，经纬仪的竖轴、横轴、视准轴等，应满足一些垂直或平行的条件,亦称几何条件,这些轴线可能因受震动等原因致使相互间的几何位置发生变化,故仪器制造时,设置了能够调整的装置,在仪器使用前务必进行检校,使其满足应有的几何条件。例如,用微倾式水准仪测高差时,尽可能地使前后视的距离大致相等,以克服仪器视准轴与水准管轴不平行而产生的系统误差。

**(五)加强技术学习,做到持证上岗**

从事公路与桥隧施工测量的技术人员,必须获得技术培训和执业资格上岗证书,方可上岗。通过本课程的学习,学生将通过学习常用的测量仪器和测量知识,掌握基本测量技能,具备进行公路勘测和公路施工测量的能力,达到测量中级工的基本职业能力。同时,养成实事求是和耐心细致的良好职业习惯,并在学习过程中,培养团队合作和吃苦耐劳精神。

### 任务思考

1. 测量学的概念、分类。
2. 公路工程施工测量的基本原则和程序。
3. 对施工测量技术人员的基本要求。

### 任务评价

任务考核评价表见附表。

## 任务1-2　点的位置表示法

### 任务描述

如图1-2-1所示,试描述我们的国家、城市在地球上的位置。

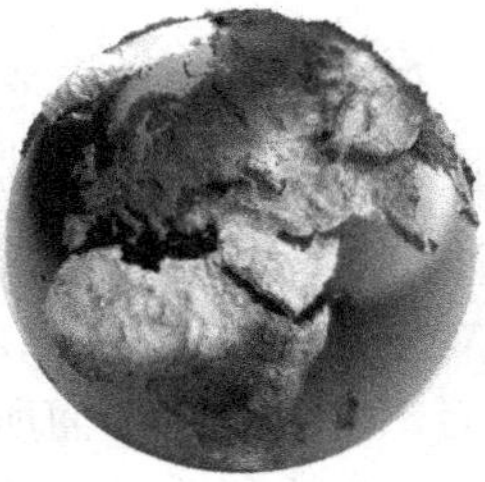

图1-2-1　地球图

### 任务目标

通过学习和完成本任务,你将能够:

1. 明确水准面、我国大地水准面和水准原点,理解高程、高差以及独立平面直角坐标系定义及规定;
2. 掌握点位的平面和高程表示方法。

### 建议课时

1课时。

### 任务引入和分析

地面点的空间位置是工程测量最基本的内容,所以应建立一个能表达地面点的空间位置的定位体系。如选择一个能代表地球形状和大小且相对固定的理想曲面作为测量基准面,就可以用地面点在这个基准面上的投影位置和高度来确定地面点的空间位置。工程定位测量过程中,根据施工对象的不同,有时考虑地球曲率的影响,有时则不考虑。当放样路线中线桩点且给定坐标为高斯平面坐标时,说明控制网已与国家高级控制网联测,相当于考虑了地球曲率的影响;而对于有些工程实体局部施工测量,则不考虑地球曲率的影响。

## 任务实施

### 一、地球的形状和大小

对于考虑地球曲率影响的路线工程放样，需要研究地球的形状和大小。地球自然表面是由高山、深谷、平原、海洋等构成的凸凹不平的曲面。据卫星的测量，地球并不像图片那样圆。如图1-2-2所示，它两极稍扁，赤道略鼓，极半径是6357km，赤道半径为6378km，两者相差21km，这说明地球是个椭球体。由于地球表面陆地只占29%，而海洋却占71%，所以可以设想：由静止的海水面，向陆地延伸形成一个封闭的曲面，这个曲面称为水准面，如图1-2-3所示。

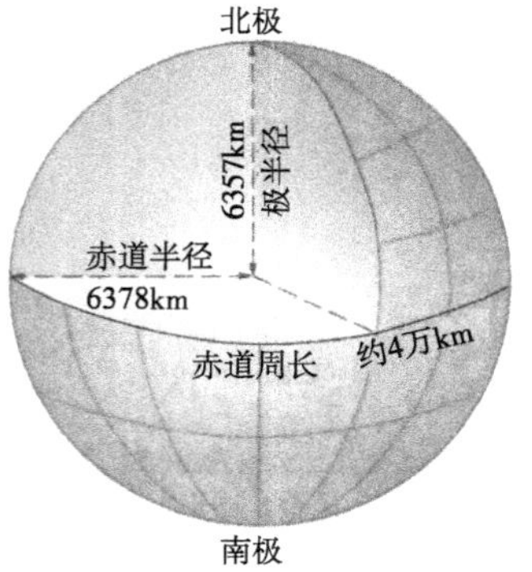


图1-2-2　地球半径和赤道周长

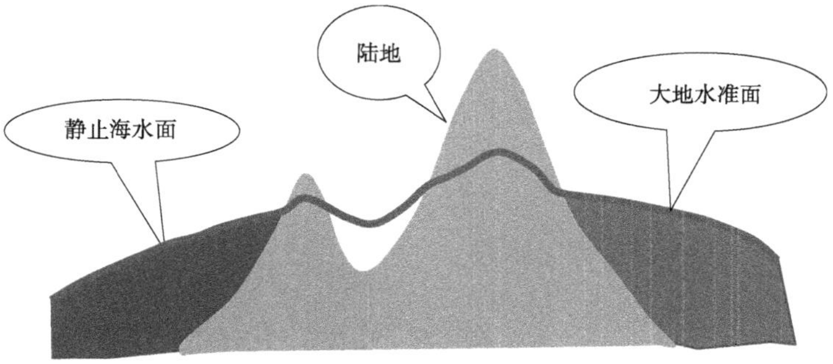


图1-2-3　大地水准面

任何静止的水面在测量学中称为水准面。水准面的特点是它处处与铅垂线相垂直。水准面在实际测量中用来作为高程的起算面，由于潮汐波浪关系，完全静止平衡状态的海水面是难以求得的。水准面可以位于不同的高度，所以水准面可以有无数个。为此人们在海岸设立验潮站，用验潮站所测得的平均海水面来代替静止的海水面，取平均海水面作为大地水准面。由大地水准面所包围的形体称为大地体，它可以代表地球的总体形状。

由于大地水准面所包围的地球形体不规则，无法用数学公式表达。因此，用一个非常接近于大地水准面，并可用数学公式表达的几何形体（即地球椭球）来代替地球的形状。地球椭球是一个椭圆绕其短轴旋转而成的形体，故地球椭球又称旋转椭球。

由于地球的扁率很小，在小测区测量工作中可把地球看作一个圆球来处理，其半径近似为6371km。

### 二、点的位置表示方法

实际测量工作中地面上的点位是用它的水平投影位置或平面位置和高程表示的。水平投影位置是指地面点投影到椭圆上的位置，分别用大地坐标或平面直角坐标来表示。高程是指地面点到大地水准面或假定水准面的垂直距离。

**（一）独立平面直角坐标系**

路线测量和施工放样通常是用平面直角坐标来表示。当测区面积不大时，可不考虑地球曲率的影响，不必进行复杂的投影计算，可以直接将地面点沿铅垂线投影到水平面上，由平面直角坐标表示其投影位置。测量中所用的平面直角坐标与数学中的直角坐标稍有不同。南北方向为 $X$ 轴，北为正，东西方向为 $Y$ 轴，东为正，象限的顺序按顺时针方向计，如图 1-2-4 所示。象限Ⅰ、Ⅱ、Ⅲ、Ⅳ按顺时针排列，这是因为在测量中南北方向是最容易确定的基本方向，而且确定直线方向的角度都是从纵轴北端开始按顺时针方向计量的，这样的改变并不影响三角公式的应用。

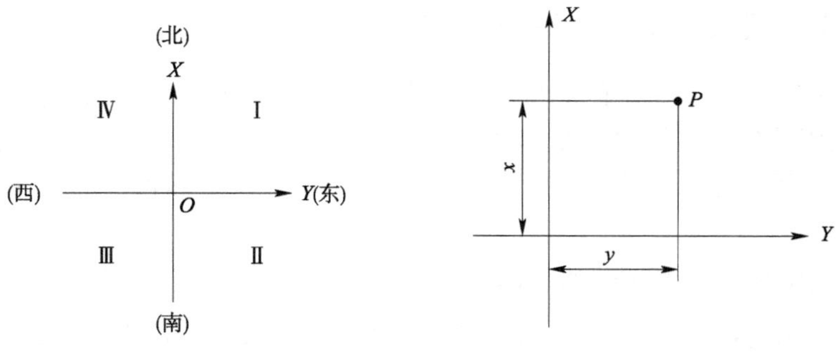


图 1-2-4　直角坐标

**（二）高程**

**1. 绝对高程**

任意点沿铅垂线方向到高程起算面的距离称为该点的高程。“高程”在工程上俗称为“标高”。测量工作中一般都取大地水准面作为高程起算面，这样得出的高程称绝对高程，通称为海拔，如图 1-2-5 所示。

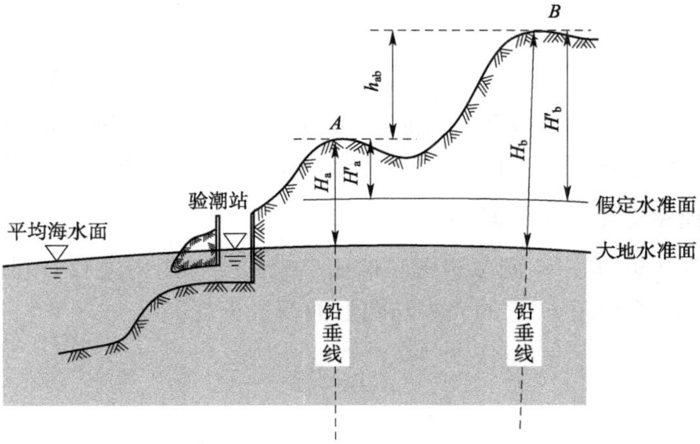


图 1-2-5　点的高程与高差

**2. 相对高程**

当在局部地区进行高程测量时，也可以假定一个水准面作为高程起算面，地面点到假定水准面的铅垂距离称为相对高程或假定高程。在图 1-2-5 中，地面点 $A$、$B$ 的绝对高程分别为 $H_a$、$H_b$；$A$、$B$ 两点的相对高程为 $H'_a$、$H'_b$。

**3. 高差**

地面上两点高程之差称为这两点的高差，如图 1-2-5 中 $A$、$B$ 两点间的高差为：

$$h_{ab} = H_b - H_a = H'_b - H'_a$$

式中：$h_{ab}$——A、B 两点间的高差；

$H_a$——A 点的绝对高程；

$H_b$——B 点的绝对高程；

$H'_a$——A 点的相对高程；

$H'_b$——B 点的相对高程。

## 三、用水平面代替水准面的限度

在实际测量工作中，在一定的测量精度要求和测区面积不大的情况下，往往以水平面直接代替水准面，因此应当了解地球曲率对水平距离、水平角、高差的影响，从而决定在多大面积范围内能容许用水平面代替水准面。分析过程中，将大地水准面近似看成圆球，半径 $R=6371\text{km}$。

### （一）水准面曲率对水平距离的影响

图 1-2-6 中，AB 为水准面上的一段圆弧，长度为 S，所对圆心角为 $\theta$，地球半径为 R，自 A 点作切线 AC，长为 t，如果将切于 A 点的水平面代替水准面，即以切线段 AC 代替圆弧 AB，则在距离上将产生误差 $\Delta S$：

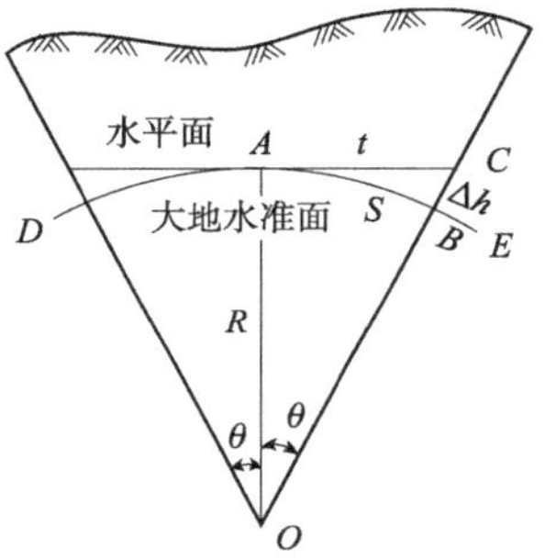

图 1-2-6 用水平面代替水准面

$$\Delta S=t-S=R(\tan\theta-\theta)=R\left(\frac{1}{3}\theta^3+\frac{2}{15}\theta^5+\cdots\right) \tag{1-2-1}$$

又 $\theta=\dfrac{S}{R}$，有：

$$\Delta S=\frac{1}{3}\times\frac{S^3}{R^2} \quad 或 \quad \frac{\Delta S}{S}=\frac{1}{3}\times\frac{S^2}{R^2} \tag{1-2-2}$$

当 $S=10\text{km}$ 时，$\Delta S/S=1/1217700$，小于目前精密距离测量的容许误差。因此得出结论：在半径为 10km 的范围内进行距离测量时，用水平面代替水准面所产生的距离误差可以忽略不计。

### （二）水准面曲率对水平角的影响

由球面三角学可知，同一空间多边形在球面上投影的各内角之和，较其在平面上投影的各内角之和大一个球面角超 $\varepsilon$，它的大小与图形面积成正比。

$$\varepsilon=\rho''\frac{P}{R^2} \tag{1-2-3}$$

式中：P——球面多边形面积；

R——地球半径；

$\rho''=206265''$。

当 $P=100\text{km}^2$ 时，$\varepsilon=0.51''$。由此表明，对于面积在 $100\text{km}^2$ 内的多边形，地球曲率对水平角的影响只有在最精密的测量中才考虑，一般测量工作是不必考虑的。

### （三）水准面曲率对高差的影响

在图 1-2-6 中，BC 为水平面代替水准面产生的高差误差。令 $BC=\Delta h$，则有：

$$(R+\Delta h)^2=R^2+t^2$$

即：$\Delta h=\dfrac{t^2}{2R+\Delta h}$

上式中，可用 $S$ 代替 $t$，$\Delta h$ 与 $2R$ 相比可略去不计，故上式可写成：

$$\Delta h=\frac{S^2}{2R} \tag{1-2-4}$$

式(1-2-4)表明，$\Delta h$ 的大小与距离的平方成正比。当 $S=1\text{km}$ 时，$\Delta h=8\text{cm}$，因此，地球曲率对高程的影响，即使在很短的距离内也必须加以考虑。

综上所述，在面积为 $100\text{km}^2$ 的范围内，不论是进行水平距离或水平角测量，都可以不考虑地球曲率的影响，在精度要求较低的情况下，这个范围还可以相应扩大。但地球曲率对高程的影响是不能忽视的。

### 任务思考

1. 点的平面直角坐标系的规定。
2. 大地水准面、高程、高差的概念。

### 任务评价

任务考核评价表见附表。

## 任务1-3 直线的表示方法

### 任务描述

在公路工程制图中我们学习过，直线可以由直线上两个点表示或一个点加一个方向表示，那如何确定直线的方向呢？

如图1-3-1所示，直线 $OM$、$OF$、$OP$、$OK$ 的方向如何确定呢？

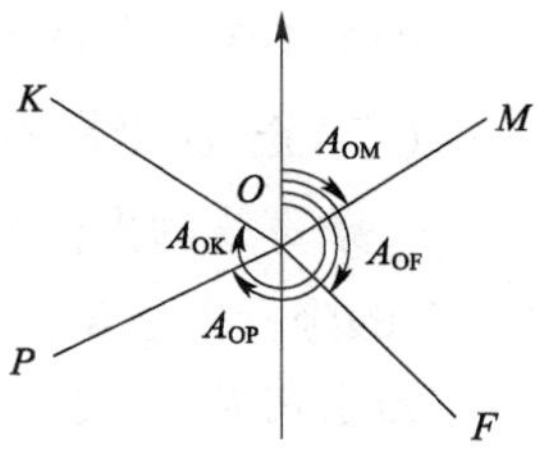


图1-3-1 方位角

### 任务目标

通过学习和完成本任务，你将能够：

1. 理解直线基本方向的规定；
2. 掌握方位角的定义。

### 建议课时

1课时。

### 任务引入和分析

要确定一条直线的位置，除了测定两点间的距离外，还需确定直线在平面上的位置，这就需要一个标准方向线作为基本方向。确定直线与基本方向之间关系的工作，称为直线定向。

## 任务实施

### 一、基本方向

#### (一)真子午线

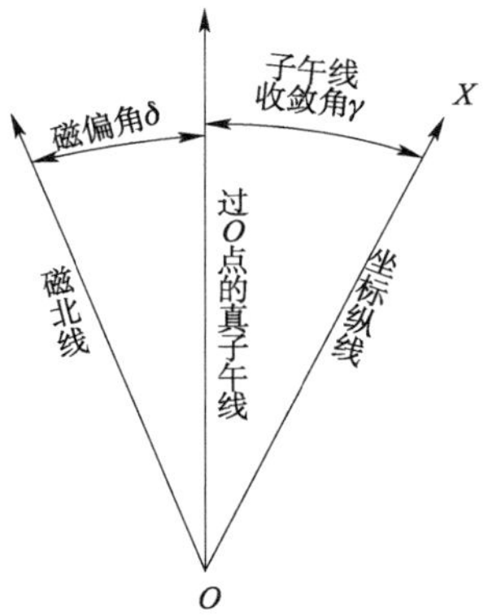

图 1-3-2　三北方向

过地面任一点指向地球南北极的方向线称该点的真子午线。真子午线方向可采用天文测量的方法测定。

#### (二)磁子午线

在地面任一点磁针自由静止时其北端所指的方向，称为磁子午线，它可以用罗盘仪测定。

#### (三)坐标子午线

直角坐标系中，坐标纵轴($X$ 轴)正向所指示的方向，称为坐标子午线。它常用平行于高斯投影带的中央子午线的方向线表示。

以上三个基本方向合称为三北方向，如图 1-3-2 所示。

### 二、方位角

#### (一)方位角

由直线起点的标准方向起，顺时针方向旋转至该直线的水平夹角称为直线的方位角，按标准方向不同分为真方位角、磁方位角和坐标方位角。方位角的取值范围为 0°～360°。

(1)真方位角：由真子午线北端起算的方位角，用 $A$ 表示。

(2)磁方位角：由磁北方向起算的方位角，用 $A_m$ 表示。

(3)坐标方位角：由坐标北方向起算的方位角，用 $\alpha$ 表示。

如图 1-3-1 中直线 $OM$、$OF$、$OP$、$OK$ 的方位角分别为 $A_{OM}$、$A_{OF}$、$A_{OP}$、$A_{OK}$。

#### (二)正、反坐标方位角

一条直线的坐标方位角，由于起始点的不同而存在着两个值，如图 1-3-3 中，$\alpha_{12}$表示直线 12 的坐标方位角，$\alpha_{21}$表示 21 方向的坐标方位角。$\alpha_{12}$和 $\alpha_{21}$互称为正、反坐标方位角。

由于在同一平面直角坐标系内各点处坐标北方向均是平行的，所以一条直线的正反方位角相差 180°，即：

$$\alpha_{正} = \alpha_{反} \pm 180° \tag{1-3-1}$$

如图 1-3-3 所示，$\alpha_{12} = \alpha_{21} - 180°$

#### (三)磁偏角与子午线收敛角

(1)磁偏角 $\delta$：过一点的真北方向与磁北方向之间的夹角，如图 1-3-2 所示。

(2)子午线收敛角 $\gamma$：过一点的真北方向与坐标北方向之间的夹角，如图 1-3-2 所示。

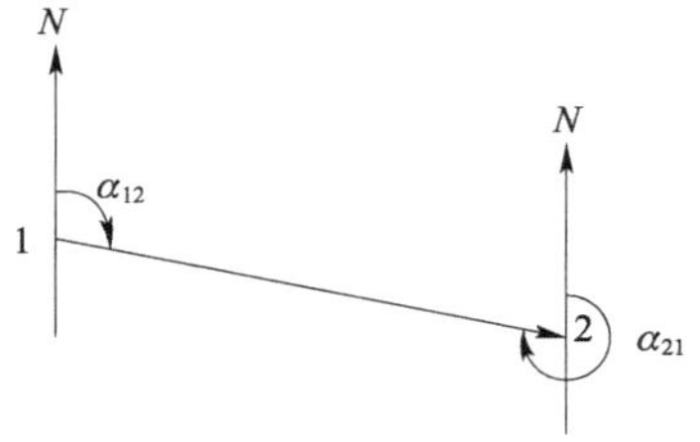

图 1-3-3　正反坐标方位角

$\delta$ 与 $\gamma$ 的符号规定相同，即磁北或坐标北方向在真北方向东侧时，$\delta$ 与 $\gamma$ 均为正数；磁北方向或坐标北方向在真北方向西侧时,$\delta$ 与 $\gamma$ 均为负,如图 1-3-4 所示。

**(四)方位角之间的相互换算**

如图 1-3-5 所示,由于三个指北的标准方向并不重合,所以一条直线的三种方位角并不相等,它们之间存在着一定的换算关系。

$$A = A_m + \delta$$
$$A = \alpha + \gamma$$
$$\alpha = A_m + \delta - \gamma$$

上述式中:$A$——真方位;

$A_m$——磁方位角;

$\alpha$——坐标方位角;

$\delta$——磁偏角;

$\gamma$——子午线收敛角。

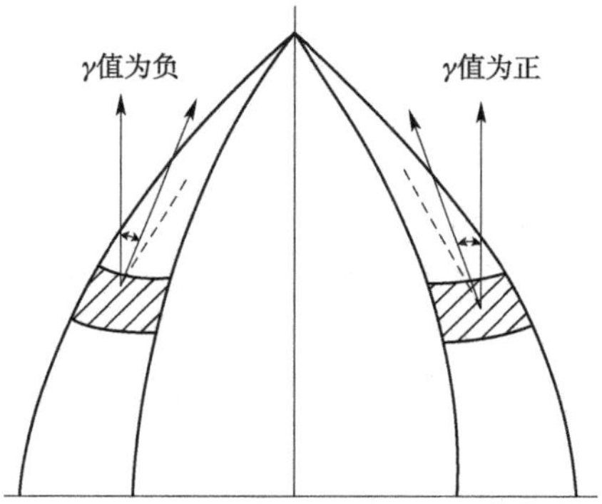

图 1-3-4　γ 正负的确定

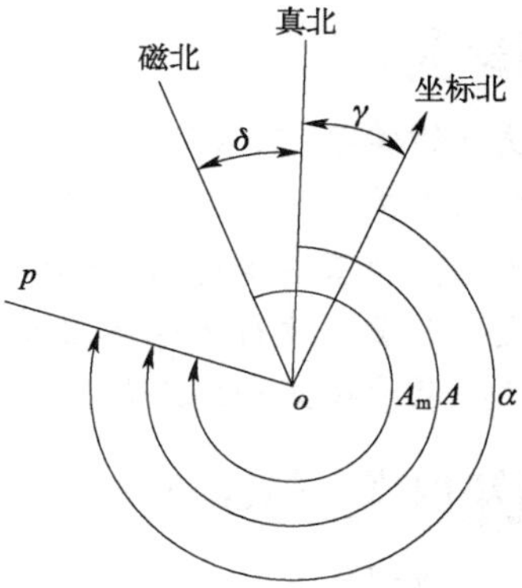

图 1-3-5　各方位角的关系

## 任务思考

1. 直线基本方向有哪些?
2. 什么是方位角?说明方位角的取值范围、正反方位角的关系。

## 任务评价

任务考核评价表见附表。

# 项目2 水准测量

## 项目内容

本项目为水准测量,主要包括以下三项内容:

1. 分析水准测量的原理;
2. 进行五等水准测量和高程控制测量;
3. 进行水准仪的检校。

## 项目要求

通过本项目的学习,应做到:

1. 领会水准测量的基本工作原理;
2. 了解水准仪的基本构造,能够熟练操作水准仪;
3. 能够使用水准仪进行五等水准测量和高程控制测量;
4. 能够进行水准仪的检验和校正。

## 项目知识点、技能点

1. 水准测量原理

1)水准测量基本知识;

2)水准测量的基本原理;

3)水准路线的三种形式。

2. 水准测量仪器的认识与使用

1)水准测量仪器的种类;

2)自动安平水准仪的构造;

3)水准尺读数;

4)安置自动安平水准仪。

3. 五等往返水准测量

1)实施五等往返水准测量;

2)计算测站高差;

3)进行计算校核和精度校核;

4)计算未知点高程。

4. 五等闭合水准测量

1)实施五等闭合水准测量;

2)计算测站高差;

3)进行计算校核和精度校核;

4)进行高差闭合差的调整;

5)计算未知点高程。

5. 五等附合水准测量

1)实施五等附合水准测量;

2)计算测站高差;

3)进行计算校核和精度校核;

4)进行高差闭合差的调整;

5)计算未知点高程。

6. 高程控制测量

1)高程控制测量基本知识和技术指标;

2)实施四等往返水准测量;

3)计算测段视距和测段高差,进行计算校核和精度校核;

4)进行高差闭合差的调整;

5)计算未知点高程。

7. 自动安平水准仪的检验与校正

1)水准仪应满足的轴线关系;

2)进行自动安平水准仪圆水准器的检校;

3)进行自动安平水准仪十字丝横丝的检校;

4)进行自动安平水准仪补偿器的检校;

5)进行自动安平水准仪 $i$ 角的检校。

# 任务 2-1　水准测量原理

## 任务描述

分组学习和思考,了解水准测量的原理和有关基本知识。

## 任务目标

通过学习和完成本任务,你将能够:

1. 了解水准测量的基本原理;
2. 掌握水准路线的三种形式。

## 建议课时

2 课时。

## 任务引入和分析

距离、角度、高差是确定地面点位的三个基本要素,而距离测量、角度测量和高差测量,是测量的三大基本工作。高差测量的最主要方法就是水准测量。本任务的主要内容就是了解水准测量的基本原理和水准路线的三种形式,为以后水准测量施测的学习奠定基础。

## 任务实施

### 一、基本概念

测定地球表面上点的高程的工作，称为高程测量。从水准原点开始，国家测绘部门采用精密水准测量的方法，在全国范围内设置一系列的水准点（代号为BM），建立了国家高程控制网，为工程建设和国防建设服务。为地形测量而进行的水准测量，称为图根水准测量；为工程施工而进行的水准测量，称为工程水准测量。二者统称普通水准测量。

目前我国采用的高程基准是"1985国家高程基准"，它是我国测绘主管部门以青岛验潮站1952—1979年的潮汐观测资料为依据进行计算，以黄海平均海水面为我国的大地水准面，其绝对高程为0。为了便于观测，在青岛的观象山设置了永久性水准点，并精密测量了其至黄海平均海水面的高差，全国的高程都是从该点推算的，故称为"水准原点"，绝对高程是72.260m。

通过水准测量方法建立的高程控制点称为水准点，用BM表示。水准点有永久性和临时性两种。图2-1-1a）所示为永久性水准点，一般用混凝土制成，顶部嵌入半球形的金属标志；图2-1-1b）所示为临时性水准点，用长木桩打入地下，桩顶钉一个半球形的铁钉。临时水准点也可以选择地面上坚固的能长久保存的地点，用红漆作标记。水准点埋设后应绘制点之记，如图2-1-2所示，写明点的编号、高程及周围地物的相对位置，便于日后使用时寻找。

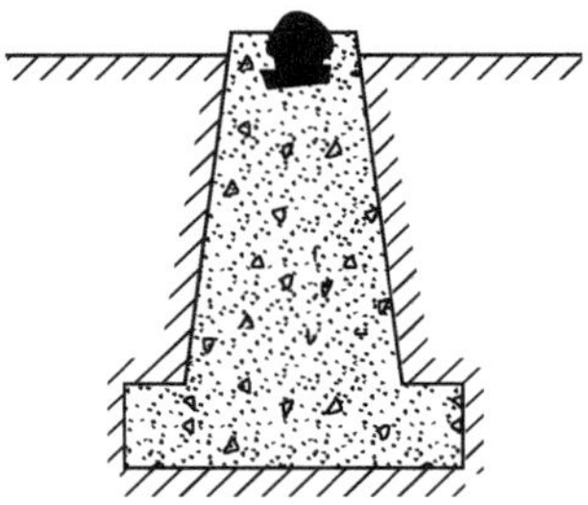

a)

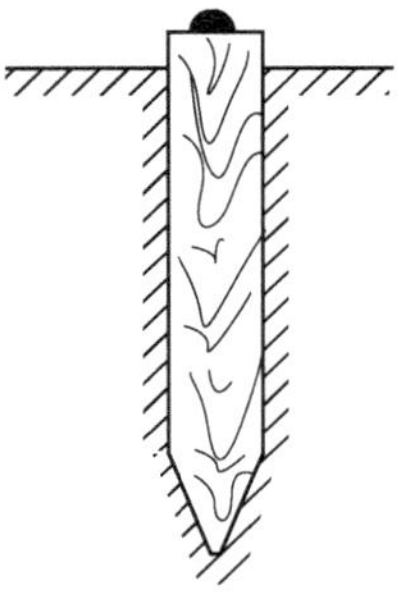

b)

图 2-1-1

### 二、水准测量原理

水准测量是利用水准仪提供的水平视线，在地面点上竖立水准尺并读数，并根据已知点的高程，计算未知点的高程。

如图2-1-3所示，已知地面上$A$点高程为$H_A$，欲用水准测量的方法测出$B$点高程$H_B$，方法有高差法和视线高法两种，下面一一进行介绍。

**（一）高差法**

高差法是先测出$A$、$B$两点之间的高差$h_{AB}$，再用已知点$A$的高程$H_A$加两点间高差$h_{AB}$的方法，计算未知点$B$的高程$H_B$。

将水准仪安置在$A$、$B$两点之间，整平水准仪，此时水准仪提供了一条水平视线。沿着测量前进的方向，把位于仪器后方的点称为后视点，位于仪器前方的点称为前视点。先用水准仪照准后视点（已知高程点$A$）上所立水准尺，并读取读数$a$，称为后视读数；再照准前视点（未知高程点$B$）上所立水准尺，并读取读数$b$，称为前视读数。

点名:1G 九甲

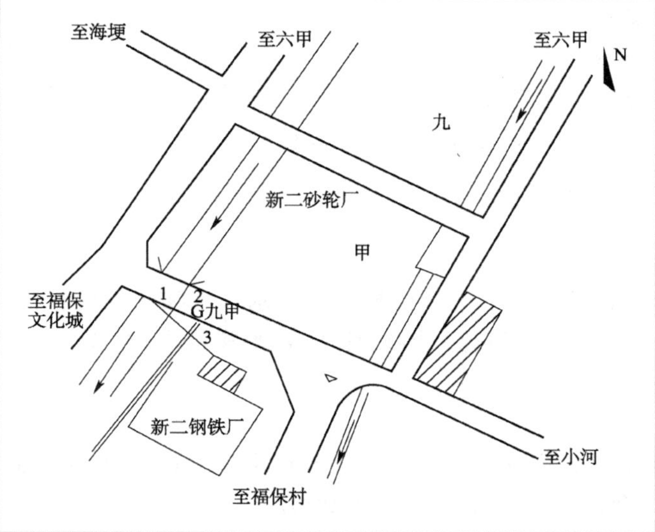


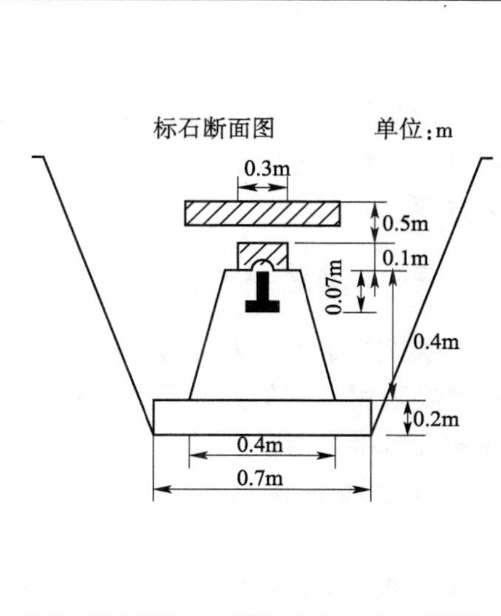


<table>
<tr><td>所在图幅</td><td colspan="2">7-48-110-甲</td><td colspan="2">标石类型</td><td colspan="4">普通水准标石</td></tr>
<tr><td>经纬度</td><td colspan="2">L:102°41′38.8″<br>B:24°56′53.7″</td><td colspan="2">标石质料</td><td colspan="4">混凝土、不锈钢</td></tr>
<tr><td>所在地</td><td colspan="8">官渡区六甲乡九甲福保公路桥头</td></tr>
<tr><td>地别土质</td><td colspan="4">河边空地</td><td colspan="2">土地使用者</td><td colspan="2">新二钢铁厂</td></tr>
<tr><td>交通路线</td><td colspan="8">六甲-九甲福保公路桥头</td></tr>
<tr><td>点位详细说明</td><td colspan="8">该点位于六甲至福保公路转弯桥头<br>1. 至西桥头 15.0m<br>2. 至北桥头 19.1m<br>3. 至房角 22.3m</td></tr>
<tr><td>选点单位</td><td>昆明市勘测院</td><td colspan="2">埋石单位</td><td colspan="2">昆明市勘测院</td><td colspan="2">观测单位</td><td>云南省地震局<br>形变测量中心</td></tr>
<tr><td>选点者</td><td>杨践</td><td colspan="2">埋石者</td><td colspan="2">杨践</td><td colspan="2">观测者</td><td>崔兴平</td></tr>
<tr><td>选点日期</td><td>2002 年 6 月</td><td colspan="2">埋石日期</td><td colspan="2">2002 年 6 月</td><td colspan="2">观测日期</td><td>2012 年 11 月</td></tr>
<tr><td>备注</td><td colspan="8"></td></tr>
</table>

图 2-1-2　一等水准点之记

如图 2-1-3 所示,根据几何关系可知:

$$h_{AB} = a - b \tag{2-1-1}$$

可以看出,当 $a > b$ 时,$h_{AB}$为正,说明 $A$ 点比 $B$ 点低;当 $a < b$ 时,$h_{AB}$为负,说明 $A$ 点比 $B$ 点高。

根据 $A$ 点的已知高程 $H_A$ 和观测出的高差 $h_{AB}$,则 $B$ 点的高程 $H_B$ 为:

$$H_B = H_A + h_{AB} \tag{2-1-2}$$

**(二)视线高法**

视线的高程称为视线高,用 $H_i$ 表示,如图 2-1-3 所示,根据几何关系可知,视线高等于后视点 $A$ 的高程与后视读数之和,即:

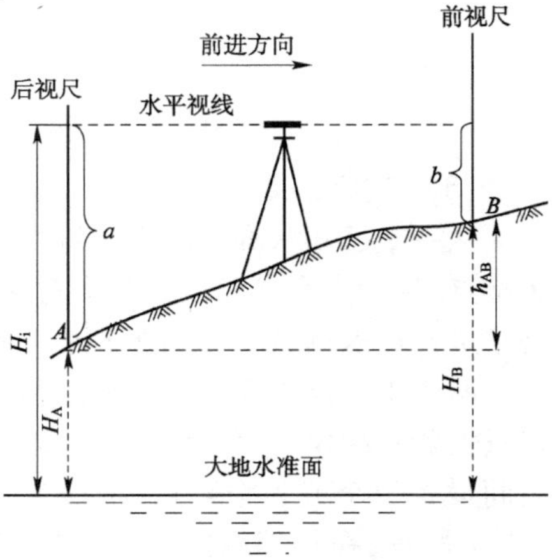


图 2-1-3　水准测量原理

$$H_i = H_A + a \tag{2-1-3}$$

则前视点 $B$ 的高程可以用下式计算：

$$H_B = H_i - b \tag{2-1-4}$$

把测量时安放仪器进行观测的地点称为测站点，在测站点上安置仪器完成一个完整的测量，称为一个测站。可以看出，在一个测站上要同时测算出许多点的高程时，视线高法更为方便。

## 三、水准路线的形式

水准测量不可避免地会出现一定的误差。为了进行校核、平差，确保水准测量的精度，就需要采用不同的路线形式进行测量。主要的水准路线形式有：闭合水准路线、附合水准路线和支水准路线。

(1)闭合水准路线

从一个已知高程的高级水准点出发，经过若干个未知水准点进行水准测量，最后再回到已知水准点上，这样的水准路线称为闭合水准路线，如图 2-1-4 所示。

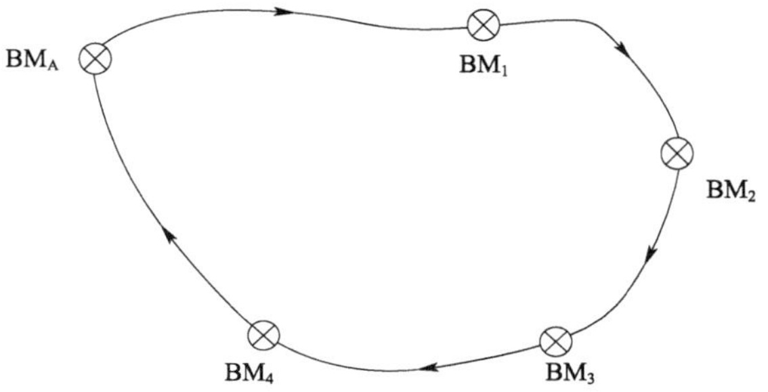


图 2-1-4　闭合水准路线

(2)附合水准路线

从已知高程的高级水准点出发，经过若干个未知高程点进行水准测量，最后附合到另一高级水准点上，这样的水准路线称为附合水准路线，如图 2-1-5 所示。

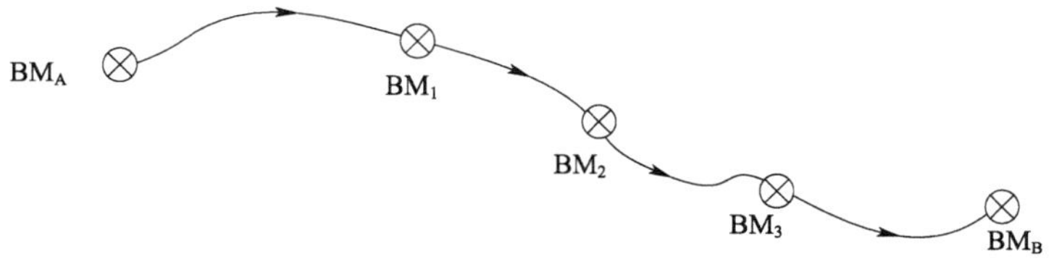


图 2-1-5　附合水准路线

(3)支水准路线

从一个已知水准点出发，经过若干个测站进行水准测量，最后施测到另一个未知高程的水准点，称为支水准路线。为了对测量成果进行检核，并提高成果的精度，单一支水准路线必须进行往返测量。如图 2-1-6 所示。

两个水准点之间的测量线路称为测段。当一个测段距离较远或受地形、环境的限制，不能只安置一次仪器就完成一个测段的观测，即不能一个测站完成观测，就要在两个水准点之间设置一个或多个转点，符号为“ZD”。转点在水准测量中起到传递高程的作用。如图 2-1-7 所示，在相邻的两个测站中，转点既是第一个测站的前视点，又是第二个测站的后视点。

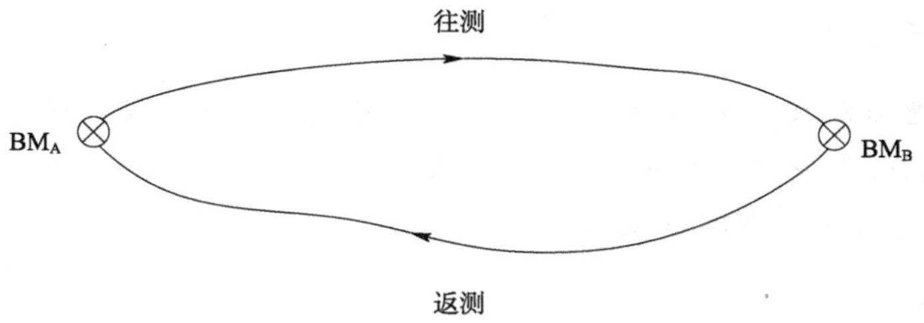


图 2-1-6　往返水准路线

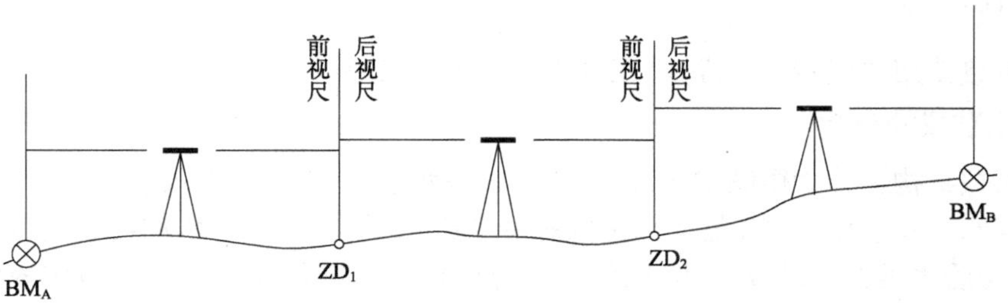


图 2-1-7　转点示意图

## 任务思考

1. 我国采用的是什么高程基准？主要内容是什么？
2. 什么是水准点？分为哪几类？
3. 水准测量的原理是什么？
4. 水准测量路线有哪几种？

## 任务评价

任务考核评价表见附表。

# 任务 2-2　水准测量仪器的认识与使用

## 任务描述

现有一台自动安平水准仪，要求规范地完成水准仪的安置，并能够用水准仪测出水准尺的读数。

## 任务目标

通过学习和完成本任务，你将能够：

1. 了解水准测量所用仪器、工具；
2. 熟练使用水准仪；
3. 掌握水准尺的读数方法。

## 建议课时

2 课时。

## 任务引入和分析

水准测量仪器为水准仪,随着科学技术的发现,水准仪也从光学水准仪发展到了电子水准仪。水准仪的操作和使用是做好水准测量的基础。本任务的主要内容就是学习水准仪的基本操作,为以后水准测量施测奠定基础。

## 任务准备

### 一、知识准备

水准测量使用的仪器为水准仪,工具为水准尺和尺垫。

**(一)水准仪的分类**

水准仪按结构可分为微倾式水准仪、自动安平水准仪、电子水准仪。

微倾式水准仪(图 2-2-1)是借助微倾螺旋获得水平视线,其管水准器分划值小、灵敏度高,望远镜与管水准器联结成一体,凭借微倾螺旋使管水准器在竖直面内微作俯仰,符合水准器泡居中,视线水平。

自动安平水准仪(图 2-2-2)是借助自动安平补偿器获得水平视线。当望远镜视线有微量倾斜时,补偿器在重力作用下对望远镜做相对移动,从而迅速获得视线水平时的标尺读数。这种仪器较微倾式水准仪工效高、精度稳定。

电子水准仪(图 2-2-3)又称数字水准仪,是在自动安平水准仪的基础上发展起来的,是目前最先进的水准仪,配合专门的条码水准尺,通过仪器中内置的数字成像系统,自动获取水准尺的条码读数,不再需要人工读数。这种仪器可大大降低测绘作业的劳动强度,避免人为的主观读数误差,提高测量精度和效率。它具有测量速度快、精度高、操作简单、读数直观,能自动计算高差、高程,自动记录数据,测量数据便于输入计算机和容易实现水准测量内外业一体化等诸多特点。

图 2-2-1　微倾式水准仪

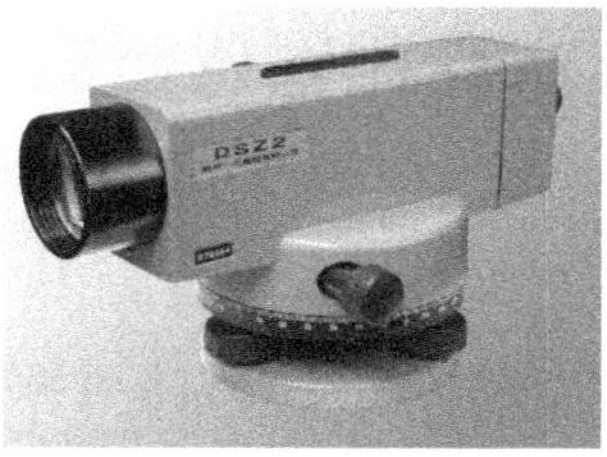


图 2-2-2　自动安平水准仪

图 2-2-3　电子水准仪

水准仪按精度分为精密水准仪和普通水准仪。水准仪的代号为 DS 和 DSZ,“D”“S”和“Z”是“大地”“水准仪”和“自动安平”汉语拼音的第一个字母。通常在字母后增添数字下标,如 $DS_{0.5}$、$DS_1$、$DS_3$、$DS_{10}$,下标“0.5”“1”“3”和“10”等数字表示仪器的精度。其下标的含义为:使用该仪器进行水准测量时每公里往返测得的高差中数的偶然中误差,单位以毫米计。前两个为精密水准仪,用于高等级水准测量;后两个为普通水准仪,用于一般工程测量和地形测量。

**(二)水准尺和尺垫**

水准尺是水准测量使用的标尺,它用优质的木材或玻璃钢、铝合金等材料制成。按精度分为普通水准尺和精密水准尺。

常用的普通水准尺有塔尺和红黑双面水准尺两种。塔尺是普通水准测量最常用的水准尺,如图 2-2-4a)所示。红黑双面水准尺主要用于三四等水准测量,如图 2-2-4b)所示,尺长多为 3m,两根为一副,且为双面(黑、红面)刻划的直尺,每隔 1cm 印刷有黑白或红白相间的分划,每分米处注有数字。就一对水准尺而言,黑、红面注记的零点不同。黑面尺的尺底端从零开始注记读数,两尺的红面尺底端分别从常数 4.687m 和 4.787m 开始,称为尺常数 $K$,即 $K_1=4.687\text{m}$,$K_2=4.787\text{m}$。

精密水准尺尺长多为 3m,两根为一副,如图 2-2-4c)所示。在尺带上有左右两排线状分划,分别称为基本分划和辅助分划,格值 1cm。这种水准尺配合精密水准仪使用。

另外,还有与电子水准仪配套使用的条形码水准尺,如图 2-2-4d)所示。它由玻璃纤维塑料制成,或用铟钢制成,尺面上刻有宽度不同的水平黑白相间的分划。通过电子水准仪的探测器来识别水准尺上的条形码,再经过数字影像处理,给出水准尺上的读数,取代了在水准尺上的目视读数。

尺垫由三角形的铸铁块制成,上部中央有突起的半球,下面有三个尖角以便踩入土中,使其稳定。使用时,将尺垫踏实,水准尺立于突起的半球顶部。当水准尺转动方向时,尺底的高程不会改变。尺垫一般用于转点处,如图 2-2-4e)所示。

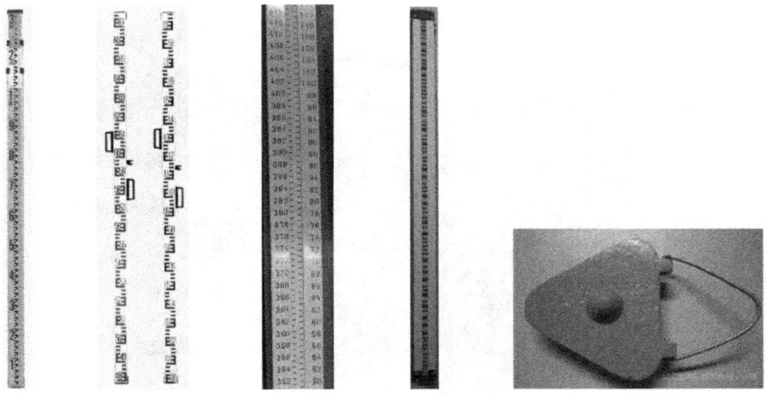

a) b) c) d) e)

图 2-2-4 水准尺和尺垫

**(三)自动安平水准仪的构造**

自动安平水准仪由望远镜、自动安平补偿器、竖轴系、制微动机构及基座等部分组成。

望远镜可以使观测者看清远处的目标,并瞄准水准尺读数。水准仪望远镜由物镜、目镜、对光透镜和十字丝分划板所组成,如图 2-2-5 所示。物镜可以使远处的物体清晰地在十字丝分划板上成像,目镜可以使十字丝清晰。十字丝分划板上刻有两条互相垂直的长线,竖直的称为竖丝,横的称为中横丝,是为了瞄准目标和读取读数用的。在中横丝的上下还对称地刻有两条与中丝平行的短横丝,是用来测量距离的,称为视距丝。望远镜十字丝交点与物镜光心的连线,称为视准轴或视准线。

自动安平水准仪的核心部件是自动补偿器。自动补偿器采用精密微型轴承或吊丝吊挂补偿棱镜,整个摆体运转灵敏,摆动范围可通过限位螺钉进行调节,自动安平水准仪构造图如图 2-2-6 所示。自动补偿器采用空气阻尼或磁阻尼机构,使用两个阻尼活塞,具有良好的阻尼性能。当仪器竖轴倾角在 ±5′以内(即补偿器正常有效工作范围内)时,当超过 ±5′时,应重新安置仪器。

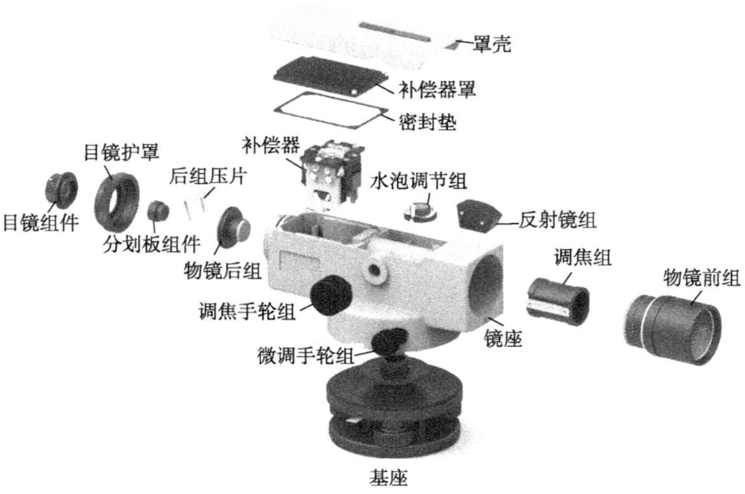


图 2-2-5　自动安平水准仪分解图

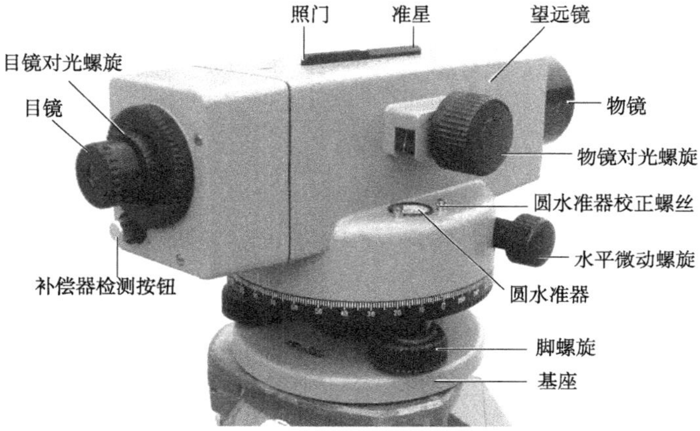


图 2-2-6　自动安平水准仪构造图

仪器的竖轴采用标准圆柱轴,转动灵活。仪器的基座起支承和安平作用,由轴座、脚螺旋、底板和三角压板构成。轴座是仪器上部插入的地方,脚螺旋是调节圆水准器使气泡居中的,底板和三角压板可以连接仪器与三脚架。基座上还设有水平度盘,望远镜竖轴旋转时指标随之旋转,转过的角度可以从度盘上读出。

仪器上设有圆水准器,其顶面的内壁是球面,其中心刻有圆圈,圆心为水准器的零点。通过零点的球面法线为圆水准器轴,当气泡居中时,轴线处于竖直位置。当气泡中心偏移零点 2mm 时所对的圆心角,称为圆水准器的分划值。由于它的精度较低,故只能用于仪器的概略整平。

仪器上设有制动螺旋和微动螺旋。当制动螺旋拧紧时,仪器不能水平转动,此时微动螺旋起作用,可使仪器在水平方向微微转动,用来精确照准目标。现在有些自动安平水准仪已经取消了制动螺旋。

## 二、组织准备

以 8 个人为一组，每组选一名组长和一名副组长，组长负责全组组织以及实际操作训练，副组长负责组织进行理论知识学习和复习，任务实施步骤与图示见表 2-2-1。

## 三、场地、仪器和材料准备

选择长约 200m 的实训场地。每组配备水准仪 1 套，三四等水准尺 1 对，尺垫 2 个。学生每人带教材、工作业、记录表和计算器。

## 任务实施

自动安平水准仪使用的步骤与图示见表 2-2-1。

**自动安平水准仪使用的步骤与图示** 表 2-2-1

| 步　骤 | 图　示 | 说　明 |
|---|---|---|
| 1. 安装三脚架 |  | (1)将三个脚架合拢在一起，松开脚架固定螺钉，把脚架提起(建议使架头在下巴以上)，拧紧固定螺钉 |
| |  | (2)固定一个脚架，呈等边三角形拉开另两个脚架，使三个脚尖大致等距，且应保持架面尽量水平 |
| |  | (3)踩实三个脚架，使脚尖牢固插入地面，要保持三脚架在测量过程中稳定可靠 |

续上表

| 步　　骤 | 图　　示 | 说　　明 |
| --- | --- | --- |
| 2. 安装仪器 |  | (1)打开仪器箱盖,一手拿住望远镜,一手托住基座底部,平稳地取出仪器 |
| |  | (2)将仪器小心地放在三脚架上,以基座的一个边为轴微微抬起仪器,将连接螺栓与基座连接孔相连,将仪器可靠紧固 |
| 3. 仪器整平 | <br>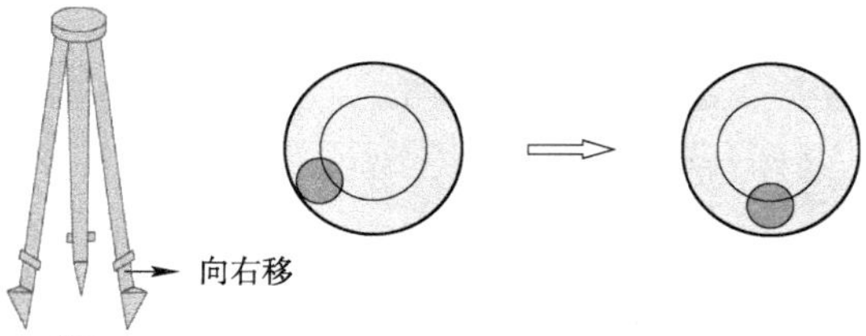<br>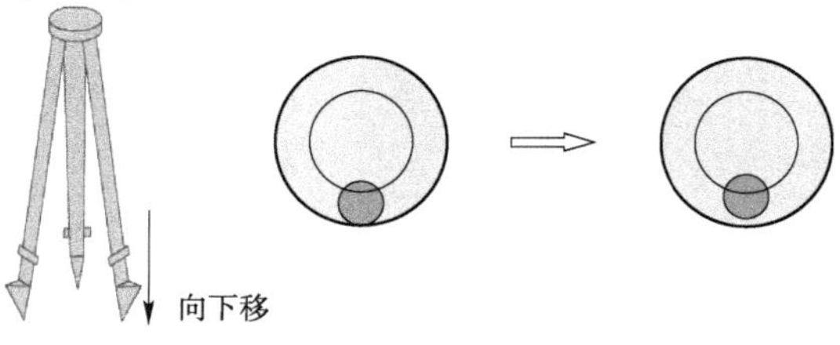 | (1)用手抓住一个脚架并微微抬起,通过上下、左右移动脚架来调节圆水准气泡。<br>若要气泡向左移动,就向左移动脚架;若要气泡向右移动,就向右移动脚架;若要气泡向上移动,就向下移动脚架;若要气泡向下移动,就向上移动脚架,直到气泡离开圆水准器壁为止 |

续上表

<table>
<tr><th>步　　骤</th><th>图　　示</th><th>说　　明</th></tr>
<tr><td>3. 仪器整平</td><td>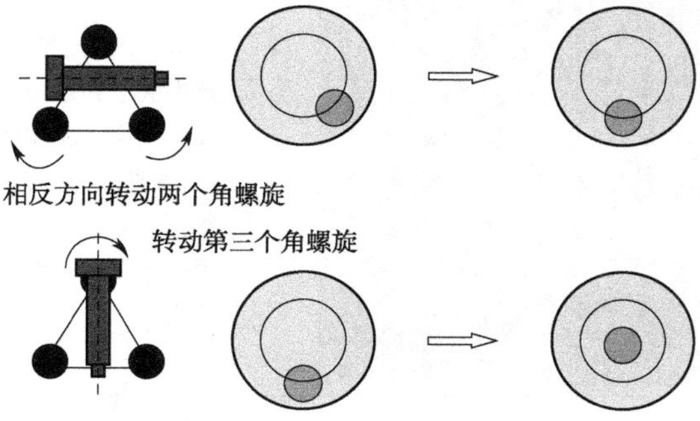
</td><td>(2)旋转三个脚螺旋使圆水准器气泡居中。可按下述过程操作:转动望远镜,使视准轴平行于任意两个脚螺旋的连线,然后以相反方向同时旋转该两个脚螺旋,使气泡移至两螺旋的中心线上,再转动第三个脚螺旋使圆水准器气泡居中。注意气泡移动的方向与左手拇指移动的方向一致</td></tr>
<tr><td rowspan="4">4. 照准</td><td>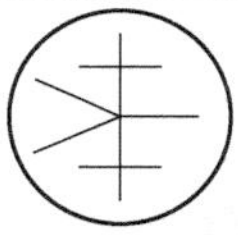</td><td>(1)调节十字丝:使望远镜对着亮处,调节目镜对光螺旋,使十字丝变得清晰可见</td></tr>
<tr><td></td><td>(2)粗略照准:瞄准时用单眼观测,一只手扶望远镜,一只手扶制动螺旋,慢慢转动望远镜,使准星、照门和目标三点一线,拧紧制动螺旋</td></tr>
<tr><td>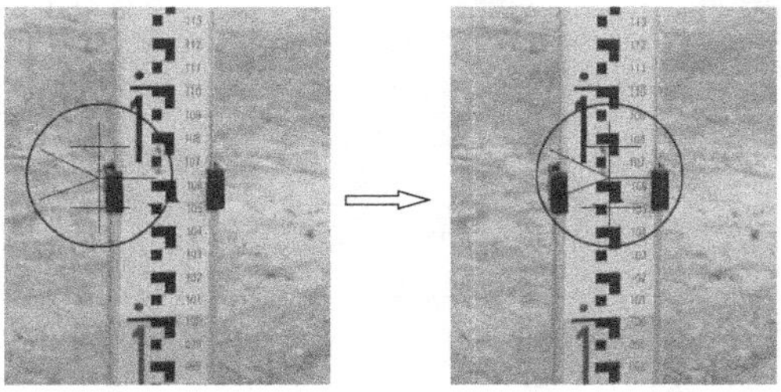</td><td>(3)精确照准:转动物镜对光螺旋使目标清晰,转动微动螺旋慢慢移动望远镜,使十字丝竖丝位于水准尺中央,完成精确照准</td></tr>
<tr><td>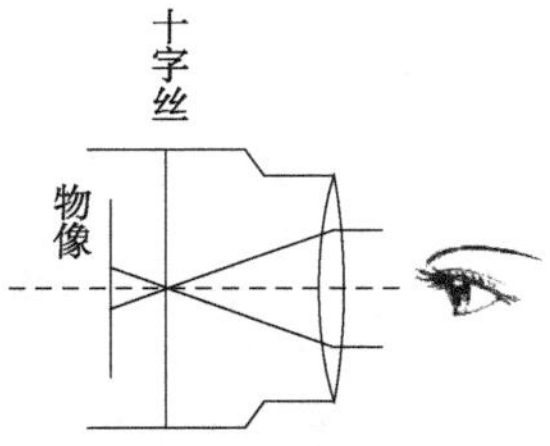

有视差现象
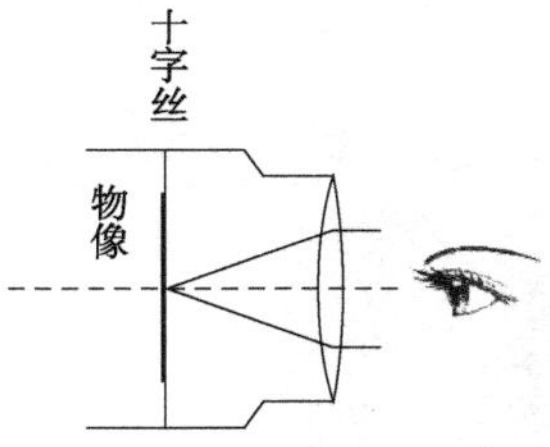

没有视差现象</td><td>(4)消除视差:将眼睛在目镜端作上、下移动,若物像与十字丝有明显相对位移,则说明存在视差。反复调节目镜对光螺旋和物镜对光螺旋,使十字丝和物像都清晰(此时十字丝和物像位于同一平面),无相对运动,就消除了视差</td></tr>
</table>

<table>
<tr><th>步　　骤</th><th>图　　示</th><th>说　　明</th></tr>
<tr><td>5. 读数</td><td></td><td>水准仪经过整平后，应立即用十字丝中横丝在水准尺上读数。读数时要从下往上读，即从小到大的顺序进行，应直接读出米、分米、厘米和毫米数(估读)。读数前应检查补偿器是否正常工作，如不能正常补偿，请勿使用</td></tr>
<tr><td>6. 塔尺的读数</td><td>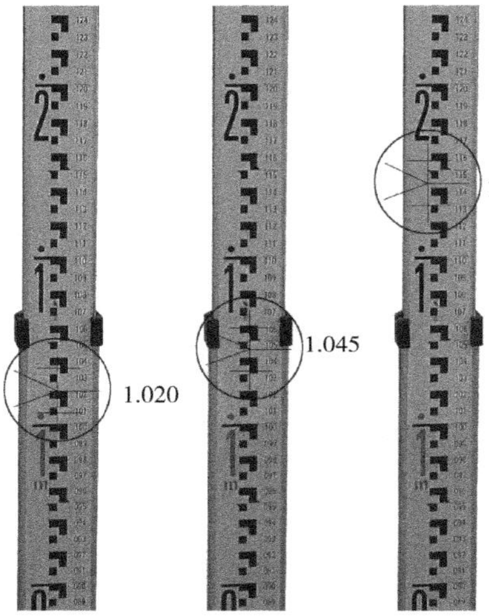<br></td><td>(1)先读米：看大数字上方有无黑点，没有黑点为零点几米，有一个黑点为一点几，有两个黑点为二点几，以此类推。<br>(2)再读分米：塔尺上的大数字为分米，即小数点后第一位。字头所对的长横线为整分米处，如“”的长横线处的读数为1.100。<br>(3)再读厘米：塔尺上每一个大格为1cm，每一个小格为半厘米(即0.005m)，可从整分米起自下而上数出厘米。如最左侧图，自1.000起向上数两个大格为十字丝位置，故读数为1.020。<br>(4)最后按十字丝位置估读毫米。<br>(5)注意事项：<br>①在塔尺上有两个带一个黑点的“1”，红色的“1”处为1.000，黑色的“1”处为1.100，不要弄错。<br>②塔尺一定要拔出，且卡扣要卡好。<br>③读数一般应保留三位小数</td></tr>
<tr><td rowspan="2">7. 三、四等水准尺(红黑尺)的读数</td><td>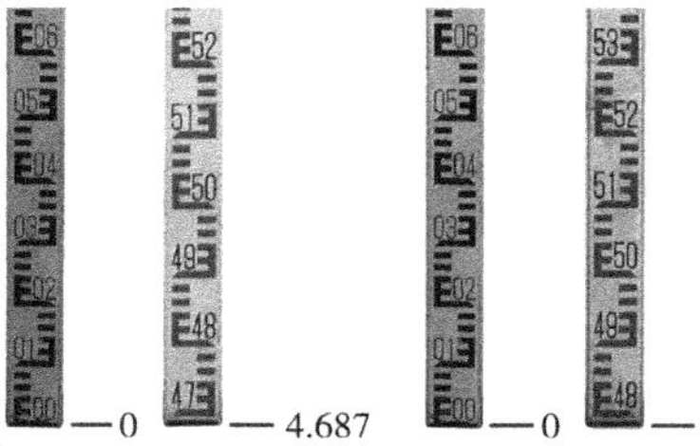<br></td><td>(1)三、四等水准尺都是成对使用。如图，两根水准尺黑面起点都是0，红面起点一个是4.687，一个是4.787</td></tr>
<tr><td><br></td><td>(2)三、四等水准尺上的两位数字，左边数字表示米，右边数字表示分米，数字下方的长横线为整分米处，如左图，长横线处为1.400</td></tr>
</table>

续上表

| 步骤 | 图示 | 说明 |
| --- | --- | --- |
| 7.三、四等水准尺(红黑尺)的读数 | 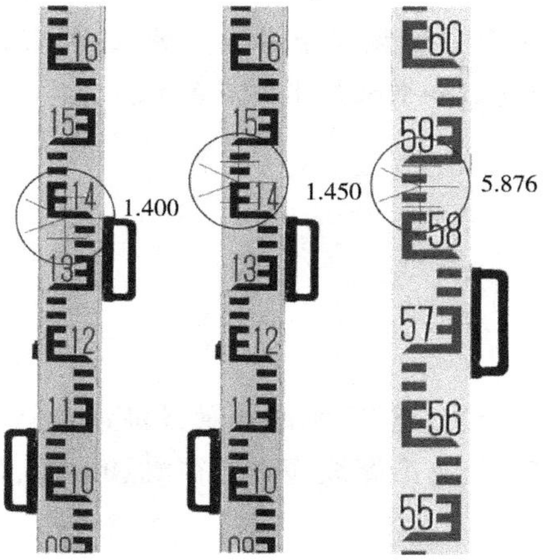 | (3)塔尺上每一个大格为1cm,可从整分米起自下而上数出厘米。如中间图,自1.400起向上数五个大格为十字丝位置,故读数为1.450。<br>(4)最后按十字丝位置估读毫米 |

## 任务思考

1. 水准仪有哪几种?
2. $DS_3$水准仪中的字母和数字的含义是什么?
3. 简述自动安平水准仪的构造。
4. 什么是视差?如何消除视差?
5. 简述水准仪安置的步骤。

## 任务评价

任务考核评价表见附表。

# 任务2-3　五等往返水准测量

## 任务描述

某平原微丘区一级公路,在施工现场拟增设一个临时性水准点$BM_B$,现场有一个已知水准点$BM_A$,其高程为$H_A=100m$,要求用五等往返水准测量的方法测出未知水准点$BM_B$的高程$H_B$。

## 任务目标

通过学习和完成本任务,你将能够:
1. 能进行往返水准测量外业施测;
2. 会进行往返水准测量的内业计算。

## 建议课时

4课时。

## 任务引入和分析

往返水准路线是水准测量三条路线形式之一，是以一个已知水准点为依据，测量另一个未知点高程的常用方法，是目前在施工现场增设单个水准点的主要方法。本任务的主要内容就是以五等往返水准测量的方法测量出一个未知水准点高程。

## 任务准备

### 一、知识准备

#### (一)往返水准测量概念

从一个已知水准点出发，经过若干个测站进行水准测量，最后施测到另一个未知高程的水准点，称为支水准路线。为进行校核，支水准路线应进行往测和返测，称为往返水准测量，如图 2-3-1 所示。

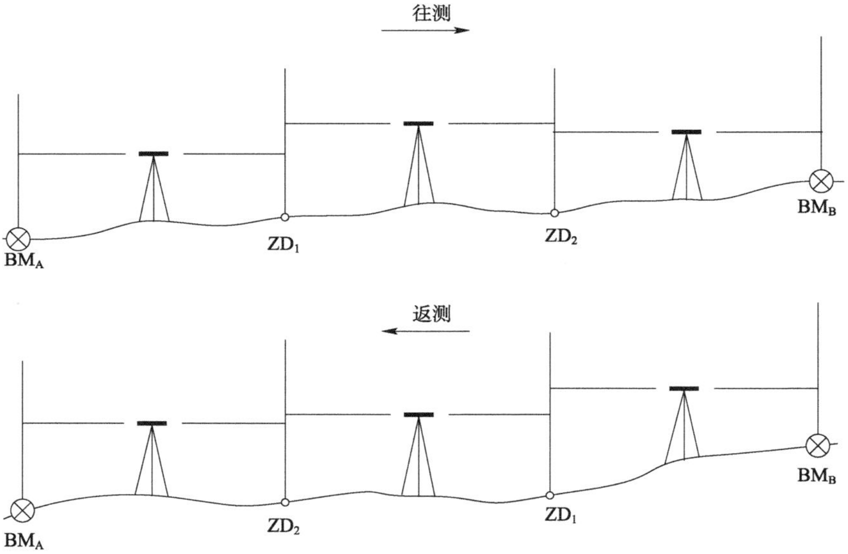


图 2-3-1　往返水准测量

#### (二)往返水准测量外业观测

五等往返水准测量通常用经检校后的 $DSZ_3$ 型水准仪施测，水准尺一般采用塔尺。测量时水准仪应置于两水准尺中间，使前、后视距离大致相等。如图 2-3-1 所示，观测时，由 $BM_A$ 开始，分别观测每个测站的前后视水准尺读数，经过几个测站测至 $BM_B$，完成往测。变更仪器高，再由 $BM_B$ 开始，分别观测每个测站的前后视水准尺读数，经过几个测站测至 $BM_A$，完成返测。此为往返水准测量的外业观测。

#### (三)往返水准测量内业计算

**1. 各测站高差计算**

各测站高差 = 后视尺读数 − 前视尺读数，即：

$$h_i = a_i - b_i \tag{2-3-1}$$

式中：$h_i$——各测站高差；

$a_i$——各测站后视点读数；

$b_i$——各测站前视点读数。

**2. 校核方法**

1）计算校核

往返水准测量的计算校核，往测和返测分别校核。校核方法为，往测各测站总高差应等于往测后视尺读数之和与往测前视尺读数之和之差，返测同理。即：

$$\sum h_{往} = \sum a_{往} - \sum b_{往} \tag{2-3-2}$$

$$\sum h_{返} = \sum a_{返} - \sum b_{返} \tag{2-3-3}$$

式中：$\sum h_{往}$——往测高差之和；

$\sum h_{返}$——返测高差之和；

$\sum a_{往}$——往测后视读数之和；

$\sum a_{返}$——返测后视读数之和；

$\sum b_{往}$——往测前视读数之和；

$\sum a_{返}$——返测前视读数之和。

经上式校核无误后，说明高差计算是正确的。

2）测站校核

水准测量连续性很强，一个测站的误差或错误对整个水准测量成果都有影响。为了保证各个测站观测成果的正确性，慎重起见，可采用以下方法进行校核。

（1）变更仪器高度法：在一个测站上用不同的仪器高度测出两次高差。测得第一次高差后，改变仪器高度（至少 10cm），然后再测一次高差。当两次所测高差之差不大于 3 ~ 5mm 时，认为观测值符合要求，取其平均值作为最后结果。若大于 3 ~ 5mm 则需要重测。

（2）双面尺法：仪器高度保持不变，用水准尺的红面和黑面高差进行校核。红、黑面高差之差也不能大于 3 ~ 5mm。

3）精度校核

测量成果由于测量误差的影响，使得水准路线的实测高差值与理论值不相符，其差值称为高差闭合差 $f_h$，其含义为高差测量的误差。往返水准测量路线高差闭合差，为往测总高差与返测总高差之和，即：

$$f_h = \sum h_{往} + \sum h_{返} \tag{2-3-4}$$

五等水准测量的容许高差闭合差为：

（设计车速 80 ~ 120km/h）　平原微丘区

$$f_{h容} = \pm 30\sqrt{l}\,(\mathrm{mm}) \tag{2-3-5}$$

（设计车速 80km/h 以下）　山岭重丘区

$$f_{h容} = \pm 45\sqrt{l}\,(\mathrm{mm}) \tag{2-3-6}$$

上两式中：$l$——水准路线长度，对于往返水准测量，$l$ 为两水准点间的路线长度，以 km 为单位。

若往返水准测量路线高差闭合差 $f_h$ 在容许高差闭合差 $f_{h容}$ 范围之时，即 $f_h \leq f_{h容}$ 时，认为外业观测成精度合格；若超过容许高差闭合差 $f_{h容}$ 范围，即 $f_h > f_{h容}$ 时，应查明原因进行重测，直到符合要求为止。

**3. 成果计算**

各项校核都符合要求时，可根据已知水准点 $BM_A$ 的高程 $H_A$，计算待测点 $BM_B$ 的高

程 $H_B$：

$$H_B = H_A + \frac{\sum h_{往} - \sum h_{返}}{2} \tag{2-3-7}$$

## 二、组织准备

以 8 个人为一组，每组选一名组长和一名副组长，组长负责全组组织以及实际操作训练，副组长负责组织进行理论知识学习和复习。

## 三、场地、仪器和材料准备

选择长约 200m 的实训场地。每组配备水准仪 1 套，水准尺 1 对，尺垫 2 个。学生每人带教材、工作业、记录表和计算器。

# 任务实施

## 一、外业观测

五等往返水准测量外业步骤与图示见表 2-3-1。五等往返水准测量记录见表 2-3-2。

**五等往返水准测量外业步骤与图示** 表 2-3-1

| 序号 | 标题 | 内 容 |
|---|---|---|
| 一、往测 | 图示 | 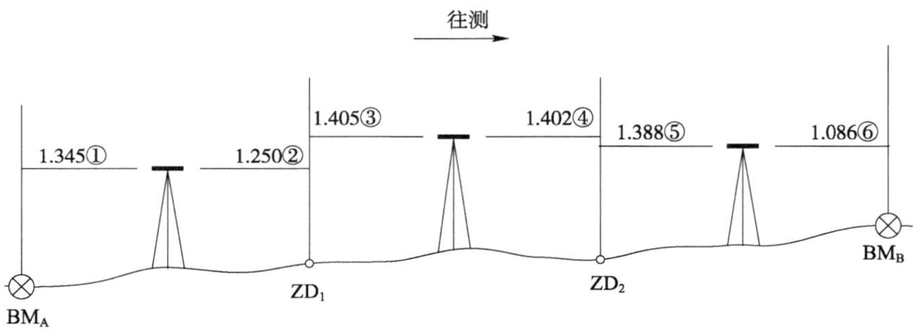 |
| | 步骤 | 1. 将水准仪安置于 $BM_A$ 和 $ZD_1$ 之间，保持前后视距大致相等。<br>2. 整平仪器后，先照准后视点 $BM_A$ 处的水准尺，消除视差，读取后视读数 1.345，记入表 2-3-2（即①的位置处）。再先照准前视点 $ZD_1$ 处的水准尺，消除视差，读取前视读数 1.250，记入表 2-3-2（即②的位置处），此为第一测站。<br>3. 迁站，将仪器安置在于 $ZD_1$ 和 $ZD_2$ 之间，保持前后视距大致相等。此时 $ZD_1$ 为后视点，$ZD_2$ 为前视点。同步骤 2，观测前后视点的水准尺读数，分别为 1.405（③）和 1.402（④），填入记录表中，此为第二测站。<br>4. 继续迁站，将仪器安置在于 $ZD_2$ 和 $BM_B$ 之间，保持前后视距大致相等。此时 $ZD_2$ 为后视点，$BM_B$ 为前视点。同步骤 2，观测前后视点的水准尺读数，分别为 1.388（⑤）和 1.086（⑥），填入记录表中，此为第三测站。往测完成 |

续上表

| 序号 | 标题 | 内　　容 |
|---|---|---|
| 二、返测 | 图示 | 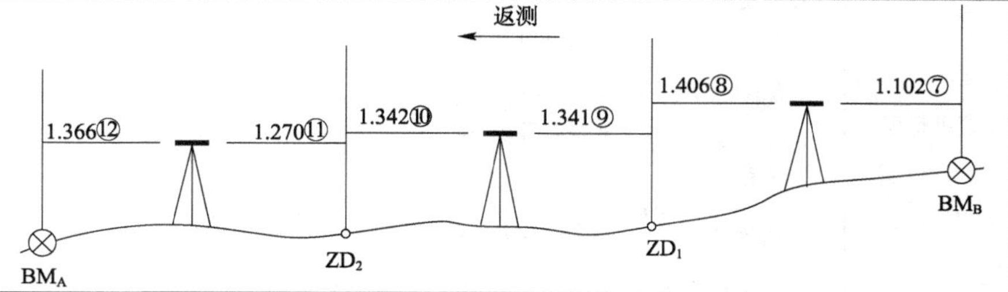 |
| | 步骤 | 1. 将水准仪安置于 $BM_B$ 和 $ZD_1$ 之间，保持前后视距大致相等。<br>2. 整平仪器后，先照准后视点 $BM_B$ 处的水准尺，消除视差，读取后视读数 1.102，记入表 2-3-2（即⑦的位置处）。再先照准前视点 $ZD_1$ 处的水准尺，消除视差，读取前视读数 1.406，记入表 2-3-2（即⑧的位置处），此为第一测站。<br>3. 迁站，将仪器安置在于 $ZD_1$ 和 $ZD_2$ 之间，保持前后视距大致相等。此时 $ZD_1$ 为后视点，$ZD_2$ 为前视点。同步骤 2，观测前后视点的水准尺读数，分别为 1.341（⑨）和 1.342（⑩），填入记录表中，此为第二测站。<br>4. 继续迁站，将仪器安置在于 $ZD_2$ 和 $BM_A$ 之间，保持前后视距大致相等。此时 $ZD_2$ 为后视点，$BM_A$ 为前视点。同步骤 2，观测前后视点的水准尺读数，分别为 1.270（⑪）和 1.365（⑫），填入记录表中，此为第三测站。返测完成 |

**五等往返水准测量记录表**　　表 2-3-2

| 测　点 | 水准尺读数 后视 | 水准尺读数 前视 | 高差(m) | 备　　注 |
|---|---|---|---|---|
| $BM_A$ | 1.345① | | | $BM_A$ 为已知高程点，其高程为：<br>$H_A$ = <u>100.000</u>m<br>$BM_A$ 和 $BM_B$ 之间的路线长度：<u>200m</u> |
| $ZD_1$ | 1.405③ | 1.250② | 0.095⑬ | |
| $ZD_2$ | 1.388⑤ | 1.402④ | 0.003⑭ | |
| $BM_B$ | | 1.086⑥ | 0.302⑮ | |
| Σ | 4.138⑰ | 3.738⑱ | 0.400⑯ | |
| 计算校核 | $\sum a_{往} - \sum b_{往} = 4.138 - 3.738 = 0.400$ | | $\sum h_{往} = 0.400$ | |
| $BM_B$ | 1.102⑦ | | | |
| $ZD_1$ | 1.341⑨ | 1.406⑧ | −0.304⑲ | |
| $ZD_2$ | 1.270⑪ | 1.342⑩ | −0.001⑳ | |
| $BM_A$ | | 1.366⑫ | −0.096㉑ | |
| Σ | 3.713㉓ | 4.114㉔ | −0.401㉒ | |
| 计算校核 | $\sum a_{返} - \sum b_{返} = 3.713 - 4.114 = -0.401$ | | $\sum h_{返} = -0.401$ | |

续上表

| | |
|---|---|
| 成果整理 | 1. 精度评定：<br>$f_h = \sum h_{往} + \sum h_{返} = 0.400 + (-0.401) = -0.001\text{m} = -1\text{mm}$<br>$f_{h容} = \pm 30\sqrt{l} = \pm 30\sqrt{0.2} = \pm 13\text{mm}$<br>$f_h < f_{h容}$，精度是否满足要求：是。<br>2. 高程计算：<br>$H_B = H_A + \frac{\sum h_{往} - \sum h_{返}}{2} = 100 + \frac{0.400 - (-0.401)}{2} = 100.400\text{m}$ |

## 二、内业计算

### （一）高差计算

每站高差　$h_i = a_i - b_i$

即表中　⑬ = ① − ② = 1.345 − 1.250 = 0.095　⑭ = ③ − ④ = 1.405 − 1.402 = 0.003

以此类推　⑮ = ⑤ − ⑥　⑲ = ⑦ − ⑧　⑳ = ⑨ − ⑩　㉑ = ⑪ − ⑫

### （二）计算校核

**1. 往测计算校核**

往测后视读数之和 $\sum a_{往}$　⑰ = ① + ③ + ⑤ = 1.345 + 1.405 + 1.388 = 4.138

往测前视读数之和 $\sum b_{往}$　⑱ = ② + ④ + ⑥ = 1.250 + 1.402 + 1.086 = 3.738

往测高差之和 $\sum h_{往}$　⑯ = ⑬ + ⑭ + ⑮ = 0.095 + 0.003 + 0.302 = 0.400

$\sum a_{往} - \sum b_{往} = 4.138 - 3.738 = 0.400 = \sum h_{往}$，计算正确。

**2. 返测计算校核**

同上，$\sum a_{返}$　㉓ = ⑦ + ⑨ + ⑪ = 1.102 + 1.341 + 1.270 = 3.713

$\sum b_{返}$　㉔ = ⑧ + ⑩ + ⑫ = 1.406 + 1.342 + 1.366 = 4.114

$\sum h_{返}$　㉒ = ⑲ + ⑳ + ㉑ = −0.304 + (−0.001) + (−0.096) = −0.401

$\sum a_{返} - \sum b_{返} = 3.713 - 4.114 = -0.401 = \sum h_{返}$，计算正确。

### （三）精度校核

见表2-3-1。

### （四）高程计算

见表2-3-1。

## 任务思考

1. 五等往返水准测量的外业观测步骤是怎样的？
2. 五等往返水准测量的校核分哪几类？分别怎么进行？
3. 五等往返水准测量的未知点高程如何计算？
4. 思考一下，转点和水准点处是否都可以用尺垫？

## 任务评价

任务考核评价表见附表。

# 任务 2-4 五等闭合水准测量

## 任务描述

某平原微丘区一级公路，在施工现场一块较方形的区域，拟增设两个临时性水准点 $BM_C$ 和 $BM_D$，现场有一个已知水准点 $BM_A$，其高程为 $H_A = 100m$，要求用五等闭合水准测量的方法测出未知水准点的高程。

## 任务目标

通过学习和完成本任务，你将能够：

1. 能进行闭合水准测量外业施测；
2. 会进行闭合水准测量的内业计算。

## 建议课时

4 课时。

## 任务引入和分析

闭合水准路线是水准测量三条路线形式之一，是以一个已知水准点为依据，测量几个未知点高程的常用方法，一般用于施工现场较方形区域，通常需增设多个水准点。本任务的主要内容就是以五等闭合水准测量的方法测量出两个未知水准点高程。

## 任务准备

### 一、知识准备

#### (一)闭合水准测量概念

从一个已知高程的高级水准点出发，经过若干个未知水准点进行水准测量，最后再回到已知水准点上，这样的水准路线称为闭合水准路线，如图 2-4-1 所示。

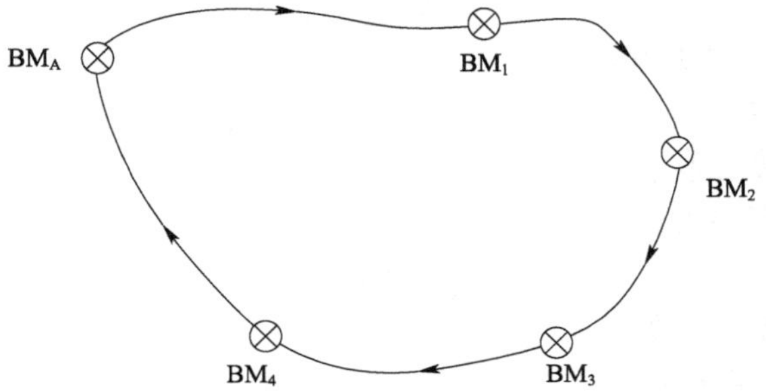


图 2-4-1 闭合水准测量

#### (二)闭合水准测量外业观测

闭合水准测量应分段观测。如图 2-4-1 所示，$BM_A$ 与 $BM_1$ 之间为第一测段，$BM_1$ 与 $BM_2$ 之间为第二测段，以此类推，此闭合水准测量共有五个测段。

闭合水准测量按测段逐段观测，每个测段的观测可由几个测站组成。五等闭合水准测量通常用经检校后的 $DSZ_3$ 型水准仪施测，水准尺一般采用塔尺。测量时水准仪应置于两水准尺中间，使前、后视距离大致相等。

**(三)闭合水准测量内业计算**

**1. 各测站高差计算**

闭合水准路线各测站高差的计算与往返水准路线相同。

**2. 校核方法**

1)计算校核

闭合水准路线计算校核应以测段为单位进行校核。校核方法为：每测段的各测站高差之和 $\sum h$，应等于该测段后视尺读数之和 $\sum a$ 与前视尺读数之和 $\sum b$ 之差。即：

$$\sum h = \sum a - \sum b \tag{2-4-1}$$

2)测站校核

闭合水准路线测站校核的方法与往返水准路线相同。

3)精度校核

闭合水准路线高差闭合差，为路线观测总高差与理论总高差之差，即：

$$f_h = \sum h_{测} - \sum h_{理} \tag{2-4-2}$$

由于闭合水准路线的起终点在同一点，所以其理论总高差 $\sum h_{理}$ 为零，则式(2-4-2)变为：

$$f_h = \sum h_{测} \tag{2-4-3}$$

五等闭合水准测量的容许高差闭合差 $f_{h容}$ 与往返水准测量相同。

若闭合水准测量路线高差闭合差 $f_h$ 在容许高差闭合差 $f_{h容}$ 范围之内时，即 $f_h \leqslant f_{h容}$ 时，认为外业观测成精度合格；若超过容许高差闭合差 $f_{h容}$ 范围，即 $f_h > f_{h容}$ 时，应查明原因进行重测，直到符合要求为止。

**3. 成果计算**

各项校核都符合要求时，应进行高差闭合差的调整。高差闭合差是整个观测的总误差，为保证观测的准确性，应将高差闭合差在观测高差中去掉，称为平差。平差是以实测高差加高差改正数的方法计算，并按测段逐段进行。对于闭合水准路线，应按与每个测段长度成正比的方法，将高差闭合差反号分配到各个测段高差上。各测段高差改正数为：

$$v_i = \frac{l_i}{\sum l} \times (-f_h) \tag{2-4-4}$$

式中：$v_i$——各测段高差改正数；

$l_i$——各测段长度；

$\sum l$——各测段长度之和。

改正后的各测段高差为：

$$h_{i改} = h_{i测} + v_i \tag{2-4-5}$$

式中：$h_{i改}$——各测段改正后高差；

$h_{i测}$——各测段实测高差。

平差完成后，进行高程计算，水准点高程应按测段逐段计算，每段前视水准点高程等于后视点高程加本段改正后高差，即：

$$H_{i前} = H_{i后} + H_{i改} \tag{2-4-6}$$

式中：$H_{i前}$——各测段前视点高程；

$H_{i后}$——各测段后视点高程。

在成果计算中，也应当进行计算校核，共有三项：

改正数之和$\sum v$应与高差闭合差$f_h$大小相等，符号相反，即$\sum v = -f_h$；

改正后的高差之和$\sum h_{改}$应等于零，即$\sum h_{改} = 0$；

已知起始点水准点的实测高程$H_{始测}$与理论高程$H_{始理}$相等，即$H_{始测} = H_{始理}$。

满足上述三项计算校核，说明成果计算正确，可以采用。

## 二、组织准备

以8个人为一组，每组选一名组长和一名副组长，组长负责全组组织以及实际操作训练，副组长负责组织进行理论知识学习和复习。

## 三、场地、仪器和材料准备

选择长约200m的实训场地。每组配备水准仪1套，水准尺1对，尺垫2个。学生每人带教材、工作业、记录表和计算器。

# 任务实施

## 一、外业观测

五等闭合水准测量外业步骤与图示见表2-4-1。

**五等闭合水准测量外业步骤与图示** 表2-4-1

| 标题 | 内 容 |
|---|---|
| 图示 | 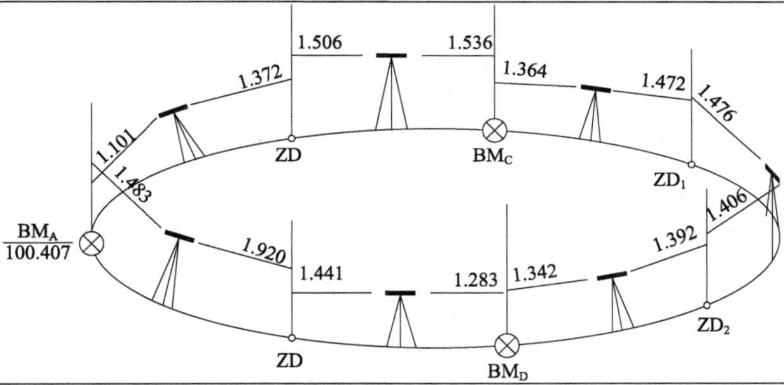 |
| 步骤 | 闭合水准测量应分段观测，分段记录。<br>1. 先观测第一测段$BM_A$—$BM_C$。<br>（1）将水准仪安置于$BM_A$和ZD之间，保持前后视距大致相等。<br>（2）整平仪器后，先照准后视点$BM_A$处的水准尺，消除视差，读取后视读数1.101，记入表2-4-2（即①的位置处）。再先照准前视点ZD处的水准尺，消除视差，读取前视读数1.372，记入表2-4-2（即②的位置处）。此为第一测站。<br>（3）迁站，将仪器安置在于ZD和$BM_C$之间，保持前后视距大致相等。此时ZD为后视点，$BM_C$为前视点。同步骤2，观测前后视点的水准尺读数，分别为1.506（③）和1.536（④），填入记录表中，此为第二测站。<br>（4）根据实际情况估计本测段长度，计入表2-4-2。此时本测段观测完成。<br>2. 观测第二测段$BM_C$—$BM_D$。观测步骤同第一测段，数据计入表2-4-2的第二测段相应位置。<br>3. 观测第三测段$BM_D$—$BM_A$。观测步骤同第一测段，数据计入表2-4-2的第三测段相应位置。<br>至此，本任务的观测完成，应按内业计算方法分段进行计算，并将相关数据填入平差表进行平差和高程计算 |

## 二、内业计算

五等闭合水准测量的记录表见表 2-4-2,成果计算表见表 2-4-3。

**五等闭合水准测量记录表** 表 2-4-2

| 测点 | 水准尺读数 | | 高差(m) | 备注 |
|---|---|---|---|---|
| | 后视 | 前视 | | |
| $BM_A$ | 1.101① | | | 测段长:120m<br>$\sum a-\sum b=2.607-2.908=-0.301\text{m}$<br>$\sum h=-0.301\text{m}$ |
| | | | −0.271⑤ | |
| ZD | 1.506③ | 1.372② | | |
| | | | −0.030⑥ | |
| $BM_C$ | | 1.536④ | | |
| Σ | 2.607⑦ | 2.908⑧ | −0.301⑨ | |

| 测点 | 水准尺读数 | | 高差(m) | 备注 |
|---|---|---|---|---|
| | 后视 | 前视 | | |
| $BM_C$ | 1.364 | | | 测段长:140m<br>$\sum a-\sum b=4.232-4.220=0.012\text{m}$<br>$\sum h=0.012\text{m}$ |
| | | | −0.108 | |
| $ZD_1$ | 1.476 | 1.472 | | |
| | | | 0.070 | |
| $ZD_2$ | 1.392 | 1.406 | | |
| | | | 0.050 | |
| $BM_D$ | | 1.342 | | |
| Σ | 4.232 | 4.220 | 0.012 | |

| 测点 | 水准尺读数 | | 高差(m) | 备注 |
|---|---|---|---|---|
| | 后视 | 前视 | | |
| $BM_D$ | 1.283 | | | 测段长:130m<br>$\sum a-\sum b=3.203-2.924=0.279\text{m}$<br>$\sum h=0.279\text{m}$ |
| | | | −0.158 | |
| ZD | 1.920 | 1.441 | | |
| | | | 0.437 | |
| $BM_A$ | | 1.483 | | |
| Σ | 3.203 | 2.924 | 0.279 | |

**五等闭合水准测量成果计算表** 表 2-4-3

| 测段编号 | 测点 | 测段长(km) | 实测高差(m) | 改正数(m) | 改正后的高差(m) | 高程(m) |
|---|---|---|---|---|---|---|
| 1 | $BM_A$ | | | | | 100.407(已知) |
| | | 0.12 | −0.301 | 0.003 | −0.298 | |
| 2 | $BM_C$ | | | | | 100.109 |
| | | 0.14 | 0.012 | 0.004 | 0.016 | |
| 3 | $BM_D$ | | | | | 100.125 |
| | | 0.13 | 0.279 | 0.003 | 0.282 | |
| | $BM_A$ | | | | | 100.407 |
| Σ | | 0.39 | −0.010 | 0.010 | 0 | |

续上表

| | |
|---|---|
| 精度校核 | $BM_A$ 为已知水准点,其高程为:<br>$H_A=100.407m$<br>$f_h=\sum h_{测}=-0.010m=-10mm$<br>$f_{h容}=\pm 30\sqrt{L}=\pm 30\sqrt{0.39}=\pm 18mm$<br>$f_h<f_{h容}$,精度:合格 |
| 成果计算 | 1. 改正数计算:<br>$v_1=\frac{l_1}{\sum l}\times(-f_h)=\frac{0.12}{0.39}\times 0.010=0.003$<br>$v_2=\frac{l_2}{\sum l}\times(-f_h)=\frac{0.14}{0.39}\times 0.010=0.004$<br>$v_3=\frac{l_3}{\sum l}\times(-f_h)=\frac{0.13}{0.39}\times 0.010=0.003$<br>$\sum v=v_1+v_2+v_3=0.003+0.004+0.003=0.010=-f_h$<br>2. 改正后高差计算:<br>$h_{1改}=h_{1测}+v_1=-0.301+0.003=-0.298$<br>$h_{2改}=h_{2测}+v_2=-0.012+0.004=-0.016$<br>$h_{3改}=h_{3测}+v_3=-0.279+0.003=-0.282$<br>$\sum h_{改}=h_{1改}+h_{2改}+h_{3改}=-0.298+0.016+0.282=0$<br>3. 高程计算:<br>$H_C=H_{A理}+h_{1改}=100.407+(-0.298)=100.109$<br>$H_D=H_C+h_{2改}=100.109+0.016=100.125$<br>$H_{A测}=H_D+h_{3改}=100.125+0.282=100.407=H_{A理}$ |

**(一)高差计算**

以第一测段为例:

每站高差　$h_i=a_i-b_i$

即表中　⑤=①-②=1.101-1.372=-0.271　⑥=③-④=1.506-1.536=-0.030

其他测段以此类推。

**(二)计算校核**

以第一测段为例

后视读数之和$\sum a$　⑦=①+③=1.101+1.506=2.607

前视读数之和$\sum b$　⑧=②+④=1.372+1.536=2.908

高差之和$\sum h$　⑨=⑤+⑥=-0.271+(-0.030)=-0.301

$\sum a-\sum b=2.607-2.908=-0.301=\sum h$,计算正确。

其他测段以此类推。

**(三)精度校核**

见表2-4-3。

**(四)成果计算**

见表2-4-3。

### 任务思考

1. 五等闭合水准测量的外业观测步骤是怎样的?
2. 五等闭合水准测量有哪些校核?分别怎么进行?
3. 什么是平差?五等闭合水准测量如何平差?写出高差改正数的计算公式。

### 任务评价

任务考核评价表见附表。

# 任务2-5　五等附合水准测量

### 任务描述

某平原微丘区二级公路,由于原设计已知水准点数量较少,不便使用,拟沿施工现场路线增设两个临时性水准点 $BM_C$ 和 $BM_D$。现场有两个已知水准点 $BM_A$ 和 $BM_B$,其高程分别为 $H_A=100.407m$　$H_B=100.000m$,要求用五等附合水准测量的方法测出未知水准点 $BM_C$ 和 $BM_D$ 的高程。

### 任务目标

通过学习和完成本任务,你将能够:

1. 能进行附合水准测量外业施测;
2. 会进行附合水准测量的内业计算。

### 建议课时

4课时。

### 任务引入和分析

附合水准路线是水准测量三条路线形式之一,是公路施工中最为常用的测量方法,它是以两个已知水准点为依据,在施工现场沿线增设多个水准点的最常用方法。本任务的主要内容就是以五等附合水准测量的方法测量出两个未知水准点高程。

### 任务准备

## 一、知识准备

**(一)附合水准测量概念**

从已知高程的高级水准点出发,经过若干个未知高程点进行水准测量,最后附合到另一高级水准点上,这样的水准路线称为附合水准路线,如图2-5-1所示。

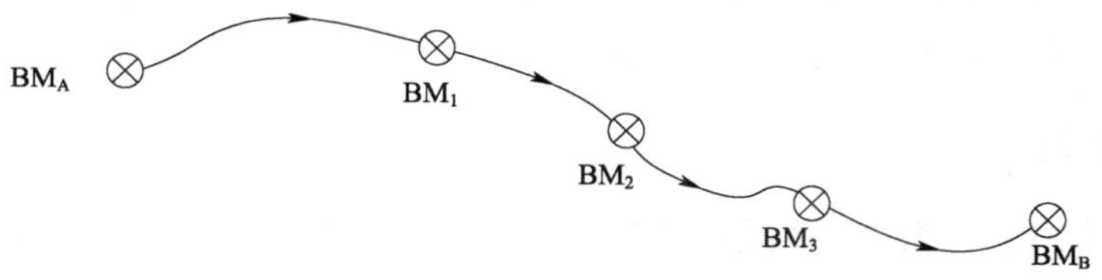


图 2-5-1　附合水准测量

**(二)附合水准测量外业观测**

附合水准测量与闭合水准路线一样,也是按测段逐段观测,每个测段的观测可由几个测站组成。如图 2-5-1 所示,此路线由 4 个测段组成。五等闭合水准测量通常用经检校后的 $DSZ_3$ 型水准仪施测,水准尺一般采用塔尺。测量时水准仪应置于两水准尺中间,使前、后视距离大致相等。

**(三)附合水准测量内业计算**

**1. 各测站高差计算**

附合水准路线各测站高差的计算与闭合水准路线相同。

**2. 校核方法**

1)计算校核

附合水准路线计算校核的方法与闭合水准路线相同。

2)测站校核

附合水准路线测站校核的方法与闭合水准路线相同。

3)精度校核

附合水准路线高差闭合差,为路线观测总高差与理论总高差之差,即:

$$f_h = \sum h_{测} - \sum h_{理} \tag{2-5-1}$$

附合水准路线的理论总高差为终点高程 $H_{终}$ 与起始点高程 $H_{始}$ 之差,即:

$$\sum h_{理} = H_{终} - H_{始} \tag{2-5-2}$$

则式(2-5-1)变为:

$$f_h = \sum h_{测} - (H_{终} - H_{始}) \tag{2-5-3}$$

五等附合水准测量的容许高差闭合差 $f_{h容}$ 与闭合水准测量相同。

若附合水准测量路线高差闭合差 $f_h$ 在容许高差闭合差 $f_{h容}$ 范围之内时,即 $f_h \leqslant f_{h容}$ 时,认为外业观测成精度合格;若超过容许高差闭合差 $f_{h容}$ 范围,即 $f_h > f_{h容}$ 时,应查明原因进行重测,直到符合要求为止。

**3. 成果计算**

附合水准测量的各测段高差改正数、改正后的各测段高差和高程计算的方法与闭合水准路线相同。

在附合水准测量的成果计算中,也应当进行计算校核,共有三项:

改正数之和 $\sum v$ 应与高差闭合差 $f_h$ 大小相等,符号相反,即 $\sum v = -f_h$;

改正后的高差之和 $\sum h_{改}$ 应等于理论总高差,即 $\sum h_{改} = H_{终} - H_{始}$;

已知终点水准点 $BM_{终}$ 的实测高程与理论高程相等，即 $H_{终测}=H_{终理}$。

满足上述三项计算校核，说明成果计算正确，可以采用。

## 二、组织准备

以 8 个人为一组，每组选一名组长和一名副组长，组长负责全组组织以及实际操作训练，副组长负责组织进行理论知识学习和复习。

## 三、场地、仪器和材料准备

选择长约 200m 的实训场地。每组配备水准仪 1 套，水准尺 1 对，尺垫 2 个。学生每人带教材、工作业、记录表和计算器。

## 任务实施

## 一、外业观测

五等附合水准测量外业步骤与图示见表 2-5-1。

**五等附合水准测量外业步骤与图示** 表 2-5-1

| 标题 | 内　容 |
|---|---|
| 图示 | 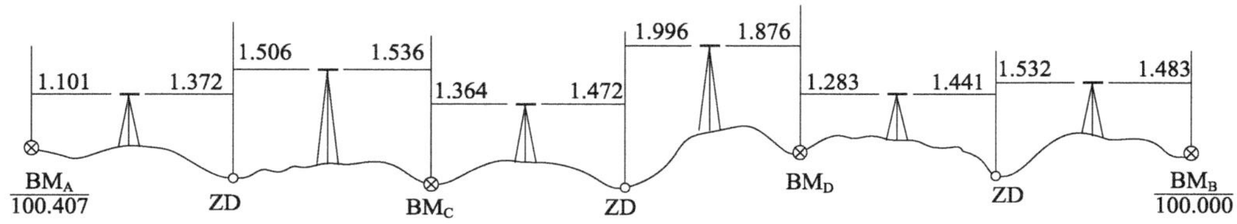 |
| 步骤 | 附合水准测量应分段观测，分段记录。<br>1. 先观测第一测段 $BM_A \sim BM_C$。<br>(1)将水准仪安置于 $BM_A$ 和 ZD 之间，保持前后视距大致相等。<br>(2)整平仪器后，先照准后视点 $BM_A$ 处的水准尺，消除视差，读取后视读数 1.101，记入表 2-5-2(即①的位置处)。再先照准前视点 ZD 处的水准尺，消除视差，读取前视读数 1.372，记入表 2-5-2(即②的位置处)。此为第一测站。<br>(3)迁站，将仪器安置在于 ZD 和 $BM_C$ 之间，保持前后视距大致相等。此时 ZD 为后视点，$BM_C$ 为前视点。同步骤 2，观测前后视点的水准尺读数，分别为 1.506(③)和 1.536(④)，填入记录表中，此为第二测站。<br>(4)根据实际情况估计本测段长度，计入表 2-5-2。此时本测段观测完成。<br>2. 观测第二测段 $BM_C \sim BM_D$。观测步骤同第一测段，数据计入表 2-5-2 的第二测段相应位置。<br>3. 观测第三测段 $BM_D \sim BM_B$。观测步骤同第一测段，数据计入表 2-5-2 的第三测段相应位置。<br>至此，本任务的观测完成，应按内业计算方法分段进行计算，并将相关数据填入平差表进行平差计算和高程计算 |

## 二、内业计算

五等附合水准测量的记录表见表 2-5-2,成果计算表见表 2-5-3。

**五等附合水准测量记录表** 表 2-5-2

| 测点 | 水准尺读数 | | 高差(m) | 备　注 |
|---|---|---|---|---|
| | 后视 | 前视 | | |
| $BM_A$ | 1.101① | | | 测段长:120m<br>$\sum a - \sum b = 2.607 - 2.908 = -0.301$m<br>$\sum h = -0.301$m |
| | | | -0.271⑤ | |
| ZD | 1.506③ | 1.372② | | |
| | | | -0.030⑥ | |
| $BM_C$ | | 1.536④ | | |
| Σ | 2.607⑦ | 2.908⑧ | -0.301⑨ | |

| 测点 | 水准尺读数 | | 高差(m) | 备　注 |
|---|---|---|---|---|
| | 后视 | 前视 | | |
| $BM_C$ | 1.364 | | | 测段长:140m<br>$\sum a - \sum b = 3.360 - 3.348 = 0.012$m<br>$\sum H = 0.012$m |
| | | | -0.108 | |
| ZD | 1.996 | 1.472 | | |
| | | | 0.120 | |
| $BM_D$ | | 1.876 | | |
| Σ | 3.360 | 3.348 | 0.012 | |

| 测点 | 水准尺读数 | | 高差(m) | 备　注 |
|---|---|---|---|---|
| | 后视 | 前视 | | |
| $BM_D$ | 1.283 | | | 测段长:130m<br>$\sum a - \sum b = 2.815 - 2.924 = -0.109$m<br>$\sum h = -0.109$m |
| | | | -0.158 | |
| ZD | 1.532 | 1.441 | | |
| | | | 0.049 | |
| $BM_B$ | | 1.483 | | |
| Σ | 2.815 | 2.924 | -0.109 | |

**五等附合水准测量成果计算表** 表 2-5-3

| 测段编号 | 测点 | 测段长(km) | 实测高差(m) | 改正数(m) | 改正后的高差(m) | 高程(m) |
|---|---|---|---|---|---|---|
| 1 | $BM_A$ | | | | | 100.407(已知) |
| | | 0.12 | -0.301 | -0.003 | -0.304 | |
| 2 | $BM_C$ | | | | | 100.103 |
| | | 0.14 | 0.012 | -0.003 | 0.009 | |
| 3 | $BM_D$ | | | | | 100.112 |
| | | 0.13 | -0.109 | -0.003 | -0.112 | |
| | $BM_B$ | | | | | 100.000(已知) |
| Σ | | 0.39 | -0.398 | -0.009 | -0.407 | |

| | |
|---|---|
| 精度校核 | $BM_A$ 和 $BM_B$ 为已知水准点，其高程为：<br>$H_A=100.407m, H_B=100.000m$<br>$f_h=\sum h_{测}-(H_B-H_A)=-0.398-(100.000-100.407)=0.009m=9mm$<br>$f_{h容}=\pm30\sqrt{L}=\pm30\sqrt{0.39}=\pm18mm$<br>$f_h<f_{h容}$，精度：合格 |
| 成果计算 | 1.改正数计算：<br>$v_1=\frac{l_1}{\sum l}\times(-f_h)=\frac{0.12}{0.39}\times(-0.009)=-0.003$<br>$v_2=\frac{l_2}{\sum l}\times(-f_h)=\frac{0.14}{0.39}\times(-0.009)=-0.003$<br>$v_3=\frac{l_3}{\sum l}\times(-f_h)=\frac{0.13}{0.39}\times(-0.009)=-0.003$<br>$\sum v=v_1+v_2+v_3=-0.003+(-0.003)+(-0.003)=-0.009=-f_h$<br>2.改正后高差计算：<br>$h_{1改}=h_{1测}+v_1=-0.301+(-0.003)=-0.304$<br>$h_{2改}=h_{2测}+v_2=0.012+(-0.003)=0.009$<br>$h_{3改}=h_{3测}+v_3=-0.109+(-0.003)=-0.112$<br>$\sum h_{改}=h_{1改}+h_{2改}+h_{3改}=-0.304+0.009+(-0.112)=-0.407=H_{终}-H_{始}$<br>3.高程计算：<br>$H_C=H_{A理}+h_{1改}=100.407+(-0.304)=100.103$<br>$H_D=H_C+h_{2改}=100.103+0.009=100.112$<br>$H_{B测}=H_D+h_{3改}=100.112+(-0.112)=100.000=H_{B理}$ |

**（一）高差计算**

以第一测段为例：

每站高差 $h_i=a_i-b_i$

即表中 ⑤=①-②=1.101-1.372=-0.271 ⑥=③-④=1.506-1.536=-0.030

其他测段以此类推。

**（二）计算校核**

以第一测段为例：

后视读数之和 $\sum a$ ⑦=①+③=1.101+1.506=2.607

前视读数之和 $\sum b$ ⑧=②+④=1.372+1.536=2.908

高差之和 $\sum h$ ⑨=⑤+⑥=-0.271+(-0.030)=-0.301

$\sum a-\sum b=2.607-2.908=-0.301=\sum h$，计算正确。

其他测段以此类推。

**（三）精度校核**

见表2-5-3。

**（四）成果计算**

见表2-5-3。

## 任务思考

1. 五等附合水准测量的外业观测步骤是怎样的？

2. 五等附合水准测量有哪些校核？分别怎么进行？

3. 五等附合水准测量如何平差？写出高差改正数的计算公式。

4. 在水准点 $BM_A$ 和 $BM_B$ 之间进行附合水准测量，所测得的各测段的高差和水准路线长度如图 2-5-2 所示。已知 $BM_A$ 的高程为 15.612m，$BM_B$ 的高程为 15.400m，试将有关数据填在水准测量成果计算表(表 2-5-4)中，并计算水准点 $BM_1$ 和 $BM_2$ 的高程。

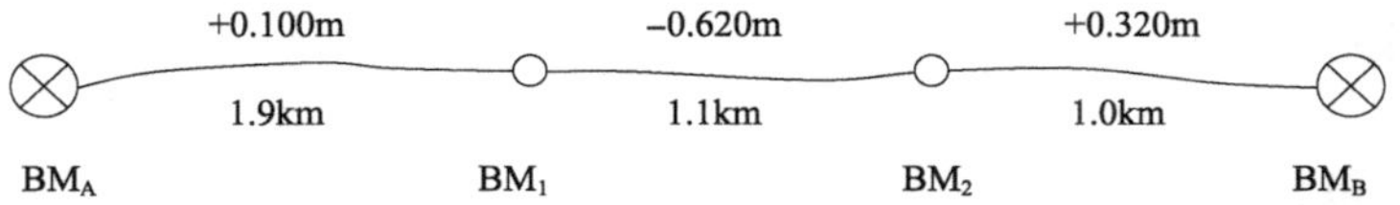


图 2-5-2　附合水准测量各测段数据

**附合水准测量成果计算表**　　表 2-5-4

| 测段编号 | 测点 | 测段长（km） | 实测高差（m） | 改正数（m） | 改正后的高差（m） | 高程（m） |
|---|---|---|---|---|---|---|
| | | | | | | |
| | | | | | | |
| | | | | | | |
| | | | | | | |
| | | | | | | |
| | | | | | | |
| | | | | | | |
| | | | | | | |

## 任务评价

任务考核评价表见附表。

# 任务 2-6　高程控制测量

## 任务描述

某平原微丘区高速公路，拟在施工现场路段建立高程控制网。在某一路段，现场有两个已知水准点 $BM_{21}$ 和 $BM_{13}$，其高程分别为 $H_{21}=149.149m$，$H_{13}=147.297m$，拟再增设两个水准点 $BM_1$ 和 $BM_2$，并用四等附合水准测量的方法测出未知水准点 $BM_1$ 和 $BM_2$ 的高程。

## 任务目标

通过学习和完成本任务，你将能够：

1. 了解高程控制测量的相关知识；

2. 进行三、四等水准测量外业施测；

3. 进行三、四等水准测量的内业计算。

### 建议课时

6课时。

### 任务引入和分析

高程控制网的建立是公路施工的一项重要工作，是保证施工顺利进行和确保施工质量的前提条件。本任务的主要内容就是以四等附合水准测量的方法测量出两个未知水准点的高程，从而与已知水准点共同构成一个路段的高程控制系统。

### 任务准备

## 一、知识准备

**（一）概述**

精确测定控制点高程的工作称为高程控制测量。高程控制测量是为了测绘地形图或建筑物施工放样以及进行科学研究工作的需要而进行的高程测量，从而在测区建立高程控制网。

在全国范围内，由一系列按国家统一规范测定高程的水准点构成的网称为国家水准网。国家水准网采用由高级到低级、从整体到局部，逐级控制、逐级加密的原则布设。国家水准网分五个等级布设，一等水准测量是国家高程控制的骨干，沿地质构造稳定和坡度平缓的交通线布满全国，构成网状。二等水准测量是国家高程控制网的全面基础，布设在一等水准环内，一般沿铁路、公路和河流布设。一、二等水准测量统称为精密水准测量，并要定期复测。三、四等水准网是在一、二等水准网的基础上进一步加密，根据需要在高等级水准网内布设附合路线、环线或结点网，直接提供地形测图和各种工程建设所必需的高程控制点，一般采用附合路线的形式施测。单独的三等水准附合路线，长度应不超过150km，环线周长应不超过200km，同级网中结点间距离应不超过70km。单独的四等水准附合路线，长度应不超过80km，环线周长应不超过100km，同级网中结点间距离应不超过30km，山地可适当放宽。

在一、二、三、四等水准测量之外，还有图根水准测量，它直接用于工程测量中，其精度要求最低，又称五等水准测量。

公路高程控制测量采用水准测量。在进行水准测量确有困难的山岭地带以及沼泽、水网地区，四、五等高程控制测量可用光电测距三角高程测量。公路高程系统，宜采用“1985国家高程”基准。同一条公路应采用同一个高程系统，不能采用同一系统时，应给定高程系统的转换关系。独立工程或三级以下公路联测有困难时，可采用假定高程。

**（二）水准测量技术指标和外业观测**

在公路工程测量中，除了建立必要的平面控制，还要建立首级高程控制和图根高程控制，而小区域内的首级高程控制常采用三、四等及图根水准测量。

水准路线应沿公路路线布设，水准点宜设于公路中心线两侧50～300m范围之内。水准点间距宜为1～1.5km；山岭重丘区可根据需要适当加密；大桥、隧道口及其他大型构造物两端，应增设水准点。

**1. 三、四等水准测量及图根水准测量的具体技术要求**

见表2-6-1～表2-6-4。

**公路及构造物水准测量等级** 表 2-6-1

| 测 量 项 目 | 等级 | 水准路线最大长度(km) |
|---|---|---|
| 4000m 以上特长隧道、2000m 以上特大桥 | 三等 | 50 |
| 高速公路、一级公路、1000～2000m 特大桥、2000～4000m 长隧道 | 四等 | 16 |
| 二级及二级以下公路、1000m 以下桥梁、2000m 以下隧道 | 五等 | 10 |

**水准测量的精度** 表 2-6-2

| 等级 | 每公里高差中数误差(mm) | | 往返较差、附合或环线闭合差(mm) | | 检测已测测段高差之差(mm) |
|---|---|---|---|---|---|
| | 偶然中误差 $M_{\Delta}$ | 全中误差 $M_W$ | 平原微丘区 | 山岭重丘区 | |
| 三等 | ±3 | ±6 | $\pm 12\sqrt{L}$ | $\pm 3.5\sqrt{n}$或$\pm 15\sqrt{L}$ | $\pm 20\sqrt{L_i}$ |
| 四等 | ±5 | ±10 | $\pm 20\sqrt{L}$ | $\pm 6.0\sqrt{n}$或$\pm 25\sqrt{L}$ | $\pm 30\sqrt{L_i}$ |
| 五等 | ±8 | ±16 | $\pm 30\sqrt{L}$ | $\pm 45\sqrt{L}$ | $\pm 40\sqrt{L_i}$ |

注:计算往返较差时,$L$ 为水准点间的路线长度(km);计算附合或环线闭合差时,$L$ 为附合或环线的路线长度(km)。$n$ 为测站数,$L_i$ 为检测测段长度(km)。

**水准测量的技术要求** 表 2-6-3

| 等级 | 水准仪的型号 | 视线长度(m) | 前后视较差(m) | 前后视累积差(m) | 视线离地面最低高度(m) | 红黑面读数差(mm) | 红黑面高差较差(mm) |
|---|---|---|---|---|---|---|---|
| 三等 | $DS_1$ | 100 | 3 | 6 | 0.3 | 1.0 | 1.5 |
| | $DS_3$ | 75 | | | | 2.0 | 3.0 |
| 四等 | $DS_3$ | 100 | 5 | 10 | 0.2 | 3.0 | 5.0 |
| 五等 | $DS_3$ | 100 | 大致相等 | — | — | — | — |

**水准测量的观测方法** 表 2-6-4

| 等级 | 仪器类型 | 水准尺类型 | 观 测 方 法 | | 观测方法 |
|---|---|---|---|---|---|
| 三等 | $DS_1$ | 铟瓦 | 光学观测法 | 往 | 后－前－前－后 |
| | $DS_3$ | 双面 | 中丝读数法 | 往返 | 后－前－前－后 |
| 四等 | $DS_3$ | 双面 | 中丝读数法 | 往返、往 | 后－后－前－前 |
| 五等 | $DS_3$ | 单面 | 中丝读数法 | 往返、往 | 后－前 |

**2. 三、四等水准测量的外业观测方法**

三、四等水准测量采用的仪器和观测方法基本相同,通常采用双面尺法。下面以四等水准测量为例,介绍观测方法和记录方法。

1)测站观测程序

在每一测站点上安置仪器,应保持前后视距基本相等,然后按下列顺序进行观测:

(1)照准后视尺黑面,读取下丝、上丝、中丝读数;

(2)照准前视尺黑面,读取下丝、上丝、中丝读数;

(3)照准前视尺红面,读取中丝读数;

(4)照准后视尺红面,读取中丝读数。

以上三、四等水准观测程序可简称为“后前前后,黑黑红红,三三一一”。在地质比较硬的条件下,四等水准测量可以采用“后后前前,黑红黑红,三一三一”的观测程序。可以看出,三、四等水准测量每个测站要读取 8 个数。

2）测段观测

三、四等水准测量按测段逐段施测，每测段单独记录、计算和校核。

3） 三、四等水准测量的注意事项

（1）在观测中边观测边记录边进行校核，各项计算符合表 2-6-3 中相应等级限差要求时才能搬站，否则应予重测。

（2）三、四等水准测量常用仪器为 DS3 型水准仪，水准尺为红、黑两面双面尺。作业之前，要对水准仪和水准尺进行检验，在作业中为抵消因水准尺磨损而造成的标尺零点差，要求每一水准测段的测站数应为偶数站。

（3）三、四等水准测量转点使用尺垫，转点应选择坚硬的地面上，尺垫要踩实。观测应在标尺分划线成像清晰稳定时进行，若成像不好，应酌情缩短视线长度。

## 二、组织准备

以 8 个人为一组，每组选一名组长和一名副组长，组长负责全组组织以及实际操作训练，副组长负责组织进行理论知识学习和复习。

## 三、场地、仪器和材料准备

选择长约 200m 的实训场地。每组配备水准仪 1 套，三、四等水准尺 1 对，尺垫 2 个。学生每人带教材、工作业、记录表和计算器。

## 任务实施

## 一、外业观测

四等附合水准测量外业步骤与图示见表 2-6-5，记录表及成果计算表见表 2-6-6 ~ 表 2-6-9。

**四等附合水准测量外业步骤与图示** 表 2-6-5

| 路线图示 | 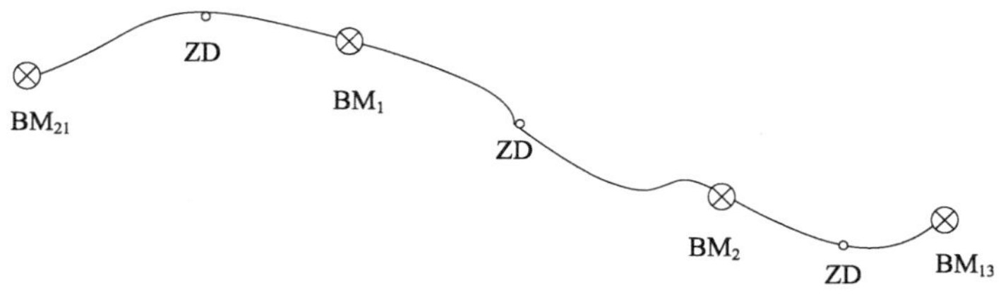 | | |
|---|---|---|---|
| 测段 | 测站 | 图示 | 步骤 |
| $BM_{21}$—$BM_1$ | $BM_{21}$—ZD | 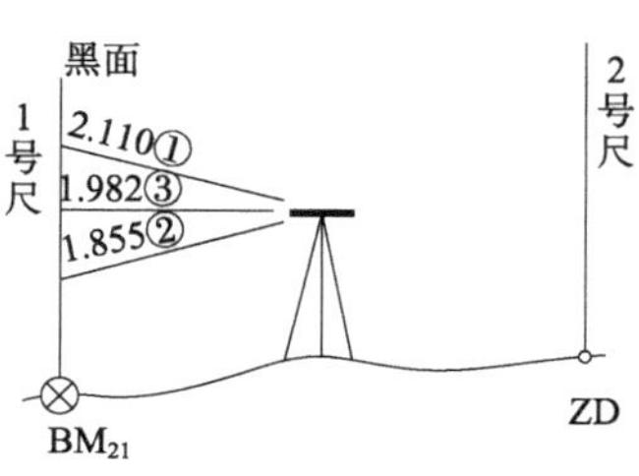 | 1. 先用步测大致确定测站点位置，使前后视距大致相等，安置仪器并整平。将水准尺编号，并将编号和尺常数记入表 2-6-6 中。<br>2. 照准后视点 $BM_{21}$ 处水准尺黑面，并将后视尺编号和尺常数计入表 2-6-6 中。<br>3. 读取上丝读数 2.110①，记入表 2-6-6 中。<br>4. 读取下丝读数 1.855②，记入表 2-6-6 中。<br>5. 读取中丝读数 1.982③，记入表 2-6-6 中 |

续上表

| 测段 | 测站 | 图示 | 步骤 |
|---|---|---|---|
| BM$_{21}$—BM$_1$ | BM$_{21}$—ZD | 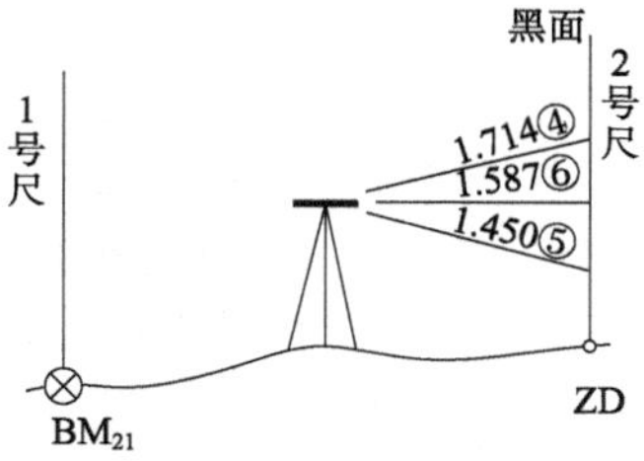 | 1. 照准前视点 ZD 处水准尺黑面，并将前视尺编号和尺常数计入表 2-6-6 中。<br>2. 读取上丝读数 1.714④，记入表 2-6-6 中。<br>3. 读取下丝读数 1.450⑤，记入表 2-6-6 中。<br>4. 读取中丝读数 1.587⑥，记入表 2-6-6 中 |
| | | 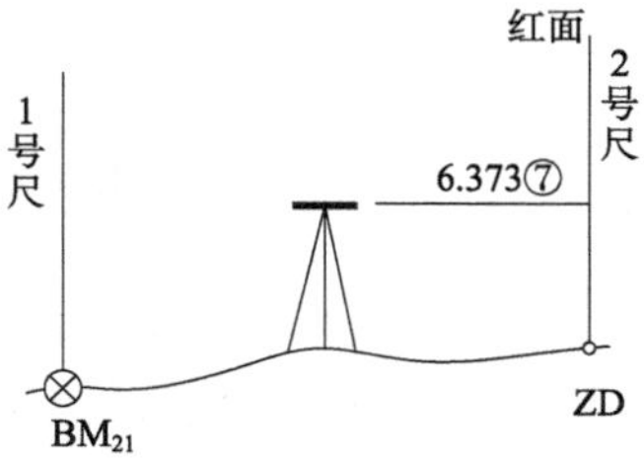 | 1. 倒转水准尺，使前视尺红面对准仪器。<br>2. 照准前视尺红面，读取中丝读数 6.373⑦，记入表 2-6-6 中 |
| | | 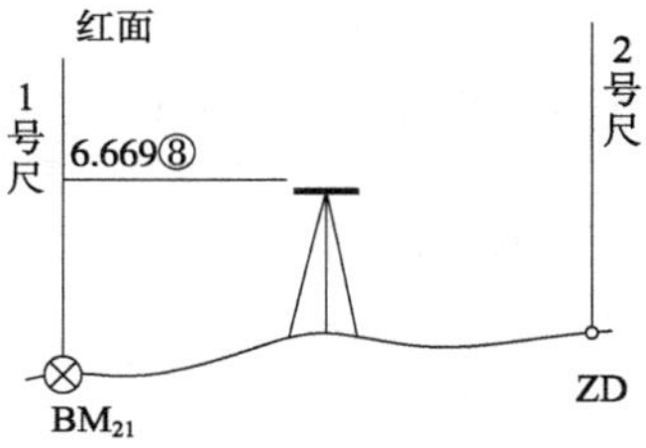 | 1. 照准后视尺红面，读取中丝读数 6.669⑧，记入表 2-6-6 中。<br>2. 至此本测段第一测站的观测完成，应立即进行计算，若各项数值都符合规范要求，可迁站继续观测下一测站，否则应重测 |
| | ZD—DM$_1$ | 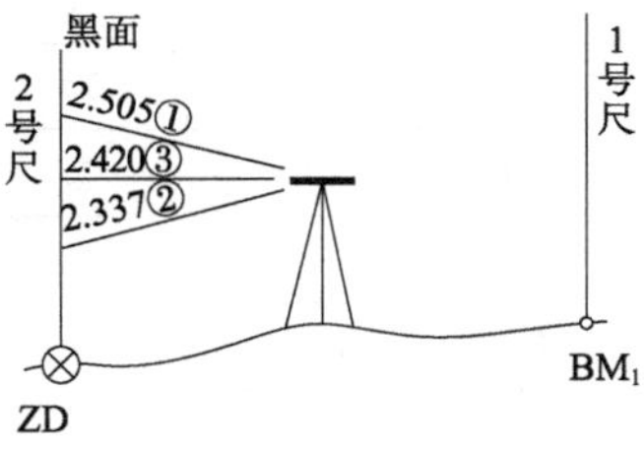 | 1. 将仪器迁至第二测站，先用步测大致确定测站点位置，使前后视距大致相等，安置仪器并整平。<br>2. 照准后视点 ZD 处水准尺黑面，并将后视尺编号计入表 2-6-6 中。<br>3. 读取上丝读数 2.505①，记入表 2-6-6 中。<br>4. 读取下丝读数 2.337②，记入表 2-6-6 中。<br>5. 读取中丝读数 2.420③，记入表 2-6-6 中 |
| | | 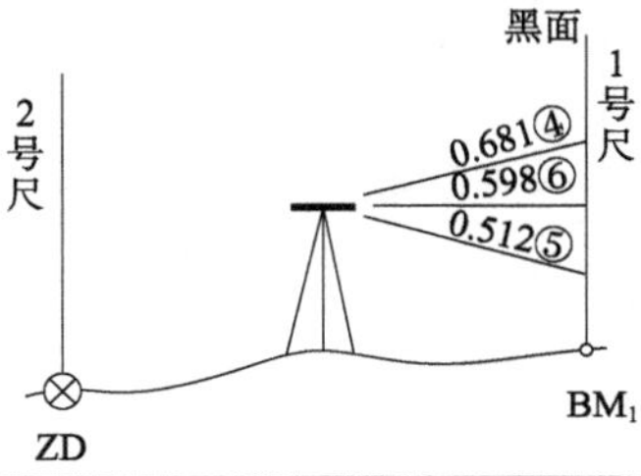 | 1. 照准前视点 BM$_1$ 处水准尺黑面，并将前视尺编号计入表 2-6-6 中。<br>2. 读取上丝读数 0.681④，记入表 2-6-6 中。<br>3. 读取下丝读数 0.512⑤，记入表 2-6-6 中。<br>4. 读取中丝读数 0.598⑥，记入表 2-6-6 中 |
| | | 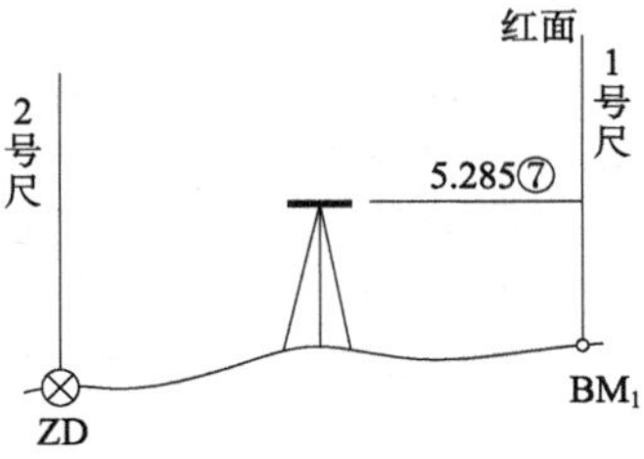 | 1. 倒转水准尺，使前视尺红面对准仪器。<br>2. 照准前视尺红面，读取中丝读数 5.285⑦，记入表 2-6-6 中 |

续上表

| 测段 | 测站 | 图示 | 步骤 |
|---|---|---|---|
| $BM_{21}$—$BM_1$ | ZD—$DM_1$ | 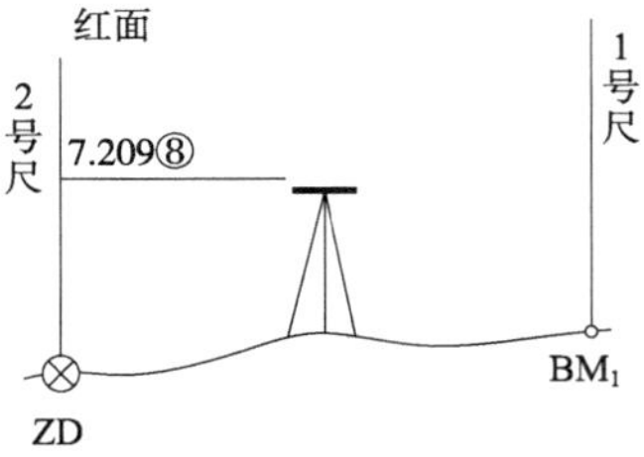 | 1. 照准后视尺红面,读取中丝读数7.209⑧,记入表2-6-6中。<br>2. 至此本测段第二测站的观测完成,应立即进行本站计算,并进行本测段全部计算。若各项数值都符合规范要求,可迁站继续观测下一测段,否则应重测 |
| $BM_1$—$BM_2$ | | | 本测段观测步骤同第一测段,观测数据记入表2-6-7中 |
| $BM_2$—$BM_{13}$ | | | 本测段观测步骤同第一测段,观测数据记入表2-6-8中 |

**四等附合水准测量记录表(第一测段)** 表2-6-6

| 测站编号 | 点号 | 后尺 上丝/下丝 | 前尺 上丝/下丝 | 方向及尺号 | 标尺读数(m) | | K+黑-红(mm) | 平均高差(m) | 备注 |
|---|---|---|---|---|---|---|---|---|---|
| | | 后视距 | 前视距 | | 黑面 | 红面 | | | |
| | | 视距差 $d$ | $\Sigma d$ | | | | | | |
| | | ① | ④ | 后 | ③ | ⑧ | ⑭ | | |
| | | ② | ⑤ | 前 | ⑥ | ⑦ | ⑬ | ⑱ | |
| | | ⑨ | ⑩ | 后—前 | ⑮ | ⑯ | ⑰ | | |
| | | ⑪ | ⑫ | | | | | | |
| 1 | $BM_{21}$—ZD | 2.110 | 1.714 | 后1 | 1.982 | 6.669 | 0 | 0.3955 | $K_1$ =4.687<br>$K_2$ =4.787<br>$K$ 为水准尺常数 |
| | | 1.855 | 1.450 | 前2 | 1.587 | 6.373 | 1 | | |
| | | 25.5 | 26.4 | 后—前 | 0.395 | 0.296 | −1 | | |
| | | −0.9 | −0.9 | | | | | | |
| 2 | ZD—$BM_1$ | 2.505 | 0.681 | 后2 | 2.420 | 7.209 | −2 | 1.8230 | |
| | | 2.337 | 0.512 | 前1 | 0.598 | 5.285 | 0 | | |
| | | 16.8 | 16.9 | 后—前 | 1.822 | 1.924 | −2 | | |
| | | −0.1 | −1.0 | | | | | | |
| 检核 | | Σ⑨ =42.3<br>Σ⑩ =43.3<br>末站⑫ = Σ⑨ − Σ⑩ = −1<br>总距离 $L$ = Σ⑨ + Σ⑩ =85.6 | | Σ③ =4.402 Σ⑧ =13.878 Σ⑥ =2.185<br>Σ⑦ =11.658<br>Σ⑱ = {[Σ③ + Σ⑧] − [Σ⑥ + Σ⑦]}/2 =2.218<br>Σ⑮ =2.217 Σ⑯ =2.220<br>Σ⑱ = {Σ⑮ + Σ⑯}/2 =2.218 | | | | | |

**四等附合水准测量记录表**(第二测段)　　表 2-6-7

| 测站编号 | 点号 | 后尺 上丝/下丝 | 前尺 上丝/下丝 | 方向及尺号 | 标尺读数(m) 黑面 | 标尺读数(m) 红面 | K+黑-红(mm) | 平均高差(m) | 备注 |
|---|---|---|---|---|---|---|---|---|---|
| | | 后视距 | 前视距 | | | | | | |
| | | 视距差 d | Σd | | | | | | |
| | | ① | ④ | 后 | ③ | ⑧ | ⑭ | ⑱ | |
| | | ② | ⑤ | 前 | ⑥ | ⑦ | ⑬ | | |
| | | ⑨ | ⑩ | 后—前 | ⑮ | ⑯ | ⑰ | | |
| | | ⑪ | ⑫ | | | | | | |
| 1 | $BM_1$—ZD | 1.028 | 2.188 | 后 1 | 0.947 | 5.634 | 0 | -1.1500 | $K_1=4.687$ |
| | | 0.862 | 2.005 | 前 2 | 2.098 | 6.883 | 2 | | $K_2=4.787$ |
| | | 16.6 | 18.3 | 后—前 | -1.151 | -1.249 | -2 | | K 为水准尺常数 |
| | | -1.7 | -1.7 | | | | | | |
| 2 | ZD—$BM_2$ | 0.569 | 2.662 | 后 2 | 0.458 | 5.244 | 1 | -2.1045 | |
| | | 0.347 | 2.464 | 前 1 | 2.562 | 7.249 | 0 | | |
| | | 22.2 | 19.8 | 后—前 | -2.104 | -2.005 | 1 | | |
| | | 2.4 | 0.7 | | | | | | |
| 检核 | | Σ⑨=38.8<br>Σ⑩=38.1<br>末站⑫=Σ⑨-Σ⑩=0.7<br>总距离 L=Σ⑧+Σ⑩=76.9 | | | Σ③=1.405　Σ⑧=10.878　Σ⑥=4.660　Σ⑦=14.132<br>Σ⑱={[Σ③+Σ⑧]-[Σ⑥+Σ⑦]}/2= -3.254<br>Σ⑮= -3.255　Σ⑯= -3.254<br>Σ⑱={Σ⑮+Σ⑯}/2= -3.254 | | | | |

**四等附合水准测量记录表**(第三测段)　　表 2-6-8

| 测站编号 | 点号 | 后尺 上丝/下丝 | 前尺 上丝/下丝 | 方向及尺号 | 标尺读数(m) 黑面 | 标尺读数(m) 红面 | K+黑-红(mm) | 平均高差(m) | 备注 |
|---|---|---|---|---|---|---|---|---|---|
| | | 后视距 | 前视距 | | | | | | |
| | | 视距差 d | Σd | | | | | | |
| | | ① | ④ | 后 | ③ | ⑧ | ⑭ | ⑱ | |
| | | ② | ⑤ | 前 | ⑥ | ⑦ | ⑬ | | |
| | | ⑨ | ⑩ | 后—前 | ⑮ | ⑯ | ⑰ | | |
| | | ⑪ | ⑫ | | | | | | |
| 1 | $BM_2$—ZD | 0.428 | 1.481 | 后 1 | 0.321 | 5.009 | -1 | -1.0550 | $K_1=4.687$ |
| | | 0.214 | 1.271 | 前 2 | 1.377 | 6.163 | 1 | | $K_2=4.787$ |
| | | 21.4 | 21.0 | 后—前 | -1.056 | -1.154 | -2 | | K 为水准尺常数 |
| | | 0.4 | 0.4 | | | | | | |
| 2 | ZD—$BM_B$ | 1.798 | 1.558 | 后 2 | 1.628 | 6.413 | 2 | 0.2440 | |
| | | 1.458 | 1.210 | 前 1 | 1.382 | 6.071 | -2 | | |
| | | 34.0 | 34.8 | 后—前 | 0.246 | 0.342 | 4 | | |
| | | -0.8 | -0.4 | | | | | | |

| | | |
|---|---|---|
| 检核 | $\Sigma$⑨ = 55.4<br>$\Sigma$⑩ = 55.8<br>末站⑫ = $\Sigma$⑨ − $\Sigma$⑩ = −0.4<br>总距离 $L$ = $\Sigma$⑨ + $\Sigma$⑩ = 111.2 | $\Sigma$③ = 1.949　$\Sigma$⑧ = 11.422　$\Sigma$⑥ = 2.759　$\Sigma$⑦ = 12.233<br>$\Sigma$⑱ = {[$\Sigma$③ + $\Sigma$⑧] − [$\Sigma$⑥ + $\Sigma$⑦]}/2 = −0.811<br>$\Sigma$⑮ = −0.810　$\Sigma$⑯ = −0.811<br>$\Sigma$⑱ = {$\Sigma$⑮ + $\Sigma$⑯}/2 = −0.811 |

**四等附合水准测量成果计算表**　　表 2-6-9

| 测段编号 | 测点 | 测段长（km） | 实测高差（m） | 改正数（m） | 改正后的高差（m） | 高程（m） |
|---|---|---|---|---|---|---|
| | $BM_{21}$ | | | | | 149.149 |
| 1 | | 0.0856 | 2.218 | −0.002 | 2.216 | |
| | $BM_1$ | | | | | 151.365 |
| 2 | | 0.0769 | −3.254 | −0.001 | −3.255 | |
| | $BM_2$ | | | | | 148.110 |
| 3 | | 0.1112 | −0.811 | −0.002 | −0.813 | |
| | $BM_B$ | | | | | 147.297 |
| $\Sigma$ | | 0.2737 | −1.847 | −0.005 | −1.852 | |
| 精度校核 | $BM_{21}$ 和 $BM_{13}$ 为已知水准点，其高程为：<br>$H_{21} = 149.149\text{m}, H_{13} = 147.297\text{m}$<br>$f_h = \sum h_{测} = -(H_{13} - H_{21}) = -1.847 - (147.297 - 149.149) = 0.005\text{m} = 5\text{mm}$<br>$f_{h容} = \pm 30\sqrt{L} = \pm 30\sqrt{0.2737} = \pm 15\text{mm}$<br>$f_h < f_{h容}$，精度：合格 | | | | | |
| 成果计算 | 1. 改正数计算：<br>$v_1 = \frac{l_1}{\sum l} \times (-f_h) = \frac{0.0856}{0.2737} \times (-0.005) = -0.002$<br>$v_2 = \frac{l_2}{\sum l} \times (-f_h) = \frac{0.0769}{0.2737} \times (-0.005) = -0.001$<br>$v_3 = \frac{l_3}{\sum l} \times (-f_h) = \frac{0.1112}{0.2737} \times (-0.005) = -0.002$<br>$\sum v = v_1 + v_2 + v_3 = 0.002 + (-0.001) + (-0.002) = -0.005 = -f_h$<br>2. 改正后高差计算：<br>$h_{1改} = h_{1测} + v_1 = 2.218 + (-0.002) = 2.216$<br>$h_{2改} = h_{2测} + v_2 = -3.254 + (-0.001) = -3.255$<br>$h_{3改} = h_{3测} + v_3 = -0.811 + (-0.002) = -0.813$<br>$\sum h_{改} = h_{1改} + h_{2改} + h_{3改} = 2.216 + (-3.255) + (-0.813) = -1.852 = H_{终} - H_{始}$<br>3. 高程计算：<br>$H_C = H_{A理} + h_{1改} = 149.149 + 2.216 = 151.365$<br>$H_D = H_C + h_{2改} = 151.365 + (-3.255) = 148.110$<br>$H_{B测} = H_D + h_{3改} = 148.110 + (-0.813) = 147.297 = H_{B理}$ | | | | | |

## 二、内业计算

### (一)每测段水准测量观测记录表的计算

**1. 视距部分**

(1)后视距离⑨ = | 上丝读数①—下丝读数② | ×100;

(2)前视距离⑩ = | 上丝读数④—下丝读数⑤ | ×100;

(3)后、前视距差⑪ = 后视距离⑨—前视距离⑩,对于四等测量,不应大于5m;

(4)后、前视距累积差⑫ = 本站视距差⑪ + 上站视距累积差⑫,对于四等测量,不应大于10m。

**2. 高差部分**

(1)前视尺黑、红面读数差⑬ = $K$ + ⑥ - ⑦,其绝对值不应超过3mm。

(2)后视尺黑、红面读数差⑭ = $K$ + ③ - ⑧,其绝对值不应超过3mm。

式中$K$为水准尺的黑、红面的起点差,称尺常数。三、四等水准尺以两根水准尺为一组,每根水准尺尺常数不同,分别为4.687m和4.787m。

(3)黑面高差⑮ = ③ - ⑥。

(4)红面高差⑯ = ⑧ - ⑦。

(5)黑、红面高差之差⑰ = ⑮ - [⑯ ±0.1] = ⑭ - ⑬,其绝对值应小于5mm。

式中⑯ ±0.1m是由于两根水准尺红面有起点差,二者相差0.1m。取“ + ”或“ - ”号应视红面常数来确定,当后视尺常数$K$是4.687时,则红面高差比黑面高差小,应取“ + ”号;后视尺常数$K$是4.787时,则应取“ - ”号。

(6)高差中数⑱ = [⑮ + ⑯ ±0.1]/2,作为该测站所测的高差。取“ + ”或“ - ”号的方法同上。

**3. 校核部分**

当一个测段测量完毕,应逐页检核计算有无错误,检核的方法是:

先计算Σ③、Σ⑥、Σ⑧、Σ⑦、Σ⑨、Σ⑩、Σ⑮、Σ⑯、Σ⑱,然后用下式校核:

(1)末站⑫ = Σ⑨ - Σ⑩。

(2)水准路线总长度$L$ = Σ⑨ + Σ⑩。

(3)测站为奇数时:

测段实测总高差Σ⑱ = [Σ⑮ + Σ⑯ ±0.1]/2 = {[Σ③ + Σ⑧] - [Σ⑥ + Σ⑦] ±0.1}/2

“ ± ”的取法是,奇数站后视尺常数$K$是4.687时,应取“ + ”号;奇数站后视尺常数$K$是4.787时,则应取“ - ”号。

测站为偶数时:Σ⑱ = [Σ⑮ + Σ⑯]/2 = {[Σ③ + Σ⑧] - [Σ⑥ + Σ⑦]}。

### (二)四等附合水准测量成果计算

将每测站的测段长$L$和实测总高差Σ⑱,填入四等附合水准测量成果计算表,此表的计算和五等水准测量成果计算的方法相同。

**任务思考**

1. 什么是高程控制测量?分为哪几个等级?

2. 三、四等水准测量通常采用什么路线形式施测？

3. 水准点的设置有哪些要求？

4. 简述三、四等水准测量一个测站的施测步骤。

5. 三、四等水准测量应该进行哪些校核？

6. 什么是尺常数？一对三、四等水准尺的尺常数分别是多少？

### 任务评价

任务考核评价表见附表。

## 任务 2-7　自动安平水准仪的检验与校正

### 任务描述

在施工现场使用的一台自动安平水准仪，经过一段时间的使用，测量误差明显增大，拟对此水准仪进行检验，确定仪器误差来源并送修。

### 任务目标

通过学习和完成本任务，你将能够：

1. 掌握自动安平水准仪圆水准器的检验方法，了解圆水准器的校正方法；

2. 掌握自动安平水准仪十字丝横丝的检验方法，了解十字丝横丝的校正方法；

3. 掌握自动安平水准仪补偿器的检验方法；

4. 掌握自动安平水准仪 $i$ 角的检验方法，了解 $i$ 角误差的校正方法。

### 建议课时

2 课时。

### 任务引入和分析

我们知道，在水准测量中，误差是一定存在的。如果要尽可能地减少水准测量的误差，就必须了解引起水准测量误差的原因。在引起水准测量误差的因素中，仪器误差是一个重要的因素。本任务的主要内容就是了解造成水准测量误差的原因，并掌握水准仪检验的方法，了解水准仪校正的方法。

### 任务准备

#### 一、水准仪各轴线间应满足的轴线关系

在水准仪出厂的时候，必须对水准仪进行严格地检验和校正，保证水准仪各轴线（图 2-7-1）处于正确的几何位置，从而确保使用仪器进行水准测量的精度。各类型水准仪的检校内容略有不同，目前应用比较普遍的自动安平水准仪应满足的几何条件是：

（1）圆水准器轴 $LL$ 应平行于仪器的竖轴 $VV$。

（2）十字丝的中横丝应垂直于仪器的竖轴。

(3)自动安平水准仪补偿器工作正常。

(4)自动安平水准仪 $i$ 角误差符合要求。

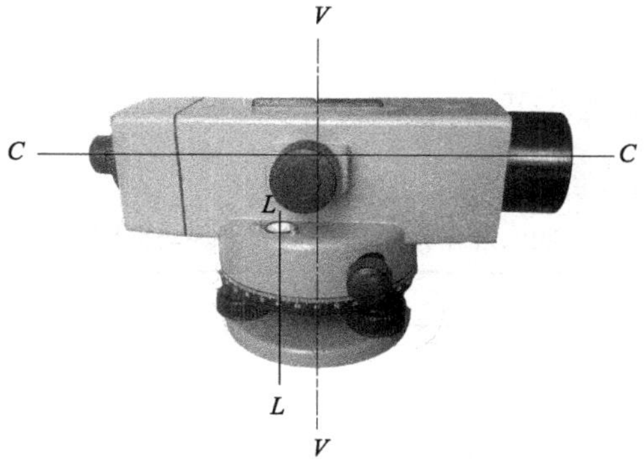


图 2-7-1　水准仪各轴线的关系

## 二、水准测量的误差与注意事项

**1. 水准测量的误差来源**

1)仪器误差

(1)水准仪自身存在的误差。

(2)水准尺刻划不准确,尺长变化,弯曲等影响水准测量的精度。

2)观测误差

(1)粗平误差。观测中气泡偏离中心太多,超过了补偿器的补偿范围,造成视线不水平。

(2)读数误差。在水准尺上估读时,由于人眼的分辨能力、望远镜的放大倍率、视线的长度(视线越长,估读误差越大)、观测条件造成视觉的差异,会造成读数误差。

(3)视差。当存在视差时,十字丝平面与水准尺影像不重合,若眼睛观察的位置不同,便读出不同的读数,造成读数误差。

(4)水准尺未竖直。由于地形原因或人为因素造成水准尺未竖直,将会使视线在尺上的读数增大。

3)外界条件的影响

(1)仪器或转点下沉。如果水准仪脚架未踏实或水准尺立在了不坚实的地面上,再加上观测的时间过长造成仪器或转点的下沉,使读数产生误差。

(2)环境干扰。测量时温度、风力及大气折光等环境因素对测量结果有一定影响。

**2. 水准测量注意事项**

在水准测量时,为了提高观测精度确保观测质量,就需要消除或减少上述影响观测精度的各种因素,在实际工作中应注意以下事项。

(1)要做好仪器的检验与校正。

(2)选择地势较高且坚实的地面安置仪器,在转点处尽可能使用尺垫,观测速度尽量要快。

(3)尽量使前后视距保持相等。

(4)水准尺应立直,转动时位置不能变动。

(5)视线长度应控制在 100m 以内,必须高出地面一定的高度。

(6)读数前应严格消除视差,读数时眼睛应尽量水平观看,记录应清晰、工整,记错时应在错处画一斜线,将正确数字写在上方。

(7)在强光下作业要给仪器打伞,以避免仪器暴晒变形影响测量精度。

## 任务实施

### 一、圆水准器的检验和校正

圆水准器检验和校正的步骤与图示见表2-7-1。

圆水准器检验和校正的步骤与图示　　表2-7-1

| 内容 | 图　示 | 步　骤 |
| --- | --- | --- |
| 检验 | 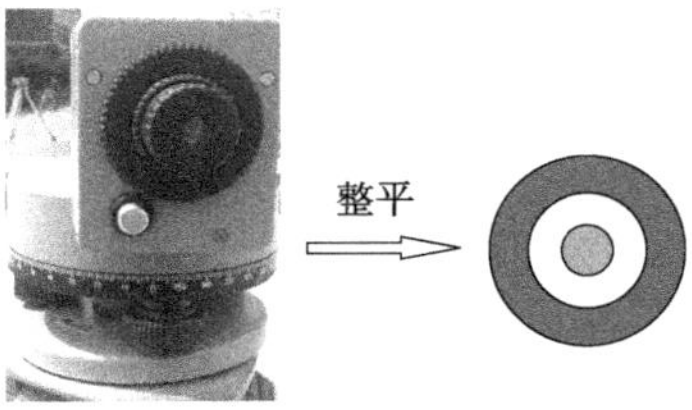 | 1. 在三脚架架头上安置水准仪,并使刻度标记对准0。<br>2. 把水准仪精确整平 |
| | 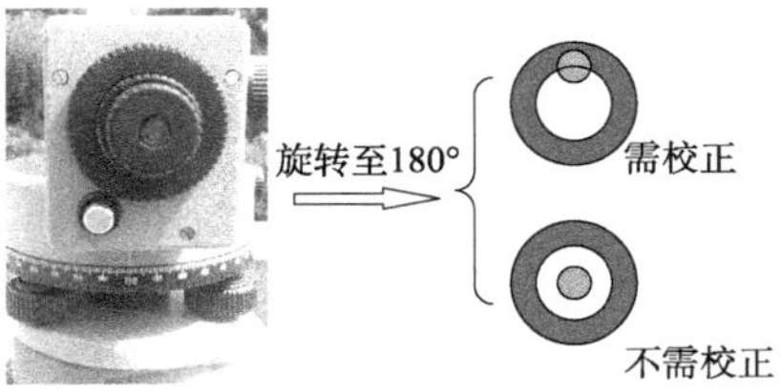 | 3. 旋转水准仪,使刻度标记对准180°,如果圆气泡仍然居中,说明圆水准器轴平行于仪器竖轴,不需校正;否则,需要校正 |
| 校正 | 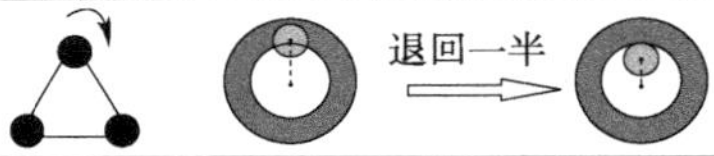 | 转动脚螺旋使圆气泡中点退回偏离零点的一半 |
| | 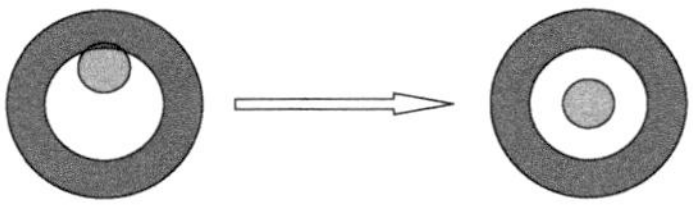 | 用拨针拨动圆水准器底下的三个校正螺旋,使气泡居中。检验和校正必须反复进行,直到仪器转动到任何方向气泡都居中为止 |

### 二、十字丝横丝的检验和校正

十字丝横丝检验和校正的步骤与图示见表2-7-2。

十字丝横丝检验和校正的步骤与图示　　表2-7-2

| 内容 | 图　示 | 步　骤 |
| --- | --- | --- |
| 检验 |  | 1. 整平水准仪。<br>2. 同学$A$(白衣)观察水准仪,同学$B$(黑衣)手拿一签字笔放在光洁的墙上。同学$B$在同学$A$的指挥下,上下移动签字笔,直至移动到十字丝中横丝上,并在墙上点一明显小点 |
| | 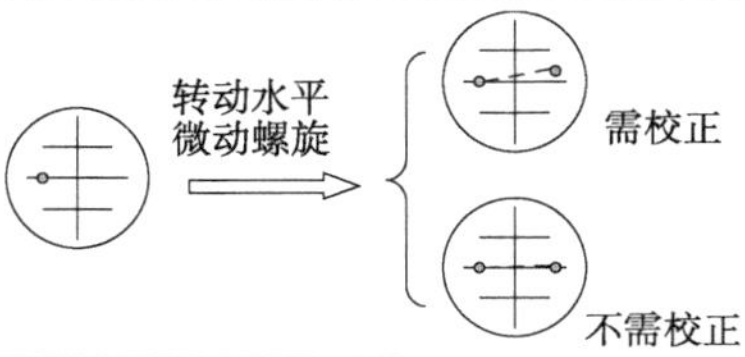 | 3. 旋转水准仪水平微动螺旋,如果小点始终在横丝上移动,说明十字丝的中横丝垂直于仪器的竖轴,不需校正;否则,需要校正 |

续上表

| 内容 | 图　示 | 步　骤 |
|---|---|---|
| 校正 | 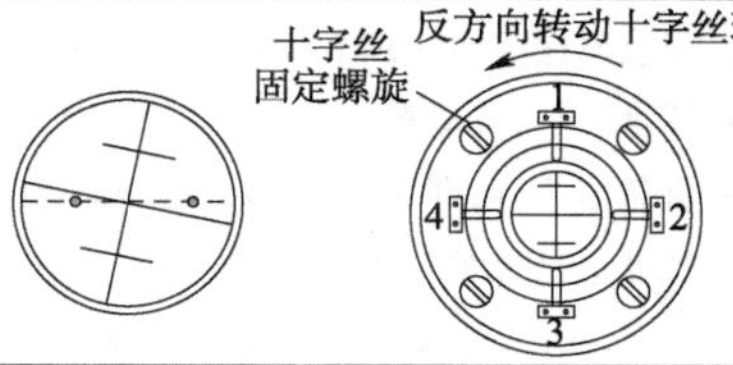 | 卸下十字丝分划板护盖，松开十字丝环上的固定螺旋，按横丝倾斜的反方向转动十字丝环，直到满足要求为止，最后拧紧固定螺旋，装上护盖。当误差不明显时，一般不必进行校正，可利用十字丝交点处读数，以减少误差的影响 |

## 三、自动安平水准仪补偿器的检验

自动安平水准仪补偿器的检验步骤与图示见表2-7-3。

**自动安平水准仪补偿器的检验步骤与图示**　　表2-7-3

| 内容 | 图　示 | 步　骤 |
|---|---|---|
| 检验 | 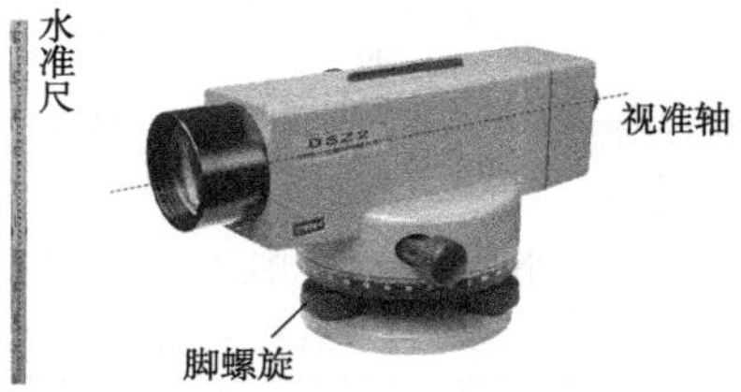 | 1. 安置水准仪并整平。<br>2. 将其中一个脚螺旋与视准轴同一方向，指挥水准尺左右移动，直至能在望远镜中看到水准尺，并读取中丝读数 |
| | 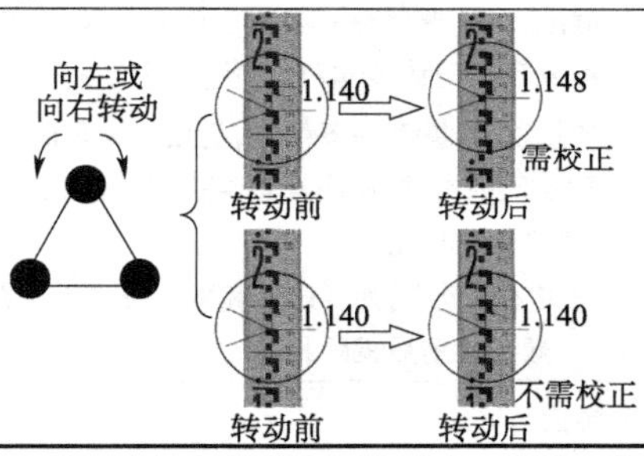 | 3. 将与视准轴同一方向的脚螺旋向左（右）转动少许（转动范围一般使圆气泡在圆圈内即可），当脚螺旋旋转后，检查十字丝是否又回到了原位（即中丝读数不变）。如果十字丝回到原位，说明补偿器正常，若十字丝随脚螺旋的转动而上下移动，说明补偿器有问题，需进行修理 |

## 四、水准仪 *i* 角的检验和校正

水准仪 $i$ 角检验和校正的步骤与图示见表2-7-4。检验记录表见表2-7-5。

**水准仪 *i* 角检验和校正的步骤与图示**　　表2-7-4

| 内容 | 图　示 | 步　骤 |
|---|---|---|
| 检验 | 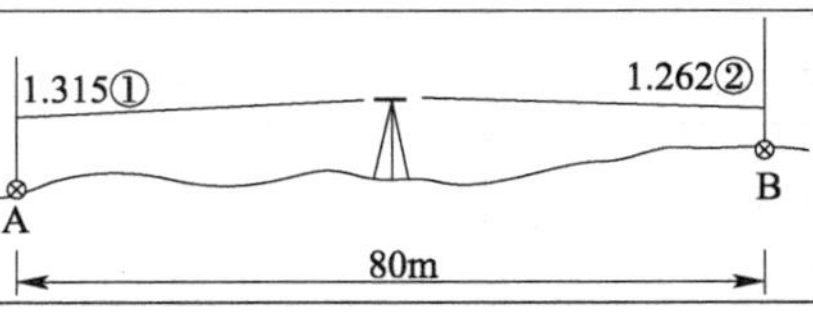 | 1. 选取相距80～100m的$A$、$B$两点，并放置水准尺。<br>2. 将水准仪安置在$A$、$B$两点的中间位置，先读取后视$A$尺读数1.315①，再读取前视点B尺的读数1.262②，则$h_{AB}=1.315-1.262=0.053$ |
| | 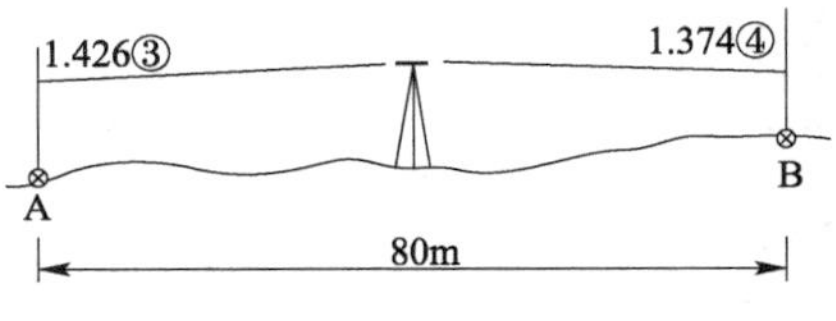 | 3. 变更仪器高，整平仪器。再次读取后视$A$尺读数1.426③，再读取前视点$B$尺的读数1.374④，则$h'_{AB}=1.426-1.374=0.052$。<br>4. 计算两次观测高差之差$\Delta h=h_{AB}-h'_{AB}$。两次高差之差不能大于3mm。本题$\Delta h=h_{AB}-h'_{AB}=0.053-0.052=0.001\text{m}=1\text{mm}<3\text{mm}$，测量精度符合要求。如果不符合要求，则再次观测高差，直到符合为止。<br>5. 取平均值$\bar{h}_{AB}$作为$A$、$B$两点的正确高差。<br>$\bar{h}_{AB}=\frac{h_{AB}+h'_{AB}}{2}=\frac{0.053+0.052}{2}=0.052$ |

续上表

<table>
<tr><th>内容</th><th>图　　示</th><th>步　　骤</th></tr>
<tr><td rowspan="2">检验</td><td>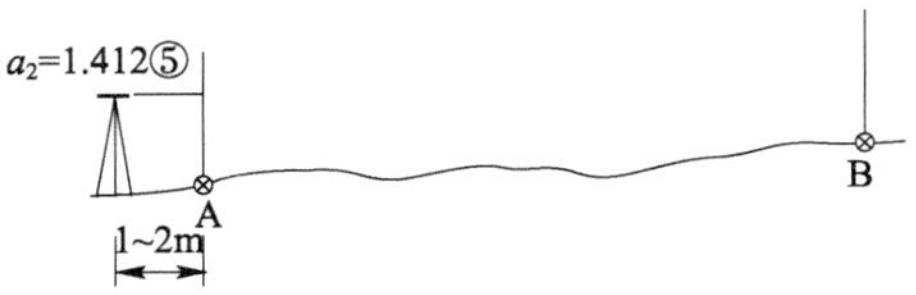
</td><td>6. 将仪器搬至距 $A$ 尺 1～2m 处并整平。<br>7. 照准 $A$ 尺，并读数 $a_2=1.412$⑤。由于仪器离 $A$ 点较近，误差可忽略不计，即 $a_2$ 为 $A$ 尺的正确读数。<br>8. 计算远尺 $B$ 的正确读数：<br>$b_2'=a_2-\bar{h}_{AB}=1.412-0.052=1.360$</td></tr>
<tr><td>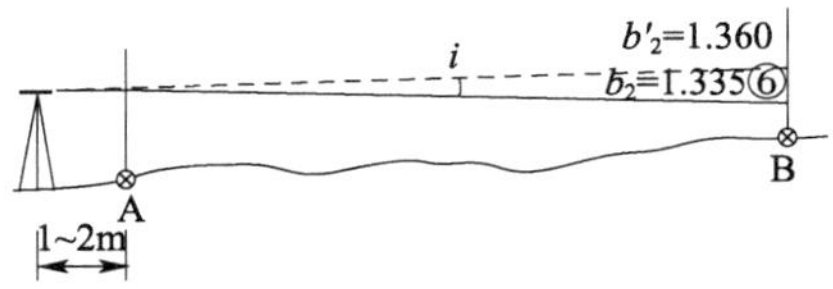
</td><td>9. 照准远尺 $B$ 并读数 $b_2$。<br>10. 如果 $b_2=b_2'$，则不存在 $i$ 角误差；如果 $b_2\neq b_2'$，则存在 $i$ 角误差。本题 $b_2=1.335$⑥$\neq b_2'$，则 $i$ 角按下式计算：<br>$$i=\frac{\Delta b}{D_{AB}}\times 206265('')$$<br>$$=\frac{1.335-1.360}{80}\times 206265=-64''$$<br>式中：$\Delta b$——$B$ 尺读数偏差值，$\Delta b=b_2-b_2'$；<br>$D_{AB}$——$A$、$B$ 两点的水平距离。<br>11. 若 $|i|$ 小于等于 20″，则不需校正。若 $|i|$ 大于 20″，则需要校正。本题 $|i|=64''>20''$，需要校正</td></tr>
<tr><td>校正</td><td>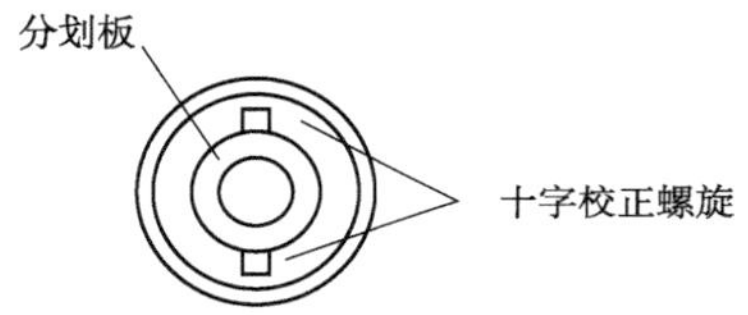
</td><td>1. 照准 $B$ 尺，调整分划板上 $i$ 角调整螺旋，使十字丝中横丝对准 $B$ 尺正确读数 $b_2'$ 处，就完成了校正。<br>2. 校正以后，搬动一下仪器，仍放在 $A$ 尺附近，重测一次 $A$ 和 $B$ 两点间的高差，所测高差与正确高差之差应在 3～5mm 以内，否则需再校正。<br>3. 在实际测量中，为了避免和减少校正不完善的残留误差影响，一般应使前后视距相等</td></tr>
</table>

**$i$ 角检验记录表**　　表 2-7-5

| 仪器位置 | 项　目 | 第一次 | 第二次 | 第三次 |
|---|---|---|---|---|
| 在 $A$、$B$ 两点中间置仪器测高差<br>$D_{AB}=80$m | 后视 $A$ 点尺上读数 $a_1$(m) | 1.315① | 1.426③ | |
| | 前视 $B$ 点尺上读数 $b_1$(m) | 1.262② | 1.374④ | |
| | $h_{AB}=a_1-b_1$(m) | 0.053 | 0.052 | |
| | 高差较差 $\Delta h$(m) | 0.001 | | |
| | 高差平均值 $\bar{h}_{AB}$(m) | 0.052 | | |
| 在 $A$ 点附近置仪器进行检校 | $A$ 点尺上读数 $a_2$(m) | 1.412⑤ | | |
| | $B$ 点尺上读数 $b_2$(m) | 1.335⑥ | | |
| | 计算 $b_2'=a_2-\bar{h}_{AB}$(m) | 1.360 | | |
| | 偏差值 $\Delta b=b_2-b_2'$(m) | -0.025 | | |
| | $i=\frac{\Delta b}{D_{AB}}\times 206265('')$ | -64 | | |
| 结论 | 是否需校正 | $\|i\|=64''>20''$，需要校正 | | |

注：画有下划线的数值为观测数值。

## 任务思考

1. 自动安平水准仪应满足的几何条件有哪些？
2. 简述圆水准器检验和校正的步骤。
3. 简述十字丝横丝检验和校正的步骤。
4. 简述自动安平水准仪补偿器的检验步骤。
5. 简述自动安平水准仪 $i$ 角检验和校正的步骤。

## 任务评价

任务考核评价表见附表。

# 项目3 角度测量

## 项目内容

本项目为角度测量,主要包括以下三项内容:

1. 了解角度测量的原理;
2. 掌握水平角测量和竖直角测量的方法;
3. 进行全站仪的检验与校正。

## 项目要求

通过本项目的学习,应做到:

1. 了解角度测量的基本工作原理;
2. 认识全站仪的基本构造,能够熟练操作全站仪;
3. 能够使用全站仪进行水平角测量和竖直角测量;
4. 能够进行全站仪的检验和校正。

## 项目知识点、技能点

1. 角度测量原理及测角仪器的认识

1)角度测量基本知识;

2)角度测量的基本原理;

3)全站仪的构造。

2. 全站仪的操作

全站仪的操作步骤。

3. 测回法测量水平角

1)利用测回法进行水平角的观测;

2)水平角的计算。

4. 复测法测量水平角

利用测回法进行水平角的观测。

5. 方向观测法测量水平角

1)利用方向观测法进行水平角的观测;

2)水平角的计算。

6. 竖直角的测量

1)利用全站仪测量竖直角;

2)竖直角的计算。

7. 全站仪的检验和校正

1)全站仪应满足的轴线关系;

2) 进行全站仪水准管轴的检校；
3) 进行全站仪十字丝的检校；
4) 进行全站仪视准轴的检校；
5) 进行全站仪横轴误差的检校；
6) 进行竖盘指标差的检校；
7) 进行全站仪光学对中器的检校。

# 任务 3-1　角度测量原理及测角仪器的认识

## 任务描述

1. 分组学习和思考，了解角度测量的原理；
2. 每组一台全站仪，认识仪器的各部分构造。

## 任务目标

通过学习和完成本任务，你将能够：
1. 掌握角度测量的基本原理；
2. 认识常见的测角仪器。

## 建议课时

2 课时。

## 任务引入和分析

角度测量是测量的三大基本工作之一。本任务的主要内容就是了解角度测量的基本原理和水平角测量的方法，为以后角度测量施测的学习奠定基础。

## 任务准备

### 一、角度测量原理

**1. 水平角测量原理**

水平角是指从一点出发的两个目标方向线在同一水平面上投影的夹角，一般用字母 $\beta$ 表示。如图 3-1-1 所示，$A$、$B$、$O$ 为地面上的任意点，通过方向线 $OA$ 和 $OB$ 各作一竖直面，则竖直面与水平投影面的交线 $oa'$、$ob'$ 即为 $OA$ 和 $OB$ 在水平投影面上的投影线，$oa'$ 和 $ob'$ 的夹角 $\angle a'Ob'$，就是方向线 $OA$ 和 $OB$ 之间的水平角。通常水平角是从起始方向按顺时针度量的，其角值范围为 0°～360°。由图 3-1-1 所示还可以看出，水平角 $\beta$ 是通过方向线 $OA$ 和 $OB$ 的两个竖直面所形成的二面角。显然，水平角可以在两竖直面交线上的任意一点上进行测量。

为了测出水平角的大小，在 $O$ 点上方安置一个带有水平刻度盘的测角仪器，其度盘中心 $O'$ 在通过 $O$ 点的铅垂线上，设 $OA$ 和 $OB$ 两条方向线在水平刻度盘上的投影读数为 $a$ 和 $b$，当水平刻度盘的刻划按顺时针注记时，则水平角 $\beta$ 为：

$$\beta = b - a \tag{3-1-1}$$

**2. 竖直角测量原理**

竖直角是指在同一竖直面内照准目标的方向线与水平线之间的夹角。视线在水平线以上,角度为正值;视线在水平线以下,角度为负值。其角值范围为 $-90° \sim 90°$。如图 3-1-2 所示,为了测出竖直角 $\alpha$ 的大小,在 $O$ 点的上方安置一个带有竖直刻度盘的测角仪器,其竖盘中心通过水平视线,且竖盘与目标点在同一竖直面内。设照准目标点 $A$ 时视线的读数为 $n$,水平视线的读数为 $m$,当竖直刻度盘逆时针注记时,则竖直角 $\alpha$ 为:

$$\alpha = n - m \tag{3-1-2}$$

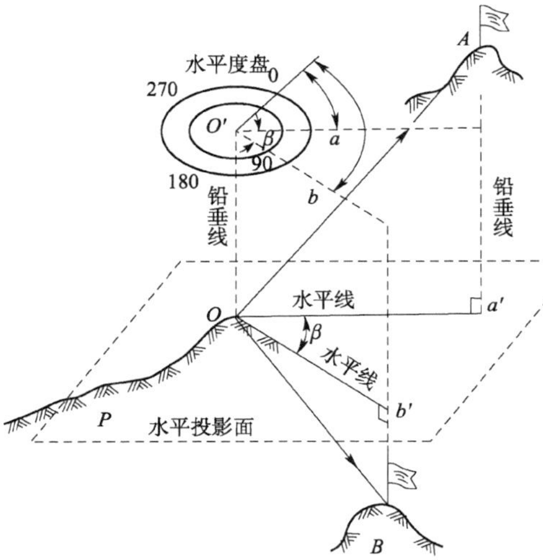

图 3-1-1 水平角测量原理图

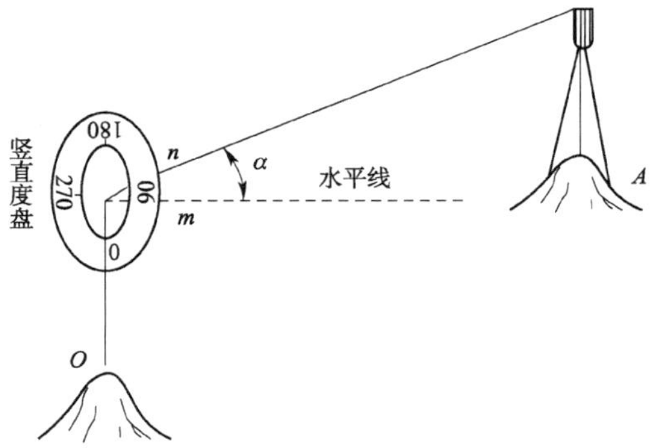

图 3-1-2 竖直角测量原理图

## 二、全站仪的构造

如图 3-1-3 所示,主要由照准部(包括望远镜、竖直度盘、水准器、读数设备)、水平度盘、基座三部分组成。现将各组成部分介绍如下:

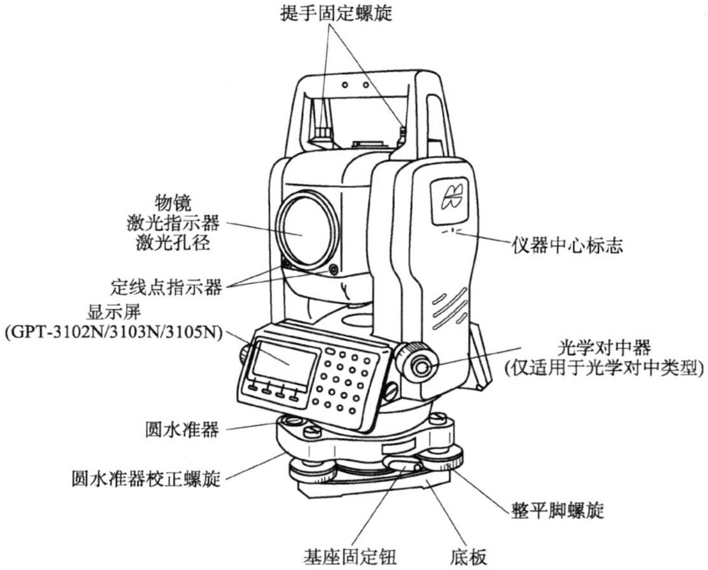

图 3-1-3 全站仪结构图

**1. 照准部**

（1）望远镜。为了控制望远镜的俯仰程度，在照准部外壳上还设置有一套望远镜制动螺旋和微动螺旋，即垂直制动螺旋和垂直微动螺旋；为了控制望远镜水平方向的转动，在照准部外壳上还设置有一套水平制动和微动螺旋。当拧紧望远镜或照准部的制动螺旋后，转动微动螺旋，望远镜或照准部才能做微小的转动。

（2）竖直度盘。竖直度盘固定在横轴的一端，同望远镜一起转动，用以观测竖直角。

（3）水准器。照准部上的管水准器用于精确整平仪器，圆水准器用于粗略整平仪器。

（4）读数设备。读数设备包括一个显示器和微型电脑。

**2. 水平度盘**

水平度盘是用光学玻璃制成的精密刻度盘，在盘上按顺时针方向从0°到360°刻有等角度的分划线。

**3. 基座部分**

基座是仪器的底座，由一固定螺旋将两者连接在一起，使用时应检查固定螺旋是否旋紧。

### 任务思考

1. 什么是水平角？
2. 在竖直角测量中，如何区分仰角和俯角？

### 任务评价

任务考核评价表见附表。

## 任务3-2　全站仪的操作

### 任务描述

现有一台全站仪，要求规范地完成全站仪的安置，并能够用全站仪照准目标点，读出仪器上数字。

### 任务目标

通过学习和完成本任务，你将能够：

1. 掌握使用全站仪的基本操作步骤；
2. 掌握全站仪各部分功能。

### 建议课时

2课时。

### 任务引入和分析

全站仪是进行角度测量的主要仪器设备。本任务的主要内容就是了解全站仪的结构，掌握全站仪安置的方法和读数的方法，从而为以后角度测量施测的学习奠定基础。

## 任务准备

全站仪的使用分为 7 个步骤，如表 3-2-1 所示。

**全站仪使用步骤与图示**　　表 3-2-1

| 步　骤 | 图　示 | 说　明 |
| --- | --- | --- |
| 1. 检查仪器 |  | 将三个脚螺旋旋转至中间位置，确保精平时有足够的旋转空间；将水平、竖直制动螺旋旋转至中间位置；将望远镜中十字丝调节至最清晰；将对中器中小黑圈调节至最清晰 |
| 2. 安置三脚架 |  | 固定一个脚架，呈等边三角形拉开另两个脚架，使三个脚尖大致等距，且应保持架面尽量水平；并使连接螺旋中心孔尽量对准测站点 |
| 3. 安装仪器 |  | (1)打开仪器箱盖，一手拿住提手，一手托住基座底部，平稳地取出仪器 |
| |  | (2)将仪器小心地放在三脚架上，以基座的一个边为轴微微抬起仪器，将连接螺旋与基座连接孔相连，将仪器可靠紧固 |

续上表

| 步　骤 | 图　示 | 说　明 |
| --- | --- | --- |
| 4. 对中 | <br> | 对中的目的是使仪器的中心与测站点位于同一铅垂线上，现在常用的对中方法有光学对中器和激光对中器两种，其操作步骤如下：<br>先固定一个三脚架腿，用两手分别握住并轻轻抬起另两只脚架腿，前后左右缓慢移动该两个脚架腿，同时用眼睛从光学对中器中观察对中器的中心是否对准测站点。使用激光对中器时，可直接观察激光点是否对准测站点。当对中器的中心对准测站点后，放下该两个三脚架架腿并踏牢，再转动脚螺旋精确对中 |
| 5. 整平仪器 |  | (1)粗平：松开一个三脚架腿制动螺旋，伸缩架腿，调整该三脚架架腿高度，使圆水准气泡中心与小黑圈中心连线平行于另一根架腿的中心线，再伸缩该架腿，调整该架腿的高度，使圆水准器气泡居中 |
| | 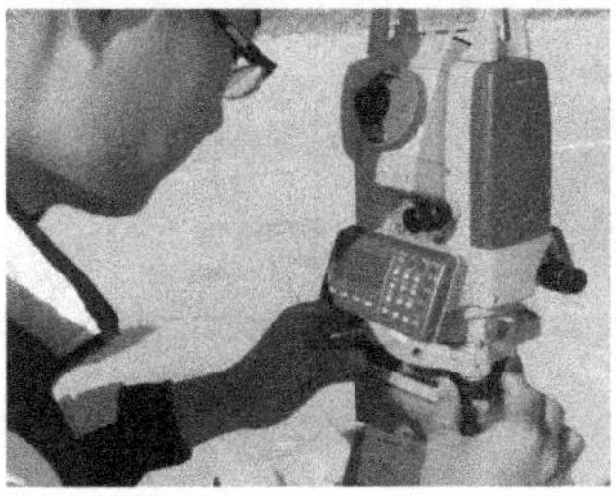<br>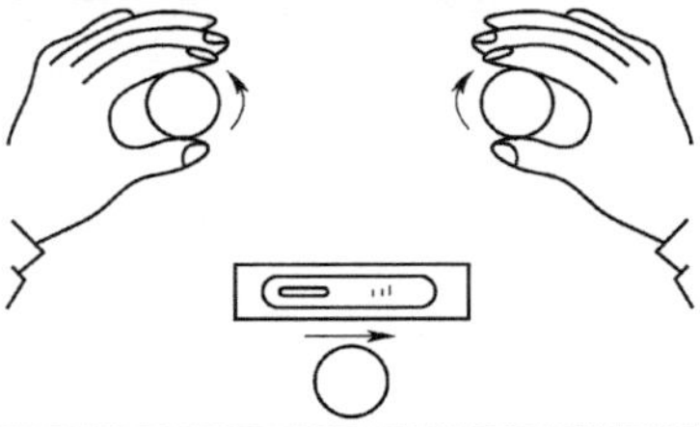 | (2)精平：<br>①转动照准部，使水准管轴线与任意两脚螺旋的连线平行；<br>②两手同时向内(或向外)旋转两个脚螺旋，使水准管气泡居中(气泡移动方向和左手大拇指转动的方向相同)；<br>③将照准部绕竖轴旋转90°，使水准管轴线与这两个脚螺旋的连线垂直；<br>④旋转第三只脚螺旋使水准管气泡居中；<br>⑤按上述方法反复进行，直至水准管转到任何位置时气泡都居中为止；<br>⑥精平后再检查对中器是否对中，若偏离，则应再反复进行对中和整平，直至既对中又整平为止 |

续上表

| 步　　骤 | 图　　示 | 说　　明 |
| --- | --- | --- |
| 6. 瞄准 |  | (1)用准星和照门粗略照准目标，旋紧照准部和望远镜制动螺旋 |
| | 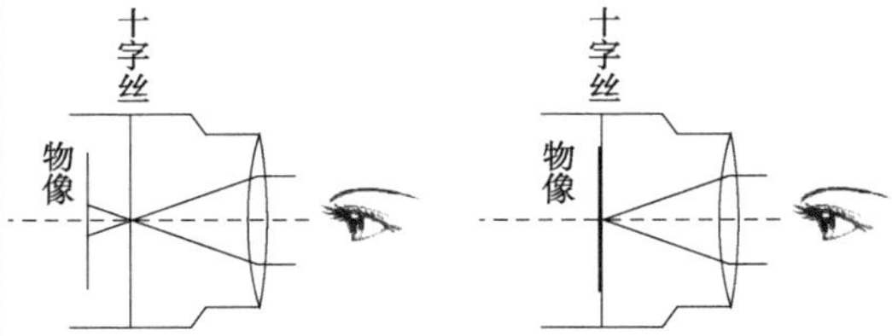<br>有视差现象　　没有视差现象 | (2)消除视差：将眼睛在目镜端作上、下移动，若物像与十字丝有明显任何相对位移，则存在视差。反复调节目镜对光螺旋和物镜对光螺旋，使十字丝和物像都清晰(此时十字丝和物像位于同一平面)，无相对运动，就消除了视差 |
| |  | (3)旋转照准部和望远镜的微动螺旋，使十字丝交点精确对准目标 |
| 7. 读数 | 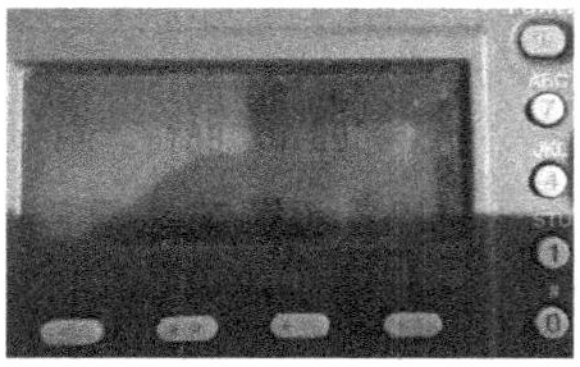 | 读出显示器上显示的角度读数 |

## 任务思考

1. 全站仪使用分为哪几个基本操作步骤？
2. 全站仪整平的技巧是什么？

## 任务评价

任务考核评价表见附表。

# 任务3-3 测回法测量水平角

## 任务描述

现有一个测站点以及两个目标点，拟将测站点对两个目标点之间的夹角测设出来，要求用测回法测定未知夹角。

## 任务目标

通过学习和完成本任务，你将能够：

1. 掌握测回法观测步骤；
2. 掌握测回法测量成果的整理计算。

## 建议课时

2课时。

## 任务引入和分析

测回法是角度测量方法之一，是以一个已知测站点为依据，测量两个目标点对测站点之间水平夹角的常用方法。本任务的主要内容就是以测回法测量出一个未知夹角。

## 任务准备

### 一、水平角

在水平角观测中，为发现错误并提高测角精度，一般要用盘左和盘右两个位置进行观测。当观测者面对望远镜的目镜，竖盘在望远镜的左侧时称为盘左位置，又称正镜；若竖盘在望远镜的右侧时称为盘右位置，又称倒镜。

测回法是测角的基本方法，适用于两个方向之间的水平角的观测。如图3-3-1所示，设$A$、$O$、$B$为地面上的三个点，$O$为测站点，$A$、$B$为观测目标，欲测定直线$OA$与$OB$所构成的水平角$\angle AOB$。先在测站点$O$点安置仪器，进行对中、整平，然后按以下步骤进行观测。

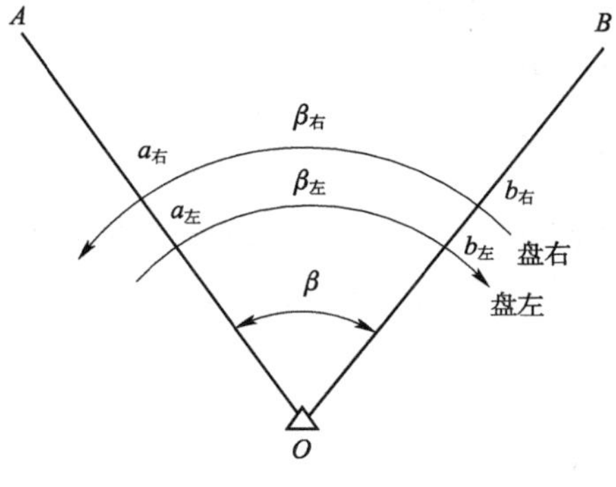


图3-3-1 测回法示意图

（1）盘左位置：先照准左方目标，即后视点$A$，读取水平度盘读数为$a_{左}$，并记入测回法测角记录表中，见表3-3-1。然后顺时针转动照准部照准右方目标，即前视点 $B$，读取水平度盘读数为 $b_{左}$，并记入记录表中。以上称为上半测回，其观测角值为 $\beta_{左}=b_{左}-a_{左}$。

**测回法测角记录表** 表3-3-1

| 测站 | 盘位 | 目标 | 水平度盘读数<br>(° ′ ″) | 水平角 | | 备注 |
|---|---|---|---|---|---|---|
| | | | | 半测回角<br>(° ′ ″) | 一测回角<br>(° ′ ″) | |
| $O$ | 左 | $A$ | 0 01 24 | 60 49 06 | 60 49 03 | 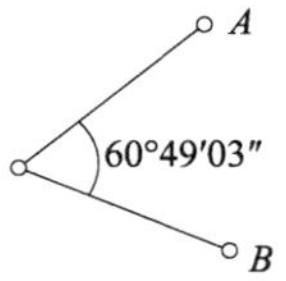 |
| | | $B$ | 60 50 30 | | | |
| | 右 | $B$ | 240 50 30 | 60 49 00 | | |
| | | $A$ | 180 01 30 | | | |

(2)盘右位置：先照准右方目标，即前视点 $B$，读取水平度盘读数为 $b_{右}$，并记入记录表中，再逆时针转动照准部照准左方目标，即后视点 $A$，读取水平度盘读数为 $a_{右}$，并记入记录表中，则下半测回角值为：$\beta_{右}=b_{右}-a_{右}$。

(3)计算水平角角值。上、下半测回合起来称为一测回。当上、下半测回角值之差满足精度要求时，取上、下半测回角值的平均值作为观测成果，即：

$$\beta=\frac{1}{2}(\beta_{左}+\beta_{右}) \tag{3-3-1}$$

水平度盘注记是顺时针方向增加，无论是盘左还是盘右，角值计算均应用右边目标的读数减去左边目标的读数，如果不够减，则应加上360°再减。水平度盘注记是逆时针方向增加，无论是盘左还是盘右，角值计算均应用左边目标的读数减去右边目标的读数。

当观测几个测回时，为了减少度盘分划误差的影响，各测回应根据测回数 $n$，按 $180°/n$ 变换水平度盘位置。例如观测三个测回，$180°/3=60°$，第一测回盘左时起始方向的读数应设置在0°或稍大些；第二测回盘左起始方向的读数应设置在60°左右；第三测回盘左时起始方向的读数应设置在 $60°+60°=120°$ 左右。

## 二、组织准备

以8个人为一组，每组选一名组长和一名副组长，组长负责全组组织以及实际操作训练，副组长负责组织进行整理计算。

## 三、场地、仪器和材料准备

选择约100m×100m的实训场地，布置一个测站点，并设置2个目标点。每组配备全站仪1套，测钎2个。学生每人带教材、工作业、记录表和计算器。

# 任务实施

## 一、外业观测

测回法角度测量外业步骤与图示见表3-3-2。观测记录表见表3-3-3。

测回法角度测量外业步骤与图示 表 3-3-2

| 标题 | 内 容 |
|---|---|
| 图示 | 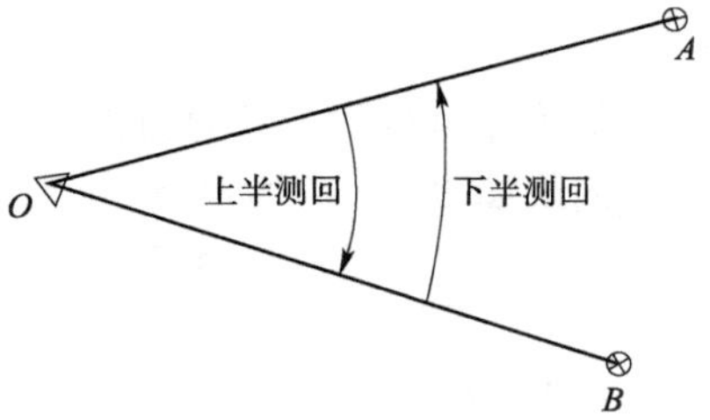 |
| 步骤 | (1)在 $A$、$B$ 两点安放测钎,并在 $O$ 点安置仪器;<br>(2)将仪器对中整平后,设置水平右状态进行观测;<br>(3)盘左状态下照准目标 $A$ 处测钎底端,读数并记录在“角度观测记录表”中①;顺时针转动望远镜,照准目标 $B$ 处测钎底端,读数并记录在②处,上半测回完成;<br>(4)倒镜,盘右状态下照准目标 $B$ 处测钎底端,读数并记录在③处;逆时针转动望远镜,照准目标 $A$ 处测钎底端,读数并记录在④处,下半测回完成,本次观测任务结束 |

测回法角度观测记录表 表 3-3-3

| 测站 | 盘位 | 目标 | 水平度盘读数 (° ′ ″) | 水平角 (° ′ ″) 半测回角值 | 水平角 (° ′ ″) 测回角值 | 草 图 |
|---|---|---|---|---|---|---|
| $O$ | 左 | $A$ | 0 00 00 ① | 121 15 32 ⑤ | 121 15 30 ⑩ | 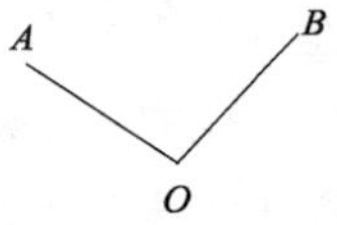 |
| | | $B$ | 121 15 32 ② | | | |
| | 右 | $B$ | 301 15 32 ③ | 121 15 28 ⑥ | | |
| | | $A$ | 180 00 04 ④ | | | |
| 校核:$f_\beta = \beta_左 - \beta_右 = 4''$⑦,$f_{\beta容} = \pm 20''$<br>$f_\beta < f_{\beta容}$,精度合格⑧<br>$\beta = \frac{\beta_左 + \beta_右}{2} = 121°15'30''$⑨ | | | | | | |

## 二、内业计算

### 1. 分别计算盘左、盘右状态下所测内角

$\beta_左 = b_左 - a_左 = 121°15'32'' - 0°00'00'' = 121°15'32''$,记录在表⑤处。

$\beta_右 = b_右 - a_左 = 301°15'32'' - 180°00'04'' = 121°15'28''$,记录在表⑥处。

### 2. 计算角度闭合差

$f_\beta = \beta_左 - \beta_右 = 4''$,记录在⑦处。

### 3. 检验精度

$f_\beta < f_{\beta容}$,结论记录在⑧处。

**4. 计算内角角度**

记录在⑨以及⑩处。

## 任务思考

1. 简述测回法观测水平角的测量步骤和计算方法。
2. 用测回法观测水平角记录如表 3-3-4 所示,试计算水平角测回值。

**观测水平角记录** 表 3-3-4

| 测站 | 盘位 | 目标 | 水平度盘读数 (° ′ ″) | 水平角 (° ′ ″) | | 备　注 |
|---|---|---|---|---|---|---|
| | | | | 半测回角值 | 测回角值 | |
| *O* | 左 | *A* | 52　22　18 | | | |
| | | *B* | 128　17　45 | | | |
| | 右 | *B* | 308　17　34 | | | |
| | | *A* | 232　22　23 | | | |

## 任务评价

任务考核评价表见附表。

# 任务 3-4　复测法测量水平角

## 任务描述

现有一个测站点以及两个目标点,拟将测站点对两个目标点之间的夹角测设出来,要求用复测法测定未知夹角。

## 任务目标

通过学习和完成本任务,你将能够:掌握复测法观测步骤。

## 建议课时

2 课时。

## 任务引入和分析

复测法是角度测量方法之一,是以一个已知测站点为依据,测量两个目标点对测站点之间夹角的一种方法。本任务的主要内容就是以复测法测量出一个未知夹角。

## 任务准备

(1)复测法,是用复测仪器将一个单角的角值的若干倍(与测回数相等)直接累加到水平度盘读数上,为精密仪器未普及之前获得中等测角精度的方法。

(2)本次全站仪角度复测法以拓普康 3100N 为例,具体操作方法见表 3-4-1。

**复测法测量水平角步骤** 表 3-4-1

| 操作过程 | 操作 | 显示 |
|---|---|---|
| (1)按[F4](↓)键进入第 2 页功能 | [F4] | V ： 90° 10′ 20″<br>HR ： 170° 30′ 20″<br>置零 锁定 置盘 P1↓<br>倾斜 复测 V% P2↓ |
| (2)按[F2](复测)键 | [F2] | 角度复测<br>>OK?<br>--- --- [是] [否] |
| (3)按[F3](是)键 | [F3] | 重复测量次数 [0]<br>Ht： 0° 00′ 00″<br>Hm：<br>置零 测角 释放 锁定 |
| (4)照准目标 *A*,按[F1](置零)键 | 照准目标 *A*<br>[F1] | 角度复测<br>初始化<br>>OK?<br>--- --- [是] [否] |
| (5)按[F3](是)键 | [F3] | 重复测量次数 [0]<br>Ht： 0° 00′ 00″<br>Hm：<br>置零 测角 释放 锁定 |
| (6)使用水平制动与微动螺旋照准目标 *B*,按[F4](锁定)键 | 照准目标 *B*<br>[F4] | 重复测量次数 [1]<br>Ht： 45° 10′ 00″<br>Hm： 45° 10′ 00″<br>置零 测角 释放 锁定 |
| (7)使用水平制动与微动螺旋再次照准目标 *A*,按[F3](释放)键 | 照准目标 *A*<br>[F3] | 重复测量次数 [1]<br>Ht： 45° 10′ 00″<br>Hm： 45° 10′ 00″<br>置零 测角 释放 锁定 |
| (8)使用水平制动与微动螺旋再次照准目标 *B*,按[F4](锁定)键 | 照准目标 *B*<br>[F4] | 重复测量次数 [2]<br>Ht： 90° 20′ 00″<br>Hm： 45° 10′ 00″<br>置零 测角 释放 锁定 |
| (9)重复步骤(6)到(7),直到所要求的重复次数,[例]重复测量 4 次 | | 重复测量次数 [4]<br>Ht： 90° 20′ 00″<br>Hm： 45° 10′ 00″<br>置零 测角 释放 锁定 |

续上表

| 操作过程 | 操　作 | 显　示 |
| --- | --- | --- |
| (10)若要返回正常测角模式,可按[F2](测角)键或[ESC]键 | [ESC]或[F2] | 重复测角<br>退出<br>>OK?<br>--- --- [是] [否] |
| (11)按[F3](是)键 | [F3] | V: 90° 10′ 20″<br>HR: 170° 30′ 20″<br>置零 锁定 置盘 P1↓ |
| 水平角可累计到(3600°00′00″－最小读数)[水平角(右角)],在最小读数为5s的情况下,水平角可累计达+3599°59′55″。<br>若角度观测结果与首次观测值相差超过±30″时,则会显示错误信息 | | |

## 任务思考

1. 简述复测法的测量步骤。
2. 思考一下,用复测法和测回法观测水平角,各有什么优缺点。

## 任务评价

任务考核评价表见附表。

# 任务3-5　方向观测法测量水平角

## 任务描述

现有一个测站点以及四个目标点,拟将测站点对四个目标点之间的夹角测设出来,要求用方向观测法测定四个未知夹角。

## 任务目标

通过学习和完成本任务,你将能够:

1. 掌握方向观测法的观测步骤;
2. 掌握方向观测法的计算。

## 建议课时

4课时。

## 任务引入和分析

方向观测法是角度测量方法之一,是以一个已知测站点为依据,测量多个目标点对测站点之间水平夹角的常用方法。本任务的主要内容就是以方向观测法测量出未知夹角。

## 任务准备

### 一、知识准备

当在一个测站上需要观测多个水平角时，即观测方向三个或三个以上时，一般采用方向观测法（又称为全圆测回法）进行观测。

**1. 方向观测法的观测方法**

方向观测法应首先选择一起始方向作为零方向。如图3-5-1所示，设$A$方向为零方向。要求零方向应选择距离适中、通视良好、成像清晰稳定、俯仰角和折光影响较小的方向。

将全站仪安置于测站点$O$点，对中整平后按下列步骤进行观测：

（1）盘左位置，瞄准起始方向$A$，把水平度盘读数配置在0°或稍大些，而后再松开制动，重新照准$A$方向，读取水平度盘读数$a$，并记入方向观测法记录表中。

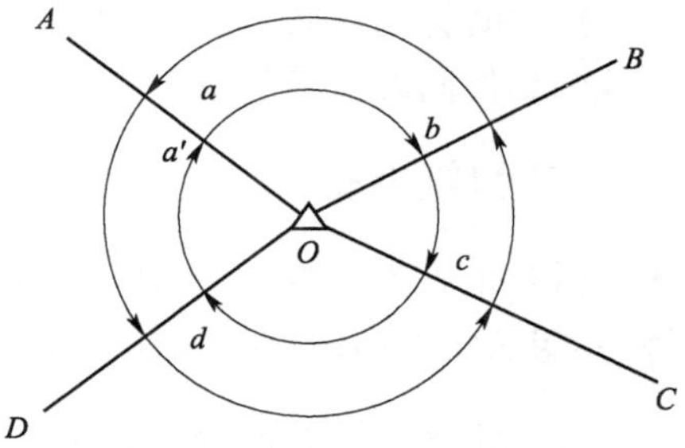

图3-5-1　方向观测法示意图

按照顺时针方向转动照准部，依次瞄准$B$、$C$、$D$目标，并分别读取水平度盘读数为$b$、$c$、$d$，并记入记录表中。

最后回到起始方向$A$，再读取水平度盘读数为$a'$。这一步称为"归零"。$a$与$a'$之差称为"归零差"，其目的是为了检查水平度盘在观测过程中是否发生变动。"归零差"不能超过允许限值。

以上操作称为上半测回观测。

（2）盘右位置，按逆时针方向旋转照准部，依次瞄准$A$、$D$、$C$、$B$、$A$目标，分别读取水平度盘读数，记入记录表中，并算出盘右的"归零差"，称为下半测回。上、下两个半测回合称为一测回。

如果要观测$n$个测回，每测回仍应按$180°/n$的差值变换水平度盘的起始位置。

**2. 方向观测法的角值计算**

观测完成后，需进行角值计算，计算步骤：

（1）计算上、下半测回归零差，即：

半测回归零差＝半测回两次瞄准起始方向目标（$A$点）的读数之差

（2）计算两倍照准差，即$2c$值：

$$2c = \text{同一方向盘左读数} - (\text{盘右读数} \pm 180°)$$

上式中，盘左读数大于180°时取"＋"号，盘左读数小于180°时取"－"号。

（3）计算各目标的方向值的平均读数，即：

$$\text{平均读数} = \frac{\text{盘左读数} + (\text{盘右读数} \pm 180°)}{2}\text{（式中的加减号取法同前）}$$

注：起始方向$OA$有两个平均读数，应将该两个数再取平均值，作为$A$点的方向值并写在表中括号内。

(4) 计算各方向归零方向值，即：

各方向归零方向值 = 各方向平均读数 − $A$ 的方向值（表中括号内值）

(5) 计算同一方向各测回归零方向值的平均值，即：

$$同一方向各测回归零方向值的平均值=\frac{1}{n}\sum 各测回归零方向值$$

同一方向各测回归零方向值的差值不得大于规定值，然后取同一方向各测回归零方向值的平均值作为该方向的最后观测值。

(6) 计算水平角：

按顺时针的方向，用后一目标的平均归零方向值减前一目标的平均归零方向值即可得到该两目标间的水平角值。

## 二、组织准备

以 8 个人为一组，每组选一名组长和一名副组长，组长负责全组组织以及实际操作训练，副组长负责组织进行整理计算。

## 三、场地、仪器和材料准备

选择约 100m × 100m 的实训场地，布置一个测站点，并设置 4 个目标点。每组配备全站仪 1 套，测钎 4 个。学生每人带教材、工作业、记录表和计算器。

## 任务实施

## 一、外业观测

测回法角度测量外业步骤与图示见表 3-5-1。观测记录表见表 3-5-2。

**测回法角度测量外业步骤与图示** 表 3-5-1

| 标题 | 内　容 |
| --- | --- |
| 图示 | 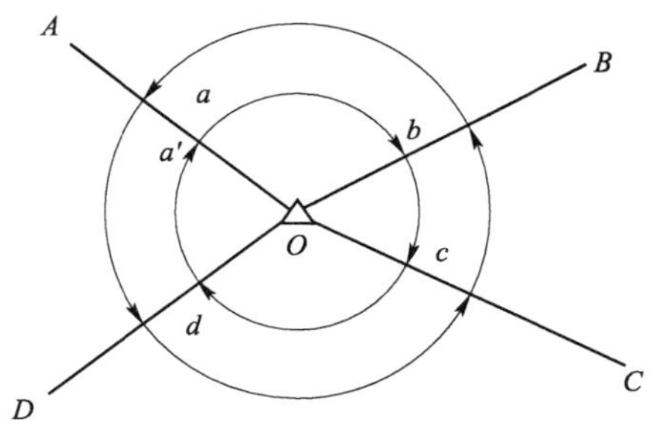 |
| 步骤 | (1) 在 $A$、$B$、$C$、$D$ 四点安放测钎，并在 $O$ 点安置仪器。<br>(2) 将仪器对中整平后，将度盘设置为水平右。<br>(3) 盘左状态下照准目标 $A$ 处测钎底端，读数并记录在表 3-5-2 中①；顺时针转动望远镜，依次照准 $B$、$C$、$D$、$A$ 并记录在②、③、④、⑤处，上半测回完成。<br>(4) 倒镜，盘右状态下照准目标 $A$ 处测钎底端，读数并记录在⑥处；逆时针转动望远镜，依次照准 $D$、$C$、$B$、$A$ 并记录在⑦、⑧、⑨、⑩处，下半测回完成，本次观测任务结束 |

角度观测记录表　　表 3-5-2

| 测站 | 目标 | 水平度盘读数 | | 2C (″) | 平均读数 | 归零方向值 | 水平角值 |
|---|---|---|---|---|---|---|---|
| | | 盘左 | 盘右 | | | | |
| O | A | 0°01′40″ ① | 180°01′36″ ⑩ | +4 | (0°01′34″) 0°01′38″ | 0°00′00″ | |
| | B | 52°22′18″ ② | 232°22′24″ ⑨ | −6⑪ | 52°22′21″ ⑫ | 52°20′47″ ⑬ | 52°20′47″ |
| | C | 128°17′45″ ③ | 308°17′33″ ⑧ | +12 | 128°17′39″ | 128°16′05″ | 75°55′18″ |
| | D | 196°38′27″ ④ | 16°38′25″ ⑦ | +2 | 196°38′26″ | 196°36′52″ | 68°20′47″ |
| | A | 0°01′32″ ⑤ | 180°01′30″ ⑥ | +2 | 0°01′31″ | | 163°23′08″ |
| $f_{左0}=a_{左}-a'_{左}=8''$，$\|f_{左0}\|\leqslant 8''$；<br>$f_{右0}=a_{右}-a'_{右}=6''$，$\|f_{右0}\|\leqslant 8''$；<br>精度合格 | | | | | | | |

## 二、内业计算

**1. 计算盘左、盘右归零差**

$$f_{左0}=a_{左}-a'_{左}=8''$$

$$f_{右0}=a_{右}-a'_{右}=6''$$

**2. 2*C* 值计算**

根据公式 2*C* = 同一方向盘左读数 −（盘右读数 ±180°00′00″）

上式中，盘左读数大于 180°时取“+”号，盘左读数小于 180°时取“−”号。

例如，2*C* = 52°22′18″ −（232°22′24″ −180°00′00″）= −6″，记录在⑪处。

**3. 平均读数的计算**

$$平均读数=\frac{盘左读数+(盘右读数\pm180°00'00'')}{2}$$（式中的加减号取法同前）

注：起始方向 *OA* 有两个平均读数，应将该两个数再取平均值，作为 *A* 点的方向值并写在表中括号内。

例如，*B* 平均读数 =（52°22′18″ +232°22′24″ −180°00′00″）/2 = 52°22′21″，记录在⑫处。

**4. 归零方向的计算**

各方向归零方向值 = 各方向平均读数 − *A* 的方向值（表中括号内值）

例如，*B* 点归零值 = 52°22′21″ −0°01′34″ = 52°20′47″，记录在⑬处。

**5. 计算水平角值**

按顺时针的方向，用后一目标的平均归零方向值减前一目标的平均归零方向值，即可得到该两目标间的水平角值。

例如，$\alpha_{AOB}$ = 52°20′47″ −0°00′00″ = 52°20′47″，记录在⑭处。

## 任务思考

1. 简述方向观测法的观测步骤。

2. 在表 3-5-3 所示方向观测法记录表中,完成记录的计算工作。

方向观测法记录表　　表 3-5-3

| 测站 | 测回数 | 目标 | 水平度盘读数 | | 2C (″) | 方向值 (° ′ ″) | 归零方向值 (° ′ ″) | 角值 (° ′ ″) |
|---|---|---|---|---|---|---|---|---|
| | | | 盘 左 (° ′ ″) | 盘 右 (° ′ ″) | | | | |
| M | 1 | A | 00 01 06 | 180 01 24 | | | | |
| | | B | 69 20 30 | 249 20 24 | | | | |
| | | C | 124 51 24 | 304 51 30 | | | | |
| | | A | 00 01 12 | 180 01 18 | | | | |

## 任务评价

任务考核评价表见附表。

# 任务 3-6　竖直角的测量

## 任务描述

在测站点架设全站仪,根据指定的目标点观测竖直角。

## 任务目标

通过学习和完成本任务,你将能够:

1. 了解竖直角的概念;

2. 掌握竖直角的观测和计算。

## 建议课时

2 课时。

## 任务引入和分析

竖直角测量是用于测定高差或者将倾斜距离转化为水平距离。本任务的主要内容就是掌握竖直角的概念以及测量方法。

## 任务准备

**1. 竖直角的概念**

竖直角是指在同一竖直面内照准目标的方向线与水平线之间的夹角。视线在水平线以上,角度为正值;视线在水平线以下,角度为负值。所以观测竖直角与观测水平角一样也是两个方向读数之差。

**2. 竖直角观测**

如图 3-6-1 所示，在测站上安置仪器，并对中整平。按表 3-6-1 所列步骤进行观测：

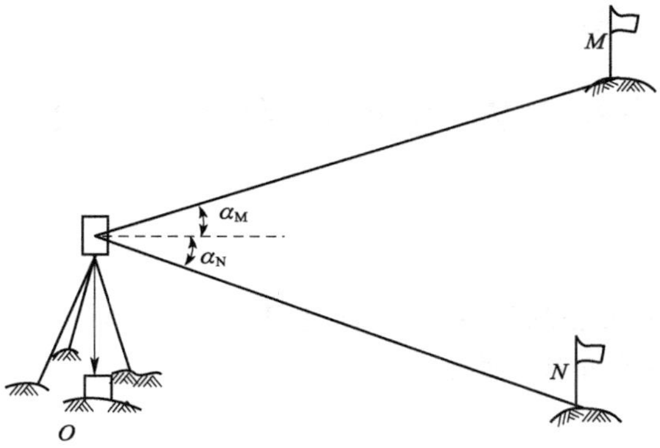


图 3-6-1　竖直角测量示意图

**竖直角测量步骤**　　表 3-6-1

| 操作步骤 | 按键 | 显示 |
|---|---|---|
| 1. 盘左照准第一个目标（*M*），仪器显示目标 *M* 的天顶距 | 照准 *M* | 【角度测量】<br>V:　55° 56′ 09″<br>HR：130° 44′ 38″<br>置零　锁定　置盘　P1↓ |
| 2. 按 F4 键，转换到第三界面，然后按 F3 键（竖角），此时，仪器显示目标 *M* 的竖直角（$\alpha_{m左}$） | 照准 *M* | 【角度测量】<br>V:　34° 03′ 51″<br>HR：130° 44′ 38″<br>蜂鸣　R/L　竖角　P3↓ |
| 3. 倒镜，盘右照准第一个目标（*M*），仪器显示目标 *M* 的竖直角（$\alpha_{m右}$） | 照准 *N* | 【角度测量】<br>V:　34° 03′ 53″<br>HR：310° 44′ 42″<br>蜂鸣　R/L　竖角　P3↓ |

所以，*M* 点的竖直角

$$\alpha_M = (\alpha_{M左} + \alpha_{M右})/2 \qquad (3\text{-}6\text{-}1)$$

同理，测量 *N* 点的竖直角，步骤同上。

**任务思考**

1. 什么是竖直角？
2. 竖直角的角值范围是多少？

## 任务评价

任务考核评价表见附表。

# 任务3-7　全站仪的检验与校正

## 任务描述

在施工现场使用的一台全站仪，经过一段时间的使用，测量误差明显增大，拟对此全站仪进行检验，确定仪器误差来源并送修。

## 任务目标

通过学习和完成本任务，你将能够：

1. 掌握全站仪的检验方法；

2. 了解全站仪的校正方法。

## 建议课时

2课时。

## 任务引入和分析

在角度测量中，误差是一定存在的。如果要尽可能地减少角度测量的误差，就必须了解引起角度测量误差的原因。在引起角度测量误差的因素中，仪器误差是一个重要的因素。本任务的主要内容就是了解造成角度测量误差的原因，并掌握全站仪检验的方法，了解全站仪校正的方法。

## 任务准备

### 一、全站仪轴线应满足的条件

如图3-7-1所示，全站仪的主要轴线有：竖轴 $VV$、横轴 $HH$、望远镜视准轴 $CC$ 和照准部水准管轴 $LL$。由测角原理可知，观测角度时，全站仪的水平度盘必须水平，竖盘必须铅垂，望远镜上下转动的视准面必须为铅垂面；观测竖直角时，竖盘指标还应处于正确位置。因此，全站仪主要部件及轴系应满足下述几何条件：

(1)照准部水准管轴应垂直于仪器竖轴($LL \perp VV$)；

(2)十字丝竖丝应垂直于仪器的横轴；

(3)望远镜的视准轴应垂直于仪器的横轴($CC \perp HH$)；

(4)仪器的横轴应垂直于仪器的竖轴($HH \perp VV$)；

(5)竖盘指标处于正确位置($i=0$)；

(6)光学对中器的视准轴经棱镜折射后，应与仪器竖轴重合。

在全站仪使用前，必须对以上各项条件按下列顺序进行检验，如不满足应进行校正。对校正后的残余误差，还应采取正确的观测方法消除影响。

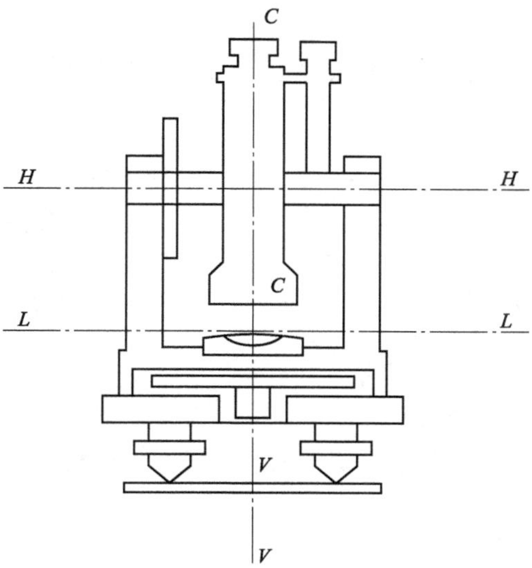


图 3-7-1　全站仪轴系示意图

## 二、全站仪的检验与校正

**1. 照准部水准管的检验与校正**

检校目的：使照准部水准管轴垂直于仪器的竖轴，这样可以利用调整照准部水准管气泡居中的方法使竖轴铅垂，从而整平仪器。

1）检验方法

架设仪器并将其大致整平，转动照准部使照准部水准管平行于任意两个脚螺旋的连线，旋转这两个脚螺旋使气泡居中，此时水准管轴水平。将照准部旋转 180°，若水准管气泡仍居中，表明条件满足，即水准管轴垂直于仪器竖轴，否则应进行校正。

2）校正方法

（1）在检验时，若管水准器的气泡偏离了中心，先用与管水准器平行的脚螺旋进行调整，使气泡向中心移近一半的偏离量。剩余的一半用校正针转动水准器校正螺钉（在水准器右边）进行调整至气泡居中。

（2）将仪器旋转 180°，检查气泡是否居中。如果气泡仍不居中，重复（1）步骤，直至气泡居中。

（3）将仪器旋转 90°，用第三个脚螺旋调整气泡居中。

重复检验与校正步骤，直至照准部转至任何方向气泡均居中为止。

**2. 十字丝竖丝的检验与校正**

检校目的：使十字丝竖丝垂直于横轴。如这一条件满足，观测水平角时，就可用竖丝的任何部位照准目标；观测竖直角时，可用横丝的任何部位照准目标。

1）检验方法

（1）整平仪器后在望远镜视线上选定一目标点 *A*，用分划板十字丝中心照准 *A* 并固定水平制动手轮和垂直制动手轮。

（2）转动望远镜垂直微动手轮，使 *A* 点移动至视场的边沿（*A′*点）。

（3）若 *A* 点是沿十字丝的竖丝移动，即 *A′*点仍在竖丝之内的，则十字丝不倾斜不必校正。

如图 3-7-2 所示，*A′*点偏离竖丝中心，则十字丝倾斜，需对分划板进行校正。

2)校正方法

(1)首先取下位于望远镜目镜与调焦手轮之间的分划板座护盖,看见四个分划板座固定螺钉(图 3-7-3)。

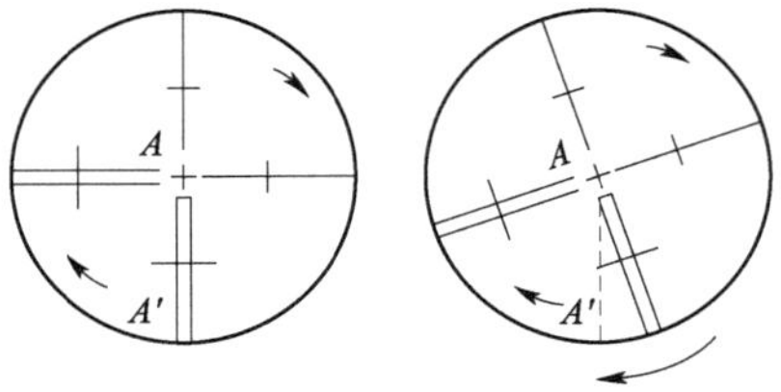


图 3-7-2 十字丝检验图

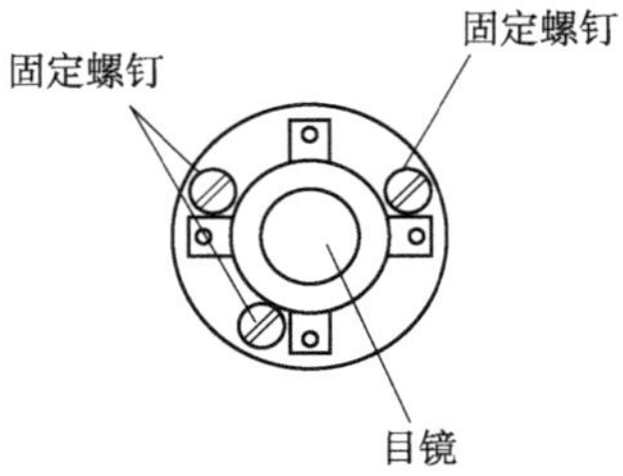


图 3-7-3 十字丝分划板

(2)用螺丝刀均匀地旋松该四个固定螺钉,绕视准轴旋转分划板座,使 $A'$点落在竖丝的位置上。

(3)均匀地旋紧固定螺钉,再用上述方法检验校正结果。

(4)将护盖安装回原位。

**3. 视准轴的检验与校正**

检校目的:使望远镜的视准轴垂直于横轴,这样才能使视准面成为平面,为其成为铅垂面奠定基础;否则视准面将成为锥面。

1)检验方法

(1)距离仪器大约 100m 的远处设置目标 $A$,并使目标垂直角在 $\pm 3°$以内。精确整平仪器并打开电源。

(2)在盘左位置将望远镜照准目标 $A$,读取水平度盘读数 $L$。例:水平度盘读数 $L = 10°13'10''$。

(3)松开垂直及水平制动手轮中转望远镜,旋转照准部盘右照准同一 $A$ 点。照准前应旋紧水平及垂直制动手轮,并读取水平度盘读数 $R$。例:水平度盘读数 $R = 190°13'40''$。

(4)$2C = L - (R \pm 180°) = -30'' \geq \pm 20''$,需校正。

2)校正方法

视准差校正步骤见表 3-7-1。

**南方测绘 NTS660(R)全站仪视准差校正步骤** 表 3-7-1

| 操作步骤 | 按键 | 显示 |
|---|---|---|
| ①整平仪器后,按住 POWER 键开机,按[F5](校正)进入仪器校正菜单 | POWER +[F5] | 【 校 正 】<br>F1 指标差<br>F2 视准差<br>F3 横轴误差<br>F4 误差显示<br>F5 仪器常数<br>P1↓ |
| ②按[F2]键进入视准差校准功能。在正镜(盘左)位置精确照准目标,按[F6](设置)键 | [F2]<br>[F6] | 【 视 准 差 校 正 】<br><第一步><br>水平点: ± 3°<br>V: 89° 38′ 36″<br>HR: 257° 32′ 11″<br>退 出<br>设置 |

续上表

| 操作步骤 | 按键 | 显示 |
| --- | --- | --- |
| ③旋转望远镜,在倒镜(盘右)位置精确照准同一目标,按[F6](设置)键 | [F6] | 【 视 准 差 校 正 】<br><第二步><br>水平点: ± 3°<br>V: 270° 21′ 35″<br>HR: 77° 31′ 51″<br>退 出<br>设置 |
| ④设置完成,屏幕显示如右图所示,几秒钟后自动返回校正菜单 | | 【 视 准 差 校 正 】<br>< 设置! ><br>水平点: ± 3°<br>V: 89° 38′ 36″<br>HR: 257° 32′ 11″<br>退 出<br>设置 |

**4. 横轴误差补偿的校准**

由于横轴误差只影响视线的角度,只能通过观测明显低于或高于仪器高度的目标来确定。若要避免受到视准轴误差的影响,必须在视准轴校准之前进行联合校正。

横轴误差的确定不需要瞄准棱镜或目标平面,因此可以在任何时间进行此项校正,见表3-7-2。选择一个距离仪器最远的,大大高于或低于仪器的可识别的点,确保可以准确地两次瞄准该点。

**南方测绘 NTS660(R)全站仪横轴误差校正操作步骤** 表 3-7-2

| 操作步骤 | 按键 | 显示 |
| --- | --- | --- |
| ①整平仪器后,按住 POWER 键开机,按[F5](校正)进入仪器校正菜单 | POWER +[F5] | 【校正】<br>F1 指标差<br>F2 视准差<br>F3 横轴误差<br>F4 误差显示<br>F5 仪器常数<br>翻页 |
| ②按[F3]进入横轴误差校准功能。如右图所示。在正镜(盘左)位置精确照准目标(倾角在 ±10° ~ ±45°之内),按[F6](设置)键 10 次 | [F3] + 正镜照准目标 + [F6]10 次 | 【横轴误差校正】<br><第一步><br>高低点: ±10° [00/10]<br>V: 112° 49′ 31″<br>HR: 264° 24′ 42″<br>输入 设<br>置 |
| ③旋转望远镜,在倒镜(盘右)位置精确照准同一目标,按[F6](设置)键 10 次 | 倒镜照准棱镜 + [F6]10 次 | 【横轴误差校正】<br><第二步><br>高低点: ±10° [09/10]<br>V: 247° 09′ 13″<br>HR: 84° 24′ 27″<br>输入 设<br>置 |
| ④设置完成,屏幕显示如右图所示,几秒钟后自动返回校正菜单 | | 【横轴误差校正】<br>< 设置! ><br>高低点: ±10° [10/10]<br>V: 247° 09′ 13″<br>HR: 84° 24′ 27″<br>输入 设<br>置 |

**5. 竖盘指标差（$i$角）的检验与校正**

1）检验方法

（1）安置整平好仪器后开机，将望远镜照准任一清晰目标 $A$，得竖盘读数盘左读数 $L$。

（2）转动望远镜再照准 $A$，得竖盘读数盘右读数 $R$。

（3）若竖盘读数天顶为 0°，则 $i=(L+R-360°)/2$；若竖盘读数水平为 0，则 $i=(L+R-180°)/2$ 或 $(L+R-540°)/2$。

（4）若 $|i|\geqslant 10''$，则需对竖盘指标零点重新设置。

2）校正方法

竖盘指标差校正操作步骤见表 3-7-3。

**南方测绘 NTS660（R）全站仪竖盘指标差校正操作步骤** 表 3-7-3

| 操作步骤 | 按键 | 显示 |
|---|---|---|
| ①整平仪器后，按住 POWER 键开机，按［F5］（校正）进入仪器校正菜单 | POWER +［F5］ | 【 校 正 】<br>F1 指标差<br>F2 视准差<br>F3 横轴误差<br>F4 误差显示<br>F5 仪器常数<br>P1↓ |
| ②选择［F1］（指标差），屏幕显示如右图所示 | ［F1］ | 【垂直角零基准校正】<br><第一步><br>V: 92° 42′ 19″<br>退 出<br>设置 |
| ③在正镜（盘左）位置精确照准目标，按［F6］（设置）键 | ［F6］ | 【垂直角零基准校正】<br><第二步><br>V: 267° 18′ 09″<br>退 出<br>设置 |
| ④旋转望远镜，在倒镜（盘右）位置精确照准同一目标，按（设置）键。设置完成，屏幕自动返回校正菜单 | ［F6］<br>［F5］ | 【垂直角零基准校正】<br>< 设置！><br>V: 4° 41′ 29″<br>退 出<br>设置 |

注：1. 重复检验步骤重新测定指标差（$i$角）。若指标差仍不符合要求，则应检查校正（指标零点设置）的三个步骤的操作是否有误，目标照准是否准确等，按要求再重新进行设置；

2. 经反复操作仍不符合要求时，应送厂检修。

零点设置过程中所显示的竖直角是没有经过补偿和修正的值，只供设置中参考，不能作为它用。

**6. 光学对中器的检验与校正**

光学对中器由目镜、分划板、物镜及转向棱镜组成，一般安装在全站仪照准部上。光学对中器分划板圆圈的中心与物镜光心的连线称为光学对中器视准轴。

检校目的：使光学对中器视准轴经棱镜折射后与仪器竖轴重合。

1）检验方法

（1）将仪器安置到三脚架上，在一张白纸上画一个十字交叉并放在仪器正下方的地面上。

（2）调整好光学对中器的焦距后，移动白纸使十字交叉位于视场中心。

（3）转动脚螺旋，使对中器的中心标志与十字交叉点重合。

（4）旋转照准部，每转90°，观察对中点的中心标志与十字交叉点的重合度。

（5）如果照准部旋转时，光学对中器的中心标志一直与十字交叉点重合，则不必校正。否则需按下述方法进行校正。

2）校正方法

（1）将光学对中器目镜与调焦手轮之间的改正螺钉护盖取下。

（2）固定好十字交叉白纸并在纸上标记出仪器每旋转90°时对中器中心标志落点，如图3-7-4所示：$A$、$B$、$C$、$D$点。

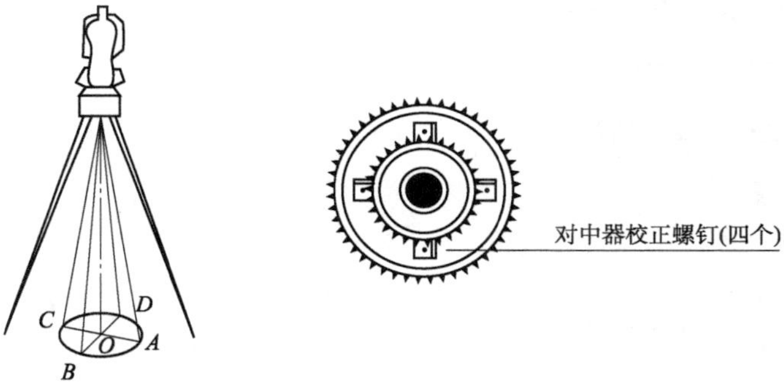


图3-7-4　对中器的检验与校正

（3）用直线连接对角点$AC$和$BD$，两直线交点为$O$。

（4）用校正针调整对中器的四个校正螺钉，使对中器的中心标志与$O$点重合。

（5）重复检验步骤（4），检查校正至符合要求。

（6）将护盖安装回原位。

## 任务思考

1. 全站仪的主要轴线有哪些？

2. 全站仪检验与校正的主要内容有哪些？方法是什么？

## 任务评价

任务考核评价表见附表。

# 项目4　距离测量

## 项目内容

本项目为距离测量，主要包括以下两项内容：

1. 普通钢尺量距；
2. 全站仪测距。

## 项目要求

通过本项目的学习，应做到：

1. 能用普通钢尺丈量两点间的直线距离；
2. 能够进行距离测量的相对误差的计算；
3. 能够进行全站仪参数设置；
4. 能够使用全站仪测距。

## 项目知识点、技能点

1. 普通钢尺测量

1）丈量的工具；

2）钢尺丈量的基本步骤；

3）距离测量的相对误差的计算。

2. 全站仪测距

1）全站仪参数的设置；

2）全站仪测距的步骤和方法。

## 任务4-1　普通钢尺测量

### 任务描述

用钢尺丈量两点间的直线距离，往测丈量的距离为138.260m，返测丈量的距离为138.280m，要求距离丈量的相对误差不应大于1/2000，试问：

1. 两点间的距离是如何丈量出来的？
2. 往返的距离丈量为何不一样？
3. 所丈量的成果是否满足精度要求？

### 任务目标

通过学习和完成本任务，你将能够：

1. 会用普通钢尺丈量两点间的直线距离；
2. 学会距离测量的相对误差的计算。

## 建议课时

2 课时。

## 任务引入和分析

距离测量就是测定地面上两点之间的长度的过程。普通量距的方法就是用钢尺丈量地面上两点间的水平距离，通常用于低等级导线测量或精度要求不高的量距。为了提高丈量精度，采用往返丈量的方法进行。

## 任务准备

### 一、知识准备

#### (一) 丈量工具

**1. 钢尺**

常用的丈量距离的工具有皮尺、钢尺。皮尺易受潮和拉伸，可用于精度要求不高的地方。钢尺为薄钢带状尺，一般可收卷在尺盒内或尺架上。钢尺长度有 20m、30m、50m 等几种。钢尺可分为端点尺和刻线尺两种。端点尺如图 4-1-1a) 所示，是以尺环外缘作为尺子的零点；刻线尺如图 4-1-1b) 所示，是以尺前端刻一横线作为尺的零点。钢尺是较为精密的丈量工具，适用于短距离测量。

**2. 照准工具**

照准工具有花杆[图 4-1-2a)]、测钎[图 4-1-2b)]和垂球[图 4-1-2c)]等。花杆是长 2m 或 3m 的圆木(塑钢、玻璃钢)杆，杆上每 20cm 涂上红白相间的油漆，杆底部装有圆锥形铁片以便插入地面，用以指示目标和标定直线。测钎用粗铁丝或细钢筋制成，每组 6 根或 11 根，套在一个大环上，在量距时用它标定尺端点的位置和计算所量整尺段数。垂球为一上端系有细绳的呈倒圆锥形的金属锤，是测量工作中用于投影对准地面点或检验物体是否铅垂竖立的简单工具。

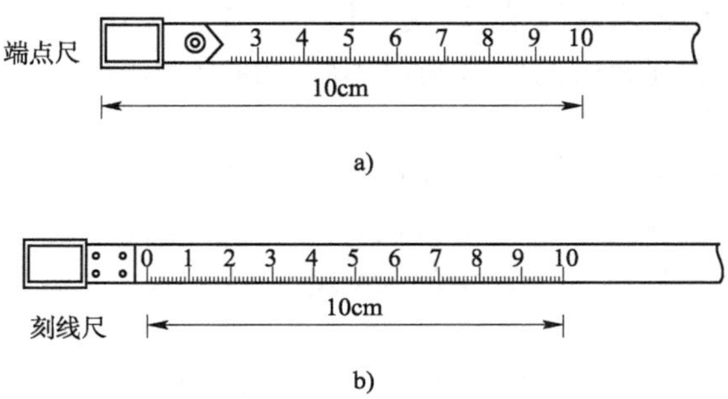


图 4-1-1　端点尺和刻线尺

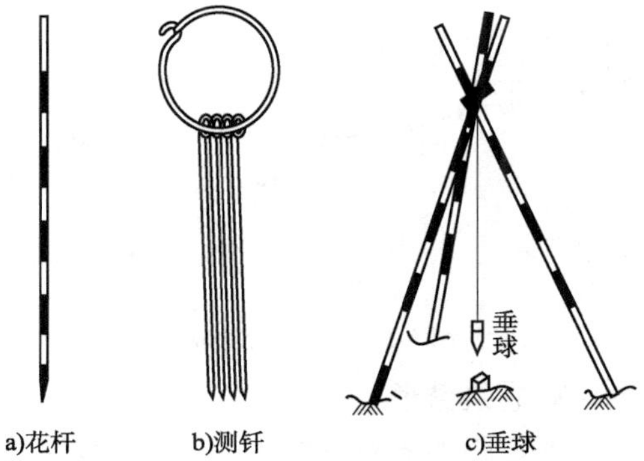


图 4-1-2　照准工具

### (二)钢尺一般量距

#### 1. 丈量的基本工作

当两点间的距离较长或地面起伏较大时,不能用钢尺一次量完,就需要把直线分为若干段,使这些中间分段点位于同一直线上的工作就叫直线定线。定线的方法有两种:花杆定线法和经纬仪法,目前,公路施工中常用的为经纬仪定线。

(1)纵丝法:以经纬仪望远镜十字丝纵丝作为标准,如图 4-1-3 所示。

①在丈量直线的一端 $A$ 点安置经纬仪,用望远镜精确瞄准另一端 $B$ 点上的目标,水平制动,此时视准轴方向即为直线的方向。

②在 1 点树立花杆或者测钎,指挥花杆或测钎左右移动,直到花杆或测钎的底部正好位于十字丝的纵丝上为止,此时 1 点就在 $A$、$B$ 的直线上。

③依步骤①、②,将分段点 2、3、4 等定在 $AB$ 线上。

(2)分中法:如图 4-1-4 所示,$A$、$C$ 在同一直线上,在 $AC$ 直线方向上确定 $D$、$B$ 两点的位置。

①在 $C$ 点安置经纬仪,盘左瞄准目标 $A$,水平制动。

②纵转望远镜指挥花杆或测钎左右移动,使其位于十字丝竖丝上,定点 $D'$。

③盘右重复上述步骤,定点 $D''$。

④取 $D'$、$D''$的平均位置 $D$ 作为最后定线点。

⑤同理可确定 $B$ 点的位置。

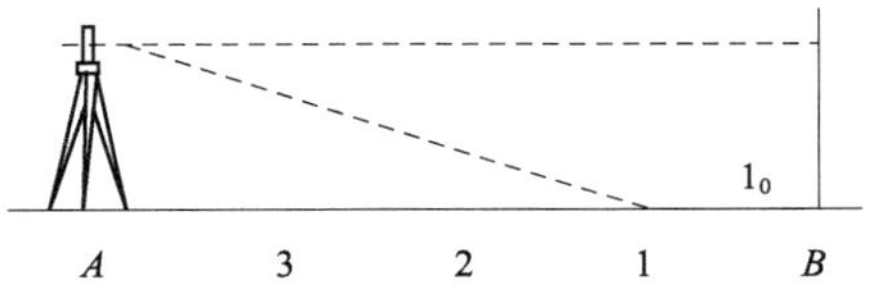


图 4-1-3 纵丝法

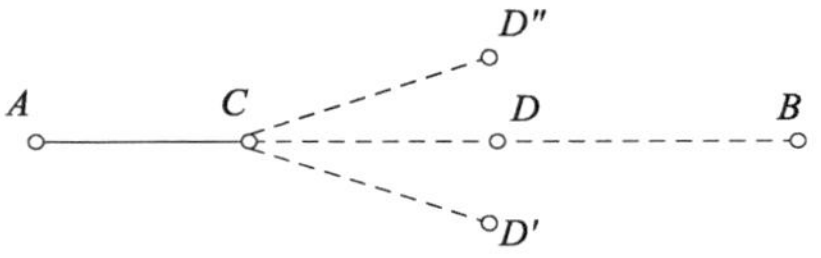


图 4-1-4 分中法

#### 2. 丈量方法

为保证测量精度,钢尺量距一般采用往返测量。

(1)先进行往测。从 $A$ 丈量至 $B$,逐段丈量整尺段,尺段长为 $l$;最后丈量零尺段长 $\Delta l$,往测长度记为 $D_{往}$。

(2)再进行返测。从 $B$ 丈量至 $A$,返测长度记为 $D_{返}$。

$$D = n \times l + \Delta l \tag{4-1-1}$$

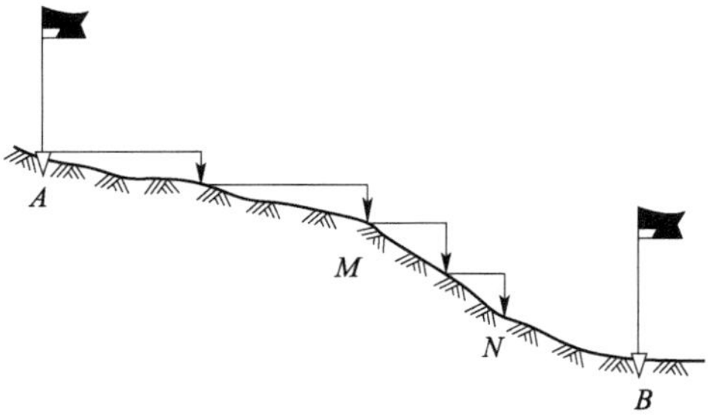


图 4-1-5 山区平量法

往、返各丈量一次,称为一测回,符合精度要求时,取往、返距离的平均值作为丈量结果。也可以采用单程双观测法,即用一根尺子单程丈量两次,但两次起始段的位置选择不同。目前常用的方法为往返丈量法。

当丈量地面坡度不大时,可将钢尺抬平丈量。若地面倾斜度较大进,可将一尺段分成几段来平量,如图 4-1-5 所示中的 $MN$ 段。

#### 3. 成果整理

评定距离丈量的精度,是用相对误差来表示。所谓相对误差,是以往、返测量的距离之差的绝对值与往、返测量距离的平均值之比,并将分子化为 1 的分数表示,即:

$$K = \frac{|\Delta D|}{\overline{D}} = \frac{1}{\frac{\overline{D}}{|\Delta D|}} \qquad (4\text{-}1\text{-}2)$$

在平坦地区，用钢尺量距精度应高于1/2000，在山区也应不低于1/1000。

## 二、组织准备

以8个人为一组，每组选一名组长和一名副组长，组长负责全组组织以及实际操作训练，副组长负责组织进行理论知识学习和复习。

## 三、场地、仪器和材料准备

选择长约200m的实训场地。每组配钢尺一把，花杆两根，测钎一副，木桩若干。学生每人带教材、工作业、记录表和计算器。

# 任务实施

## 一、任务描述

用钢尺丈量 $A$、$B$ 两点间的直线距离（用测回法），要求距离丈量的相对误差不应大于1/2000，计算所丈量的成果是否满足精度要求？

## 二、外业观测

直线量距步骤及图示见表4-1-1。量距记录表见表4-1-2。

**直线量距步骤及图示** 表4-1-1

| 丈量方法 | 标题 | 内容 |
|---|---|---|
| 往返测 | 图示 | 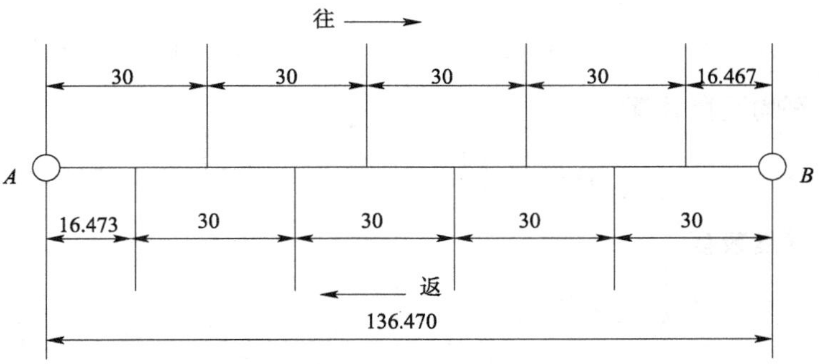 |
| | 步骤 | 1. 先在 $A$、$B$ 两点立花杆，然后用花杆法在地面上定线，并将各分段用木桩标定在 $AB$ 直线上。<br>2. 后尺手拿尺的零端立在 $A$ 点，前尺手拿尺的末端并携带测钎沿 $AB$ 方向前进，走到一整尺段处停下。<br>3. 后尺手把钢尺的零点对准 $A$ 点，喊"预备"，之后前、后尺手沿着用木桩标定的直线方向同时拉直、拉平尺子，确保量距沿着 $AB$ 直线进行。<br>4. 当尺子拉直、拉平并稳定后，后尺手喊"好"，前尺手快速将一测钎对准尺的终点刻度竖直插在地面上，这样就量完第一尺段。<br>5. 前、后尺手同时抬尺前进，当后尺手到达测钎处时停住，拿钢尺零端对准测钎，重复以上第2、3、4步骤，继续向前量第二、第三等尺段。同时注意：丈量好每一尺段后，后尺手必须将前尺手插在地面上的测钎拔出来并收拾好，用以计算整尺段数。 |

续上表

| 丈量方法 | 标题 | 内容 |
|---|---|---|
| 往返测 | 步骤 | 6. 当丈量到 $B$ 点时，一般不足以一个整尺段(称零尺段)，这时由前尺手用尺上某整数刻度线对准终点 $B$，后尺手在尺的零端读数至毫米，读出零尺段长。<br>7. 完成往测，计算往测距离全长 $D=n\times$ 整尺段长度 + 零尺段长度。<br>8. 往测后再调转尺头，从 $B$ 点返测至 $A$ 点，往返各丈量一次称为一测回，当往返测回的误差符合精度要求时，取往返距离的平均值作为丈量结果的测回值。量距记录如表 4-1-2 所示 |

**量 距 记 录 表**　　表 4-1-2

任务名称：直线量距　　日期：2015.9　　量距人员：×××

钢尺型号：30m　　天气：晴　　记 录 人：×××

| 测线 | | 整尺段(m) | 零尺段(m) | 总计(m) | 较差(m) | 精度 | 平均值(m) | 备注 |
|---|---|---|---|---|---|---|---|---|
| $AB$ | 往 | 4×30 | 16.467 | 136.467 | −0.006 | 1/22000 | 136.470 | 精度要求 1/2000 |
| | 返 | 4×30 | 16.473 | 136.473 | | | | |

## 三、内业计算

### 1. 往测距离计算

$$D_{往}=n\times l+\Delta l=4\times 30+16.467=136.467\text{m}$$

### 2. 返测距离计算

$$D_{返}=n\times l+\Delta l=4\times 30+16.473=136.473\text{m}$$

### 3. 较差计算

$$\Delta D=D_{往}-D_{返}=136.467-136.473=-0.006\text{m}$$

### 4. 平均距离计算

$$\overline{D}=\frac{D_{往}+D_{返}}{2}=\frac{136.467+136.473}{2}=136.470\text{m}$$

### 5. 精度校核

$$K=\frac{|\Delta D|}{\overline{D}}=\frac{1}{\frac{\overline{D}}{|\Delta D|}}=\frac{1}{\frac{136.470}{|-0.006|}}=\frac{1}{22745}\approx\frac{1}{22000}<\frac{1}{2000}$$

丈量精度符合要求。

## 任务思考

1. 钢尺量距是丈量地面上两点间的水平距离还是斜距？

2. 端点尺和刻线尺有什么区别？

3. 丈量两段距离，其中一段的往测丈量结果是 137.26m，返测丈量结果是 137.36m；另一段的往测丈量结果是 327.48m，返测丈量结果是 327.58m。问哪一段的丈量结果更精确？

4. 请把表 4-1-3 所列距离丈量数据的表格补充完整。

表 4-1-3

| 测线 | | 整尺段（m） | 零尺段（m） | 总计（m） | 较差（m） | 精度 | 平均值（米） | 备　注 |
|---|---|---|---|---|---|---|---|---|
| AB | 往 | 6×30 | 14.876 | | | | | 精度要求 1/2000 |
| | 返 | 6×30 | 14.796 | | | | | |

## 任务评价

任务考核评价表见附表。

# 任务 4-2　全站仪测距

## 任务描述

已知 A、B 两点的位置，在 A 点安置全站仪，B 点设置反射棱镜，要求：利用全站仪的测距功能，测设 A、B 两点的平距和斜距。

## 任务目标

通过学习和完成本任务，你将能够：

1. 学会全站仪参数设置；
2. 掌握全站仪测距的方法。

## 建议课时

1 课时。

## 任务引入和分析

全站仪测距是利用红外线测距的原理，通过全站仪发射的红外线在两个目标点之间传播的时间来计算出两点之间的距离。

## 任务准备

### 一、知识准备

**（一）全站仪测距的原理**

利用红外线测距的原理，如图 4-2-1 所示，在 A 点安置全站仪，B 点放置棱镜，当全站仪的望远镜发出的红外线到达棱镜又被反射回来时，仪器通过记录光线的往返时间 $t$，通过全站仪自带的计算功能，计算出全站仪至棱镜的距离 $D$。

**（二）全站仪测距功能模式**

按◢键，进入距离测量模式，距离测量模式显示屏如图 4-2-2 所示，功能介绍如表 4-2-1 所示。

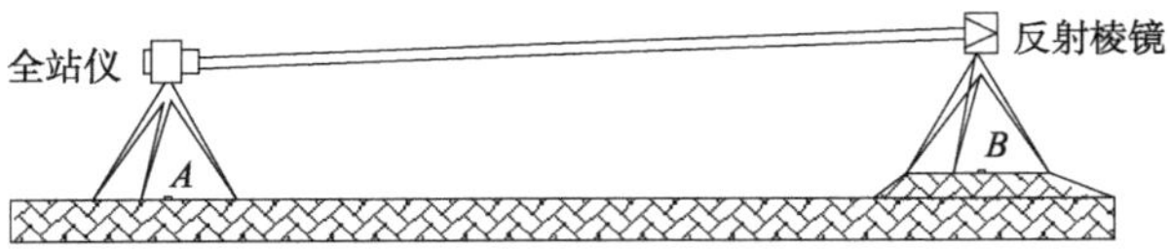


图 4-2-1　全站仪测距

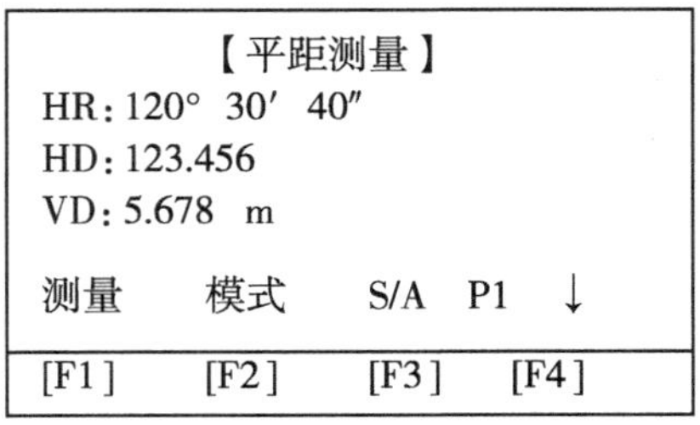


图　4-2-2

**距离测量模式功能表**

表 4-2-1

| 页　　数 | 按　　键 | 按键显示符号 | 功　　能 |
|---|---|---|---|
| 第一页 | F1 | 测量 | 启动测量 |
| | F2 | 模式 | 设置测距模式：精测/粗测/跟踪 |
| | F3 | S/A | 温度、气压、棱镜常数等设置 |
| | F4 | P1↓ | 下翻至第二页 |
| 第二页 | F1 | 偏心 | 偏心测量模式 |
| | F2 | 放样 | 平距、高差、斜距放样测量模式 |
| | F3 | m/f/i | 米、英尺单位的相互转换 |
| | F4 | P2↓ | 下翻至第一页 |

**（三）全站仪参数设置**

首先设置全站仪棱镜常数，棱镜常数一般为 0 或 –30。

其次，设置全站仪的大气改正值或气温、气压值。光在大气中的传播速度会随大气的温度和气压而变化，15℃和 760mmHg 是仪器设置的一个标准值，此时的大气改正为 0ppm。实测时，输入温度和气压值，全站仪会自动计算大气改正值，并对测距结果进行改正。

接着，设置全站仪的测距模式。全站仪的测距模式有精测模式、粗测模式、跟踪模式三种。精测模式是最常用的测距模式，测量精度最高，出数速度最慢，最小显示单位一般是 1mm；粗测模式，测量精度低于精测模式，出数速度较快，最小显示单位一般是 1cm；跟踪模式，常用于跟踪移动目标或放样时连续测距，出数速度快，最小显示单位一般是 1cm。在距离测量或坐标测量时，可按测距模式键选择不同的测距模式。

## 二、组织准备

以 8 个人为一组，每组选一名组长和一名副组长，组长负责全组组织以及实际操作训练，副组长负责组织进行理论知识学习和复习。

## 三、场地、仪器和材料准备

选择空旷的实训场地。每组配全站仪一套，三脚架两个，棱镜一套。学生每人带教材、工作业、记录表和计算器。

# 任务实施

## 一、任务描述

已知 *A*、*B* 两点的位置，在 *A* 点安置全站仪，*B* 点设置反射棱镜，要求：利用全站仪的测距功能，测设 $A$、$B$ 两点的平距和斜距。

## 二、外业观测

全站仪测距步骤及图示见表 4-2-2。

**全站仪测距步骤及图示** 表 4-2-2

<table>
<tr><th>步骤</th><th>说明</th><th>内容</th></tr>
<tr><td rowspan="3">参数设置</td><td rowspan="2">进入音响模式</td><td>在距离测量界面进入音响模式
<table>
<tr><th>操作过程</th><th>操作</th><th>显示</th></tr>
<tr><td>①确认进入距离测量模式第1页屏幕</td><td></td><td>HR: 120° 30′ 40″<br>HD: 123.456m<br>VD: 5.678m<br>测量 模式 S/A P ↓</td></tr>
<tr><td>②按[F3](S/A)键，模式变为设置音响模式显示棱镜常数改正(PSM)，大气改正值(PPM)和反射光的强度(信号)</td><td>[F3]</td><td>设置音响模式<br>PSM: 0.0 PPM 0.0<br>信号: [ I I I I I I ]<br>棱镜 PPM T-P ---</td></tr>
<tr><td colspan="3">· 一旦接收到反射光，仪器即发出蜂鸣声<br>· [F1]至[F3]用于设置大气改正和棱镜常数<br>· 按[ESC]键可返回正常测量模式</td></tr>
</table>
</td></tr>
<tr><td>按★键，再按 PPM 键进入音响模式<br><br>V : 90° 10′ 20″<br>HR : 120° 30′ 40″<br>置零 锁定 置盘 P1↓<br><br>↓ 按星键(★)<br><br>V: 77° 42′ 30″<br>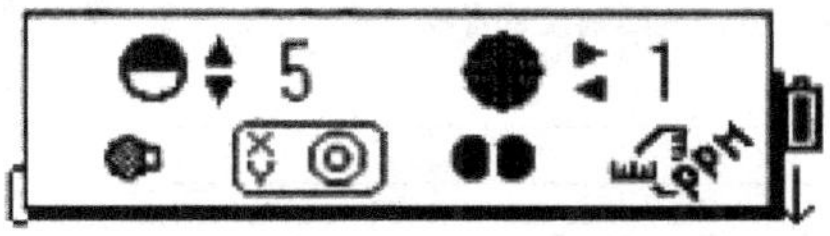</td></tr>
<tr><td>设置棱镜常数</td><td>
<table>
<tr><th>操作过程</th><th>操作</th><th>显示</th></tr>
<tr><td>①由距离测量或坐标测量模式按[F3](S/A)键</td><td>[F3]</td><td>设置音响模式<br>PSM: 0.0PPM0.0<br>信号: [ I I I I I I ]<br>棱镜 PPM T-P ---</td></tr>
<tr><td>②按[F1](棱镜)键</td><td>[F1]</td><td>棱镜常数设置<br>棱镜: 0.0mm<br><br>--- --- [CLR] [ENT]</td></tr>
<tr><td>③按[F1](输入)键，输入棱镜常数改正值，按[F4]确认，显示屏返回到设置音响模式</td><td>[F1]<br>输入数据<br>[F4]</td><td>设置音响模式<br>PSM: 14.0PPM 0.0<br>信号: [ I I I I I I ]<br>棱镜 PPM T-P ---</td></tr>
</table>
</td></tr>
</table>

续上表

<table>
<tr><th>步骤</th><th>说明</th><th>内容</th></tr>
<tr><td rowspan="3">参数设置</td><td rowspan="2">设置大气改正</td><td>

· 直接设置温度和气压值的方法<br>预选测得测站周围的温度和气压。<br>例：温度：+26℃　气压：1017hPa

| 操作过程 | 操作 | 显示 |
|---|---|---|
| ①由距离测量或坐标测量模式按[F3](S/A)键 | [F3] | 显示设置音响响式<br>PSM：0.0 PPM 0.0<br>信号：[ ▮ ▮ ▮ ▮ ▮ ]<br>棱镜　PPM　T-P　--- |
| ②按[F3](T–P)键 | [F3] | 温度和气压设置<br>温度→0.0℃<br>气压：1013.2hPa<br>---　---　[CLR]　[ENT] |
| ③按[F1](输入)键输入温度与气压值。<br>按[F4]确认，返回到设置音响模式 | 输入温度<br>输入气压 | 温度和气压设置<br>温度：26.0℃<br>气压：1017.0hPa<br>---　---　[CLR]　[ENT] |

</td></tr>
<tr><td>

· 直接设置大气改正值的方法<br>测定温度和气压，然后大气改正图上或根据改正公式求得大气改正值(PPM)

| 操作过程 | 操作 | 显示 |
|---|---|---|
| ①距离测量或坐标测量模式<br>按[F3](S/A)键，进入设置音响的模式 | [F3] | 设置音响模式<br>PSM：0.0 PPM 0.0<br>信号：[ ▮ ▮ ▮ ▮ ▮ ]<br>棱镜　PPM　T-P |
| ②按[F2](PPM)键，显示当前设置值 | [F2] | PPM设置<br>PPM：　0.0 ppm<br><br>---　---　[CLR]　[ENT] |
| ③输入大气改正值，返回到设置音响模式 | [F1]<br>输入数据<br>[F4] | |

</td></tr>
<tr><td>设置距离测量模式</td><td>

| 操作过程 | 操作 | 显示 |
|---|---|---|
| ①在距离测量模式下按[F2](模式)键所设置模式的首字符(F/T/C)将显示出来(F：精测，T：跟踪，C：粗测) | [F2] | HR：　120° 30′ 40″<br>HD*　123.456m<br>VD：　5.678m<br>测量　模式　S/A　P1↓<br><br>HR：　120° 30′ 40″<br>HD*　123.456m<br>VD：　5.678m<br>精测　跟踪　粗测　P1↓ |
| ②按[F1](精测)键，[F2](跟踪)键或[F3](粗测)键 | [F1]~[F3] | HR：　120° 30′ 40″<br>HD*　123.456m<br>VD：　5.678m<br>测量　模式　S/A　P1↓ |
| · 要取消设置，按[ESC]键 | | |

</td></tr>
</table>

续上表

| 步骤 | 说明 | 操作过程 | 操作 | 显示 |
| --- | --- | --- | --- | --- |
| 距离测量 | | ①照准棱镜中心 | 照准 | V:　90° 10′ 20″<br>HR　120° 30′ 40″<br>置零　锁定　置盘　P1↓ |
| | | ②按[ ◢ ]键，距离测量开始 | [ ◢ ] | HR:　120° 30′ 40″<br>HD*[r]　<<m<br>VD:　m<br>测量　模式　S/A　P1↓ |
| | | ③显示测量的距离 | | HR:　120° 30′ 40″<br>HD*　123.456　m<br>VD:　5.678　m<br>测量　模式　S/A　P1↓ |
| | | ④再次按[ ◢ ]键，显示变为水平角(HR)、垂直角(V)和斜距(SD) | [ ◢ ] | V:　90° 10′ 20″<br>HR:　120° 30′ 40″<br>SD:　131.678m<br>测量　模式　S/A　P1↓ |
| | | 其中,HD 代表水平距离,VD 代表高差,SD 代表倾斜距离 | | |

## 任务思考

1. 距离测量模式下显示屏中“HD”“SD”分别代表什么意思?
2. 请把当前棱镜常数设置为 PSM-30mm,气温 $T$ 为 32℃,气压为 760mmHg。
3. 请把测量模式由“精测”改为“跟踪”,最后改为“精测”。

## 任务评价

任务考核评价表见附表。

# 项目5　全站仪测量

## 项目内容

本项目为全站仪测量,主要包括以下四项内容:

1. 全站仪坐标测量;
2. 全站仪悬高测量;
3. 全站仪对边测量;
4. 全站仪偏心测量。

## 项目要求

通过本项目的学习,应做到:

1. 领会全站仪测量的基本工作原理;
2. 了解全站仪的基本构造和各键功能,能够熟练操作全站仪;
3. 能够使用全站仪进行坐标测量、对边测量、悬高测量、偏心测量;
4. 能够熟知全站仪使用注意事项。

## 项目知识点、技能点

1. 全站仪坐标测量

1)全站仪测量基本知识;

2)全站仪的基本工作原理和基本构造;

3)全站仪使用注意事项;

4)全站仪坐标测量操作。

2. 全站仪悬高测量

1)全站仪的安置和参数设置;

2)输入棱镜高进行悬高测量;

3)不输入棱镜高进行悬高测量。

3. 全站仪对边测量

1)对边测量概念和原理;

2)对边测量(A - B,A - C 模式);

3)对边测量(A - B,B - C 模式)。

4. 全站仪偏心测量

1)偏心测量概念和原理;

2)角度偏心测量模式;

3)距离偏心测量模式;

4)圆柱偏心测量模式;

5)平面偏心测量模式。

# 任务 5-1　全站仪坐标测量

## 任务描述

平原微丘区某二级公路,在施工现场有两个已知控制点,要求用坐标测量的方法测出附近4个交点的三维坐标。

## 任务目标

通过学习和完成本任务,你将能够:

1. 能正确叙述全站仪的基本构造、参数设置和使用方法;
2. 会使用全站仪进行正确的坐标测量。

## 建议课时

2课时。

## 任务引入和分析

三维坐标测量是全站仪测量模式之一,是以已知测站点的坐标和后视点的坐标(方位角)为依据,测量360°范围内可视点位坐标的常用方法,是目前在施工现场增设控制点的主要方法。本任务的主要内容就是以三维坐标测量的方法,测出附近4个交点的三维坐标。

## 任务准备

### 一、知识准备

目标点的三维坐标可以在测站和后视方位角设置完成后,通过观测值计算获得,如图5-1-1所示。

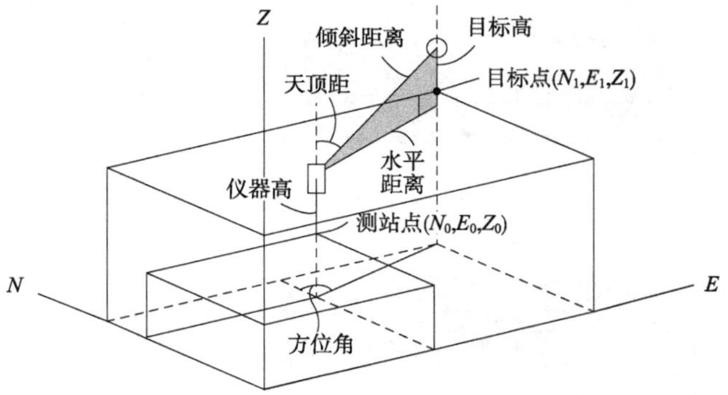


图5-1-1　坐标测量示意图

目标点三维坐标计算公式如下:

$$N_1' = N_0 + S \times \sin Z \times \cos A_z$$

$$E_1 = E_0 + S \times \sin Z \times \sin A_z$$

$$Z_1 = Z_0 + S \times \cos Z + i_h - t_h$$

式中：$N_0$——测站 $N$ 坐标；

$E_0$——测站 $E$ 坐标；

$Z_0$——测站 $Z$ 坐标；

$S$——倾斜距离；

$A_z$——方位角；

$i_h$——仪器高；

$t_h$——目标高。

## 二、组织准备

以 8 个人为一组，每组选一名组长和一名副组长，组长负责本组组织以及实际操作训练，副组长负责组织进行理论知识学习和复习。

## 三、场地、仪器和材料准备

选择尽可能大的实训场地（如：校园田径运动场）。每组配备全站仪 1 套，棱镜 1 套，对讲机 1 对。学生每人带教材、工作页、记录板夹、记录表和计算器。

## 任务实施

坐标测量操作步骤与图示：

**1. 设置测站点坐标（表 5-1-1）**

**设置测站点坐标的步骤与图示**（科力达 KTS-482RLC）　　表 5-1-1

| 操作步骤 | 按键 | 显示（科力达 KTS-482RLC） | 显示（拓普康 GTS-102N） |
|---|---|---|---|
| ①单击［坐标］键，进入坐标测量模式 | ［坐标］ | 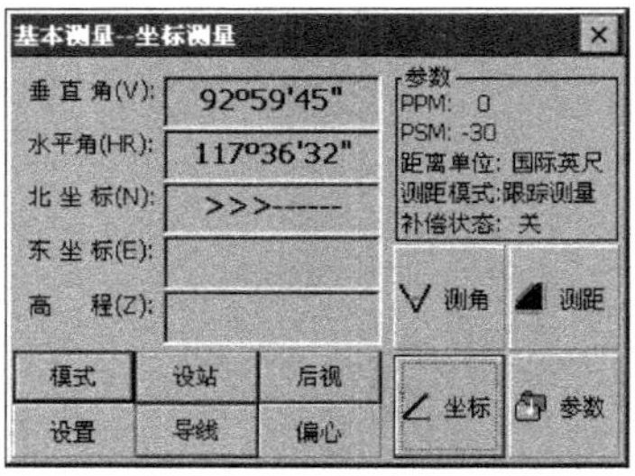 | N:　123.456　m<br>E:　34.567　m<br>Z:　78.912　m<br>测量　模式　S/A　P1↓<br>- - - - - - - - - - - -<br>镜高　仪高　测站　P2↓ |
| ②单击［设站］键 | ［设站］ | 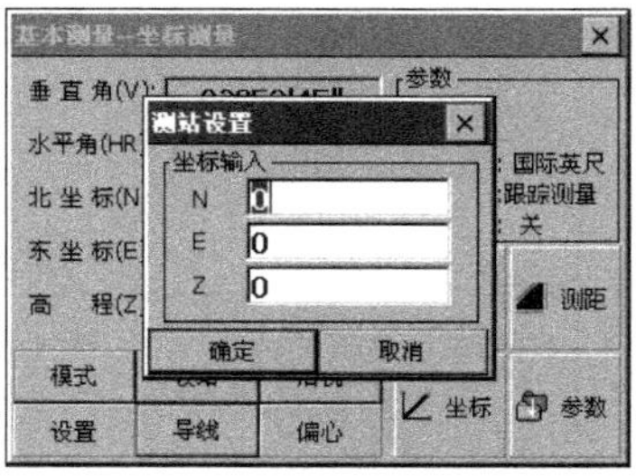 | N=　0.000　m<br>E:　0.000　m<br>Z:　0.000　m<br><br>- - -　- - -　[CLR]　[ENT] |

续上表

| 操作步骤 | 按键 | 显示(科力达 KTS-482RLC) | 显示(拓普康 GTS-102N) |
|---|---|---|---|
| ③输入测站点坐标,输入完一项,单击[确定]或按[ENT]键将光标移到下一输入项 | [确定] | 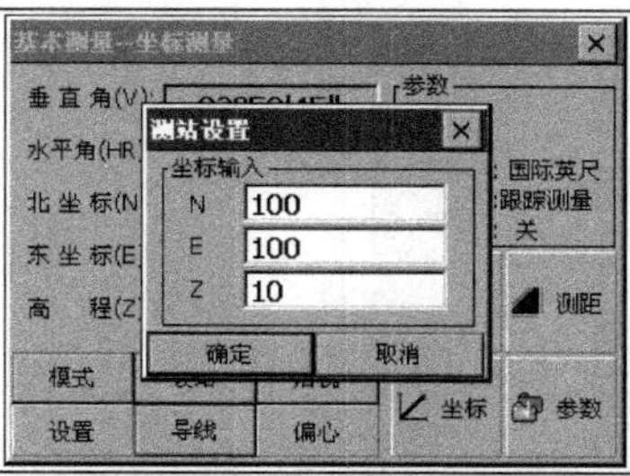 | N= -72.000 m<br>E: 0.000 m<br>Z: 0.000 m<br>--- --- [CLR] [ENT] |
| ④所有输入完毕,单击[确定]或按[ENT]键返回坐标测量屏幕 | [确定] | 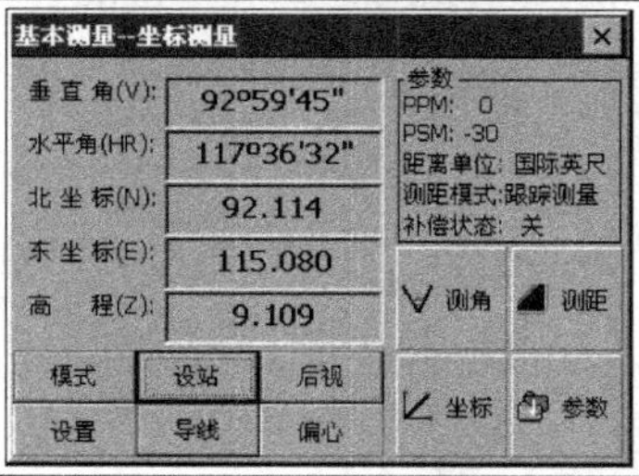 | N→ 51.456 m<br>E: 34.567 m<br>Z: 78.912 m<br>测量 模式 S/A P1↓ |

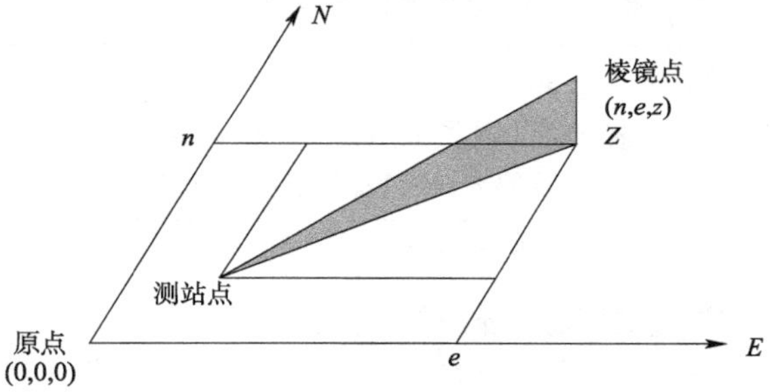


图 5-1-2 设置测站点坐标

## 2. 设置后视点(表 5-1-2)

设置后视点的步骤与图示 表 5-1-2

| 操作步骤 | 按键 | 显示(科力达 KTS-482RLC) | 显示(拓普康 GTS-102N) |
|---|---|---|---|
| ①单击[后视]键,进入后视点设置功能 | [后视] | 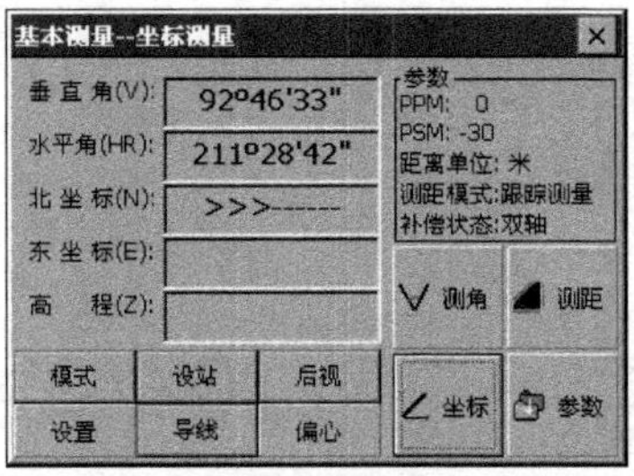 | 后视<br>点号: ________<br>输入 调用 NE/AZ 回车 |
| ②输入后视点坐标,输入完一项,单击[确定]或按[ENT]键将光标移到下一输入项 | [确定] | 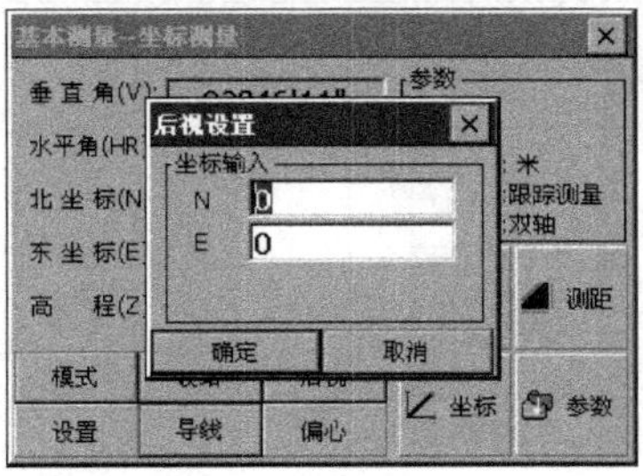 | N→ 0.000m<br>E: 0.000m<br>输入 --- AZ 回车 |

| 操作步骤 | 按键 | 显示(科力达 KTS-482RLC) | 显示(拓普康 GTS-102N) |
|---|---|---|---|
| ③输入完毕,单击[确定] | [确定] | 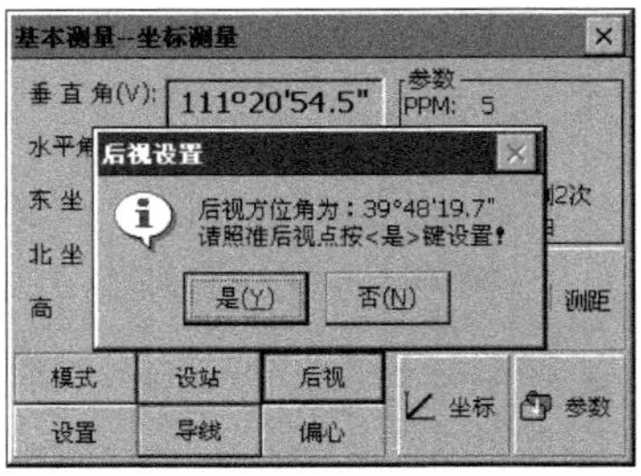 | 后视<br>H(B)= 0° 00′ 00″<br>>照准? [是] [否] |
| ④照准后视点,单击[是]。系统设置好后视方位角,并返回坐标测量屏幕。屏幕中显示刚才设置的后视方位角 | [是] | 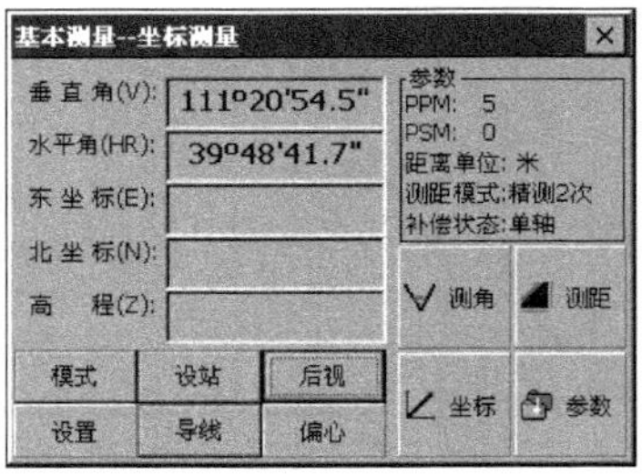 | |

**3. 设置仪器高/棱镜高**(表 5-1-3)

坐标测量需输入仪器高与棱镜高,以便直接测定未知点高程。

**设置仪器高/棱镜高的步骤与图示** 表 5-1-3

| 操作步骤 | 按键 | 显示(科力达 KTS-482RLC) | 显示(拓普康 GTS-102N) |
|---|---|---|---|
| ①单击[设置]键,进入仪器高、目标高设置功能 | [设置] | 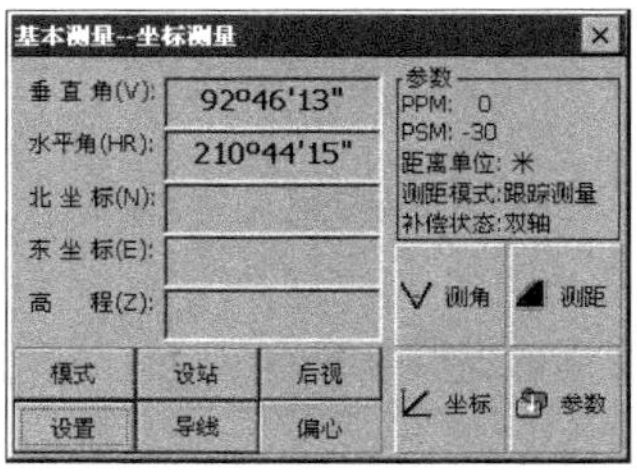 | N: 123.456m<br>E: 34.567m<br>Z: 78.912m<br>测量 模式 S/A P1↓<br>镜高 仪高 测站 P2↓ |
| ②输入仪器高和目标高,输入完一项,单击[确定]或按[ENT]键将光标移到下一输入项 | 输入仪器高和目标高 | 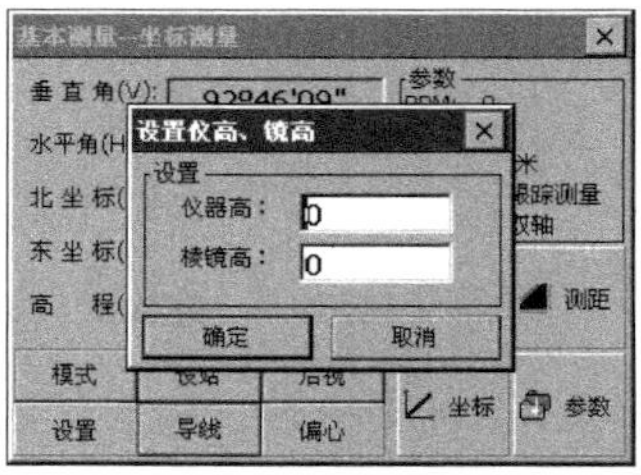 | 镜高<br>输入<br>镜高: 0.000m<br>--- --- [CLR] [ENT] |
| ③所有输入完毕,单击[确定]或按[ENT]键返回坐标测量屏幕 | [确定] | 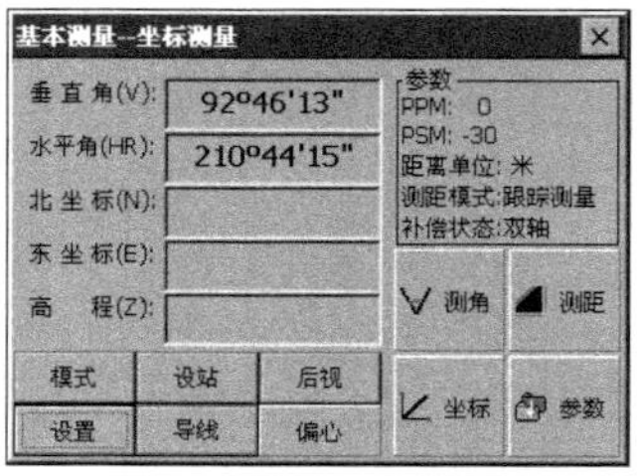 | N: 123.456m<br>E: 34.567m<br>Z: 78.912m<br>测量 模式 S/A P1↓ |

### 4. 坐标测量的操作

在进行坐标测量时，通过设置测站坐标、后视方位角、仪器高和棱镜高，即可直接测定未知点的坐标，如图 5-1-3 和表 5-1-4 所示。

测站点坐标：$(N_0, E_0, Z_0)$

仪器中心至棱镜中心的坐标差：$(n, e, z)$

未知点坐标：$(N_1, E_1, Z_1)$

$N_1 = N_0 + n$

$E_1 = E_0 + e$

$Z_1 = Z_0 +$ 仪器高 $+ z -$ 棱镜高

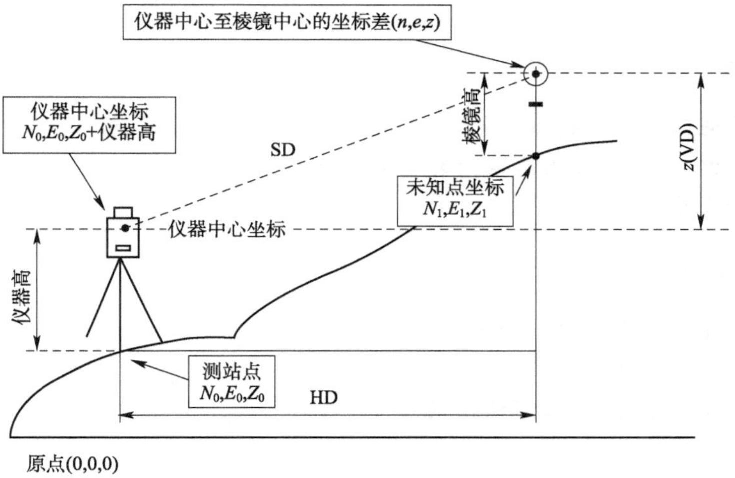


图 5-1-3

**坐标测量的步骤与图示** 表 5-1-4

| 操作步骤 | 按键 | 显示(科力达 KTS-482RLC) | 显示(拓普康 GTS-102N) |
| --- | --- | --- | --- |
| ①设置测站坐标和仪器高/棱镜高；注(1)<br>②设置后视方位角；注(2)<br>③照准目标点注(3) | | 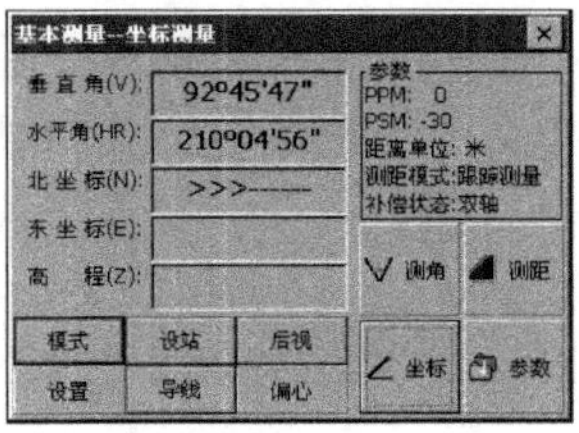 | N*[r] <<m<br>E: m<br>Z: m<br>测量 模式 S/A P1↓ |
| ④单击[坐标]键，测量结束，显示结果注(4) | [坐标] | 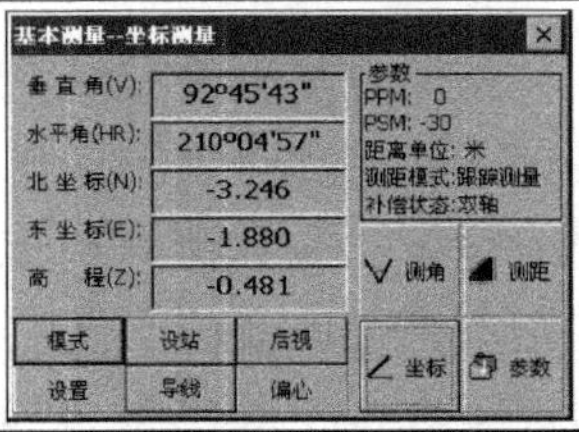 | N: 123.456m<br>E: 34.567m<br>Z: 78.912m<br>测量 模式 S/A P1↓ |

注：(1)若未输入测站点坐标，则以上次设置的测站坐标作为缺省值。若未输入仪器高和棱镜高，则亦以上次设置的代替；

(2)参见“水平度盘读数的设置”或“设置后视点”；

(3)单击[模式]键，可更换测距模式(单次精测/N 次精测/重复精测/跟踪测量)；

(4)要返回正常角度或距离测量模式可单击[测角]/[测距]键。

## 任务思考

1. 何谓全站仪？它都能进行哪些测量？
2. 简述全站仪坐标测量的程序。

## 任务评价

任务考核评价表见附表。

# 任务 5-2 全站仪悬高测量

## 任务描述

某二级公路施工沿线有高压输电线、悬空电缆，还有在建的桥梁。要求用悬高测量的方法测出高压输电线、悬空电缆距离地面的高度，保证车辆的行车安全；用悬高测量的方法控制在建的桥梁的高度。

## 任务目标

通过学习和完成本任务，你将能够：

1. 能进行全站仪的安置和参数设置；
2. 会使用全站仪进行正确的悬高测量。

## 建议课时

2 课时。

## 任务引入和分析

悬高测量是全站仪测量模式之一。悬高测量的原理很简单，观测起来也很便捷。利用全站仪提供的该项特殊功能，可方便地用于测定悬空线路、桥梁以及高大建筑物、构造物的高度。

## 任务准备

### 一、知识准备

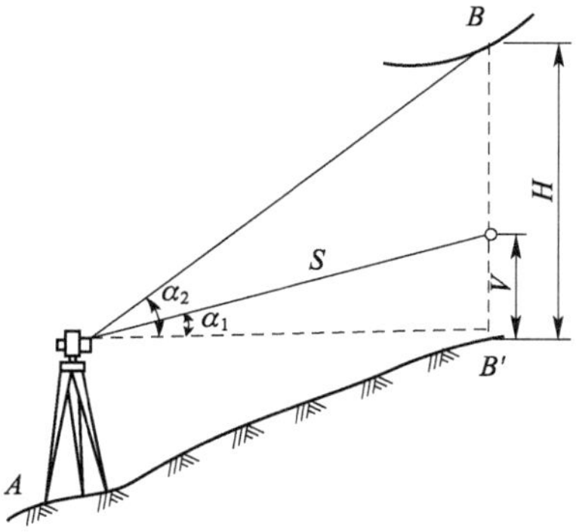


图 5-2-1 悬高测量示意图

所谓悬高测量，就是测定空中某点距地面的高度。全站仪进行悬高测量的工作原理如图 5-2-1 所示。首先把反射棱镜设立在欲测目标点 $B$ 的天底 $B'$ 点（即过目标点 $B$ 的铅垂线与地面的交点），输入反射棱镜高 $V$；然后照准反射棱镜进行距离测量，再转动望远镜照准目标点 $B$，便能实时显示出目标点 $B$ 至地面的高度 $H$。

### 二、组织准备

以 8 个人为一组，每组选一名组长和一名副组长，组长负责本组组织以及实际操作训练，副组长负责组织进行理论知识学习和复习。

## 三、场地、仪器和材料准备

选择尽可能大的实训场地。每组配备全站仪 1 套，棱镜 1 套，对讲机 1 对。学生每人带教材、工作页、记录板夹、记录表和计算器。

## 任务实施

悬高测量用于测定遥测目标相对于棱镜的垂直距离（高度）及其离开地面的高度（无棱镜的高度）。使用棱镜高时，悬高测量以棱镜作为基点，不使用棱镜时则以测定垂直角的地面点作为基点，上述两种情况下基准点均位于目标点的铅垂线上。

（1）输入棱镜高（举例：$h=1.2\text{m}$），如图 5-2-2 所示。悬高测量（输入棱镜高）操作步骤与图示见表 5-2-1。

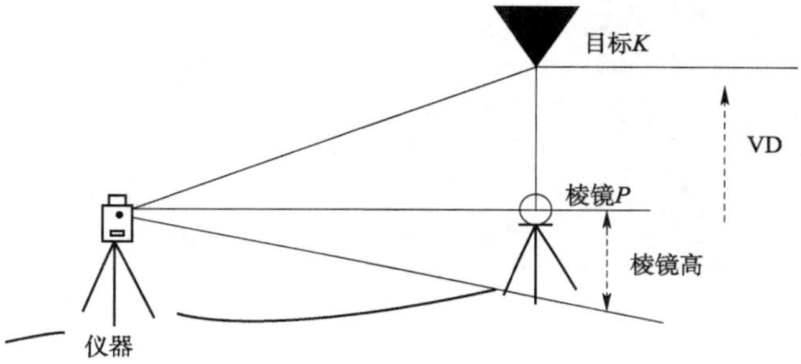


图 5-2-2　悬高测量示意图

**悬高测量（输入棱镜高）操作步骤与图示**　表 5-2-1

| 操作步骤 | 按键 | 显示（科力达 KTS-482RLC） | 显示（拓普康 GTS-102N） |
|---|---|---|---|
| ①在距离测量模式下，单击[悬高]键进入悬高测量功能 | [悬高] | 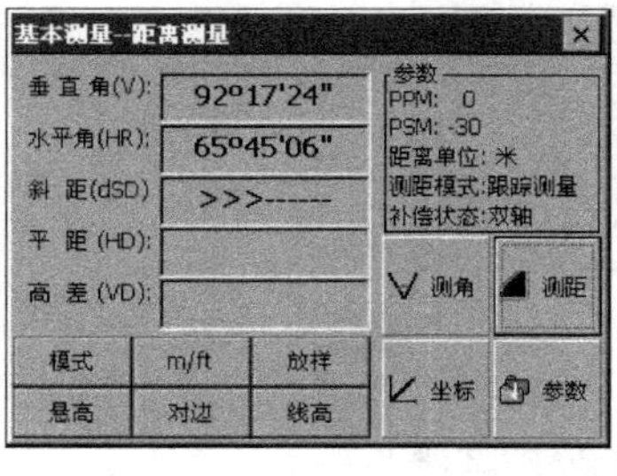 | 程度　1/2<br>F1：悬高测量<br>F2：对边测量<br>F3：Z坐标<br>P↓ |
| ②如右图所示，用笔针单击“有棱镜高” | [有棱镜高] | 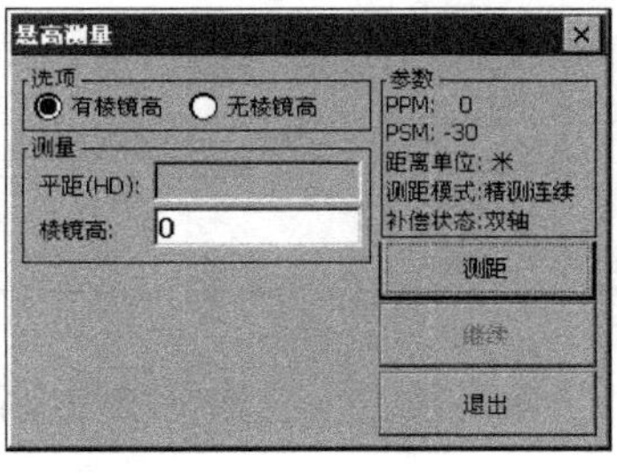 | 悬高测量　1/2<br>F1：输入镜高<br>F2：无需镜高 |

续上表

| 操作步骤 | 按键 | 显示(科力达 KTS-482RLC) | 显示(拓普康 GTS-102N) |
|---|---|---|---|
| ③输入棱镜高 | 输入棱镜高 | 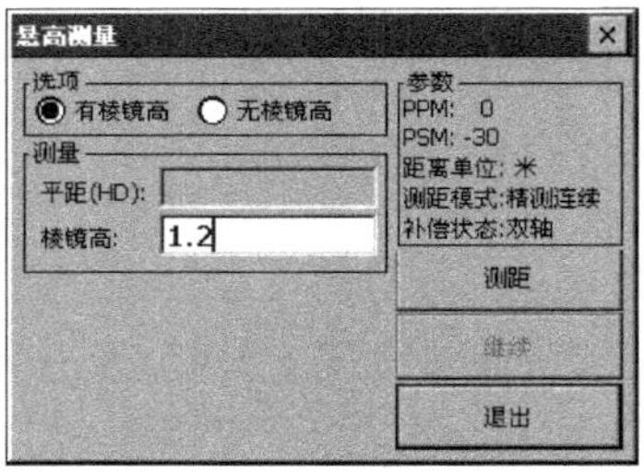 | REM-1<br><第一步><br>镜高: 0.000m<br>--- --- [CLR] [ENT] |
| ④照准目标棱镜中心 $P$;<br>⑤单击[测距]键,开始观测;<br>⑥显示仪器至棱镜之间的水平距离(平距) | 照准棱镜[测距] | 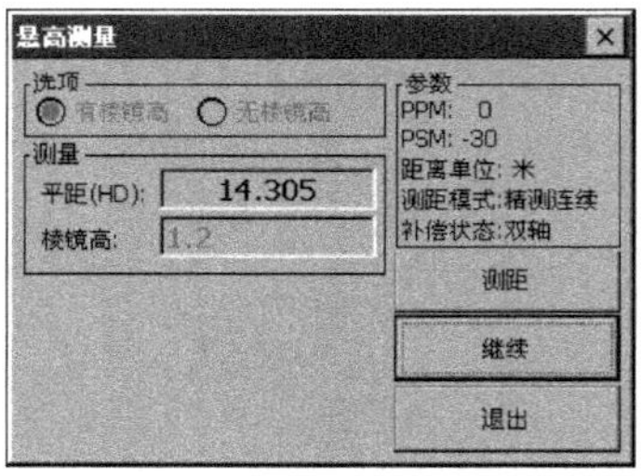 | REM-1<br><第二步><br>HD: m<br>测量 --- --- ---<br><br>REM-1<br><第二步><br>HD: *[n] <<m<br>>测量… ↓ |
| ⑦单击[继续]键,棱镜位置即被确定 | [继续] | 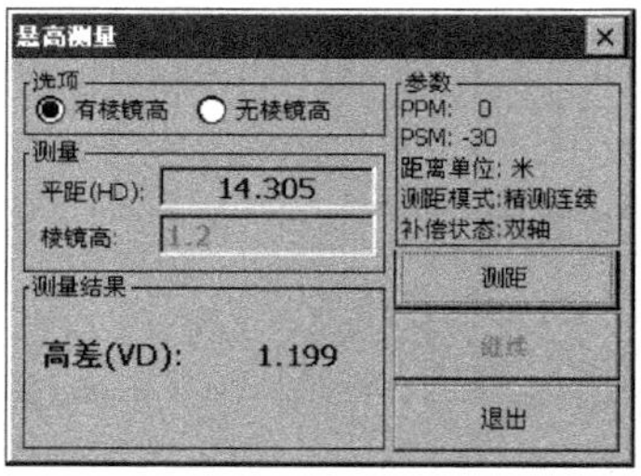 | REM-1<br><第二步><br>HD: * 123.456m<br>>测量…<br><br>REM-1<br>VD: 1.500m<br>--- 镜高 平距 --- |
| ⑧照准目标 $K$,显示垂直距离(高差)注 | 照准 $K$ | 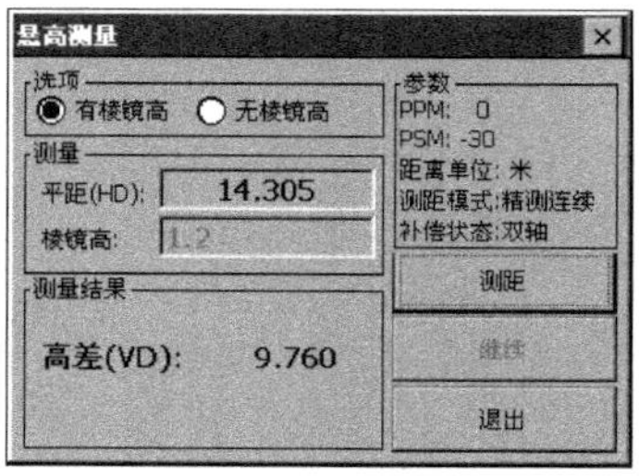 | REM-1<br>VD: 10.456m<br>--- 镜高 平距 --- |

注:若要退出悬高测量,单击[退出]或按[ESC]键。

(2)不输入棱镜高,如图 5-2-3 所示。悬高测量(不输入棱镜高)操作步骤与图示见表 5-2-2。

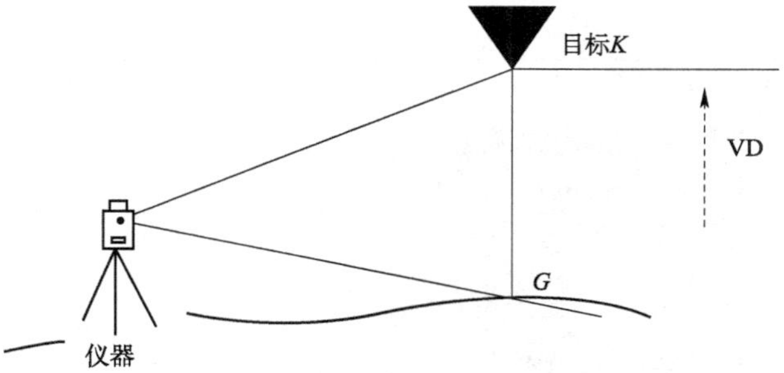


图 5-2-3　无棱镜悬高测量示意图

**悬高测量(不输入棱镜高)操作步骤与图示**　　表 5-2-2

| 操作步骤 | 按键 | 显示(科力达 KTS-482RLC) | 显示(拓普康 GTS-102N) |
|---|---|---|---|
| ①用笔针单击“无棱镜高” | 无棱镜高 | 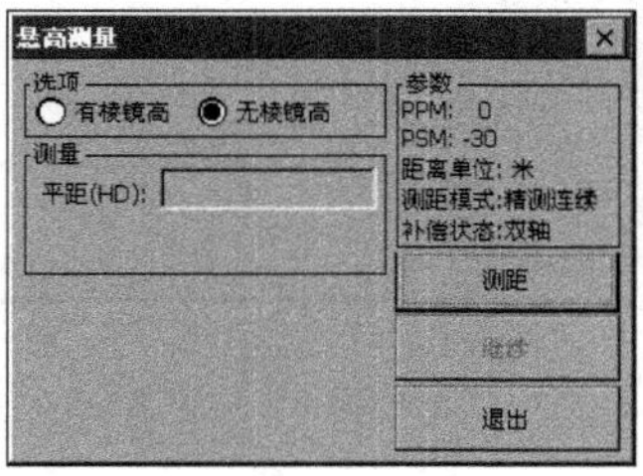 | 程序　1/2<br>F1：悬高测量<br>F2：对边测量<br>F3：Z坐标　P↓<br><br>悬高测量　1/2<br>F1：输入镜高<br>F2：无需镜高 |
| ②照准目标棱镜中心 G；<br>③单击[测距]键,开始观测；<br>④显示仪器至棱镜之间的水平距离(平距) | 照准棱镜[测距] | 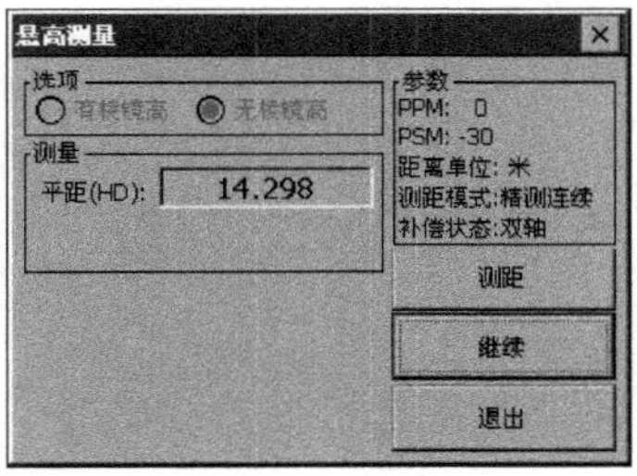 | REM-2<br><第一步><br>HD：　m<br>测量　- - -　- - -　- - -<br><br>REM-2<br><第一步><br>HD*[n]　<<m<br>>测量…<br><br>REM-2<br><第一步><br>HD*　123.456m<br>>测量… |
| ⑤单击[继续]键, G 点位置即被确定 | [继续] | 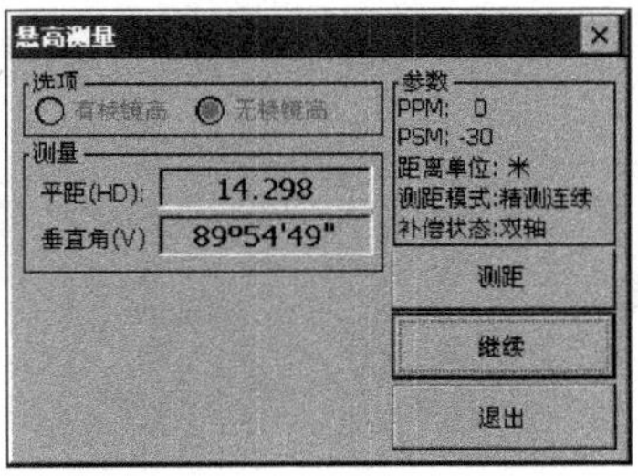 | REM-2<br><第二步><br>V：　60°　45′　50″<br>- - -　- - -　- - -　设置<br><br>REM-2<br><第二步><br>V：　123°　45′　50″<br>- - -　- - -　- - -　设置 |

<table>
<tr><th>操作步骤</th><th>按键</th><th>显示(科力达 KTS-482RLC)</th><th>显示(拓普康 GTS-102N)</th></tr>
<tr><td>⑥单击[继续]键</td><td>[继续]</td><td>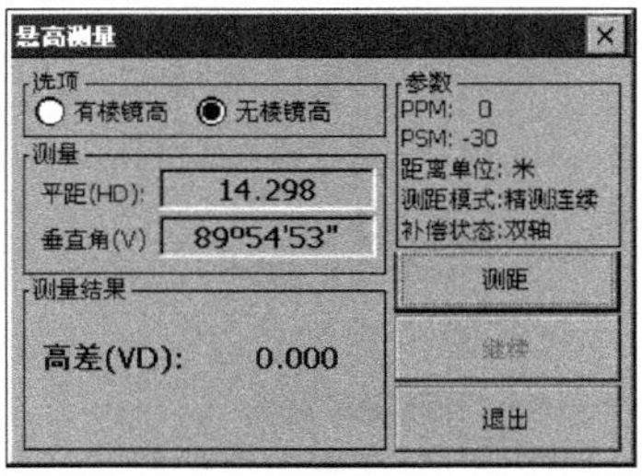
</td><td>REM-2<br>VD: 0.000m<br>--- 竖角 平距 ---</td></tr>
<tr><td>⑦照准目标 K,显示垂直距离(高差)[注]</td><td>照准目标</td><td>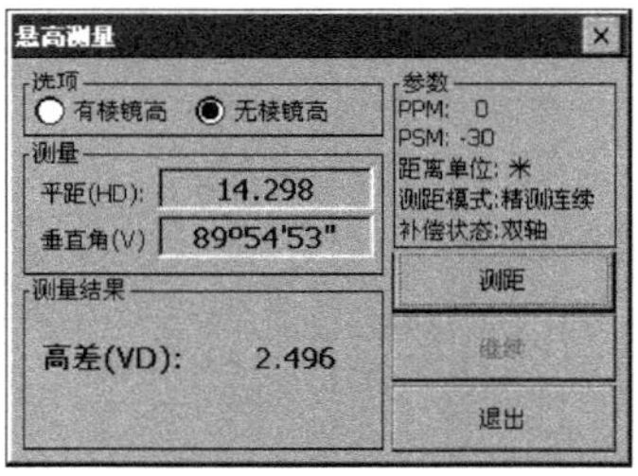
</td><td>REM-2<br>10.456m<br>VD:<br>--- 竖角 平距 ---</td></tr>
</table>

注:若要退出悬高测量,单击[退出]或按[ESC]键。

### 任务思考

1. 何谓悬高测量?
2. 简述全站仪悬高测量的程序。

### 任务评价

任务考核评价表见附表。

## 任务 5-3 全站仪对边测量

### 任务描述

拟测量教学楼前一点 $A$ 和教学楼后一点 $B$ 的距离和高差,因为 $AB$ 之间有障碍物无法直接获取两点间的高差和平距,请在两点均通视的位置找一个点 $O$ 安置全站仪,利用对边测量获取 $A$、$B$ 两点间的距离和高差。

### 任务目标

通过学习和完成本任务,你将能够:

1. 能正确使用全站仪,并进行参数设置;
2. 会使用全站仪进行正确的对边测量。

### 建议课时

2 课时。

## 任务引入和分析

对边测量是全站仪测量模式之一。对边测量作为一种间接测量,主要根据相对测量原理,获取2个无法直接通视的测量点间距离和高差。

## 任务准备

### 一、知识准备

所谓对边测量,就是测定两个不直接通视的目标点之间的水平距离和两点间的高差。即在两目标点上分别安置反射棱镜,在与两个安置的棱镜点通视的任意一点安置全站仪后,先选定对边测量模式,按照操作步骤即可测量出两个棱镜之间的水平距离(dHD),斜距(dSD)和高差(dVD)。

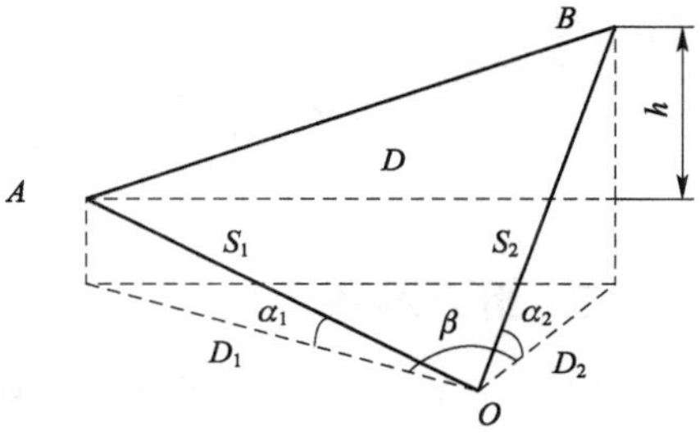

图 5-3-1 对边测量示意图

如图 5-3-1 所示,为了测定 $A$、$B$ 两点间的水平距离 $D$ 和高差 $h$,在与 $A$、$B$ 两点均通视的任意点 $O$ 上安置全站仪,观测至 $A$、$B$ 两点的斜距 $S_1$、$S_2$ 和竖直角 $\alpha_1$、$\alpha_2$ 以及水平夹角 $\beta$。测量过程中,利用全站仪内置的相应固化程序,由实测距离和角度可以得到 $AB$ 间的水平距离和高差。计算公式如下:

$$D=\sqrt{D_1^2+D_2^2-2D_1D_2\cos\beta}$$
$$=\sqrt{S_1^2\cdot\cos^2\alpha_1+S_2^2\cdot\cos^2\alpha_2-2S_1S_2\cos\alpha_1\cdot\cos\alpha_2\cdot\cos\beta} \tag{5-3-1}$$
$$h=S_2\cdot\sin\alpha_2-S_1\cdot\sin\alpha_1 \tag{5-3-2}$$

全站仪屏幕显示的水平距离和高差,就是利用全站仪自身具有的内存及计算功能按式(5-3-1)、式(5-3-2)计算出来的,测量时只需要按一下"对边测量"功能键即可。

对边测量模式有如下两种:

(1)(A-B,A-C)模式:测量 A-B,A-C,A-D 等,如图 5-3-2 所示。

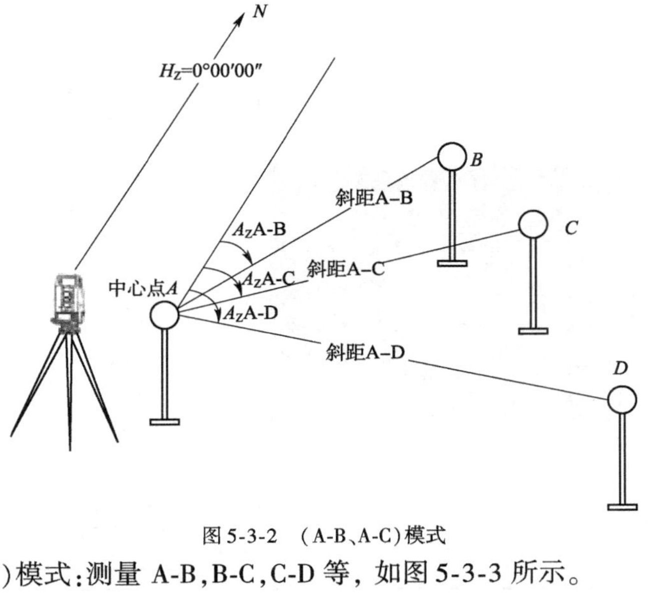

图 5-3-2 (A-B、A-C)模式

(2)(A-B,B-C)模式:测量 A-B,B-C,C-D 等,如图 5-3-3 所示。

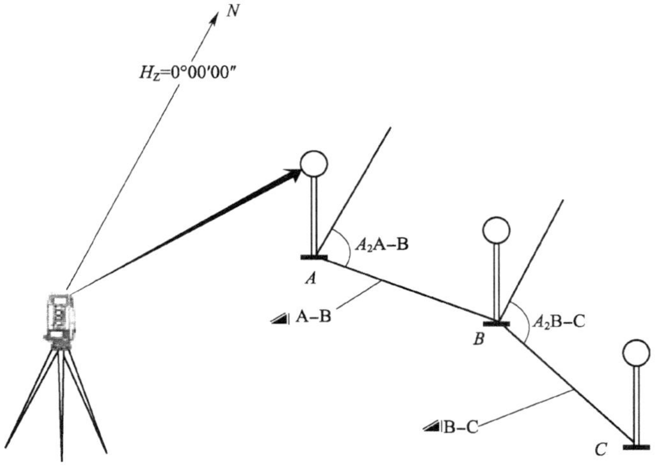


图 5-3-3 （A-B、B-C）模式

## 二、组织准备

以 8 个人为一组，每组选一名组长和一名副组长，组长负责本组组织以及实际操作训练，副组长负责组织进行理论知识学习和复习。

## 三、场地、仪器和材料准备

选择尽可能大的实训场地。每组配备全站仪 1 套，棱镜 2 套，对讲机 2 对。学生每人带教材、工作页、记录板夹、记录表和计算器。

## 任务实施

**1. 对边测量**（A-B、A-C 模式）（表 5-3-1）

**对边测量**（A-B、A-C 模式）**的步骤与图示** 表 5-3-1

| 操作步骤 | 按键 | 显示（科力达 KTS-482RLC） | 显示（拓普康 GTS-102N） |
|---|---|---|---|
| ①在距离测量模式下，单击［对边］键进入对边测量功能 | ［对边］ | 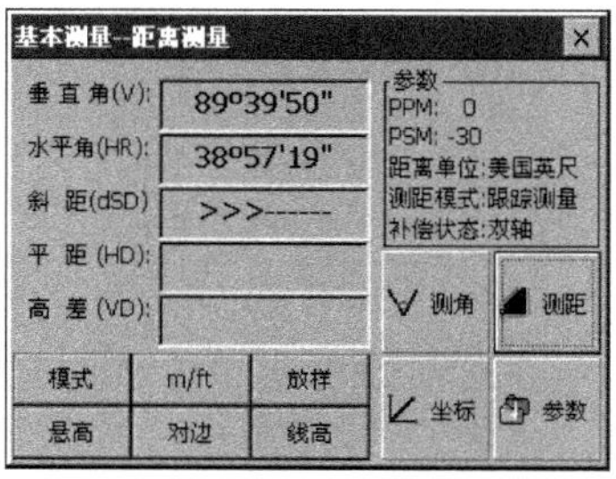 | 菜单 2/3<br>F1：程序<br>F2：格网因子<br>F3：照明 P↓<br><br>程序 1/2<br>F1：悬高测量<br>F2：对边测量<br>F3：Z坐标 P↓<br><br>对边测量<br>F1：使用文件<br>F2：不使用文件<br><br>格网因子<br>F1：使用<br>F2：不使用 |

续上表

| 操作步骤 | 按键 | 显示(科力达 KTS-482RLC) | 显示(拓普康 GTS-102N) |
| --- | --- | --- | --- |
| ②用笔针选择 A-B,A-C | | 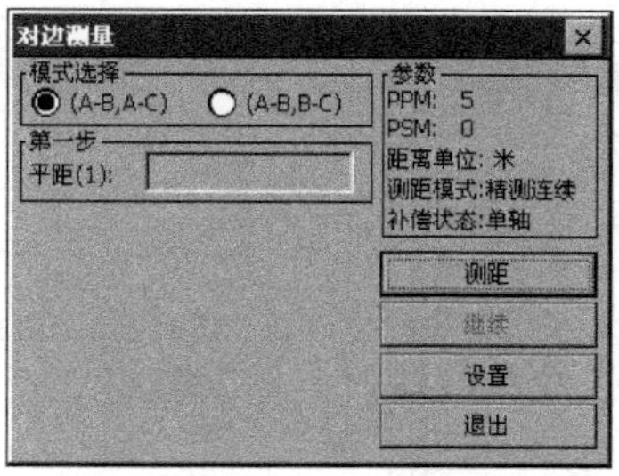 | 对边测量<br>F1：MLM-1(A-B,A-C)<br>F2：MLM-2(A-B,B-C) |
| ③照准棱镜 *A*,单击[测距]键,显示仪器和棱镜 *A* 之间的平距 | [测距] | 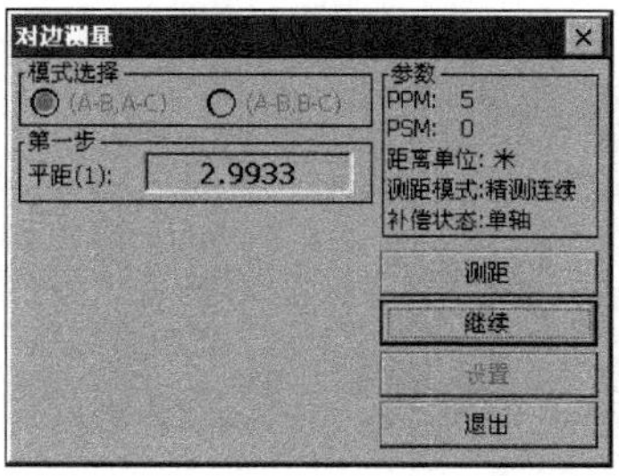 | MLM-1(A-B,A-C)<br><第一步><br>HD: m<br>测量 镜高 坐标 --- <br><br>MLM-1(A-B,A-C)<br><第一步><br>HD*[n] <<m<br>>测量--- |
| ④单击[继续]键 | [继续] | 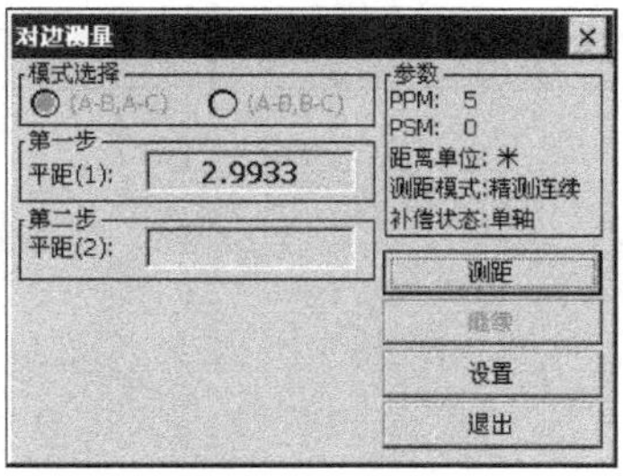 | MLM-1(A-B,A-C)<br><第二步><br>HD: m<br>测量 镜高 坐标 --- |
| ⑤照准棱镜 *B*,单击[测距]键 | [测距] | 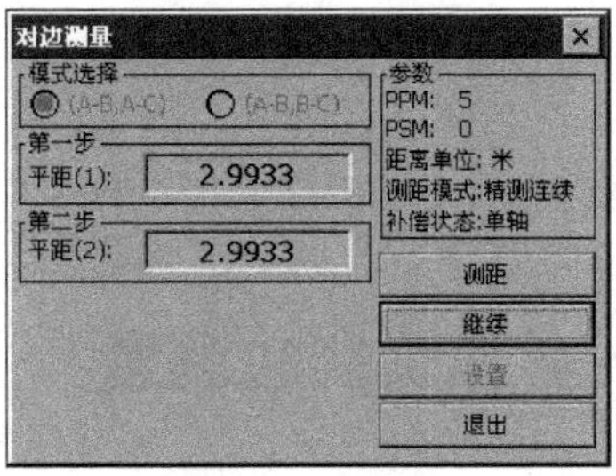 | MLM-1(A-B,A-C)<br><第二步><br>HD*[n] <<m<br>测量 镜高 坐标 --- |
| ⑥单击[继续]键,显示棱镜 *A* 与棱镜 *B* 之间的平距(dHD)、高差(dVD)和斜距(dSD)[注] | [继续] | 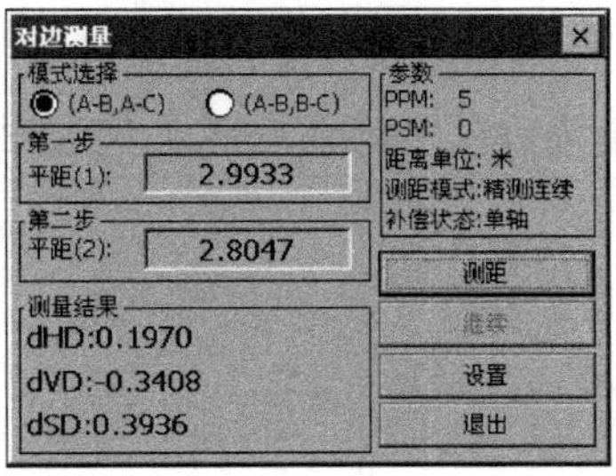 | MLM-1(A-B,A-C)<br>dHD: 123.456m<br>dVD: 12.345m<br>--- --- 平距 --- |

续上表

| 操作步骤 | 按键 | 显示(科力达 KTS-482RLC) | 显示(拓普康 GTS-102N) |
|---|---|---|---|
| ⑦要测定 A 与 C 两点之间的距离,可照准棱镜 C,再单击[测距]键。测量结束,显示仪器至棱镜 C 的水平距离(平距) | [测距] | 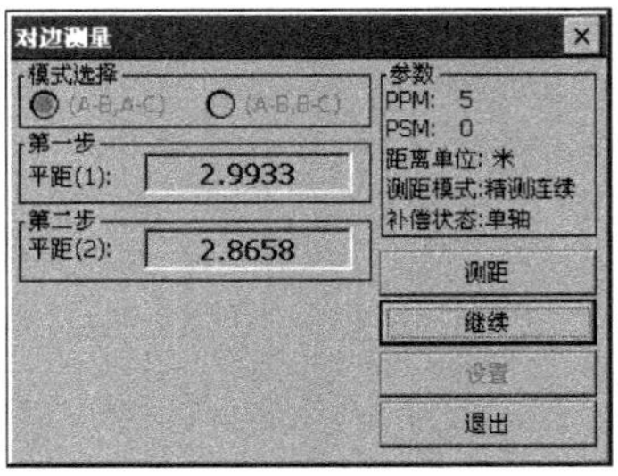 | MLM-1(A-B,A-C)<br>dSD: 234.567m<br>HR: 12° 34′ 40″<br>--- --- 平距 ---<br><br>MLM-1(A-B,A-C)<br><第二步><br>HD: m<br>测量 镜高 坐标 --- |
| ⑧单击[继续]键,显示棱镜 A 与棱镜 C 之间的平距(dHD)、高差(dVD)和斜距(dSD) | [继续] | 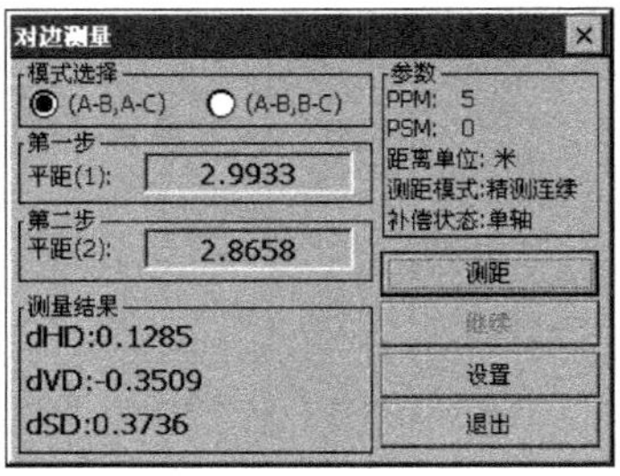 | MLM-1(A-B,A-C)<br>dHD: 234.567m<br>dVD: 23.456m<br>--- --- 平距 --- |
| 单击[退出]或按[ESC]键可返回到主菜单 | | | |

注:单击[设置]可设置仪器高和棱镜高。

**2. 对边测量**(A-B、B-C 模式)

观测步骤与(A-B、A-C 模式)完全相同。

### 任务思考

1. 何谓对边测量?
2. 简述全站仪对边测量的程序。

### 任务评价

任务考核评价表见附表。

## 任务 5-4 全站仪偏心测量

### 任务描述

请用全站仪偏心测量的方法测出一个圆柱形桥墩或一棵大树的中心点坐标。

### 任务目标

通过学习和完成本任务,你将能够:

1. 能进行全站仪的安置和参数设置;
2. 会使用全站仪进行正确的偏心测量。

## 建议课时

2 课时。

## 任务引入和分析

偏心测量是全站仪测量模式之一。全站仪偏心测量，就是反射棱镜不是放置在待测点的铅垂线上，而是安置在与待测点相关的某处，间接地测定出待测点的位置。比如一个圆柱形桥墩的中心或一棵大树的中心，我们怎样测出它的中心点坐标呢？因为棱镜无法到达它的中心，直接测量显然是不可能的。全站仪为我们提供了偏心测量功能，我们可通过观测与其相邻的可视点位后，根据相对关系，如角度和距离，推算出其中心点的坐标。

## 任务准备

### 一、知识准备

偏心测量共有四种测量模式：角度偏心测量、距离偏心测量、圆柱偏心测量、平面偏心测量。

**（一）角度偏心测量模式**

当棱镜直接架设有困难时，此模式是十分有用的，如在树木的中心。在这种模式下，仪器到点 $P$（即棱镜点）的平距应与仪器到目标点的平距相同。在设置好仪器高、棱镜高后，进行偏心测量，即可得到被测物中心位置的坐标，如图 5-4-1 所示。角度偏心测量步骤与图示见表 5-4-1。

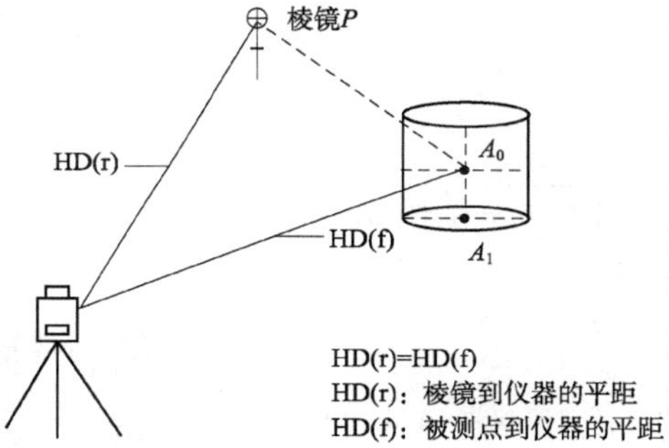


图 5-4-1　偏心测量示意图

**角度偏心测量模式的步骤与图示**　　　　表 5-4-1

| 操作步骤 | 按键 | 显示（科力达 KTS-482RLC） | 显示（拓普康 GTS-102N） |
|---|---|---|---|
| ①单击[偏心]键 | [偏心] | 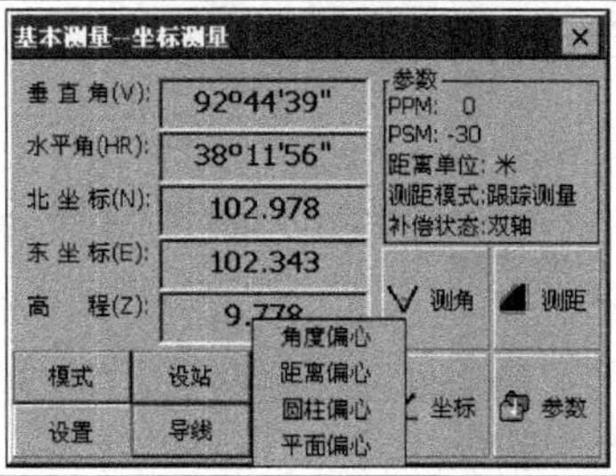 | 偏心测量　　1/2<br>F1：角度偏心<br>F2：距离偏心<br>F3：平面偏心　　P↓ |
| ②在弹出的对话框中单击[角度偏心]键，进入角度偏心测量；<br>③用笔针选择"自由垂直角"（或"锁定垂直角"）开始角度偏心测量。（用户可根据作业需要选择垂直角设置方式） | | 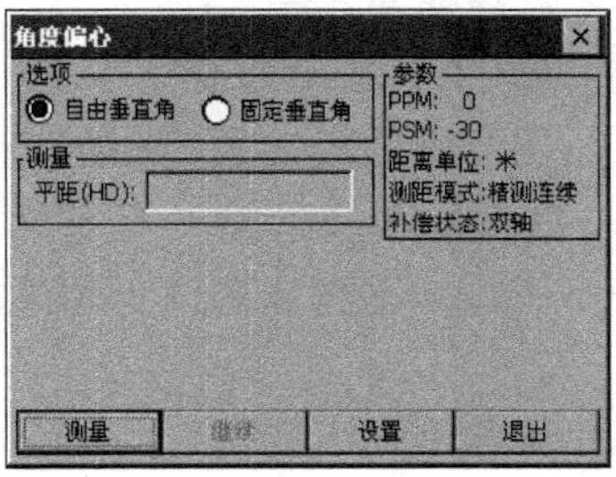 | 偏心测量<br>HR:　120°　30′　40″<br>HD:　　　　m<br>测量　--- --- ---<br><br>偏心测量<br>HR:　110°　30′　40″<br>HD*[n]　　　<<m<br>>测量… |

<table>
<tr><th>操 作 步 骤</th><th>按键</th><th>显示(科力达 KTS-482RLC)</th><th>显示(拓普康 GTS-102N)</th></tr>
<tr><td>④照准棱镜 $P$,单击[测量]键进行测量</td><td>照准棱镜 $P$</td><td>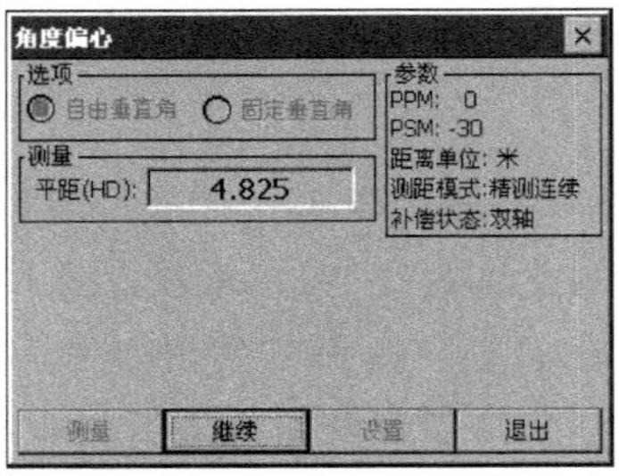
</td><td>偏心测量<br>HR: 110° 30′ 40″<br>HD* 56.789m<br>>测量…</td></tr>
<tr><td>⑤用水平制动和微动螺旋照准目标点 $A_0$</td><td>照准 $A_0$ 点</td><td>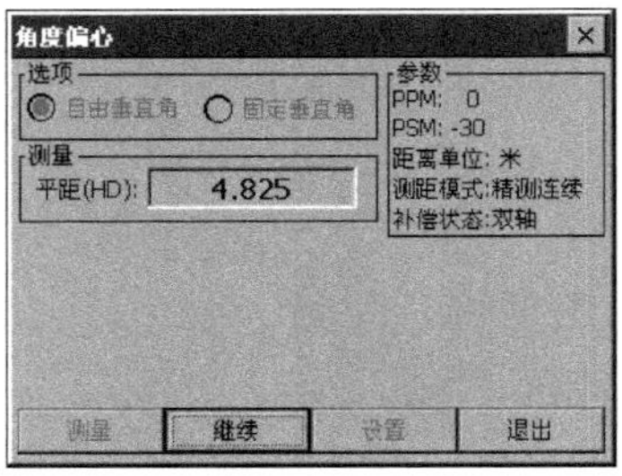
</td><td>偏心测量<br>HR: 113° 30′ 50″<br>HD: 56.789m<br>下步 --- --- ---</td></tr>
<tr><td>⑥科力达仪器:单击[继续]键,显示仪器到 $A_0$ 点的斜距、平距、高差及坐标;注(1)、(2)<br>拓普康仪器:单击[测量]键计算并显示仪器到 $A_0$ 点的水平距离。若要显示倾斜距离(SD),可按[◢]键,每按一次[◢]键,则依次显示平距、高差和斜距。若要显示 $P_0$ 点坐标,可按[ ]键</td><td>[继续]</td><td>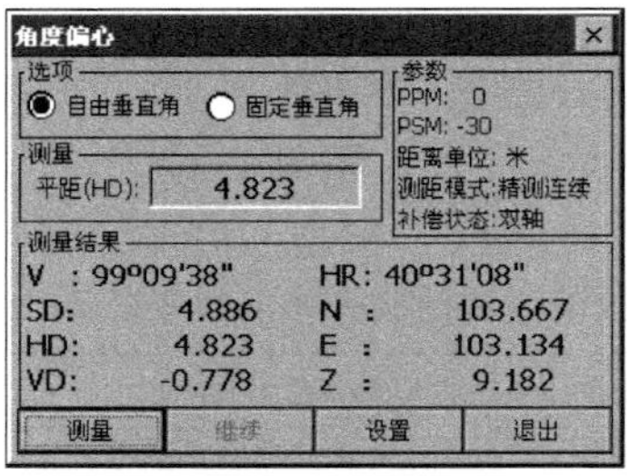
</td><td>偏心测量<br>HR: 113° 20′ 30″<br>VD: 3.456m<br>下步 --- --- ---<br><br>偏心测量<br>HR: 113° 20′ 30″<br>SD: 56.894m<br>下步 --- --- ---<br><br>偏心测量<br>HR: 113° 20′ 30″<br>N: -12.345m<br>下步 --- --- ---</td></tr>
</table>

注:(1)若要设置仪器高及棱镜高,单击[设置]键;

(2)若要退出,单击[退出]或按[ESC]键。

当测量 $A_0$ 的投影(地面点 $A_1$ 的坐标)时,设置仪器高、棱镜高。

当测量 $A_0$ 点的坐标时,只设置仪器高(棱镜高设置为 0)。

角度偏心测量模式中,垂直角有两种设置方法:

(1)自由垂直角:垂直角随望远镜的上下转动而变化。

(2)锁定垂直角:垂直角被锁定,不会因望远镜的转动而变化。

因此,若用第一种方法照准 $A_0$,垂直角随望远镜的上下转动而变化,斜距(SD)和高差(VD)也将会改变;若用第二种方法照准 $A_0$,垂直角被锁定到棱镜位置,不会因望远镜的转动而变化。

注:在进行偏心测量之前,应设置仪器高、棱镜高。

设置测站点的坐标,可参阅本书任务 5-1,后同。

## (二)距离偏心测量模式

通过输入目标点偏离反射镜的前/后、左/右偏心的水平距离,即可测定该目标的位置。如图 5-4-2 所示。距离偏心测量步骤与图示见表 5-4-2。

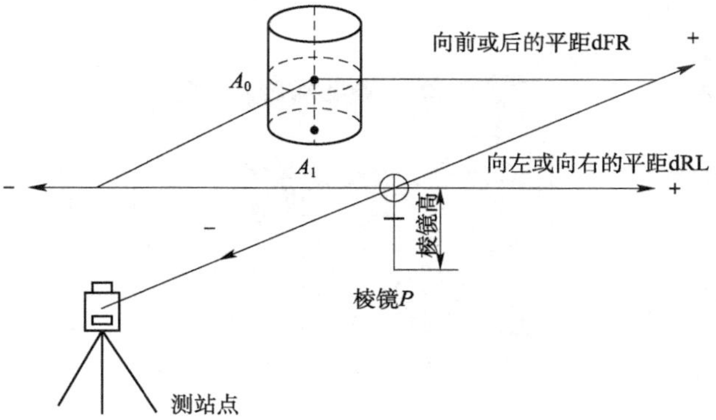


图 5-4-2 距离偏心测量

如需测量地面点 $A_1$ 的坐标,应设置仪器高、棱镜高;如需测量目标点 $A_0$ 的坐标,只设置仪器高(棱镜高设置为 0)。

**距离偏心测量模式的步骤与图示** 表 5-4-2

| 操 作 步 骤 | 按键 | 显示(科力达 KTS-482RLC) | 显示(拓普康 GTS-102N) |
|---|---|---|---|
| ①在偏心对话框中单击[距离偏心]键,进入距离偏心测量 | [距离偏心] | 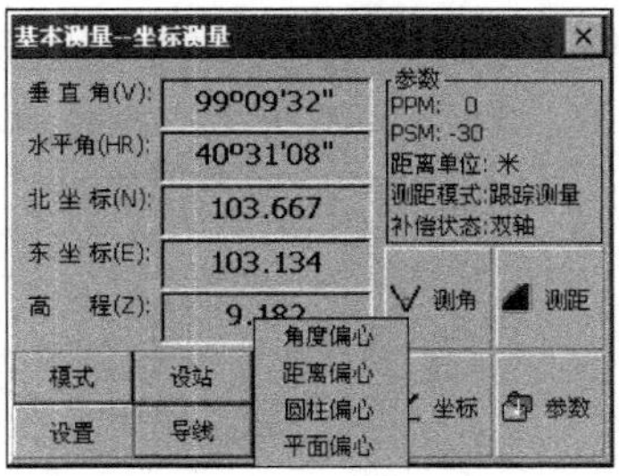 | 偏心测量 1/2<br>F1: 角度偏心<br>F2: 距离偏心<br>F3: 平面偏心 P↓ |
| ②用笔针将光标移到"输入项",输入偏心距,每输入一项,按[ENT]键将光标移到下一输入项,或直接用笔针单击下一输入项 | | 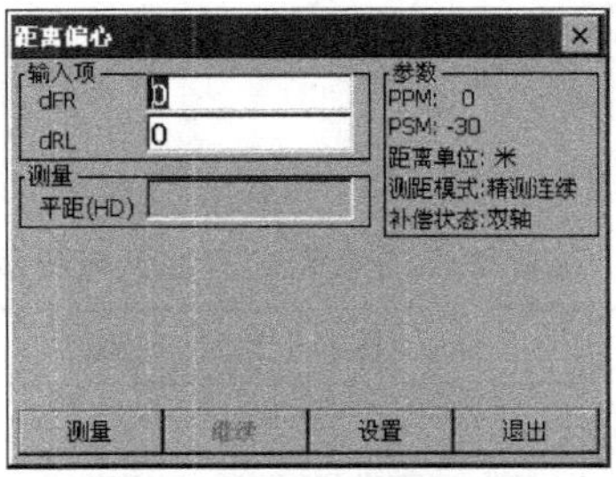 | 距离偏心<br>输入左或右偏距<br>OHD: m<br>--- --- [CLR] [ENT]<br><br>距离偏心<br>输入向前偏距<br>OHD: m<br>--- --- [CLR] [ENT] |
| ③"dRL"项输入完毕,照准棱镜,单击[测量]键开始测量 | [测量] | 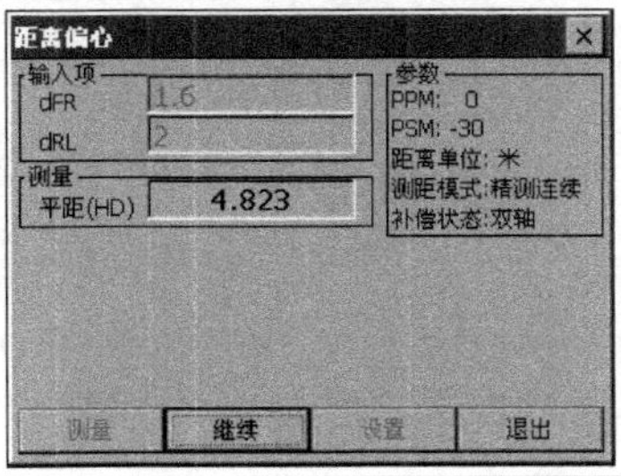 | 距离偏心<br>HR: 80° 30′ 40″<br>HD*[n] <<m<br>>测量 --- --- ---<br><br>距离偏心<br>HR: 80° 30′ 40″<br>HD*[n] 10.000m<br>下步 --- --- --- |

| 操作步骤 | 按键 | 显示(科力达 KTS-482RLC) | 显示(拓普康 GTS-102N) |
|---|---|---|---|
| ④科力达仪器:单击[继续]键,将会显示出加上偏心距改正后的测量结果,如右图所示;[注(1)、(2)]<br>拓普康仪器:单击[测量]键计算并显示仪器和圆柱中心之间的水平距离。若要显示倾斜距离(SD),可按[◢]键,每按一次[◢]键,则依次显示平距、高差和斜距。若要显示 $P_0$ 点坐标,可按[ ]键 | [继续] | 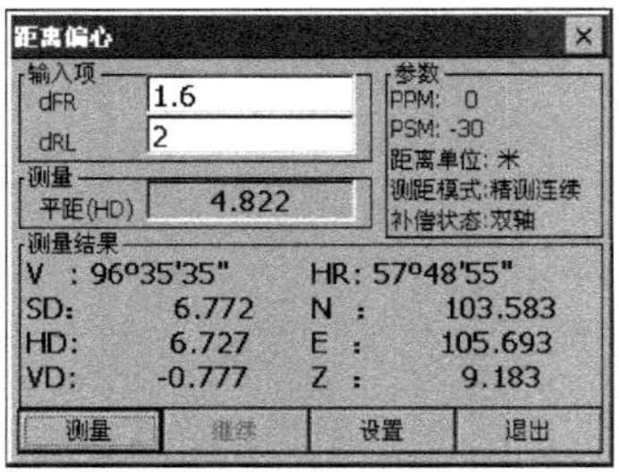 | 距离偏心<br>HR: 80° 30′ 40″<br>SD: 11.789m<br>下步: --- --- ---<br><br>距离偏心<br>HR: 80° 30′ 40″<br>VD: 11.789m<br>下步: --- --- ---<br><br>N: 12.345m<br>E: 23.345m<br>Z: 1.345m<br>下步 --- --- --- |

注:(1)若要设置仪器高及棱镜高,单击[设置]键;

(2)若要退出,单击[退出]或按[ESC]键。

### (三)圆柱偏心测量模式

首先直接测定仪器到圆柱面上 $P_1$ 点的距离,然后通过分别测定仪器与圆柱面上 $P_2$ 和 $P_3$ 点的方向角,即可计算出圆柱中心的距离、方向角和坐标。圆柱中心的方向角等于圆柱面上点 $P_2$ 和 $P_3$ 方向角的平均值,如图 5-4-3 所示。圆柱偏心测量步骤与图示见表 5-4-3。

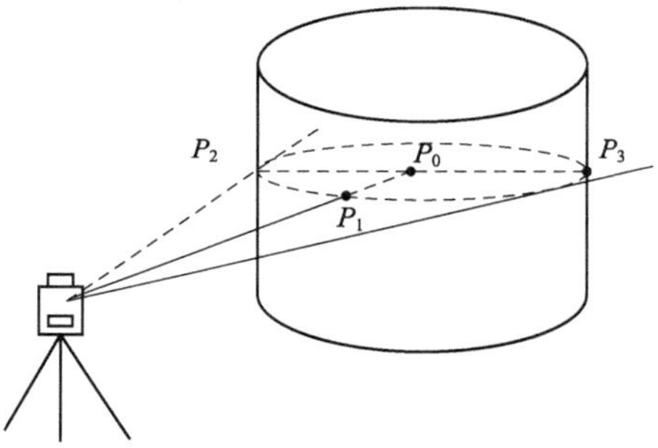


图 5-4-3　圆柱偏心测量

**圆柱偏心测量模式的步骤与图示**　　表 5-4-3

| 操作步骤 | 按键 | 显示(科力达 KTS-482RLC) | 显示(拓普康 GTS-102N) |
|---|---|---|---|
| ①在偏心对话框中单击[圆柱偏心]键,进入圆柱偏心测量 | [圆柱偏心] | 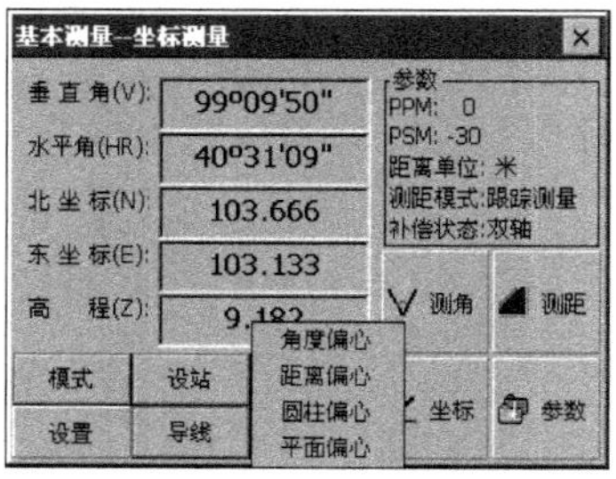 | 偏心测量 2/2<br>F1: 圆柱偏心 P↓ |

| 操作步骤 | 按键 | 显示(科力达 KTS-482RLC) | 显示(拓普康 GTS-102N) |
|---|---|---|---|
| ②照准圆柱面的中心($P_1$),单击[测量]键进行测量。测量结束,单击[继续]键 | [测量] | 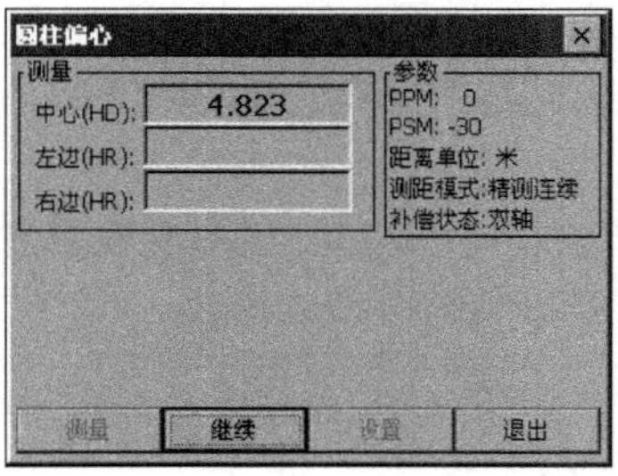 | 圆柱偏心<br>中心<br>HD*[n] <<m<br>>测量- - - |
| ③照准圆柱面左边点($P_2$),如右图所示,单击[继续]键 | [继续] | 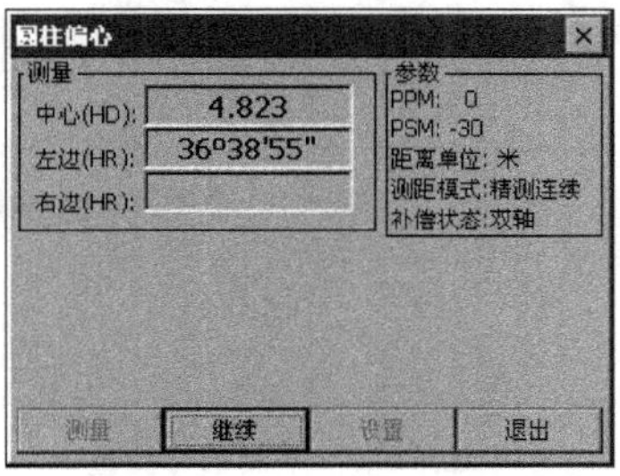 | 圆柱偏心<br>左边<br>HR: 120° 30′ 40″<br>--- --- --- 设置 |
| ④照准圆柱面右边点($P_3$) | | 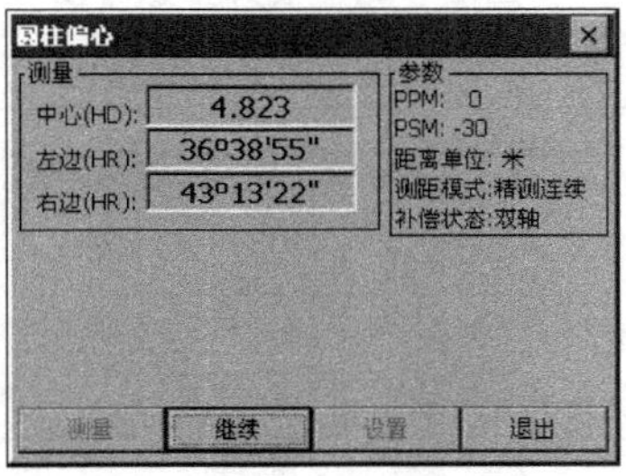 | 圆柱偏心<br>右边<br>HR: 180° 30′ 40″<br>--- --- --- 设置 |
| ⑤科力达仪器:单击[继续]键,仪器和圆柱中心($P_0$)之间的关系被计算并显示在屏幕上。注(1)、(2)<br>拓普康仪器:单击[设置]键计算并显示仪器和圆柱中心之间的水平距离。若要显示倾斜距离(SD),可按[◢]键,每按一次[◢]键,则依次显示平距、高差和斜距。若要显示 $P_0$ 点坐标,可按[↖]键 | [继续] | 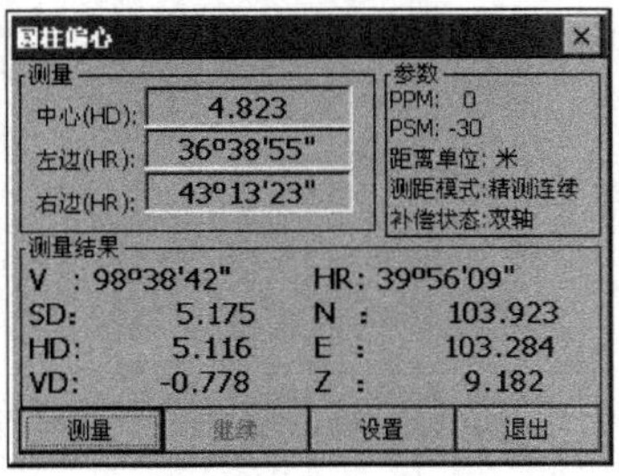 | 圆柱偏心<br>HR: 44° 39′ 56″<br>HD: 4.284m<br>下步 --- --- ---<br><br>圆柱偏心<br>HR: 44° 39′ 56″<br>HD: –0.499m<br>下步 --- --- ---<br><br>圆柱偏心<br>HR: 44° 39′ 56″<br>HD: 4.313m<br>下步 --- --- ---<br><br>N: 3.047m<br>E: 3.011m<br>Z: –0.499m<br>下步 --- --- --- |

注:(1)若要设置仪器高及棱镜高,单击[设置]键;

(2)若要退出,单击[退出]或按[ESC]键。

## （四）平面偏心测量模式

该功能用于测定无法直接测量的点位，如测定一个平面边缘的距离或坐标。此功能首先应在该模式下测定任意三个点（$P_1$、$P_2$、$P_3$）以确定一个参考平面（被测平面），然后照准测点 $P_0$，仪器就会计算并显示视准轴与平面交点的距离和坐标，如图 5-4-4 所示。平面偏心测量步骤与图示见表 5-4-4。

注：若三个观测点不能通过计算确定一个平面时，系统会显示错误信息，此时应从第一点开始重新观测。当照准方向与所确定的平面不相交时会显示错误信息。

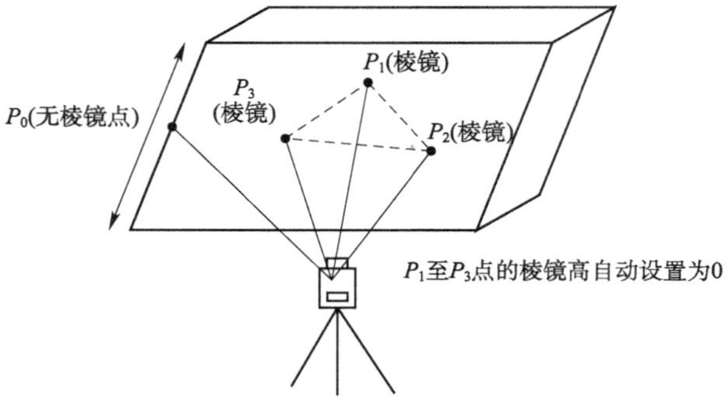


图 5-4-4　平面偏心测量

**平面偏心测量模式步骤与图示**　　表 5-4-4

| 操作步骤 | 按键 | 显示（科力达 KTS-482RLC） | 显示（拓普康 GTS-102N） |
|---|---|---|---|
| ①在偏心对话框中单击［平面偏心］键，进入平面偏心测量 | ［平面偏心］ | 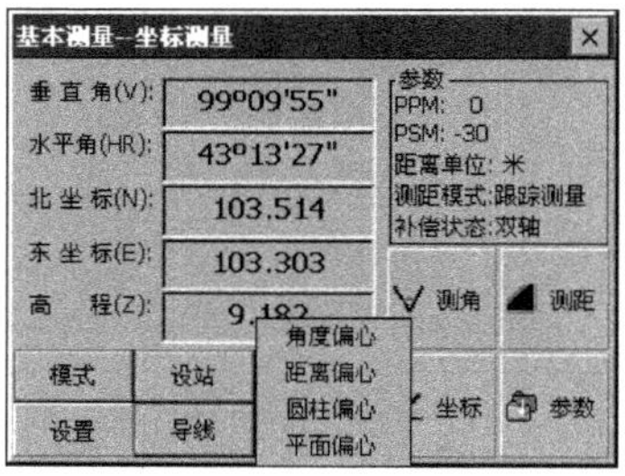 | 偏心测量　1/2<br>F1：角度偏心<br>F2：距离偏心<br>F3：平面偏心　P↓ |
| ②照准棱镜 $P_1$，单击［测量］键进行测量。测量结束，单击［继续］键 | ［测量］ | 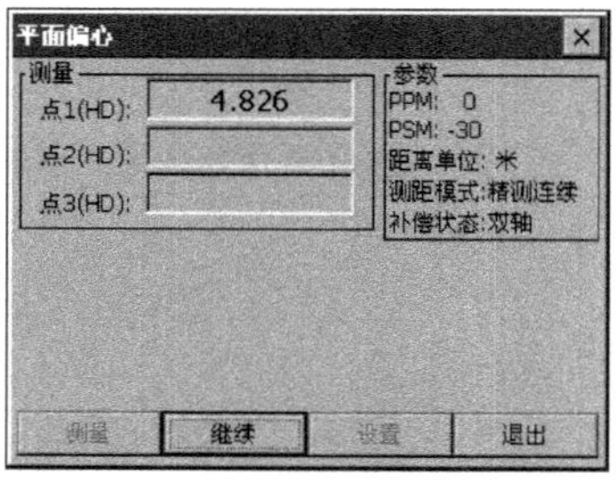 | 平面<br>N001#<br>SD*[n]　<<m<br>>测量– – – |
| ③照准棱镜 $P_2$，单击［测量］键进行测量。测量结束，单击［继续］键 | ［测量］ | 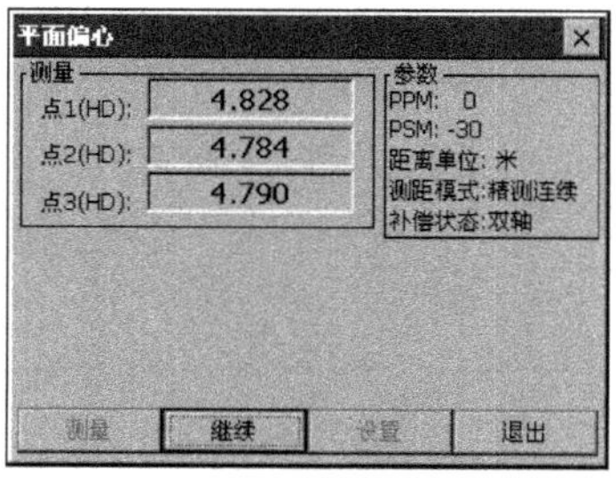 | 平面<br>N002#<br>SD:　m<br>测量– – – – – – – – – |

续上表

| 操作步骤 | 按键 | 显示(科力达 KTS-482RLC) | 显示(拓普康 GTS-102N) |
|---|---|---|---|
| ④照准棱镜 $P_3$,单击[测量]键进行测量 | [测量] | 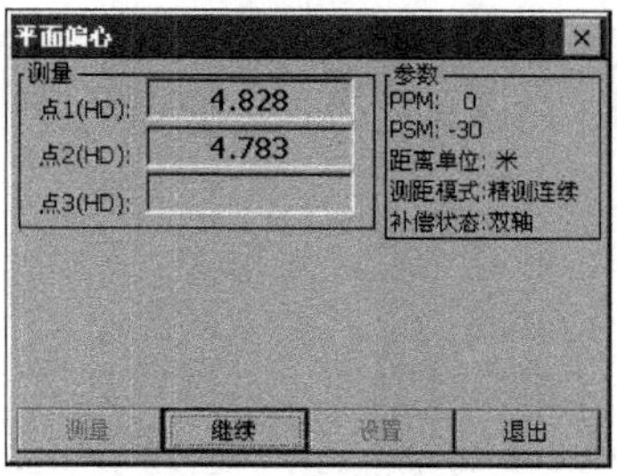 | 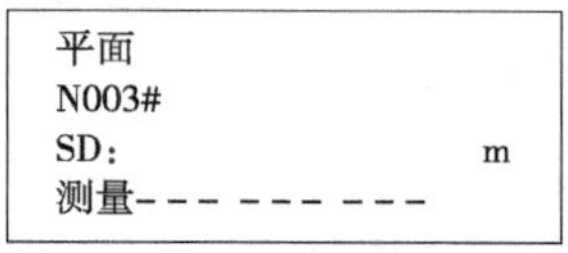 |
| ⑤科力达仪器:单击[继续]键计算并显示视准轴与平面的交点的关系。[注]<br>拓普康仪器:单击[测量]键计算并显示视准轴与平面的交点的坐标与距离。若要显示倾斜距离(SD),可按[◢]键,每按一次[◢]键,则依次显示平距、高差和斜距。若要显示 $P_0$ 点坐标,可按[↗]键 | [继续] | 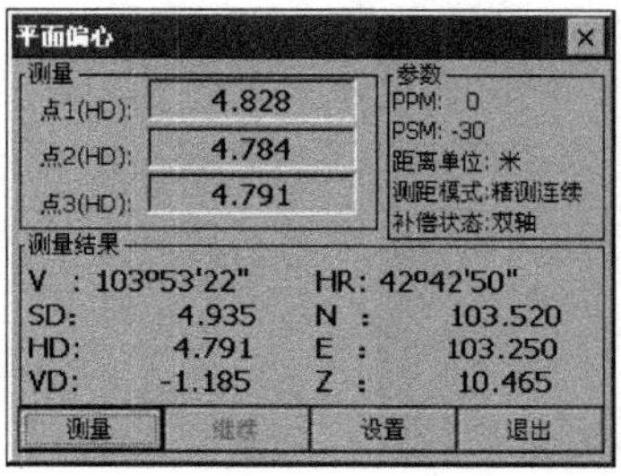 | 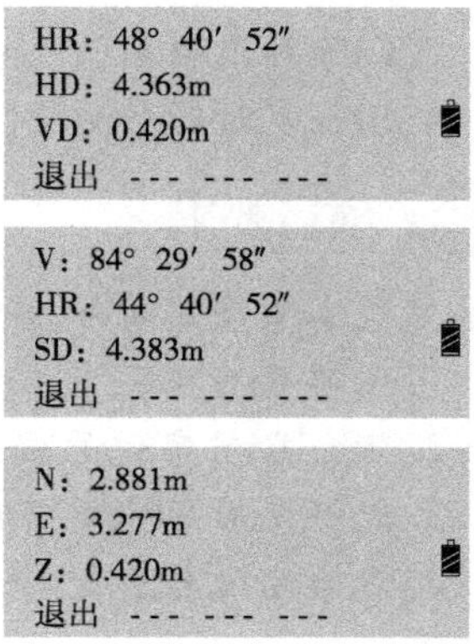 |

注:若要设置仪器高及棱镜高,单击[设置]键。

## 二、组织准备

以8个人为一组,每组选一名组长和一名副组长,组长负责本组组织以及实际操作训练,副组长负责组织进行理论知识学习和复习。

## 三、场地、仪器和材料准备

选择尽可能大的实训场地。每组配备全站仪1套,棱镜2套,对讲机2对。学生每人带教材、工作页、记录板夹、记录表和计算器。

## 任务思考

1. 何谓偏心测量?
2. 简述全站仪偏心测量的程序。

## 任务评价

任务考核评价表见附表。

# 项目6　GPS卫星定位测量

## 项目内容

本项目为GPS卫星定位测量,主要包括以下四项内容:

1. GPS卫星定位系统组成;
2. GPS定位原理;
3. GPS静态测量;
4. GPS实时动态测量(RTK测量)。

## 项目要求

通过本项目的学习,应做到:

1. 了解GPS卫星定位系统组成;
2. 领会GPS定位原理;
3. 能够使用GPS进行静态测量;
4. 能够使用GPS进行动态测量(RTK测量)。

## 项目知识点、技能点

1. GPS卫星定位系统

1)GPS系统的组成;

2)GPS系统的特点;

3)GPS系统应用前景。

2. GPS定位原理及分类

1)GPS定位原理;

2)GPS定位的分类。

3. GPS静态测量

1)GPS静态数据采集的操作步骤;

2)进行观测数据传输;

3)进行GPS数据处理。

4. GPS实时动态(RTK)测量

1)RTK系统组成;

2)进行RTK测量仪器的安置与设置;

3)运用RTK进行野外数据采集与放样;

4)进行RTK数据的导出。

# 任务6-1　GPS卫星定位系统

## 任务描述

现在GPS卫星定位功能除了在军事上的应用之外，在民用领域也得到广泛应用，那么GPS卫星定位系统是由什么组成的呢？

## 任务目标

通过学习和完成本任务，你将能够：

1. 知道GPS系统的组成；
2. 明白GPS系统的特点；
3. 明确GPS系统应用前景。

## 建议课时

1课时。

## 任务引入和分析

我们在进行工程测量时，看起来是用GPS接收机，采用和传统测量相似的方法在进行工作，那么只有GPS接收机能否进行地面点位的定位呢？为什么GPS接收机在大楼里就无法正常定位呢？显然，采用GPS定位时，除了GPS接收机外，还需要有其他设备系统参与才能正常工作。那么，这些设备系统都有哪些呢？

## 任务实施

### 一、GPS卫星定位技术的发展过程

GPS(Global Positioning System)即全球定位系统，是由美国建立的一个卫星导航定位系统。简单地说，这是一个由覆盖全球的24颗卫星组成的卫星系统。这个系统可以保证在任意时刻，地球上任意一点都可以同时观测到4颗卫星，以保证卫星可以采集到观测点的经度、纬度和高度。

全球卫星定位系统是美国于20世纪70年代开始研制。1957年10月第一颗人造地球卫星SputnikⅠ发射成功，空基导航定位由此开始；1958年开始设计NNSS-TRANSIT，即子午卫星系统；1964年该系统正式运行；1967年该系统解密以供民用；1973年，美国国防部批准研制GPS；1991年海湾战争中；GPS首次大规模用于实战；1994年GPS全部建成投入使用；2000年，美国政府宣布GPS取消实施SA(对民用GPS精度的一种人为限制策略)。经过我国测绘等部门十多年的使用表明，全球卫星定位系统以全天候、高精度、自动化、高效益等特点，成功地应用于大地测量、工程测量、航空摄影、运载工具导航和管制、地壳运动测量、工程变形测量、资源勘察、地球动力学等多个领域，取得了很好的经济效益和社会效益。

世界上现有的导航系统除美国的GPS外，主要还有以下三种：

格洛纳斯(GLONASS)，是俄语全球卫星导航系统(GLOBAL NAVIGATION SATELLITE

SYSTEM)的缩写。该系统最早开发于苏联时期,后由俄罗斯继续该计划。俄罗斯1993年开始独自建立本国的全球卫星导航系统。该系统于2007年开始运营,当时只开放俄罗斯境内卫星定位及导航服务。到2009年,其服务范围已经拓展到全球,2011年1月1日在全球正式运行。该系统主要服务内容包括确定陆地、海上及空中目标的坐标及运动速度信息等。

伽利略卫星导航系统(Galileo Satellite Navigation System),是由欧盟研制和建立的全球卫星导航定位系统,该计划于1999年2月由欧洲委员会公布,欧洲委员会和欧空局共同负责。系统由轨道高度为23616km的30颗卫星组成,其中27颗工作卫星,3颗备份卫星。卫星轨道高度约2.4万km,位于3个倾角为56°的轨道平面内。2014年8月,伽利略全球卫星导航系统第二批一颗卫星成功发射升空,太空中已有的6颗正式的伽利略系统卫星可以组成网络,初步发挥地面精确定位的功能。

中国北斗卫星导航系统(BeiDou Navigation Satellite System,BDS)是中国自行研制的全球卫星导航系统。中国北斗卫星导航系统是继美国GPS、俄罗斯格洛纳斯、欧洲伽利略之后的全球第四大卫星导航系统。截至目前,北斗卫星导航系统已发射16颗卫星,覆盖亚太区域。在2014年11月17日至21日的会议上,联合国负责制定国际海运标准的国际海事组织海上安全委员会,正式将中国的北斗系统纳入全球无线电导航系统。这意味着继美国的GPS和俄罗斯的格洛纳斯后,中国的北斗系统已成为第三个被联合国认可的海上卫星导航系统。

## 二、GPS系统的组成

GPS系统由空间部分、地面控制部分和用户设备部分三部分组成,如图6-1-1所示。

### (一)空间部分

GPS的空间部分是由24颗工作卫星组成,其中21颗为正式的工作卫星,另外3颗为活动的备用卫星,它们位于距地表20200km的上空,均匀分布在6个轨道面上(每个轨道面4颗),轨道倾角为55°,如图6-1-2所示。此外,还有4颗有源备份卫星在轨运行。卫星的分布使得在全球任何地方、任何时间都可观测到4颗以上的卫星,并能保持良好定位解算精度的几何图像。这就提供了在时间上连续的全球导航能力。GPS卫星的作用是发送用于导航定位的信号以及其他特殊用途,如通信、监测核暴等。

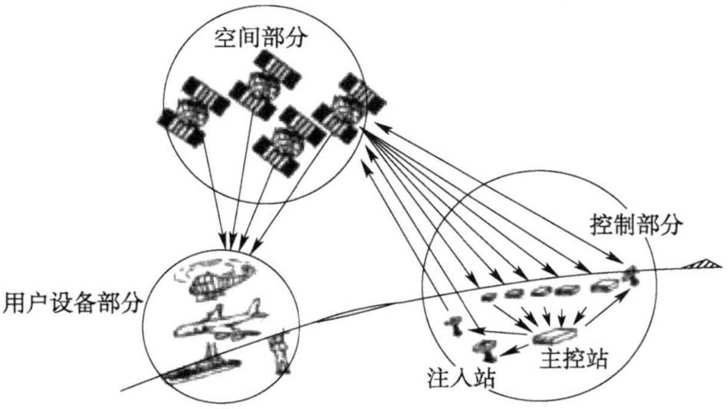

图6-1-1　GPS系统的组成

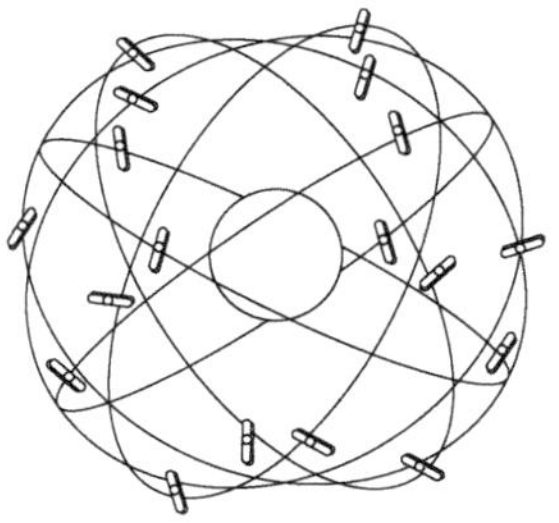
图6-1-2　空间卫星

### (二)地面控制部分

地面控制部分由1个主控站、5个监控站和3个地面注入站组成,其分布如图6-1-3所示。地面控制部分作用是监测和控制卫星运行,编算卫星星历(导航电文),保持系统时间。主控站的作用是收集各检测站的数据,编制导航电文,监控卫星状态。通过注入站将卫星星历注入卫星,向卫星发送控制指令,进行卫星维护与异常情况的处理。监控站又称跟踪站或监测站,是一种无人值守的数据采集中心,受主控站的控制,其作用是接收卫星数据,采集气象信息,并将所收集到的数据传送给主控站。注入站的作用是将导航电文注入 GPS 卫星。

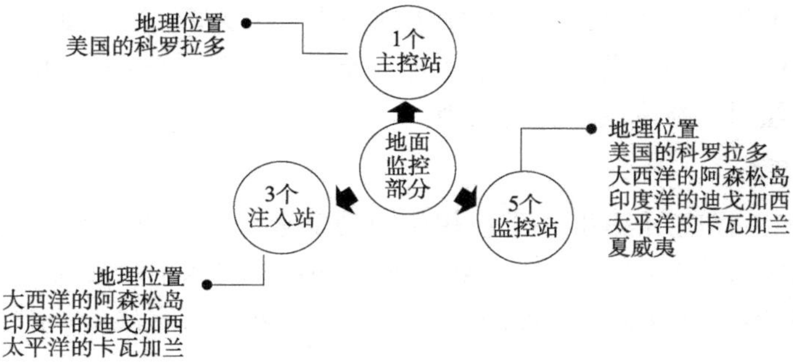


图 6-1-3　GPS 卫星地面监控站的分布

监测站均配装有精密的铯钟和能够连续测量到所有可见卫星的接收机。监测站将取得的卫星观测数据,包括电离层和气象数据,经过初步处理后,传送到主控站。主控站从各监测站收集跟踪数据,计算出卫星的轨道和时钟参数,然后将结果送到 3 个地面控制站。地面控制站在每颗卫星运行至上空时,把这些导航数据及主控站指令注入卫星。这种注入对每颗 GPS 卫星每天一次,并在卫星离开注入站作用范围之前进行最后的注入。如果某地面站发生故障,那么在卫星中预存的导航信息还可用一段时间,但导航精度会逐渐降低。

**(三)用户设备部分**

用户设备部分即 GPS 信号接收机。其主要功能是能够捕获到按一定卫星截止角所选择的待测卫星,并跟踪这些卫星的运行。当接收机捕获到跟踪的卫星信号后,即可测量出接收天线至卫星的伪距离和距离的变化率,解调出卫星轨道参数等数据。根据这些数据,接收机中的微处理计算机就可按定位解算方法进行定位计算,计算出用户所在地理位置的经度、纬度、高度、速度、时间等信息。接收机硬件和机内软件以及 GPS 数据的后处理软件包构成完整的 GPS 用户设备。GPS 接收机的结构分为天线单元和接收单元两部分。接收机一般采用机内和机外两种直流电源。设置机内电源的目的在于更换外电源时不中断连续观测。在用机外电源时机内电池自动充电。关机后,机内电池为 RAM 存储器供电,以防止数据丢失。目前各种类型的接收机体积越来越小,质量越来越轻,便于野外观测使用。

GPS 信号接收机按用途的不同,可分为导航型、测地型和授时型三种。常见的设备如图 6-1-4 所示。

图 6-1-4　用户设备部分

## 三、GPS 系统的特点

### （一）全球、全天候作业

GPS 卫星较多，且分布均匀，保证了全球地面被连续覆盖，使得在地球上任何地点、任何时候都可进行观测工作。通常情况下，除雷雨天气不宜观测外，一般不受天气状况的影响。因此，GPS 定位技术的发展是对经典测量技术的一次重大突破。一方面，它使经典的测量理论与方法产生了深刻的变革；另一方面，也进一步加强了测量学与其他学科之间的相互渗透，从而促进了测绘科学技术的现代化发展。

### （二）定位精度高

大量的实验和工程应用表明，用载波相位观测量进行静态相对定位，在小于 50km 的基线上，相对定位精度可达 $1\times10^{-6}\sim2\times10^{-6}$，而在 100 ~ 500km 的基线上可达 $10^{-6}\sim10^{-7}$。随着观测技术与数据处理方法的改善，可望在大于 1000km 的距离上，相对定位精度达到或优于 $10^{-8}$。

在实时动态定位（RTK）和实时差分定位（RTD）方面，定位精度可达到厘米级和毫米级，能满足各种工程测量的要求。随着 GPS 定位技术及数据处理技术的发展，其精度还将进一步提高。

### （三）实时定位

利用全球定位系统进行导航，即可实时确定运动目标的三维位置和速度，可实时保障运动载体沿预定航线运行，亦可选择最佳路线。特别是对军事上动态目标的导航，具有十分重要的意义。

### （四）观测时间短

目前，利用经典的静态相对定位模式，观测 20km 以内的基线所需观测时间，对于单频接收机在 1h 左右，对于双频接收机仅需 15 ~ 20min。采用实时动态定位模式，流动站初始化观测 1 ~ 5min 后，即可随时定位，每站观测仅需几秒钟。利用 GPS 技术建立控制网，可缩短观测时间，提高作业效益。

### （五）观测站之间无须通视

经典测量技术需要保持良好的通视条件，又要保障测量控制网的良好图形结构。而 GPS 测量只要求测站 15°以上的空间视野开阔，与卫星保持通视即可，并不需要观测站之间相互通视，因而不再需要建造觇标。这一优点即可大大减少测量工作的经费和时间（一般造标费用占总经费的 30% ~ 50%）。同时，也使选点工作变得非常灵活，完全可以根据工作的需要来确定点位，可通视也使电位的选择变得更灵活，可省去经典测量中的传算点、过渡点的测量工作。

不过也应指出，GPS 测量虽然不要求观测站之间相互通视，但为了方便用常规方法联测的需要，在布设 GPS 点时，应该保证至少一个方向通视。

### （六）操作简便

GPS 测量的自动化程度很高。对于智能型接收机，在观测中测量员的主要任务只是安装并开关仪器、量取天线高、采集环境的气象数据、监视仪器的工作状态，而其他工作，如卫星的捕获、跟踪观测和记录等均由仪器自动完成。结束观测时，仅需关闭电源，收好接收机，便完成野外数据采集任务。

如果在一个测站上需要作较长时间的连续观测,还可实行无人值守的数据采集,通过网络或其他通信方式,将所采集的观测数据传送到数据处理中心,实现全自动化的数据采集与处理。

**(七)可提供全球统一的三维地心坐标**

经典大地测量将平面和高程采用不同方法分别施测。GPS 测量中,在精确测定观测站平面位置的同时,可以精确测量观测站的大地高程。GPS 测量的这一特点,不仅为研究大地水准面的形状和确定地面点的高程开辟了新途径,同时也为其在航空物探、航空摄影测量及精密导航中的应用,提供了重要的高程数据。

GPS 定位是在全球统一的 WGS-84 坐标系统中计算的,因此全球不同点的测量成果是相互关联的。

**(八)功能多、用途广**

GPS 系统不仅可以用于测量、导航,还可以用于测速、测时,其应用领域在不断扩大。

## 四、GPS 系统应用前景

GPS 系统最初设计时的主要目的是用于导航、收集情报等。但后来的应用开发表明,GPS 不仅可以达到上述目的,而且用 GPS 卫星信号能够进行厘米级甚至毫米级精度的静态相对位置定位,米级至亚米级精度的动态定位,亚米级至厘米级精度的速度测量和毫微秒级精度的时间测量。具体地说,GPS 系统有以下方面的主要应用。

**(一)导航**

由于 GPS 系统能以较好精度实时定出接收机所在位置的三维坐标,实现实时导航,因而 GPS 系统可用于海船、舰艇、飞机、导弹、车辆等各种交通工具及运动载体的导航。目前 GPS 导航型接收机的应用也非常普遍,可以为使用者实时提供三维位置、航向、航迹、速度、里程、距离等导航信息,广泛地用于旅游、探险等行业。

GPS 导航定位的新发展主要体现在以下三方面:GPS 在智能手机的应用、基于 GPS 技术的车辆监控管理系统、基于 GPS 技术的智能车辆导航仪。

**(二)授时**

随着社会的发展、生活节奏的加快,人类对时间的认识越来越深刻,准确、可靠的时间对社会和每个人都是十分重要的。目前,利用 GPS 可进行高精度的授时,因此,GPS 成为最为方便、最为精确的授时方法之一。

**(三)高精度、高效率的地面测量**

GPS 的出现给测绘领域带来了根本性的变革,具体表现:在大地测量方面,GPS 定位技术以其精度高、速度快、费用省、操作简便等优良特性被广泛应用于大地控制测量中;在工程测量领域,GPS 定位技术正在日益发挥其巨大作用,如利用 GPS 可进行各级工程控制网的测量、精密工程测量和工程变形监测、机载航空摄影测量,利用 RTK 技术进行点位的测设等;在灾害监测领域,GPS 可用于地震活跃区的地震监测、大坝监测、油田下沉监测、地表移动和沉降监测等,此外还可用来测定极移和地球板块的运动。

**(四)GPS 连续运行站网和综合服务系统的应用**

在全球地基 GPS 连续运行站的基础上组成的 IGS(International GPS Service),是 GPS 连

续运行站网和综合服务系统的范例。它无偿向全球用户提供 GPS 各种信息，如 GPS 精密星历、快速星历、预报星历、IGS 站坐标及其运动速率、IGS 站所接收的信号的相位和伪距数据、地球自转速率等。在大地测量和地球动力学方面支持了电离层、气象、参考框架、精密时间传递、高分辨率的推算地球自转速率及其变化、地壳运动等科学项目。

**(五)GPS 在卫星测高、地球重力场中的应用**

重力探测技术的重要进展是开创了卫星重力探测时代，GPS 为卫星跟踪卫星和卫星重力梯度测量提供了精确的卫星轨道信息和时间信息。包括观测卫星轨道摄动以确定低阶重力场模型，利用卫星海洋测高，直接确定海洋大地水准面以及 GPS 结合水准测量直接测定大陆大地水准面，可获得厘米级精度的大地水准面。

**(六)GPS 在大气监测中的应用**

GPS 气象学(GPS/MET)的研究已成为热点之一。根据 GPS 接收机的位置，GPS 遥感大气水汽含量可分为地基和空基两种技术。地基 GPS 遥感技术能以较高的平面分辨率测定大气中可降水分，目前其精度可达到 1 ~ 2mm。GPS 在遥感对流层方面，探测数据具有覆盖范围广(全球)、高垂直分辨率、高精度和高长期稳定性的特点，可测定大气中的水汽含量，提高数值大气预报的准确性和可靠性。通过测定电离层对 GPS 信号的延迟来确定单位体积内总自由电子含量(TE)，以建立全球的电离层数字模型，即所谓提供“空间天气预报”。目前正在研究将这些星载的气象和电子浓度截面数值，结合地面 GPS 站数据，做成层析图像提供使用。它将在天气预报、空间天气预报、气象监测方面做出巨大贡献。空基 GPS 用掩星法可提供电离层离子浓度和大气中可降水分的连续水平截面信息，结合地基 GPS 的垂直截面信息，可生成三维层析成像资料。

### 任务思考

1. 世界上现有的导航系统有哪几种？
2. GPS 系统由哪几部分组成？各部分的作用是什么？
3. GPS 系统的特点有哪些？
4. GPS 系统主要应用在哪些方面？

### 任务评价

任务考核评价表见附表。

## 任务 6-2　GPS 定位原理及分类

### 任务描述

采用 GPS 设备可以对地面点进行定位，你知道这是为什么吗？

### 任务目标

通过学习和完成本任务，你将能够：

1. 明确 GPS 定位原理；

2. 知道 GPS 定位的分类。

## 建议课时

1 课时。

## 任务引入和分析

假如在野外你迷路了，这时路人告诉你：你距离 $A$ 点为 8km，这时你无法确定自己的具体位置，这时路人又告诉你：你距离 $B$ 点为 9km，于是乎，你心情有所好转，但是还是不知道自己在哪里，此时又有一路人告诉你：你距离 $C$ 点为 10km。这时你就基本知道了自己所处的位置。这就是三边测量术原理。

GPS 的定位原理与“三边测量术”原理相似，不同的是 3 颗卫星代替了 3 个已知点，你所在的位置放置了一台 GPS 接收机。

## 任务实施

### 一、GPS 定位原理

测量学中的交会法测量里有一种测距交会确定点位的方法。与其相似，GPS 的定位是利用卫星基本三角定位原理，GPS 接收装置利用空间分布的卫星以测量无线电信号的传输时间来量测距离，以距离来判定卫星在太空中的位置，进一步得出地面点位置。简言之，GPS 定位原理是一种空间的距离交会原理，这是一种高轨道与精密定位的观测方式。

设有一颗卫星在 11000 英里[1]高处，我们的位置也就是 GPS 接收机的位置，要测量测点和卫星之间的距离。首先以 11000 英里为半径，以此卫星为球心画一假想圆球体，我们的位置正处于球面上。再假设第二颗卫星距离我们 12000 英里，而我们正处于这两颗球所交集的圆周上。现在我们再以第三颗卫星做精密定位，假设高度 13000 英里，我们即可进一步缩小范围到两点位置上，但其中一点为非我们所在的位置 1 极有可能在太空中的某一点，因此，我们舍弃这一参考点，选择另一点为位置参考点。

按照理论我们知道，要保证地面各点能接收到信息，只要 3 颗卫星就可以了，为什么我们要用 4 颗卫星呢？

当 GPS 收到 3 颗卫星的信号，它只能计算出二维坐标：经度和纬度，这时它可能还会显示高度数据，但这个数据是无效的。当 GPS 能够收到 4 颗及以上卫星的信号时，它能计算出本地位置的三维坐标：经度、纬度、高度，如图 6-2-1 所示。

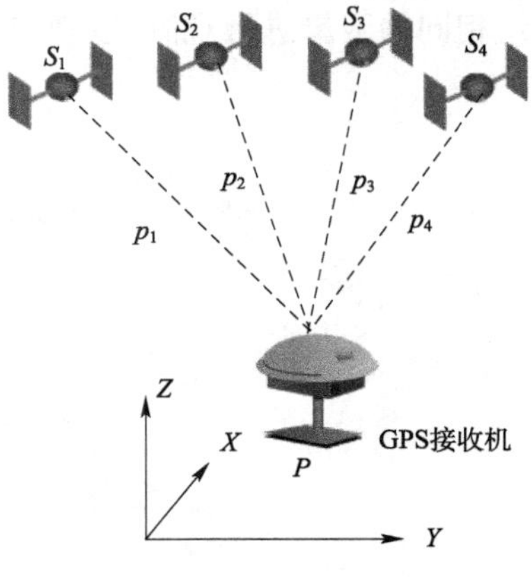

图 6-2-1　GPS 定位原理

由此可见，GPS 定位中，要解决的问题就是两个：一是观测瞬间 GPS 卫星的位置。这是因为 GPS 卫星发射的导航电文中含有 GPS 卫星星历，可以实时确定卫星的位置信息。二是观测瞬间测站点至 GPS 卫星之间的距离。站星之间的距离是通过测定 GPS 卫星信号在卫星和测站点之间的传播时间来确定的。

---

[1] 1 英里 =1609.344 米。

## 二、GPS 定位分类

GPS 定位的方法是多种多样的，用户可以根据不同的用途采用不同的定位方法。GPS 定位方法可依据不同的分类标准作如下划分。

### （一）根据定位所采用的观测值分类

**1. 伪距定位**

伪距定位所采用的观测值为 GPS 伪距观测值，所采用的伪距观测值既可以是 C/A 码伪距，也可以是 P 码伪距。伪距定位的优点是数据处理简单，对定位条件的要求低，不存在整周模糊度的问题，可以非常容易地实现实时定位；其缺点是观测值精度低，C/A 码伪距观测值的精度一般为 3m，而 P 码伪距观测值的精度一般也在 30cm 左右，从而导致定位成果精度低，另外，若采用精度较高的 P 码伪距观测值，还存在 AS 的问题。

**2. 载波相位定位**

载波相位定位所采用的观测值为 GPS 的载波相位观测值，即 $L_1$、$L_2$或它们的某种线性组合。载波相位定位的优点是观测值的精度高，一般优于 2mm；其缺点是数据处理过程复杂，存在整周模糊度的问题。

### （二）根据定位的模式分类

**1. 绝对定位**

绝对定位（图 6-2-2）又称为单点定位，这是一种采用一台接收机进行定位的模式，它所确定的是接收机天线的绝对坐标。这种定位模式的特点是作业方式简单，可以单机作业。绝对定位一般用于导航和精度要求不高的应用中。

**2. 相对定位**

相对定位（图 6-2-3）又称为差分定位，这种定位模式采用两台以上的接收机，同时对一组相同的卫星进行观测，以确定接收机天线间的相互位置关系。

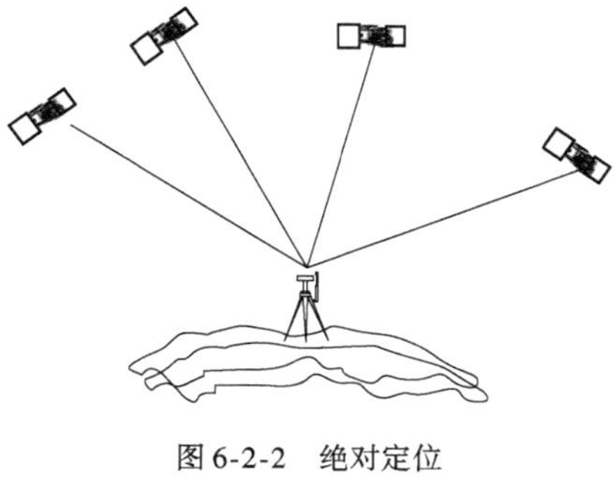

图 6-2-2　绝对定位

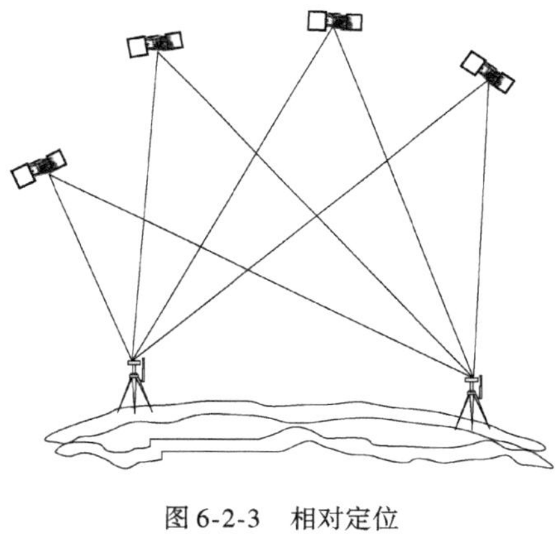

图 6-2-3　相对定位

### （三）根据获取定位结果的时间分类

**1. 实时定位**

实时定位是根据接收机观测到的数据，实时地解算出接收机天线所在的位置。

**2. 非实时定位**

非实时定位又称后处理定位，它是通过对接收机接收到的数据进行后处理以进行定位的方法。

**（四）根据定位时接收机的运动状态分类**

**1. 动态定位**

所谓动态定位，就是在进行 GPS 定位时，认为接收机的天线在整个观测过程中的位置是变化的。也就是说，在数据处理时，将接收机天线的位置作为一个随时间的改变而改变的量。动态定位又分为 Kinematic 和 Dynamic 两类。

**2. 静态定位**

所谓静态定位，就是在进行 GPS 定位时，认为接收机的天线在整个观测过程中的位置是保持不变的。也就是说，在数据处理时，将接收机天线的位置作为一个不随时间的改变而改变的量。在测量中，静态定位一般用于高精度的测量定位，其具体观测模式为，多台接收机在不同的测站上进行静止同步观测，时间由几分钟、几小时甚至数十小时不等。

### 任务思考

1. 叙述 GPS 定位的原理。
2. GPS 定位方法有哪几类？

### 任务评价

任务考核评价表见附表。

## 任务 6-3　GPS 静态测量

### 任务描述

为了进行路线详细测设，某测量队承担了前期沿线控制点的布设与测设任务，要求通过 GPS 静态测量提供控制点在某坐标系下的三维坐标。

### 任务目标

通过学习和完成本任务，你将能够：

1. 明确 GPS 静态测量的操作步骤；
2. 运用 GPS 接收机完成静态测量；
3. 进行 GPS 静态测量后数据的导出与平差处理。

### 建议课时

4 课时。

### 任务引入和分析

要完成此项任务，测量队需组织人员，沿路线走向布设控制点，按静态测量要求，运用 GPS 接收机进行各控制点外业数据采集，然后运用专门数据处理软件将数据导出，进行平差处理，解算出各控制点的三维坐标，将结果输出形成文件。

## 任务准备

### 一、知识准备

GPS 静态测量，是利用测量型 GPS 接收机进行定位测量的一种，主要用于建立各种级别的控制网。进行 GPS 静态测量时，认为 GPS 接收机的天线在整个观测过程中的位置是静止的，在数据处理时，将接收机天线的位置作为一个不随时间的改变而改变的量，通过接收到的卫星数据的变化来求得待定点的坐标。在测量中，GPS 静态测量的具体观测模式是多台（3 台以上）接收机在不同的测站上进行静止同步观测，每时段时间由 40min 到 1h 不等。

GPS 测量所提供的坐标和斜距还不能直接用于工程控制，但可采用坐标转换参数的换算方法，实现将 GPS 相对定位 WGS-84 坐标换算为工程控制实用的水平直角坐标$(x,y)$和正常高程 $h$。其要点是：将 GPS 测点观测坐标$(B,L,H)$沿测点法线方向投影到工程测量的水平坐标基准面上，计算投影点的点间距离，按三边测量的方法计算观测网的水平坐标起始点至各观测点的水平方向角，计算各点相对于起始点的坐标增量和各观测点在平面坐标系中的坐标值；利用 GPS 测量的大地高和起算点及一些测点水准高程计算各待定点的正常高程；将换算结果加入垂线偏差改正，使数据与常规工程测量控制网成果一致。

GPS 测量工作与经典测量工作相类似，按其性质可分为外业和内业两大部分。其中，外业工作主要包括：选点（即观测站址的选择）、建立测站标志、野外观测作业以及成果质量检核等；内业工作主要包括：GPS 测量的技术设计、测后数据处理以及技术总结等。

#### （一）GPS 单频机认识

北极星 9600 型 GPS 接收机将天线、接收单元、数据采集单元、电源等合为一体，防水的外壳使 9600 型 GPS 接收机可以适应各种恶劣的气候，一体化的设计使其极为坚固且电磁兼容性能优良，简便的操作很适合野外测量。

其工作面板有 F1、F2、F3、F4、PWR 五个按键，在不同界面具有不同的功能，如图 6-3-1 所示。

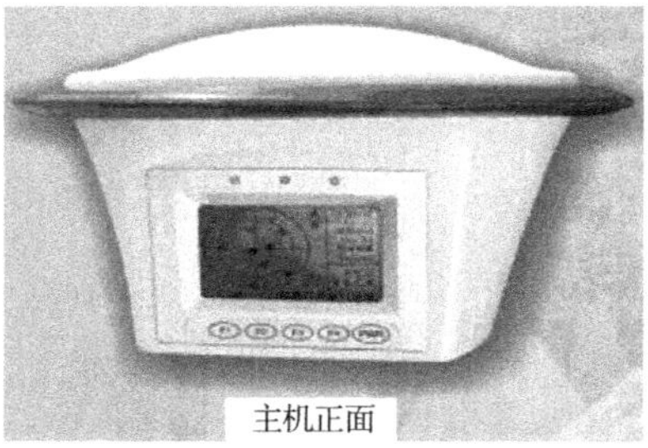


图 6-3-1　北极星 9600 单频机

#### （二）GPS 双频机认识

S86GPS 双频机是南方公司生产的一款接收机，其正面和背面分别如图 6-3-2、图 6-3-3 所示。它将接收单元、数据采集单元、电源、电台等合为一体，采用高品质液晶屏、全合金外壳、三防设计，使得 S86GPS 接收机可适应各种恶劣的气候；一体化的设计使其极为坚固且电磁兼容性能优良；先进的基准站内置发射电台技术，使基准站摆脱了沉重的蓄电池和线缆并实现全无线作业，操作简便，更适合野外测量。

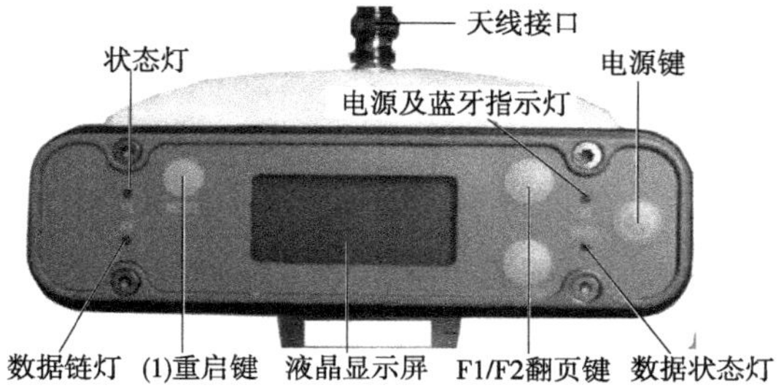


图 6-3-2　S86GPS 双频机正面图

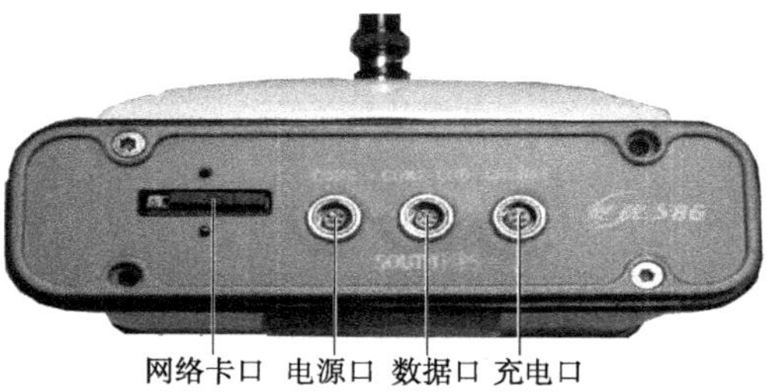


图 6-3-3　S86GPS 双频机背面图

2015 年南方导航推出全新 Mini 三星三防银河 1，产品轻巧、便捷，功能强大，其外观组成如图 6-3-4 和图 6-3-5 所示。它是一款从内到外全部自主研发的基于北斗卫星导航系统的三星六频测量型卫星接收机，可以同时接收我国的北斗卫星导航系统（COMPASS）、美国的全球定位系统（GPS）和俄罗斯的格洛纳斯系统的卫星信号，并可定制兼容其他卫星系统。北斗特有的 IGSO 卫星设计对中国区域进行局部增强，卫星信号更优越，并实现了真正的产品化。

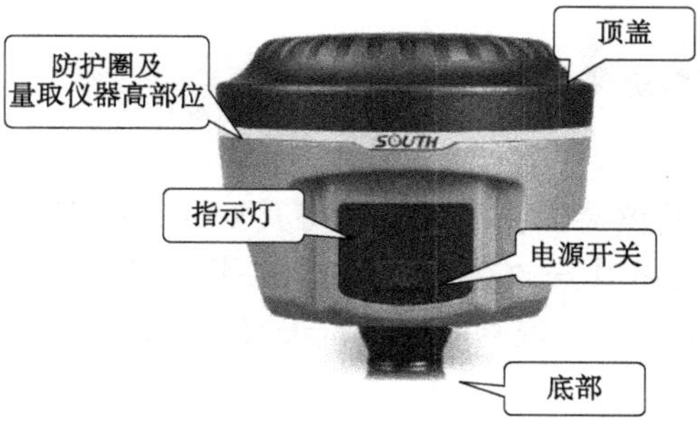


图 6-3-4　银河 1 正面图

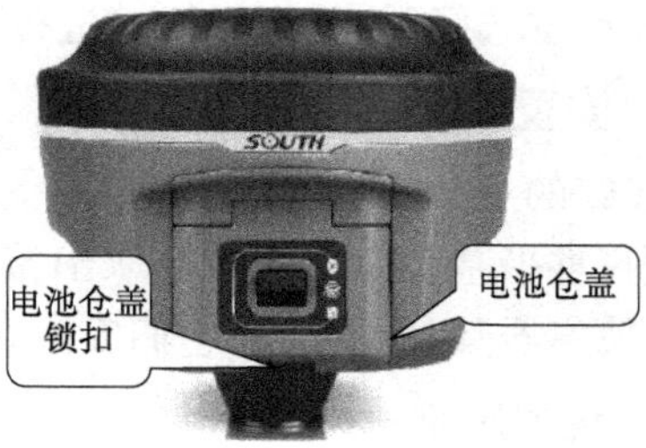


图 6-3-5　银河 1 背面图

## 二、组织准备

以 8 个人为一小组，每组选出一名组长和一名副组长，组长负责全组组织以及实际操作训练，副组长负责组织进行理论知识学习和复习。最少 3 个小组为一个大组，同时作业。

## 三、场地、仪器和材料准备

选择长宽各约 200m 的实训场地。每小组配备 GPS 接收机 1 套，每大组配备电脑 1 台（安装有相应软件）。学生每人带教材、工作页、记录表。

# 任务实施

## 一、选点

由于 GPS 测量观测站之间不要相互通视，而且网的图形选择也比较灵活，所以选点工作远较经典控制测量的选点工作简单。但由于点位的选择，对于保证观测工作的顺利进行和可靠地保持测量结果具有重要意义。所以，在选点工作开始之前，应充分收集和了解有关测区的地理情况，以及原有测量标志点的分布及保存情况，以便确定适宜的观测站位置。

选点工作通常应遵循的原则是：

（1）观测站应远离大功率的无线电发射源（如电视台、电台、微波站等），其距离不小于 200m；远离高压输电线和微波无线电信号传送通道，其距离不小于 50m。

（2）观测站附近不应有强烈反射卫星信号的物件（如大型建筑物、大面积水域等），或对电磁反射（或吸收）强烈的物体，以减弱多路径效应的影响。

（3）观测站应设在易于安置接收设备的地方，且视场开阔。在视场内周围障碍物的高度角，根据情况一般应小于 15°。

（4）观测站应选在地面基础稳定的地方，易于点的保存。

（5）观测站应选在交通方便的地方，便于用其他测量手段联测和扩展。

(6)对于基线较长的 GPS 网，还应考虑在观测站附近要有良好的通信设施（电话与电报、邮电）和电力供应，以供观测站之间的联络和设备用电。

(7)充分利用符合要求的既有控制点。

(8)点位选定后（包括方位点），均应按规定绘制点之记，其主要内容包括点位及点位略图、点位的交通情况及选点情况描述等。

## 二、静态数据采集

GPS 点位选好后，就可以架站进行静态数据采集了。

### （一）安置仪器

在选好的观测站上安放三脚架，小心打开仪器箱，取出基座，将其安放在脚架上，并在测点上对中、整平基座。从仪器箱取出接收机，将其安放在对中器上，并将其锁紧。再分别取出电池、采集器及其托盘，将它们安放在脚架上。在观测前后各量天线高一次。

### （二）观测作业

将三台接收机安放在不同的测站上进行静止同步观测，时间根据点之间距离的长短而定。三台仪器分别架在待测点 1、2、3 上，进行 1、2、3 三点的观测，注意记录每个仪器观测的点名、天线高、观测时段（观测次数）。同步观测到 45min 后，关闭仪器，然后把一台仪器架设在第 4 点上，另外两台不动，进行 2、3、4 三点的观测，依次类推。观测时间以最后一台机器开始记录卫星信号为准，至少 45min，距离长，观测时间就要加长。

GPS 接收机静态测量外业观测步骤与图示见表 6-3-1。

**GPS 接收机静态测量外业观测步骤与图示** 表 6-3-1

| 序号 | 标题 | 内容 |
|---|---|---|
| 1.北极星 9600 单频机静态测量 | 图示 | 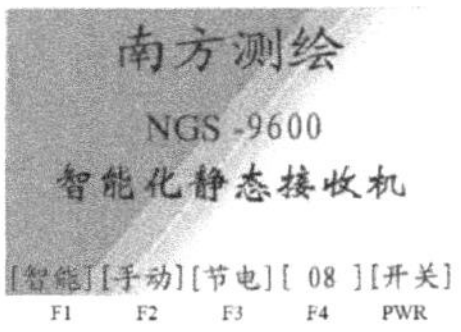<br><br>①<br>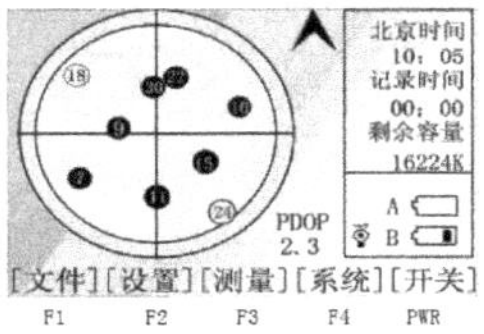<br><br>②<br>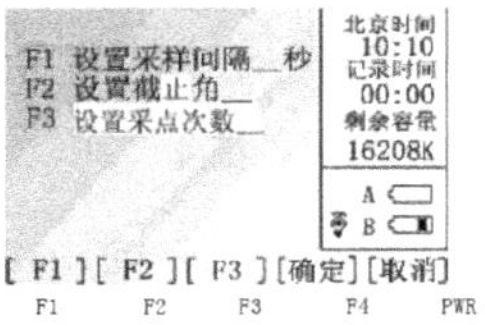<br><br>③<br>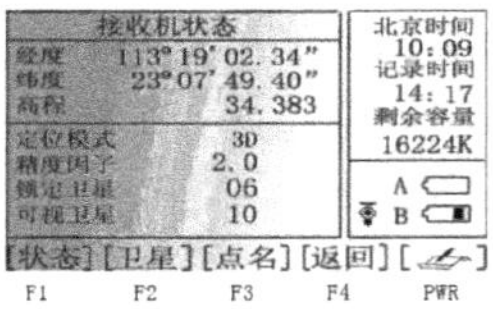<br><br>④<br>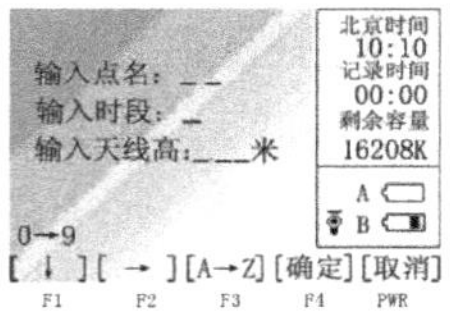<br><br>⑤ |
| | 步骤 | (1)开机：在 NGS-9600 主机电源打开后，进入初始界面，如图①所示。<br>(2)选 F1 键进入“智能模式”，如图②所示。<br>(3)按 F2 选择“设置”，进入设置界面，如图③所示，设置选择好后，要用 F4 键确定。<br>(4)在图②下按 F3 选择“测量”，进入图④所示界面，按 F3 选择“点名”，进入图⑤所示界面。<br>(5)给正在记录的数据起一个文件名，输入时段号，输入测站天线高，按“确定”键，开始数据采集。<br>(6)测量完毕，退回到主界面，然后长按 PWR 键关机 |

| 序号 | 标题 | 内　　容 |
|---|---|---|
| 2. S86 双频机静态测量 | 图示 | 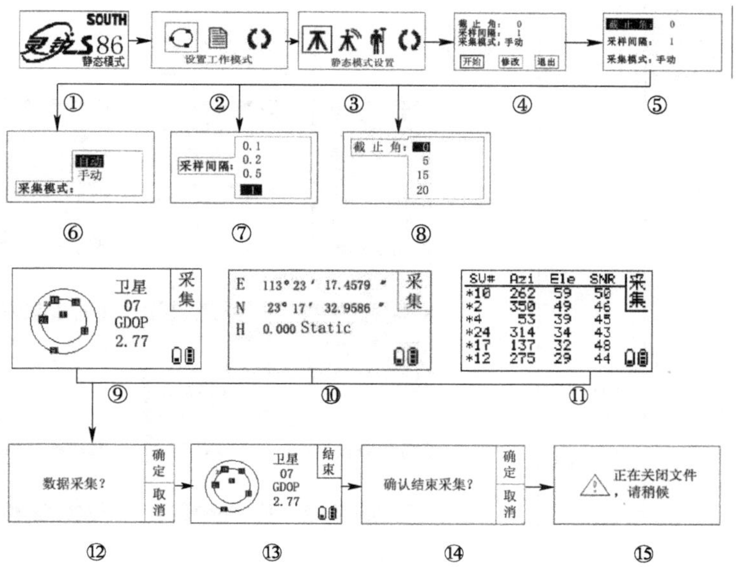 |
| | 步骤 | (1)开机:按①键,进入“初始界面”,如图①所示。<br>(2)开机后显示“初始界面”时,按 F2 键进入设置模式主接口(不选择则进入自动采集模式),如图②所示。<br>(3)按 F1 或 F2 选择“设置工作模式”,选好后按①确定,如图③所示。<br>(4)按 F1 或 F2 选择“静态模式设置”(工作模式有静态模式、基准站工作模式、移动站工作模式),然后按①确定进入设置模式主菜单,如图④所示。<br>(5)选择“修改”进入参数设置接口,如图⑤所示。<br>(6)按 F1 或 F2 选择需修改的参数,按①确定可分别进入“采集模式”“采样间隔”“截止角”的设置,如图⑥、⑦、⑧所示。<br>(7)按 F1 或 F2 选相应参数后按①确定,参数设置完成,按 F2 返回如图④所示界面,选择“开始”(有的仪器是“确定”)完成静态模式设置。<br>(8)在设置模式下选择工作模式为静态,主机重启后进入静态模式,如选择手动模式,则需要按 F1,然后再次按 F1 确定进入采集模式。如选择自动模式,重新开机后自动进行数据采集。静态模式下一共有 3 个界面轮流切换来分别显示锁定卫星的信息,如图⑨、⑩、⑪所示。<br>(9)F1 选择数据采集后再按 F1 确定,进入采集界面,如图⑫、⑬所示。此时需将点名、时段、天线高记录在纸上,在数据传入电脑后进行修改。<br>(10)如需结束采集,按下 F1 会提示是否确认采集结束,再次按下 F1 后会提示正在关闭文件,如图⑭、⑮所示 |

| 序号 | 标题 | 内容 |
| --- | --- | --- |
| 3.银河1静态测量 | 图示 | 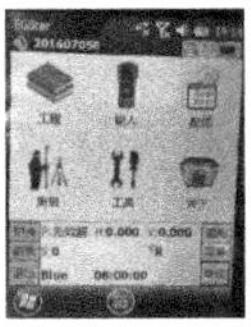 ①  ② 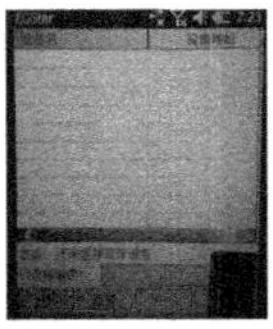 ③  ④<br> ⑤  ⑥  ⑦  ⑧<br> ⑨  ⑩ 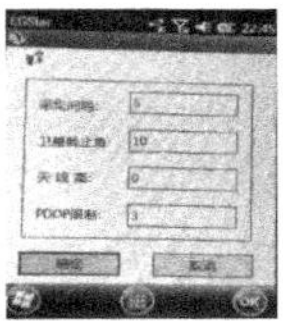 ⑪ |
| | 步骤 | (1)主机与手簿分别开机,用蓝牙连接,具体操作如下:<br>手簿进入工程之星软件,如图①所示界面→点击右上角图标进入图②所示界面→点击“蓝牙管理器”按钮进入图③所示界面→点击“搜索”按钮,搜索成功,进入图④所示界面→选中相应仪器编号,点击“连接”,连接成功后主机蓝牙指示灯常亮。<br>(2)设置主机工作模式,具体操作如下:<br>工程之星软件点击配置,得下拉菜单,如图⑤所示;点主机设置进入下拉菜单,点击“仪器设置”,如图⑥所示;进入仪器设置界面,如图⑦所示。选择主机模式设置,进入图⑧所示界面;选择“设置主机工作模式”,确定,进入主机工作模式设置界面,如图⑨所示,选择“静态”,确定。退回到主机设置界面,如图⑩所示。<br>(3)选择“设置主机静态参数”,进入静态参数设置界面,如图⑪所示。按照GPS静态数据采集要求,依次设置采样间隔、卫星截止角、天线高、PDOP限制。<br>(4)设置完毕后仪器会播报静态参数,中间数据灯按采样间隔规律闪烁后,达到采集状态,此时记录观测时间。<br>(5)测量完毕,长按电源键关机 |

## 三、观测数据传输

用 GPS 野外采集记录的数据文件需传输到电脑里，才能进行数据解算处理，见表 6-3-2。数据传输可采用相应的传输软件完成，也可以直接拷取。

**GPS 接收机内业观测数据传输步骤与图示**　　　　表 6-3-2

| 序号 | 标题 | 内　　容 |
| --- | --- | --- |
| 1. S86 观测数据传输 | 图示 |   ① 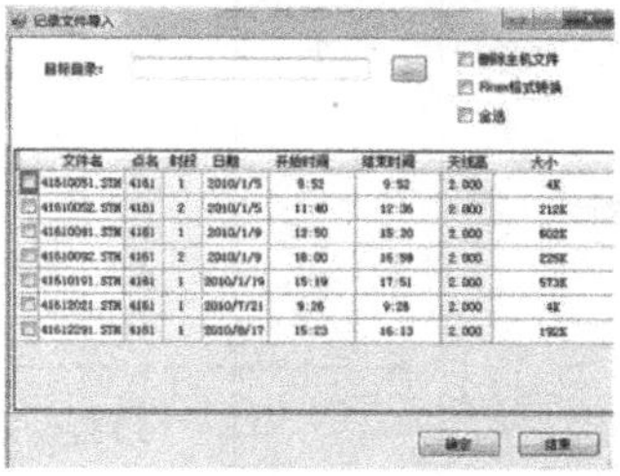 ② |
| | 步骤 | (1)如用灵锐助手进行数据传输时，打开灵锐助手，连接电脑和仪器后，灵锐助手软件界面出现红色字体“发现 GPS 接收机”，出现如图①所示画面。<br>(2)点击导入采集文件，在弹出的界面里会显示出机器内的观测数据文件，如图②所示。在目标目录里输入数据保存的位置，选择要传输的观测数据文件(前打√)，注意修改点名(必须是四位数)、天线高、观测时段，然后点确定，即可开始导出数据，依次把所有仪器的数据传输到电脑里 |
| 2. 银河 1 观测数据传输 | 图示 | 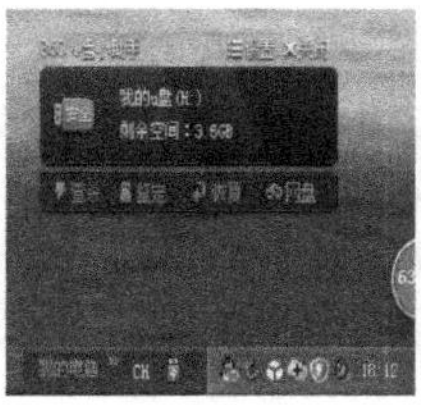 ①  ②  ③  ④ |
| | 步骤 | (1)主机开机，用数据线连接电脑和仪器，出现我的 U 盘，如图①所示。<br>(2)打开移动硬盘，静态采集的文件都按日期分别存放在文件夹中，如图②所示。打开文件夹，找到观测文件，如图③所示。点击复制，将其复制到指定位置。<br>(3)注意修改文件名，将文件名前四位修改为点号，如点号为 D004，修改后文件如图④所示 |

## 四、数据处理

GPS 接收机采集的是接收天线至卫星的距离和卫星星历等数据，而不是常规技术所测的地面点间的相对关系(如边长、角度、高差等)。因而，要得到有实用意义的测量定位成果，用 GPS 采集完静态数据后，就要对所采集的静态数据进行处理，得出各个点的坐标。

每一个厂商所生产的接收机都会配备相应的数据处理软件，它们在使用方法上都会有各自不同的特点，但是，无论是哪种软件，它们在使用步骤上却是大体相同的。

下面以南方静态 GPS 处理软件为例介绍数据处理，见表 6-3-3。

**GPS 静态观测数据处理的步骤与图示** 表 6-3-3

| 序号 | 标题 | 内　　容 |
|---|---|---|
| 1. 新建工程 | 图示 | 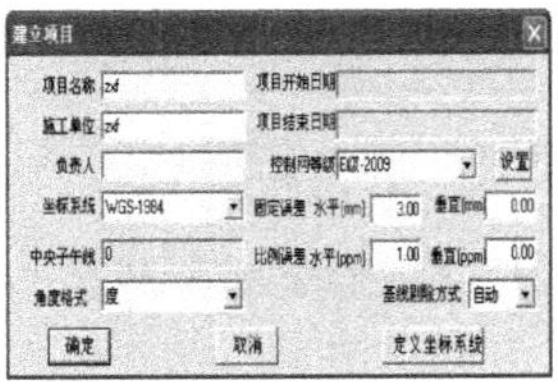 ①　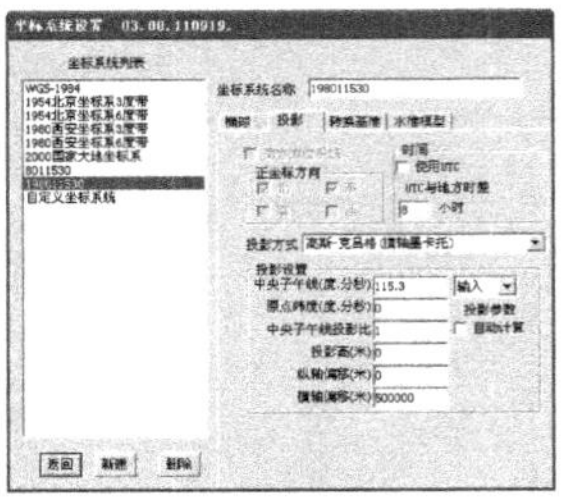 ② |
| | 步骤 | （1）打开南方测绘 GPS 后处理程序，文件→新建（输入项目名称、负责人、坐标系、控制网等级），点确定，如图①所示。<br>（2）在选择坐标系时，若是自定义坐标系点击“定义坐标系统”按钮，弹出对话框如图②所示，根据“系统参数”中的配置完成自定义坐标系 |
| 2. 增加观测数据 | 图示 | 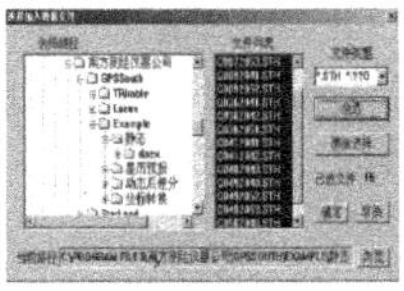 ①　 ②　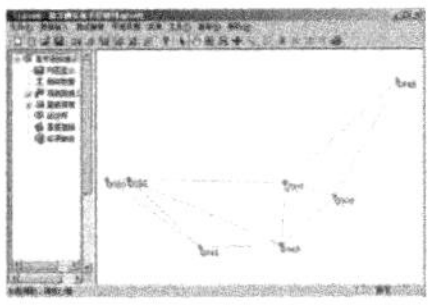 ③ |
| | 步骤 | （1）数据输入→增加观测数据文件，将野外采集数据调入软件，可以用鼠标左键点击文件，一个个单选，也可“全选”所有文件，如图①所示。<br>（2）点击“确定”按钮，弹出数据录入进度条，如图②所示。<br>（3）然后稍等片刻，调入完毕后，网图如图③所示 |
| 3. 解算基线 | 图示 |  ①　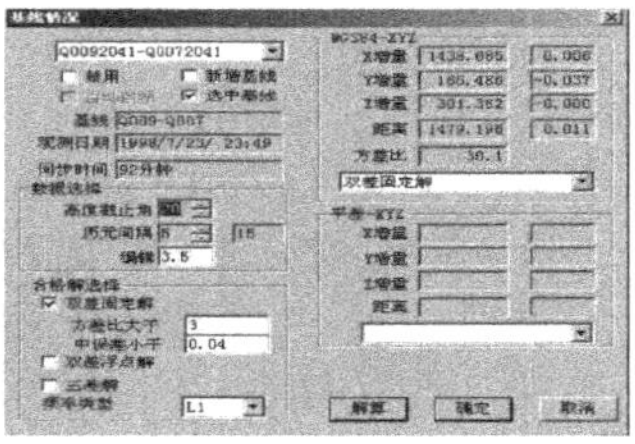 ② |
| | 步骤 | （1）选择解算全部基线，有自动计算进度条显示，如图①所示。<br>（2）基线处理完全结束后，网图颜色已由原来的绿色变成红色或灰色。基线双差固定解方差比大于 2.5 的基线颜色变红（软件默认值 2.5），小于 2.5 的基线颜色变灰色。灰色基线方差比过低，可以进行重解。例如对于基线“Q009-Q007”，用鼠标直接在网图上双击该基线，选中基线由实线变成虚线后，弹出基线解算对话框如图②所示，在对话框的显示项目中可以对基线解算进行必要的设置 |

续上表

<table>
<tr><th>序号</th><th>标题</th><th>内　　容</th></tr>
<tr><td rowspan="2">4. 检查闭合环和重复基线</td><td>图示</td><td>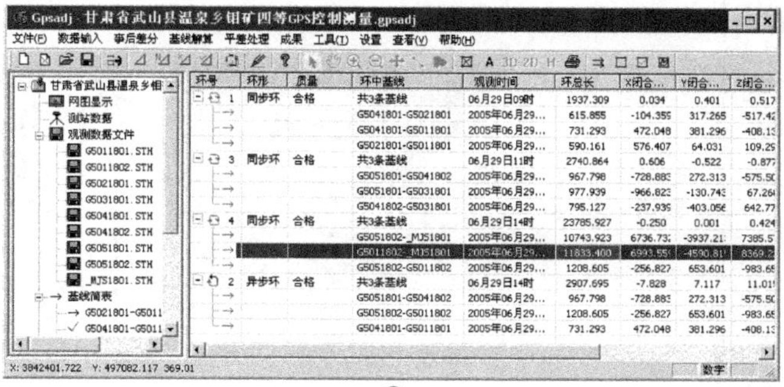

①</td></tr>
<tr><td>步骤</td><td>(1)待基线解算合格后(少数几条解算基线不合格可让其不参与平差),在“闭合环”窗口中进行闭合差计算。首先,对同步时段任一三边同步环的坐标分量闭合差和全长相对闭合差按独立环闭合差要求进行同步环检核,然后计算异步环。程序将自动搜索所有的同步、异步闭合环。<br>(2)闭合差如果超限,那么必须剔除粗差基线(基线选择的原则方法请查看使用提示)。点击“基线简表”状态栏重新算。根据基线解算以及闭合差计算的具体情况,对一些基线进行重新解算,具有多次观测基线的情况下可以不使用或者删除该基线。当出现孤点(即该点仅有一条合格基线相连)的情况下,必须野外重测该基线或者闭合环</td></tr>
<tr><td rowspan="2">5. 网平差及高程拟合</td><td>图示</td><td>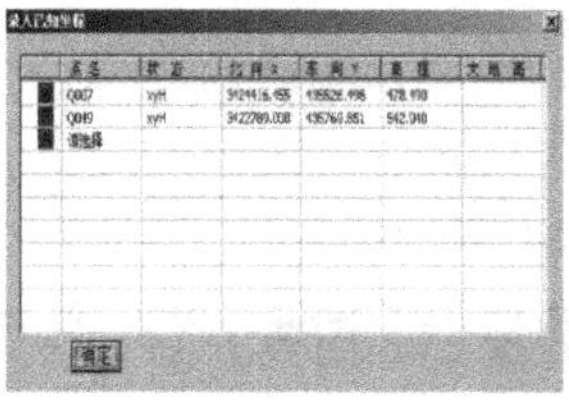
①
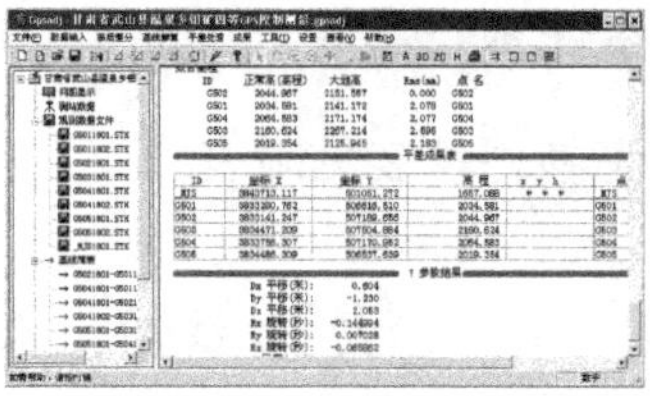
②</td></tr>
<tr><td>步骤</td><td>(1)数据录入:输入已知点坐标,给定约束条件,如图①所示。<br>(2)平差处理:进行整网无约束平差和已知点联合平差。<br>①自动处理:基线处理完后点此菜单,软件将会自动选择合格基线组网,进行环闭合差平差。<br>②三维平差:进行 WGS-84 坐标系下的自由网平差。<br>③二维平差:把已知点坐标带入网中进行整网约束二维平差。但要注意的是,当已知点的点位误差太大时,软件会提示已知点误差太大。在此时点击“二维平差”是不能进行计算的,用户需要对已知数据进行检核。<br>④高程拟合:根据“平差参数设置”中的高程拟合方案对观测点进行高程计算。注:“网平差计算”的功能可以一次实现以上几个步骤。平差后的成果如图②所示</td></tr>
</table>

续上表

<table>
<tr><th>序号</th><th>标题</th><th>内　　容</th></tr>
<tr><td rowspan="2">6. 平差成果输出</td><td>图示</td><td>
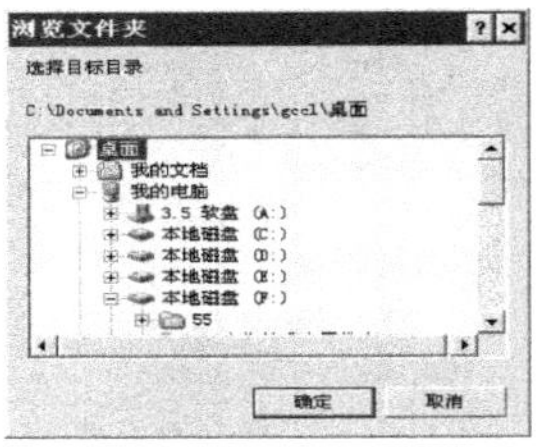


①

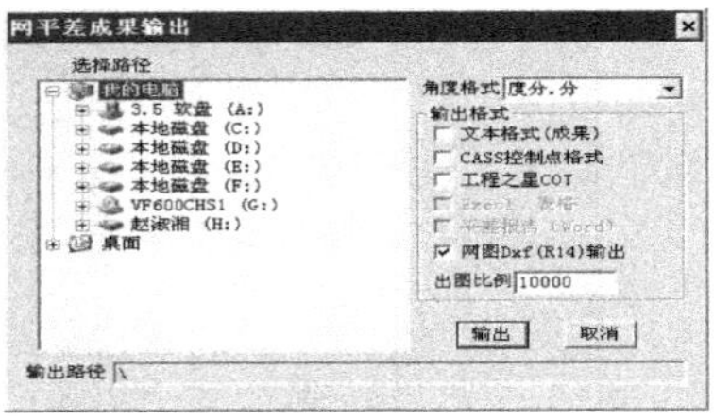


②
</td></tr>
<tr><td>步骤</td><td>如果用户想将平差成果输出，则可以在“成果”菜单下点击“平差报告(文本文档)”，如图①所示，将平差报告输出。点击“网平差成果”，可输出控制点坐标成果和控制网图等，具体操作如图②所示</td></tr>
</table>

### 任务思考

1. 什么是静态测量?
2. 选择控制点应遵循的原则有哪些?
3. 叙述 GPS 静态测量的具体观测模式。

### 任务评价

任务考核评价表见附表。

## 任务 6-4　GPS 实时动态(RTK)测量

### 任务描述

甲、乙两同学同时参加工作，在不同的单位。甲在专门的测量队，某天领导安排他用 RTK 进行一个小区地形详细测量工作；乙在施工队，某天领导安排他用 RTK 进行工程点位的放样工作。他俩如何去完成任务呢?

### 任务目标

通过学习和完成本任务，你将能够：

1. 完成 RTK 测量仪器的安置与设置；
2. 运用 RTK 进行野外数据采集；
3. 运用 RTK 进行点和直线的放样；
4. 完成 RTK 数据的导入和导出。

## 建议课时

3 课时。

## 任务引入和分析

在接受任务后，无论是数据采集还是数据放样，首先要进行 RTK 测量仪器的安置与设置，然后运用 RTK 相应功能去完成任务。

## 任务准备

### 一、知识准备

目前在数字测绘图和工程测量中，应用较为广泛的载波相位实时动态差分定位技术，又称为实时动态(Real Time Kinematic，RTK)定位技术，在一定范围内，能实时提供用户点位的三维实时坐标，并达到厘米级的定位精度。

**(一)RTK 工作原理**

RTK 的工作原理是将一台接收机置于基准站上，另一台或几台接收机置于载体(称为流动站)上，基准站和流动站同时接收同一时间相同 GPS 卫星发射的信号，基准站所获得的观测值与已知位置信息进行比较，得到 GPS 差分改正值。然后将这个改正值及时地通过无线电数据链电台传递给共视卫星的流动站以精化其 GPS 观测值，得到经差分改正后流动站较准确的实时位置。

差分的数据类型有伪距差分、坐标差分和相位差分三类，前两类定位误差的相关性会随基准站与流动站的空间距离的增加其定位精度迅速降低。故 RTK 采用第三种方法。

**(二)RTK 的系统组成**

RTK 系统是由一个基准站和一个或多个流动站组成的，目前主要采用电台 1 + N 模式和网络 RTK 模式。本任务主要讲述电台 1 + N 模式，网络 RTK 模式见任务 8-3。

**(三)RTK 基准站的组成和作用**

RTK 系统基准站由基准站 GPS 接收机及卫星接收天线、无线电数据链电台及发射天线、直流电源等组成。其作用是求出 GPS 实时相位差分改正值。

**(四)RTK 流动站的组成和作用**

RTK 流动站由 GPS 接收机及接收天线、无线电数据链接收机及天线、控制器及软件组成。从基准站接收到的信号由流动站的 UHF 电台接收，流动站同时也接收相同的卫星信号，进行实时解算。

**(五)基准站安置应具备的条件**

(1)在 10°截止高度角以上的空间部应没有障碍物。

(2)邻近不应有强电磁辐射源，比如电视发射塔、雷达电视发射天线等，以免对 RTK 电信号造成干扰，离其距离不得小于 200m。

(3)基准站最好选在地势相对高的地方以利于电台的作用距离。

(4)地面稳固，易于点的保存。

用户如果在树木等对电磁传播影响较大的物体下设站，当接收机工作时，接收的卫星信号将产生畸变，影响 RTK 的差分质量。

**（六）基准站电台**

安置基准站可采用内置电台，也可采用外置电台。

**1. 采用内置电台**

若采用内置电台测量时，将发射电台嵌入基准站主机，将基准站主机安置在测区内点位较好的点上，顶部安装“450MHz 全向天线”，然后打开基准站 GPS 主机电源开关，实现典型作业距离 2 ~ 5km，使得基准站摆脱沉重蓄电池和线缆并实现全无线作业。同时主机内置的双锂电池组能保障内置电台发射 10h，可以满足大部分测量的需求，如图 6-4-1 所示。

**2. 采用外置电台**（外接模块）

当作业距离基准站较远，内置电台无法满足要求时，可以根据实际情况选配 2 ~ 5W 或 15 ~ 25W 的外接电台。若采用外接模块测量时，将基准站主机安置在测区内点位较好的点上，在其旁边安置外接数据链天线（电台），用多功能电缆线将主机、电台和配置的蓄电池连接起来，如图 6-4-2 所示。连接完成，分别打开配置的蓄电池开关、GPS 主机电源开关、数据链电台开关。

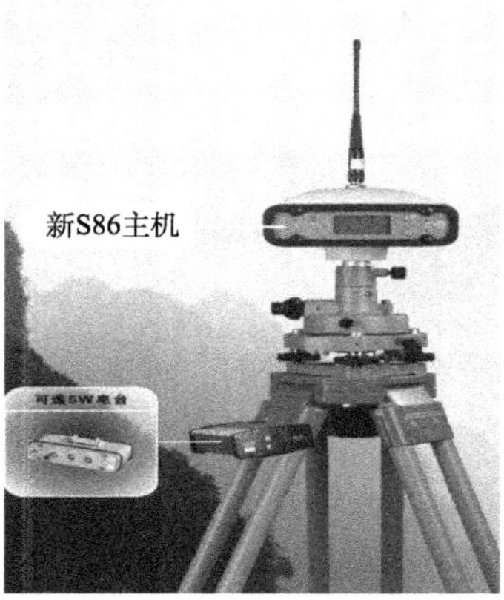


图 6-4-1　内置电台基准站安置图

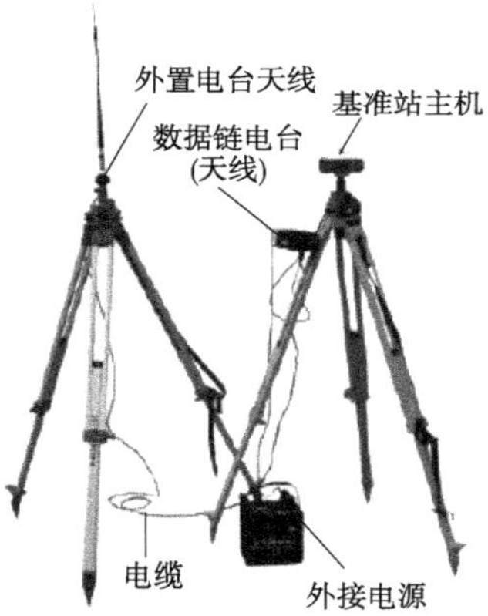


图 6-4-2　外置电台基准站安置图

## 二、组织准备

以 8 个人为一组，每组选出一名组长和一名副组长，组长负责全组组织以及实际操作训练，副组长负责组织进行理论知识学习和复习。

## 三、场地、仪器和材料准备

选择长、宽各约 100m 的实训场地。基准站全班 1 套（场地统一布置），每小组配备经检定合格的 GPS 接收机（含手簿）1 套，手机或对讲机（每台 GPS 接收机上配 1 个）若干，每台 GPS 接收机配观测记录手簿 1 本。学生每人带教材、工作页、记录表。

任务实施

## 任务实施一（以下以南方 S86 RTK 为例）

## 一、RTK 测量仪器的安装与设置

### （一）基准站设置与安置

RTK 基准站设置与安置的步骤和图示见表 6-4-1。

**RTK 基准站设置与安置的步骤和图示**　　表 6-4-1

| 序号 | 标题 | 内　容 |
| --- | --- | --- |
| 1. 基准站设置 | 图示 | 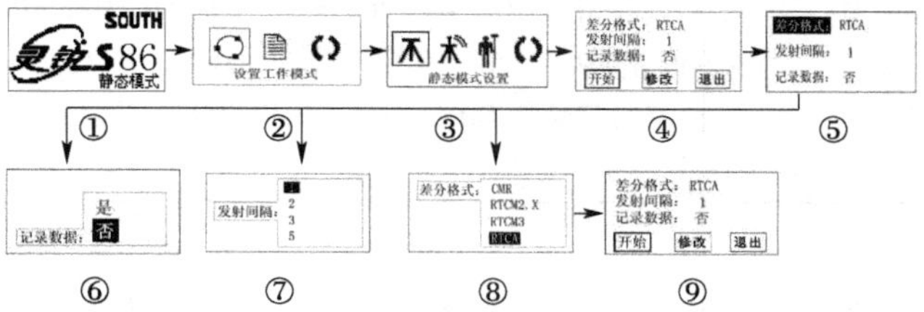 |
| | 步骤 | （1）开机：按键，进入“初始界面”，如图①所示。<br>（2）开机后显示“初始界面”时按 F2 键进入设置模式主接口（不选择则进入自动采集模式），如图②所示。<br>（3）按 F1 或 F2 选择“设置工作模式”，选好后按确定，如图③所示。<br>（4）按 F1 或 F2 选择“基准站模式设置”（工作模式有静态模式、基准站工作模式、移动站工作模式），然后按确定进入设置模式主菜单，如图④所示。<br>（5）选择“修改”进入参数设置接口，如图⑤所示。<br>（6）按 F1 或 F2 选择需修改的参数，按确定可分别进入“差分格式”（选“CMR”或“RTCA”）“发射间隔”（选“1”）“记录数据”（选“是”）的设置，如图⑥、⑦、⑧所示。<br>（7）参数设置完成，按 F2 返回，如图⑨所示，选择“开始”（有的仪器是“确定”），进入基站模块设置界面 |
| 2. 基站模块设置 | 图示 | 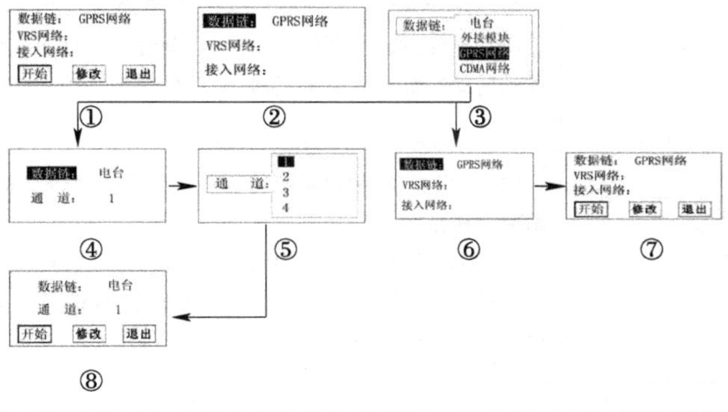 |
| | 步骤 | （1）设置完参数后选择“开始”（有的仪器是“确定”），进入基站模块设置界面，如图①所示。<br>（2）按 F1 或 F2 选择“修改”，按确定选择，即进入基站模块修改界面，如图②所示。 |

| 序号 | 标题 | 内　　容 |
| --- | --- | --- |
| 2. 基站模块设置 | 步骤 | (3)按 F1 或 F2 选择"数据链",按①确定选择,即进入"数据链"修改界面,可以选择"电台""外接模块""GPRS 网络""CDMA 网络"等模式,如图③所示。<br>(4)按 F1 或 F2 选择"电台",按①确定选择,即进入如图④所示界面。<br>(5)按 F1 或 F2 选择"通道",按①确认,即进入如图⑤所示界面,按 F1 或 F2 选择通道值,按①确认,确认后回到如图④所示界面。<br>(6)按 F2 即进入"电台设置"完成界面,如图⑧所示,选择开始,电台模式设置完成。<br>(7)GPRS 模式设置:在图③所示界面按 F2 选择"GPRS 网络",按①确认,进行 GPRS 模式设置,进入如图⑥所示界面。<br>(8)按 F2 切换至"GPRS 设置"完成界面,如图⑦所示,选择"开始",按①"GPRS 模式"设置完成。<br>(9)按模块、CDMA 设置方法和 GPRS 模式设置方法一样,当选用外接电台时,选用"外接模块"选项 |
| 3. 基站操作 | 图示 | 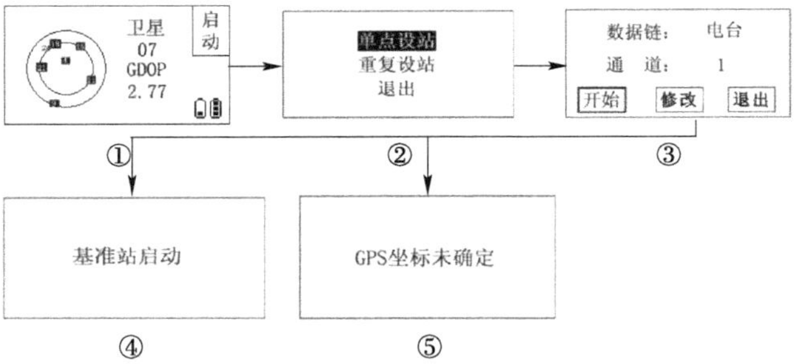 |
| | 步骤 | (1)在设置模式下设置为基准站模式,重新开机后在不进行任何操作的情况下,进入基准站模式,如图①所示。<br>(2)按 F1 进入启动基准站设置,进入如图②所示界面。<br>(3)按 F1 或 F2 可进行选择,选择单点设站即以当前点信息进行设站,如果前次测量时基准站位置和现在所在位置相同,则可选重复设站。选择完毕后按①确认所选项,进入如图③所示界面,选择"开始"。如果启动时已搜集到 4 颗以上卫星且 GDOP 值较小,则显示"基准站启动",如图④所示,否则显示"GPS 坐标未确定",如图⑤所示 |
| 4. 基站架设 | | (1)架设点位:架设基准站有两种方式,一种是"基准站架设在未知点",另一种是"基准站架设在已知点"。<br>(2)启动模式:基准站启动模式有两种,一种是自动启动,另一种是手动启动。<br>动态测量一般采用基站架设在未知点,自动启动基准站,也要注意数据差分格式以及电台通道还是网络模式 |
| 5. 基准站正常工作状态 | | (1)"TX""DATA"指示灯同时按,发射间隔闪烁,(当卫星数大于 5 颗,PDOP 值小于 3)表明基准站开始正常工作。<br>(2)如用外挂大电台,则电台上的 TX 灯开始每秒钟闪 1 次,表明基准站开始正常工作 |

## (二)移动站安装与设置

RTK 移动站安装与设置的步骤与图示见表 6-4-2。

**RTK 移动站安装与设置的步骤与图示** 表 6-4-2

| 序号 | 标题 | 内　　容 |
| --- | --- | --- |
| 1. 移动站安装 | 图示 | 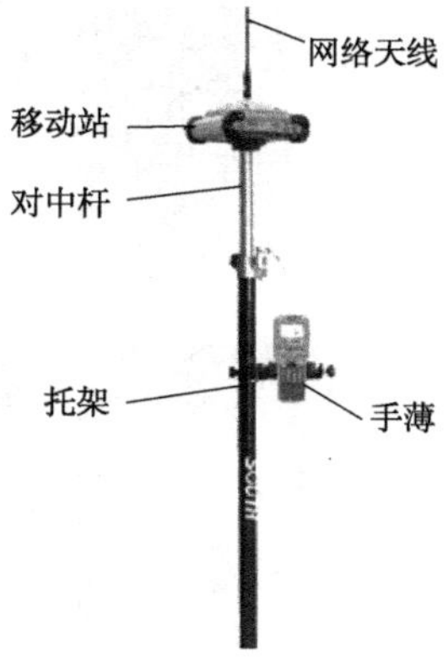 |
| | 步骤 | 将移动站主机接在碳纤对中杆上,并将接收天线接在主机顶部,同时将手簿使用托架夹在对中杆的适合位置 |
| 2. 移动站模式参数设置 | 图示 | 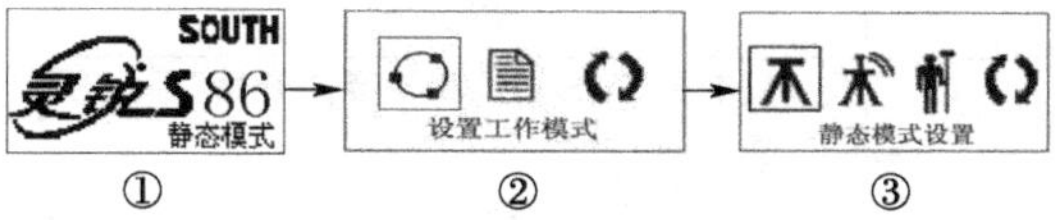 |
| | 步骤 | (1)开机:按 键,进入“初始界面”,如图①所示。<br>(2)选择“设置工作模式”:开机后显示“初始界面”时,按 F2 键进入设置模式主接口(不选择则进入自动采集模式),如图②所示。<br>(3)按 F1 或 F2 选择“设置工作模式”,选好后按 确定,如图③所示。<br>(4)按 F1 或 F2 选择“基准站工作模式”(工作模式有静态模式、基准站工作模式、移动站工作模式),然后按 确定进入设置模式主菜单。<br>(5)移动站模式其他参数设置和基站站模式设置方法相同,且参数设置必须与基准站相应参数一致 |
| 3. 移动站正常工作状态 | | 打开主机:轻按电源键打开主机,主机开始自动初始化和搜索卫星。<br>(1)RX 灯按发射间隔闪烁(必须在基准站正常发射差分信号的前提下),表明已经收到基准站差分信号。<br>(2)DATA 灯在收到差分数据后按发射间隔闪烁。<br>(3)BT(蓝牙)灯在蓝牙接通时长亮 |

## （三）主机与手簿连接

RTK 主机与手簿连接的步骤与图示见表 6-4-3。

**RTK 主机与手簿连接的步骤与图示**　　　　表 6-4-3

| 序号 | 标题 | 内　　容 |
|---|---|---|
| 1. 主机与手簿连接 | 图示 |  ①  ②  ③  ④<br>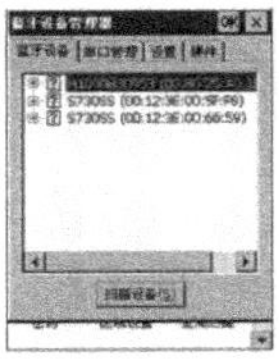 ⑤  ⑥ 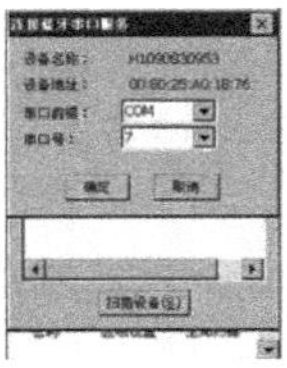 ⑦ 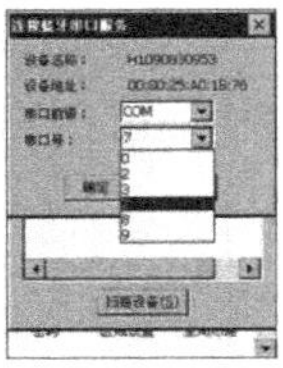 ⑧<br> ⑨ 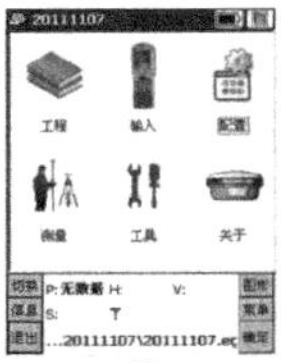 ⑩ 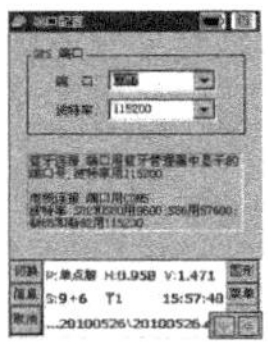 ⑪ 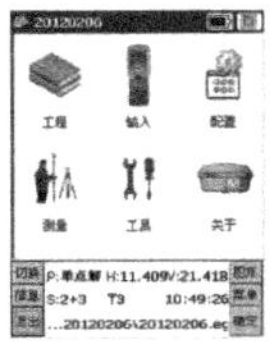 ⑫ |
| | 步骤 | （1）打开 GPS 主机和手簿，“开始”→“设置”→“控制面板”，双击“蓝牙设备属性”，如图①、②、③所示。<br>（2）在蓝牙设备管理器中选择“设置”，选择“启用蓝牙”，如图④所示。<br>（3）在蓝牙设备管理器界面选择“蓝牙设备”，点击“扫描设备”后手簿会进行蓝牙搜索，几秒钟（附近蓝牙设备多的话时间会长一点）后，会出现搜索结果，如图⑤所示。<br>（4）根据自己主机的编号点击相应的选项前面的“+”，会出现几个子菜单选项，点击“串口服务”，进入“连接蓝牙串口服务界面”，如图⑥、⑦所示。<br>（5）进入串口服务界面，有两个选项：串口前缀（选 com 口）和串口号。在串口号后面的选项框中选择端口，点击“确定”，进入串口管理界面，可以看到蓝牙的配置情况，单击“OK”完成蓝牙配置，如图⑧、⑨所示。<br>（6）返回开机界面，打开工程之星 3.0（桌面没有快捷图标的话，打开我的设备→EGstar 文件夹→双击 EGstar 应用程序），如图⑩所示。<br>（7）“配置”→“端口配置”，在“端口配置”对话框中，选择端口选择 com7（输入的端口即图⑧中选择的端口），点击“确定”。如果连接成功，状态栏中将显示相关数据，如图⑪所示。<br>（8）连接完成后，当出现如图⑫所示情况，状态栏有数据，时间开始走动，说明蓝牙已经连通，此时 GPS 主机上的蓝牙灯也会变亮 |
| 2. 注意事项 | | 一个串口号只能对应一台主机，如果一个手簿中蓝牙配置的主机比较多，可以在串口管理中选择不需要的项目，点击删除，可以把不需要的选项删除掉 |

## （四）求转换参数

GPS 接收机输出的数据是 WGS-84 经纬度坐标，需要转化成施工测量坐标，这就需要软件进行坐标转换参数的计算和设置,转换参数就是完成这一工作的主要工具。求转换参数主要是计算四参数或七参数和高程拟合参数,可以方便直观地编辑、查看、调用参与计算四参数和高程拟合参数的校正控制点。在进行四参数计算时,至少需要两个控制点的两套坐标系坐标参与计算,才能最低限度地满足控制要求。高程拟合时,使用 3 个点的高程进行计算时,高程拟合参数类型为加权平均;使用 4 ~6 个点的高程时,高程拟合参数类型为平面拟合;使用 7 个以上的点的高程时,高程拟合参数类型为曲面拟合。

求转换参数:假设利用 *A*、*B* 这两个已知点来求转换参数,那么首先要有 *A*、*B* 两点的 GPS 原始记录坐标和测量施工坐标。*A*、*B* 两点的 GPS 原始记录坐标的获取有两种方式:一种是布设静态控制网,采用静态控制网布设时后处理软件的 GPS 原始记录坐标;另一种是 GPS 移动站在没有任何校正参数起作用的 Fixed 状态下记录的 GPS 原始坐标。其次在求转换参数操作时,先在坐标库中输入 *A* 点的已知坐标,之后软件会提示输入 *A* 点的原始坐标,然后再输入 *B* 点的已知坐标和 *B* 点的原始坐标,录入完毕并保存后(保存文件为 *. cot 文件),自动计算出四参数或七参数和高程拟合参数。具体步骤与图示见表 6-4-4。

**新建工程及求转换参数的步骤与图示** 表 6-4-4

| 序号 | 标题 | 内　　容 |
| --- | --- | --- |
| 1. 新建工程 | 图示 | 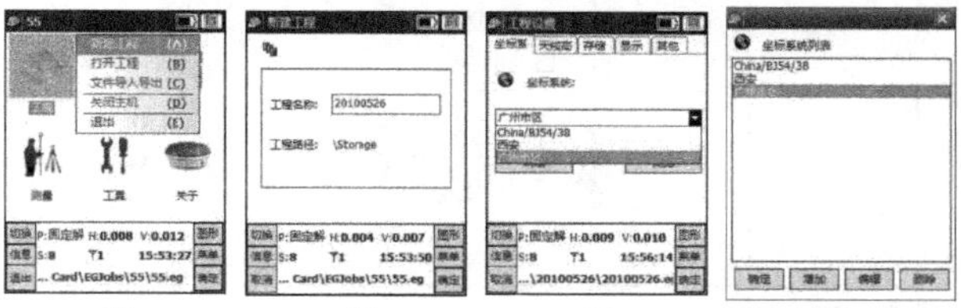<br>① ② ③ ④ |
| | 步骤 | (1)打开工程之星,点击“工程”→“新建工程”,输入工程名称,如图①、②所示。<br>(2)选择坐标系统,点击“浏览”按钮看中央子午线是否正确,如果不正确,返回坐标系选择界面,点击“编辑”按钮进行编辑,如图③所示。<br>(3)单击“确定”,工程建立完毕,可以开始使用,如图④所示。<br>(4)说明:工程建成之后,要改变上述参数,可以在“配置”→“工程设置”中修改 |
| 2. 打开工程 | 图示 | 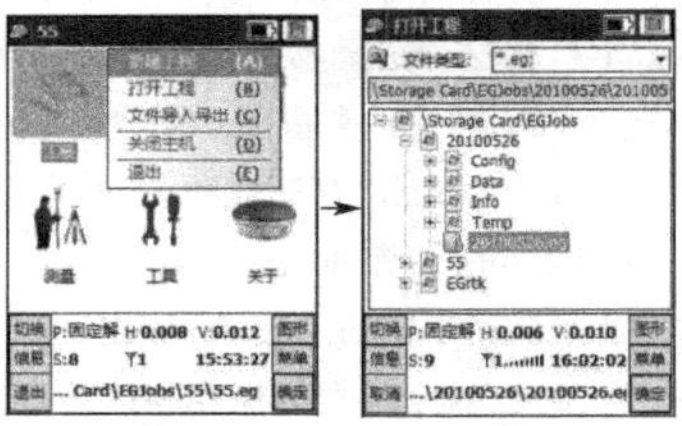<br>① ② |
| | 步骤 | (1)打开工程之星,点击“工程”→“打开工程”,如图①所示。<br>(2)在图②中打开一个已经存在的工程。例如,要打开工程 20100526,打开 EGJobs→20100526→20100526. eg,20100526. eg 是一个系统参数设置文件,每打开工程时都必须要选择“工程名. eg”才可。<br>(3)单击“确定”,打开工程 |

续上表

<table>
<tr><th>序号</th><th>标题</th><th>内　　容</th></tr>
<tr><td rowspan="2">3. 求转换参数(四参数)</td><td>图示</td><td><br>①<br><br>②<br><br>③<br><br>④<br><br>⑤<br><br>⑥<br><br>⑦<br><br>⑧<br>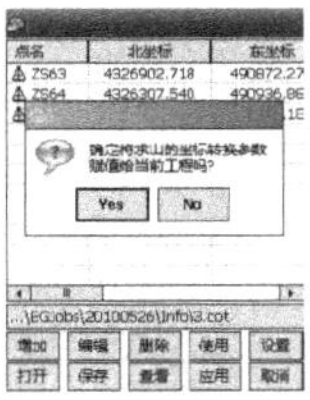<br>⑨</td></tr>
<tr><td>步骤</td><td>(1)打开工程之星,点击“输入”→求转换参数,如图①所示。<br>(2)打开之后单击“增加”,出现如图②所示界面。根据提示输入控制点的已知平面坐标(可直接输入,也可从坐标管理库中选择已经录入的控制点已知坐标)。<br>(3)控制点已知平面坐标输入完毕之后,单击右上角的“OK”或“确定”,进入图③所示界面,根据提示输入控制点的大地坐标。<br>(4)查看调入的原始坐标是否正确,确定无误后单击右上角“OK”,如图④所示,单击“增加”,重复上面的步骤,增加另外的点。<br>(5)所有的控制点都输入以后,向右拖动滚动条查看水平精度和高程精度,如图⑤所示。<br>(6)查看确定无误后,单击“保存”,出现如图⑥所示界面。<br>(7)在这里选择参数文件的保存路径并输入文件名,建议将参数文件保存在当天工程下名为 Info 的文件夹里面。完成之后单击“确定”出现如图⑦所示界面。<br>(8)然后单击“存储成功”小界面右上角的“OK”,四参数已经计算并保存完毕,完成后出现如图⑧所示界面。<br>(9)此时单击右下角的“应用”,出现如图⑨所示界面,点击“Yes”即可。<br>(10)计算七参数的操作和计算四参数基本相同</td></tr>
</table>

**(五)校正**

由于 GPS 输出的是 WGS-84 坐标,而且 RTK 基准站的输入坐标也只认 WGS-84 坐标,所以大多数 GPS 在使用转化参数时的普遍方式为,把基准站架设在已知点上,在基准站直接或间接输入 WGS-84 坐标,启动基准站。这种方式的缺点是每次都必须用控制器与基准站连接后启动基准站,这种模式在测量外业作业时在操作上会带来一定的麻烦。而使用校正向导可以避免用控制器启动基准站，可以选择基准站架设在任意点上自动启动，大大提高了使用的灵活性。

校正向导需要在已经打开转换参数的基础上进行。校正参数一般是用在求完转换参数而基站进行过开关机操作，或是有工作区域的转换参数，可以直接输入的时候。校正向导产生的参数实际上是使用一个公共点计算两个不同坐标的“三参数”，在软件里称为校正参数。校正向导有两种途径，即基站架在已知点上和架在未知点上，还有两种方法，即输入已知点直接校正，或是先采点再进行校正，见表6-4-5。

**点校正的步骤与图示**

表6-4-5

| 序号 | 标题 | 内容 |
|---|---|---|
| 1. 基准站架在已知点校正 | 图示 | 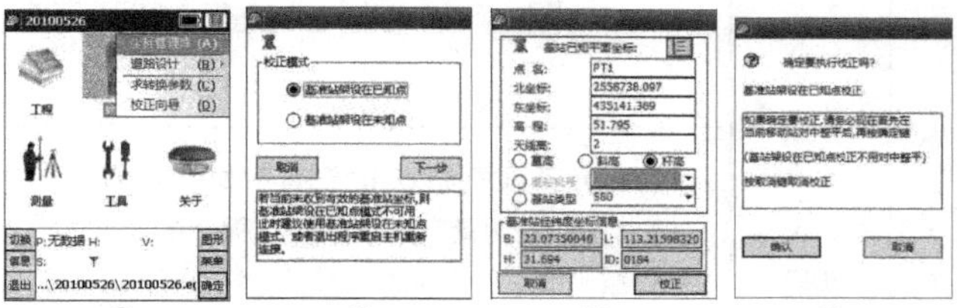<br>①　②　③　④ |
| | 步骤 | （1）在参数浏览里先检查所要使用的转换参数是否正确，然后打开工程之星，点击输入→校正向导，如图①所示。<br>（2）选择“基准站架设在已知点”，点击“下一步”后，如图②所示所示。<br>（3）输入基准站架设点的已知坐标及天线高，并且选择天线高形式，输入完后即可点击“校正”，如图③所示。<br>（4）系统会提示是否校正，并且显示相关帮助信息，检查无误后点击“确定”，校正完毕 |
| 2. 基准站架在未知点校正 | 图示 | 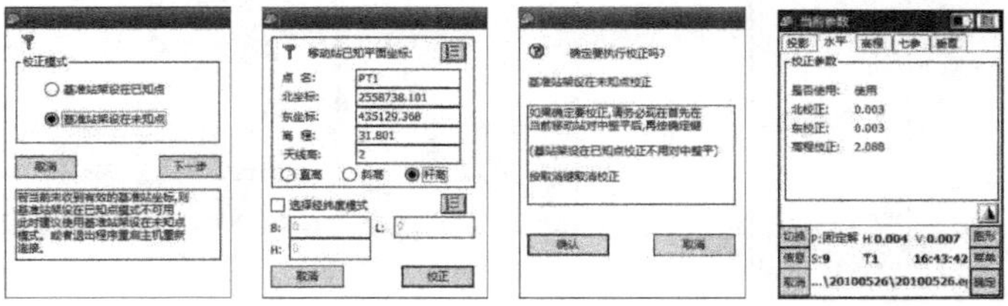<br>①　②　③　④ |
| | 步骤 | （1）在参数浏览里先检查所要使用的转换参数是否正确，然后打开工程之星，点击输入→校正向导。<br>（2）在校正模式里面选择“基准站架设在未知点”，再点击“下一步”，如图①所示。<br>（3）系统提示输入当前移动站的已知坐标，再将移动站对中立于点 $A$ 上，输入 $A$ 点的坐标、天线高和天线高的量取方式后，点击“校正”，如图②所示。<br>（4）系统会提示是否校正，按“确定”即可，如图③所示。<br>（5）查看当前参数，如图④所示 |

## 二、RTK 野外数据采集的操作步骤

RTK 野外数据采集的步骤与图示见表 6-4-6。

**RTK 野外数据采集的步骤与图示** 表 6-4-6

| 序号 | 标题 | 内　　容 |
| --- | --- | --- |
| 点测量 | 图示 | 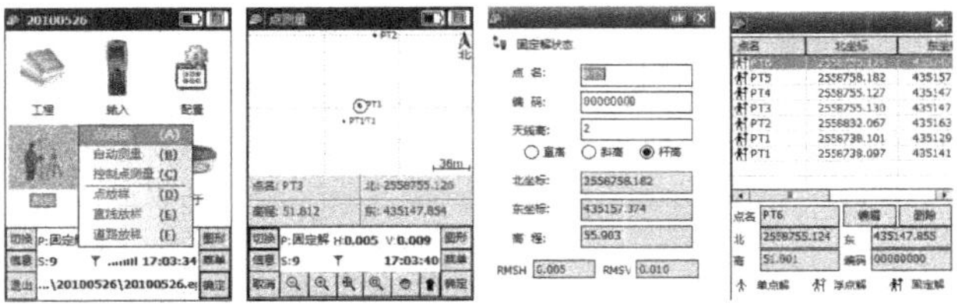<br>①　②　③　④ |
| | 步骤 | (1)打开工程之星,点击"测量",如图①所示。<br>(2)点击"点测量",进入如图②所示界面。<br>(3)按手簿上"A"键进行测量,然后在弹出对话框中输入"点号"和"天线高",按"OK"确定(保存),如图③所示。继续存点时,点名将自动累加。<br>(4)连续按两次"B"键,可以查看所测量坐标,如图④所示 |

## 三、RTK 放样的操作步骤

RTK 放样点和直线的步骤与图示见表 6-4-7。

**RTK 放样点和直线的步骤与图示** 表 6-4-7

| 序号 | 标题 | 内　　容 |
| --- | --- | --- |
| 1. 点放样 | 图示 | 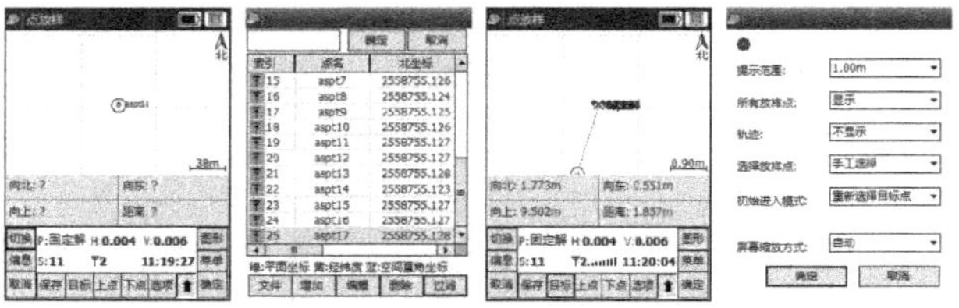<br>①　②　③　④ |
| | 步骤 | (1)打开工程之星,点击"测量"→"点放样",进入放样界面,如图①所示。<br>(2)点击"目标"按钮,打开放样点坐标库,如图②所示。<br>(3)在放样点坐标库中点击"文件"按钮,导入需要放样的点坐标文件并选择放样点(如果坐标管理库中没有显示出坐标,点击"过滤"按钮看是否需要的点类型没有勾选上)或点击"增加"直接输入放样点坐标,确定后进入放样指示界面,如图③所示。<br>(4)在放样过程中,当前点移动到离目标点 1m 的距离以内时(提示范围的距离可以点击"选项"按钮,进入点放样选项里面对相关参数进行设置),软件会进入局部精确放样界面,同时软件会给控制器发出声音提示指令,控制器会有"嘟"的一声长鸣音提示,点击"选项"按钮出现点放样选项界面,可以根据需要选择或输入相关的参数,如图④所示 |

续上表

| 序号 | 标题 | 内　　容 |
|---|---|---|
| 2. 直线放样 | 图示 | 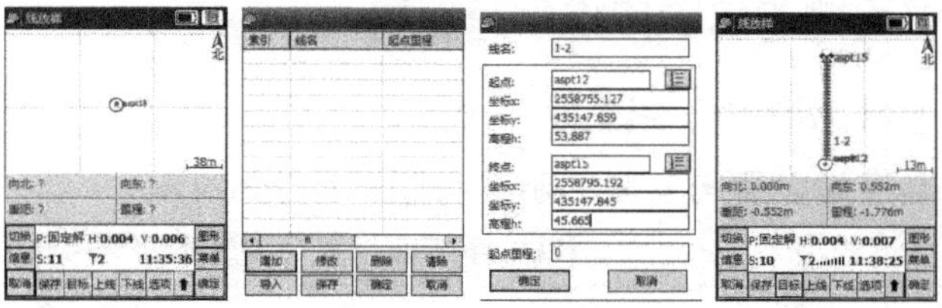 ①　②　③　④ |
| | 步骤 | （1）打开工程之星，点击“测量”→“直线放样”，进入放样界面，如图①所示。<br>（2）点击“目标”，打开线放样坐标库（图②），放样坐标库的库文件为 *. lnb，选择要放样的线即可（如果有已经编辑好的放样线文件）。<br>（3）如果线放样坐标库中没有线放样文件，点击“增加”，输入线的起点和终点坐标就可以在线放样坐标库中生成线文件，如图③所示。<br>（4）在线放样坐标库中增加线之后，选择放样线，确定后，出现“线放样”界面，如图④所示 |

## 四、RTK 数据的导出

RTK 数据导出的步骤与图示见表 6-4-8。

**RTK 数据导出的步骤与图示**　　表 6-4-8

| 序号 | 标题 | 内　　容 |
|---|---|---|
| 数据导出 | 图示 | 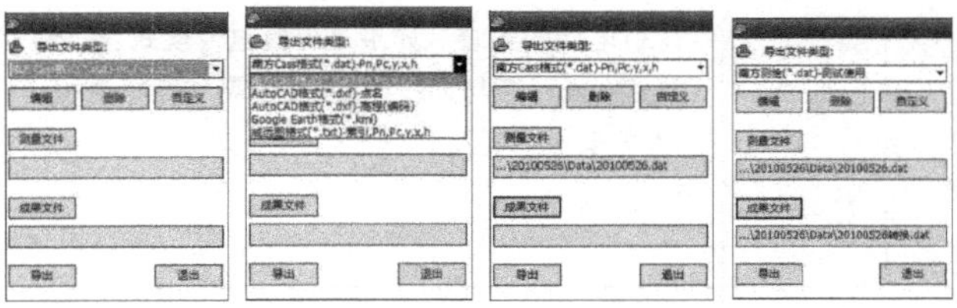 ①　②　③　④ |
| | 步骤 | （1）“工程”→“文件导入导出”→“文件导出”，如图①所示。<br>（2）在数据格式里面选择需要输出的格式，如图②所示，如果没有需要的文件格式，点击“自定义”，添加自定义文件类型。<br>（3）选择数据格式后，单击“测量文件”，选择需要转换的原始数据文件，然后单击“OK”，出现如图③所示界面。<br>（4）单击“成果文件”，输入转换后保存文件的名称，然后单击“OK”，出现如图④所示界面。<br>（5）最后单击“导出”，则文件已经转换为所需要的格式。<br>（6）在电脑上安装驱动程序 Microsoft ActiveSync，然后用数据线把手簿和电脑连接起来，把数据传到电脑上。<br>（7）也可以将需要传输的数据拷贝到 SD 卡上，再从 SD 卡上把数据拷贝到电脑或者手簿里面 |

## 任务实施二(以下以南方银河 1 为例)

## 一、RTK 测量仪器的设置与安置

### (一)基准站设置与安置

RTK 基准站设置与安置的步骤与图示见表 6-4-9。

**RTK 基准站设置与安置的步骤与图示** 表 6-4-9

| 序号 | 标题 | 内　　容 |
| --- | --- | --- |
| 1. 基准站设置 | 图示 | <br>① |
| | 步骤 | (1)GPS 接收机主机的架设。具体步骤:架设三脚架、安置基座、安装 GPS 主机、整平。<br>(2)电台天线的架设。如果是外置电台模式,需要安装外置天线,具体步骤:架设三脚架、安置基座、安装外置天线,整平。如果是内置电台模式,只需在 GPS 主机上安装小天线即可。<br>(3)电台的安装。如果是外置电台模式,需要安装外挂电台与供电蓄电池,主机需与电台连接,电台需与天线连接,电台需与蓄电池相连,如图①所示。如果是内置电台模式,无须安装电台 |
| 2. 基准站主机与手簿蓝牙连接 | 图示 |  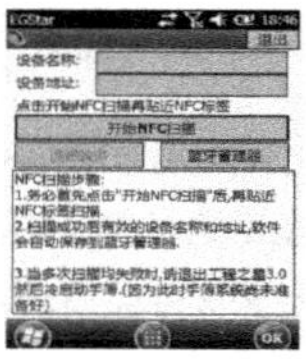 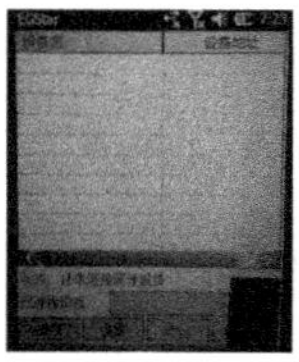 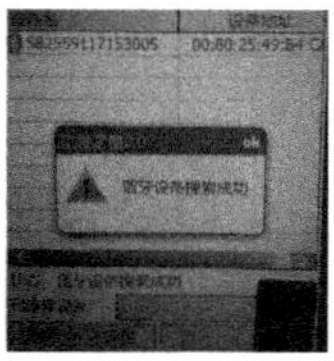<br>① ② ③ ④ |
| | 步骤 | (1)手簿开机进入工程之星软件界面,如图①所示,点击右上角图标进入如图②所示界面。<br>(2)点击“蓝牙管理器”按钮,进入如图③所示界面。<br>(3)点击“搜索”按钮,搜索成功进入如图④所示界面。<br>(4)选中相应仪器编号,点击连接,连接成功后主机蓝牙指示灯长亮 |

续上表

| 序号 | 标题 | 内　　容 |
| --- | --- | --- |
| 3. 基准站主机工作模式及数据链接设置 | 图示 |  ①  ②  ③<br> ④ 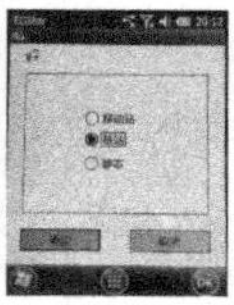 ⑤ 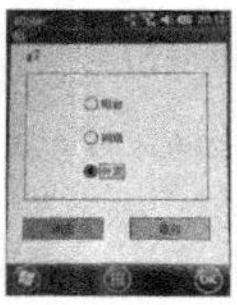 ⑥  ⑦<br><br>⑧ |
| | 步骤 | (1)工程之星软件点击配置,得到相应的下拉菜单,如图①所示。点击“主机设置”进入仪器设置下拉菜单,点击“仪器设置”,如图②所示。点击后进入主机模式设置界面,如图③所示。<br>(2)选择“主机模式设置”,确定,进入主机设置界面,如图④所示。<br>(3)选择“设置主机工作模式”,进入选择“基站”,如图⑤所示,点击确定,返回到主机设置界面,如图④所示。<br>(4)选择设置主机数据链,进入数据链设置界面,如图⑥所示。外置电台模式需要选择“外置”,主机会播报“基准站外挂数据链模式”。内置电台模式需要选择“电台”,主机会播报“基准站内置电台模式”。<br>(5)电台通道设置。内置电台模式设置电台通道具体操作:配置→主机设置→电台设置,如图②所示→进入如图⑦所示界面,切换通道栏选择通道,点击切换。外置电台模式设置电台通道在外挂电台上进行,如图⑧所示,按电台界面上的C键可以变换电台通道 |
| 4. 基站架设位置 | | 动态测量一般采用基站架设在未知点 |
| 5. 基准站正常工作状态 | | (1)“TX”“DATA”指示灯同时按发射间隔闪烁,(当卫星数大于5颗,PDOP值小于3)表明基准站开始正常工作。<br>(2)如用外挂大电台,则电台上的TX灯开始每秒钟闪1次,表明基准站开始正常工作 |

## (二)移动站安装与设置

RTK 移动站安装与设置的步骤与图示见表 6-4-10。

**RTK 移动站安装与设置的步骤与图示** 表 6-4-10

| 序号 | 标题 | 内　容 |
| --- | --- | --- |
| 1. 移动站安装 | 图示 |  |
| | 步骤 | 将移动站主机接在碳纤对中杆上,并将接收天线接在主机下端,同时将手簿使用托架夹在对中杆的适合位置。<br>注意:移动站为电台模式时,天线采用小天线中的长天线 |
| 2. 移动站主机与手簿蓝牙连接 | | 移动站主机与手簿蓝牙连接与上表基准站操作相同 |
| 3. 移动站主机工作模式及数据链接设置 | | 移动站主机工作模式设置为“移动”,数据链接设置为“电台”设置方法与上表基准站操作相同 |
| 4. 移动站正常工作状态 | | 打开主机:轻按电源键打开主机,主机开始自动初始化和搜索卫星。<br>(1)RX 灯按发射间隔闪烁(必须在基准站正常发射差分信号的前提下),表明已经收到基准站差分信号。<br>(2)DATA 灯在收到差分数据后按发射间隔闪烁。<br>(3)BT(蓝牙)灯在蓝牙接通时长亮 |

## (三)新建或打开工程

将采集的数据保存在一个文件中,以便后期数据的导出,见表6-4-11。

**RTK 新建或打开工程的步骤与图示** 表6-4-11

| 序号 | 标题 | 内 容 |
| --- | --- | --- |
| 1. 新建工程 | 图示 | 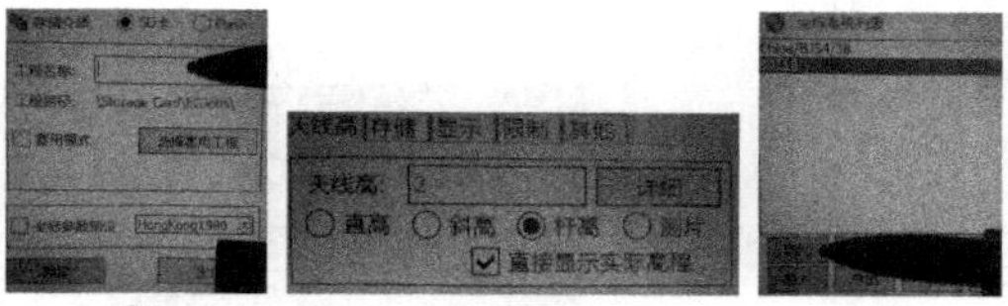 ① ② ③ 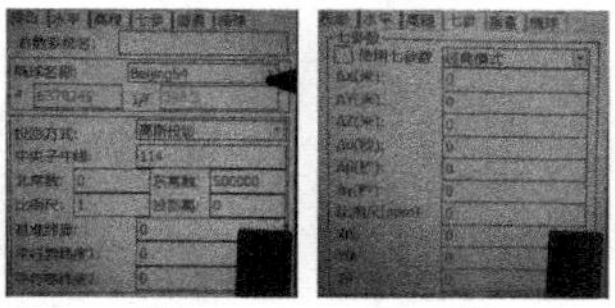 ④ ⑤ |
| | 步骤 | (1)"工程"→"新建工程",在弹出的对话框中输入工程名称,点"确定",如图①所示。<br>(2)"配置"→"工程设置"对话框中设置默认"天线高",如图②所示。<br>(3)"配置"→"坐标系统设置"→"增加"设置新的坐标系统参数模板或"编辑"原有参数模板,如图③所示。<br>(4)"参数系统名"——可以自定义;"椭球名称"——选好坐标系;"中央子午线"——设置中央子午线,如图④所示。<br>(5)如果有四参数或七参数的,可以直接在"水平"或"七参"中输入,否则要自己采集点坐标求参数,如图⑤所示 |
| 2. 打开工程 | 图示 | 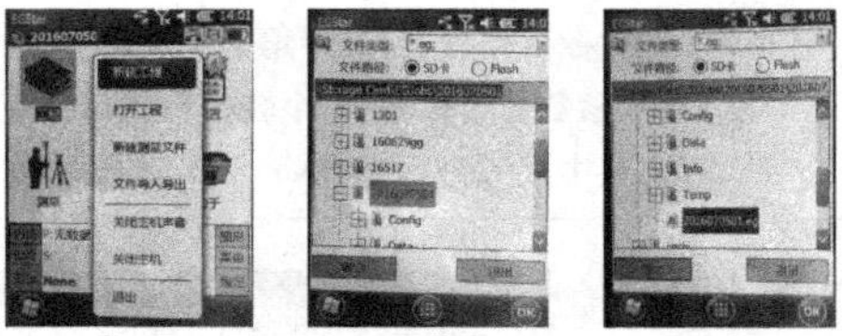 ① ② ③ |
| | 步骤 | (1)打开工程之星,点击工程→打开工程,如图①所示。<br>(2)在图②中打开一个已经存在的工程,例如要打开工程2016070501,打开EGJobs文件找到2016070501文件夹,在该文件夹下找到2016070501.eg,选中。打开工程时都必须要选择"工程名.eg"才可。<br>(3)单击"确定",打开工程 |

## (四)校正坐标系

校正坐标系的方法有三种,一是直接输入坐标系转换的参数,二是求转换参数,三是已有转换参数进行点校正,见表6-4-12。

**求转换参数及点校正的步骤与图示** 表 6-4-12

| 序号 | 标题 | 内容 |
| --- | --- | --- |
| 1. 求转换参数 | 图示 |  ① 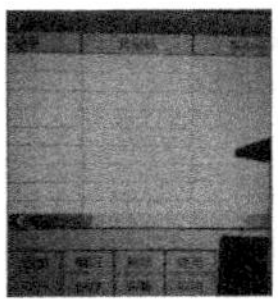 ②  ③ 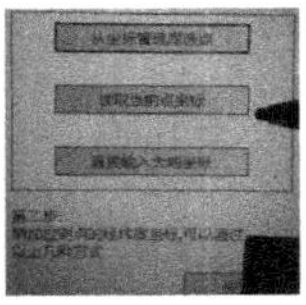 ④ 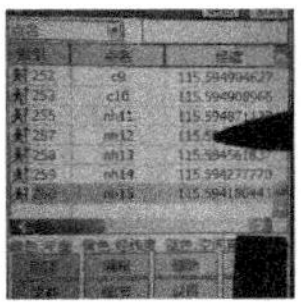 ⑤  ⑥ 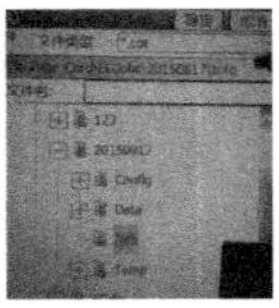 ⑦ 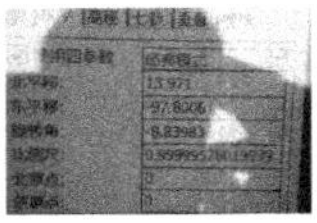 ⑧  ⑨  ⑩ |
| | 步骤 | (1)首先在新建工程后,到已知点点位测得两点的原始坐标。<br>(2)单击“输入”下拉菜单如图①所示,点击“求转换参数”进入界面②。<br>(3)单击“增加”进入界面③,输入控制点的已知坐标,点击“确定”进入界面④。<br>(4)单击“从坐标管理库选点”进入界面⑤,选择对应已知点测得的原始坐标,点击“确定”,进入界面⑥。<br>(5)同样方法点“增加”输入另外一个已知点。<br>(6)两点都输入后,点击“保存”,进入界面⑦,输入自定义的文件名,点击“确定”保存成功,返回界面⑥。<br>(7)单击“应用”,点击“是”。至此参数求解完毕。<br>(8)如图⑩所示,单击绿色按钮(图中箭头指示处),查看水平四参数如图⑧所示,查看七参数如图⑨所示。<br>四参数合格标准:旋转角是一个比较小的数,比例因子 $K$ 范围保证在 0.9999 ~ 1.0000 之间;七参数合格标准:七个转换参数都有参考限值,$X$、$Y$、$Z$ 轴旋转一般都必须是秒级的(工程之星中限值为小于 10s);$X$、$Y$、$Z$ 轴平移一般小于 1000 |
| 2. 基准站架在未知点校正 | 图示 |  ①  ②  ③ 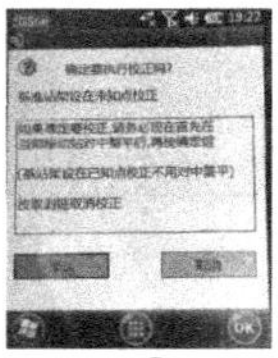 ④ |
| | 步骤 | (1)在参数浏览里先检查所要使用的转换参数数否正确,然后打开工程之星,点击“输入”→“校正向导”,如图①所示。<br>(2)在校正模式选择里面选择“基准站架设在未知点”,再点击“下一步”,如图②所示。<br>(3)系统提示输入当前移动站的已知坐标,再将移动站对中立于点 $A$ 上,输入 $A$ 点的坐标、天线高和天线高的量取方式后,点击“校正”,如图③所示。<br>(4)系统会提示是否校正,“确定”即可,如图④所示 |

## 二、RTK 野外数据采集的操作步骤

RTK 野外数据采集的步骤与图示见表 6-4-13。

**RTK 野外数据采集的步骤与图示** 表 6-4-13

| 序号 | 标题 | 内　　容 |
|---|---|---|
| 点测量 | 图示 | 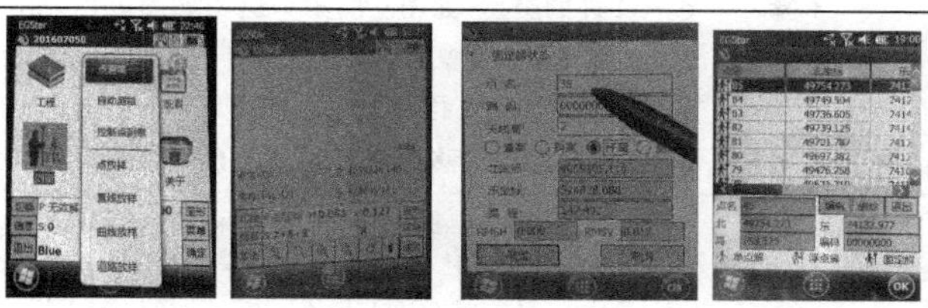 ①　②　③　④ |
| | 步骤 | (1)打开工程之星,点击“测量”,如图①所示。<br>(2)点击“点测量”,进入如图②所示界面。<br>(3)按手簿上“A”键进行测量,然后在弹出对话框中输入“点号”和“天线高”,按“OK”确定(保存),如图③。继续存点时,点名将自动累加。<br>(4)连续按两次“B”键,可以查看所测量坐标,如图④所示 |

## 三、RTK 放样的操作步骤

RTK 放样点和直线的步骤与图示见表 6-4-14。

**RTK 放样点和直线的步骤与图示** 表 6-4-14

| 序号 | 标题 | 内　　容 |
|---|---|---|
| 1. 点放样 | 图示 | 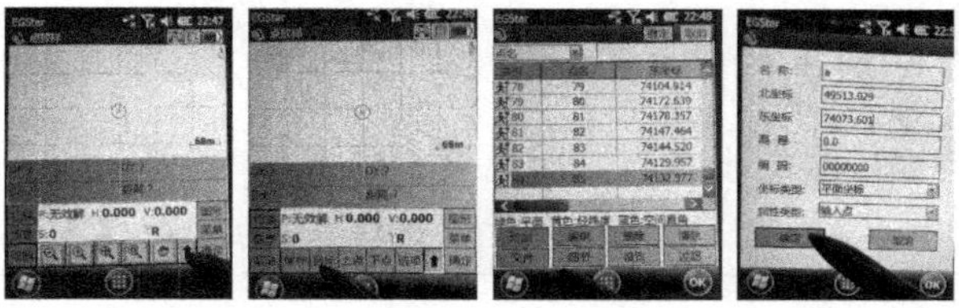 ①　②　③　④ 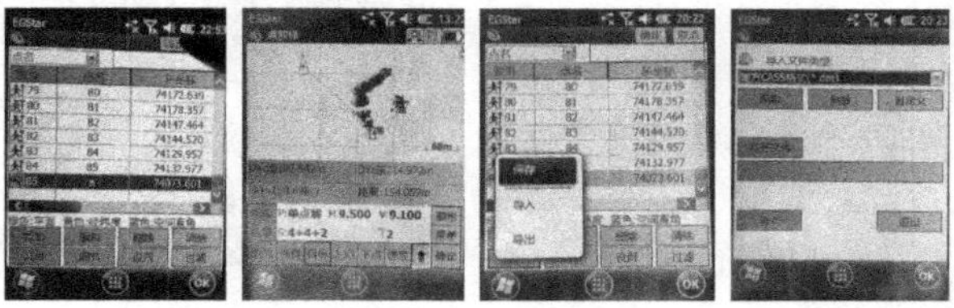 ⑤　⑥　⑦　⑧ 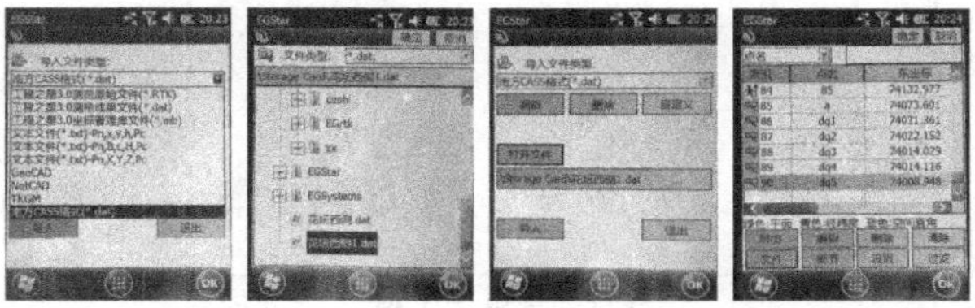 ⑨　⑩　⑪　⑫ |
| | 步骤 | (1)打开工程之星,点击“测量”→“点放样”,进入放样界面,如图①所示。<br>(2)点击“箭头”按钮,放样界面翻页,如图②所示,点击“目标”按钮,进入坐标库界面③ |

续上表

| 序号 | 标题 | 内　　容 |
| --- | --- | --- |
| 1. 点放样 | 步骤 | (3)导入放样点坐标,方法一:点击“增加”→进入如图④所示界面输入点的信息→点击“确定”进入如图⑤所示界面。方法二:如图③所示界面点击“文件”→进入如图⑦所示界面点“导入”→进入如图⑧所示界面→点道路文件类型处的三角形点开下拉菜单,选择要导入文件的类型,如图⑨所示→返回如图⑧所示界面,点击导入文件,进入如图⑩所示界面,选择要导入的文件,点击“导入”,提示导入成功,点“OK”进入如图⑫所示界面。<br>(4)选中要放样的点,如图⑤所示,点击右上角“确定”,进入放样界面⑥。按照界面提示移动对中杆,当点移动到离目标点1m的距离以内时,控制器会有“嘟”的一声长鸣音提示 |
| 2. 直线放样 | 图示 | 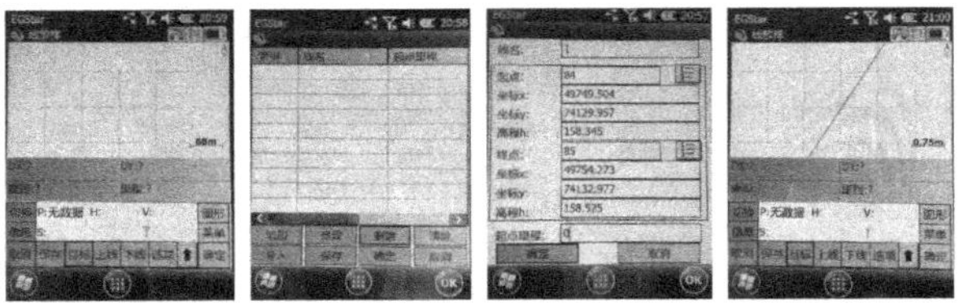<br>①　②　③　④ |
| | 步骤 | (1)打开工程之星,点击“测量”→“直线放样”,进入放样界面,如图①所示。<br>(2)点击“目标”,打开线放样坐标库(图②),选择要放样的线即可(如果有已经编辑好的放样线文件)。<br>(3)如果线放样坐标库中没有线放样文件,点击“增加”,输入线的起点和终点坐标就可以在线放样坐标库中生成线文件,如图③所示。<br>(4)在线放样坐标库中增加线之后,选择放样线,确定后,出现“线放样”界面,如图④所示,按照界面数据提示可以放样直线 |

## 四、RTK 数据的传输

RTK 数据传输的步骤与图示见表 6-4-15。

**RTK 数据传输的步骤与图示**　　表 6-4-15

| 序号 | 标题 | 内　　容 |
| --- | --- | --- |
| 1. 数据导出 | 图示 | 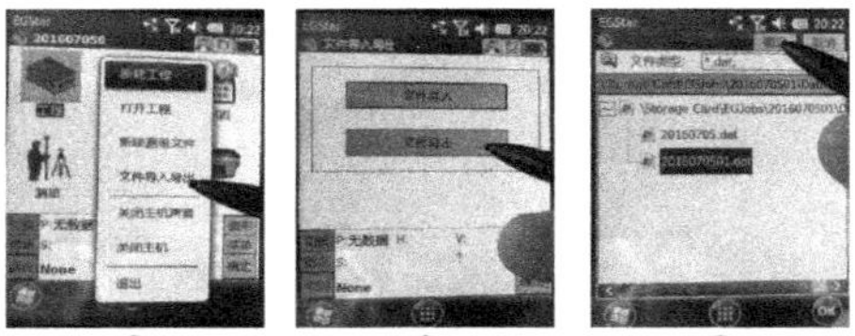<br>①　②　③<br><br>④　⑤　⑥ |
| | 步骤 | (1)数据的导出:“工程 ”→“文件导入导出”如图①所示 → “文件导出”如图②所示→选择相应的导出文件类型,一般选南方 cass 格式如图⑤所示→ 选择测量文件如图③所示→成果文件自定义命名如图④所示→点击“导出”,如图⑤所示→导出成功如图⑥所示。<br>(2)导出的成果文件在 StorageCard → EGjobs→ 相应工程文件名→data 文件里 |

续上表

| 序号 | 标题 | 内　　容 |
| --- | --- | --- |
| 2. 数据传输 | 图示 | 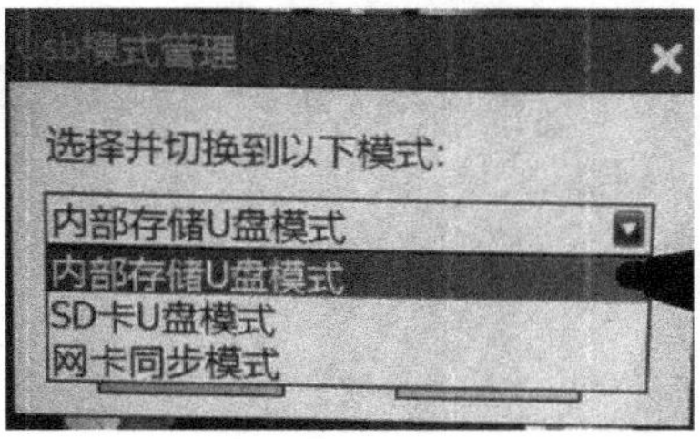 |
| | 步骤 | 数据传输可以直接通过数据线从手簿里拷入电脑。<br>如果连接电脑后不出现 U 盘图标需要进行如下操作:“设置”→“系统”→“USB 管理”→“内部存储 U 盘模式”。<br>选择“SD 卡 U 盘模式”,可以通过数据电缆,电脑分别直接读到手簿内存及内置 SD 卡里的数据。<br>选择“网卡同步模式”则需要电脑安装微软的 Microsoft ActiveSync 同步软件 |

## 任务思考

1. 叙述 RTK 工作原理。
2. 叙述 RTK 基准站的组成和作用。
3. 叙述 RTK 流动站的组成和作用。
4. 基准站安置应具备的条件有哪些?

## 任务评价

任务考核评价表见附表。

# 项目7 控制测量

## 项目内容

本项目为控制测量,主要包括以下三项内容:

1. 进行闭合导线测量;
2. 进行附合导线测量;
3. 进行全站仪导线测量。

## 项目要求

通过本项目的学习,应做到:

1. 了解控制测量的内容及概念;
2. 熟练掌握闭合导线的外业实测和内业整理计算的方法;
3. 熟练掌握附合导线的外业实测和内业整理计算的方法。

## 项目知识点、技能点

1. 控制测量概述

1)控制测量的概念;

2)控制测量的分类;

3)控制测量的主要技术指标;

4)导线的布设形式。

2. 闭合导线测量

1)闭合导线的观测方法;

2)角度闭合差的计算与调整;

3)导线各边方位角的推算;

4)坐标增量的计算;

5)坐标增量闭合差的计算和调整;

6)导线点坐标计算。

3. 附合导线测量

1)附合导线的观测方法;

2)角度闭合差的计算与调整;

3)导线各边方位角的推算;

4)坐标增量的计算;

5)坐标增量闭合差的计算和调整;

6)导线点坐标计算。

4. 全站仪导线测量

1)用全站仪导线的设置步骤;

2)用全站仪导线的观测方法。

# 任务 7-1　控制测量概述

## 任务描述

分组学习和思考,控制测量的有关基本知识。

## 任务目标

通过学习和完成本任务,你将能够:

1. 了解控制测量的概念及方法;
2. 了解导线的布设形式。

## 建议课时

2 课时。

## 任务引入和分析

施工过程中我们要控制建筑物的位置,就需要有起算数据,有已知点。那这些已知点的坐标和高程是如何得来的?本任务的主要内容就是了解控制测量的定义、目的、分类和控制测量的方法,为以后控制测量的实施奠定基础。

## 任务实施

在测量工作中,为了防止误差累积、提高测量的精度和速度,测量工作必须遵循“在布局上,从整体到局部”、“在精度上,由高级到低级”、“在程序上,先控制后碎部”的测量工作原则。即在进行测图或进行建筑物施工放样前,先在测区内选定少数控制点,构成一定的几何图形或一系列的折线,然后精确测定控制点的空间位置,这种测量工作称为控制测量。

控制测量分为平面控制测量和高程控制测量两部分(高程控制测量的内容与方法已在项目二水准测量中详细介绍,本项目内容主要针对平面的控制测量)。

精确测定控制点平面位置的工作称为平面控制测量。按照控制点间组成的几何图形的不同,平面控制测量又分为导线控制测量和三角控制测量。精确测定控制点高程($H$)的工作称为高程控制测量。根据采用测量方法的不同,高程控制测量又分为水准测量和三角高程测量两种。下面简略介绍国家平面控制网和图根平面控制网。

### 一、高程控制测量

在全国范围内,由一系列按国家统一规范测定高程的水准点构成的网称为国家水准网。国家水准网按逐级控制、分级布设的原则分为一、二、三、四、五等,其中一、二等水准测量称为精密水准测量。

一等水准是国家高程控制的骨干,沿地质构造稳定和坡度平缓的交通线布满全国,构成网状。二等水准是国家高程控制网的全面基础，一般沿铁路、公路和河流布设。二等水准环线布设在一等水准环内，一、二等水准环线要定期复测。

三、四等水准直接为测绘地形图和各项工程建设用。四等水准一般布设为附合在高等级水准点上的附合路线。地面点的高程都是根据国家水准网统一传递的。三、四等水准网是国家高程控制点的进一步加密，主要是为测绘地形图和各种工程建设提供高程起算数据。三、四等水准路线应附合于高等级水准点之间，并尽可能交叉，构成闭合环。

五等水准测量又可视为图根水准测量或普通水准测量，它直接用于工程测量中，其精度要求最低。

## 二、平面控制测量

### (一)国家平面控制网

根据国家经济建设和国防建设的需要，国家测绘部门在全国范围内采用“分级布网、逐级控制”的原则，建立国家级平面控制网，作为科学研究、地形测量和施工测量的依据。

国家平面控制网按其精度分为一、二、三、四等4个等级，一等精度最高，是国家控制网骨干。二等控制网是在一等控制网上加密的控制测量，是国家控制网的基础。三、四等控制网是在二等控制网的基础上进一步加密建立的，一般作为地形图的测绘和施工控制测量依据。

建立平面控制网的方法有导线测量、三角测量和GPS测量。

### (二)导线测量

导线测量是平面控制测量的一种常用的方法。所谓导线就是将测区内的相邻控制点连成一系列的折线。构成导线的控制点称为导线点，折线称为导线边。导线测量就是用测量仪器测定各转折角和各导线边长及起始边的方位角，根据已知数据和观测数据计算导线点坐标的工作。

**1. 各级导线的主要技术指标**(表7-1-1)

**导线测量的技术指标** 表7-1-1

| 等级 | 附合导线的长度(km) | 平均边长(km) | 每边测距中误差(mm) | 测角中误差(″) | 导线全长相对闭合差 | 方位角闭合差(″) | 测回数 | | |
|---|---|---|---|---|---|---|---|---|---|
| | | | | | | | $DJ_1$ | $DJ_2$ | $DJ_6$ |
| 三等 | 30 | 2.0 | 13 | 1.8 | 1/55000 | $\pm 3.6\sqrt{n}$ | 6 | 10 | — |
| 四等 | 20 | 1.0 | 13 | 2.5 | 1/35000 | $\pm 5.0\sqrt{n}$ | 4 | 6 | — |
| 一级 | 10 | 0.5 | 17 | 5.0 | 1/15000 | $\pm 10\sqrt{n}$ | — | 2 | 4 |
| 二级 | 6 | 0.3 | 30 | 8.0 | 1/10000 | $\pm 16\sqrt{n}$ | — | 1 | 3 |
| 三级 | — | — | — | 20.0 | 1/2000 | $\pm 30\sqrt{n}$ | — | 1 | 2 |

**2. 导线的布设形式**

根据测区的具体情况和要求，导线可布设成下列形式。

1)闭合导线

起止于同一个已知控制点的导线即从一个已知的控制点出发，经过若干个导线点以后，又回到了已知点，这种导线形式称为闭合导线。如图7-1-1所示，从一高级已知点$A$出发，经过一系列的导线点如2、3、4、5点，最后又回到原出发点$A$，构成一闭合多边形。闭合导线本身具有严密的几何条件,具有检核的作用。

2)附合导线

布设在两个已知控制点之间的导线即从一个高级的控制点出发,经过若干个控制点以后,附合到另一个已知高级的控制点上,这种导线的形式称为附合导线。如图 7-1-2 所示,从一已知高级控制点 $A$ 开始,经过导线点 1、2、3 最后附合到另一个已知高级控制点 $D$ 上,形成附合导线。

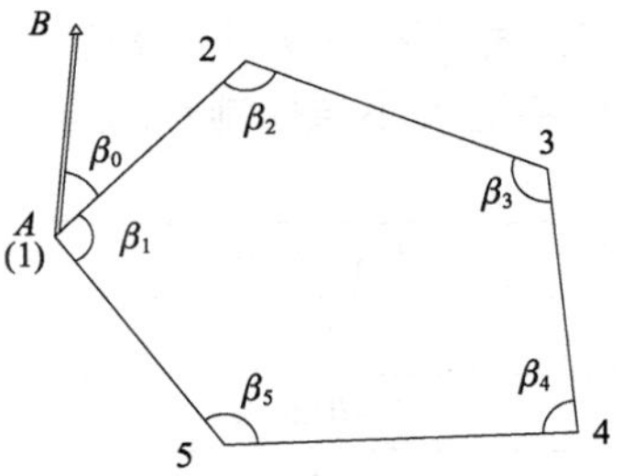


图 7-1-1　闭合导线

3)支导线

从一已知的高级控制点出发,经过 1 ~2 个导线点后,既不回到原来的出发点,也不附合到另一已知控制点上的导线形式,称为支导线。如图 7-1-3 所示,$B$ 点为一已知高级控制点,1、2 为支导线点。由于支导线没有校核条件,在测量中若发生错误,无法检核,所以规范规定支导线中的未知点数不得超过两个点。

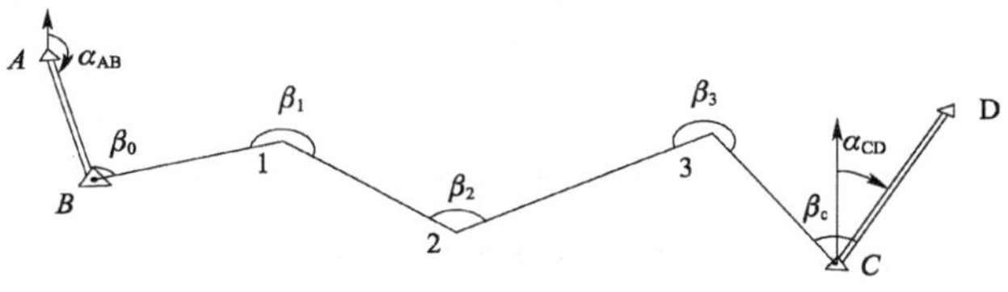


图 7-1-2　附合导线

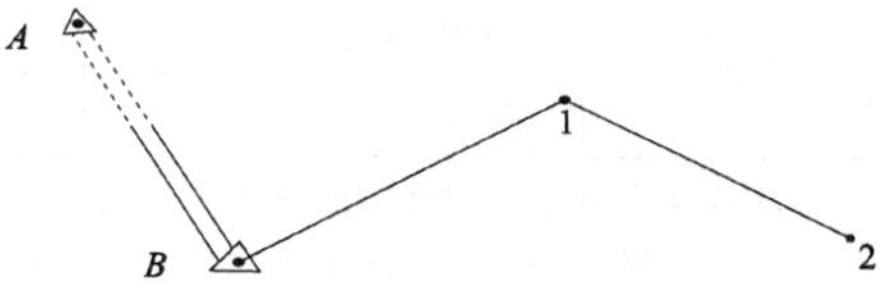


图 7-1-3　支导线

## (三)三角测量

三角测量是在地面上选择若干控制点组成一系列三角形,观测三角形中的内角,并精密测定起始边的边长和方位角,计算各个三角形的边长,再根据起始点坐标、起始方位角和各边边长,采用一定的方法推算出各三角点的平面坐标。

小三角测量与导线测量相比较,小三角测量的特点是边长短、量距工作量少、测角任务重、计算时不考虑地球曲率影响、采用近似平差计算的方法处理观测结果。根据测区已知控制点和实际地形情况布设三角锁。小三角测量布设的形式有:单三角锁、中心多边形、大地四边形、线形三角锁等,如图 7-1-4 所示。另外根据测量元素的不同,有角网、测边网和边角网三种。在三角网中测量一条或两条基线,观测所有的内角,这种网称为测角网。如果用测距仪测量全部边长,不测角度,这种网称为测边网。为了提高精度,观测边又测角的网,称为边角网。

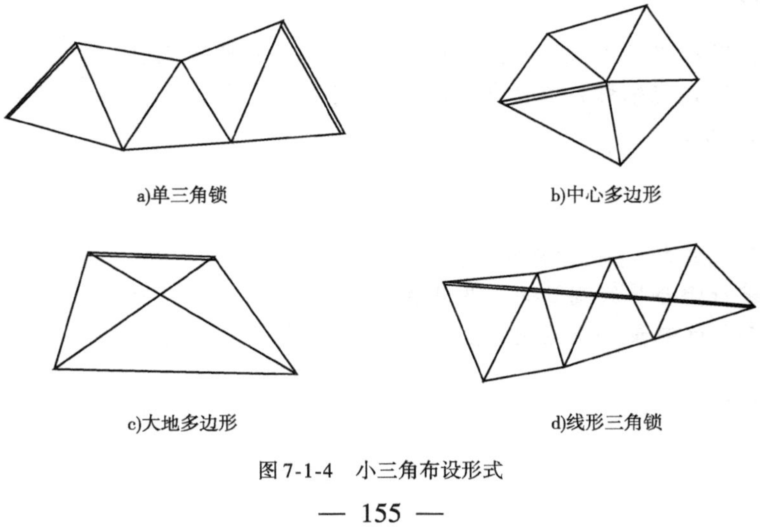


图 7-1-4　小三角布设形式

根据测区大小和精度要求，小三角测量可以分为一级、二级和图根小三角3个等级，其面积的大小与控制网的建立见表7-1-2，小三角测量主要技术指标见表7-1-3。

**小区域平面控制网的建立** 表7-1-2

| 测区面积($km^2$) | 首级控制 | 图根控制 |
|---|---|---|
| 1~15 | 一级小三角(或一级导线) | 二级图根 |
| 0.5~2 | 二级小三角(或二级导线) | 二级图根 |
| 0.5以下 | | 图根三角(或图根导线) |

**小三角测量技术指标表** 表7-1-3

| 等级 | 平均边长(m) | 测角中误差(″) | 三角形个数 | 起始边相对中误差 | 最弱边相对中误差 | 测回数 | | 三角形最大闭合差(″) | 方位角闭合差(″) |
|---|---|---|---|---|---|---|---|---|---|
| | | | | | | $DJ_6$ | $DJ_2$ | | |
| 一级小三角 | 1000 | ±5 | 6~7 | 1/40000 | 1/20000 | 6 | 2 | ±15 | |
| 二级小三角 | 500 | ±10 | 6~7 | 1/20000 | 1/10000 | 2 | 1 | ±30 | |
| 图根小三角 | ≤测图最大视距的1.7倍 | ±20 | ≤13 | 1/20000 | | 1 | | ±60 | $\pm 40\sqrt{n}$ |

注：1. $n$ 为传递方位角的测站数；

2. 当测区最大测图比例尺为1:1000时，一、二级小三角的边长可适当放长，但最长不应超过上表规定的2倍。

### 任务思考

1. 直角坐标系与高斯坐标系在使用上有何区别？
2. 在测量工作中，为防止误差累积、提高测量的精度，需要遵守的原则是什么？
3. 导线的布设形式有哪些？各自特点是什么？

### 任务评价

任务考核评价表见附表。

## 任务7-2 闭合导线测量

### 任务描述

某平原微丘区拟新建公路，在施工现场有两个已知控制点 $A$(338.395，403.918)、$A'$(368.736，414.479)，现根据施工要求，增设3个待测导线点坐标，要求用闭合导线的方法测量，求出待测点坐标。

### 任务目标

通过学习和完成本任务，你将能够：

1. 掌握会进行闭合导线测量的内业计算；
2. 掌握闭合导线测量外业施测方法。

### 建议课时

4课时。

## 任务引入和分析

闭合导线测量是导线测量三种布设形式之一，是以两个已知控制点为依据，测量若干个未知导线点的常用方法，是目前在施工现场增设控制点的主要方法。

## 任务准备

### 一、知识准备

#### （一）闭合导线测量外业工作

导线测量的外业工作包括：踏勘选点建立标志、角度观测、边长测量和导线定向四个方面。

**1. 选点**

导线踏勘之前，应了解测区的范围、地形起伏和已有控制点的情况，收集有关比例尺的地形图资料。根据已知点的分布和测区具体情况及工程要求，在已有的地形图上拟定导线的布设方案，然后到野外进行踏勘、核对、修改和选定导线点。如果测区没有以前的地形资料，则需详细地踏勘现场，根据地形和需要，合理地确定控制点的位置。

选点时，应注意下列几点：

（1）导线点应选在土质坚实、便于安置仪器和保存标志的地方。

（2）相邻导线点间应互相通视，地形平坦，便于观测水平角和测量边长。

（3）导线点应选在地势较高，视野开阔的地点，便于碎部测量。

（4）导线点应均匀分布在测区内，导线边长应大致相等，避免前后边长相差太大。一般情况下，边长应不大于350m，也不宜小于50m。平均边长的要求见表7-2-1。

**图根导线边长** 表7-2-1

| 测图比例尺 | 边长（m） | 平均边长（m） |
|---|---|---|
| 1:500 | 40～150 | 75 |
| 1:1000 | 80～200 | 110 |
| 1:2000 | 100～300 | 180 |

导线点选定后，应在地面上埋设导线点位置，对于长期保存的导线点则应埋设混凝土标石。所有导线点的标志都要依次进行编号。为了便于寻找，应绘出导线点与附近地物或明显固定点之间的关系草图，注明尺寸。

**2. 测角**

导线的转折角一般采用测回法观测。转折角有左、右角之分，在导线前进方向左侧的水平角称为左转折角，简称左角。在导线前进方向右侧的水平角称为右转折角，简称右角。附合导线一般测量左角；闭合导线一般测量内角，若按逆时针方向编号，均为左角，按顺时针方向编号，均为右角；支导线观测左、右角。

**3. 量边**

当测量器具的条件具备时，一般用全站仪测定导线边的长度，相邻的导线点分别安置仪器和棱镜。

**4. 导线定向**

控制导线边的方位角根据坐标反算而得，或用全站仪测得。

### （二）内业整理

导线测量的内业整理计算是一个比较复杂的计算过程，下面我们按照内业整理的步骤进行讲解。

**1. 闭合导线角度闭合差的计算与调整**

首先，闭合导线的内角和必须符合多边形内角和的条件。由于测量不可避免存在误差，使观测值内角和不等于其理论值，而产生角度闭合差。

在数学里我们学过 $n$ 边形的内角和为 $(n-2)\times180°$，则角度闭合差的计算公式为：

$$f_{\beta}=\sum\beta_{测}-\sum\beta_{理} \tag{7-2-1}$$

式中：$f_{\beta}$——闭合导线角度闭合差；

$\sum\beta_{测}$——闭合导线各内角观测值总和；

$\sum\beta_{理}$——闭合多边形内角和的理论值；

$\sum\beta_{理}=(n-2)\times180°$，$n$ 为多边形内角个数。

则上式可写成：

$$f_{\beta}=\sum\beta_{测}-(n-2)\times180° \tag{7-2-2}$$

经过计算我们会得出闭合导线的角度闭合差，即角度测量所产生的误差，为保证我们测量的精度，如果 $f_{\beta}\leqslant f_{\beta容}$，则说明所测角度满足精度要求，可以进行角度闭合差的调整，否则，应分析情况进行重测，直到满足为止。

$$V_{\beta}=\frac{-f_{\beta}}{n} \tag{7-2-3}$$

式中：$V_{\beta}$——角度改正数。

角度的调整无论是左角还是右角，均按照“反符号平均分”的原则分配，若不能均分，一般情况下短边的夹角多分配一点，最终使各角改正数的总和与闭合差绝对值相等、符号相反，即：$\sum V_{\beta}=-f_{\beta}$。分配调整各角后，应能满足其内角和与理论值相等。

**2. 坐标反算**

根据两个已知点的坐标可推导其坐标方位角和边长，称为坐标的反算。例如，已知 $A$、$B$ 的坐标 $(x_{A},y_{A})$、$(x_{B},y_{B})$，则可得：

$$\begin{cases}\Delta x_{AB}=x_{B}-x_{A}\\ \Delta y_{AB}=y_{B}-y_{A}\end{cases}$$

$$D_{AB}=\sqrt{\Delta x_{AB}^{2}+\Delta y_{AB}^{2}}$$

$$\tan\alpha_{AB}=\frac{\Delta y_{AB}}{\Delta x_{AB}}$$

因此

$$\alpha_{AB}=\arctan\frac{\Delta y_{AB}}{\Delta x_{AB}} \tag{7-2-4}$$

式中：$\alpha_{AB}$——$AB$ 的坐标方位角；

$\Delta x_{AB}$——$AB$ 在 $x$ 轴上的坐标增量；

$\Delta y_{AB}$——$AB$ 在 $y$ 轴上的坐标增量。

因为方位角的范围为 $0°\sim360°$，而反正切的角值范围在 $-90°\sim+90°$ 之间，所以按上式求得的 $\alpha_{AB}$ 还需要根据 $\Delta x_{AB}$、$\Delta y_{AB}$ 的符号确定的导线边所在象限进行调整，具体如下：

当 $\Delta x_{AB}>0,\Delta y_{AB}=0$ 时,导线边在 $X$ 轴的正方向,则 $\alpha_{AB}=0°$。

当 $\Delta x_{AB}=0,\Delta y_{AB}>0$ 时,导线边在 $Y$ 轴的正方向,则 $\alpha_{AB}=90°$。

当 $\Delta x_{AB}<0,\Delta y_{AB}=0$ 时,导线边在 $X$ 轴的负方向,则 $\alpha_{AB}=180°$。

当 $\Delta x_{AB}=0,\Delta y_{AB}<0$ 时,导线边在 $Y$ 轴的负方向,则 $\alpha_{AB}=270°$。

当 $\Delta x_{AB}>0,\Delta y_{AB}>0$ 时,导线边在第一象限,则 $\alpha_{AB}=\arctan\dfrac{\Delta y_{AB}}{\Delta x_{AB}}$。

当 $\Delta x_{AB}<0,\Delta y_{AB}>0$ 时,导线边在第二象限,则 $\alpha_{AB}=180°+\arctan\dfrac{\Delta y_{AB}}{\Delta x_{AB}}$。

当 $\Delta x_{AB}<0,\Delta y_{AB}<0$ 时,导线边在第三象限,则 $\alpha_{AB}=180°+\arctan\dfrac{\Delta y_{AB}}{\Delta x_{AB}}$。

当 $\Delta x_{AB}>0,\Delta y_{AB}<0$ 时,导线边在第四象限,则 $\alpha_{AB}=360°+\arctan\dfrac{\Delta y_{AB}}{\Delta x_{AB}}$。

**3. 坐标方位角推算**

根据起始边方位角和改正后的观测角,按方位角计算公式推算各边的方位角,即

左角公式:
$$\alpha_{前}=\alpha_{后}-180°+\beta_{左} \tag{7-2-5}$$

右角公式:
$$\alpha_{前}=\alpha_{后}+180°-\beta_{右} \tag{7-2-6}$$

式中:$\beta_{左}$——左转折角(左角);

$\beta_{右}$——右转折角(右角);

$\alpha_{前}$——前一条边的方位角;

$\alpha_{右}$——后一条边的方位角。

根据起始边方位角 $\alpha_{AB}$及观测的转折角 $\beta$,按方位角推算的公式 $\alpha_{前}=\alpha_{后}+180°-\beta_{右}$或 $\alpha_{前}=\alpha_{后}-180°+\beta_{左}$,推算出终边方位角。

转折角为左角时,终边的计算公式为:

$$\alpha_{终}=\alpha_{始}-n\times180°+\sum\beta_{左} \tag{7-2-7}$$

转折角为右角时,终边的计算公式为:

$$\alpha_{终}=\alpha_{始}+n\times180°-\sum\beta_{右} \tag{7-2-8}$$

式中:$\alpha_{终}$——推导的终边方位角;

$\alpha_{始}$——已知的起始边方位角;

$\sum\beta_{左}$——导线转折角(左角)的总和;

$\sum\beta_{右}$——导线转折角(右角)的总和;

$n$——导线观测角个数。

**4. 坐标正算**

根据已知点的坐标,已知边长和该边的坐标方位角计算未知点的坐标,称为坐标正算。如图 7-2-1 所示,设 $A$ 点为已知点,$B$ 点为未知点,$A$ 点坐标为$(X_A,Y_A)$,$AB$ 边长为 $D_{AB}$,$AB$ 边的坐标方位角为 $\alpha_{AB}$,则 $B$ 点的坐标$(X_B,Y_B)$为:

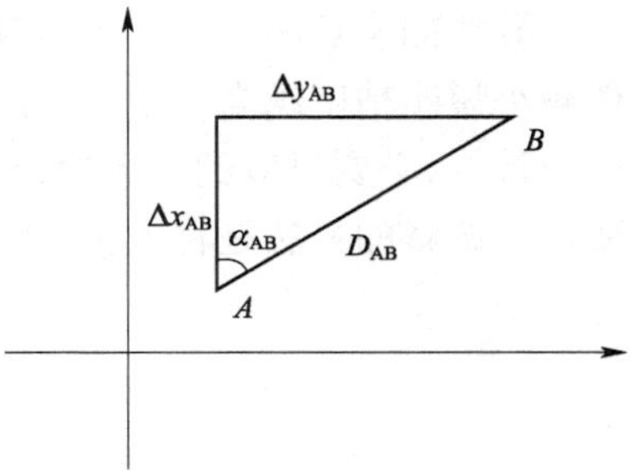

图 7-2-1

根据三角函数的性质可知坐标的增量为:

$$\left.\begin{aligned}\Delta x_{AB}&=D_{AB}\cdot\cos\alpha_{AB}\\ \Delta y_{AB}&=D_{AB}\cdot\sin\alpha_{AB}\end{aligned}\right\} \tag{7-2-9}$$

则未知点 $B$ 的坐标为：

$$\left.\begin{aligned}X_B &= X_A + \Delta X_{AB} = X_A + D_{AB}\times\cos\alpha_{AB}\\ Y_B &= Y_A + \Delta Y_{AB} = Y_A + D_{AB}\times\sin\alpha_{AB}\end{aligned}\right\} \quad (7\text{-}2\text{-}10)$$

**5. 闭合导线坐标增量闭合差的计算与调整**

闭合导线坐标增量闭合差的计算实际利用的就是坐标正算的方法，来求出各边纵、横坐标增量。由闭合导线的几何特点可知，根据导线边长和方位角计算出来的纵、横坐标增量，其代数和的理论值应为零，即：

$$\sum\Delta x_{理} = 0$$

$$\sum\Delta y_{理} = 0$$

式中：$\sum\Delta x_{理}$——纵坐标增量之和理论值；

$\sum\Delta y_{理}$——横坐标增量之和理论值。

但实际上由于量边的误差和前面计算改正后的角度仍然有残余误差，所以算出的坐标增量总和 $\sum\Delta x_{测}$、$\sum\Delta y_{测}$ 往往都不为零，其值称为坐标增量闭合差，用 $f_x$ 与 $f_y$ 表示，如图 7-2-2 所示。

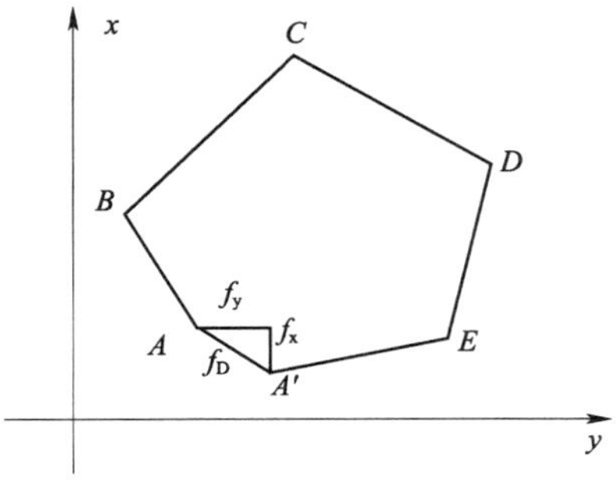


图 7-2-2

$$f_x = \sum\Delta x_{测} - \sum\Delta x_{理} = \sum\Delta x_{测}$$

$$f_y = \sum\Delta y_{测} - \sum\Delta y_{理} = \sum\Delta y_{测}$$

式中：$f_x$——纵坐标增量闭合差；

$f_y$——横坐标增量闭合差；

$\sum\Delta x_{测}$——纵坐标增量之和实测值；

$\sum\Delta y_{测}$——横坐标增量之和实测值。

这说明，实际计算的闭合导线并不闭合，而存在一个缺口 $A-A'$，这缺口的长度称为导线全长闭合差，以 $f_D$ 表示，由图 7-2-2 知：

$$f_D = \sqrt{f_x^2 + f_y^2} \quad (7\text{-}2\text{-}11)$$

导线越长，全长闭合差也越大。因此，通常用导线全长相对闭合差来衡量导线测量的精度，导线的相对全长闭合差按下式计算：

$$K = \frac{f_D}{\sum D} = \frac{1}{\dfrac{\sum D}{f_D}} \quad (7\text{-}2\text{-}12)$$

式中：$K$——导线全长相对闭合差；

$\sum D$——导线边长总和。

导线的全长相对闭合差应满足表 7-1-1 的规定。$K$ 值越大说明导线测量的精度越低，$K$ 值越小说明精度越高。若算出的 $K$ 值不能满足表 7-1-1 中的规定，应首先检查记录和全部内业计算，必要时应到现场检查。若满足要求则可将坐标增量闭合差进行调整以满足理论要求。调整的方法是将 $f_x$、$f_y$ 以相反的符号按照与边长成正比的原则分配到各坐标增量中。

$$V_{\Delta xi} = -\frac{D_i}{\sum D}\times f_x \quad (7\text{-}2\text{-}13)$$

$$V_{\Delta yi} = -\frac{D_i}{\sum D}\times f_y \quad (7\text{-}2\text{-}14)$$

式中：$V_{\Delta xi}$、$V_{\Delta yi}$——第 $i$ 边的纵、横坐标增量改正值。

需要注意的是：改正数的总和与闭合差绝对值相等、符号相反。改正后的坐标增量为坐标增量计算值与改正数之和，即：

$$\Delta x_{(i-1)i} = \Delta x_i + V_{\Delta xi} \quad (7\text{-}2\text{-}15)$$

$$\Delta y_{(i-1)i} = \Delta y_i + V_{\Delta yi} \quad (7\text{-}2\text{-}16)$$

式中：$\Delta x_i$、$\Delta y_i$——第 $i$ 边的纵、横坐标增量计算值；

$\Delta x_{(i-1)i}$、$\Delta y_{(i-1)i}$——第 $i$ 边的纵、横坐标增量改正值。

**6. 导线点坐标的计算**

坐标增量调整后，可根据起算点的坐标（独立地区是假定坐标）和调整后的坐标增量，逐点计算导线点的坐标，计算公式为：

$$\left.\begin{aligned} x_i &= x_{i-1} + \Delta x_{(i-1)i} \\ y_i &= y_{i-1} + \Delta y_{(i-1)i} \end{aligned}\right\}(i=2、3、\cdots、n) \quad (7\text{-}2\text{-}17)$$

式中：$x_i$、$y_i$——第 $i$ 边前一点的纵、横坐标值；

$x_{i-1}$、$y_{i-1}$——第 $i$ 边后一点的纵、横坐标值。

按上式计算完闭合导线最后一个点的坐标后，看是否与已知坐标相等，以检查计算是否正确。

## 二、组织准备

以 8 个人为一组，每组选出一名组长和一名副组长，组长负责全组组织以及实际操作训练，副组长负责组织进行整理计算。

## 三、场地、仪器和材料准备

选择约 100m × 100m 的实训场地，提前布置两个已知控制点，并设置 3 个待测坐标点。每组配备全站仪 1 套，单棱镜 2 个，对中杆 2 个。学生每人带教材、工作业、记录表和计算器。

# 任务实施

## 一、闭合导线测量

闭合导线外业观测步骤与图示见表 7-2-2，记录表和计算表分别见表 7-2-3、表 7-2-4。

**闭合导线外业观测步骤与图示** 表 7-2-2

| 标题 | 内　　容 |
|---|---|
| 图示 | 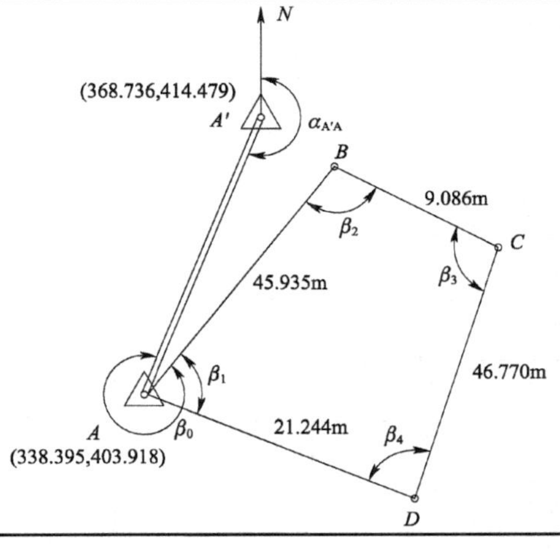 |

续上表

| 标题 | 内　　容 |
|---|---|
| 步骤 | (1)首先根据 $A$、$A'$点的坐标可以反算出 $\alpha_{A'A}$；<br>(2)在 $A$ 点安置仪器，先用测回法测出右角 $\beta_0$，记录在“角度距离观测记录表”中，通过计算得出，$AB$ 边的坐标方位角 $\alpha_{AB}$；<br>(3)从 $A$ 点起沿导线前进方向顺时针安置仪器，分别用测回法测量闭合四边形内角以及四个边的边长，并按顺序填入表 7-2-3 中，并计算出 $\beta_1$、$\beta_2$、$\beta_3$、$\beta_4$ |

**角度距离观测记录表**　　　　表 7-2-3

| 角度 | 测站 | 盘位 | 目标 | 水平度盘读数 (° ′ ″) | 半测回角值 (° ′ ″) | 一测回角值 (° ′ ″) | 距离 (m) | 备　注 |
|---|---|---|---|---|---|---|---|---|
| $\beta_0$ | $A$ | 左 | $B$ | 08 24 13 | 342 08 05 | 342 08 03 | | 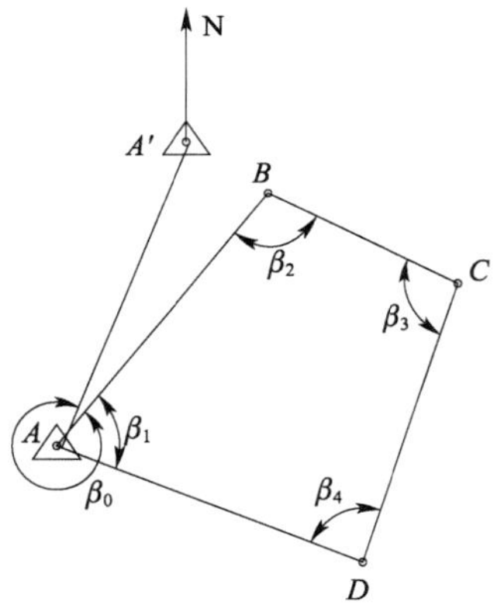 |
| | | | $A'$ | 350 32 18 | | | | |
| | | 右 | $A'$ | 170 32 11 | 342 08 01 | | | |
| | | | $B$ | 188 24 10 | | | | |
| $\beta_1$ | $A$ | 左 | $B$ | 16 10 06 | 83 26 32 | 83 26 30 | $A-B$ | |
| | | | $D$ | 99 36 38 | | | 45.935 | |
| | | 右 | $D$ | 279 36 50 | 83 26 28 | | | |
| | | | $B$ | 196 10 22 | | | | |
| $\beta_2$ | $B$ | 左 | $C$ | 0 01 06 | 100 26 34 | 100 26 38 | $B-C$ | |
| | | | $A$ | 100 27 40 | | | 9.086 | |
| | | 右 | $A$ | 280 27 51 | 100 26 42 | | | |
| | | | $C$ | 180 01 09 | | | | |
| $\beta_3$ | $C$ | 左 | $D$ | 51 42 31 | 94 36 23 | 94 36 25 | $C-D$ | |
| | | | $B$ | 146 18 54 | | | 46.770 | |
| | | 右 | $B$ | 326 18 50 | 94 36 27 | | | |
| | | | $D$ | 231 42 23 | | | | |
| $\beta_4$ | $D$ | 左 | $A$ | 330 08 11 | 81 29 40 | 81 29 43 | $D-A$ | |
| | | | $C$ | 51 37 51 | | | 21.244 | |
| | | 右 | $C$ | 231 37 51 | 81 29 46 | | | |
| | | | $A$ | 150 08 05 | | | | |

**闭合导线坐标计算表**　　表 7-2-4

| 点号 | 实测转折角（右） | 改正后转折角 | 坐标方位角 $\alpha$ | 边长 $D$ | 坐标增量计算值（m） | | 坐标增量改正后值（m） | | 坐标值（m） | |
|---|---|---|---|---|---|---|---|---|---|---|
| | （° ′ ″） | （° ′ ″） | （° ′ ″） | （m） | $\Delta x$ | $\Delta y$ | $\Delta x$ | $\Delta y$ | $X$ | $Y$ |
| 1 | 2 | 3 | 4 | 5 | 6 | 7 | 8 | 9 | 10 | 11 |
| $A$ | | | | | | | | | 338.395 | 403.918 |
| | | | ④<br>37 03 27 | 45.935 | ⑮ −0.003<br>⑨ 36.658 | ⑯ +0.007<br>⑩ 27.681 | ⑰ 36.655 | ⑱ 27.688 | | |
| $B$ | +11②<br>100 26 38 | ③<br>100 26 49 | | | | | | | ⑲<br>375.050 | ⑳<br>431.606 |
| | | | ⑤<br>116 36 38 | 9.086 | 0<br>−4.070 | +0.002<br>8.124 | −4.070 | 8.126 | | |
| $C$ | +11②<br>94 36 25 | ③<br>94 36 36 | | | | | | | 370.980 | 439.732 |
| | | | ⑥<br>202 00 02 | 46.770 | −0.003<br>−43.364 | +0.008<br>−17.521 | −43.367 | −17.513 | | |
| $D$ | +11②<br>81 29 43 | ③<br>81 29 54 | | | | | | | 327.613 | 422.219 |
| | | | ⑦<br>300 30 08 | 21.244 | −0.001<br>10.783 | +0.003<br>−18.304 | 10.782 | −18.301 | | |
| $A$ | +11②<br>83 26 30 | ③<br>83 26 41 | | | | | | | 338.395 | 403.918 |
| | | | ⑧<br>37 03 27 | | | | | | | |
| $B$ | | | | | | | | | | |
| Σ | ①<br>359 59 16 | 360 00 00 | | 123.035 | ⑬ −0.007<br>⑪ 0.007 | ⑭ +0.020<br>⑫ −0.020 | 0 | 0 | | |

辅助计算

$A$ 点坐标(338.395,403.918)、$A'$点坐标(368.736,414.479)

$\angle BAA'_{右} = 342°08'03''$

$\Delta x_{A'A} = x_A - x_{A'} = 338.395 - 368.736 = -30.341 < 0$

$\Delta y_{A'A} = y_A - y_{A'} = 403.918 - 414.479 = -10.561 < 0$

$$\alpha_{A'A} = 180° + \arctan\frac{\Delta y_{A'A}}{\Delta x_{A'A}} = 180° + \arctan\frac{-10.561}{-30.341} = 199°11'30''$$

$a_{AB} = a_{A'A} + 180° - \angle A'AB_{右} = 199°11'30'' + 180° - 342°08'03'' = 37°03'27''$

$\Sigma\beta_{理} = 360°$　　$\Sigma\beta_{测} = 359°59'16''$

$f_\beta = \Sigma\beta_{测} - \Sigma\beta_{理} = 359°59'16'' - 360° = -44''$

$f_{\beta容} = \pm 30\sqrt{n} = \pm 30\sqrt{4} = \pm 60''$　　$f_\beta < f_{\beta容}$，精度合格

$f_x = \Sigma\Delta x_{测} = 0.007$　　$f_y = \Sigma\Delta y_{测} = -0.020$

$f_D = \sqrt{f_x^2 + f_y^2} = \sqrt{0.007^2 + (-0.020)^2} = 0.021$

$K = \frac{f_D}{\Sigma D} = \frac{1}{\Sigma D/f_D} = \frac{1}{\frac{123.035}{0.021}} \approx \frac{1}{5800}$ 经查规范 $K_{允} = \frac{1}{2000}$，$K < K_{允}$，精度合格

$V_{xi} = (-f_x)\frac{D_i}{\Sigma D}, V_{yi} = (-f_y)\frac{D_i}{\Sigma D}$

## 二、内业计算

(1)闭合导线角度闭合差的计算与调整

计算实测转折角内角和$\sum\beta_{测}=359°59'16''$①

由于闭合导线为四边形$\sum\beta_{理}=360°$

则角度闭合差：$f_{\beta}=\sum\beta_{测}-\sum\beta_{理}=359°59'16''-360°=-44''$

$f_{\beta允}=\pm30\sqrt{4}=60''$,$f_{\beta}<f_{\beta允}$,精度合格,将结果填入表中“辅助计算”中。

每个角改正数：$V_{\beta}=-\dfrac{f_{\beta}}{n}=-\dfrac{-44}{n}=11''$②

改正后转折角：$\beta_{i改}=\beta_{i}+V_{\beta}$③

按顺序计算填入“改正后转折角度值”,并检校$\sum\beta_{i改}=360°$。

(2)坐标反算

由于$A(338.395,403.918)$,$A'(368.736,414.479)$已知,得：

$$\Delta x_{A'A}=338.395-368.736=-30.341<0$$

$$\Delta y_{A'A}=403.918-414.479=-10.561<0$$

方位角在第三象限

$$\alpha_{A'A}=180°+\arctan\frac{-10.561}{-30.341}=199°11'30''$$

根据图示可知,$AB$边的坐标方位角为$\alpha_{AB}=\alpha_{A'A}+180°-\beta_{0}=199°11'30''+180°-342°08'03''=37°03'27''$④。

(3)坐标方位角推算

闭合导线的转折角均为右角,采用式(7-2-6)$\alpha_{前}=\alpha_{后}+180°-\beta_{右}$推算：

$$\alpha_{BC}=\alpha_{AB}+180°-\angle CBA=37°03'27''+180°-100°26'49''=116°36'38''⑤$$

$$\alpha_{CD}=\alpha_{BC}+180°-\angle DCB=116°36'38''+180°-94°36'36''=202°00'02''⑥$$

$$\alpha_{DA}=\alpha_{CD}+180°-\angle ADC=202°00'02''+180°-81°29'54''=300°30'08''⑦$$

为确保计算无误,我们往往再继续推算回$\alpha_{AB}$,看是否闭合得上。$\alpha_{AB}=\alpha_{DA}+180°-\angle BAD=300°30'08''+180°-83°26'41''=397°03'21''-360°=37°03'27''$⑧ 与④相同,计算无误。

(4)闭合导线坐标增量闭合差的计算与调整

根据式(7-2-9)计算出各边的坐标增量,例如：

$$\Delta x_{AB}=D_{AB}\times\cos\alpha_{AB}=45.935\times\cos37°03'27''=36.658⑨$$

$$\Delta y_{AB}=D_{AB}\times\sin\alpha_{AB}=45.935\times\sin37°03'27''=27.681⑩$$

同理,依次将$C$、$D$、$A$点的坐标增量填入“6”“7”两栏中,并求和：

$$f_{x}=\sum\Delta x=0.007⑪,f_{y}=\sum\Delta y=-0.020⑫$$

这时我们需要进行导线全长相对闭合差测量精度的检验,由式(7-2-11)可得：

$$f_{D}=\sqrt{f_{x}^{2}+f_{y}^{2}}=\sqrt{0.007^{2}+(-0.020)^{2}}=0.021$$

$$K=\frac{f_{D}}{\sum D}=\frac{1}{\sum D/f_{D}}=\frac{1}{\dfrac{123.035}{0.021}}\approx\frac{1}{5800}<K_{允}=\frac{1}{2000}$$

满足精度要求,并将结果填入“辅助计算”中,由于闭合导线特点,$\sum\Delta x_{理}=0$、$\sum\Delta Y_{理}=$

0，则需要对纵横坐标增量用式(7-2-13)、式(7-2-14)进行调整，并将改正数写在坐标增量计算值的上方。改正数总和与坐标增量闭合差的大小相等、符号相反，作为计算检核。即：

$$\sum V_x = -f_x = -0.007⑬，\sum V_y = -f_y = 0.020⑭$$

下一步就需要根据坐标增量闭合差对各边坐标增量进行调整，调整的方法采用式(7-3-10)，例如：

$$V_{\Delta x_{AB}} = -\frac{f_x}{\sum D}D_{AB} = -\frac{0.007}{123.035}\times 45.935 = -0.003$$

$$V_{\Delta y_{AB}} = -\frac{f_y}{\sum D}D_{AB} = -\frac{-0.020}{123.035}\times 45.935 = 0.007$$

**注意**：如果一次计算，改正数的总和与闭合差绝对值不相等，应该按照短边多分的原则，合理分配各改正数，最终，使改正数的总和与闭合差绝对值相等、符号相反。如：

$$V_{\Delta x_{AB}} = -\frac{f_x}{\sum D}D_{AB} = -0.003 \text{ 通过计算调整为 } -0.002⑮$$

$$V_{\Delta y_{AB}} = -\frac{f_y}{\sum D}D_{AB} = 0.007⑯\text{无须调整}$$

改正后坐标增量的计算，根据式(7-2-15)及式(7-2-16)计算，例如：

$$\Delta x_{AB改后} = \Delta x_{AB} + V_{\Delta x_{AB}} = 36.658 - 0.002 = 36.656⑰$$

$$\Delta y_{AB改后} = \Delta y_{AB} + V_{\Delta y_{AB}} = 27.681 + 0.007 = 27.688⑱$$

依次将 $C$、$D$、$A$ 点的坐标增量改正数填入“8”“9”栏中，并求和检验。

(5)导线点坐标的计算

坐标增量调整后，可根据式(7-2-16)由起算点的坐标(独立地区是假定坐标)和调整后的坐标增量，逐点计算导线点的坐标，例如：

$$x_B = x_A + \Delta x_{AB改后} = 338.395 + 36.656 = 375.051⑲$$

$$y_B = y_A + \Delta y_{AB改后} = 403.918 + 27.688 = 431.606⑳$$

将逐点计算导线点的坐标填入“10”“11”栏中，计算出的 $A$ 点坐标应与起始点坐标相同，本次任务结束。

## 任务思考

1. 简述闭合导线测量的外业施测工作步骤是什么？

2. 已知四边形闭合导线的内角观测值见表，并且在表 7-2-5 中计算(1)角度闭合差；(2)改正后角度值；(3)推算个各边的坐标方位角。(内角为右角)

表 7-2-5

| 点名或点号 | 观测角 (°′″) | 改正数 (″) | 改正后角值 (°′″) | 方位角 (°′″) |
|---|---|---|---|---|
| $A$ | | | | |
| $B$ | 65 14 20 | | | |
| $C$ | 54 15 10 | | | |

续上表

| 点名或点号 | 观测角<br>(°′″) | 改正数<br>(″) | 改正后角值<br>(°′″) | 方位角<br>(°′″) |
|---|---|---|---|---|
| $D$ | 127 16 17 | | | |
| $A$ | 112 14 29 | | | |
| $B$ | | | | |
| Σ | | | | |

### 任务评价

任务考核评价表见附表。

# 任务 7-3　附合导线测量

### 任务描述

某平原微丘区拟新建公路，在公路起点、终点各有两个已知控制点 $A$(589.856,57.192)、$B$(617.341,123.140)、$C$(518.295,177.038)、$D$(477.144,158.441)，为满足施工需要，现增设 2 个待测导线点坐标，要求用附合导线的方法测量，求出待测点坐标。

### 任务目标

通过学习和完成本任务，你将能够：

1. 会进行附合导线测量的内业计算；
2. 能进行附合导线测量外业施测。

### 建议课时

4 课时。

### 任务引入和分析

附合导线测量是导线测量三种布设形式之一，是以路线两端的已知控制点为依据，测量若干个未知导线点的常用方法，是目前在公路施工现场增设控制点的主要方法。

### 任务准备

## 一、知识准备

附合导线的坐标计算与闭合导线的坐标计算基本相同，也分成五个步骤，但是由于附合导线两端与已知控制点相连,所以在角度闭合差和坐标增量闭合差的计算上与闭合导线又有不同。下面我们介绍附合导线的坐标计算方法。

(1)坐标反算

由于附合导线测量两端各有一对控制点,我们需要通过对控制点坐标反算,来得出两边方位角,具体的计算方法与闭合导线的坐标反算方法一致,这里就不再详细介绍了。

(2)角度闭合差的计算与调整

以图 7-3-1 为例,根据坐标反算,我们可以计算得出 $A-B$、$C-D$ 两个边的坐标方位角 $\alpha_{AB理}$、$\alpha_{CD理}$。同时,我们可以根据 $\alpha_{AB理}$ 和 4 个观测角推算出来 $\alpha_{CD测}$。由于外界因素或者人为的原因,导线转折角的观测不可避免地存在误差,即推算的终边方位角与实际的终边方位角不相等,于是就产生了附合导线的角度闭合差,用 $f_\beta$ 表示。我们可以将公式总结如下。

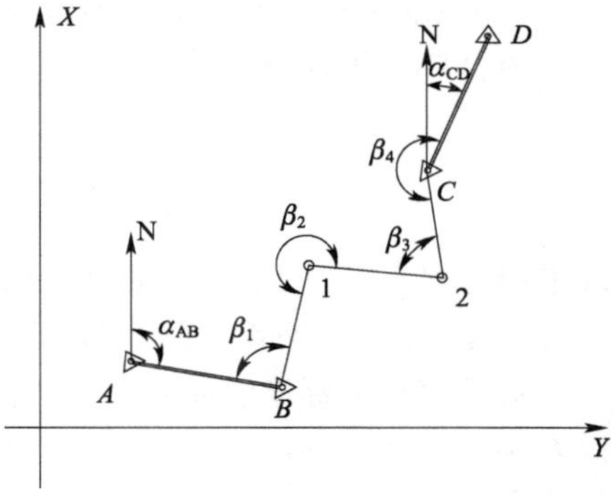

图 7-3-1

转折角为左角时,终边的计算公式为:

$$f_\beta=\alpha_{CD测}-\alpha_{CD理}=\alpha_{CD测}-(\alpha_{AB理}-n\times180°+\sum\beta_{左}) \tag{7-3-1}$$

转折角为右角时,终边的计算公式为:

$$f_\beta=\alpha_{CD测}-\alpha_{CD理}=\alpha_{CD测}-(\alpha_{AB理}+n\times180°-\sum\beta_{右}) \tag{7-3-2}$$

式中:$n$——附合导线观测角个数。

如果 $f_\beta \leqslant f_{\beta容}$,说明观测的结果符合要求,则可以进行角度闭合差的调整。否则,应分析原因重测。角度闭合差调整的原则是"转折角为左角时,反符号平均分配到各个观测角中;转折角为右角时,同符号平均分配到各个观测角中"。

各角的改正数 $V_\beta$ 表示为:

$$V_\beta=\pm\frac{f_\beta}{n}(右角取“+”,左角取“-”) \tag{7-3-3}$$

当上式不能除尽时,则将余数凑到导线短边相邻的角中去,这是因为在短边测角时由于仪器对中、照准所引起的误差较大。改正后转折角为:

$$\beta_{i改}=\beta_{i测}+V_\beta \tag{7-3-4}$$

式中:$\beta_{i改}$——改正后的转折角;

$\beta_{i测}$——实测转折角。

校核计算:各角的改正数的总和应与角度闭合差的绝对值大小相等,转折角为左角时,符号相反,为右角时,符号相同。即:

$$\sum V_\beta=-f_\beta(左角) \tag{7-3-5}$$

$$\sum V_\beta=f_\beta(右角) \tag{7-3-6}$$

(3)坐标方位角推算

附合导线方位角的推算方法与闭合导线方法相同。根据起始边方位角和改正后的观测角,按方位角计算公式推算各边的方位角:左角公式 $\alpha_{前}=\alpha_{后}-180°+\beta_{左}$;右角公式 $\alpha_{前}=\alpha_{后}+180°-\beta_{右}$。

(4)坐标增量的计算

附合导线坐标增量的计算与闭合导线相同,需要注意的是,起始边与终止边均为已知边,不需要进行坐标增量的计算。

(5)附合导线坐标增量闭合差的计算与调整

附合导线坐标增量闭合差为:

$$f_x = \sum \Delta x_{测} - \sum \Delta x_{理} = \sum \Delta x_{测} - (X_{终} - X_{始}) \quad (7\text{-}3\text{-}7)$$

$$f_y = \sum \Delta y_{测} - \sum \Delta y_{理} = \sum \Delta y_{测} - (Y_{终} - Y_{始}) \quad (7\text{-}3\text{-}8)$$

式中:$X_{终}$、$X_{始}$——终点、起始点纵坐标;

$Y_{终}$、$Y_{始}$——终点、起始点横坐标。

由于存在坐标增量闭合差,使导线附合导线从 $B$ 到 $C$ 点时,与 $C$ 点不重合,产生一个缺口 $C'-C$,如图 7-3-2 所示,用 $f_D$ 表示,称为附合导线全长绝对闭合差。从图中知道,导线全长闭合差为:

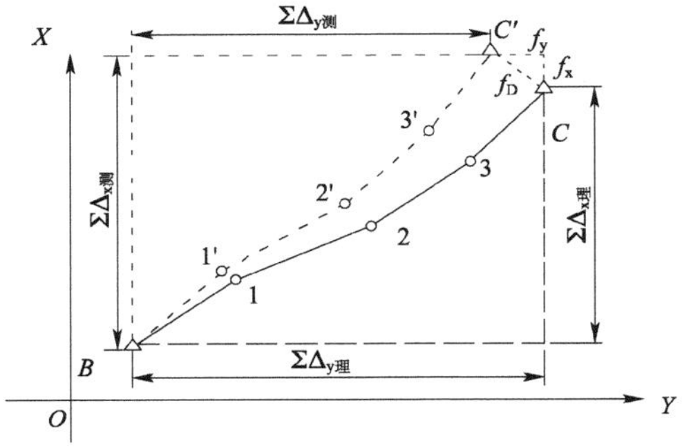


图 7-3-2

$$f_D = \sqrt{f_x^2 + f_y^2} \quad (7\text{-}3\text{-}9)$$

导线越长,导线测角和量距的误差积累就越大。$f_D$ 值的大小与导线的长度有关,需要用全长相对闭合差来衡量导线测量的精度。将 $f_D$ 值与导线的总长 $\sum D$ 之比,化为分子为 1 的分数表示,称为导线全长相对闭合差 $K$,即:

$$K = \frac{f_D}{\sum D} = \frac{1}{\dfrac{\sum D}{f_D}} \quad (7\text{-}3\text{-}10)$$

$K$ 值愈小,表示导线测量的精度愈高。在通常情况下,图根导线的 $K$ 值不应超过 1/2000,困难地区也不应超过 1/1000。若 $K$ 值符合精度要求,则可按反符号正比例的原则分配到各边的坐标增量上去,使改正后的坐标增量总和等于其理论值。纵、横坐标增量改正数用下式计算:

$$\left.\begin{aligned} V_{x_i} &= -\frac{f_x}{\sum D} \times D_i \\ V_{y_i} &= -\frac{f_y}{\sum D} \times D_i \end{aligned}\right\} \quad (7\text{-}3\text{-}11)$$

式中:$V_{xi}$——第 $i$ 边的纵坐标增量,m ;

$V_{yi}$——第 $i$ 边的横坐标增量,m;

$\sum D$——导线边长总和,m。

改正数的总和与坐标增量闭合差的大小相等,符号相反,作为计算检核。即:

$$\sum V_x = -f_x$$

$$\sum V_y = -f_y$$

改正后的坐标增量用 $\Delta x_i$、$\Delta y_i$ 表示,即:

$$\Delta x_i = \Delta x'_i + V_{xi}$$

$$\Delta y_i = \Delta y'_i + V_{yi}$$

式中：$\Delta x'_i$、$\Delta y'_i$——纵、横坐标增量计算值。

改正后坐标增量的总和应与其理论值相等，以此作为校核，即：

$$\sum \Delta x_i = \sum \Delta x_{理} \qquad \sum \Delta y_i = \sum \Delta y_{理} \tag{7-3-12}$$

(6)导线点坐标计算

坐标增量调整后，可根据起算点的坐标(独立地区是假定坐标)和调整后的坐标增量，逐点计算导线点的坐标，计算公式为：

$$x_i = x_{i-1} + \Delta x_{(i-1)i} \qquad y_i = y_{i-1} + \Delta y_{(i-1)i} \qquad (i=2、3、\cdots、n) \tag{7-3-13}$$

式中：$x_i$、$y_i$——第 $i$ 边前一点的纵、横坐标值；

$x_{i-1}$、$y_{i-1}$——第 $i$ 边后一点的纵、横坐标值；

$\Delta x_{(i-1)i}$、$\Delta y_{(i-1)i}$——第 $i$ 边改正后的纵、横坐标增量。

按上式计算完附合导线最后一个点的坐标后，看是否与已知坐标相等，以检查计算是否正确。

## 二、组织准备

以 8 个人为一组，每组选出一名组长和一名副组长，组长负责全组组织以及实际操作训练，副组长负责组织进行整理计算。

## 三、场地、仪器和材料准备

选择约 100m×200m 的实训场地，提前布置 4 个已知控制点，并设置 3 个待测坐标点。每组配备全站仪 1 套，单棱镜 2 个，对中杆 2 个。学生每人带教材、工作业、记录表和计算器。

## 任务实施

## 一、附合导线外业观测

附合导线外业观测步骤与图示见表 7-3-1，计算表和记录表分别见表 7-3-2 和表 7-3-3。

附合导线外业观测步骤与图示　　表 7-3-1

| 标题 | 内　容 |
|---|---|
| 图示 | 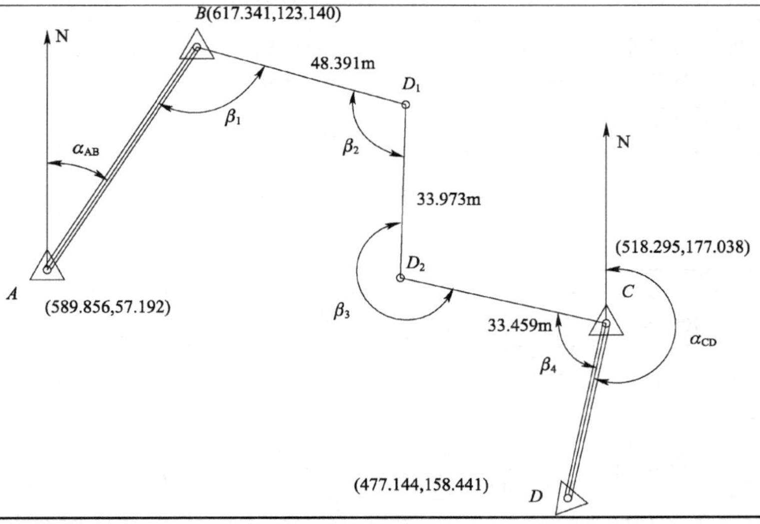 |

续上表

| 标题 | 内　　容 |
| --- | --- |
| 步骤 | (1)根据 $A$、$B$、$C$、$D$ 点的坐标可以反算出 $\alpha_{AB}$、$\alpha_{CD}$；<br>(2)首先从 $B$ 点起，沿着导线前进方向依次安置仪器，先用测回法测出 4 个转折角角度(本次采用右角为例)，同时测出各边长度，并记入表 7-3-2 |

**角度距离观测记录表** 表 7-3-2

| 角度 | 测站 | 盘位 | 目标 | 水平度盘读数 (° ′ ″) | 半测回角值 (° ′ ″) | 一测回角值 (° ′ ″) | 距离 (m) | 备　注 |
| --- | --- | --- | --- | --- | --- | --- | --- | --- |
| $\beta_1$ | $B$ | 左 | $D_1$ | 10 11 28 | 101 28 30 | 101 28 32 | $B-D_1$ | |
| | | | $A$ | 111 39 58 | | | 48.391 | |
| | | 右 | $A$ | 291 39 50 | 101 28 34 | | | |
| | | | $D_1$ | 190 11 16 | | | | |
| $\beta_2$ | $D_1$ | 左 | $D_2$ | 147 22 31 | 154 14 28 | 154 14 26 | $D_1-D_2$ | |
| | | | $B$ | 301 36 59 | | | 33.973 | |
| | | 右 | $B$ | 121 36 55 | 154 14 24 | | | |
| | | | $D_2$ | 327 22 31 | | | | |
| $\beta_3$ | $D_2$ | 左 | $C$ | 17 41 22 | 212 24 30 | 212 24 26 | $D_2-C$ | 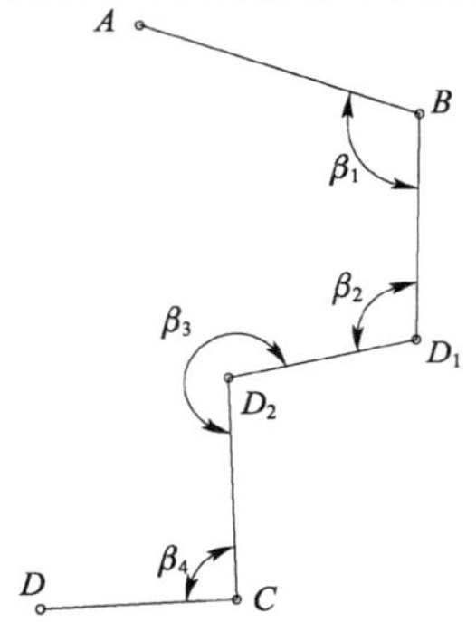 |
| | | | $D_1$ | 230 05 52 | | | 33.459 | |
| | | 右 | $D_1$ | 50 05 50 | 212 24 22 | | | |
| | | | $C$ | 197 41 28 | | | | |
| $\beta_4$ | $C$ | 左 | $D$ | 21 46 33 | 114 55 37 | 114 55 34 | | |
| | | | $D_2$ | 136 42 10 | | | | |
| | | 右 | $D_2$ | 316 42 16 | 114 55 31 | | | |
| | | | $D$ | 201 46 45 | | | | |

**附合导线坐标计算表** 表 7-3-3

| 点号 | 实测转折角(右) | 改正后转折角 | 坐标方位角 $\alpha$ | 边长 $D$ | 坐标增量计算值(m) | | 坐标增量改正后值(m) | | 坐标值(m) | |
| --- | --- | --- | --- | --- | --- | --- | --- | --- | --- | --- |
| | (°′″) | (°′″) | (°′″) | (m) | $\Delta x$ | $\Delta y$ | $\Delta x$ | $\Delta y$ | $X$ | $Y$ |
| 1 | 2 | 3 | 4 | 5 | 6 | 7 | 8 | 9 | 10 | 11 |
| $A$ | | | | | | | | | 589.856 | 57.192 |
| | | | ①<br>67 22 31 | | | | | | | |
| $B$ | ④+6<br>101 28 32 | ⑤<br>101 28 38 | | | | | | | 617.341 | 123.140 |
| | | | ⑥<br>145 53 53 | 48.391 | ⑬ −0.007<br>⑦ −40.070 | ⑭ −0.002<br>⑧ 27.131 | −40.077 | 27.129 | | |
| $D_1$ | ④ +6<br>154 14 26 | 154 14 32 | | | | | | | ⑮<br>577.264 | ⑯<br>150.269 |
| | | | 171 39 21 | 33.973 | −0.005<br>−33.613 | −0.002<br>4.930 | −33.618 | 4.928 | | |
| $D_2$ | ④+6<br>212 24 26 | 212 24 32 | | | | | | | 543.646 | 155.197 |
| | | | 139 14 49 | 33.459 | −0.005<br>−25.346 | −0.001<br>21.842 | −25.351 | 21.841 | | |

续上表

| 点号 | 实测转折角（右） | 改正后转折角 | 坐标方位角 $\alpha$ | 边长 $D$ | 坐标增量计算值（m） | | 坐标增量改正后值（m） | | 坐标值（m） | |
|---|---|---|---|---|---|---|---|---|---|---|
| | （° ′ ″） | （° ′ ″） | （° ′ ″） | （m） | $\Delta x$ | $\Delta y$ | $\Delta x$ | $\Delta y$ | $X$ | $Y$ |
| 1 | 2 | 3 | 4 | 5 | 6 | 7 | 8 | 9 | 10 | 11 |
| $C$ | ④+6<br>114 55 34 | 114 55 40 | ②<br>204 19 09 | | | | | | 518.295 | 177.038 |
| $D$ | | | | | | | | | 477.144 | 158.441 |
| Σ | ③583 02 58 | 583 03 22 | | 115.823 | ⑪ −0.017<br>⑨ −99.029 | ⑫ −0.005<br>⑩ 53.903 | −99.046 | 53.898 | | |

辅助计算

已知 $A$ 点坐标（589.856，57.192）、$B$ 点坐标（617.341，123.140）、$C$ 点坐标（518.295，177.038）、$D$ 点坐标（477.144，158.441）

$\Delta x_{AB}=x_B-x_A=617.341-589.856=27.485>0$　　$\Delta y_{AB}=y_B-y_A=123.140-57.192=65.948>0$

$$\alpha_{AB}=\arctan\frac{\Delta y_{AB}}{\Delta x_{AB}}=\arctan\frac{65.948}{27.485}=67°22'31''$$

$\Delta x_{CD}=x_D-x_C=477.144-518.295=-41.151<0$　　$\Delta y_{CD}=y_D-y_C=158.441-177.038=-18.597<0$

$$\alpha_{CD理}=180°+\arctan\frac{\Delta y_{CD}}{\Delta x_{CD}}=180°+\arctan\frac{-18.597}{-41.151}=204°19'09''$$

$$\alpha_{CD测}=\alpha_{AB}+n\times180°-\Sigma\beta_{右}=67°22'31''+4\times180°-583°02'58''=204°19'33''$$

$$f_\beta=\alpha_{CD测}-\alpha_{CD理}=204°19'33''-204°19'09''=24''$$

$f_{\beta容}=\pm30\sqrt{n}=\pm30\sqrt{4}=\pm60''$　$f_\beta<f_{\beta容}$，精度合格

$$f_x=\Sigma\Delta x_{测}-(x_C-x_B)=-99.029-(518.295-617.341)=0.017$$

$$f_y=\Sigma\Delta y_{测}-(y_C-y_B)=53.903-(177.038-123.140)=0.005$$

$$f_D=\sqrt{{f_x}^2+{f_y}^2}=\sqrt{0.017^2+0.005^2}=0.018$$

$K=\dfrac{f_D}{\Sigma D}=\dfrac{1}{\Sigma D/f_D}=\dfrac{1}{115.823/0.018}\approx\dfrac{1}{6400}<K_{允}=\dfrac{1}{2000}$，精度合格

$$V_{xi}=(-f_x)\frac{D_i}{\Sigma D},V_{yi}=(-f_y)\frac{D_i}{\Sigma D}$$

注：表中带下划线的内容为内业计算的内容。

## 二、内业计算

（1）坐标反算

首先我们根据 $A$、$B$、$C$、$D$ 四个已知控制点的坐标利用坐标反算公式，如上“辅助计算”中，可以求出 $\alpha_{AB理}=\alpha_{AB}=67°22'31''$ ①，$\alpha_{CD理}=\alpha_{CD}=204°19'09''$②，填入表 7-3-3。

（2）角度闭合差的计算与调整

根据实测转折角度值记录，求转折角和 $\Sigma\beta_{右}=\beta_1+\beta_2+\beta_3+\beta_4=583°02'58''$③

由于附合导线角度测量所测转折角为右角，则 $\alpha_{CD测}=\alpha_{AB}+n\times180°-\Sigma\beta_{右}=67°22'31''+4\times180°-583°02'58''=204°19'33''$，附合导线的角度闭合差为 $f_\beta=\alpha_{CD测}-\alpha_{CD理}=204°19'33''-204°19'09''=24''$，将计算过程记录在“辅助计算”里面。

角度闭合差求出后，需要检查一下是否超差：

$$f_{\beta容} = \pm 30\sqrt{n} = \pm 30\sqrt{4} = \pm 60''$$

$f_\beta \leqslant f_{\beta容}$角度观测合格，由于是右角，则各角改正数：$V_\beta = \dfrac{f_\beta}{n} = \dfrac{24''}{4} = +6''$ ④

将以上结论记入表中的“辅助计算”栏内，同时将各角改正数写在实测转折角上面，并利用式(7-3-4)计算改正后角度，例如

$$\beta_{1改} = \beta_{1测} + V_\beta = 101°28'32'' + 6'' = 101°28'38''$$ ⑤

同理将改正后的转折角，填入表中“3”栏中。

(3)坐标方位角推算

根据坐标方位角推算公式计算，例如：

$$\alpha_{BD_1} = \alpha_{AB} + 180° - \beta_{1改} = 67°22'31'' + 180° - 101°28'38'' = 145°53'53''$$ ⑥

同样方法依次算出各边方位角，填入表中“4”栏中。

(4)坐标增量的计算

利用公式(7-2-8)求坐标增量，例如

$$\Delta x_{BD_1} = D_{BD_1} \times \cos\alpha_{BD_1} = 48.391 \times \cos 145°53'53'' = -40.070$$ ⑦

$$\Delta y_{BD_1} = D_{BD_1} \times \sin\alpha_{BD_1} = 48.391 \times \sin 145°53'53'' = 27.131$$ ⑧

同样方法依次算坐标增量并求和，填入表中“6”“7”栏中⑨、⑩。

(5)附合导线坐标增量闭合差的计算与调整

$$f_x = \sum \Delta x_{测} - (x_C - x_B) = -99.029 - (518.295 - 617.341) = 0.017$$

$$f_y = \sum \Delta y_{测} - (y_C - y_B) = 53.903 - (177.038 - 123.140) = 0.005$$

则附合导线全长闭合差为$f_D = \sqrt{f_x^2 + f_y^2} = \sqrt{0.017^2 + 0.005^2} = 0.018$

导线全长相对闭合差$K = \dfrac{f_D}{\sum D} \approx \dfrac{1}{6400} < K_{允} = \dfrac{1}{2000}$　满足要求，并将计算过程与结果记录在“辅助计算”中，由于改正数的总和与坐标增量闭合差的大小相等、符号相反，作为计算检核。即

$$\sum V_x = -f_x = -0.017 \text{ ⑪}, \sum V_y = -f_y = -0.005 \text{ ⑫}$$

下一步就需要根据坐标增量闭合差对各增量进行调整，调整的方法采用式(7-3-11)，例如

$$V_{\Delta x_{BD_1}} = -\frac{f_x}{\sum D} \times D_{BD_1} = -\frac{0.017}{115.823} \times 48.391 = -0.007$$ ⑬

$$V_{\Delta y_{BD_1}} = -\frac{f_y}{\sum D} \times D_{BD_1} = -\frac{0.005}{115.823} \times 48.391 = -0.002$$ ⑭

按上述方法依次计算，填入“6”“7”栏中，并检验改正数的总和与坐标增量闭合差的大小相等，符号相反。

根据对坐标增量的改正，将改正后坐标增量填入“8”、“9”栏中。

(6)导线点坐标的计算

坐标增量调整后，可根据式(7-3-13)由起算点的坐标(独立地区是假定坐标)和调整后的坐标增量，逐点计算导线点的坐标，例如：

$$x_{D_1} = x_B + \Delta x_{BD改后} = 617.341 - 40.077 = 577.264$$ ⑮

$$y_{D_1} = y_B + \Delta y_{BD1改后} = 123.140 + 27.129 = 150.269 \quad ⑯$$

将逐点计算导线点的坐标填入“10”“11”栏中，计算出的 $C$ 点坐标应与起始点坐标相同，本次任务结束。

### 任务思考

1. 附合导线内业计算的步骤是什么？
2. 附合导线内角观测值见表 7-3-4，试完成表中的计算。

表 7-3-4

| 点名或点号 | 观测角 (° ′ ″) | 改正数 (″) | 改正后角值 (° ′ ″) | 方位角 (° ′ ″) |
|---|---|---|---|---|
| $A$ | | | | 93 56 15 |
| $B$ | 186 35 22 | | | |
| 1 | 163 31 14 | | | |
| 2 | 184 39 00 | | | |
| 3 | 194 22 30 | | | |
| $C$ | 163 02 47 | | | 86 06 52 |
| $D$ | | | | |
| $\Sigma$ | | | | |

### 任务评价

任务考核评价表见附表。

# 任务 7-4 全站仪导线测量

### 任务描述

某平原微丘区拟新建公路，在公路起点、终点各有两个已知控制点 $A$(589.856, 57.192)、$B$(617.341, 123.140)、$C$(518.295, 177.038)、$D$(477.144, 158.441)，为满足施工需要，现增设 2 个待测导线点坐标，要求用全站仪导线测量的方法测量，求出待测点坐标。

### 任务目标

通过学习和完成本任务，你将能够：掌握全站仪导线测量的方法。

## 建议课时

2 课时。

## 任务引入和分析

目前的全站仪都自带很多数据处理的程序,全站仪中的导线测量就是其一。全站仪导线测量由于操作相对简单,省略的复杂计算提高了测量工作的效率,是目前在施工现场采用的主要方法。本任务的主要内容就是明确全站仪导线测量的步骤。

## 任务实施

全站仪作为先进的仪器已在公路工程中得到了全面的应用,由于全站仪具有坐标测量的功能,因此在外业观测时,可以直接得到观测点的坐标。在成果处理时,可以直接将坐标作为观测值。下面以南方测绘 NTS－962 全站仪为例,简述一下导线测量的方法及过程,见表 7-4-1 和表 7-4-2。

### 一、后视点设置

**后视点设置**　　　　表 7-4-1

| 操作步骤 | 按　键 | 显　示 |
|---|---|---|
| ①单击[后视]键,进入后视点设置功能 | [后视] | 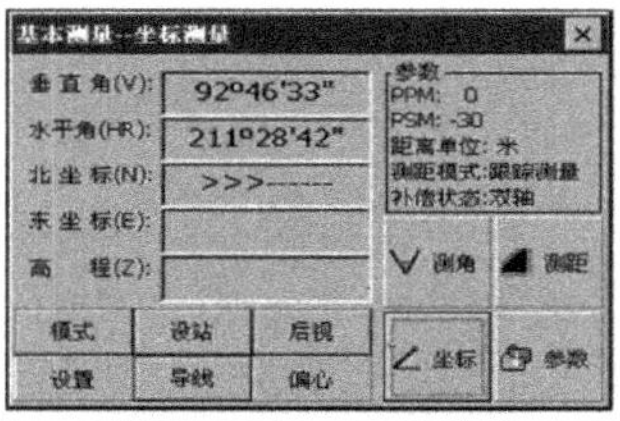 |
| ②输入后视点坐标,输入完一项,单击[确定]或按[ENT]键将光标移到下一输入项 | [确定] | 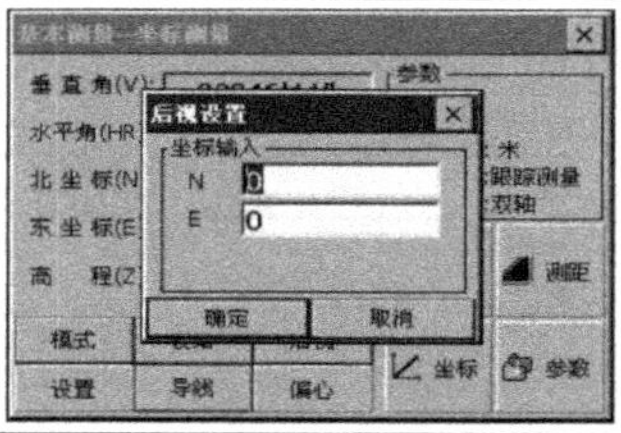 |
| ③输入完毕,单击[确定] | [确定] | 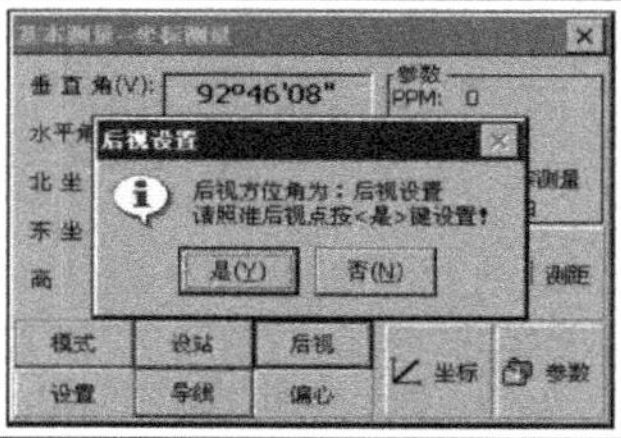 |
| ④照准后视点,单击[是]。系统设置好后视方位角,并返回坐标测量屏幕。屏幕中显示刚才设置的后视方位角 | [是] | 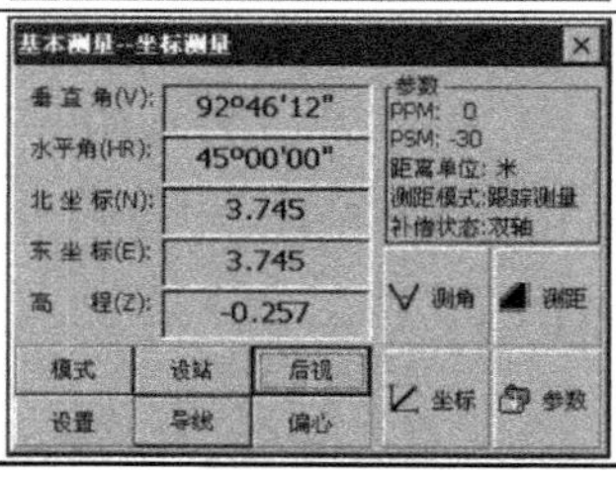 |

## 二、导线测量

**导 线 测 量** 表 7-4-2

| 操作步骤 | 按 键 | 显 示 |
| --- | --- | --- |
| ①单击[导线]键 | [导线] | 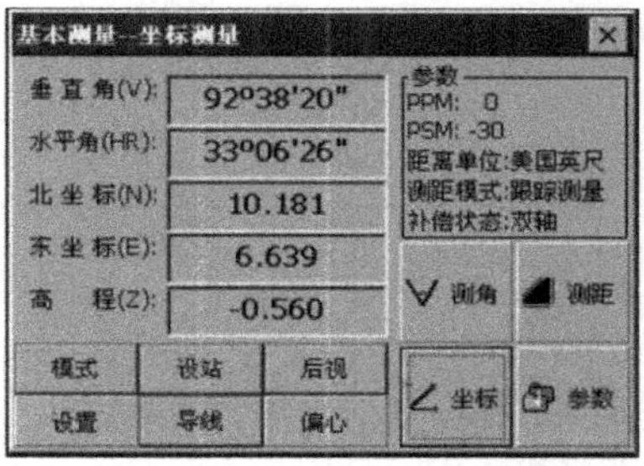 |
| ②用笔针选择"存储坐标" | [存储坐标] | 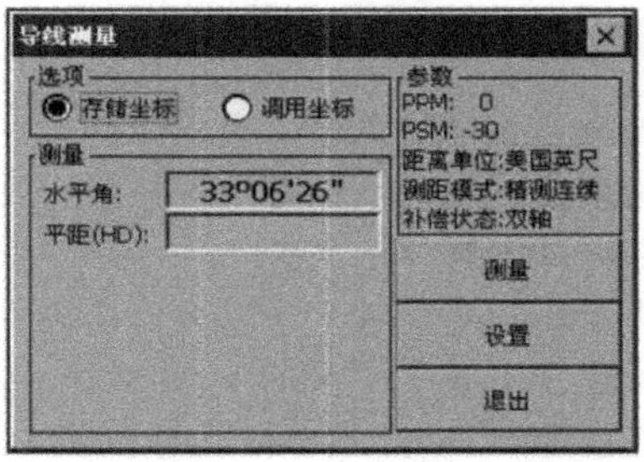 |
| ③单击[设置]键可重新设置仪器高或棱镜高。设置完毕，单击[确定]或按[ENT]键退出 | [设置] | 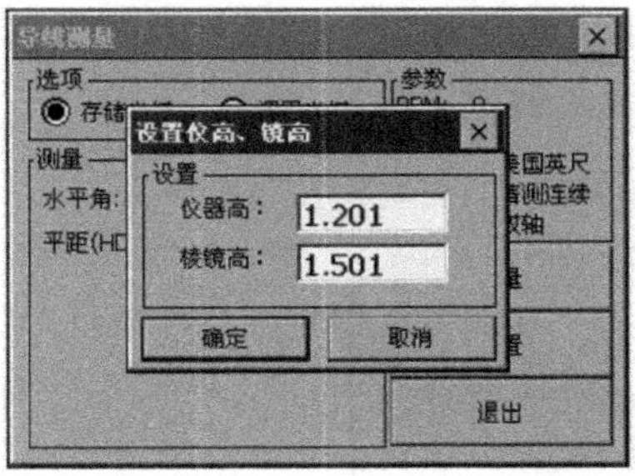 |
| ④照准仪器即将移至的目标点 $P_1$ 棱镜。单击[测量]键开始测量 | [测量] | 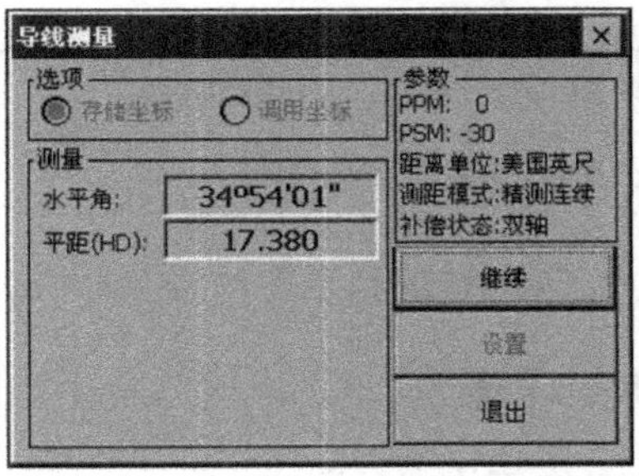 |

续上表

| 操作步骤 | 按　键 | 显　示 |
| --- | --- | --- |
| ⑤单击[继续]键。<br>屏幕下方显示 $P_1$ 点坐标 | [继续] | 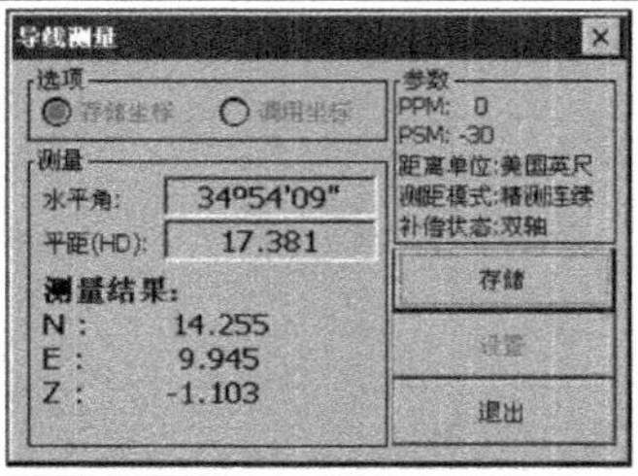 |
| ⑥单击[存储]键。<br>$P_1$ 点坐标被确认<br>显示返回到主菜单。关闭电源,将仪器搬至 $P_1$ 点($P_1$ 点棱镜搬至 $P_0$ 点) | [存储] | 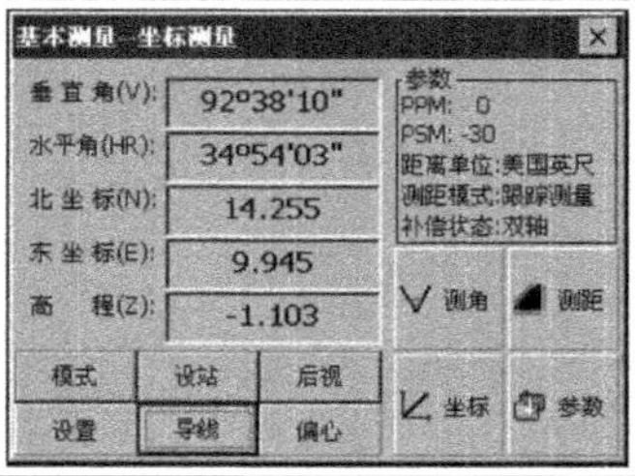 |
| ⑦仪器设置在 $P_1$ 点后,进入坐标测量功能,选择导线测量,并用笔针选择"调用坐标",如右图所示[注] | | 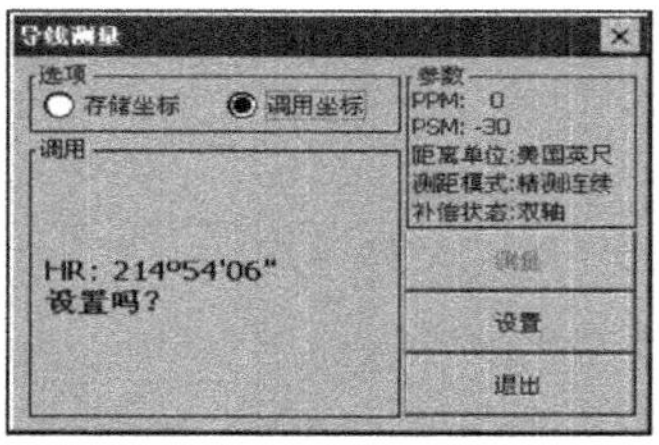 |
| ⑧照准前一个仪器站点 $P_0$,单击[设置]键。<br>$P_1$ 点坐标及 $P_1$ 至 $P_0$ 的方向角即被设置。显示返回主菜单 | | 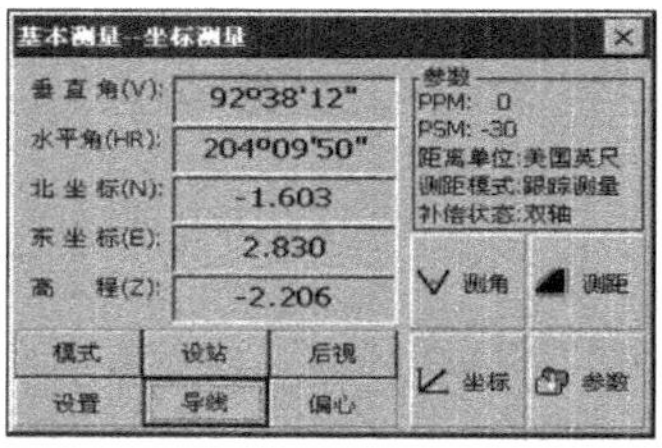 |
| ⑨重复步骤①~⑧,按照导线的顺序进行下去,直到完成整个导线的测量 | | |

注:若要退出,单击[退出]或按[ESC]键。

## 任务思考

全站仪导线测量的操作步骤是什么?

## 任务评价

任务考核评价表见附表。

# 项目8　地形图测绘

## 项目内容

本项目为地形图测绘,主要包括以下四项内容:
1. 地形图测绘基本知识;
2. 全站仪和 RTK 野外数据采集;
3. CASS 软件地形图成图;
4. 地形图在工程建设中的应用。

## 项目要求

通过本项目的学习,应做到:
1. 掌握比例尺的相关计算;
2. 了解地物地貌的表示方法;
3. 了解地形图测绘的方法,掌握全站仪和 RTK 野外数据采集操作;
4. 能够利用 CASS 软件进行数据传输与地形图的绘制;
5. 了解地形图的应用。

## 项目知识点、技能点

1. 地形图测绘基本知识
1)地形图比例尺;
2)地物与地貌的表示方法;
3)地形图测绘的方法。
2. 全站仪野外数据采集
1)数据采集前的准备工作;
2)数据采集操作步骤;
3)全站仪数据文件管理与数据通信。
3. RTK 野外数据采集
1)基准站及流动站安置;
2)基准站、流动站及手簿的连接设置;
3)测站校正;
4)数据采集;
5)数据传输;
6)注意事项。
4. 大比例尺地形图成图
1)CASS9.2 的安装;

2)CASS9.2 主界面介绍;
3)绘制平面图;
4)绘制等高线;
5)图形分幅;
6)图幅整饰。
5.地形图在工程建设中的应用
1)基本几何要素的量测;
2)断面图的绘制;
3)在图上确定等坡度线;
4)土方量的计算;
5)计算指定范围的面积。

# 任务8-1　地形图测绘基本知识

## 任务描述

地球表面上千姿百态的地物和高低起伏的地貌,如何在一个平面上展现出来?

## 任务目标

通过学习和完成本任务,你将能够:
1.明确比例尺和比例尺精度的概念;
2.知道地物和地貌的表示方法;
3.了解地形图测绘的方法。

## 建议课时

1课时。

## 任务引入和分析

日常生活中我们经常用到地图,尤其是电子地图,我们可以随意地放大或缩小电子地图来得到自己想要的信息,在放大和缩小间改变的就是地图的比例尺,同时我们发现图上有些东西消失了,为什么呢?比例尺精度会告诉我们原因。

地图作为一种通用的工具,上面的每一个符号都有它特定的画法与表示,现实中的地球表面上有形体各异的地物,有高低起伏的地貌,如何在一幅图上将它们一一表示出来呢?这就是我们要学的地物、地貌的表示方法。

知道了地物、地貌的表示方法,结合之前我们学习的测量仪器,动脑思考绘制地形图需要哪些数据?哪些仪器可以帮我们实现呢?这就是我们要学习的地形图测绘的方法。

本任务的主要内容就是明确比例尺及比例尺精度的概念,知道地物和地貌的表示方法,了解地形图测绘的方法。

## 任务实施

### 一、地形图比例尺

**(一)地形图比例尺概念**

图上两点间直线的长度 $d$ 与其相对应的地面上实际水平距离 $D$ 之比,称为地形图的比例尺。

**(二)比例尺的表示形式**

比例尺的表示形式有数字比例尺和图示比例尺两种。

**1. 数字比例尺**

以分子等于 1、分母为整数的分数表示,即 $d/D = 1/M$ 或写成 $1:M$,如图 8-1-1 所示,其中 $M$ 为比例尺分母,$d$ 为图上两点间直线的长度,$D$ 为地面上实际水平距离。

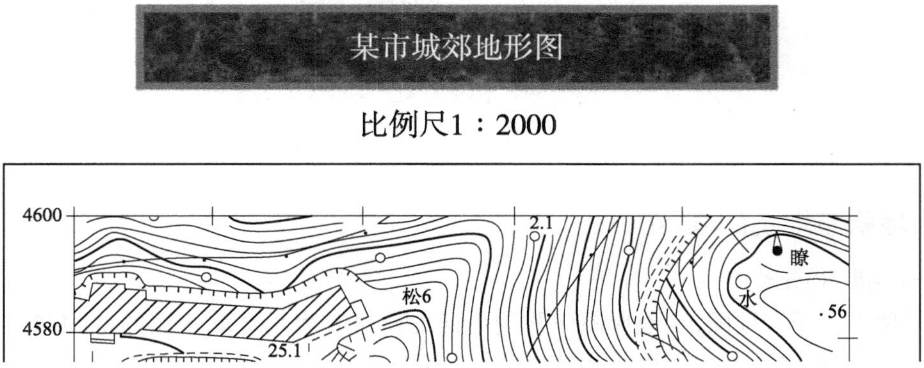


图 8-1-1　数字比例尺

**2. 图示比例尺**

以 2cm 为基本单位,将直线段分为若干相等的线段,最左边的第一个基本单位分成 10 等分,并以其右端为"0"点,在其他单位分划线上注明相应比例尺的实际长度,如图 8-1-2 所示。

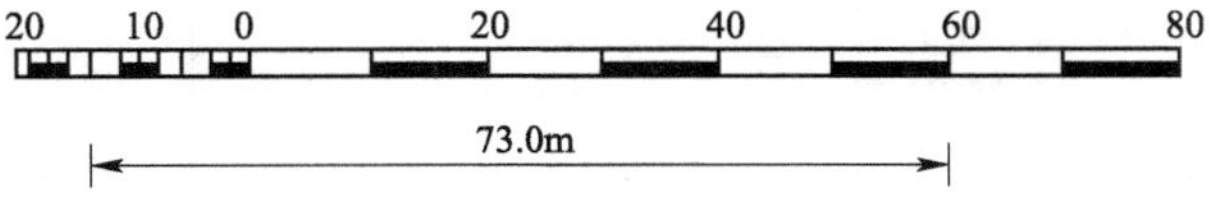


图 8-1-2　图示比例尺

**(三)比例尺的分类**

比例尺的分母越大,比例尺越小;比例尺的分母越小,比例尺越大,图上表示的内容越详细。按照比例尺分母的大小,把地形图分三类:

(1)大比例尺地形图:比例尺为 1:200 ~ 1:5000 的地形图,应用于工程建设方面。

(2)中比例尺地形图:比例尺为 1:1 万 ~ 1:10 万。

(3)小比例尺地形图:比例尺小于 1:10 万的地形图。

**(四)比例尺精度**

人用肉眼在图纸上能分辨出的最小距离为 0.1mm,小于 0.1mm 时,人眼就无法分辨,因此,图纸上0.1mm所代表实地水平距离,称为比例尺的精度,见表8-1-1。即:比例尺精度$b$ = 0.1$M$(mm),其中$M$字母意义同前。由此可见,比例尺精度与比例尺分母成反比。

**比 例 尺 精 度** 表8-1-1

| 比例尺 | 1:500 | 1:1000 | 1:2000 | 1:5000 |
|---|---|---|---|---|
| 比例尺精度(m) | 0.05 | 0.10 | 0.20 | 0.50 |

比例尺精度的作用:

(1)确定测图时测量实地距离应准确的程度。如1:1000的地形图上测距精度只需到0.1m即可。

(2)规定要表示地物之间的最短距离,可以根据比例尺精度来确定测图比例尺。如图8-1-3所示,想将井盖按比例在图上画出来,最小比例尺为$\frac{0.1}{500}=\frac{1}{5000}$,即1:5000。

图8-1-3 比例尺精度

## 二、地物与地貌的表示方法

### (一)地形图图式

为了便于测图和读图,在地形图中常用不同的符号来表示地球表面的地物和地貌的形状与大小,这些符号统称为地形图图式。成图的比例尺不同,符号的大小详略也有所不同。表8-1-2列出了部分常用地物和地貌的图式。图式中的符号分为三种:地物符号、地貌符号和注记符号。

**部分图式符号表** 表8-1-2

| 序号 | 符号名称 | 图 例 | 序号 | 符号名称 | 图 例 |
|---|---|---|---|---|---|
| 1 | 一般房屋 |   | 5 | 菜地 | 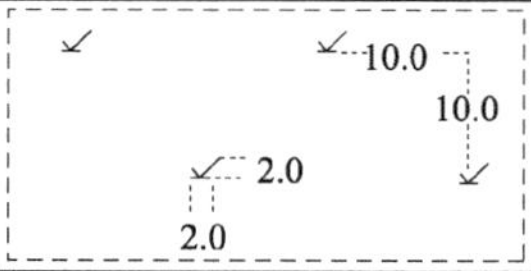  |
| 2 | 简单房屋 | 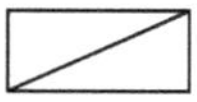 | 6 | 草地 | 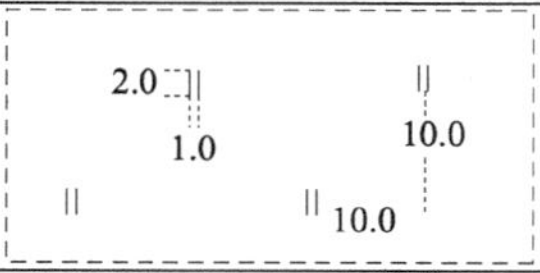  |
| 3 | 廊房 | 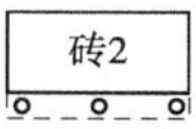  | 7 | 灌木林 | 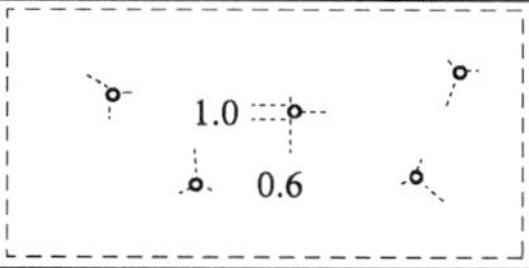  |
| 4 | 台阶 | 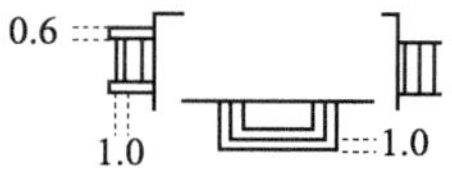  | 8 | 旱地 | 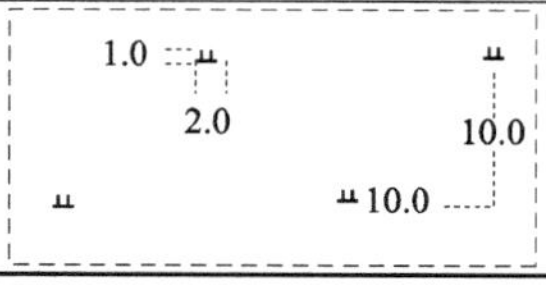  |

| 序号 | 符号名称 | 图　　例 | 序号 | 符号名称 | 图　　例 |
|---|---|---|---|---|---|
| 9 | 疏林 | 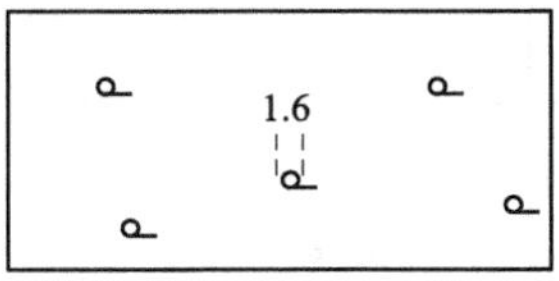 | 19 | 消火栓 | 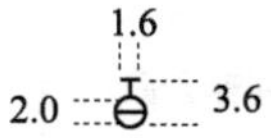 |
| | | | 20 | 导线点<br>I116—等级、点号<br>84.46—高程 |  |
| | | | 21 | 三角点<br>凤凰山—点名<br>394.486—高程 | 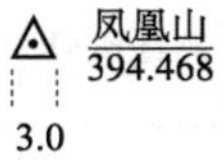 |
| 10 | 水田 | 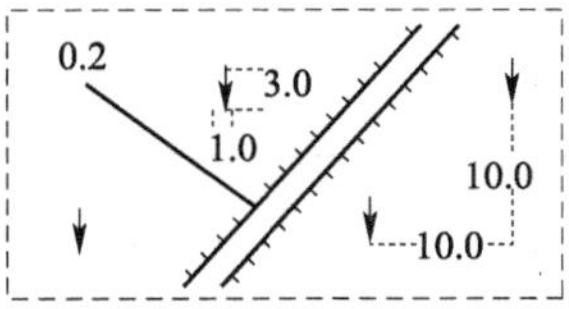 | 22 | 等高线<br>*a* 首曲线<br>*b* 计曲线<br>*c* 间曲线 | 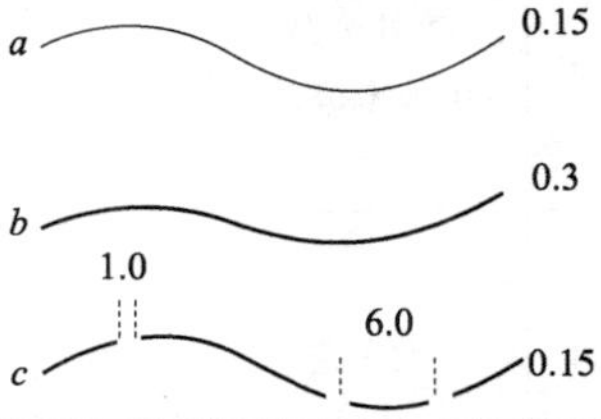 |
| 11 | 花圃 | 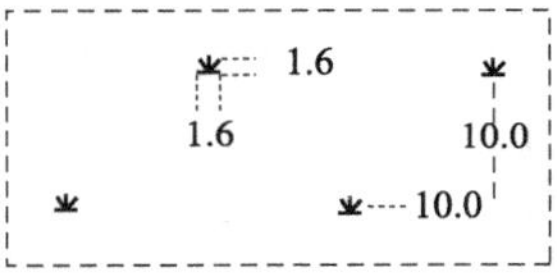 | 23 | 独立树<br>*a* 阔叶<br>*b* 针叶 | 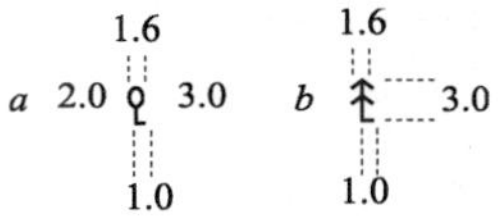 |
| 12 | 果园 | 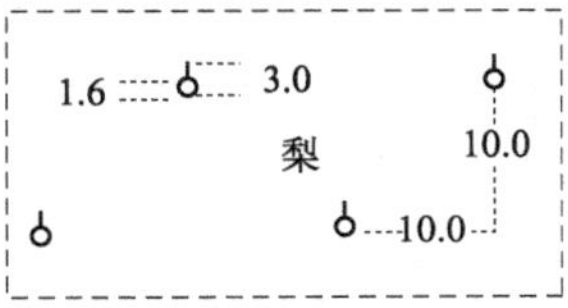 | 24 | 图根点<br>*a* 埋石<br>*b* 不埋石 | 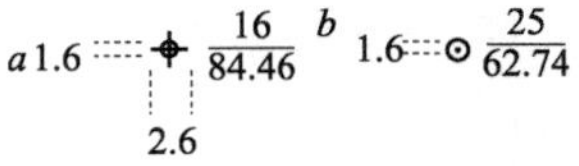 |
| 13 | 水龙头 | 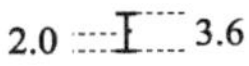 | 25 | 水塔<br>*a* 依比例<br>*b* 不依比例 | 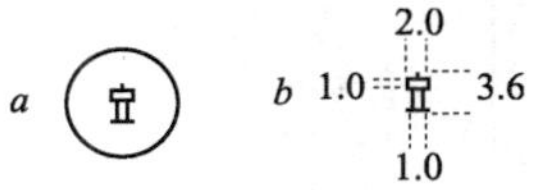 |
| 14 | 水准点 | 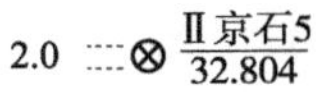 | 26 | 水塔烟囱<br>*a* 依比例<br>*b* 不依比例 | 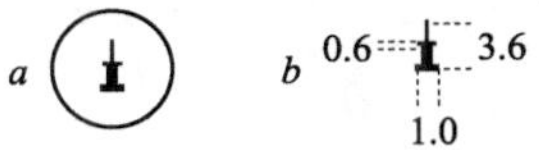 |
| 15 | 高程点<br>及其注记 | 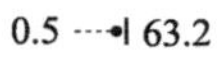 | 27 | 电线塔<br>*a* 依比例<br>*b* 不依比例 | 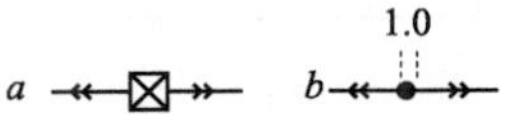 |
| 16 | 铁丝网 | 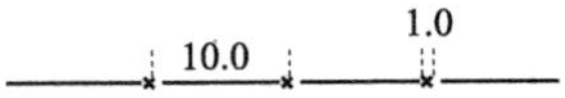 | 28 | 变电室<br>*a* 依比例<br>*b* 不依比例 | 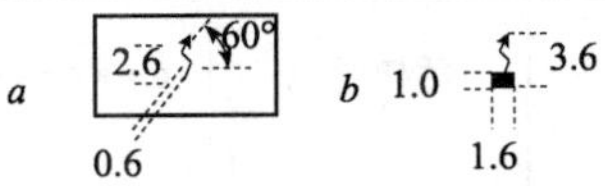 |
| 17 | 岗亭、岗楼 | 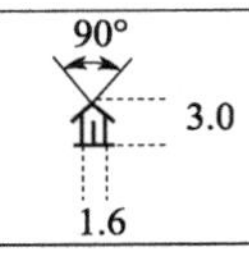 | 29 | 水闸<br>*a* 依比例<br>*b* 不依比例 |  |
| 18 | 窑洞<br>*a* 不依比例<br>*b* 依比例 | 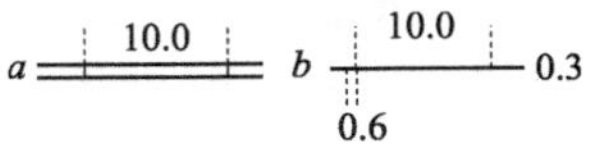 | 30 | 围墙<br>*a* 依比例<br>*b* 不依比例 | 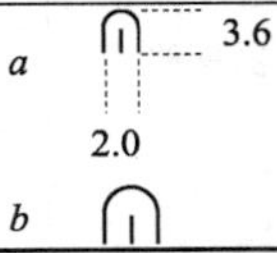 |

续上表

| 序号 | 符号名称 | 图例 | 序号 | 符号名称 | 图例 |
|---|---|---|---|---|---|
| 31 | 高速公路<br>0-等级代号 | 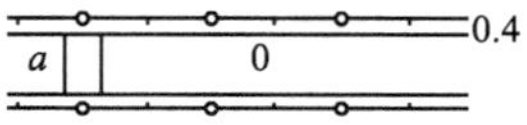 | 39 | 低压线 | 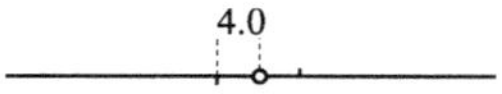 |
| 32 | 等级公路<br>2-技术等级<br>G301-路线编号 |  | 40 | 通信线 | 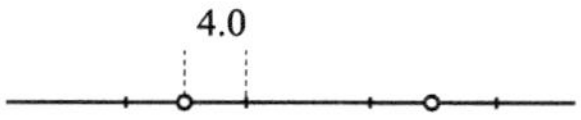 |
| 33 | 等外公路<br>9-技术等级 | 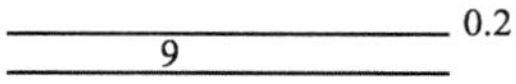 | 41 | 公路桥 |  |
| 34 | 大车路 | 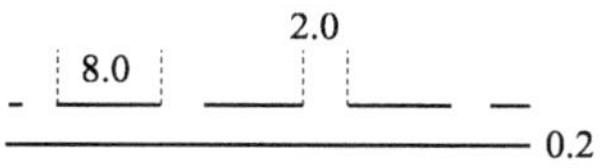 | 42 | 小桥 | 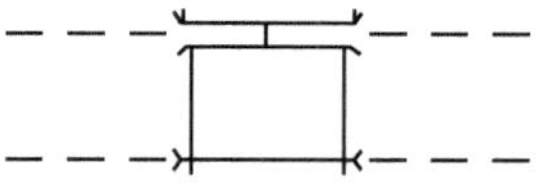 |
| 35 | 小路 | 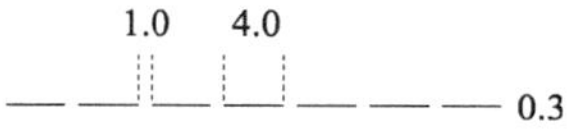 | 43 | 钻孔 |  |
| | | | 44 | 抽水钻机 | 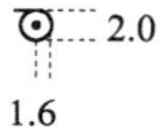 |
| | | | 45 | 阀门 | 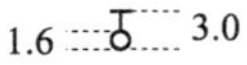 |
| 36 | 栏杆 | 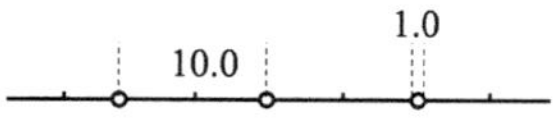 | 46 | 沟渠<br>*a* 有堤岸的<br>*b* 一般的<br>*c* 有沟堑的 | 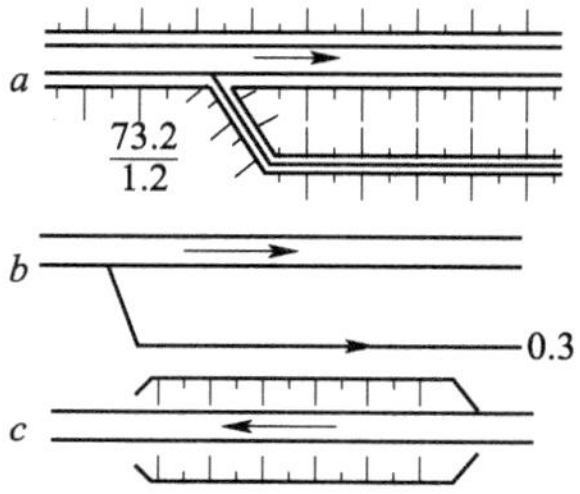 |
| 37 | 活树篱笆 | 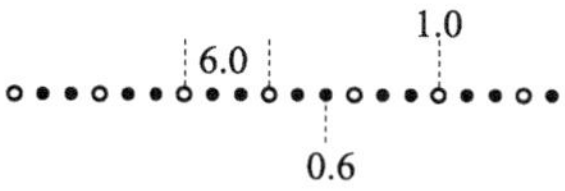 | 47 | 路灯 | 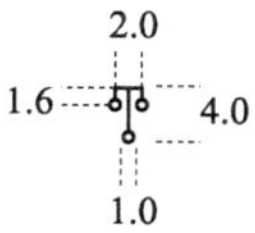 |
| 38 | 高压线 | 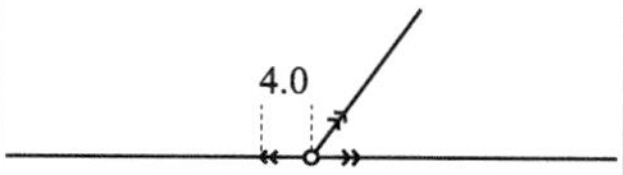 | 48 | 气象站 | 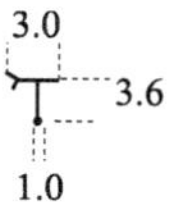 |

### (二)地物符号

根据地物大小及描绘方法的不同，地物符号按其特点又分为比例符号、非比例符号、半比例符号和注记符号。

**1. 比例符号**

根据比例尺缩小后能够显示在地形图上的地物，将其形状轮廓线按规定的符号描绘在图纸上，这种符号称为比例符号。如地面上的房屋、田地、湖泊等，这类符号的形状、大小和位置均表示了地物的实际情况。

**2. 非比例符号**

不能按地物的实际尺寸用比例缩绘于图上，只能用规定的符号表示，这种符号称为非比例符号。如导线点、消火栓、岗亭等，这类符号其图形仅表示属何种地物，不表示地物的大小和实形，符号的定位点，才是实地地物中心在图上的位置。

非比例符号的定位点在图式中应遵循以下规定：

(1)规则的几何图形符号，其符号的几何中心点为定位点，如导线点、三角点等。

(2)底部为直角的符号，以符号的直角顶点为定位点，如独立树、路标等。

(3)底宽符号以符号底线的中点为定位点，如烟囱、岗亭等。

(4)几种图形组合符号，以下方图形的几何中心或交叉点为定位点，如路灯、消火栓等。

(5)下方无底线的符号，以符号下方两端点连线的中心为定位点，如窑洞、山洞等。

**3. 半比例符号**

在宽度上难以用比例表示，但在长度方向可以按比例表示的地物符号，称为半比例符号，如铁路、通信线、小路、管道、栏栅等。这类符号的线形宽度并不代表实地地物的宽度，但长度是按比例的，其符号中心线即为实地地物中心线的图上位置。

**4. 注记符号**

地形图上仅用地物符号有时还无法表示清楚地物的某些特定性质和量值等，只能用文字、数字或特有符号来说明，这些均称为注记符号，如城镇、学校、河流、道路、房屋等。

测图比例尺影响地物缩小的程度。同一地物在不同比例尺图上运用符号就不相同。例如：一个直径为6m的水塔和路宽为2.5m的大车路，在1∶1000图上可用比例符号表示，但在1∶5000图上只能用非比例符号和半比例符号表示。

### (三)地貌符号

地貌是指地球表面的高低起伏形态，是地形图要表示的重要信息之一。地貌的基本形态包括：①山头；②洼地；③山脊；④山谷；⑤鞍部；⑥绝壁等，如图8-1-4所示。

地貌的形状虽然千差万别，但都能找到一些反映其特征的点和线，这些点称为地貌特征点，如山顶点、鞍部点、坡度变换点等，这些线称为地形线，如山脊线、山谷线等。地形图测绘中，应选择这些地貌特征点和地形线进行数据采集，如图8-1-5所示。

地形图中是用等高线、特殊地貌符号和高程注记来表示地貌的，最常用的是等高线。等高线是指地面上高程相等的相邻各点连接而成的闭合曲线。如图8-1-6所示，设有小山头立于平静湖水中，湖水淹没到仅见山顶时的水面高程为80m，此时，水面与山坡就有一条交线，而且是闭合曲线，曲线上各点的高程是相等的，这就是高程为80m的等高线。随后水位下降10m，山坡与水面又有一条交线，这就是高程为70m的等高线。把这组实地上高程相等曲线沿铅垂方向投影到水平面上，并按规定的比例尺缩绘到图纸上，就得到与实地形状相似的等高线。显然,地形图上的等高线比较客观地反映了地面高低起伏的空间形态,同时具有可量性。通过等高线图我们可以得到等高距、等高线平距,进而求出等高线坡度,下面让我们来明确一下这几个概念。

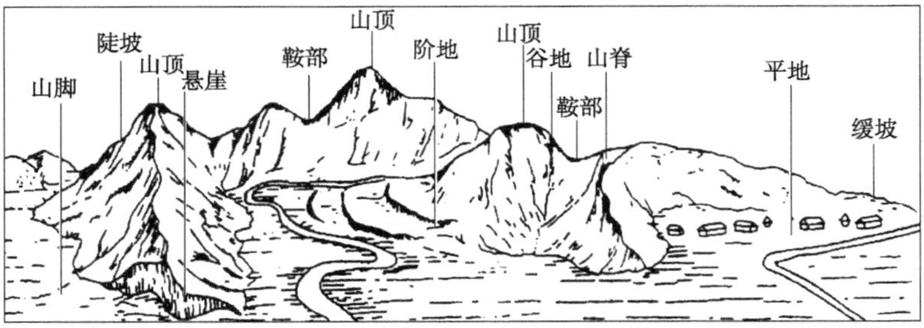


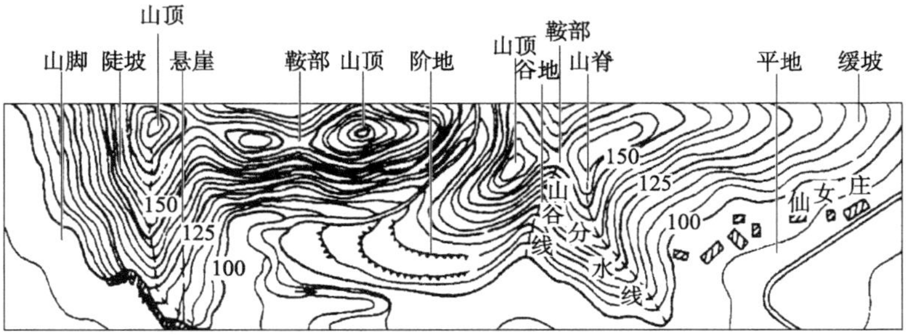


图 8-1-4　综合地貌及其等高线

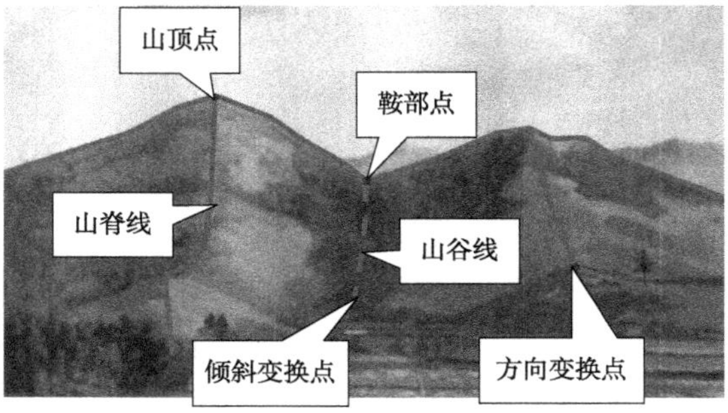


图 8-1-5　地貌特征点和地形线

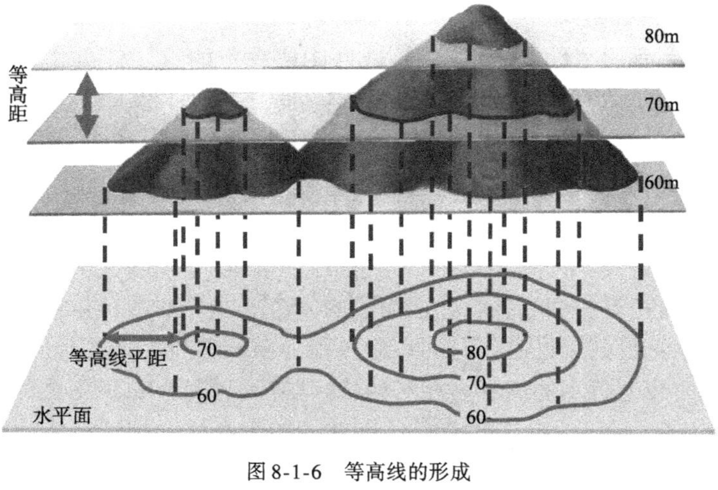


图 8-1-6　等高线的形成

**1. 等高距**

相邻等高线之间的高差称为等高距，常用 $h$ 表示。如图 8-1-6 所示，等高距为 10m。在同一幅地形图上，等高距 $h$ 是相等的。

**2. 等高线平距**

相邻等高线之间的水平距离称为等高线平距，常以 $d$ 表示。等高线平距 $d$ 需要按比例尺量取得到。

**3. 等高线坡度**

等高距 $h$ 与等高线平距 $d$ 的比值就是等高线之间的地面坡度，常用 $i$ 表示，即：

$$i = \frac{h}{d} \tag{8-1-1}$$

式中：$i$——等高线坡度；

$d$——等高线平距；

$h$——等高距。

坡度 $i$ 一般以百分数表示，上坡为正、下坡为负。同一张地形图内等高距 $h$ 相等、比例尺相同，所以地面坡度与等高线平距 $d$ 的大小成反比。即地面坡度越大，等高线平距就越小，等高线就密集；地面坡度越小，等高线平距就越大，等高线就稀疏；坡度相同，平距就相等，等高线就均匀。因此，可以根据地形图上等高线的疏、密来判定地面坡度的缓、陡。

用等高线表示地貌时，等高距越小，显示地貌就越详细；等高距越大，显示地貌就越简略。但等高距过小，会导致等高线过于密集，从而影响图面的清晰度。因此，在测绘地形图时，应根据测图比例尺与测区地形情况来选择合适的等高距。见表 8-1-3，这个等高距称基本等高距。等高距选定后，等高线的高程必须是基本等高距的整倍数，而不能用任意高程。

**大比例尺测图用基本等高距**(单位：m)　　　表 8-1-3

| 比例尺 | 地面倾斜角 | | | |
|---|---|---|---|---|
| | 平原(0° ~ 2°) | 丘陵(2° ~ 6°) | 山地(6° ~ 25°) | 高山(25°以上) |
| 1:5000 | 2.0 | 5.0 | 5.0 | 5.0 |
| 1:2000 | 1.0(0.5) | 1.0 | 2.0(2.5) | 2.0(2.5) |
| 1:1000 | 0.5(1.0) | 1.0 | 1.0 | 2.0 |
| 1:500 | 0.5 | 1.0(0.5) | 1.0 | 1.0 |

**4. 等高线的分类**

(1)首曲线：在同一幅图上，按规定的基本等高距描绘的等高线称为首曲线，也称基本等高线，用细实线(线宽 0.15mm)描绘。

(2)计曲线：自高程起算面算起，每隔四条首曲线加粗描绘的一条等高线，称为计曲线。它用粗实线(线宽 0.3mm)描绘，并在适当位置注记高程，字头朝向高处。

(3)间曲线：当首曲线不能很好地显示局部地貌的特征时，按二分之一基本等高距描绘的等高线称为间曲线，在图上用长虚线表示，可不闭合，但应对称。

(4)助曲线：当间曲线仍不能显示局部地貌时，按四分之一基本等高距描绘的等高线，称为助曲线，用短虚线表示，如图 8-1-7 所示。

**5. 等高线的特性**

(1)同一条等高线上各点的高程都相等。

(2)每一条等高线都是闭合的曲线，如果不在本幅图内闭合，则必在其他图幅中闭合。

(3)除在悬崖和绝壁处外，等高线在图上不能相交，也不能重合。

(4)同一幅图上等高距相等，等高线平距小，表示坡度陡；平距大，表示坡度缓；平距相同，表示坡度相等。

(5)等高线与山脊线、山谷线成正交。

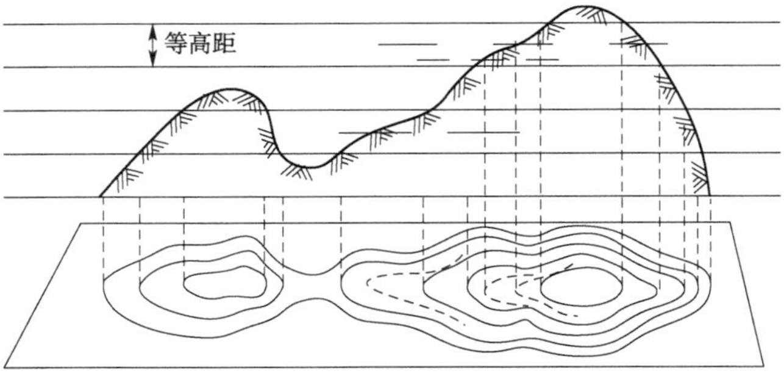


图 8-1-7　等高线的种类

**6. 高程注记**

地形图上仅用等高线及特殊地貌符号还不能清楚地表示地表的高低，还应该用数字来说明等高线及某些特殊点位的高程。高程注记分等高线高程注记和高程点高程注记两种，前者沿等高线排列，字头朝向高处，后者一般在相应点位右侧直立注写，以不压盖其他符号为原则，若点位右侧不便注写时，亦可注写在点位的左侧。

**7. 典型地貌的等高线**

1)山头和洼地

凸起而高于四周的高地称为山地，高大者为山峰，低矮者为山丘，最高处为山头；凹入而低于四周的低地称为洼地，大的洼地称为盆地。它们投影到水平面上都是一组闭合曲线，其区别是内圈等高线高程大于外圈者为山头，否则为洼地，如图 8-1-8 所示。也可通过等高线上的示坡线来区分，示坡线指向低处。

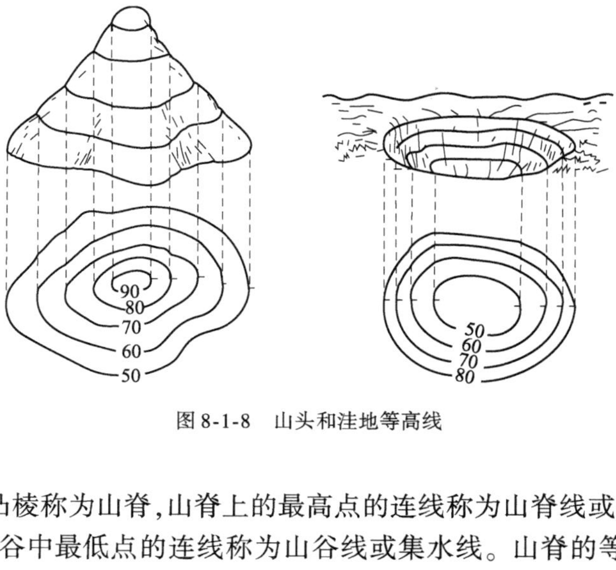


图 8-1-8　山头和洼地等高线

2)山脊和山谷

山坡上隆起的凸棱称为山脊，山脊上的最高点的连线称为山脊线或分水线；两山坡之间的凹部称为山谷，山谷中最低点的连线称为山谷线或集水线。山脊的等高线是一组凸向低处的曲线,各条曲线方向改变处的连线(图 8-1-9 中左侧虚线)即为山脊线;山谷的等高线为一组凸向高处的曲线,各条曲线方向改变处的连线称为山谷线。山脊和山谷的两侧为山坡,山坡近似于一个倾斜平面,其等高线近似于一组平行线。

3)鞍部的等高线

在相邻两山头之间的低洼处,形似马鞍状的地貌叫鞍部。鞍部是两个山脊和山谷的会聚处,如图 8-1-10 所示。其等高线是两组相对的山脊线和山谷线组成。鞍部是山区道路选线中控制点,越岭道路通常要穿越鞍部。

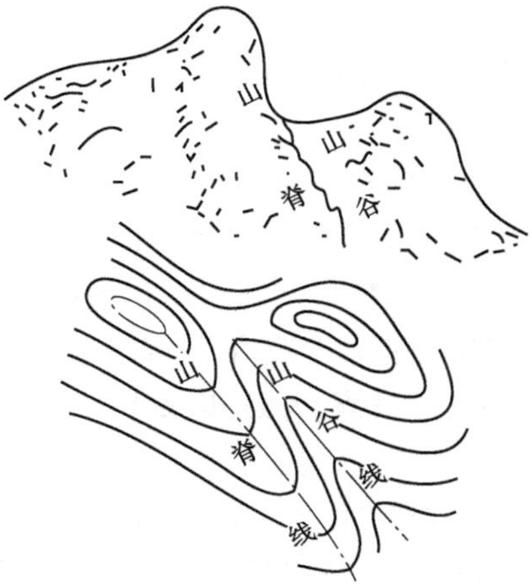


图 8-1-9　山脊和山谷等高线

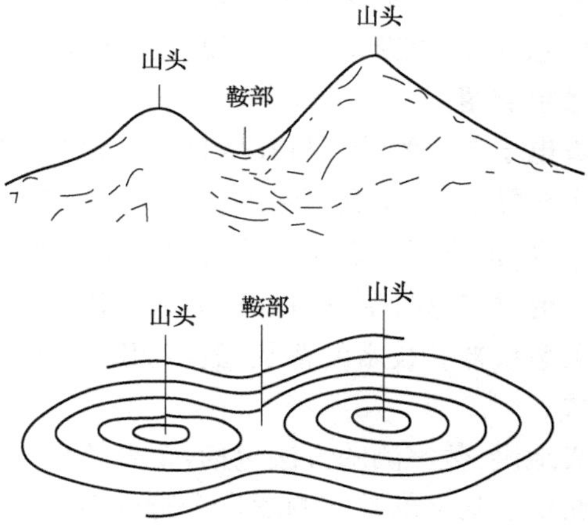


图 8-1-10　鞍部等高线

4)绝壁和悬崖

绝壁和悬崖都是由于地壳产生断裂运动而形成的。绝壁有近于垂直的山坡,等高线非常密集,要用特殊符号来表示绝壁。悬崖是近乎直立而下部凹入的山坡,其凹入部分等高线投影到地形上会相交,俯视时隐蔽的等高线用虚线表示,如图 8-1-11 所示。

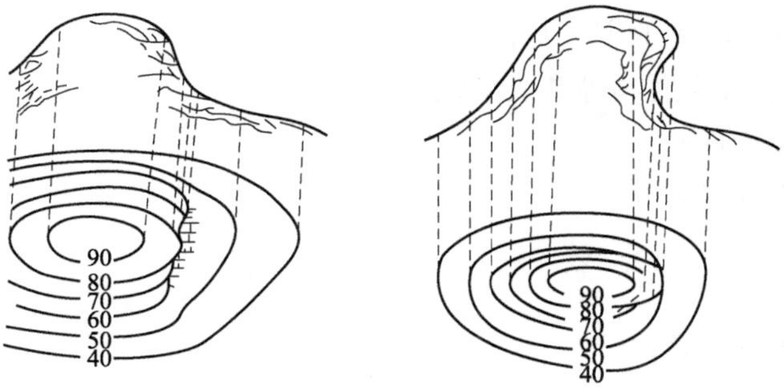


a)　　　b)

图 8-1-11　绝壁和悬崖等高线

## 三、地形图测绘的方法

测绘地形图应遵循“从整体到局部”“先控制后碎部”的原则。地形测图就是在地面图根控制点上设站,架立仪器,测定周围地形特征点在图上的平面位置和高程,进而描绘出地物和地貌。

地形图测绘的方法分为两大类:图解法测图和数字测图。

**1. 图解法测图**

图解法测图,又称白纸测图或手工测图。这种方法是利用测量仪器对地球表面局部区域内的各种地物、地貌特征的空间位置进行测定,并以一定的比例尺,按规定的图式符号将其绘制在图纸上(白纸或聚酯薄膜)。为了便于现场绘图,测量数据通常为角度和水平距离。图解法测图的方法有:平板仪测绘法、经纬仪测绘法、经纬仪和小平板联合测绘法、光电测距仪测绘法等。

该方法在绘图过程中,数据的精度由于展点、绘图以及图纸伸缩变形等因素的影响会有较大的降低,而且白纸测图工序多、劳动强度大、质量管理难,同时纸质地形图难以承载更多的图形信息,图纸更新也极不方便,已不能适应信息时代经济建设的需要。

**2. 数字测图**

随着电子技术和计算机技术日新月异的发展及其在测绘领域的广泛应用,20 世纪 90 年代产生了全站仪、电子数据终端,并逐步构成了野外数据采集系统,它们与计算机辅助制图系统相结合,形成了一套从野外数据采集到内业制图,全过程数字化和自动化的测量制图系统。人们通常将这种测图方式称为数字化测图,简称数字测图。近些年,随着全站仪和 RTK 等先进测量仪器和技术的普及,数字测图得到了突飞猛进的发展,并逐步取代了白纸测图的生产方式。

广义地讲,数字测图方法包括:全野外数字化测图、地图数字化成图、数字摄影测量和遥感数字测图。狭义的数字测图指全野外数字化测图,常用的方法是全站仪野外采集数据辅助成图法和 RTK 野外采集数据辅助成图法,主要的测量数据为点的三维坐标。

该方法信息存储和传输方便、精度与比例尺无关、不存在变形及损耗,能方便、及时地进行局部修测更新,便于保持地形图现势性,极大提高了地形测量资料的应用范围,在经济建设各部门发挥出了重要作用。

### 任务思考

1. 比例尺及比例尺精度的定义是什么?
2. 什么是等高线、等高距和等高线平距?
3. 地物符号有哪几种?
4. 地形图测绘的方面有哪些?

### 任务评价

任务考核评价表见附表。

## 任务 8-2　全站仪野外数据采集

### 任务描述

在校园实训区域完成一幅 1:500 比例尺数字测图。整个实习过程中采用的技术规定主要是《城市测量规范》(CJJ/T 8)和《1:500,1:1000,1:2000 地形图图式》(GB/T 7929),采用全站仪及相关配件完成。

## 任务目标

通过学习和完成本任务，你将能够：

1. 明确全站仪数据采集前的准备工作；
2. 掌握全站仪野外数据采集操作步骤；
3. 明确全站仪测量数据的传输过程。

## 建议课时

2 课时。

## 任务引入和分析

通过前面的学习我们知道了地物、地貌的表示方法，并了解用全站仪进行数据采集关键就是测量地面特征点的三维坐标，结合之前我们学习的全站仪的知识，思考如何用全站仪进行数据采集？本任务的主要内容就是明确地形图测绘的整个过程，掌握全站仪野外数据采集的操作步骤，明确全站仪数据的传输。

## 任务准备

### 一、碎部测量前的准备工作

#### （一）图根控制测量

**1. 图根控制布设**

图根点布设是在各等级控制下加密，一般不超过两次附合。在较小的独立测区测图，图根控制可作首级控制。

**2. 图根点密度分布**

图根点在平坦而开阔地区的密度分布，每平方千米相对于 1∶2000、1∶1000、1∶500 分别不少于 4 个、16 个、64 个图根点。

**3. 图根点布设方法**

可采用图根导线、图根三角、交会法和 GPS 等方法，还可采用自由设站法和一步测量法。

自由设站法：在一个未知坐标的测站上对 2 ~ 5 个控制点进行方向和(或)距离观测，便可自动计算出测站点的坐标，接着即进行地形点的测量工作。

一步测量法：图根控制与碎部测量同步进行的测量方法，称为一步测量法。即在一个测站上，先测导线的数据(角度、边长等)，紧接着在该测站进行碎部测量。

#### （二）增设测站点

数字测图时应尽量利用各级控制点作为测站点。但由于地表上的地物、地貌有时是极其复杂零碎的，要在各级控制点上采集到所有的碎部点往往比较困难，因此除了利用各级控制点外，还要增设测站点。

增设测站点是在控制点或图根点上，采用极坐标法、支导线法、自由设站法等方法测定测站点的坐标和高程。测图时，测站点的点位精度，相当于附近图根点的中误差不应大于图上 0.2mm,高程中误差不应大于测图基本等高距的 1/6。

**(三)测区的划分**

数字测图中,一般都是多个小组同时作业,为了便于作业,在野外采集数据之前,通常要对测区进行“作业区”划分。一般以道路、河流、沟渠、山脊等明显线状地物为界线,将测区划分为若干个作业区。对于地籍测量来说,一般以街坊为单位划分作业区。分区的原则是各区之间的数据(地物)尽可能地独立(不相关)。自然地块进行分块,对于跨区地物,如电力线等,会增加内业编图的麻烦。

**(四)资料的准备**

目前多数数字测图系统在野外进行数据采集时,要求绘制较详细的草图。如果测区有相近比例尺的地图,则可利用旧图或影像图并适当放大复制,裁成合适的大小(如 A4 幅面)作为工作草图。在这种情况下,作业员可先进行测区调查,对照实地将变化的地物反映在草图上,同时标出控制点的位置,这种工作草图也起到工作计划图的作用。在没有合适的地图可作为工作草图的情况下,应在数据采集时绘制工作草图。工作草图应绘制地物的相关位置、地貌的地形线、点号、丈量距离记录、地理名称和说明注记等。草图可按地物的相互关系分块地绘制,也可按测站绘制,地物密集处可绘制局部放大图。草图上点号标注应清楚正确,并与全站仪内存或电子手簿记录点号对应。

## 二、组织准备

以 8 个人为一组,每组选一名组长和一名副组长,组长负责全组组织以及实际操作训练,副组长负责组织进行理论知识学习和复习。依据任务要求,组织安排作业人员,包括外业人员、内业人员及生活保障人员等。根据任务量及工期要对外业人员进行分组。使用全站仪测记法无码作业,通常一个作业小组配备:观测员 1 人,跑镜员 1 ~ 2 人(根据作业情况及人员情况酌情增减),领镜员 1 ~ 2 人;使用全站仪测记法有码作业,观测员 1 人,跑尺员 1 ~3人;使用电子平板作业,测站 1 人,跑尺员 1 ~ 2 人。领尺员是作业小组的核心,负责画草图和内业成图。需要注意的是,领尺员必须和测站保持良好的通信联系,保证草图上的点号和手簿上的点号一致。

## 三、场地、仪器和材料准备

选择长约 200m 的实训场地。每组配备全站仪 1 台、对讲机 1 台、备用电池 2 块、对中杆 2 个、反光棱镜 2 个、盒尺等。全站仪、对讲机应提前充电。在数字测图中,由于测站到镜站距离一般都比较远,每组都应该配备对讲机。在数据采集之前,最好提前将测区的全部已知点成果通过计算机输入全站仪的内存中,以方便调用。学生每人带教材、工作业、记录表和计算器。

## 任务实施

使用全站仪进行野外数据采集时目前应用较为广泛的一种方法。首先在已知点上安置全站仪,并量取仪器高,开机对全站仪进行参数设置,如温度、气压、使用棱镜常数等,再进行测站和后视的设置,最后进行数据采集。

## 一、数据采集前仪器的准备工作

**1. 选择数据采集文件**

全站仪数据采集可以将测得碎部点坐标保存，为了方便点的管理和后期数据的导出，全站仪野外数据采集前首先要建立（或选择）数据采集文件。

**2. 已知控制点的录入**

在测图前，最好在室内就将控制点成果录入到全站仪内存中，从而提高工作效率。

**3. 仪器参数设置及内存文件整理**

仪器在使用前要对仪器中影响测量成果的内部参数进行检查、设置，包括温度、气压、棱镜常数、测距模式等。检查仪器内存中的文件，如果内存不足，可删掉已传输完毕的无用文件。

下面以拓普康 GTS-332N 为例，介绍全站仪在数字测图外业前，仪器准备的具体操作步骤，见表 8-2-1。

**数据采集前仪器准备工作的步骤与图示**　　表 8-2-1

<table>
<tr><th>序　号</th><th>标题</th><th>内　容</th></tr>
<tr><td rowspan="2">1. 选择数据采集文件</td><td>图示</td><td>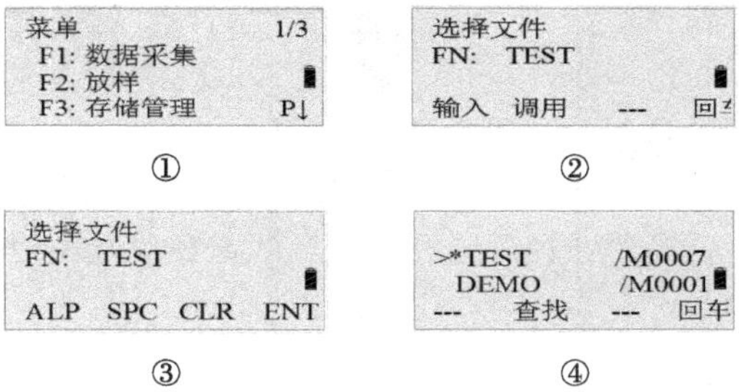
</td></tr>
<tr><td>步骤</td><td>（1）按下 MENU 键，仪器显示主菜单 1/3 页，如图①所示。<br>（2）按 F1 键，仪器进入数据采集状态，显示数据采集菜单，提示输入数据采集文件名，如图②所示。文件名可直接输入（按 F1，如图③界面进行编辑），比如以工程名称命名或以日期命名等，也可以从全站仪内存调用（按 F2，如图④界面进行编辑）</td></tr>
<tr><td rowspan="2">2. 已知控制点的录入</td><td>图示</td><td>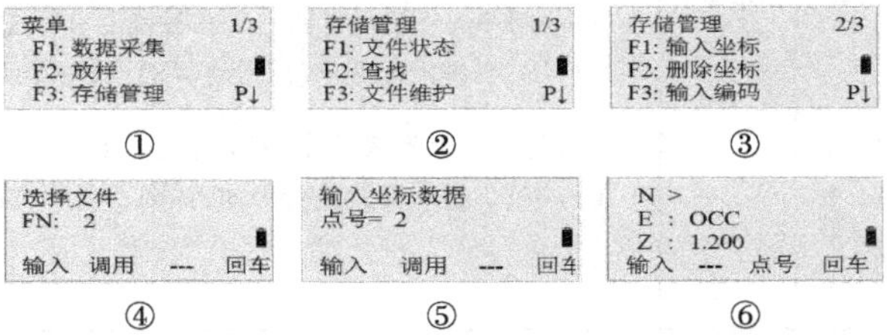
</td></tr>
<tr><td>步骤</td><td>（1）按下 MENU 键，仪器显示主菜单 1/3 页，如图①所示。<br>（2）按 F3 进入存储管理界面 1/3 页，如图②所示，按 F4 翻页进入存储管理界面 2/3 页。<br>（3）按 F1 进入选择文件界面，如图④所示。输入或调用文件，进入文件中的输入坐标数据界面，如图⑤所示。<br>（4）输入点号，进入坐标输入状态，依次将控制点坐标（$X,Y,H$）输入到内存中</td></tr>
</table>

<table>
<tr><th>序　　号</th><th>标题</th><th>内　　容</th></tr>
<tr><td rowspan="2">3. 内存文件整理</td><td>图示</td><td>
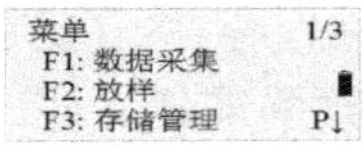

①
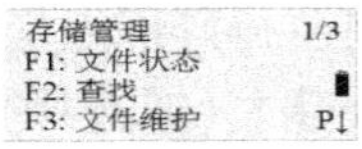

②

③
</td></tr>
<tr><td>步骤</td><td>（1）按下 MENU 键，仪器显示主菜单 1/3 页，如图①所示。<br>（2）按 F3 进入存储管理界面 1/3 页，如图②所示。<br>（3）按 F3 进入文件维护界面，如图③所示。检查仪器内存中的文件，删掉已传输完毕的无用文件，防止测量过程中内存不足</td></tr>
<tr><td rowspan="2">4. 参数设置</td><td>图示</td><td>

①
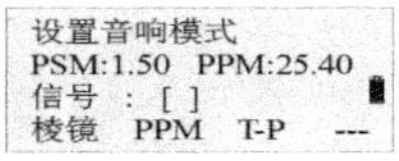

②
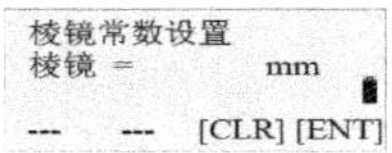

③
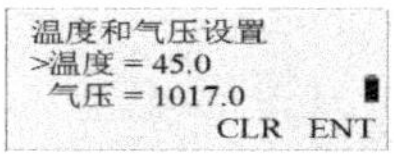

④
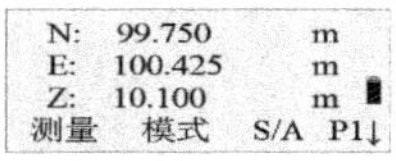

⑤
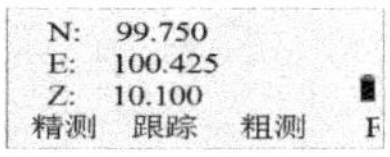

⑥
</td></tr>
<tr><td>步骤</td><td>（1）按下进入参数设置界面，如图①所示。<br>（2）按 F4 进入棱镜、温度、气压设置总界面，如图②所示。<br>（3）按 F1 进行棱镜常数设置界面，如图③所示，输入棱镜常数，常用棱镜常数为 −30mm 或 0mm，棱镜常数一般在棱镜上有标注。<br>（4）按 F3 进入温度、气压设置界面，如图④所示，输入温度值、气压值。<br>（5）坐标测量模式设置，按进入坐标测量界面，如图⑤所示。<br>（6）按 F2 进入模式设置界面，如图⑥所示，按 F1 选择精测模式</td></tr>
</table>

## 二、数据采集

**1. 安置仪器**

在测站上进行对中、整平后，量取仪器高，仪器高量至毫米。打开电源开关 POWER 键，转动望远镜，使全站仪进入观测状态。

**2. 输入数据采集文件名**

按 MENU 菜单键，在主菜单 1/3 下，选择“数据采集”，输入数据采集文件名（或调用上一次作业使用的文件)，具体操作见表 8-2-1。

**3. 输入测站数据**

测站数据的设定有两种方法：一是调用内存中的坐标数据(作业前输入或调用测量数据)，二是直接由键盘输入坐标数据。本书以内存中的坐标数据为例，见表 8-2-2。

**4. 输入后视点数据**

后视定向数据一般有三种方法：一是调用内存中的坐标数据；二是直接输入控制点坐标；三是直接键入定向边的方位角。本书以第一种方法为例，通过输入点号设置后视点，具体操作步骤见表 8-2-2。

**5. 定向**

当测站点和后视点设置完毕后按 F3(测量)键，再照准后视点，选择一种测量方式如 F3(坐标)，这时定向方位角设置完毕。

**6. 碎部点测量**

在数据采集菜单 1/2 下，按 F3(前视/侧视)键即开始碎部点采集。按 F1(输入)键输入点号后，按 F4(回车)键，以同样方法输入编码和棱镜高。按 F3(测量)键，照准目标，再按 F3(坐标)键测量开始，数据被存储。进入下一点，点号自动增加，如果不输入编码，采用无码作业或镜高不变，可选 F4(同前)，见图 8-2-2。

**数据采集操作步骤与图示** 表 8-2-2

| 序　号 | 标题 | 内　容 |
|---|---|---|
| 1. 测站点输入 | 图示 | 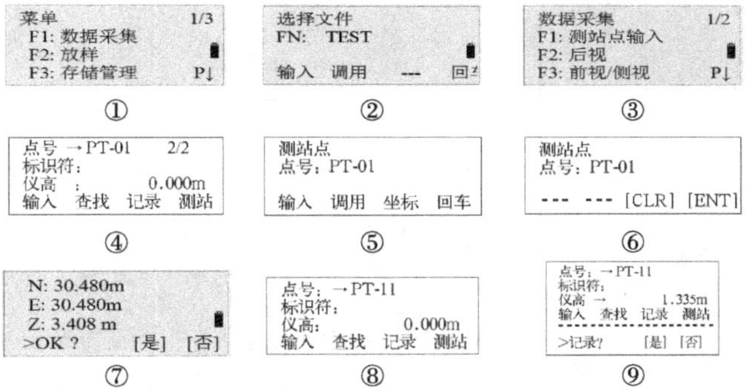 |
| | 步骤 | (1)按下 MENU 键，仪器显示主菜单 1/3 页，如图①所示。<br>(2)按 F1 键，仪器进入数据采集状态，如图②所示，输入或调用文件，进入数据采集界面，如图③所示。<br>(3)按 F1 即显示原有数据，如图④所示。在该界面按 F4 进入测站点设置界面，如图⑤所示。<br>(4)按 F1 输入键，输入 PT-11，自动调出点的坐标，如图⑦所示，核对没有错误后点击 F3(是)，返回到数据界面，如图⑧所示。<br>(5)按▼按钮移动光标到仪高处，如图⑨所示，设置完点 F3 记录键，返回数据采集界面，如图③所示 |

续上表

| 序　　号 | 标题 | 内　　容 |
|---|---|---|
| 2. 后视 | 图示 | 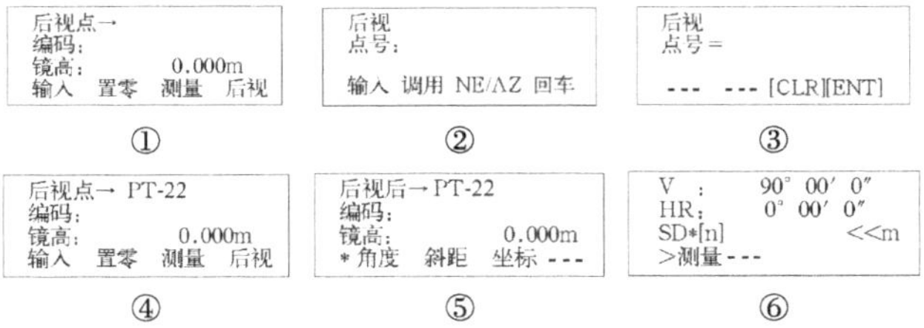 |
| | 步骤 | (1)在数据采集界面,按 F2(后视),进入后视程序界面,如图①所示。<br>(2)按 F4 进入后视点输入界面,如图②所示。<br>(3)按 F1 输入键,进入点号输入界面,如图③所示,输入 PT-22,全站仪自动调出该点坐标,点是,进入界面④。<br>(4)按▼按钮移动光标到编码和镜高,分别按 F1 输入,设置完后,瞄准后视点底部,按 F3 测量,进入界面⑤,选择一种测量模式并按相应的键。如:按 F2 斜距将会进入界面⑥,测量结果被记录,后视定向完成 |
| 3. 数据采集 | 图示 | 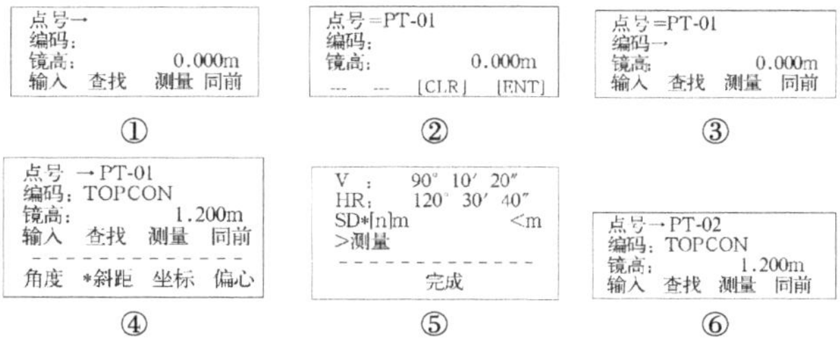 |
| | 步骤 | (1)在数据采集界面,按 F3(前视/侧视),进入数据采集界面,如图①所示。<br>(2)按 F1 输入键,进入点号输入界面,输入点号 PT-01,如图②所示。<br>(3)按▼按钮移动光标到编码,如图③所示,按 F1 输入,同理设置镜高,设置完毕照准碎部点棱镜,按 F3 测量,按 F2 斜距,如图④所示。界面显示测量结果,如图⑤所示,记录后进入界面⑥。<br>(4)点号自动增加,输入下一个镜点数据并照准该点,按 F4(同前),仪器将按照上一个镜点的测量方式进行测量,测量数据被存储,按同样方式继续测量,直至最后一点 |

## 三、全站仪数据文件管理与数据通信

### 1. 全站仪的数据文件管理

文件管理指对全站仪内存中的文件按时或定期进行整理,包括命名、更名、删除及文件保存与使用。管理好文件能够保障外业工作的顺利进行,避免由于文件的丢失和损坏给测量工作带来损失。野外工作中,要做到"当天文件当天管,当天数据当天清"。

### 2. 全站仪数据通信

数据通信是把数据的处理与传输合为一体,实现数字信息的接收、存储、处理和传输,并对信息流加以控制、校验和管理的一种通信形式。全站仪的数据通信形式有：利用专用传输程序传输数据，利用超级终端传输数据，蓝牙无线通信方式，USB 接口传输。

实现全站仪和计算机间的通信，作业前必须要对全站仪、计算机进行通信参数设置。主要包括：

（1）设置数据传输速度，即波特率，有 1200、2400、4800、9600、19200 五种，选择一种，选择数据越大，传输速度越快。

（2）设置通信参数的检校方式：有 N（无）、O（奇）、E（偶）三种，选择一种。

（3）设置通信参数的数据位：有 7 位、8 位两种，选择一种。

（4）设置通信参数停止位：有 1 位、2 位两种，选择一种。

（5）设置通信设置控制流，选"是"或"否"。

（6）设置通信端口：COM1、COM2……一般选 COM1。

通信时要保证全站仪与计算机通信参数设置一致，只有一致才能正确通信。

全站仪与计算机通信操作如表 8-2-3 所示。

**3. 发送数据及接收数据**

内存中的数据文件传送到计算机，也可以从计算机将坐标数据文件和编码库数据直接装入仪器内存。发送数据和接收数据的程序分别见表 8-2-3。

**全站仪数据传输步骤与图示** 表 8-2-3

| 序号 | 标题 | 内容 |
|---|---|---|
| 1. 通信参数设置 | 图示 | 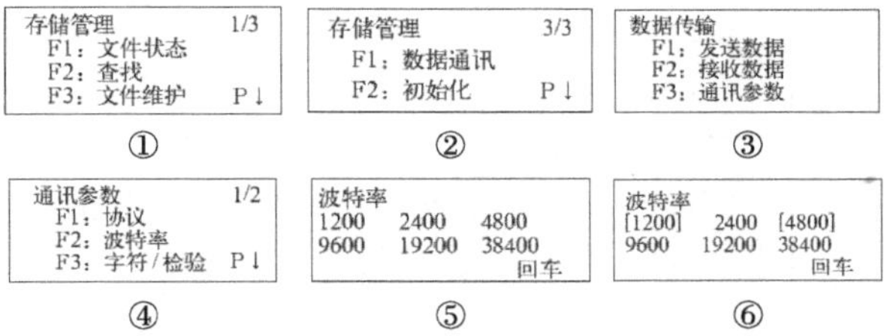 |
| | 步骤 | （1）按下 MENU 键，按 F3 进入存储管理界面，如图①所示。<br>（2）按两次 F4 键翻页，进入存储管理 3/3 界面，如图②所示，按 F1，进入数据传输界面，如图③所示。<br>（3）按 F3 进入通信参数设置界面，如图④所示。按 F2 进入波特率设置界面，如图⑤所示。<br>（4）按和进行波特率设置，如图⑥所示，设置完按 F4，界面自动返回到通信参数设置，如图④所示。在该界面可以继续进行协议设置、字符/检验设置、翻页进行停止位设置 |

续上表

<table>
<tr><th>序　　号</th><th>标题</th><th>内　　容</th></tr>
<tr><td rowspan="2">2. 发送数据</td><td>图示</td><td>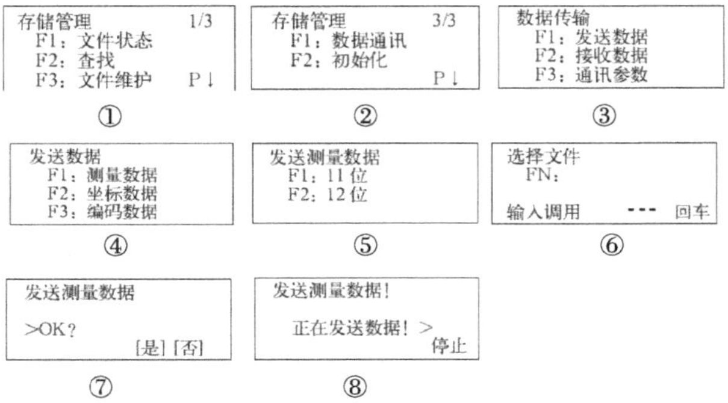
</td></tr>
<tr><td>步骤</td><td>(1)进入存储管理界面,如图①所示,按 F4 翻页,进入存储管理 3/3 的界面,如图②所示。按 F1,进入数据传输界面,如图③所示。<br>(2)按 F1,进入发送数据界面,选择发送数据类型,如图④所示。<br>(3)如选择测量数据,按 F1,进入发送测量数据界面,如图⑤所示,选择 11 位或 12 位数据,如选择 11 位按 F1,进入选择文件界面,如图⑥所示。<br>(4)按输入键或调用键选择要发送的测量数据文件名,选择好后按 F4 确定。<br>(5)仪器和电脑软件相连后点击 F3(是),如图⑦、⑧所示</td></tr>
<tr><td rowspan="2">3. 接收数据</td><td>图示</td><td>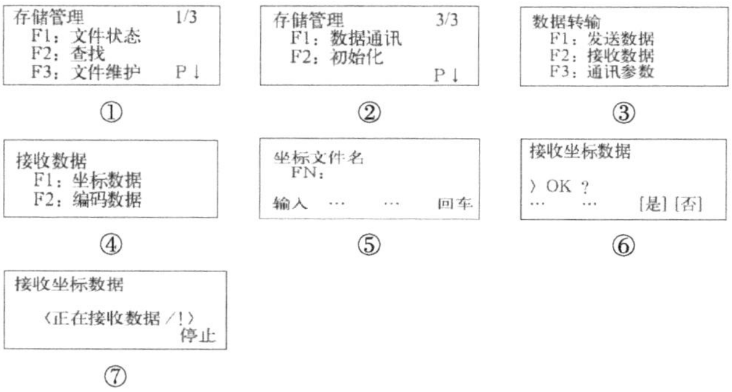
</td></tr>
<tr><td>步骤</td><td>(1)进入存储管理界面,如图①所示,按 F4 翻页,进入存储管理 3/3 的界面,如图②所示。按 F1,进入数据传输界面,如图③所示。<br>(2)按 F1,进入接收数据界面,选择接收数据类型,如图④所示。<br>(3)如选择坐标数据,按 F1,进入选择文件界面,如图⑤所示。<br>(4)按 F1 输入键,输入接收的坐标数据文件名。<br>(5)仪器和电脑软件相连后点击 F3(是),如图⑥、⑦所示</td></tr>
</table>

## 任务思考

1. 野外数据采集前的准备工作有哪些？
2. 全站仪进行数据采集的操作步骤有哪些？
3. 采集后的数据怎么与电脑进行传输？

## 任务评价

任务考核评价表见附表。

# 任务 8-3　RTK 野外数据采集

## 任务描述

在校园实训区域完成一幅 1∶500 比例尺数字测图。整个实习过程中采用的技术规定主要是《城市测量规范》(CJJ/T 8)和《1∶500,1∶1000,1∶2000 地形图图式》(GB/T 7929),采用 RTK 及相关配件完成。

## 任务目标

通过学习和完成本任务,你将能够:
1. 明确基准站及流动站的安置过程及仪器设置;
2. 掌握测站校正的程序;
3. 明确数据采集及数据传输过程。

## 建议课时

2 课时。

## 任务引入和分析

通过前面的学习我们知道了地物、地貌的表示方法,并了解用 RTK 进行数据采集关键就是建立正确的坐标系,测量地面特征点的三维坐标,结合之前我们学习的 GPS 测量原理,思考如何用 RTK 进行数据采集?本任务的主要内容就是明确基准站及流动站的安置过程及仪器设置,掌握 RTK 野外数据采集前测站校正的程序,明确 RTK 数据采集与传输的过程。

## 任务准备

### 一、知识准备

RTK 技术采用了载波相位动态实时差分(Real-time Kinematic)方法,RTK 坐标数据采集能够在野外实时得到厘米级的定位精度,它已经是野外数据采集的一种重要手段。RTK 相关知识见任务 6-4。按照 RTK 工作原理,RTK 系统由基准站和移动站组成,目前主要采用电台 1 + N 模式和网络 RTK 模式。本任务主要讲述网络模式,电台 1 + N 模式见任务 6-4。网络 RTK 作业时只需 GPS 接收机(含手簿)1 套,内插手机上网卡,接收省内基准站信号即可进行工作。

南方导航推出全新 Mini 三星三防银河 1,是一款基于北斗卫星导航系统的三星六频测量型卫星接收机,北斗特有的 IGSO 卫星设计对中国区域进行局部增强,卫星信号更优越,可以同时接收我国的北斗卫星导航系统(COMPASS)、美国的全球定位系统(GPS)和俄罗斯"格洛纳斯"(GLONASS)系统的卫星信号,并可定制兼容其他卫星系统。定位精度,静态可达 ±(2.5mm +0.5mm/km × $d$),RTK 精度可达 ±(10mm +1mm/km × $d$),其中 $d$ 为被测点间距离,单位为 km。

## 二、组织准备

以 8 个人为一组,每组选一名组长和一名副组长,组长负责全组组织以及实际操作训练,副组长负责组织进行理论知识学习和复习。

## 三、场地、仪器和材料准备

选择面积约 200m² 的实训场地。每组配 GPS 接收机(含手簿)1 套,手机或对讲机(每台 GPS 接收机上配 1 个),每台 GPS 接收机配观测记录手簿 1 本。学生每人带教材、工作业、记录表。

# 任务实施

## 一、RTK 仪器的安装与设置

以下 GPS 接收机以南方银河 1 为例,配套手簿为 PolarX3。

### (一)移动站安装与设置

移动站安装与设置步骤与图示见表 8-3-1。

**移动站安装与设置步骤与图示** 表 8-3-1

| 序 号 | 标题 | 内 容 |
|---|---|---|
| 1. 移动站安装 | 图示 | 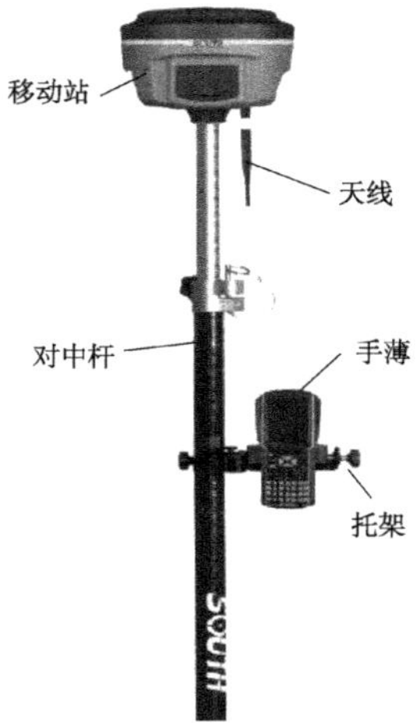 |
| | 步骤 | 将移动站主机接在碳纤对中杆上,并将接收天线接在主机下端,同时将手簿使用托架夹在对中杆的适合位置。<br>注意:移动站为网络模式时,天线采用小天线中的短天线 |

续上表

| 序　　号 | 标题 | 内　　容 |
| --- | --- | --- |
| 2. 主机与手簿蓝牙连接 | 图示 | 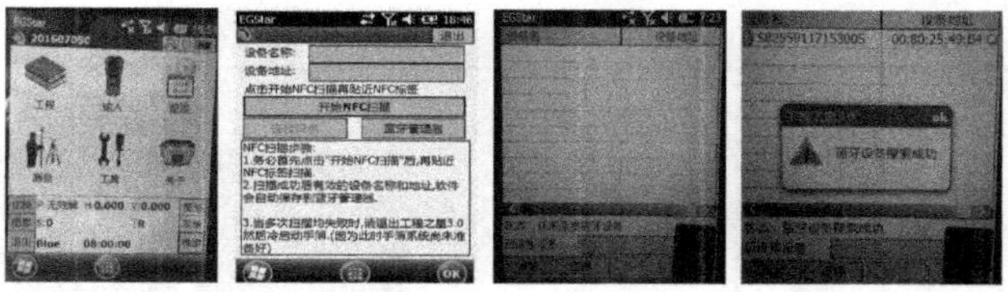<br>①　　②　　③　　④ |
| | 步骤 | （1）主簿开机进入工程之星软件界面如图①所示，点击右上角  图标进入界面②。<br>（2）点击“蓝牙管理器”按钮进入界面③。<br>（3）点击“搜索”按钮，搜索成功进入界面④。<br>（4）选中相应仪器编号，点击“连接”，连接成功后主机蓝牙指示灯长亮 |
| 3. 网络移动站主机模式设置 | 图示 | 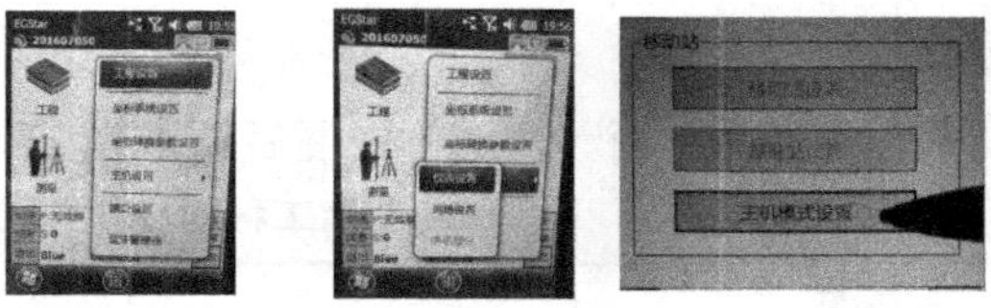<br>①　　②　　③<br>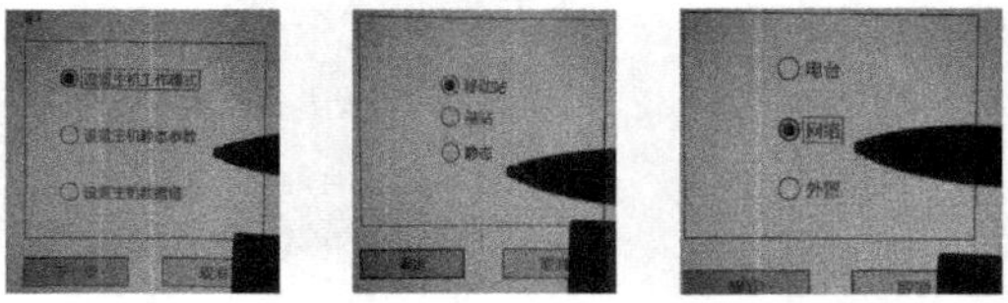<br>④　　⑤　　⑥ |
| | 步骤 | （1）工程之星软件点击“配置”，得到相应的下拉菜单，如图①所示；点仪器设置进入仪器设置下拉菜单，点击仪器设置，如图②所示；点击后进入主机模式设置界面，如图③所示。<br>（2）选择主机模式设置，确定，进入主机设置界面，如图④所示。<br>（3）选择设置主机工作模式，进入选择移动站，如图⑤所示；点击确定，界面返回到主机设置界面，如图④所示。<br>（4）选择设置主机数据链，进入数据链设置界面，如图⑥所示；选择网络，主机会播报“移动站网络模式” |

### （二）网络设置

网络 RTK 需要接收远处固定基准站的信号，连接方式是数据流量，工作前要进行网络设置，见表 8-3-2。

**网络设置步骤及图示** 表 8-3-2

| 序　　号 | 标题 | 内　　容 |
| --- | --- | --- |
| 网络连接设置 | 图示 | <br>①　　②　　③ |
| | 步骤 | （1）工程之星软件点击配置，得到相应的下拉菜单，点仪器设置进入仪器设置下拉菜单，点击网络设置，进入网络设置界面，如图①所示。<br>（2）点击增加（增加新的网络账号信息）或“编辑”（更改原有网络账号信息），进入网络设置界面，如图②所示。<br>（3）在图②界面中，“名称”可自定义，“方式”“连接”“APN”不要改，输入相应 IP 地址、端口、账号密码选择相应接入点即可。<br>（4）点击“确定”——“连接”——进入登陆实时状态界面——待各项状态变绿打钩后，显示上发 GPGGA 数据即完成网络连接设置，如图③所示 |

## 二、RTK 野外数据采集的操作步骤

### （一）新建工程

将采集的数据保存在一个文件中，以便后期数据的导出，见表 8-3-3。

**RTK 新建工程的步骤与图示** 表 8-3-3

| 序　　号 | 标题 | 内　　容 |
| --- | --- | --- |
| 新建工程 | 图示 | 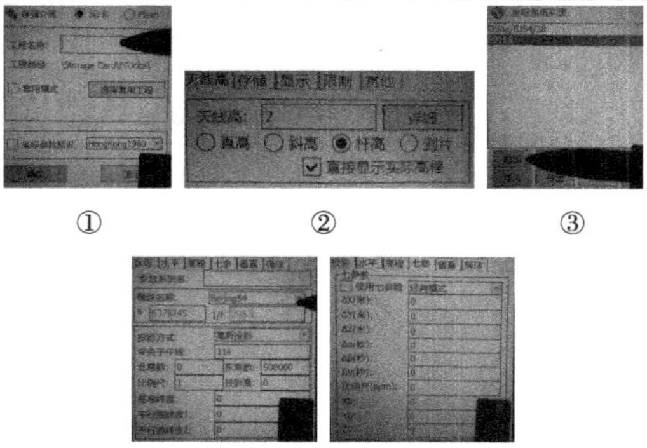<br>①　　②　　③<br>④　　⑤ |
| | 步骤 | （1）“工程”→“新建工程”，在弹出的对话框中输入工程名称点“确定”，如图①所示。<br>（2）“配置”→“工程设置”对话框中设置默认“天线高”，如图②所示。<br>（3）“配置” →“坐标系统设置” →“增加”设置新的坐标系统参数模板或“编辑”原有参数模板，如图③所示。<br>（4）“参数系统名称”，可以自定义；“椭球名称”，选好坐标系；“中央子午线”，设置中央子午线，如图④所示。<br>（5）如果有四参数或七参数的可以直接在“水平”或“七参”中输入，否则要自己采集点坐标求参数，如图⑤所示 |

## (二)校正坐标系

校正坐标系的方法有三种:一是直接输入坐标系转换的参数,二是求转换参数,三是已有转换参数进行点校正。网络 RTK 主要是求转换参数,见表 8-3-4。

**求转换参数的步骤与图示** 表 8-3-4

| 序　号 | 标题 | 内　容 |
| --- | --- | --- |
| 求转换参数 | 图示 |  ①  ②  ③ 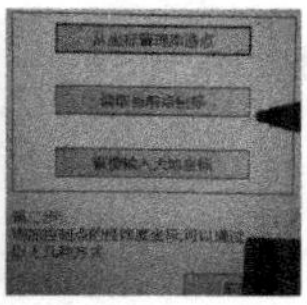 ④<br> ⑤  ⑥ 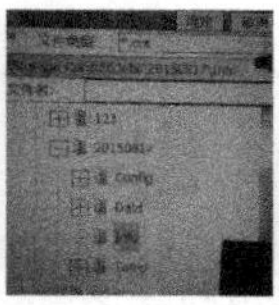 ⑦ 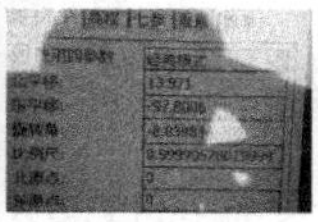 ⑧<br>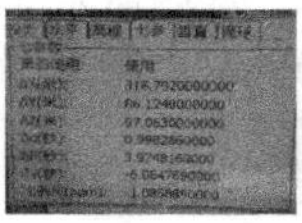 ⑨  ⑩ |
| | 步骤 | (1)首先在新建工程后到已知点点位测得两点的原始坐标。<br>(2)单击“输入”下拉菜单,如图①所示→“求转换参数”,进入界面②。<br>(3)单击“增加”进入界面③,输入控制点的已知坐标→点击“确定”,进入界面④。<br>(4)单击“从坐标管理库选点”进入界面⑤,选择对应已知点测得的原始坐标→点击“确定”,进入界面⑥。<br>(5)同样方法点“增加”,输入另外一个已知点。<br>(6)两点都输入后点击“保存”,进入界面⑦→输入自定义的文件名 → 点击“确定”保存成功,返回界面⑥。<br>(7)单击“应用”→“是”,至此参数求解完毕。<br>(8)如图⑩单击绿色按钮(图中箭头指示处)查看水平四参数,如图⑧所示;查看七参数,如图⑨所示。<br>注:四参数合格标准——旋转角是一个比较小的数,比例因子 $K$ 范围保证在 0.9999 ~ 1.0000 之间;七参数合格标准——七个转换参数都有参考限值,$X$、$Y$、$Z$ 轴旋转一般都必须是秒级的(工程之星中限值为小于 10s);$X$、$Y$、$Z$ 轴平移一般小于 1000 |

### (三)点测量

在地形图各特征点进行点测量，获取点位信息，为绘图提供必要数据，见表8-3-5。

**点测量的步骤与图示** 表8-3-5

| 序　　号 | 标题 | 内　　容 |
|---|---|---|
| 点测量 | 图示 | 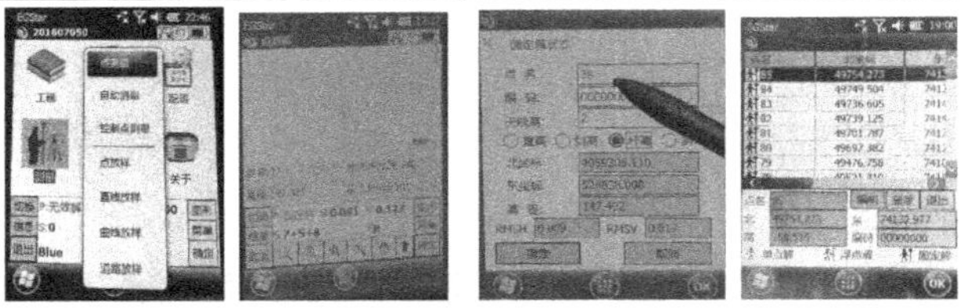<br>①　②　③　④ |
| | 步骤 | (1)打开工程之星，点击“测量”，如图①所示。<br>(2)点击“点测量”，进入图②所示界面。<br>(3)按手簿上“A”键进行测量，然后在弹出对话框中输入“点号”和“天线高”，按“OK”确定(保存)，如图③所示。继续存点时，点名将自动累加。<br>(4)连续按两次“B”键，可以查看所测量坐标，如图④所示 |

## 三、数据传输

数据传输的目的是将外业采集数据以绘图时的数据格式传输到计算机中，并以数据文件形式记录保存下来，为数字绘图提供数据源。野外采集数据传输的步骤与图示见表8-3-6。

**野外采集数据传输的步骤与图示** 表8-3-6

| 序　　号 | 标题 | 内　　容 |
|---|---|---|
| 1. 数据导出 | 图示 | 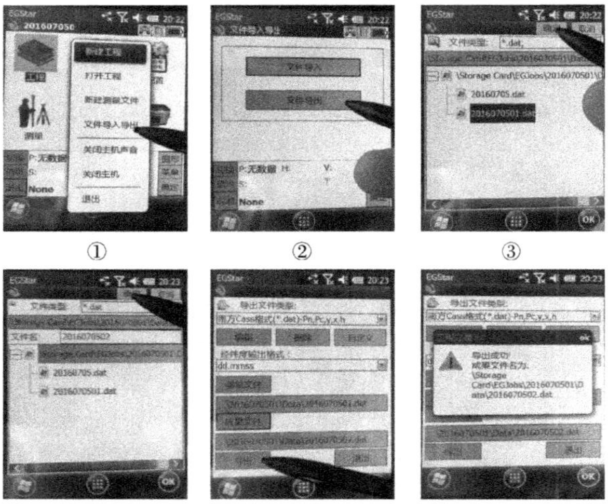<br>①　②　③<br>④　⑤　⑥ |
| | 步骤 | (1)数据的导出：“工程 ”→“文件导入导出”如图①所示 → “文件导出”如图②所示→选择相应的导出文件类型，一般选南方 cass 格式如图⑤所示→ 选择测量文件如图③所示→成果文件自定义命名如图④所示→“导出”如图⑤所示→导出成功如图⑥所示。<br>(2)导出的成果文件在 StorageCard → EGjobs→ 相应工程文件名→data 文件里。<br>(3)数据可以直接通过电缆通过电脑从手簿里拷出，也可以用U盘直接从手簿里拷出 |

续上表

| 序　　号 | 标题 | 内　　容 |
| --- | --- | --- |
| 2. 数据传输 | 图示 | 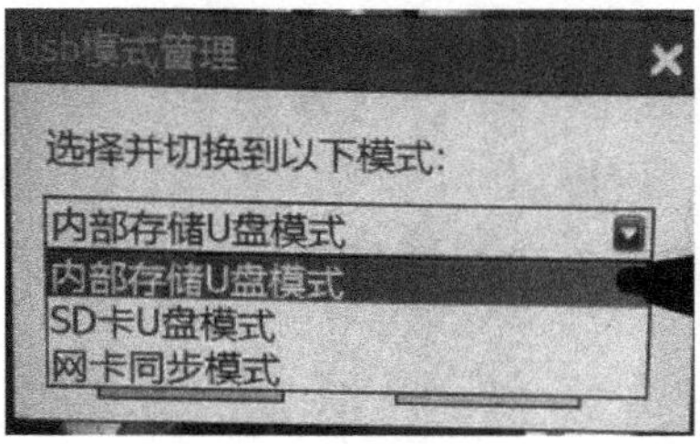 |
| | 步骤 | (1)数据传输可以直接通过数据线从手簿里拷入电脑。<br>(2)如果连接电脑后不出现 U 盘图标,需要进行如下操作:“设置”→“系统”→“USB 管理”→“内部存储 U 盘模式”。<br>(3)选择“SD 卡 U 盘模式”,可以通过数据电缆电脑分别直接读到手簿内存及内置 SD 卡里的数据。<br>(4)选择“网卡同步模式”则需要电脑安装微软的 Microsoft ActiveSync 同步软件 |

## 四、注意事项

(1)手簿显示“无数据”,此时手簿与主机蓝牙断开,原因一般是手簿与主机距离超出蓝牙控制范围。手簿与主机的距离最好不要超过 15m,否则手簿软件界面容易卡屏。

(2)工程之星网络信号前正常是显示“R”,有时会跳成数字 1 ~ 8。这是因为非正常关机导致主机模式跳到电台模式,重新调回网络 RTK 模式即可。

(3)网络设置都正确,手机卡也不欠费,显示单点解。GPS 主机未加外接网络天线。

(4)网络设置里连接网络时,若网络验证不能通过,说明手机卡欠费或手机卡接触不良;若用户名密码验证不能通过,说明用户名密码错误。

(5)测得点坐标高程与实际差 1.8m 或 2m 左右,这是因为新建工程时仪器高没有输入,测得的数据差了对中杆的高度。

(6)开机时主机嘀嘀嘀的响而且状态灯在电池充足的时候闪烁,这说明主机注册码过期,主机注册在“关于”→“主机注册”里面,注册码区分大小写,手簿输入大写字母按住“Shift”键,注册码内容为 0 ~ 9 和 A ~ F 数字字母组合,无英文字母 O。

### 任务思考

1. RTK 数据采集的步骤有哪些?
2. 求转换参数的操作步骤有哪些?
3. 采集后的数据怎么与电脑进行传输?

### 任务评价

任务考核评价表见附表。

# 任务8-4　大比例尺地形图成图

## 任务描述

全站仪与RTK野外数据采集的结果以坐标数据形式存储，如何将数据文件转化可以识别的图形？本节课任务是将前面采集的数据绘制大比例尺地形图。

## 任务目标

通过学习和完成本任务，你将能够：

1. 明确CASS进行大比例地形图成图的基本操作；
2. 掌握等高线的绘制、地形图的分幅与整饰。

## 建议课时

3课时。

## 任务引入和分析

通过前面的学习我们知道了野外数据采集的方法及相关的仪器操作，大比例尺地形图在公路工程测量中的应用主要在勘测设计阶段图上选线与设计，为此我们必须绘制大比例尺地形图。本任务的主要内容就是明确CASS软件进行大比例尺地形图成图的基本操作，掌握等高线的绘制、地形图的分幅与整饰。

## 任务实施

大比例尺地形图是工程规划、设计和施工中的重要地形资料，特别是在规划设计阶段，要以地形图为底图。如何根据野外采集的数据成图，是我们本任务的重点。市面上绘图软件有多种，下面以CASS9.2为例讲解大比例尺地形图成图。

CASS地形地籍成图软件是基于AutoCAD平台技术的GIS前端数据处理系统，广泛应用于地形成图、地籍成图、工程测量应用、空间数据建库等领域，使用骨架线实时编辑、简码用户化、GIS无缝接口等先进技术，全面面向GIS，彻底打通数字化成图系统与GIS接口。自CASS软件推出以来，已经成长成为用户量最大、升级最快、服务最好的主流成图系统。

### 一、CASS9.2的安装

**1. AutoCAD 2010 的安装**

CASS9.2适用于AutoCAD 2002/2004/2005/2006/2007/2008/2010，具体各版本AutoCAD的安装，请参考其官方说明书。

**2. CASS9.2 的安装**

CASS 9.0的安装应该在安装完AutoCAD 2010并运行一次后才进行，具体安装过程略。

### 二、CASS9.2主界面介绍

CASS9.2的操作界面主要分为：顶部菜单面板、右侧屏幕菜单和工具条、属性面板，如图

8-4-1 所示。每个菜单项均以对话框或命令行提示的方式与用户交互应答,操作灵活方便。其操作方法与 AutoCAD 相同,只是菜单、工具栏的内容有所不同。

图 8-4-1 CASS9.2 主界面

菜单包括菜单栏、屏幕菜单和光标菜单。菜单栏包括文件、工具、编辑等 13 个,点击任一选项都会弹出相应的下拉菜单。屏幕菜单主要用于绘图时选择定点方式和地物图层。工具栏除了 CASS9.2 自己的工具条之外,还包括 AutoCAD 的部分工具条。工具栏同样包括固定工具栏、浮动工具栏和随位工具栏。其使用方法与 AutoCAD 相同。

CASS9.2 的 13 个主菜单功能介绍:

(1)【文件】:主要用于控制文件的输入、输出,对整个系统的运行环境进行修改设定。

(2)【工具】:主要在编辑图形时提供绘图工具。

(3)【编辑】:主要通过调用 AutoCAD 命令,利用其强大丰富、灵活方便是编辑功能来编辑图形及管理图层。

(4)【显示】:提供观察一个图形多种方法及对象的三维动态显示,使视觉效果更加丰富多彩。

(5)【数据】:主要对数据导入导出,数据的编辑及对编码的编辑。

(6)【绘图处理】:确定比例尺、简码成图、高程信息的管理及分幅信息的生成、修改。

(7)【地籍】:主要是地籍图的绘制、编辑、修改及报表的生成与管理。

(8)【土地利用】:绘制行政区界,生成图斑等地类要素,对土地利用情况进行统计。

(9)【等高线】:建立数字地图模型,计算并绘制等高线或等深线,自动切除穿建筑物、陡坎、高程注记的等高线。

(10)【地物编辑】:主要对地物进行加工编辑。

(11)【检查入库】:进行图形的各种检查以及图形格式转换。

(12)【工程应用】:主要对其坐标查询、面积计算、断面图绘制和土方量计算等。

(13)【其他应用】:主要是用来建立数据库,对图纸进行管理,数字市政监管和符号自定义。

## 三、绘制地形图

对于图形的生成,CASS9.2 提供了“草图法”“简码法”“电子平板法”“数字化仪录入法”等多种成图作业方式,并可实时地将地物定位点和邻近地物(形)点显示在当前图形编辑窗口中,操作十分方便。

首先,要确定计算机内是否有您要处理的坐标数据文件(即您是否将野外观测的坐标数据从电子手簿或带内存的全站仪传到计算机上来)。如果没有,则要进行数据传输。

### (一)与全站仪及外设的连接

#### 1. 与全站仪的数据导入

在完成全站仪和计算机的连接以及全站仪的设置之后,就要把全站仪采集的数据传输到计算机里进行内业处理或将计算机里的数据传输到全站仪。

在 CASS9.2 的“数据”菜单下选择“读全站仪数据”子菜单,弹出如图 8-4-2 所示的对话框,选中的相应型号的全站仪。

联机:在“仪器”下拉列表中选取相应的拓普康仪器类型并选中“联机”复选框。然后检查通信参数是否设置正确(全站仪与软件系统设置必须一致)。在对话框最下面的“CASS 坐标文件”下的空栏中输入您想要保存的文件名,然后点击“转换”按钮,即弹出如图 8-4-3 对话框。

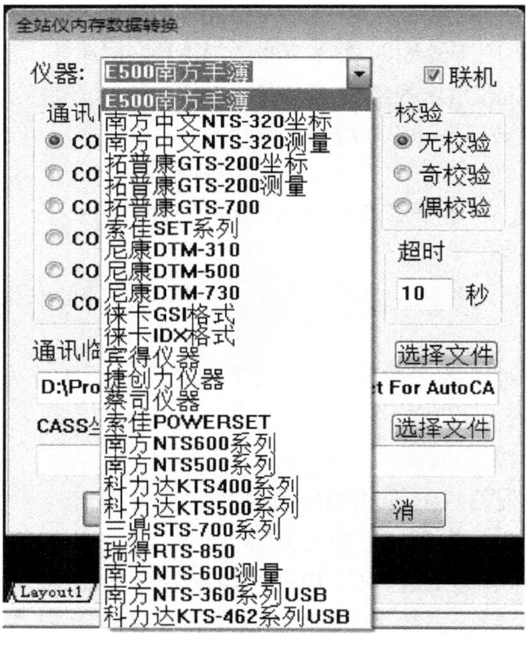


图 8-4-2 数据通信菜单

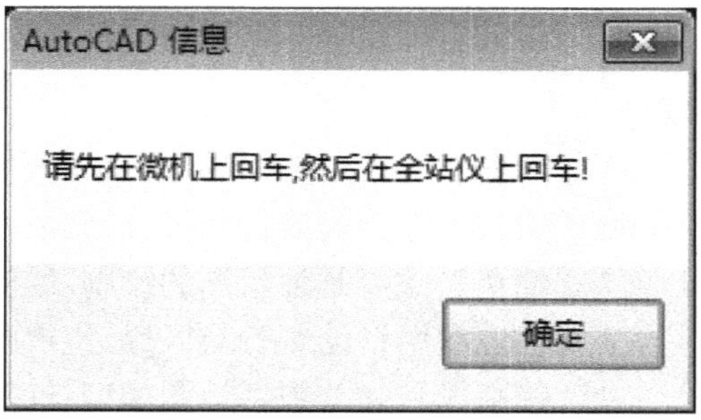


图 8-4-3 计算机等待全站仪信号

格式转换:将已有的拓普康相应格式的数据文件转换为 CASS 格式的坐标文件,先选择仪器及数据类型,去掉“联机”复选框,此时不需设置通信参数,在通信临时文件栏中给出要转换的数据文件路径或直接用“选择文件”去查找。在 CASS 坐标文件栏中给出目标文件名,然后点击“转换”按钮即可。

#### 2. 与测图精灵的数据导入

将 *.SPD 文件拷到您的桌面计算机上,启动 CASS9.2,在“数据”菜单中选择“测图精灵格式转换/读入”或在命令行中键入“readspda”后回车，在弹出的对话框中输入扩展名为 SPD 的文件名后，按 OK 键打开，图形即被读入到 CASS9.2，同时在存放该文件的目录下会自动生成两个文件，分别是 *.dat(CASS9.2 格式坐标数据文件) 和 *.hvs(原始数据文件，可用记事本打开浏览)。

**(二)内业成图**

全站仪野外数据采集方法有“草图法”“简码法”和“测图精灵”，在此只介绍“草图法”的作业流程，其他见 CASS9.2 用户手册。

“草图法”工作方式要求外业工作时，除了测量员和跑尺员外，还要安排一名绘草图的人员。在跑尺员跑尺时，绘图员要标注出所测的是什么地物(属性信息)及记下所测点的点号(位置信息)。在测量过程中要和测量员及时联系，使草图上标注的某点点号要和全站仪里记录的点号一致，而在测量每一个碎部点时不用在电子手簿或全站仪里输入地物编码，故又称为“无码方式”。

“草图法”在内业工作时，根据作业方式的不同，分为“点号定位”“坐标定位”“编码引导”几种方法。这里只介绍点号定位法。

**1. 定显示区**

定显示区的作用是根据输入坐标数据文件的数据大小定义屏幕显示区域的大小，以保证所有点可见。

首先移动鼠标至“绘图处理”项，按左键，即出现如图 8-4-4 下拉菜单。然后选择“定显示区”项，按左键，即出现一个对话窗，如图 8-4-5 所示。这时，需选择碎部点坐标数据文件名。可采用 WINDOWS 选择打开文件的操作方法按文件存储路径 C:\CASS9.2\DEMO\YMSJ.DAT 打开，这时，命令区显示：

最小坐标(米)：$X=31067.315, Y=54075.471$

最大坐标(米)：$X=31241.270, Y=54220.000$

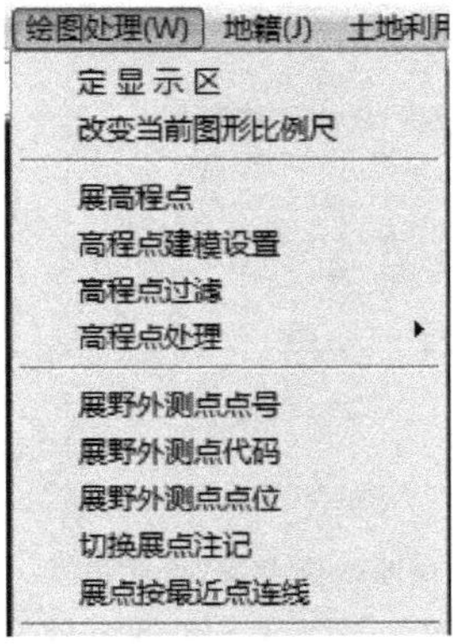


图 8-4-4 数据处理下拉菜单

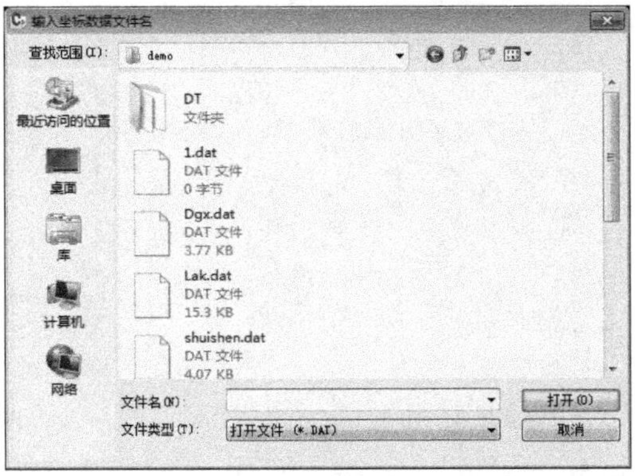


图 8-4-5 选择测点点号定位成图法的对话框

**2. 选择测点点号定位成图法**

移动鼠标至屏幕右侧菜单区之“坐标定位/点号定位”项，如图 8-4-6 所示，按左键，即出现图 8-4-7 所示的对话框，同上找到坐标数据文件。命令区提示：读点完成！共读入 60 点。

**3. 绘平面图**

根据野外作业时绘制的草图，移动鼠标至屏幕右侧菜单区选择相应的地形图图式符号，然后在屏幕中将所有的地物绘制出来。系统中所有地形图图式符号都是按照图层来划分的,例如所有表示测量控制点的符号都放在“控制点”这一层,所有表示独立地物的符号都放在“独立地物”这一层,所有表示植被的符号都放在“植被园林”这一层。

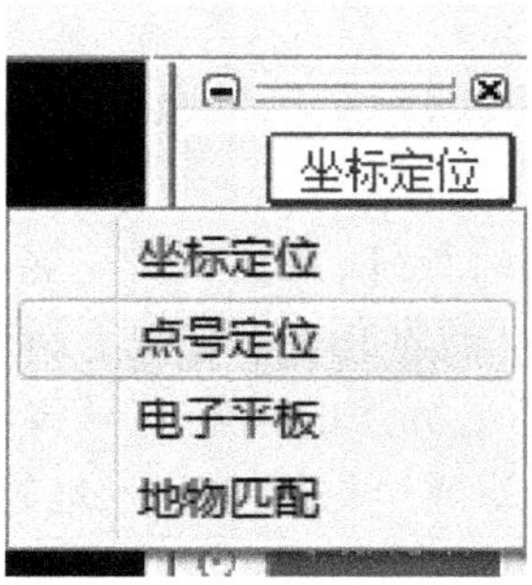


图 8-4-6　坐标定位菜单

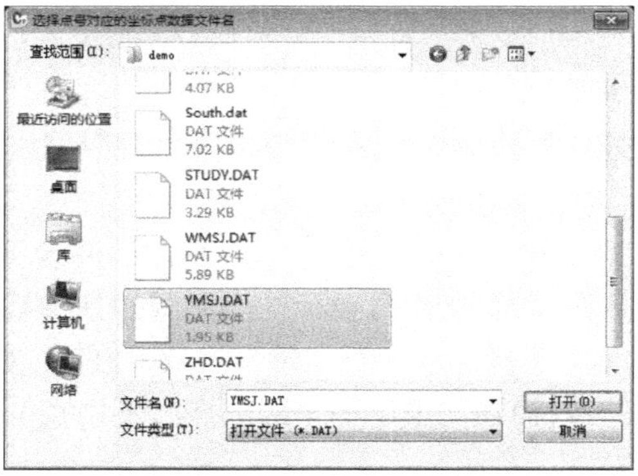


图 8-4-7　选择点号对应的坐标点数据文件名

(1)为了更加直观地在图形编辑区内看到各测点之间的关系，可以先将野外测点点号在屏幕中展出来。其操作方法是:先移动鼠标至屏幕的顶部菜单“绘图处理”项按左键,这时系统弹出一个下拉菜单,如图 8-4-4 所示。再移动鼠标选择“展野外测点点号”项按左键,命令区提示:测图比例尺,输入比例尺如 1:500,便出现如图 8-4-5 所示的对话框。选择坐标数据文件名 C:\CASS9.2\DEMO\YMSJ.DAT 后,便可在屏幕展出野外测点的点号。

(2)根据外业草图,选择相应的地图图式符号在屏幕上将平面图绘出来,如图 8-4-8 所示,由 33、34、35 号点连成一间普通房屋。移动鼠标至右侧菜单“居民地/一般房屋”处按左键,系统便弹出如图 8-4-9 所示的对话框。再移动鼠标到“四点房屋”的图标处按左键,图标变亮表示该图标已被选中,然后移鼠标至 OK 处按左键。这时命令区提示:

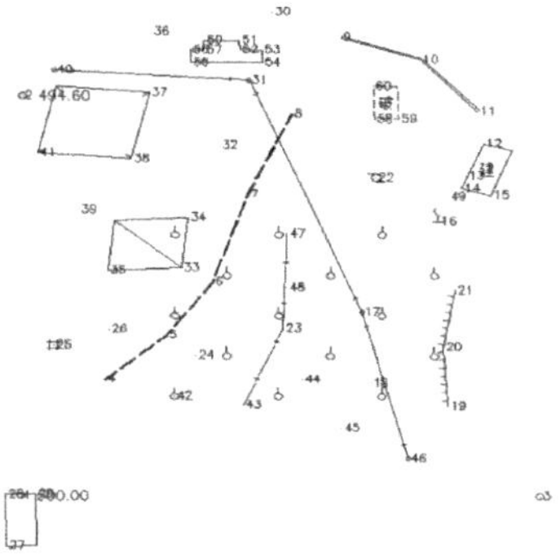

图 8-4-8　外业作业草图

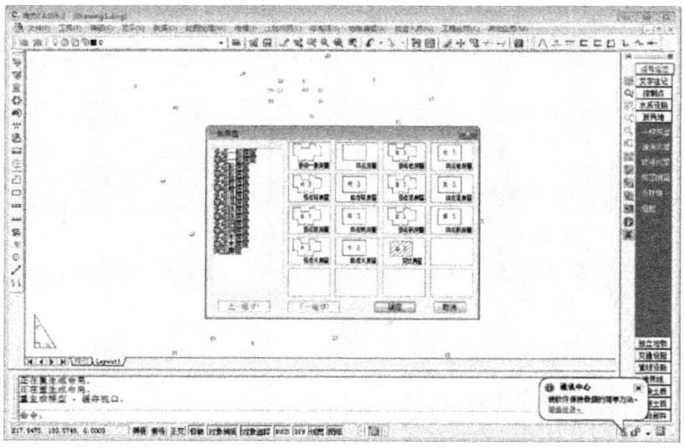

图 8-4-9　“居民地\一般房屋”图层图例

1.已知三点/2.已知两点及宽度/3.已知四点 <1>:输入 1,回车(或直接回车默认选 1)。

说明:已知三点是指测矩形房子时测了三个点;已知两点及宽度则是指测矩形房子时测了两个点及房子的一条边;已知四点则是测了房子的四个角点。

点 P/<点号>输入 33,回车。

说明:点 P 是指由您根据实际情况在屏幕上指定一个点;点号是指绘地物符号定位点的点号(与草图的点号对应),此处使用点号。

点 P/ <点号 >输入 34,回车。

点 P/ <点号 >输入 35,回车。

这样,即将 33、34、35 号点连成一间普通房屋。

**注意:**

(1)当房子是不规则的图形时,可用“实线多点房屋”或“虚线多点房屋”来绘。

(2)绘房子时,输入的点号必须按顺时针或逆时针的顺序输入,如上例的点号按 34、33、35 或 35、33、34 的顺序输入,否则绘出来房子就不对。

重复上述操作,将 37、38、41 号点绘成四点棚房;60、58、59 号点绘成四点破坏房子;12、14、15 号点绘成四点建筑中房屋;50、52、51、53、54、55、56、57 号点绘成多点一般房屋;27、28、29 号点绘成四点房屋。

同样在“居民地/垣栅”层找到“依比例围墙”的图标,将 9、10、11 号点绘成依比例围墙的符号;在“居民地/垣栅”层找到“篱笆”的图标将 47、48、23、43 号点绘成篱笆的符号。完成这些操作后,其平面图如图 8-4-10 所示。

再把草图中的 19、20、21 号点连成一段陡坎,其操作方法:先移动鼠标至右侧屏幕菜单“地貌土质/坡坎”处按左键,这时系统弹出如图 8-4-11 所示的对话框。

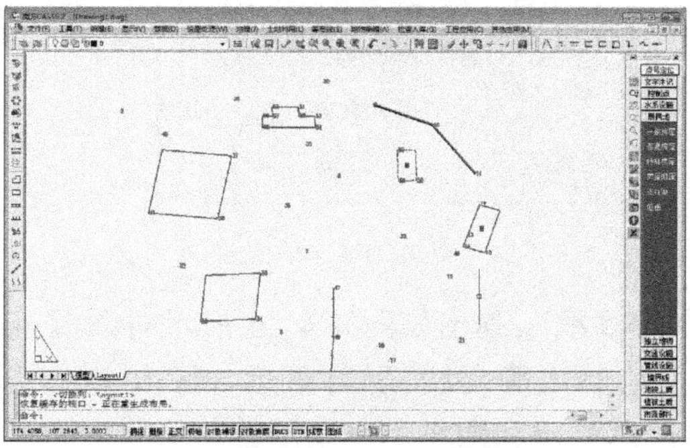

图 8-4-10 “地貌土质”图层图例

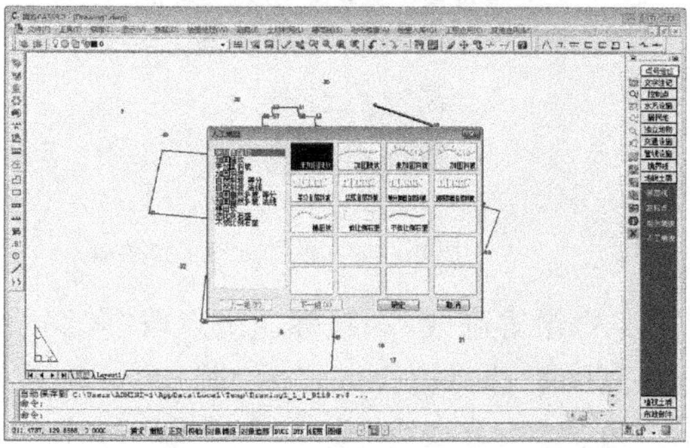

图 8-4-11 用“居民地”图层绘的平面图

移鼠标到表示未加固陡坎符号的图标处按左键选择其图标,再移鼠标到“OK”处按左键确认所选择的图标。命令区便分别出现以下的提示:

点 P/ <点号 >:输入 19,回车。

点 P/ <点号 >:输入 20,回车。

点 P/ <点号 >:输入 21,回车。

点 P/ <点号 >:回车或按鼠标的右键,结束输入。

拟合吗? <N >回车或按鼠标的右键,默认输入 N。

说明:拟合的作用是对复合线进行圆滑。

这时,便在 19、20、21 号点之间绘成陡坎的符号,如图 8-4-12 所示。注意:陡坎上的坎毛生成在绘图方向的左侧。

这样,重复上述的操作便可以将所有测点用地图图式符号绘制出来。在操作的

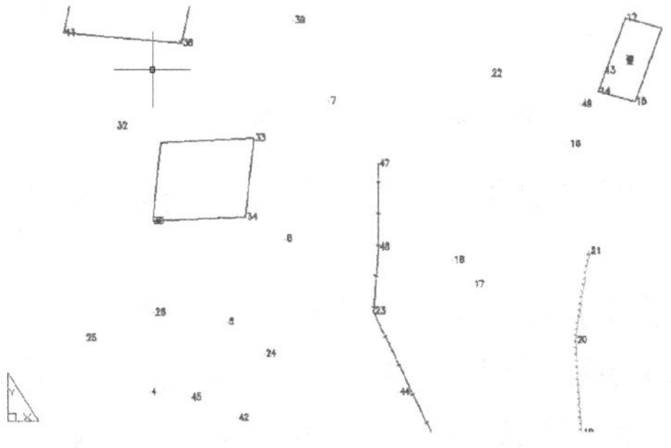

图 8-4-12 加绘陡坎后的平面图

过程中,您可以嵌用 CAD 的透明命令,如放大显示、移动图纸、删除、文字注记等。

**4. 绘等高线**

(1)展高程点:用鼠标左键点取"绘图处理"菜单下的"展高程点"(图 8-4-13),将会弹出数据文件的对话框,找到 D:\Program Files(x86)\Cass92_net For AutoCAD2010\STUDY.DAT,选择"确定"。

命令区提示:注记高程点的距离(米):直接回车,表示不对高程点注记进行取舍,全部展出来。

(2)建立 DTM 模型:用鼠标左键点取"等高线"菜单下"建立 DTM",弹出如图 8-4-14 所示对话框。根据需要选择建立 DTM 的方式和坐标数据文件名,然后选择建模过程是否考虑陡坎和地形线,选择"确定",生成如图 8-4-15 所示 DTM 模型。

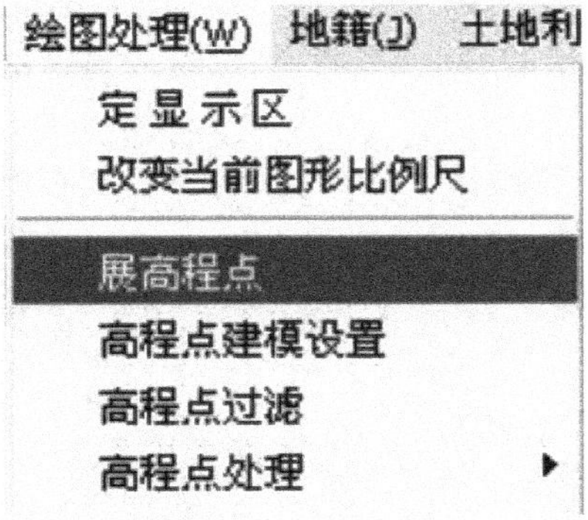


图 8-4-13 绘图处理下拉菜单

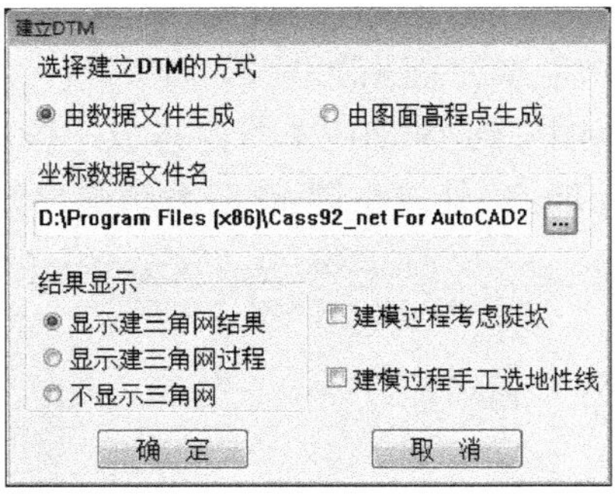


图 8-4-14 建立 DTM 对话框

(3)绘等高线:用鼠标左键点取"等高线/绘制等高线",弹出如图 8-4-16 所示对话框:输入等高距后选择拟合方式后"确定"。则系统马上绘制出等高线,屏幕显示如图 8-4-17 所示。再选择"等高线"菜单下的"删三角网",这时屏幕显示如图 8-4-18 所示。

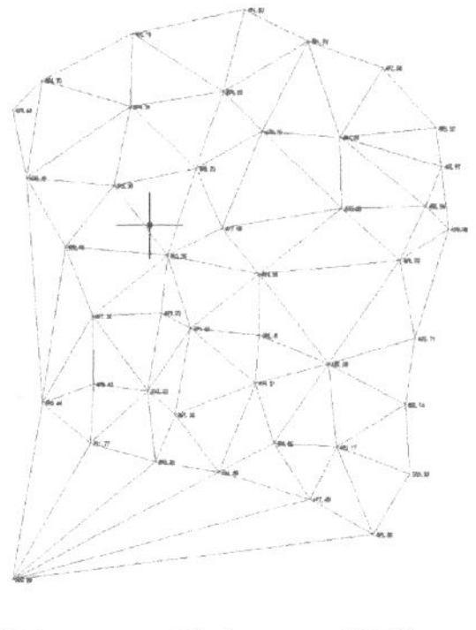

图 8-4-15 建立 DTM 模型

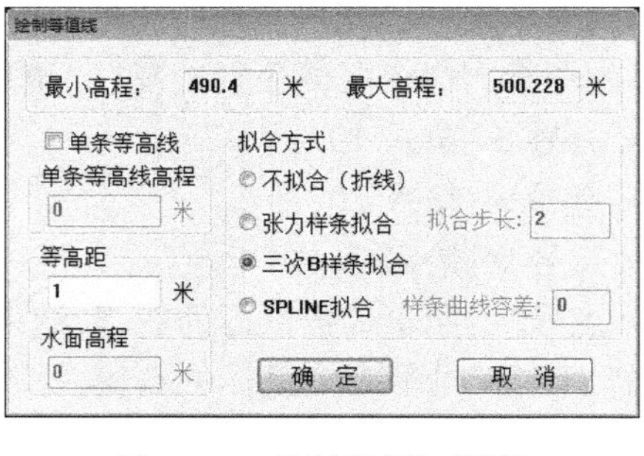


图 8-4-16 绘制等高线对话框

(4)等高线的修剪。利用"等高线"菜单下的"等高线修剪"二级菜单,如图 8-4-19 所示。

用鼠标左键点取"批量修剪等高线",进入对话框如图 8-4-20 所示,选择"建筑物",软件将自动搜寻穿过建筑物的等高线并将其进行整饰。点取"切除指定二线间等高线",依提示依次用鼠标左键选取左上角的道路两边,CASS9.2 将自动切除等高线穿过道路的部分。点取"切除穿高程注记等高线",CASS9.2 将自动搜寻,把等高线穿过注记的部分切除。

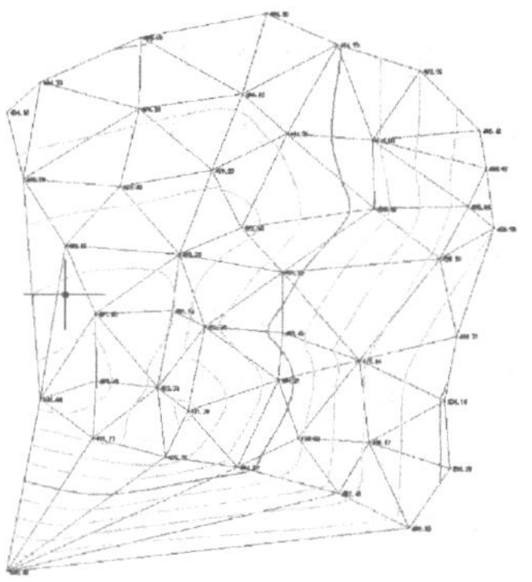

图 8-4-17　绘制等高线

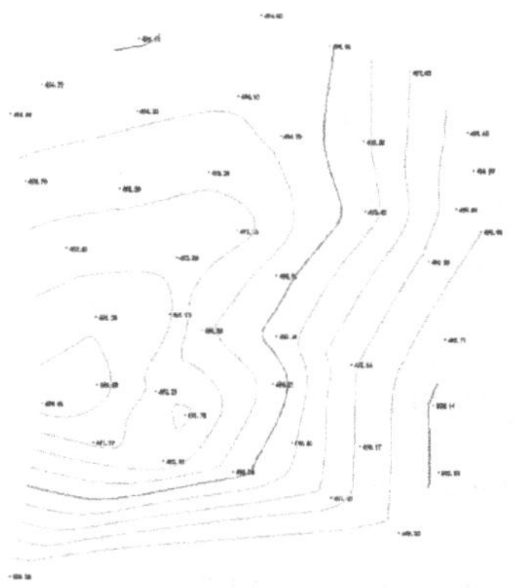

图 8-4-18　等高线

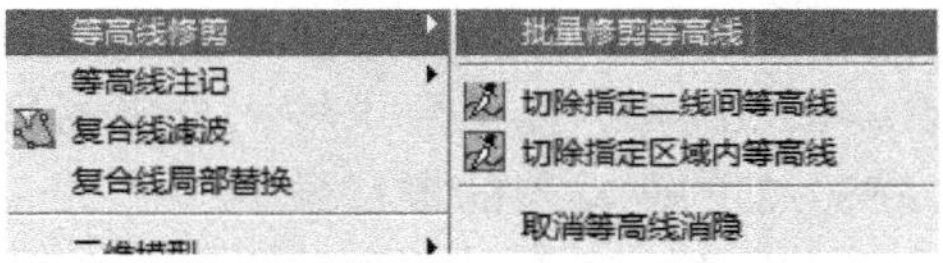


图 8-4-19　“等高线修剪”菜单

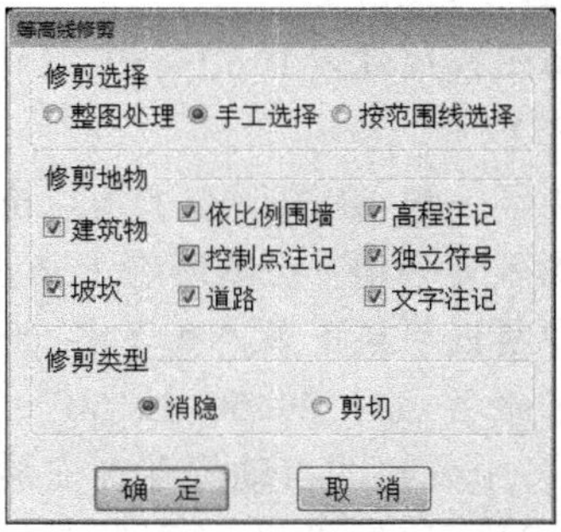


图 8-4-20　等高线修剪对话框

(5)等高线的注记:用“窗口缩放”项得到局部放大图,如图 8-4-21 所示,再选择“等高线”下拉菜单之“等高线注记”的“单个高程注记”项,如图 8-4-22 所示。

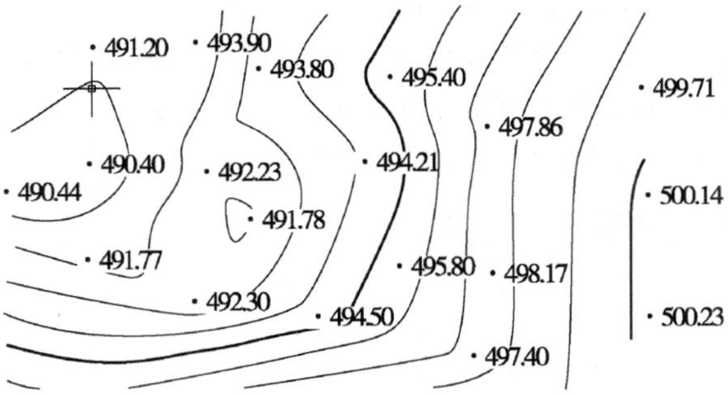


图 8-4-21　局部放大图

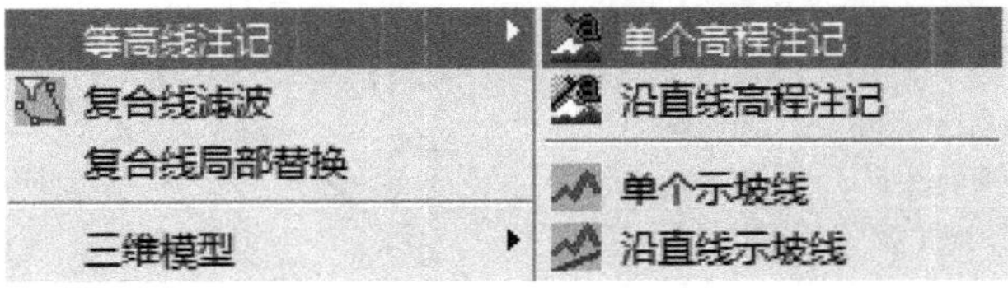


图 8-4-22　等高线注记

命令区提示:

选择需注记的等高(深)线:移动鼠标至要注记高程的等高线位置按左键,如 $A$。

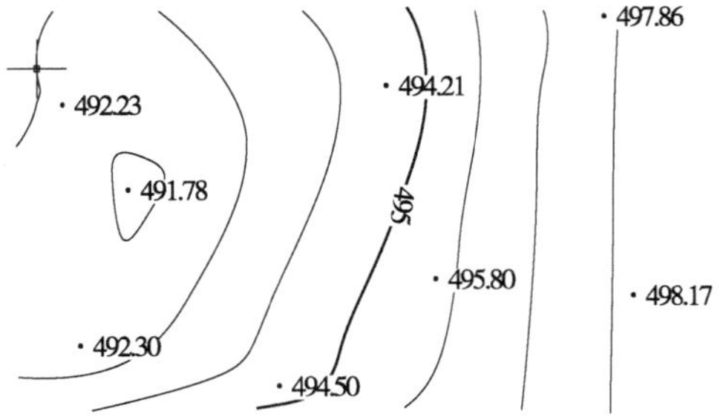

图 8-4-23　等高线注记

依法线方向指定相邻一条等高(深)线：移动鼠标至要注记高程的等高线位置按左键，如 B。

等高线的高程值即自动注记在 *A* 处，且字头朝 *B* 处，如图 8-4-23 所示。

**5. 图形分幅**

在图形分幅前，您应做好分幅的准备工作。您应了解您图形数据文件中的最小坐标和最大坐标。注意：在 CASS9.2 下侧信息栏显示的数学坐标和测量坐标是相反的，即 CASS9.2 系统中前面的数为 *Y* 坐标（东方向），后面的数为 *X* 坐标（北方向）。

将鼠标移至“绘图处理”菜单项，点击左键，弹出下拉菜单，选择“批量分幅/建方格网”，命令区提示：

请选择图幅尺寸：(1)50 × 50 (2)50 × 40 (3)自定义尺寸 <1> 按要求选择。此处直接回车默认选 1。

输入测区一角：在图形左下角点击左键。

输入测区另一角：在图形右上角点击左键。

这样在所设目录下就产生了各个分幅图，自动以各个分幅图的左下角的东坐标和北坐标结合起来命名，如：“29.50-39.50”、“29.50-40.00”等。如果要求输入分幅图目录名时直接回车，则各个分幅图自动保存在安装了 CASS9.2 的驱动器的根目录下。

选择“绘图处理/批量分幅/批量输出”，在弹出的对话框中确定输出的图幅的存储目录名，然后确定即可批量输出图形到指定的目录。

**6. 加注记**

下面我们演示在平行等外公路上加“经纬路”三个字。用鼠标左键点取右侧屏幕菜单的“文字注记-通用注记”项，弹出如图 8-4-24 所示的界面。

首先在需要添加文字注记的位置绘制一条拟合的多功能复合线，然后在注记内容中输入“经纬路”并选择注记排列和注记类型，输入文字大小确定后选择绘制的拟合的多功能复合线即可完成注记。注记后的地形图如图 8-4-25 所示。

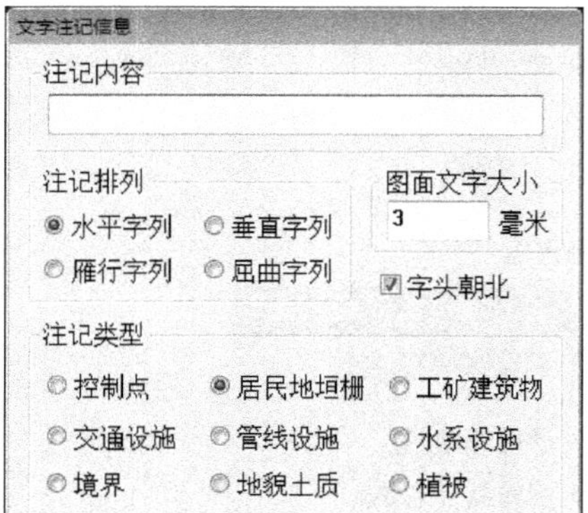

图 8-4-24　弹出文字注记对话框

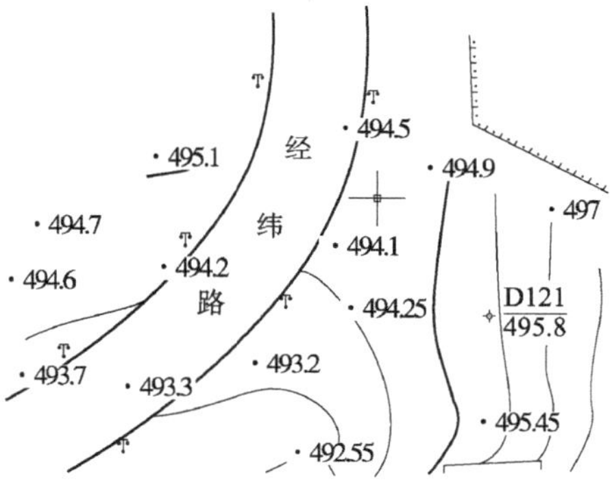

图 8-4-25　注记后的地形图

**7. 加图框**

用鼠标左键点击“绘图处理”菜单下的“标准图幅(50×40)”，弹出如图 8-4-26 的界面。

在“图名”栏里，输入“建设新村”；在“左下角坐标”的“东”“北”栏内分别输入“53073”“31050”；在“删除图框外实体”栏前打钩，然后按确认。这样这幅图就作好了，如图 8-4-27 所示。

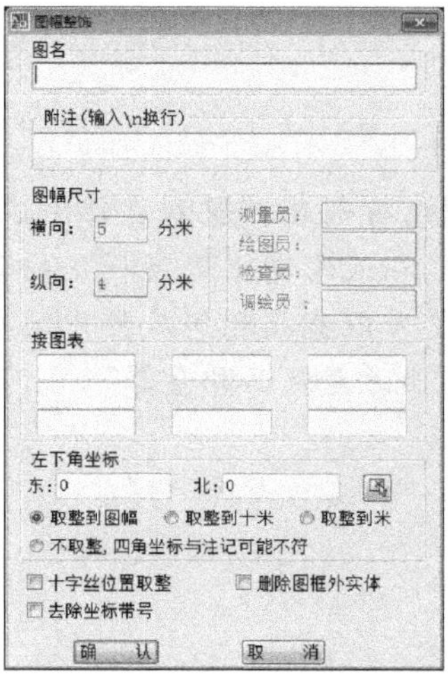


图 8-4-26　输入图幅信息

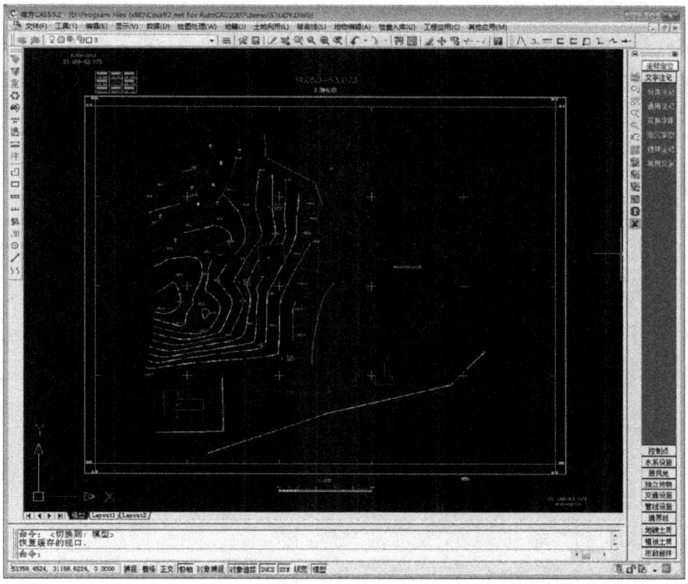

图 8-4-27　加图框

## 任务思考

1. 在 CASS 软件中如何绘制平面图？
2. 绘制等高线的步骤是什么？

## 任务评价

任务考核评价表见附表。

# 任务 8-5　地形图在工程建设中的应用

## 任务描述

工程建设初期设计阶段经常用到大比例尺地形图，大比例尺地形图可以为工程提供哪些信息呢？

## 任务目标

通过学习和完成本任务，你将能够：

1. 明确大比例尺地形图上如何获取基本几何要素；
2. 掌握断面图的绘制、土方量的计算及面积的量算。

## 建议课时

2 课时。

## 任务引入和分析

通过前面的学习我们知道了大比例地形图的数据采集及内业绘图，大比例尺地形图在公路工程测量中的作用在前面绪论中也曾学习过，今天我们具体的学习一下地形图的应用。本任务的主要内容就是明确大比例地形图上几何要素的量测，掌握断面图的绘制、土方量的计算和面积的量算。

## 任务实施

大比例尺地形图是工程规划、设计和施工中的重要地形资料，特别是在规划设计阶段，不仅要以地形图为底图，进行总平面的布设，而且还要根据需要，在地形图上进行一定的量算工作，以便因地制宜地进行合理是规划和设计。工程技术人员可以直接利用软件中的功能，从地形图上查询点线面等基本信息，也可以绘制断面图，进行土方量及面积量算。

### 一、基本几何要素的量测

#### (一)查询指定点坐标

功能：计算并显示指定点的坐标。

操作过程：按命令行提示进行操作。

提示：指定查询点，用鼠标选择所要查询的点。

显示结果：测量坐标：$X$ = xxxx 米 $Y$ = xxxx 米 $H$ = xxxx 米。

说明：屏幕左下角所显示的就是实际的坐标，只是 $x$ 和 $y$ 的顺序调了过来。

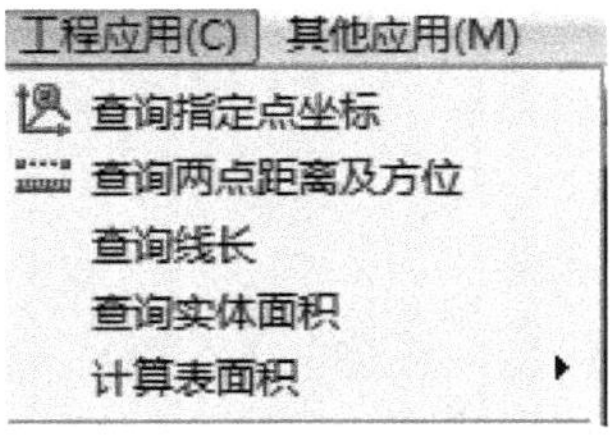

图 8-5-1　基本几何要素查询菜单

#### (二)查询两点距离及方位

功能：计算两个指定点之间的实际距离和方位角，如图 8-5-1 所示。

操作过程：按命令行提示进行操作。

提示：第一点，用鼠标捕捉第一点。

第二点，用鼠标捕捉第二点。

显示结果：两点间距离 = 57.514 米，方位角 = 91°20′39.39″。

#### (三)查询线长

功能：计算并显示线性地物的长度，曲线的线长难以用普通方法测量，本功能就是用于实现这个目的。

操作过程：按命令行提示进行操作。

提示：选择精度(1)0.1 米 (2)1 米 (3)0.01 米 <1>选择所需精度。

选择曲线：用鼠标点取所要查询的线性地物。

说明：选择精度越高，计算时间越长。

#### (四)查询实体面积

功能：计算面或圆的面积。

操作过程:按命令行提示进行操作。

(1)选取实体边线 (2)点取实体内部点 <1>如选2,则提示如下:

输入区域内一点:

区域是否正确?(Y/N) <Y>

实体面积为 XXXX.XXX 平方米

说明:如选(1),则面必须是封闭的实体;如(2),则面可以是不封闭。

## 二、断面图的绘制

绘制断面图的方法有四种:一是坐标文件生成,二是根据里程文件,三是根据等高线,四是根据三角网,如图8-5-2所示。

### (一) 由坐标文件生成

坐标文件指野外观测的包含高程点文件,操作如下。

先用复合线生成断面线,选择"工程应用\绘断面图\根据已知坐标"功能。

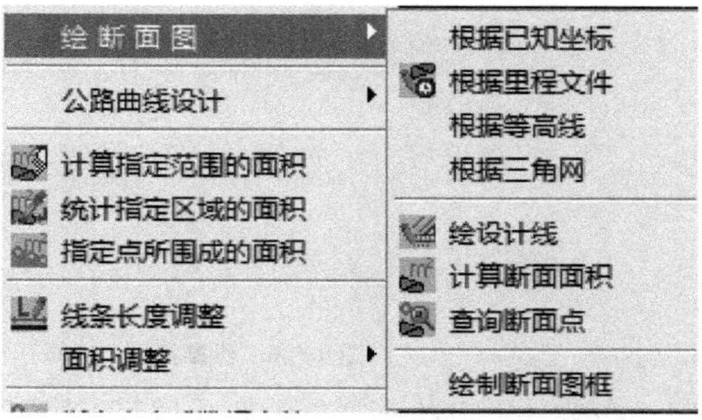


图8-5-2　绘断面图

提示:选择断面线用鼠标点取上步所绘断面线。屏幕上弹出"断面线上取值"的对话框,如图8-5-3所示,如果"坐标获取方式"栏中选择"由数据文件生成",则在"坐标数据文件名"栏中选择高程点数据文件。如果选"由图面高程点生成",此步则为在图上选取高程点,前提是图面存在高程点,否则此方法无法生成断面图。

输入采样点间距:输入采样点的间距,系统的默认值为0m。采样点的间距的含义是复合线上两顶点之间若大于此间距,则每隔此间距内插一个点。

输入起始里程:系统默认起始里程为0。

点击"确定"之后,屏幕弹出绘制纵断面图对话框,如图8-5-4所示。

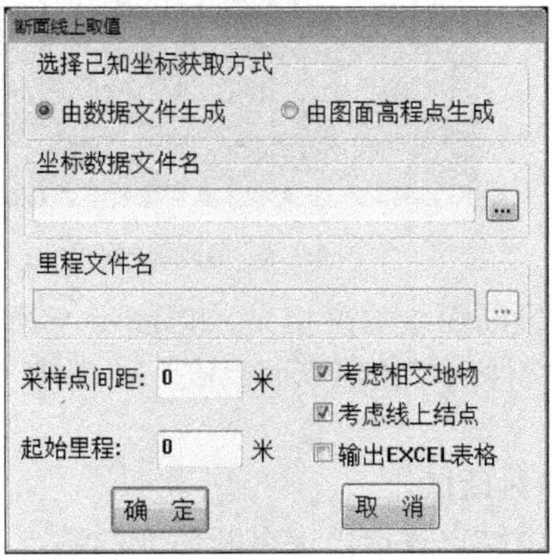


图8-5-3　断面线上取值

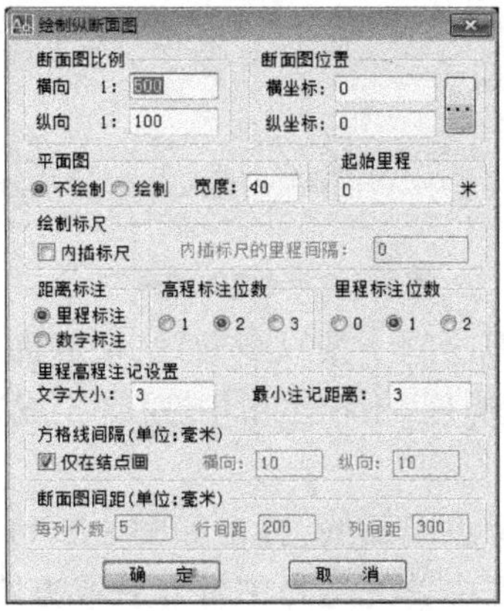


图8-5-4　绘制纵断面图

输入相关参数,如:

横向比例为1: <500> 输入横向比例,系统的默认值为1:500。

纵向比例为 1: <100 > 输入纵向比例,系统的默认值为 1:100。

断面图位置:可以手工输入,亦可在图面上拾取。

可以选择是否绘制平面图、标尺、标注,还有一些关于注记的设置。

点击“确定”之后,在屏幕上出现所选断面线的断面图,如图 8-5-5 所示。

**(二)由里程文件生成**

制作里程文件有几种方式,如由断面线生成、由复合线生成、由等高线生成、由三角网生成、由坐标文件生成。由断面线生成可以绘制横断面图,为此下面就由断面线制作里程文件作简要介绍。

**1. 由断面线制作里程文件**

点击“绘图处理”下拉菜单中的“展高程点”,展绘外业测量点数据文件,如图 8-5-6 所示。

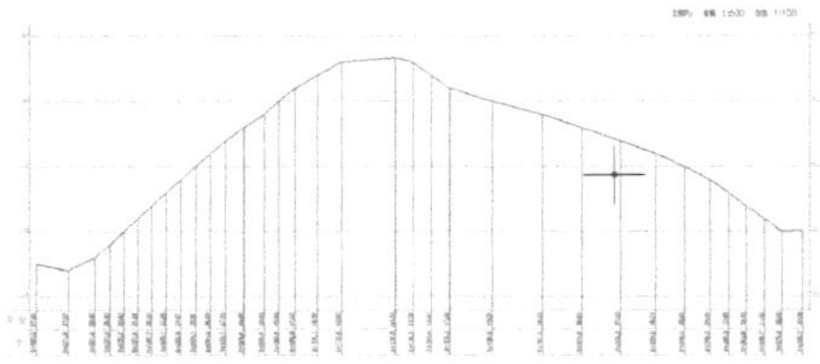

图 8-5-5 纵断面图

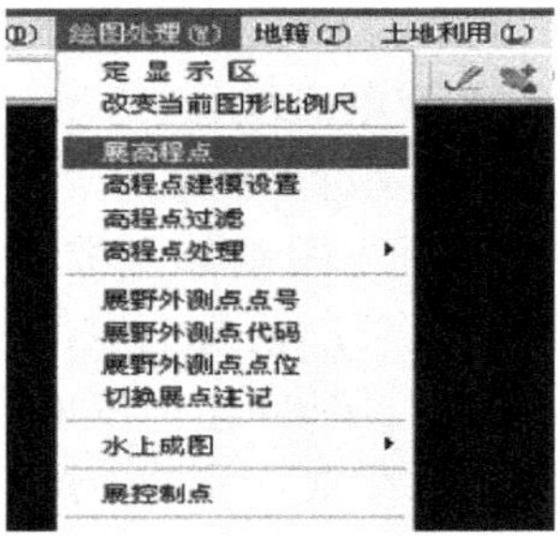


图 8-5-6 展绘高程点

在软件下方状态栏处设置比例尺,然后回车确定。打开野外数据文件(图 8-5-7),展绘高程点,如图 8-5-8 所示。

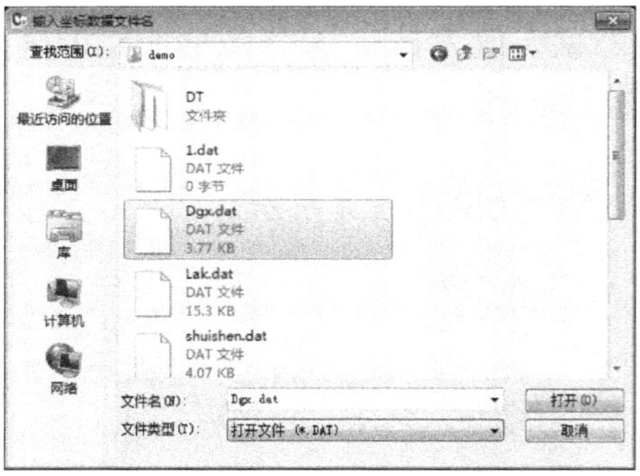


图 8-5-7 选择数据文件

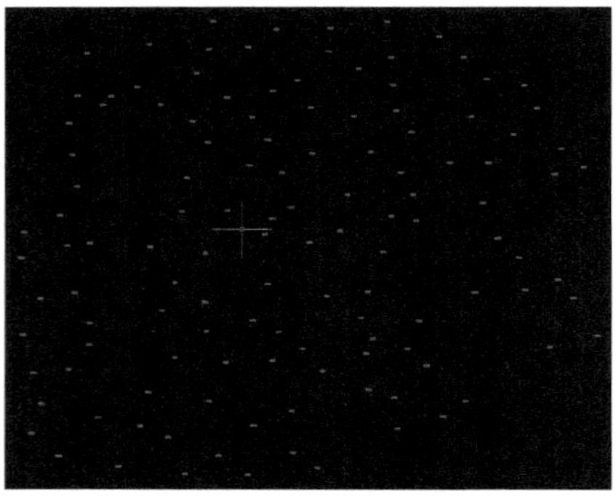

图 8-5-8 展绘高程点完成

用复合线绘制一条纵断面线,横断面与此纵断面线垂直相交,如图 8-5-9 所示。

在“工程应用”下拉菜单中选择“生成里程文件” > “由纵断面生成” > “新建”,如图 8-5-10 所示。

然后选择纵断面线,弹出如图 8-5-11 所示对话框。

在对话框中首先选择中桩点获取方式:其中结点表示处理纵断面线的结点不考虑等分;等分表示只对纵断面线等分不考虑结点;等分且处理结点则表示既处理结点也考虑等分纵断面线。然后分别在对话框中输入横断面间距、横断面左边长度和横断面右边长度,点击确定后在图面上就会生成横断面线,如图 8-5-12 所示。

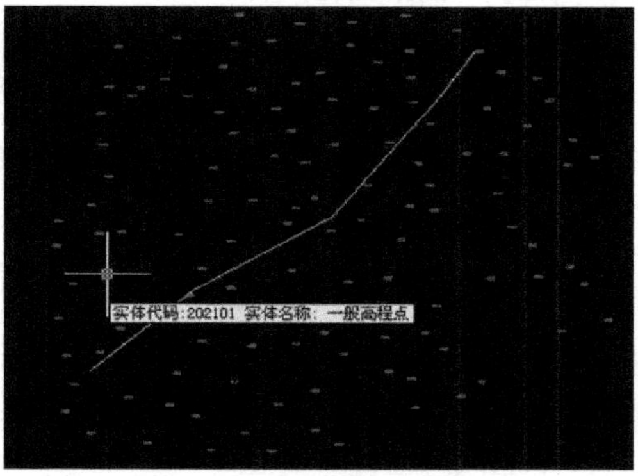


图 8-5-9　复合线绘制纵断面线

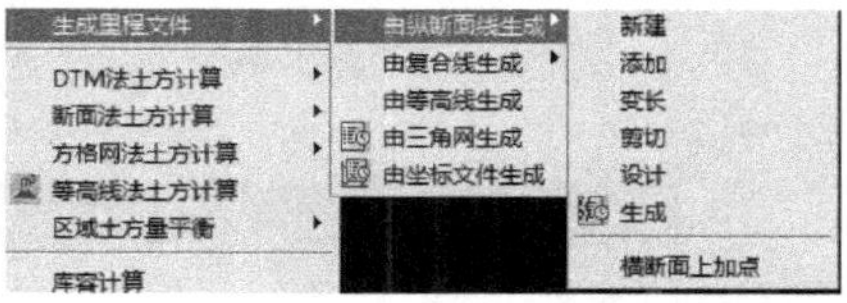


图 8-5-10　新建里程文件

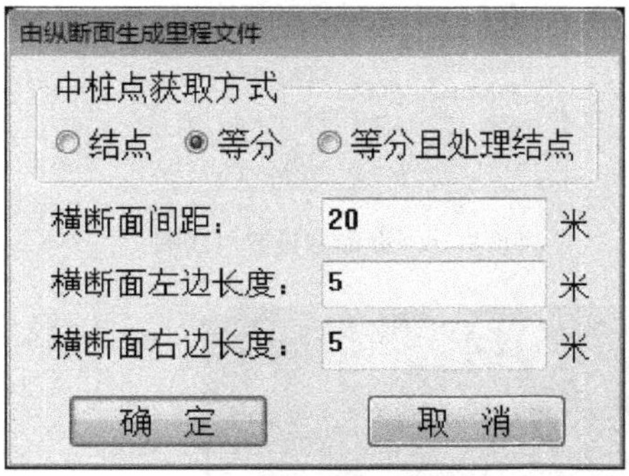


图 8-5-11　由纵断面生成里程文件对话框

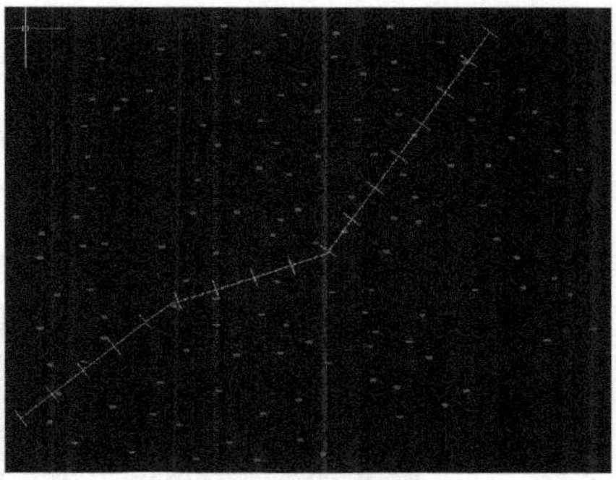

图 8-5-12　生成横断面线

在新建了横断面线以后，再选择菜单中的生成，弹出数据对话框，如图 8-5-13 所示。指定生成的里程文件保存的文件名和路径，设置断面线上插值间距和起始里程，单击保存。软件会在刚才制定的路径下生成 *.hdm 和 *.dat 两个数据文件，以 hdm 结尾的数据文件就是里程文件，在生成断面图的时候由它来生成；以 dat 结尾的数据文件为横断面的点数据文件，格式为：点名，属性，$Y$ 坐标，$X$ 坐标，高程，其中属性代表是第几个横断面，如图 8-5-14 所示。

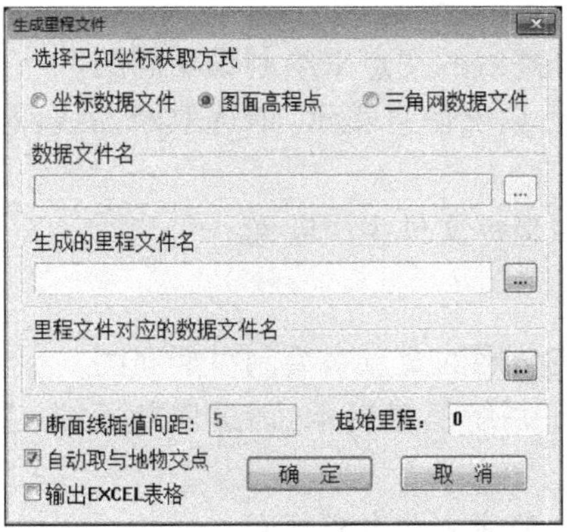


图 8-5-13　输入里程文件名对话框

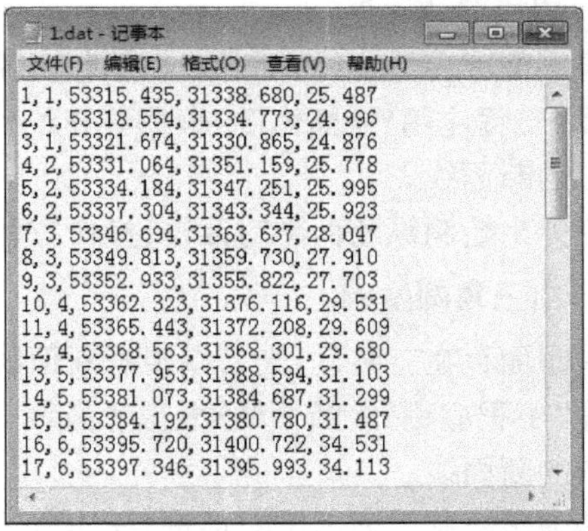


图 8-5-14　横断面的点数据文件

**2. 根据里程文件绘制横断面图**

一个里程文件可包含多个断面的信息，此时绘断面图就可一次绘出多个断面。

首先点击“工程应用”下拉菜单中“绘断面图”，选择“根据里程文件”命令，绘制断面图，在弹出的对话框中选择已经做好的里程文件，如图 8-5-15 所示。

在弹出的对话框中设置横断面图的参数，例如断面比例，起始标注等，如图 8-5-16 所示。点击对话框中的“断面图位置”栏的 ... ，在图上选择横断面图摆放的位置，然后确定即可。生成的横断面图如图 8-5-17 所示。

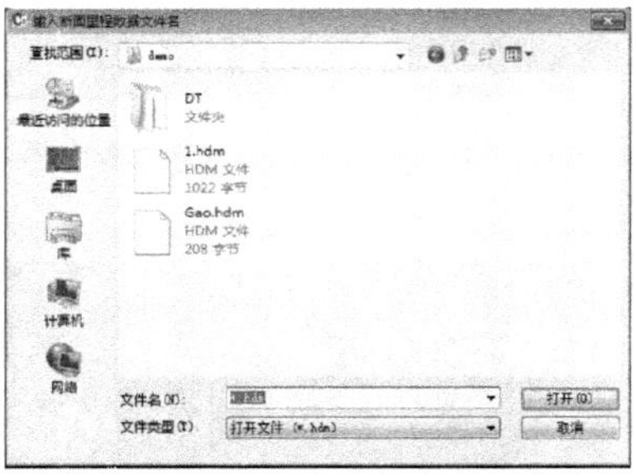


图 8-5-15　选择里程文件

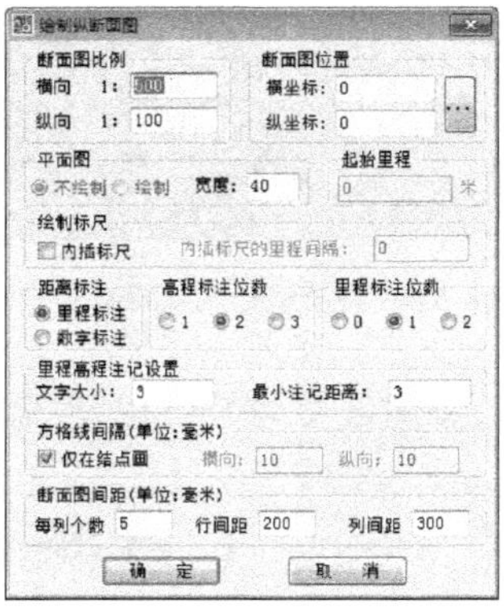


图 8-5-16　断面图设置对话框

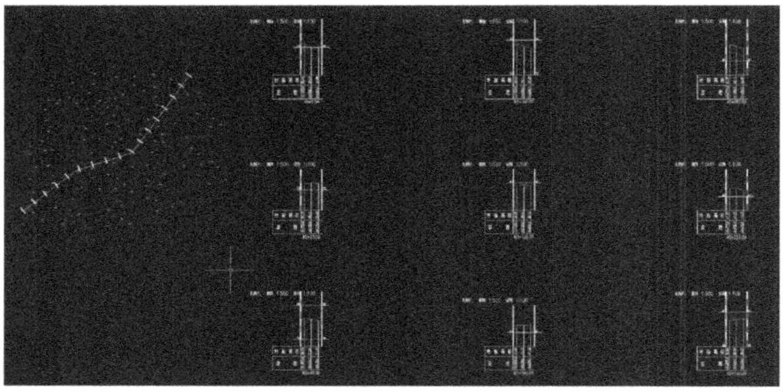

图 8-5-17　横断面图

### (三) 由等高线生成

如果图面存在等高线，则可以根据断面线与等高线的交点来绘制纵断面图。

选择“工程应用\绘断面图\根据等高线”命令，系统信息提示：请选取断面线：选择要绘制断面图的断面线。

屏幕弹出绘制纵断面图对话框，操作方法如由坐标文件生成断面。

### (四) 由三角网生成

如果图面存在三角网，则可以根据断面线与三角网的交点来绘制纵断面图。

选择“工程应用\绘断面线\根据等高线”命令，系统信息提示：请选取断面线：选择要绘制断面图的断面线。

屏幕弹出绘制纵断面图对话框，操作方法如由坐标文件生成断面。

## 三、在图上确定等坡度线

道路勘测设计中，常要求在不超过某一限定坡度的条件下，选定一条最短路线。如图 8-5-18

所示,地形图的比例尺为 1∶500,等高距 $h=1\text{m}$,要求从 $C$ 点到 $D$ 点选定一条路线,限定坡度为 4%。具体做法如下:

(1)求坡度不超过 4% 时,路线通过相邻等高线的最短距离 $d$ 为:

$$d = h \div (i \times M) = 1 \div (0.04 \times 500) = 0.05\text{m}$$

(2)用两脚规截取长度 $d$,以 $C$ 点为圆心 $d$ 为半径作圆弧,交 49m 等高线于 1 点;再以 1 点为圆心、以 $d$ 为半径作圆弧,交 50m 等高线于 2 点;依此进行,直至 $D$ 点。连接各相邻点,便得到坡度为 4% 的路线用同样的方法可以在图上确定多个路线,在设计中应通过技术、经济比较,选定一条最佳路线方案。当相邻等高线间平距大于 $d$ 时,则说明地面坡度小于规定坡度,路线走向可按地形实际情况和设计要求确定。

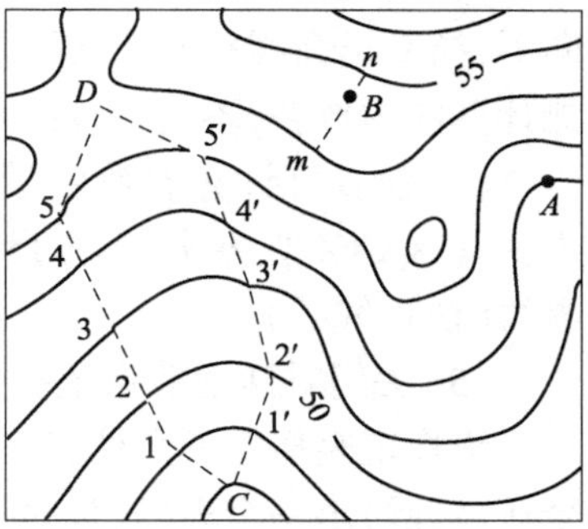


图 8-5-18　等坡度选线

## 四、土方量的计算

### (一)由 DTM 计算土方量

由 DTM 模型来计算土方量是根据实地测定的地面点坐标($X,Y,Z$)和设计高程,通过生成三角网来计算每一个三棱锥的填挖方量,最后累计得到指定范围内填方和挖方的土方量,并绘出填挖方分界线。

DTM 法土方计算共有三种方法,第一种是由坐标数据文件计算,第二种是依照图上高程点进行计算,第三种是依照图上的三角网进行计算。前两种算法包含重新建立三角网的过程,第三种方法直接采用图上已有的三角形,不再重建三角网。下面分述三种方法的操作过程。

**1. 根据坐标文件**

(1)用复合线画出所要计算土方的区域,一定要闭合,但是尽量不要拟合。因为拟合过的曲线在进行土方计算时会用折线迭代,影响计算结果的精度。

(2)用鼠标点取“工程应用\DTM 法土方计算\根据坐标文件”,如图 8-5-19 所示。

(3)提示:选择边界线,用鼠标点取所画的闭合复合线,弹出如图 8-5-20 所示土方计算参数设置对话框。

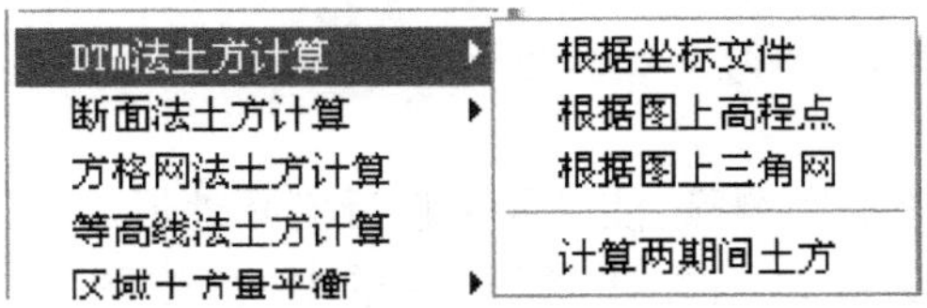


图 8-5-19　DTM 计算土方量子菜单

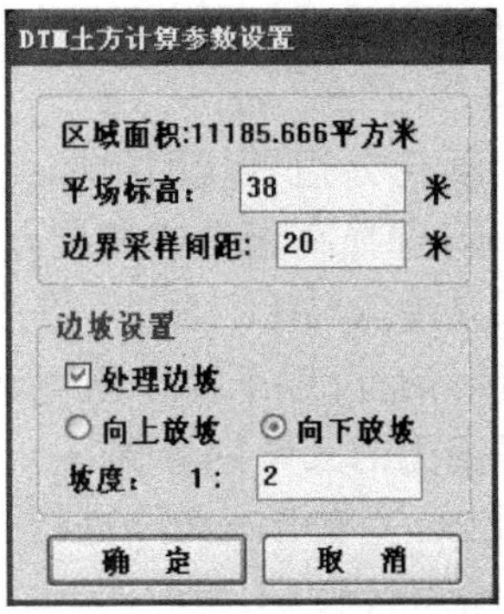


图 8-5-20　DTM 计算土方参数设置

区域面积:该值为复合线围成的多边形的水平投影面积。

平场标高：指设计要达到的目标高程。

边界采样间隔：边界插值间隔的设定，默认值为 20 米。

边坡设置：选中处理边坡复选框后，则坡度设置功能变为可选，选中放坡的方式（向上或向下：指平场高程相对于实际地面高程的高低，平场高程高于地面高程则设置为向下放坡不能计算向内放坡，不能计算向范围线内部放坡的工程），然后输入坡度值。

（4）设置好计算参数后屏幕上显示填挖方的提示框，如图 8-5-21 所示，命令行显示：挖方量 = XXXX 立方米，填方量 = XXXX 立方米，同时图上绘出所分析的三角网、填挖方的分界线（白色线条）。

（5）关闭对话框后系统提示：

请指定表格左下角位置：<直接回车不绘表格>用鼠标在图上适当位置点击，CASS 9.2 会在该处绘出一个表格，包含平场面积、最大高程、最小高程、平场标高、填方量、挖方量和图形，如图 8-5-22 所示。

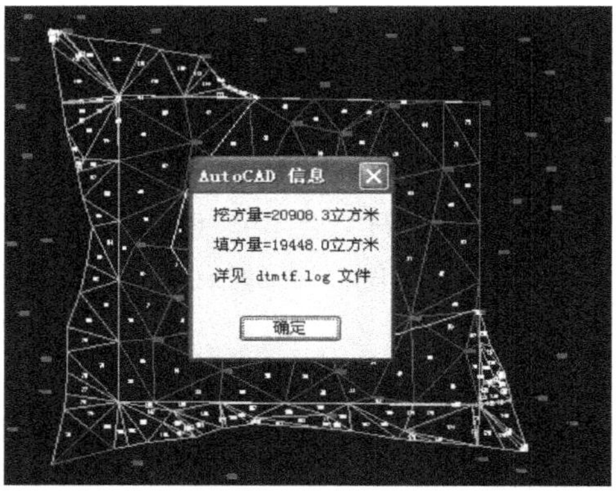


图 8-5-21　填完土方量提示信息

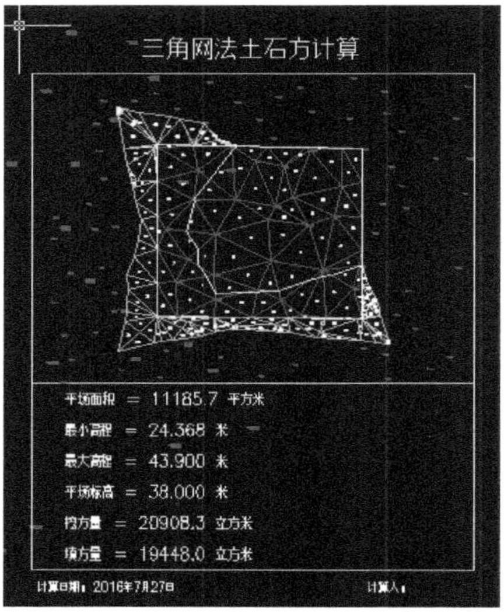


图 8-5-22　三角网法土石方计算表

**2. 根据图上高程点计算**

（1）首先要展绘高程点，然后用复合线画出所要计算土方的区域，要求同 DTM 法。

（2）用鼠标点取“工程应用”菜单下“DTM 法土方计算”子菜单中的“根据图上高程点计算”。

（3）提示：选择边界线用鼠标点取所画的闭合复合线。

（4）提示：选择高程点或控制点，此时可逐个选取要参与计算的高程点或控制点，也可拖框选择。如果键入“ALL”回车，将选取图上所有已经绘出的高程点或控制点。弹出土方计算参数设置对话框，以下操作则与坐标计算法一样。

**3. 根据图上的三角网计算**

（1）对已经生成的三角网进行必要的添加和删除，使结果更接近实际地形。

（2）用鼠标点取“工程应用”菜单下“DTM 法土方计算”子菜单中的“依图上三角网计算”。

（3）提示：平场标高（米）：输入平整的目标高程。

请在图上选取三角网:用鼠标在图上选取三角形,可以逐个选取也可拉框批量选取。

回车后屏幕上显示填挖方的提示框,同时图上绘出所分析的三角网、填挖方的分界线(白色线条)。

**注意**:用此方法计算土方量时不要求给定区域边界,因为系统会分析所有被选取的三角形,因此在选择三角形时一定要注意不要漏选或多选,否则计算结果有误,且很难检查出问题所在。

**4. 计算两期间土方**

两期土方计算指的是对同一区域进行了两期测量,利用两次观测得到的高程数据建模后叠加,计算出两期之中的区域内土方的变化情况。适用的情况是两次观测时该区域都是不规则表面。

两期土方计算之前,要先对该区域分别进行建模,即生成 DTM 模型,并将生成的 DTM 模型保存起来。然后点取"工程应用\DTM 法土方计算\计算两期土方量"。操作过程:

第一期三角网:(1)图面选择 (2)三角网文件 <2>选择开挖前的三角网。

第二期三角网:(1)图面选择 (2)三角网文件 <1> 选择开挖后的三角网。

系统弹出计算结果如图 8-5-23 所示,点击确定后,屏幕出现两期三角网叠加的效果,蓝色部分表示此处的高程已经发生变化,红色部分表示没有变化,如图 8-5-24 所示。

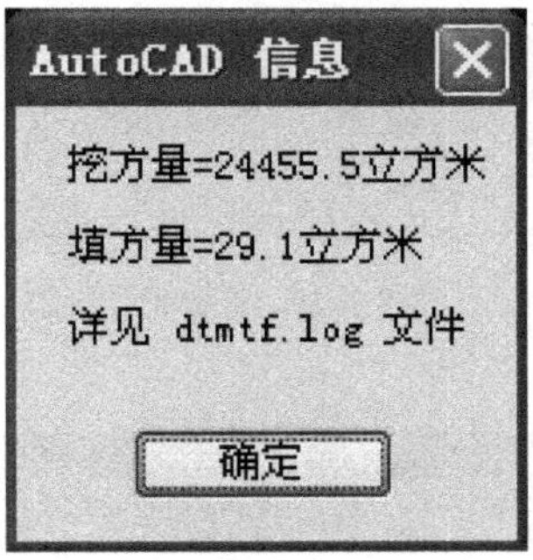


图 8-5-23 道路设计参数设置

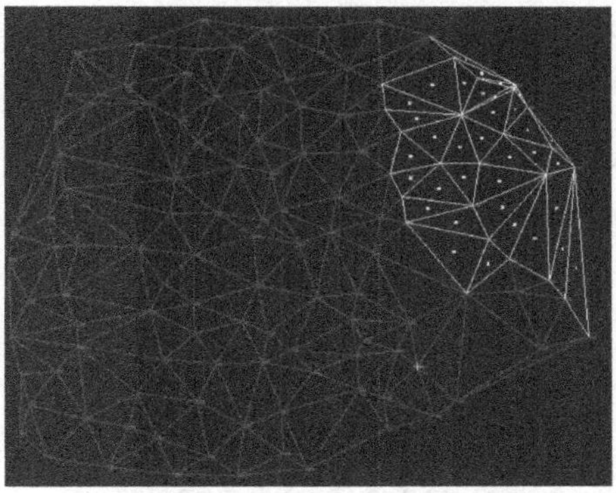

图 8-5-24 输入断面设计参数对话框

说明:图面选择是在图上直接选取三角网,三角网文件指的是打开原先导出的三角网文件。

**(二)断面法土方计算**

断面法土方计算主要用在公路土方计算和区域土方计算,对于特别复杂的地方可以用任意断面设计方法。断面法土方计算主要有:道路断面、场地断面和任意断面三种计算土方量的方法,本节只介绍道路断面法土方计算,具体步骤如下:

**1. 生成里程文件**

具体步骤见断面图绘制部分由断面线制作里程文件。

**2. 选择土方计算类型**

用鼠标点取"工程应用\断面法土方计算\道路断面",如图 8-5-25 所示。

点击后弹出对话框,道路断面的初始参数都可以在这个对话框中进行设置的,如图 8-5-26 所示。

**3. 给定计算参数**

接下来就是在上一步弹出的对话框中输入道路的各种参数,以达所需。

(1)选择里程文件:点击确定左边的按钮(上面有三点的),出现“选择里程文件名”的对话框。选定第一步生成的里程文件。

(2)横断面设计文件:横断面的设计参数可以事先写入到一个文件中点击:“工程应用\断面法土方计算\道路设计参数文件”,弹出如图 8-5-27 所示输入界面。

(3)如果不使用道路设计参数文件,则在图 8-5-28 中把实际设计参数填入各相应的位置。注意:单位均为米。

(4)点“确定”按钮后,弹出对话框如图 8-5-28 所示,系统根据上步给定的比例尺,在图上绘出道路的纵断面。

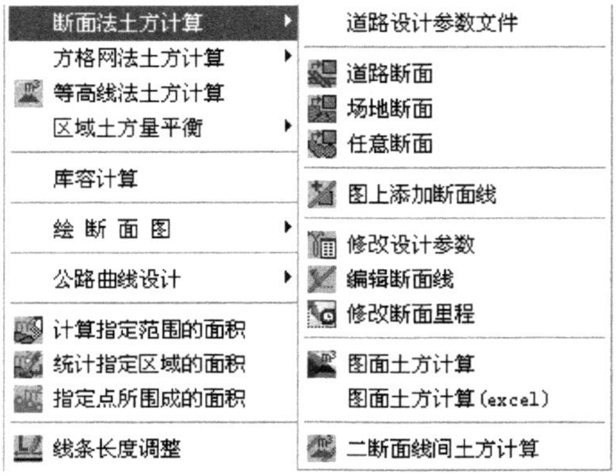


图 8-5-25 断面法土方计算下拉菜单

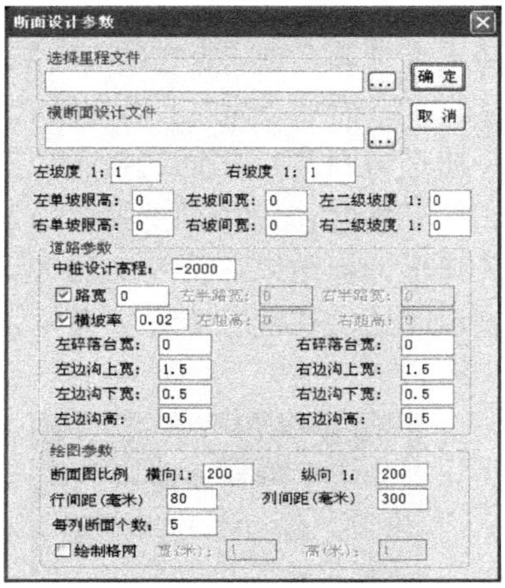


图 8-5-26 断面设计参数

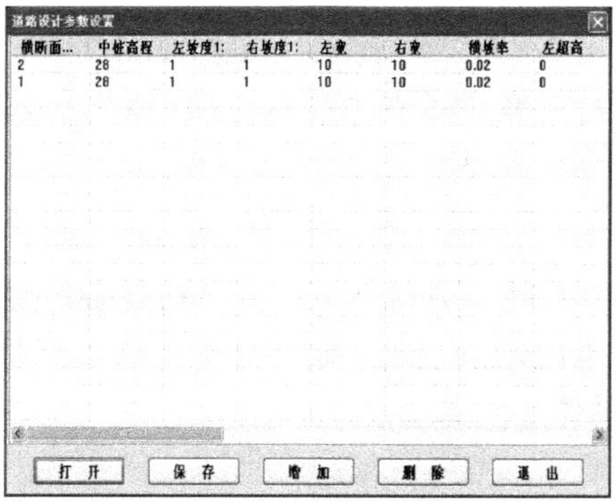


图 8-5-27 道路设计参数文件

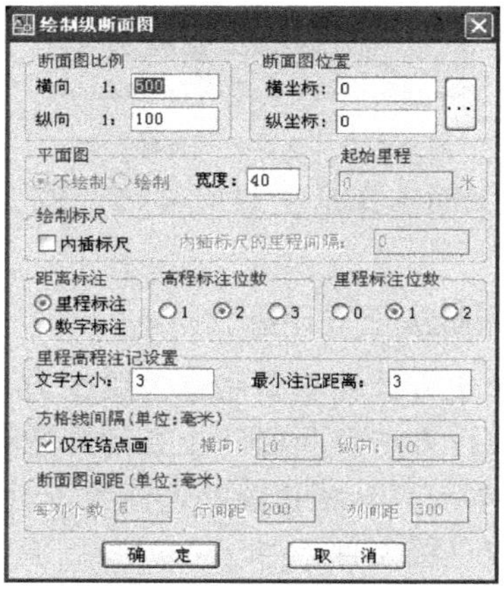


图 8-5-28 绘制纵断面图

(5)至此,图上已绘出道路的纵断面图及每一个横断面图,结果如图 8-5-29 所示。

如果道路设计时该区段的中桩高程全部一样,就不需要下一步的编辑工作了。但实际上,有些断面的设计高程可能和其他的不一样,这样就需要手工编辑这些断面。

如果生成的部分设计断面参数需要修改,用鼠标点取“工程应用\断面法土方计算\修改设计参数”,如图 8-5-30 所示。

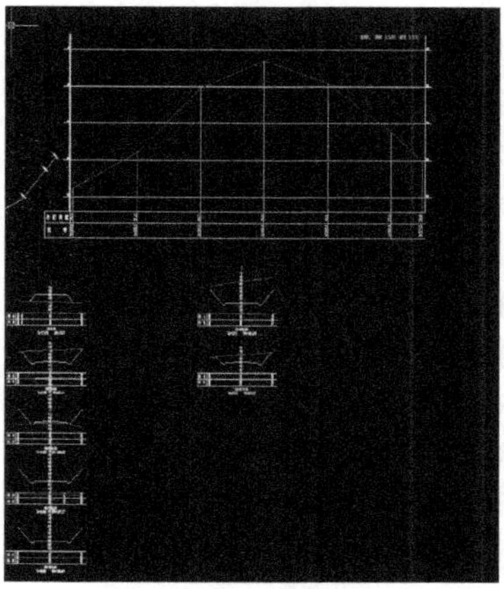

图 8-5-29　纵横断面图

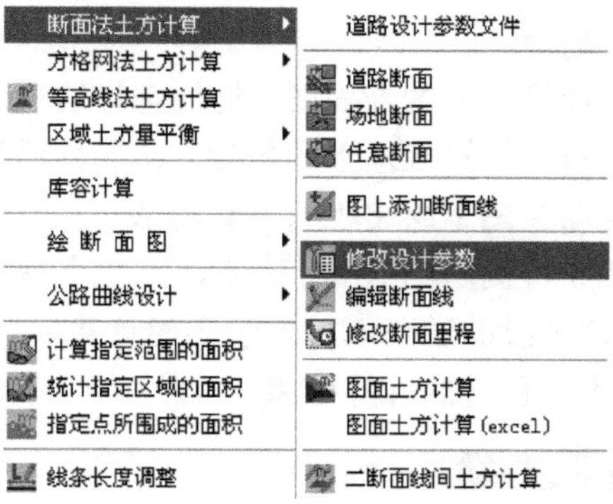


图 8-5-30　修改设计参数菜单

屏幕提示:选择断面线 这时可用鼠标点取图上需要编辑的断面线,选设计线或地面线均可。选中后弹出如下图 8-5-31 所示对话框,可以非常直观地修改相应参数。

修改完毕后点击“确定”按钮,系统取得各个参数,自动对断面图进行重算。

如果生成的部分实际断面线需要修改,用鼠标点取“工程应用\断面法土方计算\编辑断面线”功能。

屏幕提示:选择断面线 这时可用鼠标点取图上需要编辑的断面线,选设计线或地面线均可(但编辑的内容不一样)。选中后弹出如图 8-5-32 所示对话框,可以直接对参数进行编辑。

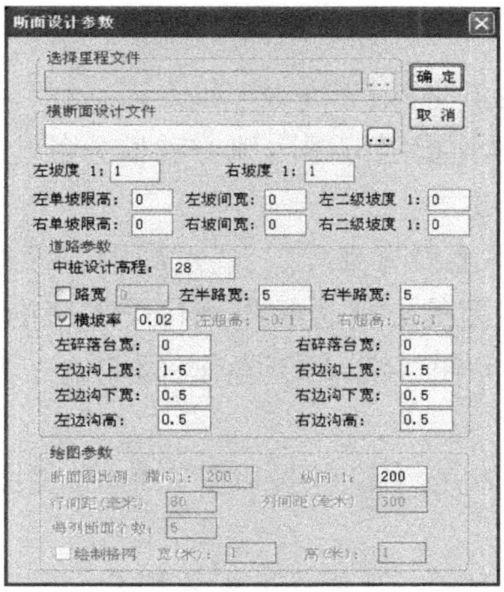


图 8-5-31　断面设计参数

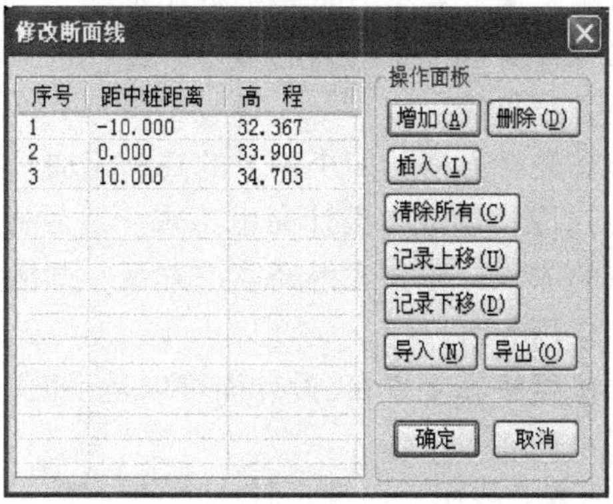


图 8-5-32　修改断面线

如果生成的部分断面线的里程需要修改,用鼠标点取“工程应用\断面法土方计算\修改断面里程”。

屏幕提示:选择断面线,这时可用鼠标点取图上需要修改的断面线,选设计线或地面线均可。

断面号:××里程:××.××××,请输入该断面新里程:输入新的里程即可完成修改。

将所有的断面编辑完后,就可进入第四步。

**4. 计算工程量**

用鼠标点取“工程应用\断面法土方计算\图面土方计算”,如图 8-5-33 所示。

命令行提示:

选择要计算土方的断面图:拖框选择所有参与计算的道路横断面图

指定土石方计算表左上角位置:在屏幕适当位置点击鼠标定点。

系统自动在图上绘出土石方计算表,如图 8-5-34 所示。

并在命令行提示:总挖方 = XXXX 立方米,总填方 = XXXX 立方米。

至此,该区段的道路填挖方量已经计算完成,可以将道路纵横断面图和土石方计算表打印出来,作为工程量的计算结果。

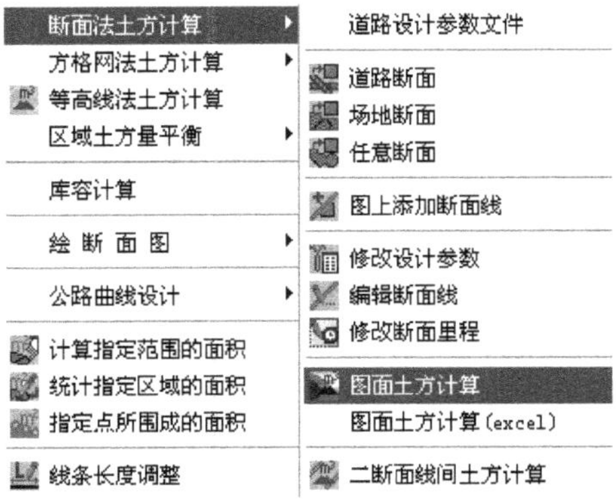


图 8-5-33　图面土方计算

土石方数量计算表

| 里程 | 中心高(m) | | 横断面积(m²) | | 平均面积(m²) | | 距离(m) | 总数量(m³) | |
|---|---|---|---|---|---|---|---|---|---|
| | 填 | 挖 | 填 | 挖 | 填 | 挖 | | 填 | 挖 |
| K0+250.00 | | 5.90 | 0.00 | 104.60 | | | | | |
| | | | | | 0.00 | 68.04 | 24.16 | 0.00 | 1643.87 |
| K0+274.16 | | 1.92 | 0.00 | 31.47 | | | | | |
| 合计 | | | | | | | | 0.0 | 1643.9 |

图 8-5-34　土石方数量计算表

## (三)方格网法土方计算

由方格网来计算土方量是根据实地测定的地面点坐标($X,Y,Z$)和设计高程,通过生成方格网来计算每一个方格内的填挖方量,最后累计得到指定范围内填方和挖方的土方量,并绘出填挖方分界线。

系统首先将方格的四个角上的高程相加(如果角上没有高程点,通过周围高程点内插得出其高程),取平均值与设计高程相减。然后通过指定的方格边长得到每个方格的面积,再用长方体的体积计算公式得到填挖方量。方格网法简便直观,易于操作,因此这一方法在实际工作中应用非常广泛。

用方格网法算土方量,设计面可以是平面,也可以是斜面,还可以是三角网,如图 8-5-35 所示。

(1)用复合线画出所要计算土方的区域,一定要闭合,但是尽量不要拟合。因为拟合过的曲线在进行土方计算时会用折线迭代,影响计算结果的精度。

(2)选择“工程应用\方格网法土方计算”命令。

(3)命令行提示:“选择计算区域边界线”;选择土方计算区域的边界线(闭合复合线)。

(4)屏幕上将弹出如图 8-5-35 所示方格网土方计算对话框,在对话框中选择所需的坐标文件;在“设计面”栏选择“平面”,并输入目标高程;在“方格宽度”栏,输入方格网的宽度,这是每个方格的边长,默认值为 20 米。由原理可知,方格的宽度越小,计算精度越高。但如果给的值太小,超过了野外采集的点的密度也是没有实际意义的。

(5)点击“确定”,命令行提示:

最小高程 = XX. XXX ,最大高程 = XX. XXX

总填方 = XXXX. X 立方米, 总挖方 = XXX. X 立方米

同时图上绘出所分析的方格网,填挖方的分界线(绿色折线),并给出每个方格的填挖方,每行的挖方和每列的填方。结果如图 8-5-36 所示。

设计面是斜面的时候的,操作步骤与平面的时候基本相同,区别在于在方格网土方计算对话框中“设计面”栏中,选择“斜面【基准点】”或“斜面【基准线】”

选择设计的三角网文件,点击“确定”,即可进行方格网土方计算。三角网文件由“等高线”菜单生成。

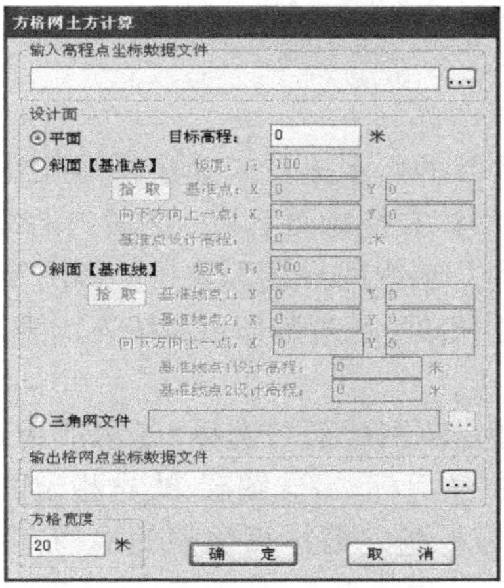


图 8-5-35　方格网土方计算

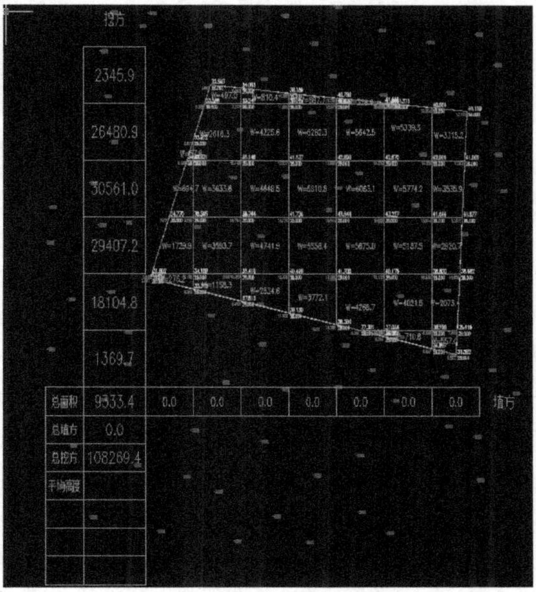


图 8-5-36　方格网土方计算结果

## (四)等高线法土方计算

用户将白纸图扫描矢量化后可以得到图形。但这样的图都没有高程数据文件,所以无法用前面的几种方法计算土方量。

一般来说,这些图上都会有等高线,所以,CASS 9.2 开发了由等高线计算土方量的功能,专为这类用户设计。

用此功能可计算任两条等高线之间的土方量,但所选等高线必须闭合。由于两条等高线所围面积可求,两条等高线之间的高差已知,可求出这两条等高线之间的土方量。

(1)点取“工程应用”下的“等高线法土方计算”。

(2)屏幕提示:选择参与计算的封闭等高线 可逐个点取参与计算的等高线,也可按住鼠标左键拖框选取。但是只有封闭的等高线才有效。

(3)回车后屏幕提示:输入最高点高程: <直接回车不考虑最高点>

(4)回车后:屏幕弹出总方量消息框,如图 8-5-37 所示。

(5)回车后屏幕提示:请指定表格左上角位置: <直接回车不绘制表格>在图上空白区域点击鼠标右键,系统将在该点绘出计算成果表格,如图 8-5-38 所示。

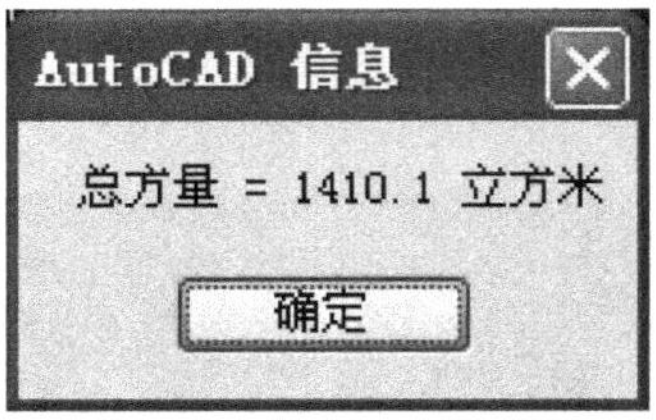


图 8-5-37　等高线法土方量

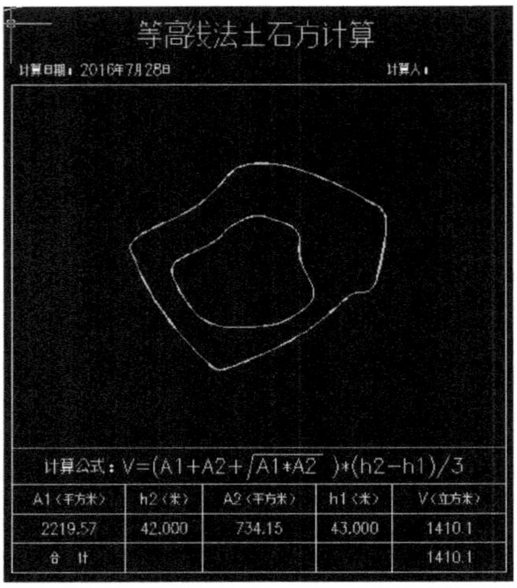


图 8-5-38　等高线法土石方计算

## 五、计算指定范围的面积

在公路、桥梁、涵洞设计时，必须通过计算河流或沟谷的雨水流量来确定桥涵孔径的大小。而雨水流量的大小是通过汇水面积来计算的，汇水面积是指地面上某一区域内的雨水汇集于河谷并流经某一指定断面的面积，它是通过一系列分水线的界线而求得。如图 8-5-39 所示，将山顶 *B*、*C*、*D*…*H* 等点沿山脊线，通过鞍部用虚线连起来，即得到通过桥涵 *A* 的汇水范围。

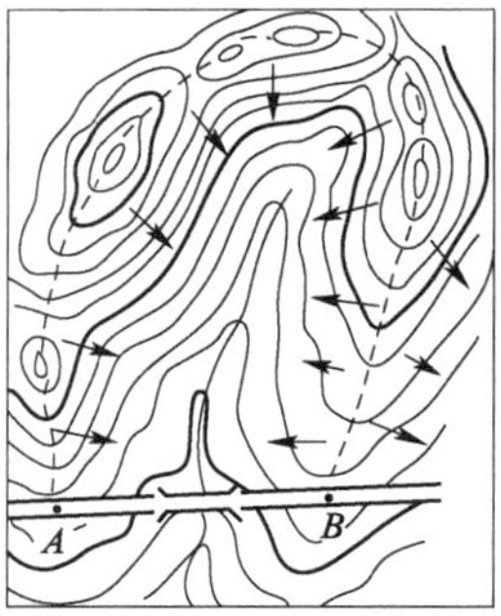


图 8-5-39　等坡度选线

可以采用 CASS 软件计算指定范围的面积选择“工程应用\计算指定范围的面积”命令。提示：1、选目标/2、选图层/3、选指定图层的目标 <1> 输入 1：即要求您用鼠标指定需计算面积的地物，可用窗选、点选等方式，计算结果注记在地物重心上，且用青色阴影线标示。

输入 2：系统提示您输入图层名，结果把该图层的封闭复合线地物面积全部计算出来并注记在重心上，且用青色阴影线标示。

输入 3：则先选图层，再选择目标，特别采用窗选时系统自动过滤，只计算注记指定图层被选中的以复合线封闭的地物。

提示：是否对统计区域加青色阴影线？<Y> 默认为“是”。

提示：总面积 = XXXXX.XX 平方米。

### 任务思考

1. 基本几何要素有哪些，在 CASS 软件中如何获取？
2. 纵断面图绘制有哪些方法？

### 任务评价

任务考核评价表见附表。

# 项目9　道路中线测设

## 项目内容

本项目为道路中线测设,主要包括以下两项内容:

1. 用元素法测设道路中线;
2. 用交点法测设道路中线。

## 项目要求

通过本项目的学习,应做到:

1. 熟练圆曲线主点测设元素及里程的计算;
2. 熟练缓和曲线主点测设元素及里程的计算;
3. 熟练掌握元素法测设道路中边桩的操作方法;
4. 熟练掌握交点法测设道路中边桩的操作方法。

## 项目知识点、技能点

1. 里程桩的设置

1)里程桩的概念;

2)里程桩的种类;

3)里程桩的书写及埋置要求。

2. 圆曲线主点测设元素及里程的计算

1)圆曲线主点测设元素;

2)圆曲线主点测设元素的计算;

3)圆曲线主点里程的计算。

3. 缓和曲线主点测设元素及里程的计算

1)缓和曲线主点测设元素;

2)缓和曲线主点测设元素的计算;

3)缓和曲线主点里程的计算。

4. 中桩坐标的计算

5. 元素法测设道路中线

6. 交点法测设道路中线

# 任务 9-1　里程桩的设置

## 任务描述

分组学习和思考,了解里程桩的有关基本知识。

## 任务目标

通过学习和完成本任务,你将能够:

1. 了解里程桩设置种类;
2. 掌握里程桩的计算方法。

## 建议课时

1 课时。

## 任务引入和分析

里程是确定公路中线位置和长度的标志,道路中线测设就是标定路中线上的一些点的里程。在公路施工过程中如何标注,如果出现改线、断链等特殊情况如何处理?本任务的主要内容就是了解里程桩的设置要求和断链情况里程的标注,为以后公路施工中的道路中线测设奠定基础。

## 任务实施

里程,表示路线中线上点位到路线起点的水平距离。为了确定路线中线的位置和路钱的长度,满足断面测量的需要以及为以后路线施工放样打下基础,必须由路线的起点开始每隔一段距离钉设木桩标志,称为里程桩。里程桩设在路线中线上,所以又称为中桩。里程桩可分为整桩和加桩,如图 9-1-1 所示。

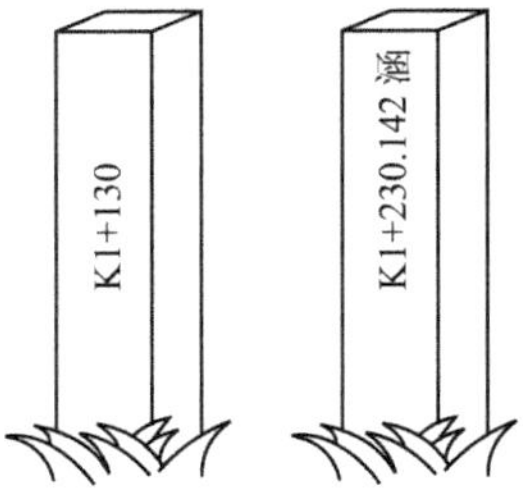

a)　　b)

图 9-1-1　里程桩

### 一、整桩

在直线上和曲线上,其桩距按表 9-1-1 所列的要求桩距而设的桩称为整桩。它的里程桩号均为整数,且为要求桩距的整倍数。按规定在路线中线设立一定间距的中线整桩,其值有整公里、整百米、整十米的形式,如图9-1-1a)所示。整十米间距分为整 10m、20m、40m 等几种,平坦地区用整 40m、50m 设置,地形起伏较大地区按整 10m、20m 设置。

**中 桩 间 距**　　　　表 9-1-1

| 直线(m) | | 曲线(m) | | | |
|---|---|---|---|---|---|
| 平原微丘区 | 山岭重丘区 | 不设超高的曲线 | $R>100$ | $25<R<100$ | $R<25$ |
| ≤50 | ≤25 | 25 | 20 | 10 | 5 |

## 二、加桩

### (一)加桩的种类

加桩又分为地形加桩、地物加桩、曲线加桩、地质加桩、断链加桩和行政区域加桩等。

(1)地形加桩:沿中线在地面起伏突变处,横向坡度变化处以及天然河沟处等均应设置的里程桩。

(2)地物加桩:沿中线在有人工构造物处(如拟建桥梁、涵洞、隧道、挡土墙等),路线与其他公路、铁路、渠道、高压线、地下管道等交叉处,拆迁建筑物处,占用耕地及经济林的起终点处均应设置的里程桩,如图 9-1-1b)所示。

(3)地质加桩:沿路线在土质变化处及地质不良地段的起、终点处要设置的里程桩。

(4)曲线加桩:曲线上设置的起点、中点、终点桩。

(5)关系加桩:在转点和交点上设置的桩。

(6)断链加桩:由于局部改线或事后发现距离错误等,致使路线的里程不连续,桩号与路线的实际里程不一致,为说明该情况而设置的桩。

(7)改建公路变坡点、构造物和路面面层类型变化处加桩;

(8)省(区、市)、地(市)、县级行政区划分界处加桩。

### (二)断链桩

断链是指因改线或事后发现量距或计算错误,以及在分段测量中,由于假定起始里程不符而造成全线或全段路线里程不连续的现象。

出现断链时,应在局部改线或差错的地段改用新桩号,其他不变地段仍用原桩号。在新旧桩号变更处需设置断链桩,并在测量成果和文件中注明。

断链桩应设在直线段的百米桩上,如有困难应设在整 10m 桩上,但不应设在桥涵、立交、隧道及平曲线范围内。

断链分长链和短链。在断链桩上应写明断链等式及断链长度,断链等式前写来向里程(新桩号),等式后写去向里程(原桩号)。去向里程减来向里程为断链长度,正值表示路线记录桩号的里程长于地面的实际里程,此时桩号重叠,称为短链;负值表示路线记录桩号的里程短于地面的实际里程,此时桩号间断,称为长链。

如图 9-1-2 所示,一个弯道因曲线半径改变后产生断链,Ⅰ方案为原方案,Ⅱ方案为新方案,半径 $R_{\mathrm{II}} > R_{\mathrm{I}}$。断链桩设在原整桩 K10 + 550 处(去向里程),经过简单计算,来向里程(方案变动后)为 K10 + 505.5,则 K10 + 550 − (K10 + 505.5) = 44.5m,即方案变动路线里程短链 44.5m。

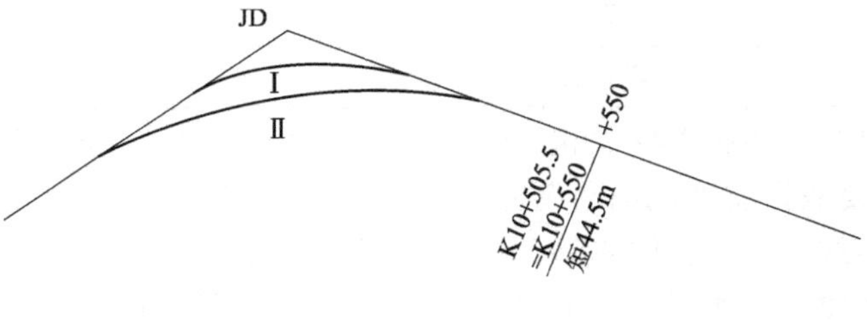


图 9-1-2

现场钉设中桩时，在断链处设断链桩，断链桩上面写上断链等式，即“K10+505.5=K10+550，短44.5m”。

## 三、中桩的书写及埋置要求

里程桩一般使用(1.5~2.5)cm×6cm×30cm的扁桩，如图9-1-3a)所示，一半露出地面，以便书写桩号，桩号表示该点至路线起点的里程数，字面一律背向路线前进方向。除百米桩和公里桩要写明公里数外，其余桩可不写公里数。桩的另一面写有编号，编号是反映桩间的排列顺序，是用1~10为一组循环进行。

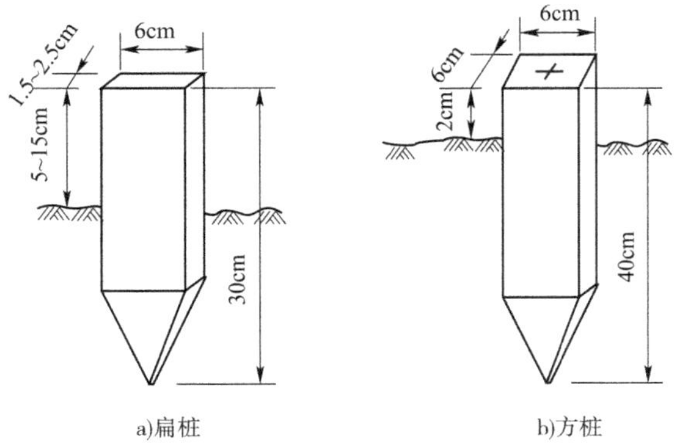


图9-1-3 木桩样式

对于人工构造物，在书写里程时要冠以工程名称，如“桥”“涵”等。在书写曲线加桩和关系加桩时，应在桩号之前加写其缩写名称。目前，我国公路测量采用汉语拼音的缩写名称，如表9-1-2所示。

**我国公路测量汉语拼音的缩写名称** 表9-1-2

| 名 称 | 简 称 | 汉语拼音缩写 | 英语缩写 |
|---|---|---|---|
| 交点 | | JD | IP |
| 转点 | | ZD | TP |
| 圆曲线起点 | 直圆点 | ZY | BC |
| 圆曲线中点 | 曲中点 | QZ | MC |
| 圆曲线终点 | 圆直点 | YZ | EC |
| 公切点 | | GQ | CP |
| 第一缓和曲线起点 | 直缓点 | ZH | TS |
| 第一缓和曲线终点 | 缓圆点 | HY | SC |
| 第二缓和曲线起点 | 圆缓点 | YH | CS |
| 第二缓和曲线终点 | 缓直点 | HZ | ST |

里程桩除了扁桩外，还有方桩，如图9-1-3所示。对于交点桩、转点桩、距路线起点每隔500m处的整桩、重要地物加桩(如桥、隧道位置桩)，以及曲线主点桩，都要打下6cm×6cm方桩，桩顶露出地面约2cm，桩顶面钉一小钉表示点位。若采用混凝土桩，可事先预制埋设或就地挖坑浇筑，顶面高出地面3.5cm，混凝土桩顶上的钢筋应锯成“+”字记号，位于岩石或建筑物上的主要控制桩，应凿成“⊕”符号(直径5mm)。

方桩应加固防损(防腐、防丢失),并设立指示桩,指示桩应距方桩20cm左右设置,指示桩上写有方桩的名称、桩号及编号。在直线上指示桩应打在路线的同一侧。交点桩的指示桩应钉在圆心和交点连线方向的外侧,字面朝向交点。曲线主点桩的指示桩均钉在曲线外侧,字面朝向圆心。

改建公路在原有公路上测量时,柔性路面可用大头铁钉打入并与路面齐平。刚性路面用红油漆做记号,在土路肩上钉设指示桩,注明里程及距桩点距离。

### 四、中桩桩位精度要求

中线量距精度和中桩桩位限差,不得超过表9-1-3的规定。

**中线量距精度和中桩桩位限差** 表9-1-3

| 公路等级 | 距离限差 | 桩位纵向误差(m) | | 桩位横向误差(cm) | |
|---|---|---|---|---|---|
| | | 平原微丘区 | 山岭重丘区 | 平原微丘区 | 山岭重丘区 |
| 高速公路、一级公路 | 1/2000 | $S/2000+0.05$ | $S/2000+0.1$ | 5 | 10 |
| 二级及以下公路 | 1/1000 | $S/1000+0.10$ | $S/1000+0.1$ | 10 | 15 |

注:表中 $S$ 为转点或交点至桩位的距离,以米计。

### 任务思考

1. 里程桩的定义是什么?
2. 加桩的种类有哪些?各自设置情况是什么?
3. 什么是断链桩?如何区分长链和短链?

### 任务评价

任务考核评价表见附表。

## 任务9-2 圆曲线主点测设元素及里程的计算

### 任务描述

某标段施工过程中,已知 $JD_6$ 的桩号为 $K2+123.024$,右转角 $\alpha$ 为 $39°27'03''$,设计圆曲线半径 $R$ 为120m,试计算圆曲线主点的里程桩号。

### 任务目标

通过学习和完成本任务,你将能够:

1. 掌握圆曲线的主点元素;
2. 掌握圆曲线主点里程的计算。

### 建议课时

1课时。

### 任务引入和分析

当路线由一个直线方向转到另一个直线方向时,为了使车辆在转弯处能够以一定的行驶速度安全、舒适的行驶而不至于出现交通事故,必须用曲线来连接两条相交的直线。曲线的形式较多,其中,圆曲线是路线转弯最常用的曲线形式。测设规则的圆曲线,需要哪些必需的数据呢?本任务的主要内容是讲述圆曲线相关的数据计算。

## 任务实施

圆曲线的测设分两步进行,先测设曲线的主点(ZY、QZ、YZ),称为圆曲线的主点测设;然后依据已测设的主点位置在主点之间进行加密,即测设曲线上规定桩距的其他里程桩,以详细标定曲线位置,称为曲线的详细测设,又称为加密桩测设。

### 一、圆曲线主点测设元素的计算

如图 9-2-1 所示,用一段圆曲线将两直线连接,则直线与圆曲线相接的点,称为直圆点 ZY;圆曲线与直线相接的点,称为圆直点 YZ;曲线的中点,称为曲中点 QZ。由于这些特殊的点能够确定圆曲线的形状和位置,因此把这些点称为圆曲线的主点,确定这些特殊点的位置的切线长 $T$、曲线长 $L$、外矢距 $E$ 和切曲差 $D$ 称为圆曲线的主点测设元素。

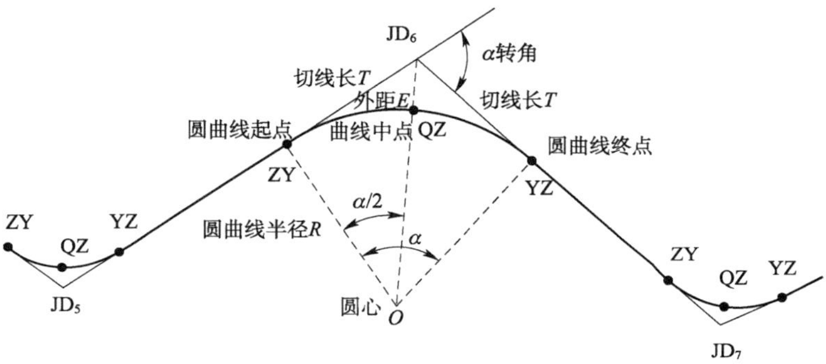


图 9-2-1 圆曲线

在进行圆曲线主点的测设之前,应首先根据路线的转角 $\alpha$ 和设计半径 $R$ 计算出圆曲线主点测设元素,根据图 9-2-1 可得出圆曲线主点测设元素的计算公式。

(1)切线长:圆曲线起点(ZY)或终点(YZ)至交点 JD 的长度,就是圆曲线的切线长,用 $T$ 表示。从图 9-2-1 可见,圆曲线对应的圆心角就是路线中线的转角 $\alpha$,因此,切线长 $T$ 可表示为:

$$T = R \times \tan\frac{\alpha}{2} \tag{9-2-1}$$

(2)曲线长:圆曲线起点(ZY)至终点(YZ)的弧长,就是圆曲线的曲线长,用 $L$ 表示,即:

$$L = R \times \frac{\alpha \times \pi}{180^\circ} \tag{9-2-2}$$

(3)外矢距:交点至圆曲线中点的距离,称为外矢距,用 $E$ 表示,即:

$$E = R(\sec\frac{\alpha}{2} - 1) \tag{9-2-3}$$

(4)切曲差:切线长与曲线长的长度之差,称为切曲差,用 $D$ 表示,即:

$$D = 2T - L \tag{9-2-4}$$

**【例 9-2-1】**已知 $JD_6$ 的桩号为 K2+123.024,右转角 $\alpha$ 为 39°27′03″,设计圆曲线半径 $R$ 为 120m,试计算圆曲线的主点测设元素。

**解** 根据主点测设元素公式可得：

$$T = R \times \tan\frac{\alpha}{2} = 120 \times \tan\frac{39°27'03''}{2} = 43.026\text{m}$$

$$L = R \times \frac{\alpha \times \pi}{180°} = 120 \times \frac{39°27'03'' \times \pi}{180°} = 82.626\text{m}$$

$$E = R\left(\sec\frac{\alpha}{2} - 1\right) = 120 \times \left(\sec\frac{39°27'03''}{2} - 1\right) = 7.483\text{m}$$

$$D = 2T - L = 2 \times 43.026 - 82.626 = 3.426\text{m}$$

## 二、主点里程的计算

**1. 直圆点（ZY）里程**

$$ZY\text{ 里程} = JD\text{ 里程} - T$$

**2. 圆直点（YZ）里程**

$$YZ\text{ 里程} = ZY\text{ 里程} + L$$

**3. 曲中点（QZ）里程**

$$QZ\text{ 里程} = YZ\text{ 里程} - L/2$$

**4. 检核计算**

$$JD\text{ 里程} = QZ\text{ 里程} + D/2$$

**【例 9-2-2】**在例 9-2-1 中，已知 $JD_6$ 的桩号为 $K2+123.024$，并已计算出圆曲线主点的测设元素为 $T=43.026\text{m}$，$L=82.626\text{m}$，$E=7.483\text{m}$，$D=3.426$，现求各主点的里程桩号。

**解** ZY 点的里程桩号 = JD 里程桩号 − $T$ = K2 + 123.024 − 43.026 = K2 + 079.998

YZ 点的里程桩号 = ZY 里程桩号 + $L$ = K2 + 079.998 + 82.626 = K2 + 162.624

QZ 点里程桩号 = YZ 里程桩号 − $L/2$ = K2 + 162.624 − 82.626/2 = K2 + 121.311

为避免计算错误，应进行检核计算：

JD 里程 = QZ 里程桩号 + $D/2$ = $K2$ + 121.311 + 3.426/2 = K2 + 123.024

与已知 JD 桩号一致，计算结果无误。

### 任务思考

1. 圆曲线的主点元素有哪些？

2. 已知圆曲线的半径 $R=500\text{m}$，转角 $\alpha=55°43'24''$，ZY 点的里程为 K37 + 553.240，求圆曲线要素 $T$、$L$、$E$、$D$ 以及 ZY、QZ、YZ 点的里程。

### 任务评价

任务考核评价表见附表。

# 任务 9-3　缓和曲线主点测设元素及里程的计算

### 任务描述

分组学习和思考，已知转角 $\alpha$、圆曲线的半径 $R$ 和缓和曲线长度 $l_s$，确定平曲线的主点里程桩号。

## 任务目标

通过学习和完成本任务,你将能够:

1. 掌握缓和曲线主点的元素;
2. 掌握缓和曲线的主点里程计算。

## 建议课时

1 课时。

## 任务引入和分析

为了确保行驶安全及舒适,设计时一般在直线段和圆曲线之间插入一段过渡性曲线,即缓和曲线。本任务的主要内容为缓和曲线的概念、缓和曲线参数、缓和曲线主点元素及里程的计算。

## 任务实施

### 一、缓和曲线段概念

当公路路线由直线段进入圆曲线段时,其半径由直线段的无穷大(∞)(直线段可以看作是半径无穷大的圆)突然转变为圆曲线的半径($R$),或由圆曲线段进入直线段时,其半径由圆曲线的半径($R$)突然转变为直线段的无穷大(∞),这时线形发生突然的变化,汽车若在这样的路线上以一定的车速行驶,就会使汽车的行车状态发生突然的改变,这就给行车带来不便,特别是以较高的车速行驶时,这种变化就会造成行车的不安全,使乘客感到不舒适,甚至引起交通事故。其原因是,当汽车在直线上行驶时,没有离心力,而在圆曲线上行驶时,将产生离心力。当汽车由直线段进入圆曲线段的瞬间,汽车由离心力为零的状态突然变为离心力不为零的状态,而驶出圆曲线时离心力又立即消失,这样就造成汽车的行驶状态发生突然的变化。为改变这种行车状况,改善线形的突然变化而导致离心力的突然产生或消失的状况以确保高速行驶的安全,设计时一般在直线段和圆曲线之间插入一段过渡性曲线,使路线线形由直线段逐渐过渡到圆曲线,也即由直线段的半径无穷大(∞)逐渐过渡到圆曲线的半径($R$)的曲线,或由圆曲线进入直线段时,其半径由圆曲线的半径($R$)逐渐转变为直线段的无穷大(∞)的曲线,插入的这一过渡曲线,称为缓和曲线,如图 9-3-1 所示。

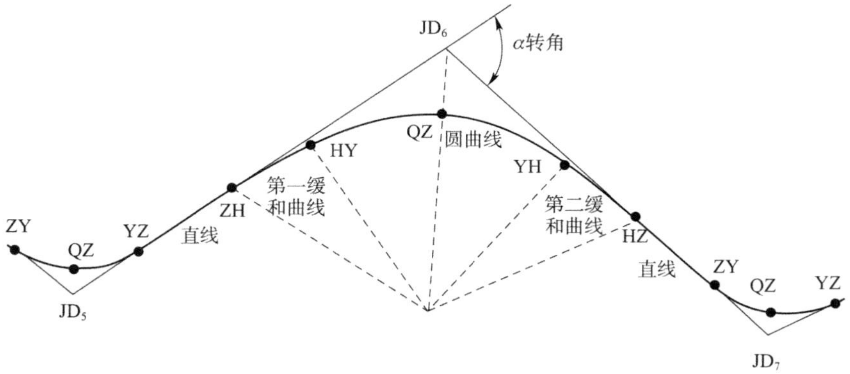


图 9-3-1 带缓和曲线的平曲线

图中 HY→YH 是半径为 $R$ 的圆曲线,在直线段与圆曲线段之间插入的线段是缓和曲线。其中 ZH→HY 段缓和曲线称为第一缓和曲线,曲率半径由 $\infty$ 向 $R$ 匀变,同时曲率由 0 向 $1/R$ 匀变;YH→HZ 段缓和曲线称为第二缓和曲线,曲率半径由 $R$ 向 $\infty$ 匀变,同时曲率由 $1/R$ 向 0 匀变。按照路线的前进方向,这种带缓和曲线的平曲线的五个主点分别为直缓点(ZH)、缓圆点(HY)、曲中点(QZ)、圆缓点(YH)、缓直点(HZ)。

《公路工程技术标准》(JTG B01—2014)中规定:当公路平曲线半径小于不设超高的最小半径时,应设缓和曲线。

## 二、缓和曲线的参数

### (一)缓和曲线基本公式及缓和曲线全长 $l_s$ 的确定

《公路工程技术标准》(JTG B01—2014)中规定:缓和曲线采用回旋曲线。如图 9-3-2 所示,回旋线是曲率半径 $\rho$ 随曲线长度 $l$ 的增大而成反比地均匀减小的曲线,即在回旋线上任一点的曲率半径:

$$\rho = \frac{c}{l} \text{或} \ c = l\rho \tag{9-3-1}$$

式中:$\rho$——曲率半径;

$l$——缓和曲线长;

$c$——常数(与车速有关,目前我国公路采用 $c = 0.035v^3$,$v$ 为计算行车速度,以 km/h 为单位)。

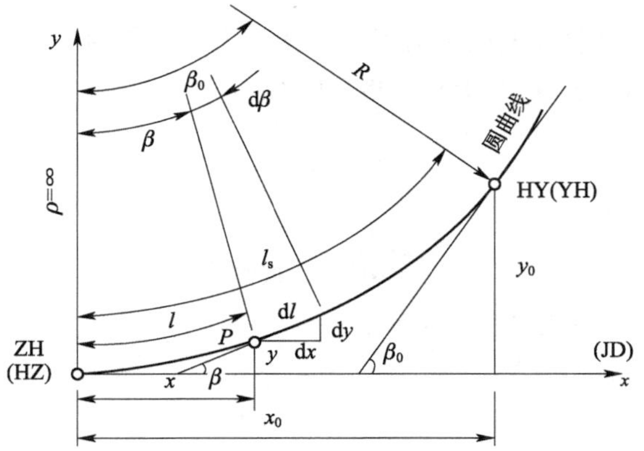


图 9-3-2 回旋曲线

在公路曲线上,$c$ 值又可按以下方法确定,在缓和曲线终点即 HY 点(或 YH 点)的曲率半径等于圆曲线半径 $R$,即 $\rho = R$,该点的曲线长度即是缓和曲线的全长 $l_s$,由式(9-3-1)可得:

$$c = l_s R \tag{9-3-2}$$

而 $c = 0.035v^3$,故有缓和曲线的全长:

$$l_s = \frac{0.035v^3}{R} \tag{9-3-3}$$

缓和曲线长度的确定应考虑乘客的舒适性、超高过渡的需要,根据其计算行车速度 $v$ 求得 $l_s$,并应大于表 9-3-1 所列数值。

各级公路缓和曲线最小长度　　表 9-3-1

| 公路等级 | 高速公路 | | | | 一级公路 | | 二级公路 | | 三级公路 | | 四级公路 | |
|---|---|---|---|---|---|---|---|---|---|---|---|---|
| 计算行车速度(km/h) | 120 | 100 | 80 | 60 | 100 | 60 | 80 | 40 | 60 | 30 | 40 | 20 |
| 缓和曲线最小长度(m) | 100 | 85 | 70 | 50 | 85 | 50 | 70 | 35 | 50 | 25 | 35 | 20 |

### (二)切线角公式

缓和曲线上任一点 $P$ 处的切线与曲线的起点(ZH)或终点(HZ)切线的交角 $\beta$ 称为切线角,由图 9-3-2 知任一点 $P$ 处的切线角与缓和曲线上该点至曲线起点或终点的曲线长所对的中心角相等。为求切线角可在曲率半径为 $\rho$ 的 $P$ 点处取一微分弧段 $\mathrm{d}l$,其所对应的中心角为 $\mathrm{d}\beta$,则:

$$\mathrm{d}\beta=\frac{\mathrm{d}l}{\rho}=\frac{l\times \mathrm{d}l}{c} \tag{9-3-4}$$

积分得:

$$\beta=\frac{l^2}{2c}=\frac{l^2}{2Rl_s}\quad(\mathrm{rad}) \tag{9-3-5}$$

当 $l=l_s$ 时,则缓和曲线全长 $l_s$ 所对应中心角即为缓和曲线的切线角,亦称为缓和曲线角 $\beta_0$:

$$\beta_0=\frac{l_s}{2R}\frac{180°}{\pi}=\frac{90°l_s}{\pi R} \tag{9-3-6}$$

### (三)缓和曲线的参数方程

如图 9-3-2 所示,设以缓和曲线的起点(ZH 点)为坐标原点,过 ZH 点的切线为 $x$ 轴,半径为 $y$ 轴,缓和曲线上任一点 $P$ 的坐标经推导可得:

$$\begin{aligned}x&=l-\frac{l^5}{40R^2l_s^2}\\ y&=\frac{l^3}{6Rl_s}-\frac{l^7}{336R^3l_s^3}\end{aligned} \tag{9-3-7}$$

当 $l=l_s$ 时,第一缓和曲线终点的坐标:

$$x_0=l_s-\frac{{l_s}^3}{40R^2}$$

$$y_0=\frac{{l_s}^2}{6R}-\frac{{l_s}^4}{336R^3}$$

## 三、缓和曲线测设元素的计算

在圆曲线上增设缓和曲线后,要将圆曲线和缓和曲线作为一个整体考虑。如图 9-3-3 所示,在直线与圆曲线之间插入缓和曲线时,必须将原有的圆曲线向内移动距离 $p$(称为内移值),才能使缓和曲线的起点位于直线方向上,这时切线增长 $q$(称为切线增值)。公路上一般采用圆心不动半径减小的平行移动方法对圆曲线进行内移,即未设缓和曲线时的圆曲线为 $FG$,其半径为$(R+P)$;插入两段缓和曲线 $AC$ 和 $DB$ 后,圆曲线向内移,其保留部分为 $CMD$,半径为 $R$,所对的圆心角为$(\alpha-2\beta_0)$。

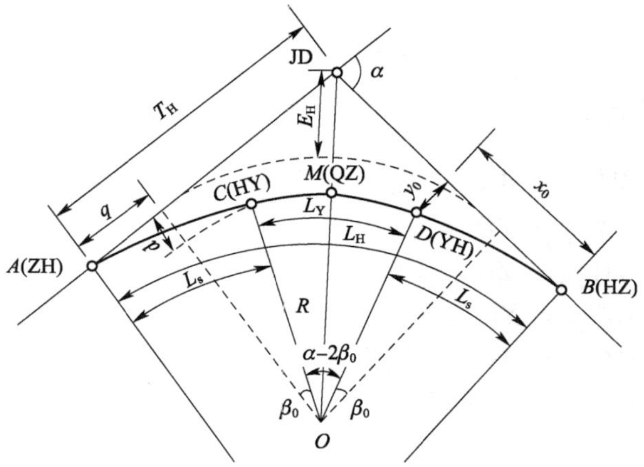


图 9-3-3　带缓和曲线的平曲线

**(一)已知参数**

(1)转角 $\alpha$ 应测算求得;

(2)圆曲线的半径 $R$ 应根据地形及车辆运行技术要求进行设计确定;

(3)缓和曲线长度 $l_s$ 按前述设计要求确定。

当通过测算得到转角 $\alpha$,并确定圆曲线半径 $R$ 和缓和曲线长 $l_s$ 后,即可按式(9-3-6)求得切线角 $\beta_0$,此时必须有 $\alpha \geqslant 2\beta_0$,否则无法设置缓和曲线,如图 9-3-3 所示。若 $\alpha < 2\beta_0$,应重新调整 $R$ 或 $l_s$,直至满足。

**(二)曲线元素的计算**

**1. 圆曲线内移参数 $p$ 与切线增值参数 $q$**

由图 9-3-3 可知:

$$p = y_0 - R(1 - \cos\beta_0)$$
$$q = x_0 - R\sin\beta_0 \tag{9-3-8}$$

将式中 $\cos\beta_0$、$\sin\beta_0$ 展开为级数,略去高次项,并经代换可得:

$$p = \frac{l_s^2}{24R} - \frac{l_s^4}{336R^3}$$
$$q = \frac{l_s}{2} - \frac{l_s^3}{240R^2} \tag{9-3-9}$$

**2. 曲线元素**

切线长 $T_H$:

$$T_H = (R + p)\tan\left(\frac{\alpha}{2}\right) + q$$

曲线长 $L_H$:

$$L_H = R(\alpha - 2\beta_s)\left(\frac{\pi}{180}\right) + 2l_s \tag{9-3-10}$$

外矢距 $E_H$:

$$E_H = (R + p)\sec\left(\frac{\alpha}{2}\right) - R$$

切曲差 $D_H$：

$$D_H = 2T_H - L_H$$

四、主点里程的计算：

(1)直缓点 ZH　$ZH_{里程} = JD_{里程} - T_H$
(2)缓圆点 HY　$HY_{里程} = ZH_{里程} + l_s$
(3)圆缓点 YH　$YH_{里程} = ZH_{里程} + L_H - 2l_s$
(4)缓直点 HZ　$HZ_{里程} = YH_{里程} + l_s$
(5)曲中点 QZ　$QZ_{里程} = HZ_{里程} - L_H/2$
(6)检核　$JD_{里程} = QZ_{里程} + D_H/2$

**任务思考**

1. 什么是缓和曲线？
2. 带有缓和曲线的平曲线的主点元素有哪些？
3. 道路中线测量中，已知右转角 $\alpha = 38°18'00''$，圆曲线的半径 $R = 300$m，缓和曲线长 $l_s =$ 75m，交点里程桩号为 K19 + 526.750，计算曲线的测设元素及主点里程。

**任务评价**

任务考核评价表见附表。

# 任务 9-4　中桩坐标的计算

**任务描述**

某标段施工过程中，已知 $JD_7$(588959.881,398806.033)、$JD_8$(584558.381,400101.378)、$JD_9$(584129.649,40068.976)，$JD_8$ 里程 K42 + 942.39，$R = 700$m，缓和曲线长 $L_s = 170$m，现用全站仪坐标放样程序放样道路中线，需计算路线中桩坐标。

**任务目标**

通过学习和完成本任务，你将能够：掌握道路中桩坐标的计算方法。

**建议课时**

1 课时。

**任务引入和分析**

如果施工图纸中只标注各交点坐标、圆曲线半径和缓和曲线长度，如何计算路线中线各点坐标？本任务主要内容为利用交点法计算各中桩坐标。

**任务实施**

计算中桩坐标常用的方法有交点法、线元法，这里仅介绍交点法。

交点法是利用交点坐标、里程及曲线参数推算中桩坐标的方法。其计算思路是:先推算出已知点到求算点的直线距离、直线方位角,就可算出直线的坐标增量,最后得到求算点的坐标。

## 一、已知参数

当需放样的点位于公路中线上时,如图9-4-1所示。

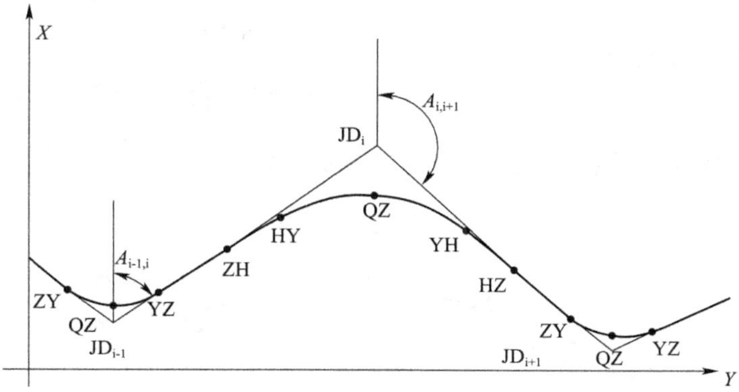


图9-4-1 公路中线上点的放样

(1)各$JD_i$的坐标$(x_i, y_i)$:在控制测量阶段就已经测定(或由施工图文件中"直线、曲线及转角表"中查出)。

(2)相邻JD连线的坐标方位角$A_{i-1,i}$、$A_{i,i+1}$:可由同样方法查出,或利用JD坐标反算推出。

(3)各曲线主点坐标:可由"直线、曲线及转角表"查出,或由曲线要素值及$A_{i-1,i}$、$A_{i,i+1}$计算得到。

## 二、直线上各中桩坐标计算

(1)当需要放样的$P$点位于某$JD_i$来向直线上时,公式如下:

$$
\begin{aligned}
x_p &= x_i + l\cos(A_{i-1,i} + 180°)\\
y_p &= y_i + l\sin(A_{i-1,i} + 180°)
\end{aligned}
\tag{9-4-1}
$$

式中:$(x_i, y_i)$——该$JD_i$坐标;

$A_{i-1,i}$——该$JD_i$的来向直线方位角,以下同;

$l$——要求的$P$点与该$JD_i$的直线距离。

(2)当需要放样的$P$点位于某$JD_i$去向直线上时,公式如下:

$$
\begin{aligned}
x_p &= x_i + l\cos A_{i,i+1}\\
y_p &= y_i + l\sin A_{i,i+1}
\end{aligned}
\tag{9-4-2}
$$

式中:$(x_i, y_i)$——该$JD_i$坐标;

$A_{i,i+1}$——该$JD_i$的去向直线方位角;

$l$——要求的$P$点与该$JD_i$的直线距离。

## 三、单圆曲线上各中桩坐标计算

当需要放样的$P$点位于单圆曲线上时,如图9-4-2所示,其坐标计算如下:

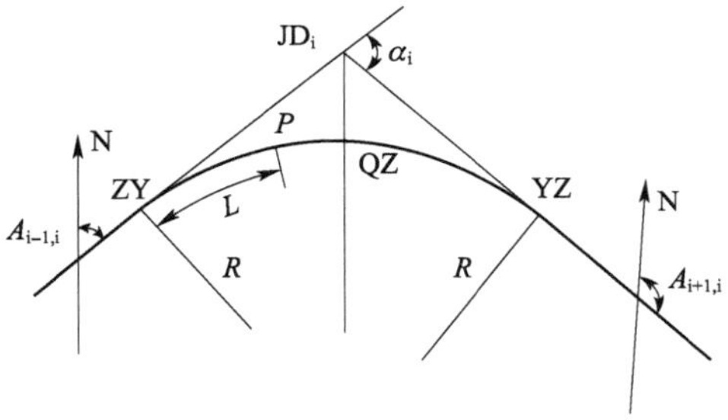


图 9-4-2　单圆曲线上点的放样

$$x_p = x_{ZY} + 2R\sin\frac{90L}{\pi R}\cos\left(A_{i-1,i} + \frac{\xi 90L}{\pi R}\right)$$
$$y_p = y_{ZY} + 2R\sin\frac{90L}{\pi R}\sin\left(A_{i-1,i} + \frac{\xi 90L}{\pi R}\right) \tag{9-4-3}$$

式中：$L$——$P$ 点与 ZY 点的桩号差(弧长)；

$\xi$——转角符号，当路线左转时取“ - ”，右转时取“ + ”。

## 四、带缓和曲线的平曲线上各中桩坐标计算

当 $P$ 点位于带缓和曲线的平曲线上时，如图 9-4-3 所示，又分为以下三种情况：

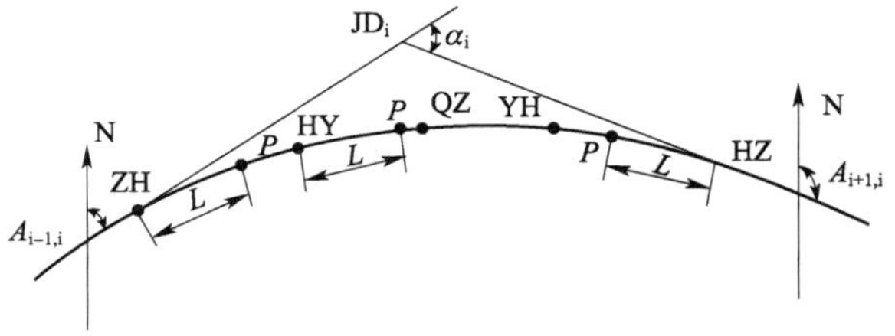


图 9-4-3　带缓和曲线的平曲线点的放样

**1. ZH 到 HY 段**

$$x_p = x_{ZH} + c \times \cos\left(A_{i-1,i} + \frac{\xi 30L^2}{\pi RL_s}\right)$$
$$y_p = y_{ZH} + c \times \sin\left(A_{i-1,i} + \frac{\xi 30L^2}{\pi RL_s}\right) \tag{9-4-4}$$

式中：$c = L - \dfrac{L^5}{90R^2L_s{}^2}$；

$L$——$P$ 点与 ZH 点桩号差；

$L_s$——缓和曲线长。

**2. HY 到 YH 段**

$$x_p = x_{HY} + 2R\sin\frac{90L}{\pi R} \times \cos\left[A_{i-1,i} + \frac{\xi 90(L+L_s)}{\pi R}\right]$$
$$y_p = y_{HY} + 2R\sin\frac{90L}{\pi R} \times \sin\left[A_{i-1,i} + \frac{\xi 90(L+L_s)}{\pi R}\right] \tag{9-4-5}$$

式中：$L$——$P$ 点与 HY 点桩号差；

$L_s$——缓和曲线长。

**3. YH 到 HZ 段**

$$x_p = x_{HZ} + c \times \cos\left(A_{i,i+1} + 180° - \frac{\xi 30L^2}{\pi RL_s}\right)$$
$$y_p = y_{HZ} + c \times \sin\left(A_{i,i+1} + 180° - \frac{\xi 30L^2}{\pi RL_s}\right) \tag{9-4-6}$$

式中：$c = L - \dfrac{L^5}{90R^2L_s{}^2}$；

$L$——HZ 点与 $P$ 点的桩号差。

**【例题 9-4-1】** 如图 9-4-4 所示，已知 $JD_7$(588959.881, 398806.033)、$JD_8$(584558.381, 400101.378)、$JD_9$(584129.649, 40068.976)，$JD_8$ 里程 K42 + 942.39，$R = 700m$，缓和曲线长 $L_s = 170m$，计算路线中桩坐标。

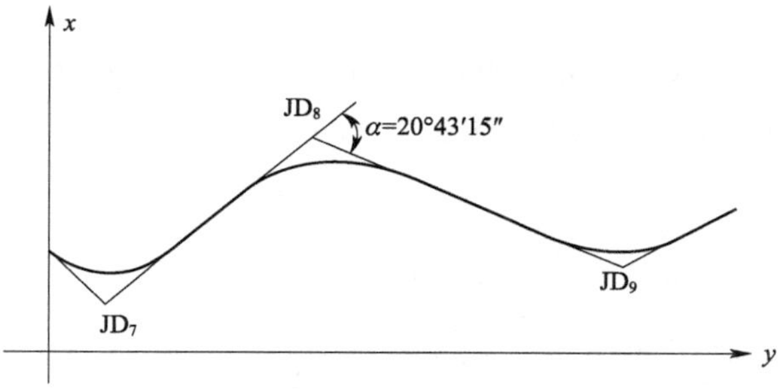


图 9-4-4

**解** 1. 计算路线转角

进行坐标反算（计算过程略）可得：

$$A_{78} = 163°36'04'' \quad A_{89} = 184°19'19''$$

$$\text{路线转角} \quad \alpha_y = A_{89} - A_{78} = 20°43'15''$$

2. 计算各曲线要素、主点里程（计算过程略）

$$q = 84.96m \quad p = 1.72m \quad \beta_0 = 6°57'39''$$

$$T_H = 213.25m \quad L_H = 423.16m \quad L_y = 83.16m$$

利用式(9-3-10)、式(9-3-11)计算各主点里程为：

ZH：K42 + 729.14　HY：K42 + 899.14　YH：K42 + 982.30

HZ：K43 + 152.30　QZ：K42 + 940.72

3. 逐桩坐标计算（举例部分）

ZH 点：将 $x_i = 584558.381$，$y_i = 400101.378$，$l = T_H = 213.25$ 代入公式(9-4-1)，得：$x_{ZH} = 584762.957$，$y_{ZH} = 400041.172$，$A_{i-1,i} = A_{78} = 163°36'04''$。

HZ 点：将 $x_i = 584558.381$，$y_i = 400101.378$，$l = T_H = 213.25$ 代入公式(9-4-2)，得：$x_{HZ} = 584345.738$，$y_{HZ} = 400085.307$，$A_{i,i+1} = A_{89} = 184°19'19''$。

HY 点：将 $x_{ZH} = 584762.957$，$y_{ZH} = 400041.172$，$L = L_s = 170$，$R = 700$ 代入公式(9-4-4)，得：$x_{HY} = 584598.171$，$y_{HY} = 400082.496$，$A_{i-1,i} = A_{78} = 163°36'04''$。

QZ 点：将 $x_{HY} = 584598.171$，$y_{HY} = 400082.496$，$L = L_y/2 = 41.58$，$L_s = 170$，$R = 700$，代入公式(9-4-5)，得 $x_{QZ} = 584556.977$，$y_{QZ} = 400088.101$，$A_{i-1,i} = A_{78} = 163°36'04''$。

K43 + 000：将 $x_{HZ} = 584345.738$，$y_{HZ} = 400085.307$，$L = 43152.30 - 43000 = 152.30$，$L_s = 170$，$R = 700$，代入公式(9-4-6)，得 $x = 584497.833$，$y = 400091.840$，$A_{i,i+1} = A_{89} = 184°19'19''$。

## 任务思考

1. 高等级公路中坐标计算有哪些方法？
2. 公路中桩坐标计算中交点法计算的步骤是什么？

## 任务评价

任务考核评价表见附表。

# 任务9-5　元素法测设道路中线

## 任务描述

拟修建一条公路，现需要恢复几个中桩，根据施工图纸中“直线、曲线及转角一览表”和“平面图”将需要的信息摘抄如图9-5-1和表9-5-1所示。

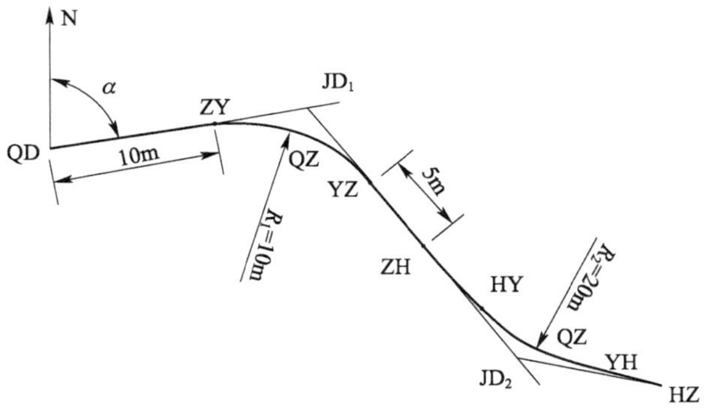


图9-5-1　道路平面线形示意图

**道路中线数据外业施测任务表**　　表9-5-1

| 温度值 | 5℃ | 大气压强 | 1013.3hPa | 棱镜常数 | -30mm | 备注 |
|---|---|---|---|---|---|---|
| 起点坐标 | (100,100) | 桩号 | K0+000 | 间距 | 2m | |
| 水平定线 | 直线 | 长度:10m | 方位角 | 89°10′21″ | | $\alpha=60°$ |
| | 圆曲线 | 曲线长:10.472m | 半径 | 10m | 转向:右 | $\beta=120°$ |
| | 直线 | 长度:5m | 方位角 | 149°10′21″ | | $T=5.774$m |
| | 缓和曲线(入口) | 曲线长:5m | 半径 | 20m | 转向:左 | $\alpha=40°$ |
| | 圆曲线 | 曲线长:8.963m | 半径 | | 转向:左 | $\beta=140°$ |
| | 缓和曲线(出口) | 曲线长:5m | 半径 | | 转向:左 | $T=9.797$m |
| 恢复桩号 | K0+005 | K0+010 | K0+015 | K0+020 | | |

## 任务目标

通过学习和完成本任务，你将能够：用元素法对道路中桩进行放样。

## 建议课时

4课时。

## 任务引入和分析

目前在实际施工中，采用全站仪进行道路中边桩放样已经被广泛使用，元素法是全站仪进行中边桩放样的常用方法之一。

## 任务准备

### 一、知识准备

近些年,全站仪在道路施工中得到了广泛应用。尤其在道路中边桩放样,无论哪个品牌型号的全站仪,其操作的方法和原理基本一致,这里以拓普康 GTS-102N 为例进行元素法讲解。

### 二、组织准备

以 8 个人为一组,每组选一名组长和一名副组长,组长负责全组组织以及实际操作训练,副组长负责组织进行理论知识学习和复习。

### 三、场地、仪器和材料准备

选择约 100m×200m 的实训场地。每组配备全站仪 1 套,单棱镜 2 个,对中杆(或对中脚架)2 套。学生每人带教材、工作页、记录表和计算器。

## 任务实施

元素法测设道路中线外业观测步骤与图示见表 9-5-2 ~ 表 9-5-6。

### 一、初始化

表 9-5-2

| | |
|---|---|
| 首先点击键盘右上角【Menu】键<br>→进入菜单翻页【F4】键(下一页)<br>→按【F1】选择程序<br>→【F4】(下一页)<br>→进入如图①所示界面,按【F3】道路 | 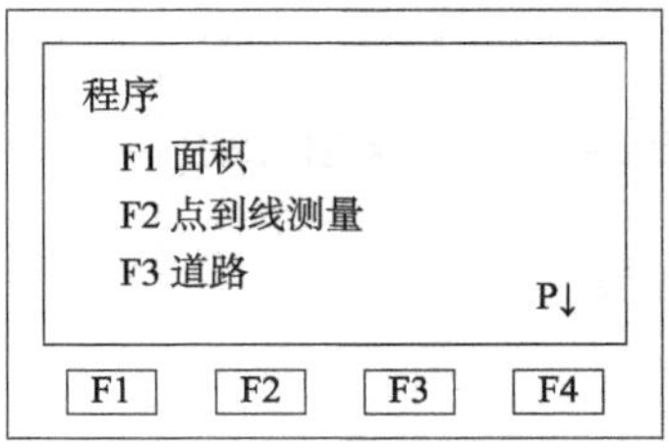<br>① |
| →如图②所示,按【F3】初始化<br>→按【F4】,确认初始化 | 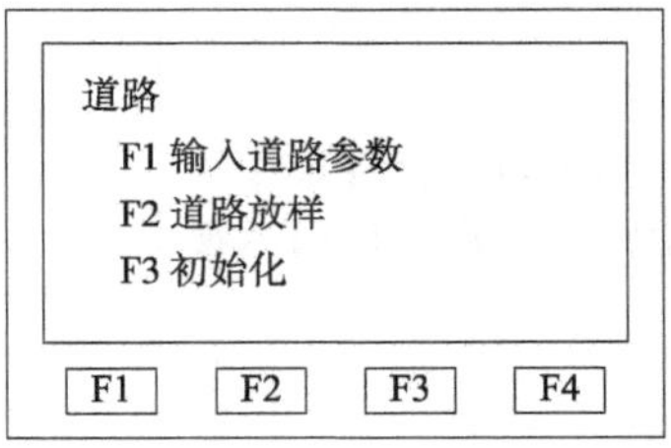<br>② |

## 二、参数设置

表 9-5-3

<table>
<tr><td>再进入道路界面如图②所示<br>→按【F1】输入道路参数<br>→进入如图③所示界面，按【F1】输入起始点</td><td>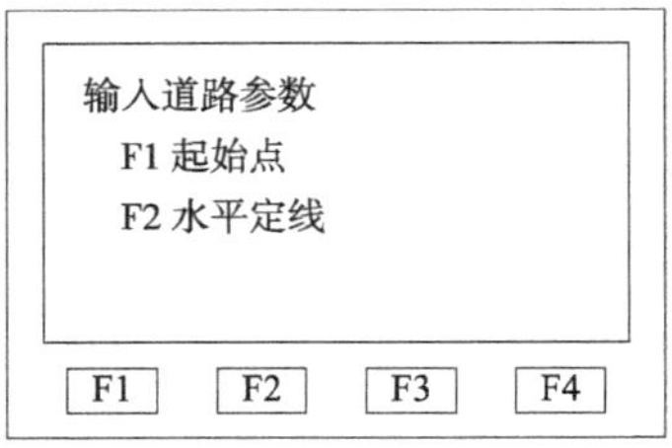

③</td></tr>
<tr><td>→进入如图④所示界面，输入坐标、桩号、间距<br>（根据道路设计文件输入参数）</td><td>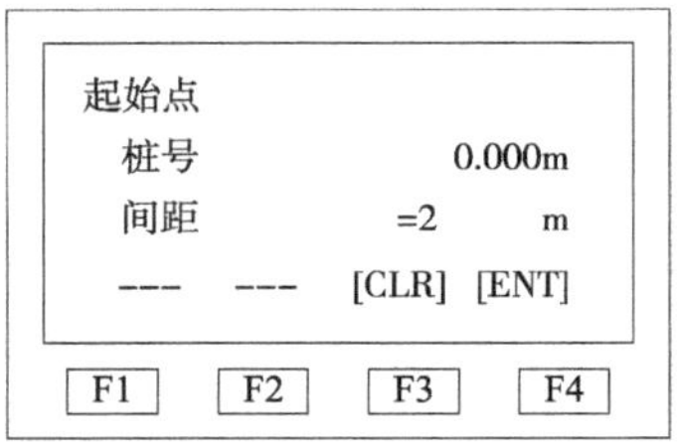

④</td></tr>
</table>

## 三、水平定线

表 9-5-4

<table>
<tr><td>（根据路线线形参数输入，在这里以任务中的线形为例）<br>回到图⑤所示界面</td><td>

⑤</td></tr>
<tr><td>→在图⑤所示界面选择【F2】水平定线<br>→进入如图⑥所示界面，按【F1】数据输入</td><td>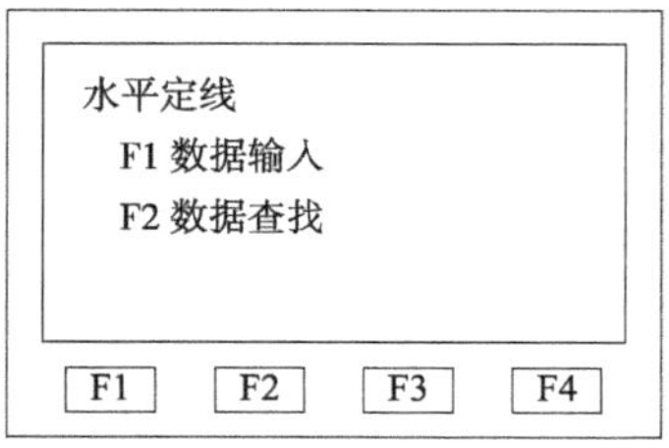

⑥</td></tr>
</table>

| | |
|---|---|
| →进入如图⑦所示界面,按【F1】直线 | 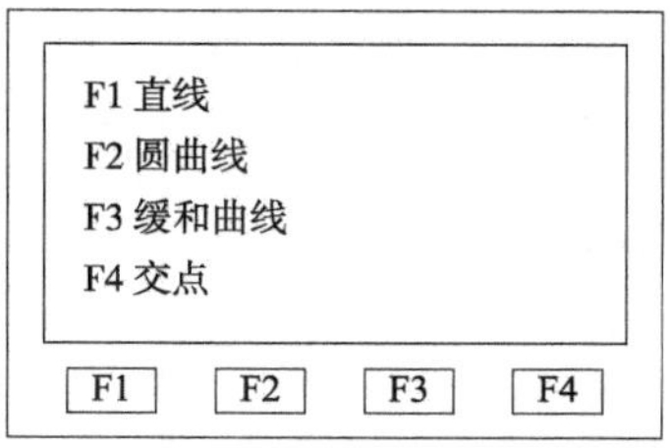<br>⑦ |
| →进入如图⑧所示界面,输入 L、方位角并确定 | 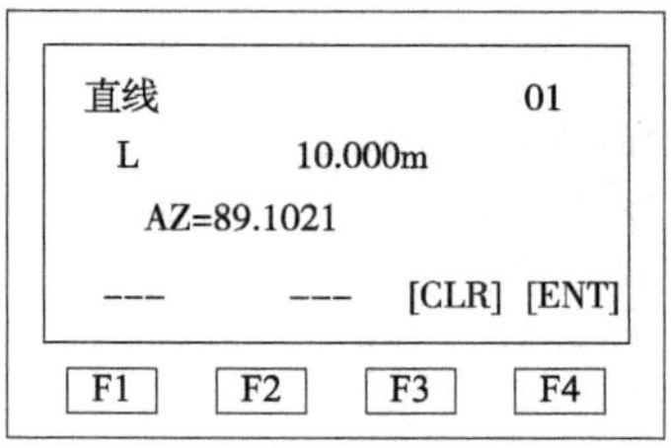<br>⑧ |
| 返回图⑦所示界面<br>→按【F2】圆曲线<br>→输入 R、L<br>→进入如图⑨所示界面,输入转向 | 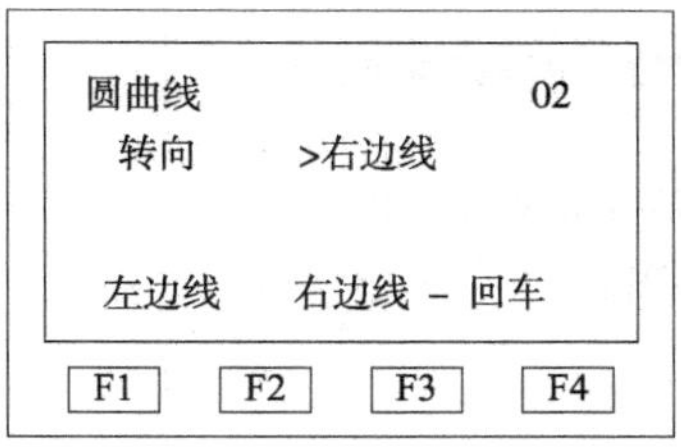<br>⑨ |
| →在图①所示界面,按【F1】直线<br>→进入如图⑩的所示界面,输入 L、方位角并确定 | 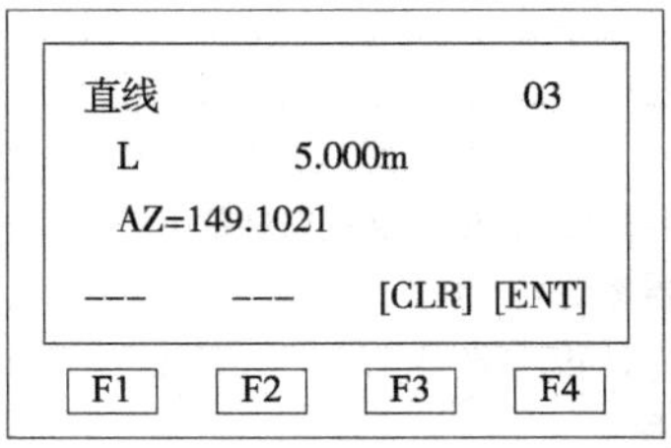<br>⑩ |
| →在图⑦所示界面,按【F3】缓和曲线<br>→进入如图⑪的所示界面,输入 R、L | 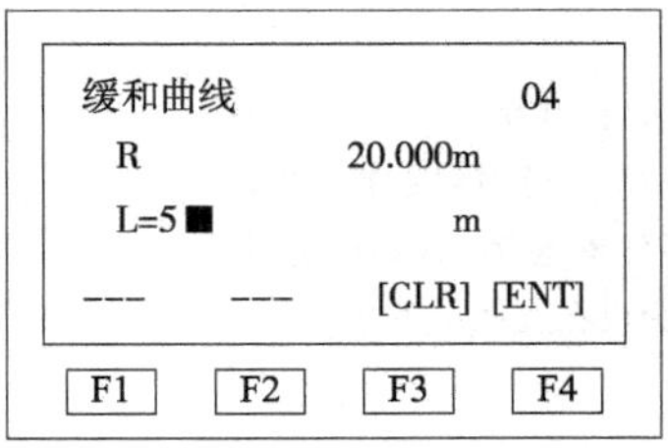<br>⑪ |

续上表

| | |
|---|---|
| →输入转向,如图⑫所示 | <br>⑫ |
| →在图⑦所示界面,按【F2】圆曲线<br>→进入如图⑬所示界面,输入R、L<br>→输入转向 | 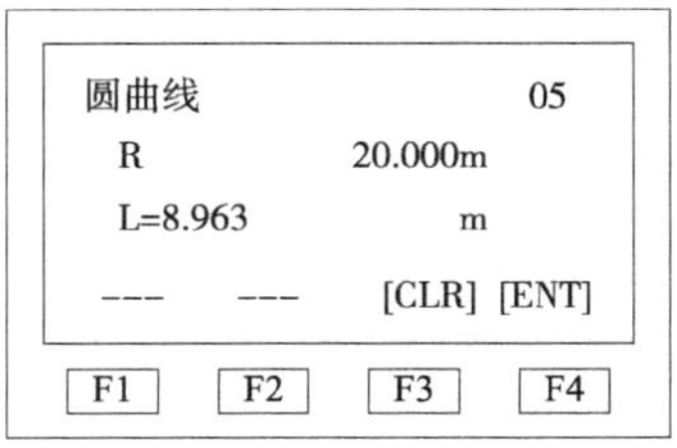<br>⑬ |
| →在图⑦所示界面,按【F3】缓和曲线<br>→输入R、L<br>→ 进入如图⑭所示界面,输入转向<br>→按ESC键返回(按3次) | 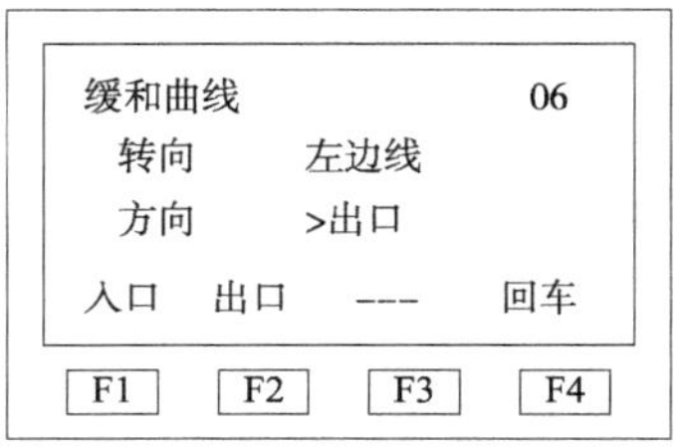<br>⑭ |

## 四、测站设置

表9-5-5

| | |
|---|---|
| 道路放样——测站设置(根据仪器安装的实际位置输入仪器参数):<br>返回到道路界面,如图②所示<br>按【F2】道路放样<br>→进入如图⑮所示界面,按【F1】测站设置 | <br>⑮ |
| →进入如图⑯所示界面,可以选择【F1】坐标数据,也可选择【F2】道路数据,这里我们选择【F2】道路数据为例,需要注意的是后视桩号一定要为设在直线上的桩,照准后可以瞄准交点<br>→输入完成后<br>→按ESC键至道路放样界面 | 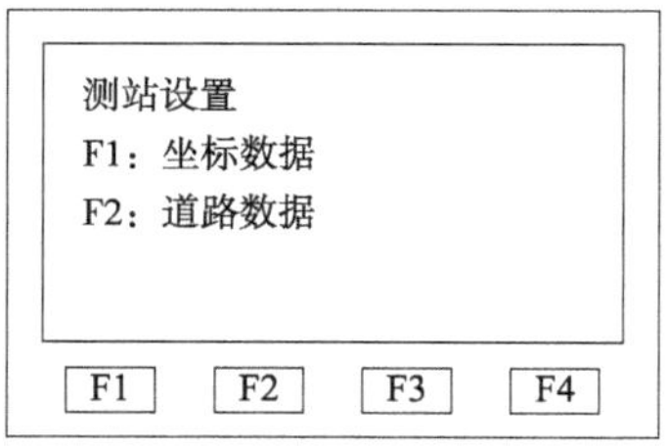<br>⑯ |

## 五、道路放样

表 9-5-6

| | |
|---|---|
| （输入要放样的桩号,根据仪器角度和距离的提示找到该桩号的实际地面位置）:<br>返回到道路界面,如图②所示<br>按【F2】道路放样<br>→进入如图⑰所示界面,输入要放样的桩号<br>→桩号中线回车<br>→桩号坐标【F3】确认 | 道路放样<br>桩号 = 10<br>--- --- [CLR] [ENT]<br>F1 F2 F3 F4<br>⑰ |
| →【F1】角度<br>→将 dHR 调至 0°00′00″并指挥放样人员移动至相应位置如图⑱所示<br>→F1 距离<br>→将 dHD 调至 0 并指挥放样人员移动至相应位置 | 桩号: 10.000<br>HR: 224° 25′ 43″<br>dHR: 0° 00′ 00″<br>距离 --- 坐标 ---<br>F1 F2 F3 F4<br>⑱ |

### 任务思考

1. 全站仪测设道路中线有什么优点?
2. 简述元素法进行道路中线测设的步骤。

### 任务评价

任务考核评价表见附表。

## 任务 9-6 交点法测设道路中线

### 任务描述

拟修建一条公路,现需要恢复几个中桩,根据施工图纸中“直线、曲线及转角一览表”和“平面图”将需要的信息摘抄如图 9-6-1 和表 9-6-1 所示。

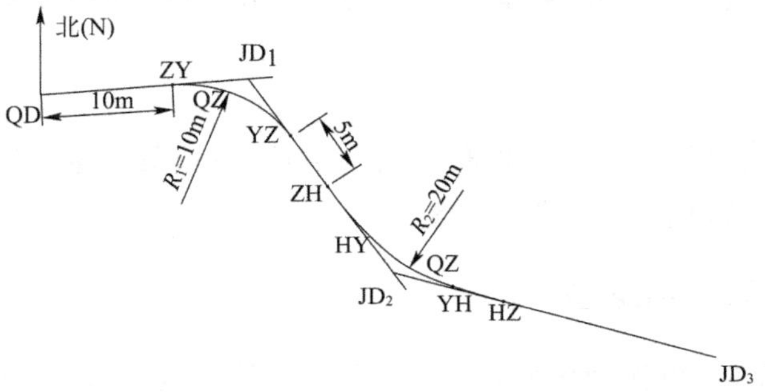


图 9-6-1 道路平面线形示意图

**道路中线数据外业施测任务表** 表 9-6-1

| 温度值 | 5℃ | 大气压强 | 1013.3hPa | 棱镜常数 | −30mm | 备注 |
|---|---|---|---|---|---|---|
| 起点坐标 | 100,100 | 桩号 | $K0+000$ | 间距 | 2m | |
| 水平定线 | $JD_1$ 坐标 | | (100.228,115.772) | | 转向:右 | $\alpha=60°$ |
| | 缓和曲线参数 $A_1$ | | 0 | | | $R=10m$ |
| | 缓和曲线参数 $A_2$ | | 0 | | | $T=5.774m$ |
| | $JD_2$ 坐标 | | (82.563,126.314) | | 转向:左 | $\alpha=40°$ |
| | 缓和曲线参数 $A_1$ | | 10 | | | $R=20m(l_s=5m)$ |
| | 缓和曲线参数 $A_2$ | | 10 | | | $T=9.797m$ |
| | $JD_3$ 坐标 | | (66.142,173.351) | | 转向:右 | |
| | 缓和曲线参数 $A_1$ | | 0 | | | $R=10m$ |
| | 缓和曲线参数 $A_2$ | | 0 | | | |
| 待测桩号 | K0+010 | K0+015 | K0+020 | K0+025 | K0+030 | K0+035 |

## 任务目标

通过学习和完成本任务,你将能够:用交点法进行道路中边桩放样。

## 建议课时

4 课时。

## 任务引入和分析

目前在实际施工中,采用全站仪进行道路中边桩放样已经被广泛使用,交点法是全站仪进行中边桩放样的常用方法之一。

## 任务准备

### 一、知识准备

近些年,全站仪在道路施工中得到了广泛应用。尤其在道路中边桩放样,无论哪个品牌型号的全站仪,其操作的方法和原理基本一致,这里以拓普康 GTS-102N 为例讲解交点法。

### 二、组织准备

以 8 个人为一组,每组选一名组长和一名副组长,组长负责全组组织以及实际操作训练,副组长负责组织进行理论知识学习和复习。

### 三、场地、仪器和材料准备

选择约 100m×200m 的实训场地。每组配备全站仪 1 套,单棱镜 2 个,对中杆(或对中脚架)2 套。学生每人带教材、工作页、记录表和计算器。

## 任务实施

交点法测设道路中线外业观测步骤与图示见表9-6-2～表9-6-6。

### 一、初始化

表9-6-2

| | |
|---|---|
| 首先点击键盘右上角【Menu】键<br>→进入菜单翻页【F4】键(下一页)<br>→按【F1】选择程序<br>→【F4】(下一页)<br>→进入如图①所示界面,按【F3】道路 | 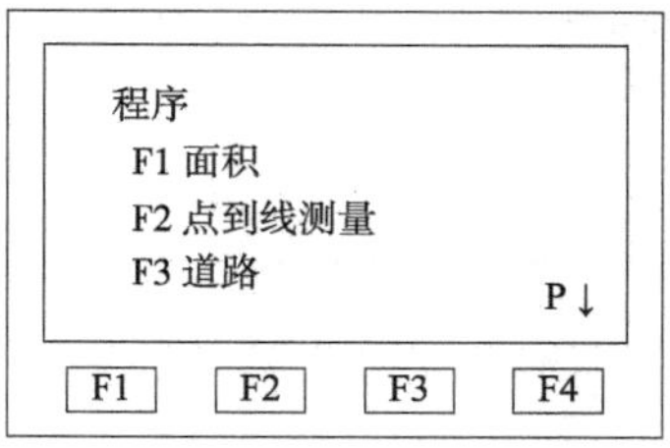<br>① |
| →进入如图②所示界面,按【F3】初始化<br>→按【F4】,确认初始化 | 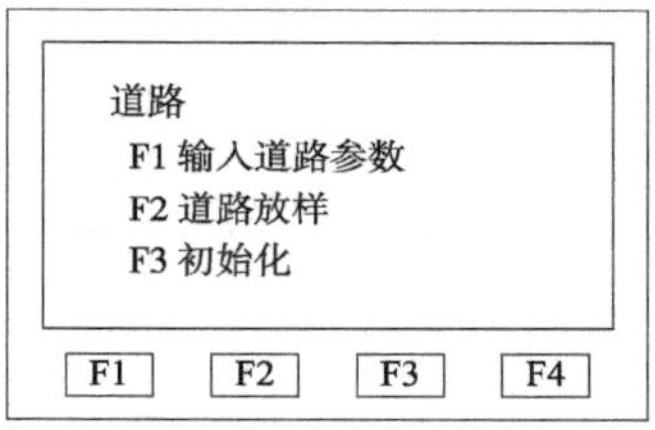<br>② |

### 二、参数设置

表9-6-3

| | |
|---|---|
| 再进入道路界面如图②所示,<br>→按【F1】输入道路参数<br>→进入如图③所示界面,按【F1】起始点 | <br>③ |
| →进入如图④所示界面,输入坐标、桩号、间距<br>(根据道路设计文件输入参数) | 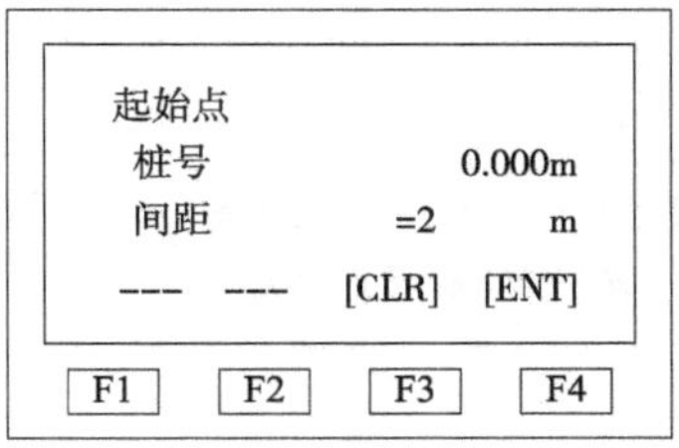<br>④ |

## 三、水平定线

表 9-6-4

| | |
|---|---|
| （根据路线线形参数输入，在这里以任务中的线形为例）<br>回到如图⑤所示界面 | 输入道路参数<br>F1 起始点<br>F2 水平定线<br>F1 F2 F3 F4<br>⑤ |
| →选择【F2】水平定线<br>→进入如图⑥所示界面，按【F1】数据输入 | 水平定线<br>F1 数据输入<br>F2 数据查找<br>F1 F2 F3 F4<br>⑥ |
| →进入如图⑦所示界面，选择【F4】交点 | F1 直线<br>F2 圆曲线<br>F3 缓和曲线<br>F4 交点<br>F1 F2 F3 F4<br>⑦ |
| →进入如图⑧所示界面，输入交点坐标<br>→按【F4】确定 | 交点 01<br>N 100.228M<br>E 115.772M<br>--- --- [CLR] [ENT]<br>F1 F2 F3 F4<br>⑧ |
| →输入半径、$A_1$、$A_2$<br>→【F4】确定后返回界面⑨，同样方法输入所有交点，输入完后按【Esc】返回道路界面 | R 10.000M<br>A1 0.000<br>A2 0.000<br>输入 --- 跳过 回车<br>F1 F2 F3 F4<br>⑨ |

## 四、测站设置

表 9-6-5

| | |
|---|---|
| 道路放样——测站设置(根据仪器安装的实际位置输入仪器参数):<br>返回到道路界面,如图②所示<br>按【F2】道路放样,进入如图⑩所示界面<br>→按【F1】测站设置 | 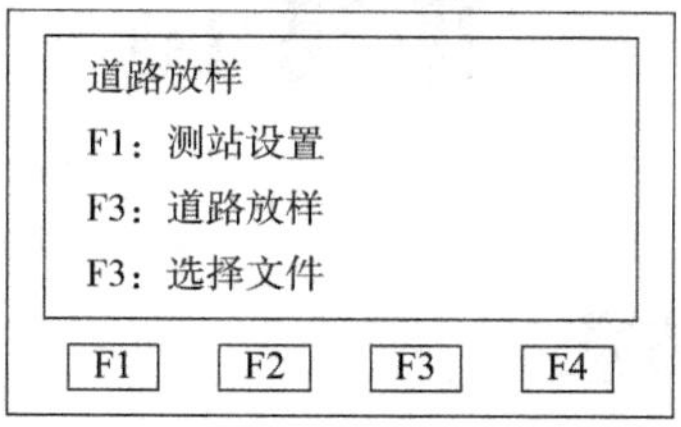<br>⑩ |
| →进入如图⑪所示界面,可以选择【F1】坐标数据,也可选择【F2】道路数据,这里选择【F2】道路数据为例,需要注意的是后视桩号一定要为设在直线上的桩,照准后可以瞄准交点<br>→输入完成后<br>→按 ESC 键至道路放样界面 | 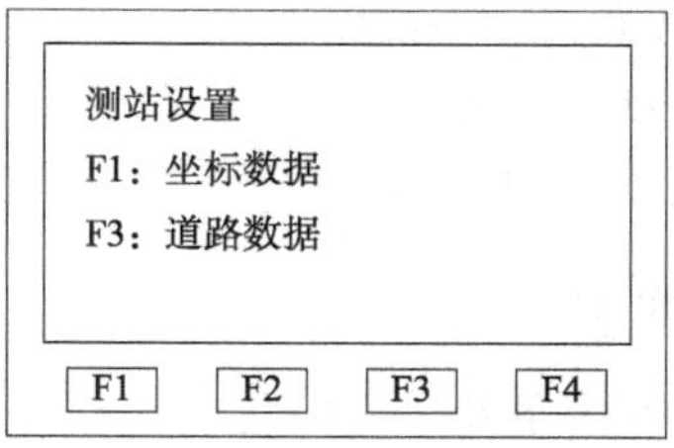<br>⑪ |

## 五、道路放样

表 9-6-6

| | |
|---|---|
| (输入要放样的桩号,根据仪器角度和距离的提示找到该桩号的实际地面位置):<br>返回到道路界面,如图②所示<br>按【F2】道路放样<br>→进入如图⑫所示的界面,输入要放样的桩号<br>→桩号中线回车<br>→桩号坐标【F3】确认 | 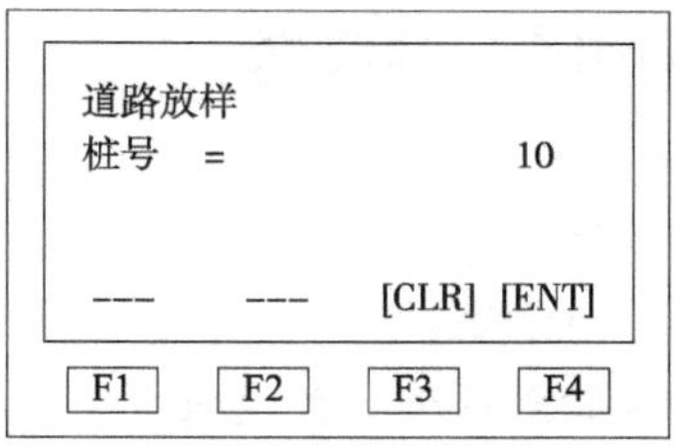<br>⑫ |
| →【F1】角度<br>→将 dHR 调至 0°00′00″并指挥放样人员移动至相应位置如图⑬所示<br>→F1 距离→将 dHD 调至 0 并指挥放样人员移动至相应位置 | 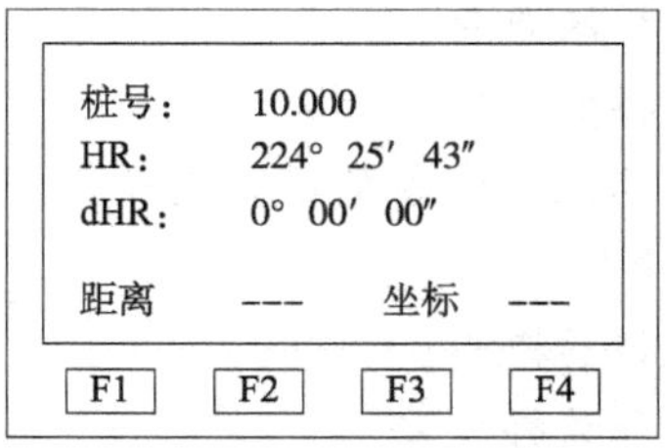<br>⑬ |

### 任务思考

1. 简述交点法测设道路中线的步骤。
2. 简述交点法和元素法测设中线的区别。

### 任务思考

任务考核评价表见附表。

# 项目10　施工测设方法

## 项目内容

本项目为道路施工测设方法,主要包括以下三项内容:

1. 距离、角度、高程放样;
2. 点的平面位置放样;
3. 路基、路面施工测量。

## 项目要求

通过本项目的学习,应做到:

1. 能够使用全站仪进行距离、角度的放样;
2. 能够使用水准仪进行点的高程的放样;
3. 能够使用全站仪进行点的平面位置放样;
4. 能够进行道路路基、路面施工测量。

## 项目知识点、技能点

1. 角度放样

1)角度放样的概念;

2)角度放样的方法;

3)使用全站仪熟练进行角度放样。

2. 距离放样

1)距离放样的概念;

2)距离放样的方法;

3)使用全站仪熟练进行距离放样。

3. 高程放样

1)高程放样的概念;

2)一般高程放样方法;

3)高墩台的高程放样方法;

4)深基坑的高程放样方法;

5)熟练进行各种条件下的高程放样。

4. 点的平面位置放样

1)点的平面位置放样的概念;

2)点的平面坐标放样;

3)使用全站仪进行点的坐标放样。

5. 路基施工测量

1)路基施工测量的任务和前期准备工作;
2)路基原地表施工测量;
3)路基施工过程施工放样;
4)进行路基施工测量。
6. 路面施工测量
1)路面施工测量要求;
2)路面中、边桩放样;
3)路面高程放样;
4)各结构层铺筑完工后的全线竣工测量;
5)能够进行路面施工测量及交、竣工验收测量。

# 任务10-1 角度放样

## 任务描述

A、B 为某施工现场已知点,要求在施工现场定出 AP 方向,使$\angle BAP=\beta$。

## 任务目标

通过学习和完成本任务,你将能够现场进行角度放样。

## 建议课时

2 课时。

## 任务引入和分析

角度放样是工程放样测量基本内容之一,是以通过该点的某一固定方向为起始方向,按已知角值把该角的另一个方向测设到地面上。通常可采用正倒镜分中法进行角度放样。

## 任务准备

### 一、知识准备

**1. 角度放样的概念**

角度放样(这里指水平角)也称拨角,是在已知点上安置全站仪(电子经纬仪),以通过该点的某一固定方向为起始方向,按已知角值把该角的另一个方向测设到地面上。通常可采用正倒镜分中法进行角度放样。

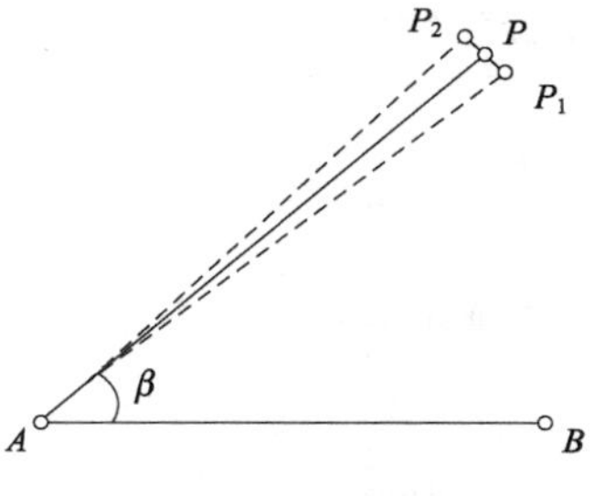

图 10-1-1 已知角度放样(正倒镜分中)

**2. 角度放样的方法**

如图 10-1-1 所示,A、B 为现场已知点,欲定出 AP 方向使$\angle BAP=\beta$,具体步骤如下:

将全站安置在 A 点,盘左瞄准 B 点配置水平度盘读数为零,逆时针方向转动照准部使水平度盘读数为 $b=360°-\beta$

(当顺时针方向拨角 $\beta$,水平度盘读数应为 $b=\beta$),在视线方向上适当位置定出 $P_1$ 点;然后盘右瞄准 $B$ 点,用上述方法再次拨角并在视线上定出 $P_2$ 点,定出 $P_1$、$P_2$ 的中点 $P$,则 $\angle BAP$ 就是要放样的 $\beta$ 角。

正倒镜分中法放样已知水平角时,采用两个盘位拨角主要是为了校核,而精度提高并不明显。在实际工作中,有时也常用盘左或盘右一个盘位进行角度放样。

## 二、组织准备

以 8 个人为一组,每组选一名组长和一名副组长,组长负责全组组织以及实际操作训练,副组长负责组织进行理论知识学习和复习。

## 三、场地、仪器和材料准备

选择长约 100m 的实训场地。每组配备全站仪 1 套,测钎 1 对。学生每人带教材、作业、记录表和计算器。

## 任务实施

## 一、任务描述

$A$、$B$ 为某施工现场已知点,要求用正倒镜分中法在施工现场定出 $AP$ 方向,使 $\angle BAP=60°$。

## 二、外业实施

正倒镜分中法角度放样步骤见表 10-1-1。

**正倒镜分中法角度放样步骤** 表 10-1-1

| 操 作 步 骤 | 按键 | 显示(拓普康 GTS-102N) |
|---|---|---|
| 放样简图 | | 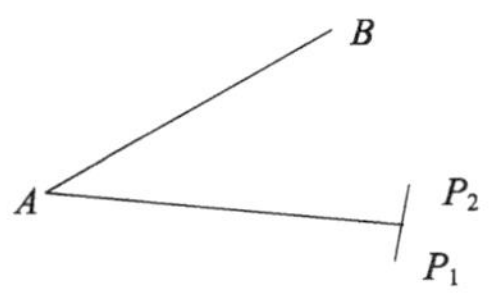 |
| 1. 在 $A$ 点安置全站仪 | | |
| 2. 盘左放样 | | |
| ①照准目标 $B$ | | V: 90° 16′<br>07″<br>HR: 120° 30′ 05″<br>置零 锁定 置盘<br>P1 ↓ |

续上表

| 操作步骤 | 按键 | 显示(拓普康 GTS-102N) |
| --- | --- | --- |
| ②设置水平度盘 | [F1] | 水平角置零<br>>OK?<br>------- [是] [否] |
| ③设置目标 $B$ 的水平角 0°00′00″ | [F3] | V: 90° 16′<br>07″<br>HR: 0° 00′ 00″<br><br>置零 锁定 置盘<br>P1↓ |
| ④转动照准部望远镜,使水平角读数为 60°时,在视线方向上适当位置定出 $P_1$ 点 | | V: 90° 16′<br>07″<br>HR: 60° 00′<br>00″<br><br>置零 锁定 置盘<br>P1↓ |
| 3. 盘右放样,重复第 2 步操作步骤并在视线上定出 $P_2$ 点 | | |
| 4. 量出 $P_1$、$P_2$ 的中点 $P$,则 $\angle BAP$ 就是要放样的 $\beta$ 角 | | |

### 任务思考

1 什么是角度放样?

2. 简述角度放样的方法。

### 任务评价

任务考核评价表见附表。

# 任务 10-2 距离放样

### 任务描述

某施工现场,现场有一个已知点 $A$,已知方向 $AC$,要求用距离放样的方法在 $AC$ 方向上定出 $B$ 点,使 $A$、$B$ 间的水平距离等于 $D$。

### 任务目标

通过学习和完成本任务,你将能够进行距离放样外业施测。

## 建议课时

2 课时。

## 任务引入和分析

距离放样是工程基本放样内容之一，是以一个已知点为起点，沿已知方向和距离放样出另一个未知点位置的过程。本任务的主要内容就是用全站仪或测距仪放样出未知点的位置。

## 任务准备

### 一、知识准备

**1. 距离放样的概念**

距离放样是在量距起点和量距方向确定的条件下，自量距起点沿量距方向丈量已知距离定出直线另一端点的过程。根据地形条件和精度要求的不同，距离放样可采用不同的丈量工具和方法，通常精度要求不高时可用钢尺或皮尺量距放样，精度要求高时可用全站仪或测距仪放样，下面仅介绍全站仪距离放样。

**2. 距离放样的方法**

如图 10-2-1 所示，$A$ 为已知点，欲在 $AC$ 方向上定一点 $B$，使 $A$、$B$ 间的水平距离等于 $D$。具体放样方法如下：

(1) 在已知点 $A$ 安置全站仪，照准 $AC$ 方向。

(2) 距离测量模式下按放样键，选择水平距离后输入放样距离，沿 $AC$ 方向在 $B$ 点的大致位置放置棱镜，照准棱镜开始测量，此时，显示屏上显示测量距离与放样距离之差，移动目标棱镜，直至距离差等于 0 为止。

(3) 由仪器指挥在桩顶画出 $AC$ 方向线，并在桩顶中心位置画垂直于 $AC$ 方向的短线，交点为 $B'$。在 $B'$ 处置棱镜，测定 $A$、$B'$ 间的水平距离 $D'$（在距离放样模式下显示距离差）。

(4) 计算差值 $\Delta D = D - D'$（或显示的距离差），根据 $\Delta D$ 用钢卷尺在桩顶修正点位。

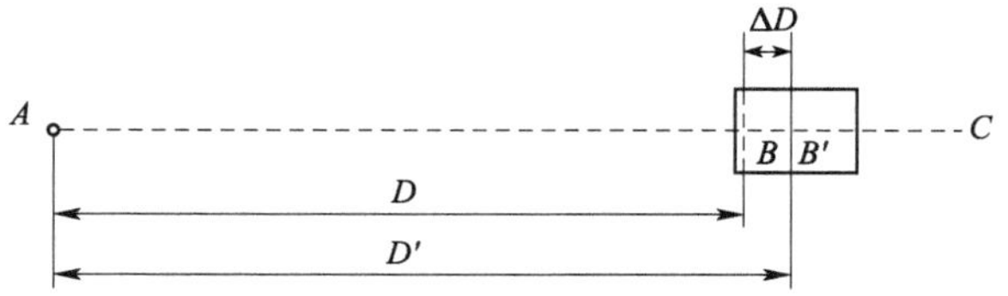


图 10-2-1　已知距离放样

### 二、组织准备

以 8 个人为一组，每组选一名组长和一名副组长，组长负责全组组织以及实际操作训练，副组长负责组织进行理论知识学习和复习。

### 三、场地、仪器和材料准备

选择长约 200m 的实训场地。每组配备全站仪（测距仪）1 套、钢卷尺 1 套，测钎 2 个、棱镜 1 套。学生每人带教材、工作本、记录表和计算器。

## 任务实施

### 一、任务描述

如表 10-2-2 所示,$O$ 为已知点,欲在 $OB$ 方向上定一点 $C$,使 $O$、$C$ 间的水平距离等于 60m。

### 二、外业观测

全站仪距离放样步骤见表 10-2-1、表 10-2-2。

**全站仪距离放样步骤** 表 10-2-1

| 操作步骤 | 按键 | 显示(拓普康 GTS-102N) |
|---|---|---|
| 距离放样简图 | | 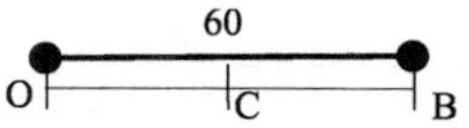 |
| 1. 在 O 点安置全站仪,照准 OB 方向 | | |
| 2. 设置温度、大气参数和棱镜常数(略) | | |
| 3. 水平距离放样 | | |
| ①照准 $B$ 点 | 照准 | V: 90° 16′ 07″<br>HR: 120° 30′ 05<br>置零 锁定 置盘 P1↓ |
| ②按距离测量键进入距离测量模式,显示上次设置的数据 | [◢] | HR: 243° 26′ 07″<br>HD* 123.420m<br>VD: 1.230m<br>测量 模式 S/A P1↓ |
| ③按(↓)键,进入第二页功能 | [F4] | HR: 243° 26′ 07″<br>HD* 123.420m<br>VD: 1.230m<br>偏心 放样 m/f/i P2↓ |
| ④按放样键 | [F2] | 放样<br>HD : 0.000m<br>平距 高差 斜距 --- |

续上表

| 操作步骤 | 按键 | 显示（拓普康 GTS-102N） |
|---|---|---|
| ⑤按[F1]-[F3]键，选择水平距离放样模式，本题为水平距离放样 | [F1] | 放样<br>HD：　0.000m<br>---　---　[CLR]<br>[ENT] |
| ⑥输入放样距离 60m | 输入数字<br>[F4] | 放样<br>HD：　60.000m<br>输入　---　---<br>回车 |
| ⑦沿 $OB$ 方向在 $C$ 点的大致位置放置棱镜，照准目标测量开始。此时显示屏上显示测量距离与放样距离之差 dHD | 照准 B | HR：　243°　26′<br>07″<br>dHD*　[r]<br>1.230m<br>VD：　0.580m<br>测量　模式　S/A<br>P1↓ |
| ⑧向 $CO$ 方向大致移动目标棱镜 1.230m，直至 dHD = 0 时钉设标桩（若精度要求不高，此时钉设的标桩位置即可作为 C 点） | | HR：　243°　26′<br>07″<br>dHD*[r]　0.000m<br>VD：　0.580m<br>测量　模式　S/A<br>P1↓ |
| 4. 由仪器指挥在桩顶画出 $OB$ 方向线，并在桩顶中心位置画垂直于 $OB$ 方向的短线，交点为 $C'$。在 $C'$ 处置棱镜，测定 dHD = 0.008m | | |
| 5. 根据 dHD 用钢卷尺在桩顶修正点位 | | |

**全站仪距离放样记录表**　　表 10-2-2

| 参数 | 温度值 | $T = \underline{20}$℃ | 大气压值 | $P = \underline{1013.3}$hPa | 棱镜常数 | $K = \underline{-30}$mm |
|---|---|---|---|---|---|---|
| 距离放样 | $OC$ 水平距离 | $D_{OC} = \underline{60}$m | 点位精度 | 0.008m | | |

## 任务思考

1. 什么是距离放样？
2. 距离放样的方法是什么？

## 任务评价

任务考核评价表见附表。

# 任务10-3 高程放样

## 任务描述

某平原微丘区一级公路，现场有一个已知水准点 $A$，其高程为 $H_A$。要求用高程放样的方法放样出已知高程为 $H_B$ 的 $B$ 点位置（$B$ 点在平面上的位置为已知）。

## 任务目标

通过学习和完成本任务，你将能够：

1. 能进行道路高程点位置放样；
2. 能进行深基坑高程点位置放样；
3. 能进行高墩台高程点位置放样。

## 建议课时

2 课时。

## 任务引入和分析

高程放样是施工放样测量中基本放样内容之一，本任务的主要内容就是以一个已知水准点为依据，放样出另一个已知高程的点。

## 任务准备

### 一、知识准备

**(一) 高程放样的概念**

高程放样就是根据一个已知的高程点放样出另一个已知高程的点。高程放样主要采用水准测量的方法，有时也采用钢尺直接量取垂直距离或三角高程测量的方法。

高程放样时，首先需要在测区内布设一定密度的水准点（临时水准点）作为放样的起算点，然后根据设计高程在实地标定出放样点的高程位置。高程位置的标定措施可根据工程要求及现场条件确定，土石方工程一般用木桩标定放样高程的位置，可在木桩侧面画水平线或标定在桩顶上；混凝土及砌筑工程一般用红漆做记号标定在它们的面壁或模板上。

**(二) 一般高程放样**

一般情况下，放样高程位置均低于水准仪视线高且不超出水准尺的工作长度。如图10-3-1所示，$A$ 为已知点，其高程为 $H_A$，欲在 $B$ 点定出高程为 $H_B$ 的位置。具体放样过程为：先在 $B$ 点打一长木桩，将水准仪安置在 $A$、$B$ 之间，在 $A$ 点立水准尺，后视 $A$ 尺并读数 $a$，计算 $B$ 处水准尺应有的前视读数 $b$：

$$b = (H_A + a) - H_B \qquad (10\text{-}3\text{-}1)$$

靠 $B$ 点木桩侧面竖立水准尺，上下移动水准尺，当水准仪在尺上的读数恰好为 $b$ 时，在木桩侧面紧靠尺底画一横线，此横线即为设计高程 $H_B$ 的位置。也可在 $B$ 点桩顶竖立水准尺

并读取读数 $b'$，再用钢卷尺自桩顶向下量 $b\text{-}b'$ 即得高程为 $H_B$ 的位置。

为了提高放样精度，放样前应仔细检校水准仪和水准尺；放样时尽可能使前后视距相等；放样后可按水准测量的方法观测已知点与放样点之间的实际高差，并以此对放样点进行检核和必要的归化改正。

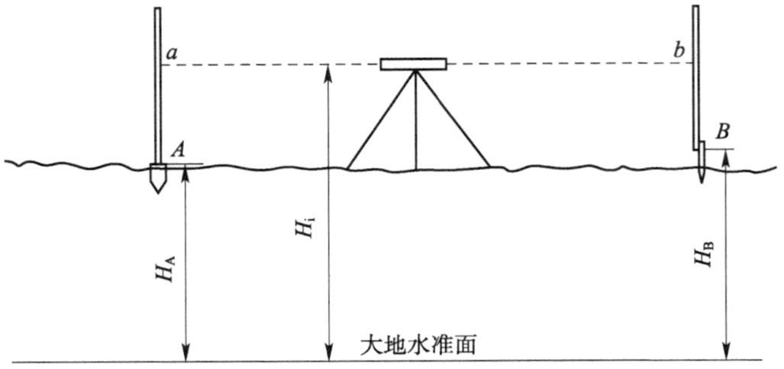


图 10-3-1　高程放样

**(三)高墩台的高程放样**

当桥梁墩台高出地面较多时，放样高程位置往往高于水准仪的视线高，以前经常采用钢尺直接量取垂距或"倒尺"的方法进行高程放样，但受到一定条件的限制，当墩台较高时，可能超出水准尺的工作长度无法用"倒尺"实现，用尺量取产生一定的累积误差造成数据不准确。随着测量技术的发展，全站仪或 GPS 技术的普及使用，现可利用全站仪进行三角高程测量的方法进行高程放样。

**1. 三角高程测量原理**

采用全站仪(光电测距仪)进行高程测量放样时，可在任意点或已知高程点上安置全站仪。

(1)在任意点上安置全站仪，如图 10-3-2 所示，由于全站仪的视线不都在一个水平面上，而全站仪所读读数由正负之分，在进行高程测量放样计算时，输入的数据必须以全站仪所读读数实际输入，设后视点 BM 的高程为 $H_0$，在同一测站下(全站仪的仪器高恒等)，放样点的实测高程的计算公式(以下为棱镜高度保持不变的放样点高程推导公式)如下：

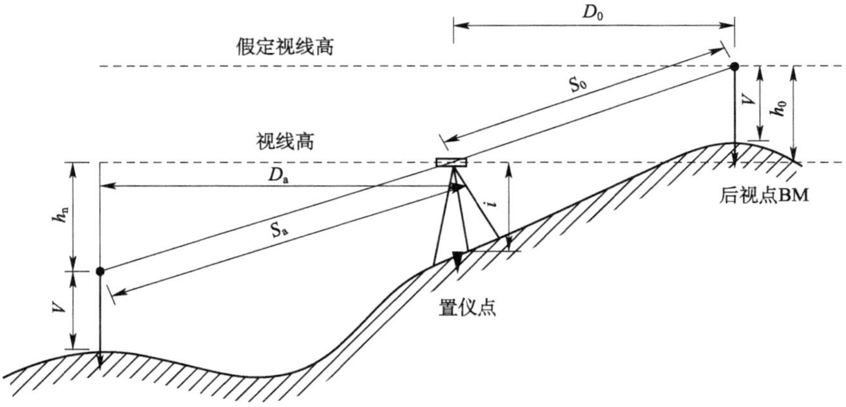


图 10-3-2　三角高程测量

放样点高程为：

$$H_n = H_{视线} - h_n - V = (H_0 - h_0 + V) + h_n - V = H_0 - h_0 + h_n \tag{10-3-2}$$

式中：$H_n$——放样点高程；

$H_{视线}$——视线高程，$H_{视线}=H_0-h_0+V$；

$H_0$——后视点 BM 的高程；

$h_0$——全站仪望远镜中心与后视点棱镜中心的高差；

$h_n$——全站仪望远镜中心与放样点棱镜中心的高差；

$V$——棱镜中心高。

当棱镜高度改变时，设棱镜改变后的高度相对于后视时的高度改变值为 $w$（改变后的高度减去棱镜初始高度），则放样点的实测高程为：

$$H_n=H_0-h_0+h_n-w \tag{10-3-3}$$

式中：$w$——改变后的棱镜高度与棱镜初始高度之差。

（2）在已知高程的地面点 $O$ 上安置仪器，则放样点的实测高程为：

$$H_n=H_0+h_n+L-V \tag{10-3-4}$$

式中：$H_n$——放样点的高程；

$H_0$——已知点 $O$ 的高程；

$h_n$——全站仪望远镜中心与放样点棱镜中心的高差；

$L$——仪器中心高；

$V$——棱镜中心高。

**2. 测设步骤**（以任意点为测站点为例）

（1）全站仪在任意点设站，整平即可，但所选的点位应与已知高程点和待测高程点通视，且尽量设在两点之间。

（2）全站仪照准已知高程点上的棱镜，测出在已知高程点上测得的主高程差 $h_0$。

（3）跟踪杆置于待测高程点上，保持高度不变，照准待测点上的棱镜中心，测出在未知高程点上测得的主高程差 $h_n$。

（4）按式（10-3-2）计算出待测点的高程。

（5）同样方法测定其他未知点的高程。

**3. 放样**

放样时根据放样点的高程用上式来计算在待测高程点上应测得的主高差 $h_n$，在待测位置上下移动棱镜，当全站仪上的高差读数为 $h_n$ 时，棱镜杆底端即为放样点所在的位置。

**（四）深基坑的高程放样**

当基坑开挖较深时，基底设计高程与基坑边已知水准点的高程相差较大并超出水准尺的工作长度时，在边坡开挖时，在边坡的适当位置挖出工作平台，可在基坑边坡上设转点，测出其高程，用一般高程测量的方法，通过转点将高程传递下去，最后放样高程位置低于水准仪视线高时再按一般高程放样方法进行放样。

当全站仪具有免棱镜功能时，也可以通过全站仪免棱镜功能进行测设，测设方法同高墩台的高程放样，利用全站仪进行三角高程放样。所不同的是，可在在基坑底部待测点上设反射片，利用免棱镜功能照准反射片，测量其高差。其计算公式应在原基础上加上后视点的棱镜高，即：

$$H_n=H_0-h_0+h_n+V \tag{10-3-5}$$

式中：$H_n$——放样点的高程；

$H_0$——后视点 BM 的高程；

$h_0$——全站仪望远镜中心与后视点棱镜中心的高差；

$h_n$——全站仪望远镜中心与放样点的高差；

$V$——后视点棱镜中心高。

## 二、组织准备

以 8 个人为一组，每组选一名组长和一名副组长，组长负责全组组织以及实际操作训练，副组长负责组织进行理论知识学习和复习。

## 三、场地、仪器和材料准备

选择长约 200m 的实训场地。每组配备水准仪 1 套，水准尺 1 对，尺垫 2 个，全站仪 1 套，棱镜 1 套。学生每人带教材、工作业、记录表和计算器。

## 任务实施

某平原微丘区一级公路，在施工现场拟放样出 $B$ 点高程位置，现场有一个已知水准点 $BM_A$，其高程为 $H_A = 100$m，要求用高程放样的方法放样出 $B$ 点的高程位置，使其 $H_B = 100.532$m，放样出墩台顶 $C$ 点的高程位置，使其 $H_C = 106.240$m。

## 一、一般高程放样步骤

一般高程放样步骤见表 10-3-1。

**一般高程放样步骤** 表 10-3-1

<table>
<tr><th>序号</th><th>标题</th><th>内　容</th></tr>
<tr><td rowspan="2">一般高程放样</td><td>图示</td><td>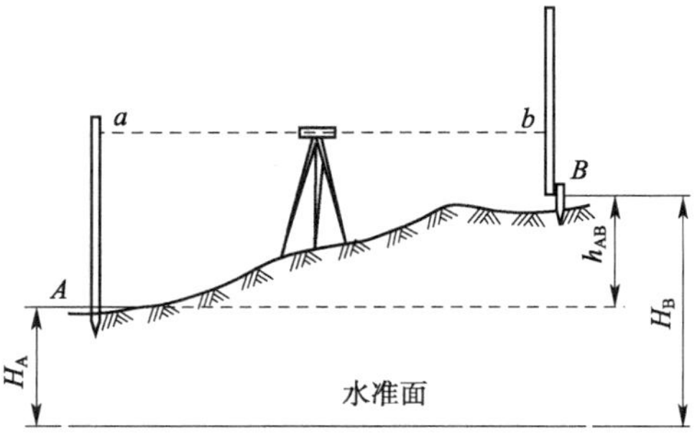
</td></tr>
<tr><td>步骤</td><td>1. 先在 $B$ 点定一长木桩。<br>2. 在 $A$、$B$ 之间安置水准仪，在 $A$ 点立水准尺，后视 $A$ 尺并读数为 1.237。<br>3. 计算 $B$ 处水准尺应有的前视读数 $b$：<br>$b = (100 + 1.237) - 100.532 = 0.705$<br>4. 靠 $B$ 点木桩侧面竖立水准尺，上下移动水准尺，当水准仪在尺上的读数恰好为 0.705 时，在木桩侧面紧靠尺底画一横线，此横线即为设计高程 100.532 的位置。也可在 $B$ 点桩顶竖立水准尺并读取读数 0.624，再用钢卷尺自桩顶向下量 0.081m，即得高程为 100.532 的位置</td></tr>
</table>

## 二、高墩台的高程放样步骤与图示

在施工现场拟放样出 $B$ 点高程位置，现场有一个已知水准点 $BM_A$，其高程为 $H_A = 100$m，

要求放样出墩台顶 $B$ 点的高程位置，使其 $H_B = 106.240\text{m}$，如图 10-3-3 所示。

放样步骤与图示见表 10-3-2。

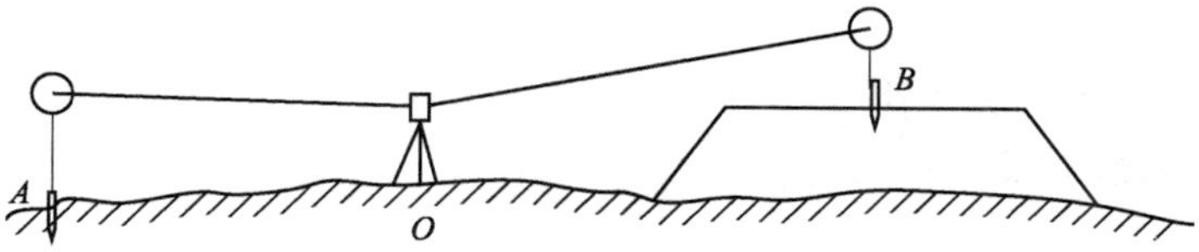


图 10-3-3　高墩台高程放样

**高墩台的高程放样步骤与图示**　　表 10-3-2

| 操作步骤 | 按键 | 显示（拓普康 GTS-102N） |
| --- | --- | --- |
| 1. 在 $A$、$C$ 两点之间的 $O$ 点设测站点，安置全站仪 | | |
| 2. 参数设置（略） | | |
| 3. 高程放样 | | |
| ①照准 $A$ 点 | 照准 | V:　90°　16′<br>07″<br>HR：120° 26′ 07″<br>置零　锁定　置盘<br>P1↓ |
| ②按距离测量键进入距离测量模式，显示上次设置的数据。<br>③按距离测量键测出 $A$、$O$ 两点的主高差 0.310m | [◢] | HR：　120° 26′<br>07″<br>HD*　123.420m<br>VD:　0.310m<br>测量　模式 S/A<br>P1↓ |
| ④计算 $C$ 点的高差 $h_{OC}$，$h_{OC} = H_C - H_A + h_{OA} = 6.550\text{m}$。<br>⑤跟踪杆置于 $B$ 位置底面上，保持高度不变，照准棱镜中心 | 照准 | HR：　120° 26′<br>07″<br>HD*　123.420m<br>VD:　0.310m<br>测量　模式 S/A<br>P1↓ |
| ⑥按测距模式键，选择测量模式 | [F2] | HR：　120° 26′<br>07″<br>HD*　123.420m<br>VD:　0.310m<br>精测　跟踪　粗测<br>F |
| ⑦选择跟踪测量模式，在 $B$ 点桩位置上下移动棱镜，当高差读数为 6.550m 时，棱镜杆底端即为放样点 $B$ 所在的位置 | [F2] | HR：　320° 21′<br>04″<br>HD*　56.420m<br>VD:　6.550m<br>测量　模式 S/A<br>P1↓ |
| 4. 在棱镜杆底端画线做标记，即为放样点的高程位置 | | |

### 任务思考

1. 什么是高程放样?
2. 一般高程放样的方法是什么?
3. 三角高程测量的原理是什么?

### 任务评价

任务考核评价表见附表。

# 任务 10-4　点的平面位置放样

### 任务描述

某平原微丘区一级公路,现场有一个已知点 $A$、$B$,其平面位置已知,要求用坐标放样的方法在地面上放出已知坐标 $C$ 点的位置。

### 任务目标

通过学习和完成本任务,能够进行坐标点的外业放样。

### 建议课时

3 课时。

### 任务引入和分析

坐标放样是点的平面位置放样的方法之一,是以两个控制点为依据,放出某已知坐标点地面位置的常用方法。本任务的主要内容就是以全站仪坐标放样的方法放样出一个已知平面坐标点的地面位置。

### 任务实施

## 一、知识准备

**(一)点的平面位置放样的概念**

点的平面位置放样以两个控制点为依据,放样出一个已知平面坐标地面位置的常用方法,是目前在施工现场点的平面位置的主要方法。

平面点位放样的基本操作是距离放样和角度放样。按照距离和角度的组合形式,平面点位放样的基本方法有极坐标法、角度交会法、距离交会法、直角坐标法等。

长期以来,极坐标法、直角坐标法、距离交会法放样主要采用经纬仪配合钢尺作业,由于钢尺量距受地形条件影响较大,尤其在距离较长时,量距工作量大,效率低,而且很难保证量距精度,因而用钢尺进行极坐标法放样只能适应于放样点较近且便于量距的地方。而角度交会法放样需要几台经纬仪同时测量,需要一起、人员较多。

目前,全站仪已基本普及,极坐标法放样时通常采用全站仪进行,用全站仪进行极坐标法放样具有适应性强、速度快、精度高等优点,因而这种方法在高等级公路的路线测量和施工放样中得到了广泛应用。本任务只介绍全站仪坐标放样。

**(二)坐标放样**

放样位置附近至少要有两个控制点作为放样的起算点,如图10-4-1中的控制点 $A(X_A, Y_A)$ 和 $B(X_B, Y_B)$,设放样点 $P$ 的设计坐标为 $(X_P, Y_P)$,全站仪坐标放样原理:

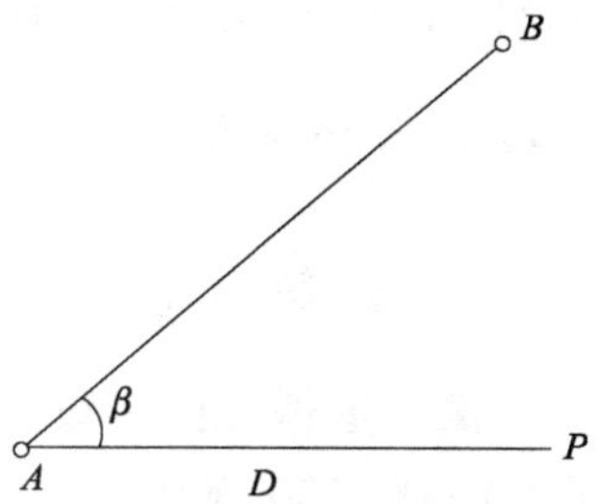


图10-4-1 极坐标发放点

**1. 计算放样数据**

根据 $A$、$B$ 点的坐标计算 $A$、$B$ 两点间的坐标差($\Delta X = X_B - X_A$,$\Delta Y = Y_B - Y_A$),再按下列公式计算确定 $AB$ 的坐标方位角 $\alpha_{AB}$:

当 $\Delta X = 0$ 且 $\Delta Y > 0$ 时,$\alpha_{AB} = 90°$

当 $\Delta X = 0$ 且 $\Delta Y < 0$ 时,$\alpha_{AB} = 270°$

当 $\Delta X > 0$ 且 $\Delta Y > 0$ 时,$\alpha_{AB} = \arctan \dfrac{\Delta Y}{\Delta X}$

当 $\Delta X > 0$ 且 $\Delta Y < 0$ 时,$\alpha_{AB} = \arctan \dfrac{\Delta Y}{\Delta X} + 360°$

当 $\Delta X < 0$ 时,$\alpha_{AB} = \arctan \dfrac{\Delta Y}{\Delta X} + 180°$

同法,可计算直线 $AP$ 的坐标方位角 $\alpha_{AP}$。

由 $AB$ 方向顺时针旋转至 $AP$ 方向的水平夹角为:

$$\beta = \alpha_{AP} - \alpha_{AB} \tag{10-4-1}$$

若 $\beta < 0$ 时,则加 360°。

$A$、$P$ 两点间的水平距离为:

$$D = \sqrt{(X_P - X_A)^2 + (Y_P - Y_A)^2} \tag{10-4-2}$$

以上计算在全站仪内部程序已设置,不需要计算。

**2. 放样方法**

(1)在一个已知点上安设全站仪(该点为测站点,另一已知点为后视点)。

(2)全站仪设置参数。

(3)进入坐标放样模式,输入测站点坐标,方法有两种:一种是利用内存中的数据;另一种是直接键入坐标。

(4)输入后视点坐标,并确认瞄准后视点。输入方法同测站点。

(5)按放样键,输入放样点坐标,显示待放样点的极坐标。依次进行角度和距离放样,直至 dHR 变为 0°00′00″和 dHD = 0 时,该点即为要放样的点。

## 二、组织准备

以8个人为一组,每组选一名组长和一名副组长,组长负责全组组织以及实际操作训练,副组长负责组织进行理论知识学习和复习。

## 三、场地、仪器和材料准备

选择长约200m的实训场地。每组配备全站仪1套,棱镜1套,测钎1个。学生每人带教材、工作业、记录表和计算器。

## 任务实施

### 一、任务描述

某平原微丘区一级公路，在施工现场拟放出点 $P$ 点的地面位置，现场有控制点 $A$ 和 $B$，$A$(100.000,120.000)、$B$(132.512,90.320)，要求在地面上放出 $P$(134.520,140.315)的位置。

### 二、外业观测

全站仪坐标放样步骤与图示见表 10-4-1。放样记录表见表 10-4-2。

全站仪坐标放样步骤与图示　　表 10-4-1

| 操作步骤 | 按键 | 显示(拓普康 GTS-102N) |
|---|---|---|
| 1. 在 A 点安置全站仪 | | |
| 2. 设置参数(略)，设置完毕后返回测角模式 | | |
| 3. 进入坐标放样模式 | | |
| ①按菜单键 | [menu] | 菜单<br>F1　数据采集<br>F2　放样<br>F3　　存储管理<br>P1↓ |
| ②按放样键 | [F2] | 放样　　1/2<br>F1: 测站点输入<br>F2: 后视<br>F3: 放样　　P<br>↓ |
| 4. 设置测站点坐标。<br>设置测站点的坐标的方法有两种，可根据需要选择下列中任何一种方法 | | |
| 方法 1：利用内存中的坐标设置，步骤为： | | |
| ①由放样菜单按[F1]键测站点输入，即显示原有数据 | [F1] | 测站点<br>点号：————<br>—<br>输入　调用　坐标　回车 |
| ②按[F1](输入)键，输入点号，按[F4]([ENT]键) | [F1]<br>输入点号<br>[F4] | 仪器高<br>输入<br>仪器高：　0.000 m<br>--- --- [CLR] [ENT] |

续上表

| 操作步骤 | 按键 | 显示(拓普康 GTS-102N) |
| --- | --- | --- |
| ③量取仪器高为1.5m,输入仪器高,按[F4](ENT)键,显示屏返回到放样菜单1/2 | [F1]<br>输入仪器高<br>[F4] | 放样 1/2<br>F1: 测站点输入<br>F2: 后视<br>F3: 放样 P<br>↓ |
| 方法2:直接键入坐标数据,步骤为: | | |
| ①由放样菜单按[F1]键测站点输入,即显示原有数据 | [F1] | 测站点<br>点号: ——————<br>—<br>输入 调用 坐标 回车 |
| ②按[F3](坐标)键 | [F3] | N→ 0.000m<br>E: 0.000m<br>Z 0.000m<br>输入 -- 点号 回车 |
| ③按[F1](输入)键,输入坐标N值100.000,按[F4](ENT)键;按同样方法输入E和Z坐标,平面位置Z坐标可省略 | [F1]<br>输入坐标<br>[F4] | N= 100.000m<br>E: 100.000m<br>Z 0.000m<br>输入 -- 点号 回车 |
| ④按[F1](输入)键,输入点号,按[F4](ENT)键 | [F1]<br>输入点号<br>[F4] | 仪器高<br>输入<br>仪器高: 0.000 m<br>--- --- [CLR] [ENT] |
| ⑤量取仪器高为1.5m,输入仪器高,按[F4](ENT)键,显示屏返回到放样菜单1/2 | [F1]<br>输入仪器高<br>[F4] | 放样 1/2<br>F1: 测站点输入<br>F2: 后视<br>F3: 放样 P<br>↓ |
| 5.设置后视点坐标<br>设置后视点的坐标的方法有三种,可根据需要选择下列中任何一种方法 | | |
| 方法1:利用内存中的坐标数据文件设置后视点,操作步骤为: | | |

| 操 作 步 骤 | 按键 | 显示(拓普康 GTS-102N) |
|---|---|---|
| ①由放样菜单按[F2]键后视点输入,即显示原有数据 | [F2] | 后视点<br>点号:————————<br>—<br>输入 调用 坐标 回车 |
| ②按[F1](输入)键,输入点号,按[F4]([ENT]键) | [F1]<br>输入点号<br>[F4] | 后视<br>H(B)= 0 ° 00′ 00″<br>> 照准 ? [ 是 ] [ 否 ] |
| ③照准后视点,按[F3](是)键,显示屏返回到放样菜单 1/2 | 照准后视点<br>[F3] | 放样 1/2<br>F1: 测站点输入<br>F2: 后视<br>F3: 放样 P↓ |
| 方法 2:直接键入坐标数据,其步骤为: | | |
| ①由放样菜单 1/2 按[F2]后视键,即显示原有数据 | [F2] | 后视<br>点号: ————————<br>输入 调用 NE/AZ 回车 |
| ②按[F3](NE/AZ)键 | [F3] | N→ 0.000m<br>E: 0.000m<br>输入 -- AZ 回车 |
| ③按[F1](输入)键,输入 x 坐标(132.512),按[F4],输入 y 坐标(90.320),按[F4](ENT)键 | [F1]<br>输入坐标<br>[F4] | 后视<br>H(B)= 0 ° 00′ 00″<br>> 照准? [ 是 ] [ 否 ] |
| ④照准后视点<br>⑤按[F3](是)键,显示屏返回到放样菜单 1/2 | [F1]<br>输入点号<br>[F4] | 放样 1/2<br>F1: 测站点输入<br>F2: 后视<br>F3: 放样 P↓ |

续上表

| 操作步骤 | 按键 | 显示（拓普康 GTS-102N） |
|---|---|---|
| 方法 3：直接键入设置角 | | |
| 6. 坐标放样<br>实施放样有两种方法：<br>通过点号调用内存中的坐标值。<br>直接键入坐标值。<br>下面仅以直接键入坐标值为例讲述其操作步骤： | | |
| ①由放样菜单 1/2 按［F3］（放样）键 | ［F3］ | 测站点<br>点号：——————<br>——<br>输入　调用　坐标<br>回车 |
| ②按［F3］（坐标）键 | ［F3］ | N→　0.000m<br>E:　0.000m<br>Z　0.000m<br>输入　--　点号　回<br>车 |
| ③显示坐标输入，按上述方法输入放样点坐标（134.520，140.315），后按［F4］ | ［F1］<br>输入坐标<br>［F4］ | 镜高<br>输入<br>镜高：　0.000m<br>---　---　[CLR]<br>[ENT] |
| ④读取并输入反射棱镜高，如 1.5m 输入后，按［F4］键，仪器就进行放样元素的计算：<br>HR：放样点的水平角计算值<br>HD：仪器到放样点的水平距离计算值 | ［F1］<br>输入镜高<br>［F4］ | 计算<br>HR=　49 °　25 ′<br>40″<br>HD=　53.070 m<br>角度　距离　---<br>--- |
| ⑤按［F1］（角度）键进行角度放样：<br>点号：放样点。<br>HR：实际测量的水平角。<br>dHR：对准放样点仪器应转动的水平角 = 实际水平角 − 计算的水平角 | ［F1］ | 点号：<br>HR=　343 °　26 ′<br>10″<br>dHR=　-65 °　59 ′<br>30″<br>距离　---　坐标<br>--- |
| ⑥转动照准部使得 dHR 变为 0°00′00″，水平制动 | 转动照准部 | 点号：<br>HR=　49 °　25 ′<br>40″<br>dHR=　0 °　00 ′<br>00″<br>距离　---　坐标<br>--- |

续上表

| 操 作 步 骤 | 按键 | 显示(拓普康 GTS-102N) |
|---|---|---|
| ⑦按[F1](距离)键进行测量<br>HD:实际测量的水平距离。<br>dHD:对准放样点尚差的水平距离 = 实际水平距离 - 计算的水平距离。<br>dZ:对准放样点尚差的垂直距离 = 实测高差 - 计算高差。 | [F1] | HD* 37.37m<br>dHD= -15.70m<br>dZ= 1.045 m<br>模式 角度 坐标 继续 |
| ⑧指挥棱镜在视线方向走动距离,当 dHR、dHD = 0 时,该点即为放样点的平面位置。如需要放样点的高程位置,当 dZ = 0 时,为该放样点的空间位置 | [F1] | HD* 53.07m<br>dHD= 0.00m<br>dZ= 1.045 m<br>模 式 角度 坐标<br>继续 |
| ⑨按[F3](坐标)键,即显示坐标值 | [F3] | N* 134.520m<br>E: 140.315m<br>Z: 111.523 m<br>模式 角度 ---<br>继续 |
| ⑩按[F4](继续)键,进行下一放样点的测设 | [F4] | 放样<br>点号:<br><br>输入 调用 坐标<br>回车 |

**全站仪坐标放样记录表** 表 10-4-2

| 已知参数 | 温度值 | $T = 25℃$ | 大气压值 | $P = 1013.3$ hPa | 棱镜常数 | $K = -30$mm |
|---|---|---|---|---|---|---|
| 测点 | $x$ | | $y$ | | 备注 | |
| $A$ | 100.000 | | 120.000 | | 测站点 | |
| $B$ | 132.512 | | 90.320 | | 后视点 | |
| $P$ | 134.520 | | 140.315 | | 放样点 | |

## 任务思考

1. 什么是点的平面位置放样?
2. 全站仪坐标放样的方法是什么?

## 任务评价

任务考核评价表见附表。

# 任务10-5　路基施工测量

## 任务描述

某路基施工现场，路基清表经填前压实后，恢复中线，测设高程，要求根据中桩的位置和高程通过横断面计算放出其边桩的位置，作为路堤或路堑施工的依据。

## 任务目标

通过学习和完成本任务，你将能够：

1. 会进行路基施工测量内业计算；
2. 能进行路基施工测量外业施测。

## 建议课时

4课时。

## 任务引入和分析

路基施工在公路建设中至关重要，在施工中必须做到精心测量，确保路基施工尺寸和质量。本任务的主要内容就是通过放样出道路的中桩，以中桩位置为依据，测量其高程，按照设计要求，通过原地表横断面的测量，计算并放样出原地表边桩坡脚（堑顶）的位置，指导路基填筑（开挖）施工；在施工过程中通过测量中桩的高程放样出路基填筑层的边线位置，计算仍需要填筑（开挖）的高度，使其达到设计要求。

## 任务准备

### 一、知识准备

**1. 路基施工测量的任务**

路基是公路工程的基础，路基施工在公路建设中至关重要，在施工中必须做到精心测量，确保路基施工质量。

路基施工测量的主要任务是：按照设计要求，在施工现场监控路基宽度、坡脚或堑顶的位置，指导挖、填高度，使其达到设计高程，从而避免盲目施工及超填超挖、欠挖欠填。

**2. 路基施工测量前期工作**

（1）根据路基设计资料征地界桩或清表边线数据要求，即路基左右两侧边线 $X$、$Y$ 坐标值，现场用全站仪坐标放样法放出其平面位置（或其他方法），并示以明显醒目的标志（例如插彩色小旗等），以指导线路场地清理作业。

（2）按要求进行场地清理，清表后对路基局部不平整处单独处理，处理后路基应大致平整，然后进行填前压实，压实后恢复中线，测量中桩高程，各中桩横断面测量。

**3. 路基原地表施工测量**

（1）根据清表后（路堤为填前压实后）横断面测量结果，可利用纬地软件绘制横断面CAD图，纬地软件由“西安经天交通工程技术研究所”研发的道路交通专业辅助设计（CAD）

解决方案。然后在CAD图上计算出路基底面或路堑顶面中桩左右两侧边桩的水平距离。

(2)将两侧的水平距离输入至测量软件“轻松工程测量系统”中,计算出左右边桩的坐标。“轻松工程测量系统”是筑龙网论坛路桥测量版块版主个人开发的面对广大路桥测量人员的一套集线路坐标计算、附合导线平差、曲率计算于一体的完全免费的测量软件。使用较方便,软件可在电脑、智能手机和支持JAVA游戏安装功能的普通手机上完美运行,为广大测量人员提供了很大的帮助。

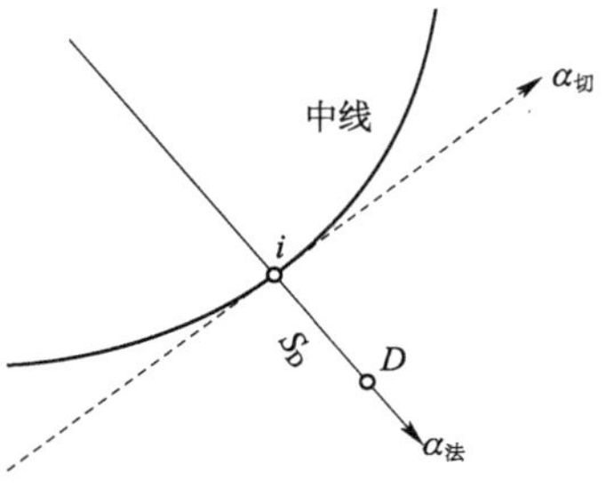

图10-5-1　公路边桩坐标计算简图

当缺少软件时可采用下列方法计算:

如图10-5-1所示,路线上某桩号中桩 $i$,其坐标为($X_i$, $Y_i$),路线切线坐标方位角 $\alpha_{切}$,点 $i$ 横断面方向(即法线方向)上一点 $D$ 距中线的距离(即横支距)$S_D$。

图中 $i$ 点的法线坐标方位角 $\alpha_{法}$ 则由下式求得:

$$\alpha_{法} = \alpha_{切} + 90° \tag{10-5-1}$$

式中:$\alpha_{法}$——道路法线(横断面)方向方位角;

$\alpha_{切}$——道路切线(纵断面)方向方位角。

则横断面上 $D$ 点的坐标由下式计算:

$$\begin{aligned} X_D &= X_i + S_D\cos\alpha_{法} \\ Y_D &= Y_i + S_D\sin\alpha_{法} \end{aligned} \tag{10-5-2}$$

式中:$X_i$,$Y_i$——桩号 $i$ 的中桩坐标;

$S_D$——桩号 $i$ 横断面方向 $D$ 点距中线的距离。

为方便编程,规定 $\alpha_{法}$ 方向总是指向中线右侧,左右侧是相对于路线前进方向而言,规定:中线左侧横支距 $S_D$ 为负,中线右侧横支距为正。

(3)用全站仪坐标放样法放出边桩实地位置,用木桩做好标志,作为施工的依据。

**4.路基施工过程施工放样**

路基施工在填筑或开挖过程中,应及时恢复中线和边线,以保证施工按设计要求进行,避免超填、超挖。现以路堤施工为例,施工过程中测量要求如下:

(1)路基施工按规定的分层高度及横坡度填筑到一定层次后(一般可按每填筑3层),应及时恢复中线,放样出各中桩位置。

(2)测量各中桩填筑到本层后的高程 $H_{实测}$。

(3)计算中桩至左右边桩的水平距离ZB、YB

$$ZB = \frac{B_{左} + m \times (H_{设计} - H_{实测})}{1 - i \times m} \tag{10-5-3}$$

$$YB = \frac{B_{右} + m \times (H_{设计} - H_{实测})}{1 - i \times m} \tag{10-5-4}$$

式中:ZB、YB——中桩至左右边桩的水平距离;

$B_{左}$、$B_{右}$——左、右半幅路基的设计宽度;

$H_{实测}$——填筑层的实测高程;

$H_{设计}$——路面设计高程(数据由设计图纸提供);

$m$——路基或路堑边坡坡率;

$i$——路基横坡度。

当路基基底表面不平整时，填筑过程中计算出的水平距离 ZB、YB 仍大于下层测量的宽度时，应用下层宽度代替本层宽度。

(4)同原地表放样方法放出边桩的位置。

(5)计算中桩仍要继续填筑的高度 $h$。

$$h = H_{设计} - H_{路面} - H_{实测} \tag{10-5-5}$$

式中：$h$——中桩要填筑的高度；

$H_{路面}$——路面设计厚度。

## 二、组织准备

以 8 个人为一组，每组选一名组长和一名副组长，组长负责全组组织以及实际操作训练，副组长负责组织进行理论知识学习和复习。

## 三、场地、仪器和材料准备

选择长约 200m 的实训场地。每组配备水准仪 1 套，水准尺 1 对，尺垫 2 个，全站仪一套，棱镜 1 套。学生每人带教材、工作业、记录表和计算器。

# 任务实施

## 一、任务描述

某公路路基施工段，桩号 K3 +320—K3 +350，其中桩坐标和设计高程见表 10-5-1，路面宽度为 20m，路面厚 60cm，现正进行路基施工，工作任务就是根据现场放样出原地表及填筑到一定层次后中桩、边桩的位置，测设出中桩、边桩高程，用来指导路基施工。

**××路中、边桩纵断面设计数据表** 表 10-5-1

| 桩号 | 中桩坐标 | | 设计高程 | | |
|---|---|---|---|---|---|
| | $x$ | $y$ | 左边桩（距中 7.5m） | 中桩 | 右边桩（距中 7.5m） |
| A3320.000 | 4133620.135 | 499743.520 | 276.980 | 277.080 | 276.970 |
| A3330.000 | 4133628.795 | 499748.520 | 276.780 | 276.890 | 276.780 |
| A3340.000 | 4133637.456 | 499753.520 | 276.580 | 276.690 | 276.580 |
| A3350.000 | 4133646.116 | 499758.520 | 276.390 | 276.500 | 276.390 |

## 二、外业观测

(1)路基施工放样步骤见表 10-5-2。数据表见表 10-5-3 ~ 表 10-5-9。

**路基施工放样步骤** 表 10-5-2

| 序号 | 标题 | 内容 |
|---|---|---|
| 一、路基原地表施工放样 | 步骤 | 1. 根据 K3 +320—K3 +350 设计图纸中桩及左右两侧征地界的坐标，用点的坐标放样的方法在原地表放出其平面位置，并用木桩或彩旗做好标记。<br>2. 根据设计要求进行路基清表，应清理至要求的深度，清表后对路基进行整理，使之大致平整，然后进行压实。<br>3. 恢复中线，放样出 K3 +320—K3 +350 段中桩位置（数据见表 10-5-1）。<br>4. 测量 K3 +320—K3 +350 段中桩的高程，结果见表 10-5-3 |

续上表

| 序号 | 标题 | 内　容 |
|---|---|---|
| 一、路基原地表施工放样 | 步骤 | 5. 进行 K3 +320—K3 +350 段横断面测量，结果见表 10-5-4。<br>6. 根据横断面测量结果及路基横断面设计资料，利用纬地软件绘制出主线横断面设计图. dwg，K3 +320—K3 +350 横断面如图 10-5-2 所示。<br>7. 在主线横断面设计图上利用 CAD 工具“线性”求出各桩号原地面中桩距左右边桩水平距离，数据见表 10-5-5。<br>8. 边桩位置的放样方法有两种：<br>方法 1：(1) 将两侧的水平距离及方位角变化（计算右侧边桩，方位角按增加 90°输入，左侧按 -90°输入）至道路测量软件“轻松工程测量系统”（其道路设计资料已输入）中，计算出左右边桩的坐标，见表 10-5-6。<br>(2) 用全站仪坐标放样放出边桩实地位置，用木桩做好标志。<br>方法 2：(1) 确定 K65 +060 横断面方向（方法见横断面测量）。<br>(2) 在此方向上左右两侧用距离放样（钢尺量取）ZB、YB 放样出左右边桩的位置，并做好标志 |
| 二、路基填筑过程施工放样 | 步骤 | 1. 路基施工按规定的分层厚度及一定的横坡度填筑到 6 层后，恢复中线，放样出 K3 +320—K3 +350 中桩位置。<br>2. 测量 K3 +320—K3 +350 中桩的高程，数据见表 10-5-7。<br>3. 根据公式(10-5-3)、式(10-5-4)计算出左右侧的水平距离，结果见表 10-5-8。<br>4. 在横断面方向上用钢尺量取水平距离放样出左右边桩的位置，并做好标志。<br>5. 高程放样：根据实测的中桩高程，用公式(10-5-5)计算中桩仍要填筑的高度，结果见表 10-5-9 |

**× ×路复测中桩纵断地面线数据表**　　表 10-5-3

| 桩　号 | 地 面 高 程 | 桩　号 | 地 面 高 程 |
|---|---|---|---|
| K3320.000 | 268.858 | K3340.000 | 268.468 |
| K3330.000 | 267.562 | K3350.000 | 270.602 |

**× ×路复测横断面数据表**　　表 10-5-4

| 桩号 | 平距 | 高差 | 平距 | 高差 | 平距 | 高差 | 平距 | 高差 | 平距 | 高差 | 平距 | 高差 |
|---|---|---|---|---|---|---|---|---|---|---|---|---|
| K3320.000 | | | | | | | | | | | | |
| 4① | 9.376 | 0.951 | 2.086 | -0.197 | 4.457 | 4.137 | 6.355 | 0.007 | | | | |
| 3 | 4.041 | -1.097 | 12.243 | -1.264 | 15.796 | -0.382 | | | | | | |
| | | | | | | | | | | | | |
| K3330.000 | | | | | | | | | | | | |
| 3 | 8.114 | 0.731 | 6.245 | 5.469 | 7.123 | -0.043 | | | | | | |
| 6 | 9.142 | -0.324 | 8.156 | 0.33 | 5.868 | 1.907 | 6.857 | 0.001 | 0.488 | -0.577 | 2.595 | 0.034 |
| | | | | | | | | | | | | |
| K3340.000 | | | | | | | | | | | | |
| 3 | 10.527 | 0.988 | 5.117 | 4.166 | 6.992 | -0.021 | | | | | | |
| 2 | 3.422 | 1.308 | 27.311 | -0.233 | | | | | | | | |
| | | | | | | | | | | | | |
| K3350.000 | | | | | | | | | | | | |
| 3 | 17.457 | -0.623 | 3.484 | 0.595 | 3.325 | 2.021 | | | | | | |
| 6 | 2.24 | 0.176 | 15.263 | -0.106 | 0.839 | -0.344 | 3.721 | -0.046 | 0.433 | -0.492 | 7.766 | -0.22 |
| | | | | | | | | | | | | |

注：1. ①表中，平距为相邻两边坡点的水平距离，高差为相邻两边坡点的高差。

2. 桩号下的第一行为该中桩左侧横断面的测量数据，第二行为中桩右侧横断面测量数据。①其数据为边坡点的个数。

××路原地面中桩距左右边桩水平距离数据表　　表 10-5-5

| 桩　号 | 左　侧 | 右　侧 |
|---|---|---|
| K3320.000 | 15.92 | 26.34 |
| K3330.000 | 14.36 | 21.85 |
| K3340.000 | 15.22 | 20.69 |
| K3350.000 | 19.38 | 19.37 |

××路原地表边桩坐标数据表　　表 10-5-6

| 桩　号 | 左边桩坐标 | | 右边桩坐标 | |
|---|---|---|---|---|
| | $x$ | $y$ | $x$ | $y$ |
| K3320.000 | 4133628.095 | 499729.733 | 4133606.965 | 499766.330 |
| K3330.000 | 4133635.975 | 499736.084 | 4133617.870 | 499767.442 |
| K3340.000 | 4133645.066 | 499740.339 | 4133627.111 | 499771.438 |
| K3350.000 | 4133655.806 | 499741.737 | 4133636.431 | 499775.294 |

××路路基填筑 6 层后中桩纵断高程数据表　　表 10-5-7

| 桩　号 | 纵 断 高 程 | 桩　号 | 纵 断 高 程 |
|---|---|---|---|
| K3320.000 | 269.83 | K3340.000 | 269.58 |
| K3330.000 | 269.65 | K3350.000 | 270.50 |

××路路基填筑 6 层后中桩距左右边桩水平距离数据表　　表 10-5-8

| 桩　号 | 左　侧 | 右　侧 |
|---|---|---|
| K3320.000 | 15.92 | 21.34 |
| K3330.000 | 14.36① | 21.33 |
| K3340.000 | 15.22 | 20.69 |
| K3350.000 | 19.38 | 19.37 |

注：1. ①K3 +330 填筑至本层后，其左侧宽度应为 21,33m，由于地面不平整，基底左侧宽度只有 14.36m，仍小于 6 层后的宽度，所以左侧宽度应为基底宽度。

2. 本段纵断面高差较大，且横断面上坡度较大，填筑厚度在纵断面和横断面上都不均匀，部分桩号未填筑。

××路路基填筑 6 层后需要继续填筑的高度　　表 10-5-9

| 桩　号 | 未填筑高度 | 桩　号 | 未填筑高度 |
|---|---|---|---|
| K3320.000 | 6.65 | K3340.000 | 6.51 |
| K3330.000 | 6.64 | K3350.000 | 5.40 |

（2）路基横断面图见图 10-5-2。

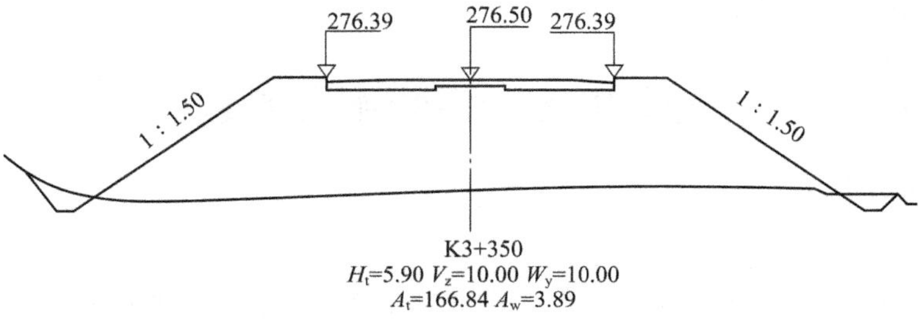


图　10-5-2

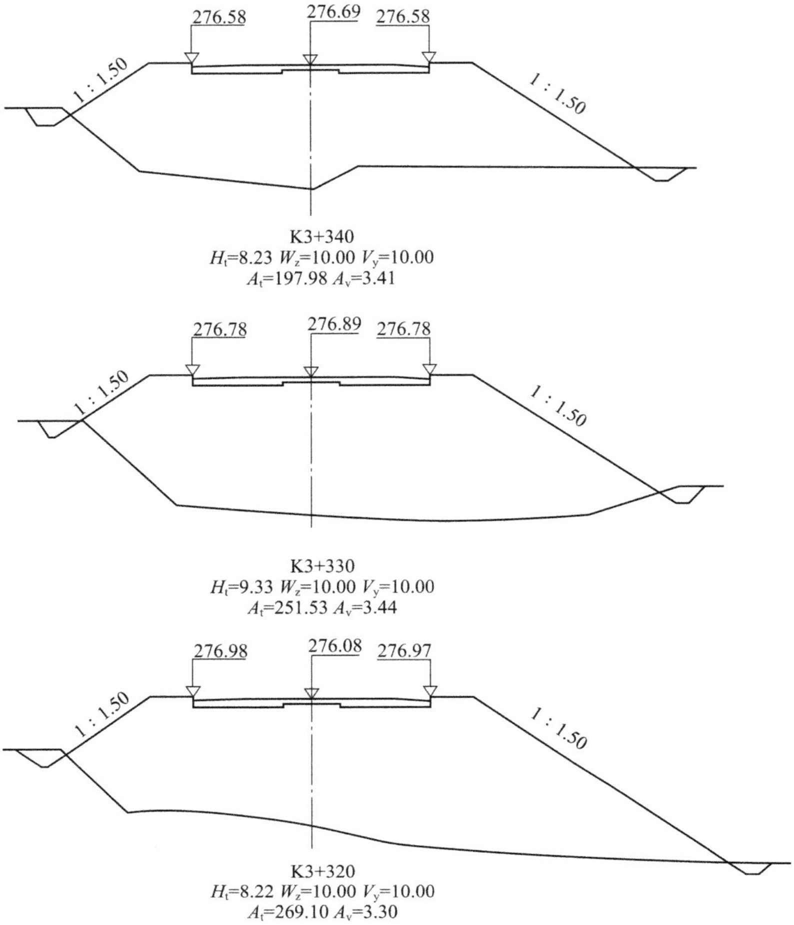


图 10-5-2　路基横断面图

### 任务思考

1. 路基施工测量的任务是什么?
2. 路基原地表施工测量方法是什么?
3. 路基过程如何进行施工测量?

### 任务评价

任务考核评价表见附表。

## 任务 10-6　路面施工测量

### 任务描述

某路面施工现场,路床验收后,恢复中线,测设高程,要求根据中桩的位置和高程通过横断面计算放出其边桩的位置,作为路面施工的依据。

## 任务目标

通过学习和完成本任务，你将能够：

1. 能进行路面各结构层中桩及边桩放样；
2. 能进行路面各结构层高程放样。

## 建议课时

3 课时。

## 任务引入和分析

路面作为道路的重要组成部分，主要承受车辆荷载，其施工质量的好坏直接影响到路面的使用功能和使用寿命。因此路面施工在公路建设中至关重要，在施工中必须做到精心测量，确保质量。本任务的主要内容就是各路面结构层施工前放样其中、边桩位置和施工高程，用于指导路面施工。

## 任务准备

### 一、知识准备

#### （一）路面施工测量要求

路面施工对施工放样的精度要求要比路基施工高。当路基工程基本完工后，经由施工单位会同施工、监理人员按设计文件要求对路基中线、高程、宽度、边坡坡度等检验合格后方可进行路面结构层的施工。

为了保证精度、便于测量，可在路面施工之前，将路线两侧的导线点和水准点引到路基上，一般设置在桥梁、通道的桥台上或涵洞的帽石上，不易被破坏。引测的导线点和水准点，要进行附合或闭合测量，精度应满足设计和施工要求。

由“路面横断面结构图”知，路面结构自下而上为底基层、基层和面层。底基层、基层和面层的施工测量就是控制这些结构层的平面位置和高程：

（1）控制路面外形尺寸，满足设计单位对路基以上各结构层的平面位置要求。

（2）控制路线纵断高程、横断高程（横坡度）、路层厚度、路面平整度，满足设计要求。

因此，路面各结构层的施工测量工作包含中、边桩放样和高程放样。

#### （二）路面中、边桩放样

**1. 路面各结构层边桩坐标计算**

由于路面各结构层中桩的 $x$、$y$ 值相等，而边桩 $x$、$y$ 坐标值则由于各结构层的宽度不同而不同，所以面层各结构层的边桩 $x$、$y$ 坐标值要分别计算，这一点在计算边桩的平面位置时应特别注意。

在计算路面各结构层边桩坐标值时，先要根据“路面横断面结构图”计算出各结构层中桩至边桩的宽度，即底基层中桩至边桩的宽度、基层中桩至边桩的宽度、路面各层中桩至边桩的宽度。

结构层中桩至边桩的宽度确定之后，即可计算各结构层边桩坐标。根据计算的中桩、左右边桩坐标值,编制成“逐桩坐标表”,以方便施工放样。

**2. 中、边桩放样方法**

路面各结构层中桩、边桩放样,实践中常采用全站仪坐标法。

底基层所放桩位常采用竹桩(或木桩)标志;基层、面层由于其表面坚硬,在放样进行中,可先用钢钉标出其点位,然后在施工铺筑前用钢钎(用钢筋制作)标志。

对于设有中央分隔带的,在放样时可一并放出分隔带边桩,也可在放出中桩、边桩后,在中边桩连线上用皮尺或钢卷尺量距法加设分隔带边桩。

**(三)路面高程放样**

**1. 准备各结构层设计高程数据**

(1)依据“路线纵断面图”数据以及“路面横断面结构图”上提供的各结构层的厚度,计算路面各结构层中桩高程。

(2)依据各结构层中桩高程、半幅路宽、横坡、超高缓和曲线要素,计算各结构层左右边桩高程。

(3)准备施工标段中桩、左右边桩“高程放样数据表”(即线路高程位置放样的设计高程表)。

**2. 各结构层高程放样方法**

路面各结构层铺筑时,必须进行各结构层的高程放样。施工时,由于摊铺厚度较压实厚度要大,工程上常以松铺系数来表示,即:松铺系数 = 松铺厚度/压实厚度,松铺系数一般在试验段时确定。所以在各结构层施工高程放样时要考虑在设计高程的基础上增加一个数值作为顶面控制高程。如底基层为20cm厚级配碎石,经试验后其松铺系数为1.25,松铺厚度应为25cm,增加5cm,所以底基层施工时,顶面控制高程应为底面设计高程加上松铺厚度25cm,以此进行施工高程控制。

施工中,常采用水准仪“视线高法”进行高程放样,需要根据仪器“视线高”及各个桩位的顶面控制高程,在现场计算出各个桩位的“视线读数”,即:

视线读数 = 视线高 - 顶面控制高程

顶面控制高程 = 底面设计高程 + 松铺厚度

然后根据“视线读数”在点位上的竹(木)桩侧面画线,此线条即为待施工层铺筑的高程控制线。

**(四)各结构层铺筑完工后的全线的竣工测量**

路面各结构层是分层进行施工的,每层施工完成,经检测各项指标合格后,方可进行上一结构层施工。例如底基层摊铺碾压完成后,经检测合格后,方可进行基层的摊铺工作。同样,在路面施工完成后,应由建设单位会同施工、监理单位对完工工程进行全线的交工测量,验收质量标准见《公路工程质量检验评定标准》(JTG F80/1—2004)。

## 二、组织准备

以8个人为一组,每组选一名组长和一名副组长,组长负责全组组织以及实际操作训练,副组长负责组织进行理论知识学习和复习。

## 三、场地、仪器和材料准备

选择长约200m的实训场地。每组配备全站仪1套,棱镜1套,测钎1组,水准仪1套,水准尺 1 对，尺垫 2 个。学生每人带教材、工作业、记录表和计算器。

## 任务实施

### 一、任务描述

某平原微丘区一级公路路面底基层施工现场，路面结构图如下图示，路面 K0 + 050 处设计高程 $H = 120.325\text{m}$，按设计图纸已放样出路床中桩平面位置。本次工作任务就是根据底基层宽度放样出左右边桩位置，底基层铺筑高度，以指导路面底基层施工。

### 二、外业观测

路面结构层施工放样步骤见表 10-6-1。

**路面结构层施工放样步骤**　　表 10-6-1

<table>
<tr><th>序号</th><th>标题</th><th>内　　容</th></tr>
<tr><td rowspan="2">路面底基层边桩位置及高程放样</td><td>图示</td><td>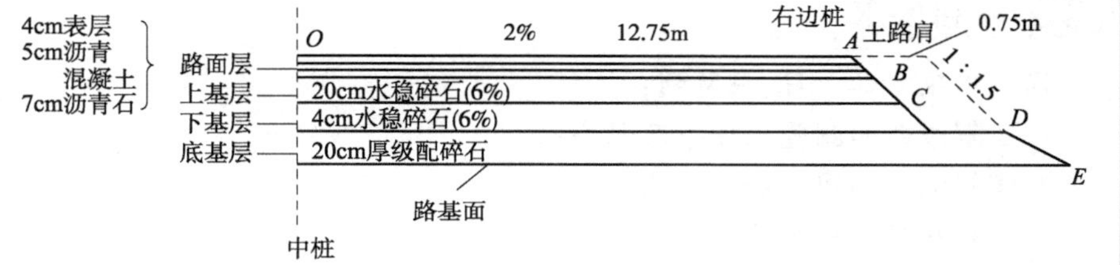
</td></tr>
<tr><td>步骤</td><td>（一）中、边桩坐标放样<br>1. 根据设计图纸放样出 K0 + 050 中桩平面位置（方法见点的平面位置放样）。<br>2. 根据设计图纸计算出底基层底面左右两侧宽度为：<br>$ZB = YB = (12.75 + 0.75) + 0.77 \times 1.5 = 14.66\text{m}$<br>3. 用软件计算左右边桩的坐标值（同路基施工测量）。<br>4. 用坐标放样的方法放出各边桩地面位置，做好标记。<br>（二）高程放样<br>1. 计算底基层底面中、边桩设计高程分别为：<br>$H_{中} = 120.325 - (0.04 + 0.05 + 0.7) - (0.20 + 0.21 + 0.2) = 119.555\text{m}$<br>$H_{左} = H_{右} = 119.555 - 14.66 \times 2\% = 119.262\text{m}$<br>2. 计算挂线高程：<br>根据试验段确定的松铺系数为 1,25 进行计算，本例中，底基层设计厚度为 20cm，摊铺时厚度应为 25cm（1.25 × 20），所以底基层顶面中、边桩挂线高程分别为：<br>$H_{中} = 119.555 + 0.25 = 119.805\text{m}$<br>$H_{左} = H_{右} = 119.262 + 0.25 = 119.512\text{m}$<br>3. 施工前放样，按上述控制高程对 K0 + 050 进行高程放样（方法同一般高程放样），做好标记，并进行挂线，即为摊铺要求的高程</td></tr>
</table>

## 任务思考

1. 路面施工测量的任务是什么？
2. 路面各结构层中、边桩放样方法是什么？

## 任务评价

任务考核评价表见附表。

# 项目 11　路线纵、横断面测量

## 项目内容

本项目路线纵、横断面测量，主要包括以下三项内容：

1. 了解路线的纵断面，横断面；
2. 掌握纵、横断面测量的方法；
3. 能够进行纵、横断面的绘制。

## 项目要求

通过本项目的学习，应做到：

1. 了解纵断面测量的任务及程序；
2. 掌握纵断面图的绘制方法；
3. 掌握横断面测量的方法；
4. 掌握横断面图的绘制方法。

## 项目知识点、技能点

1. 路线纵断面测量

1)纵断面测量的任务及程序；

2)基平测量的方法；

3)中平测量的方法；

4)纵断面图的绘制。

2. 路线横断面测量

1)横断面定向的方法；

2)横断面上各点测量的方法；

3)横断面图的绘制。

## 任务 11-1　路线纵断面测量

### 任务描述

现有一条施工路线，有两个已知水准点 $A$、$B$，$A$、$B$ 之间的中桩桩号分别为 K0 + 000、K0 + 020、K0 + 040、K0 + 060、K0 + 080、K0 + 100，要求以中平测量的方法将各中桩的高程测出来。

## 任务目标

通过学习和完成本任务，你将能够：

1. 了解路线的纵断面；

2. 掌握基平测量、中平测量的基本知识和测量方法。

## 建议课时

2 课时。

## 任务引入和分析

纵断面测量是测定中线各里程桩的地面高程，用来绘制路线纵断面图，供路线纵坡设计、设计管线埋深和计算土方量用。本任务的主要内容是掌握各里程桩的地面高程的测定，纵断面图的绘制。

## 任务准备

### 一、知识准备

**(一)纵断面测量的任务及程序**

**1. 路线纵断面测量的任务**

(1)沿着路线测定中线上各里程桩的地面高程，这项工作又称中线水准测量。

(2)根据各里程桩的地面高程，绘制中线纵断面图，为线路设计提供基础资料。

**2. 纵断面测量的程序**

按照由“整体到局部”的测量原则进行，分为基平测量和中平测量。

(1)基平测量是沿路线方向设置水准点，并测量其高程，作为中平测量及施工测量的依据。

(2)中平测量是根据基平测量测设的水准点的高程，来测定中桩的地面高程。

**(二)基平测量**

**1. 设置水准点**

基平测量的实施是首先要埋设高程控制点。

(1)水准点是路线高程测量的控制点，在勘测和施工阶段都要使用，因此，根据需要和用途可布设永久性水准点和临时性水准点。

在路线的起、终点、大桥两岸、隧道两端以及一些需要长期观测高程的重点工程附近均应设置永久性水准点。在一般地区也应每隔 5km 设置一个永久性水准点。永久性水准点要埋设标石，也可设置在永久性建筑物上或用金属标志嵌在基岩上。

为便于引测，还需沿线布设一定数量的临时性水准点。临时性水准点可埋设大木桩，顶面钉入大铁钉作为标志，也可利用电线杆等地物。

(2)水准点的密度：两个相邻水准点间的距离以 1 ~ 1.5km 为宜；山岭重丘区可根据需要适当加密；特大型构造物每一端应埋设 2 个(含 2 个)以上水准点。

(3)水准点位应选择在稳固、醒目、易于引测以及施工时不易遭受破坏的地方，一般距中线 50～300m 为宜。

(4)水准点应按顺序编号并用红油漆标明。为了便于施工时寻找水准点,在记录手簿内要绘出水准点位置示意图,注明它与中线及周围地物的关系,编制水准点一览表。

**2. 基平测量方法**

(1)水准测量的方法。观测路线应与国家控制点联系,并尽可能构成附合水准路线。各级公路及构造物的水准测量等级应按表 11-1-1 选定,各等水准测量的精度应符合表 11-1-2 的规定。

**公路及构造物的水准测量等级** 表 11-1-1

| 测 量 项 目 | 等级 | 水准路线最大长度(km) |
|---|---|---|
| 4000m 以上特长隧道、2000m 以上特大桥 | 三等 | 50 |
| 高速路、一级公路、1000～2000m 特大桥、2000～4000m 长隧道 | 四等 | 16 |
| 二级及二级以下公路 1000m 以下桥梁、2000m 以下隧道 | 五等 | 10 |

**水准测量的精度** 表 11-1-2

| 等级 | 每公里高差中数中误差(mm) | | 往返较差、附合或环线闭合差(mm) | | 检测已测测段高差之差(mm) |
|---|---|---|---|---|---|
| | 偶然中误差 $M_\Delta$ | 全中误差 $M_w$ | 平原微丘区 | 山岭重丘区 | |
| 三等 | ±3 | ±6 | $\pm 12\sqrt{L}$ | $\pm 3.5\sqrt{n}$或$\pm 15\sqrt{L}$ | $\pm 20\sqrt{L_i}$ |
| 四等 | ±5 | ±10 | $\pm 20\sqrt{L}$ | $\pm 6.0\sqrt{n}$或$\pm 25\sqrt{L}$ | $\pm 30\sqrt{L_i}$ |
| 五等 | ±8 | ±16 | $\pm 30\sqrt{L}$ | $\pm 45\sqrt{L}$ | $\pm 40\sqrt{L_i}$ |

注:计算往返较差时,$L$ 为水准点间的路线长度(km);计算附合或环线闭合差时,$L$ 为附合或环线的路线长度(km);$n$ 为测站数;$L_i$ 为检测段长度(km)。

(2)全站仪高程测量的方法:三角高程测量一般按全站仪电磁波三角高程测量(四等)规范进行。

**3. 跨河水准测量**

当水准路线跨越河流时,视线长度比一般情况下大得多,会导致较大的大气垂直折光影响,而且长距离测量会出现读数困难及前后视不等长的情况。因此水准路线跨越的河流宽度在 100m 以上时,必须采用跨河水准测量的方法,如图 11-1-1 所示。

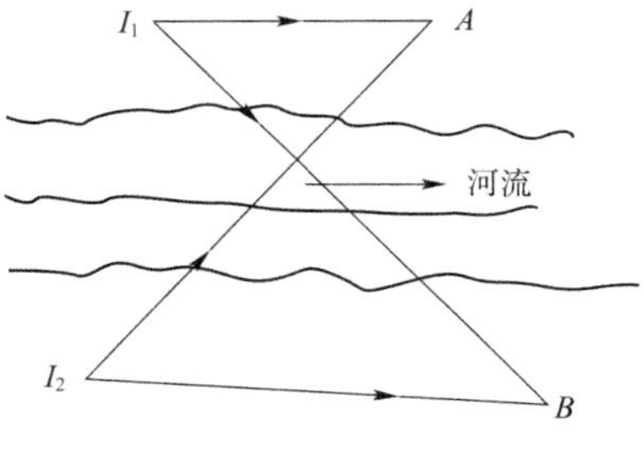

图 11-1-1 跨河测站设立

按照《公路勘测规范》(JTG C10—2007),当宽度大于 300m 时,应根据跨河宽度和仪器设备等情况,选用相应等级的光电测距三角高程测量或跨河水准测量方法进行观测。各等级跨河水准测量两次高差之差应符合表 11-1-3 的规定。

**跨河水准测量两次观测高差之差** 表 11-1-3

| 测量等级 | 高差之差(mm) | 测量等级 | 高差之差(mm) |
|---|---|---|---|
| 三等 | ≤7 | 五等 | ≤9 |
| 四等 | ≤7 | | |

下面介绍一下河流宽度在 300m 以下,采用 DS3 水准仪进行观测的方法。

(1)测站的设立

如图 11-1-1 所示，水准路线需要跨越一条河流，河流的宽度在 100 ~ 300m 之间，现欲由 $A$ 点跨越河流到对岸的 $B$ 点，即测量 $AB$ 两点间高差并由 $A$ 点高程推算至 $B$ 点高程。

上图测站按“$Z$”字形布设，其中，$I_1$、$I_2$ 是测站，$A$ 点为已知高程点，$B$ 点为待测点。测站应选在通视开阔之处，两岸测站至水边的距离尽可能相等。跨河视线 $I_1B$、$I_2A$ 应力求相等，岸上视线应选择在 10 ~ 20m，且 $I_1A$、$I_2B$ 应大致相等。

(2)观测方法

直接过河法水准测量：如图 11-1-1 所示，采用一台 $DS_3$ 水准仪观测，先在 $I_1$ 安置水准仪，$A$、$B$ 两点立尺，照准 $A$ 点近尺，读数为 $a_1$，再照准 $B$ 点远尺，读数为 $b_1$，则 $h_1 = a_1 - b_1$，称为前半测回。再搬站至 $I_2$ 处，注意此时保持水准仪的调焦螺旋不动，使望远镜对光不变，同时 $A$、$B$ 两点标尺对调。按与上半测回相反的程序，先瞄准远点 $A$ 尺，读数为 $a_2$，再瞄准 $B$ 点近尺，读数为 $b_2$，则 $h_2 = a_2 - b_2$，称为后半测回。$A$、$B$ 两点间测回高差平均值 $h = (h_1 + h_2)/2$。

**(三)中平测量**

**1. 水准仪中平测量**

中平测量(又称中桩抄平)一般是以两相邻水准点为一测段，从一个水准点开始，用视线高法，逐个测定中桩的地面高程，直至附合到下一个水准点上。

(1)测量原理

如图 11-1-2 所示，水准仪后视已知水准点 $BM_1$，读数为 $a$ 后，可求得视线高程。再转动水准仪(视线高程不变)分别观测各中桩得到中视读数 $b$ 中，照准转点上的水准尺得到前视读数 $b$ 前。则用式(11-1-1)可求得各中桩及转点的高程。

$$\begin{aligned}\text{视线高程} &= \text{后视点高程} + \text{后视读数}\\ \text{中桩高程} &= \text{视线高程} - \text{中视读数}\\ \text{前视高程} &= \text{视线高程} - \text{前视读数}\end{aligned} \tag{11-1-1}$$

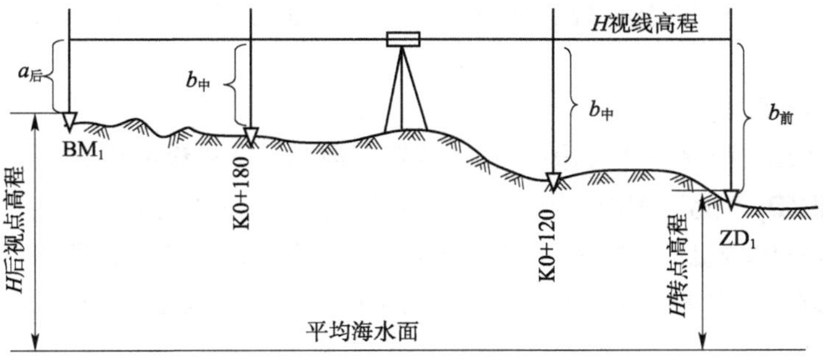


图 11-1-2　中平测量原理

(2)一般测量方法

①观测记录：

如图 11-1-3 所示，水准仪置于Ⅰ站，后视水准点 $BM_5$，前视转点 $ZD_1$，将读数记入中平测量记录表后视、前视栏内。然后观测 $BM_5$ 与 $ZD_1$ 间的中间点 K4 +000、+020、+040、+060，将读数记入中视栏。

再将仪器搬至Ⅱ站，后视转点 $ZD_1$，前视转点 $ZD_2$，将读数记入表格后视、前视栏内. 然后观测各中间点 +080、+100、+120、+140，将读数分别记入相应的中视栏。

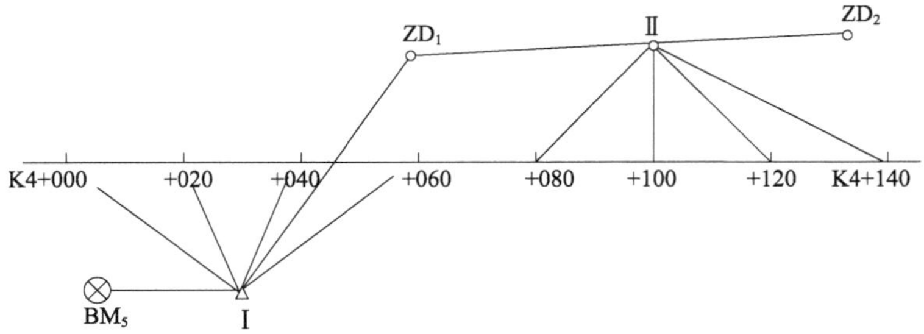


图 11-1-3 中平测量平面图

按上述方法继续前测，直至附合于水准点 $BM_6$。

在每一个测站上，应尽量多的观测中桩，还需在一定距离内设置转点。相邻两转点间所观测的中桩，称为中间点。由于转点起着传递高程的作用，在测站上应先观测转点，后观测中间点。转点读数至毫米(mm)，视线长不应大于 150m，水准尺应立于尺垫、稳固的桩顶或坚石上。

②计算检核：

中桩的地面高程以及前视转点高程应根据式(11-1-1)按所属测站的视线高进行计算。

中平测量只作单程观测。一测段观测结束后，应先计算测段高差闭合差。中平测量测段高差与基平测得的该测段两端水准点高差之差，称为测段高差闭合差。

测段高差闭合差：高速公路、一级公路不得大于 $\pm 30\sqrt{L}$(mm)，二级及二级以下公路不得大于 $\pm 50\sqrt{L}$(mm)，否则应重测。$L$ 是测段水准路线长，一般取中平测量测段的里程桩起、终点的差值，以公里为单位。

中桩地面高程检测限差：高速公路、一级公路为 ±5cm，二级及二级以下公路为 ±10cm。

(3)跨越沟谷测量

中平测量遇到跨越沟谷时，由于内坡和沟底钉有中桩，且高差较大，按一般中平测量要增加许多测站和转点，以致影响测量的速度和精度。为避免这种情况，可采用以下方法进行施测。

①沟内沟外分开测：

如图 11-1-4 所示，当测至沟谷边缘时，仪器置于测站Ⅰ，同时设两个转点：$ZD_{16}$ 和 $ZD_A$，后视 $ZD_{15}$，前视 $ZD_{16}$ 和 $ZD_A$。此后沟内、沟外即分开施测。测量沟内中桩时，仪器下沟安置于测站Ⅱ，后视 $ZD_A$，观测沟谷内两侧的中桩并设置转点 $ZD_B$。再将仪器迁至测站Ⅲ，后视转点 $ZD_B$，观测沟底各中桩。至此沟内观测结束。然后仪器置于测站Ⅳ，后视 $ZD_{16}$，继续前测。

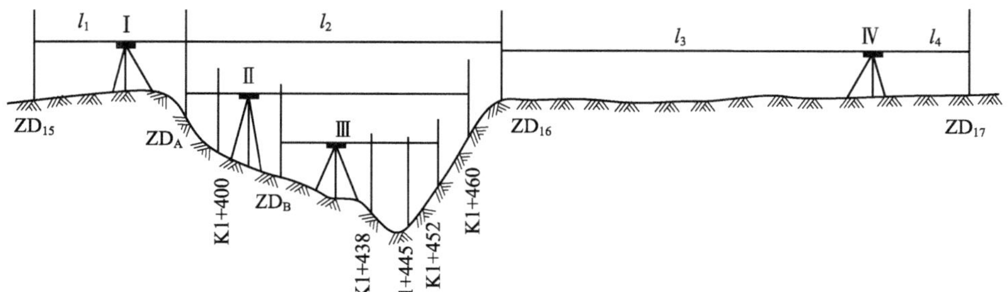


图 11-1-4 跨越沟谷测量

这种测法使沟内、沟外高程传递各自独立，互不影响。沟内的测量不会影响到整个测段的闭合。但由于沟内的测量为支水准路线，缺少检核条件，故施测时应倍加注意。另外，为了减少测站Ⅰ前、后视距不等所引起的误差，仪器置于Ⅳ站时，尽可能使 $l_3 = l_2$，$l_4 = l_1$，或者 $l_1 + l_3 = l_2 + l_4$。

②接尺法：

若过沟时，沟谷较窄、沟边坡度较大，个别中桩不便测量，可采用接尺的方法进行测量，从而把水准尺接长使用，如图 11-1-5 所示。

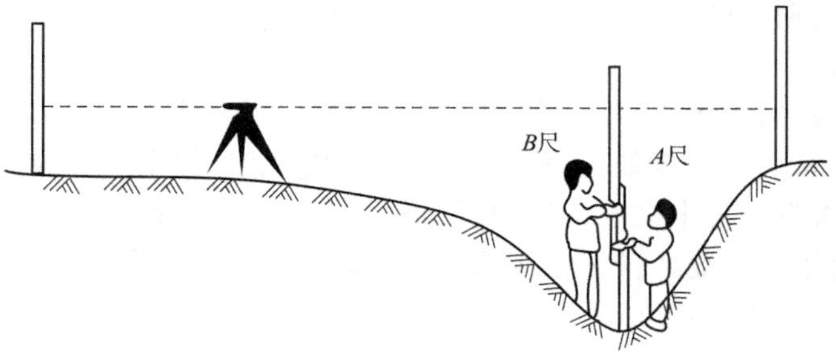


图 11-1-5　接尺法

必须注意此时的读数应为从望远镜内的读数加上接尺的数值。利用上述方法测量时，沟内沟外分开测的记录必须断开，另作记录。接尺要加以说明，以利于计算和检查，否则容易发生混乱和误会。

**2. 用全站仪进行中平测量**

根据对全站仪三角高程测量的精度分析，如果全站仪竖直角观测精度不大于 2″，测距精度不低于(5 + 5 × 106$D$)mm，边长不超过 2km，观测时采用对向观测，测定高程的精度可达到四等水准测量的限差要求。因此，只要满足上述条件，用全站仪进行中平测量，完全可以达到测量中桩地面高程的精度要求。实际工作中一般采用单向观测计算高差的公式，计算中桩的地面高程：

$$H_{\mathrm{p}} = H_{\mathrm{A}} + h = H_{\mathrm{A}} + S\sin\alpha + \frac{1-k}{2R}S^2\cos^2\alpha + i - l \tag{11-1-2}$$

式中：$H_{\mathrm{p}}$——用全站仪进行中平测量的地面点 $P$ 的高程；

$H_{\mathrm{A}}$——测站的点位高程；

$S$——斜距；

$\alpha$——竖直角；

$k$——大气折光系数；

$R$——地球半径。

用全站仪进行中平测量的要求和步骤如下：

(1)中平测量在基平测量的基础上进行，并遵循先中线后中平测量的顺序。

(2)测站应选择公路中线附近的控制点且高程应已知，测站应与公路中线桩位通视。

(3)测量前应准确丈量仪器高度、反射棱镜高度，预置全站仪的测量改正数。

(4)将测站高程、仪器高及反射棱镜高输入全站仪。

(5)中平测量仍须在两个高程控制点之间进行。

### (四)纵断面图的绘制

纵断面图是沿中线方向绘制的反映地面起伏和纵坡设计的线状图,它表示出各路段纵坡的大小和中线位置的填挖尺寸,是道路设计和施工中的重要文件资料。

纵断面图的绘制一般可按下列步骤进行:

**1.选取比例尺**

按照选定的里程比例尺和高程比例尺打格制表,填写里程、地面高程、直线与曲线、土壤地质说明等资料。为了明显反映地面的起伏变化,一般里程比例尺取1:5000、1:2000或1:1000,而高程比例尺则比里程比例尺大10倍,取1:500、1:200或1:100。

**2.绘出地面线**

首先选定纵坐标的起始高程,使绘出的地面线位于图上适当位置。一般是以10m整数倍数的高程定在5cm方格的粗线上,便于绘图和阅图。然后根据中桩的里程和高程,在图上按纵、横比例尺依次点出各中桩的地面位置,再用直线将相邻点一个个连接起来,就得到地面线。在高差变化较大的地区,如果纵向受到图幅限制时,可在适当地段变更图上高程起算位置,此时地面线将构成台阶形式。

**3.绘制设计线**

按照设计要求进行纵坡设计及竖曲线设计,根据变坡点位置、纵坡坡度及竖曲线半径绘制。

**4.计算设计高程**

当路线的纵坡确定后,即可根据设计纵坡和两点间的水平距离,由一点的高程计算另一点的设计高程。

(1)直线段

已知设计坡度为$i$,起算点的高程为$H_0$,推算点的高程为$H_p$,推算点至起算点的水平距离为$D$,则

$$H_p = H_0 + iD \tag{11-1-3}$$

式中,上坡时$i$为正,下坡时$i$为负。

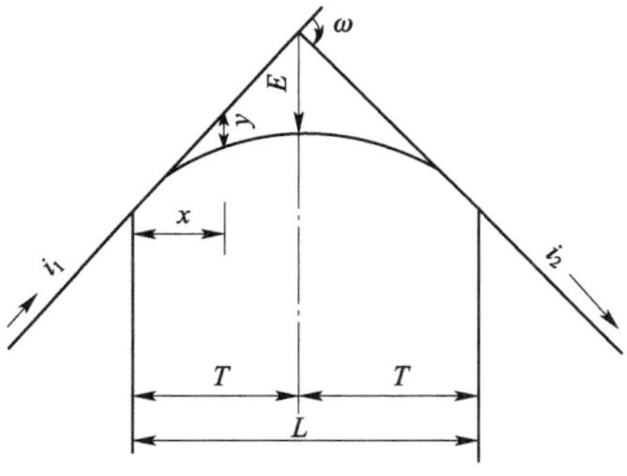


图11-1-6 竖曲线

(2)竖曲线段(图11-1-6)

①先确定竖曲线范围,竖曲线起(终)点的位置由竖曲线起(终)点到变坡点的距离(切线长$T$)决定:

$$T = \left| \frac{R}{2}(i_1 - i_2) \right| \tag{11-1-4}$$

式中,$i_1$,$i_2$分别为相邻坡段的坡度值,上坡为+,上坡为-。

②竖曲线上点的高程计算:先计算出该桩号直线上高程,再按照下面公式计算出高程的改正数$y$,之后用直线上高程加改正数$y$即可。

$$y = \pm \frac{x^2}{2R} \tag{11-1-5}$$

式中:$R$——竖曲线半径;

$x$——该桩号到竖曲线起(终)的距离,即桩号差值;

$y$——凸曲线时取正,凹曲线时取负。

**5.计算各桩的填挖尺寸**

同一桩号的设计高程与地面高程之差,即为该桩号的填土高度(正号)或挖土深度(负号)。

**6. 绘图**

在图上注记有关资料，如水准点、桥涵、竖曲线等，见图 11-1-7。

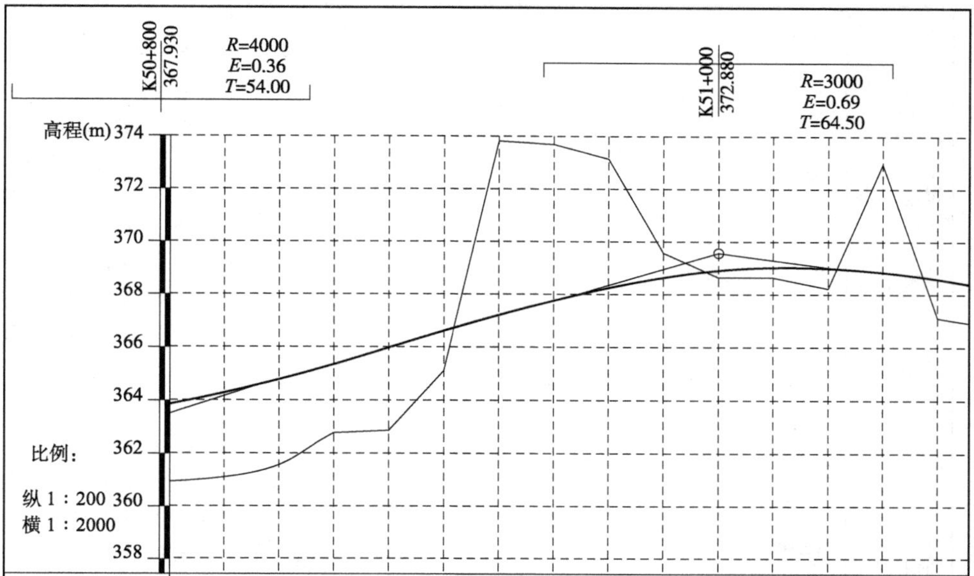


| | | | | | | | | | | | | | | | |
|---|---|---|---|---|---|---|---|---|---|---|---|---|---|---|---|
| 地质概况 | 表层有1~2m厚黏土，下为页岩 | | | | | | | | | | | | | | |
| 填挖高度(m) | 2.995 | 3.244 | 3.295 | 2.600 | 3.070 | 1.400 | -6.600 | -5.933 | -4.860 | -1.010 | 0.167 | 0.280 | 0.690 | -4.313 | 1.450 |
| 地面高程(m) | 364.940 | 365.070 | 365.500 | 366.770 | 366.900 | 369.170 | 377.770 | 377.700 | 377.130 | 373.650 | 372.710 | 372.700 | 372.260 | 377.100 | 371.080 |
| 设计高程(m) | 367.935 | 368.315 | 368.795 | 369.370 | 369.970 | 370.570 | 371.170 | 372.767 | 372.270 | 372.640 | 372.877 | 327.980 | 327.950 | 372.787 | 372.530 |
| 坡度 坡度 | K50+000 367.570 | 3.00% 200 | | | | | | | | | K51+000 373.570 | | | | |
| 里程桩号 | 8 | +820 | +840 | +860 | +880 | 9 | +920 | +940 | +960 | +980 | K51 | +020 | +040 | +060 | +080 |
| 直线及平曲线 | L=521.47 | | | | | | | | | | | | | | |

图 11-1-7　纵断面图

## 二、组织准备

以 8 个人为一组，每组选一名组长和一名副组长，组长负责全组组织以及实际操作训练，副组长负责组织进行理论知识学习和复习。

## 三、场地、仪器和材料准备

选择长约 200m 的实训场地。每组配备水准仪 1 套，水准尺 1 对，尺垫 2 个。学生每人带教材、工作业、记录表和计算器。

## 任务实施

## 一、外业观测

中平测量步骤与图示见表 11-1-4。中平测量记录表见表 11-1-5。

**中平测量步骤与图示** 表 11-1-4

| 测段 | 测站 | 图　　示 | 步　　骤 |
|---|---|---|---|
| $BM_A$ \| $BM_B$ | $BM_A$ \| ZD | 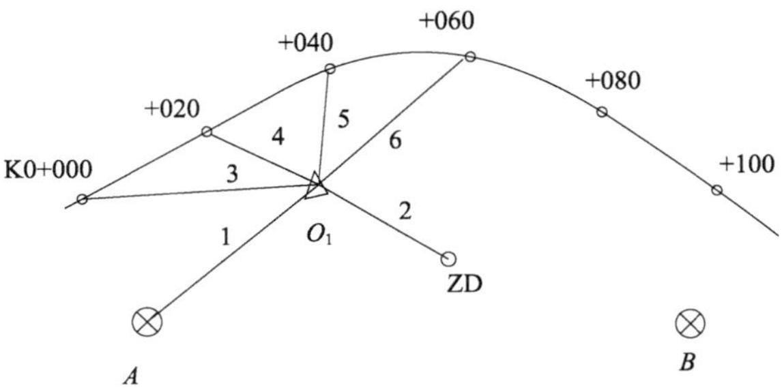 | 首先在 $O_1$ 点安置好仪器，首先照准水准点 $BM_A$ 处水准尺，读数记录在“中平测量记录表”①处，再照准 ZD 处水准尺记录在②处，然后照准道路中线上 K0 + 000、+020、+040、+060 中桩处水准尺，依次观测记录在“中视读数”栏中，步骤如图所示 |
| | ZD \| $BM_B$ | 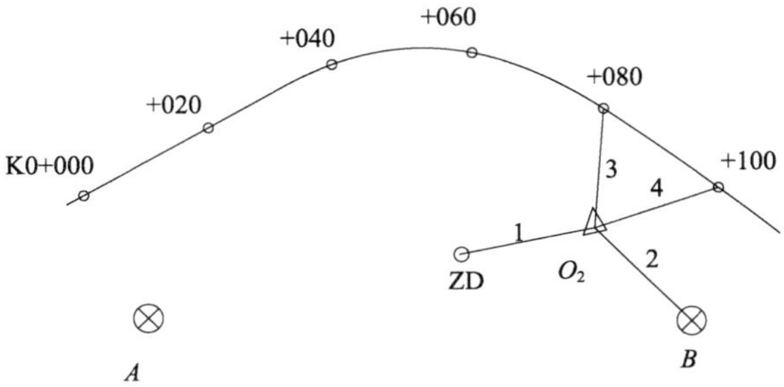 | 在 $O_2$ 点安置好仪器，首先照准 ZD 处水准尺，读数记录在③处，再照准水准点 $BM_B$ 处水准尺记录在④处，再照准道路中线上 +080、+100 中桩处水准尺继续依次观测记录在“中视读数”栏中，步骤如图所示 |

**中平测量记录表** 表 11-1-5

| 测点 | 水准尺读数(m) | | | 视线高 | 测点高程 | 备　　注 |
|---|---|---|---|---|---|---|
| | 后视读数 | 中视读数 | 前视读数 | | | |
| $BM_A$ | 2.317① | | | 106.573⑤ | 104.256 | 基平测量测得水准点 $A$ 和水准点 $B$ 的高程为：$H_{A基}=104.256$ m　$H_{B基}=104.768$ m |
| K0 +000 | | 2.160 | | | 104.413⑥ | |
| +020 | | 1.831 | | | 104.742 | |
| +040 | | 1.202 | | | 105.371 | |
| +060 | | 1.430 | | | 105.143 | |
| ZD | 0.744③ | | 1.762② | 105.555 | 104.811 | |
| +080 | | 1.901 | | | 103.654 | |
| +100 | | 1.762 | | | 103.793 | |
| $BM_B$ | | | 0.801④ | | 104.754 | |

精度评定：

$f_h = H_{B中} - H_{B基} = 104.754\text{-}104.768 = -0.014\text{m} = -14\text{mm}$⑦

$f_{h容} = \pm 50\sqrt{L} = \pm 50\sqrt{0.1} = \pm 15\text{mm}$

$f_h < f_{h容}$，精度：满足要求

## 二、内业计算

**1. 视线高计算**

**例如**:第一测站视线高 $=H_A+a=104.256+2.317=106.573$,记录⑤处。

**2. 测点高程**

各点高程 = 视线高 − 中视读数

**例如**:K0 +000 处高程 $=106.573-2.160=104.413$,记录⑥处。重复 1、2 步骤至另外一个水准点 $BM_B$。

**3. 精度检验**

复测至另外一个水准点检验精度,例如:$f_h=H_{B中}-H_{B基}=104.754-104.768=-0.014\text{m}=-14\text{mm}$,记录⑦处。

### 任务思考

1. 什么是道路的纵断面?
2. 什么是基平测量?什么是中平测量?
3. 简述一下纵断面图都有哪些内容。
4. 完成表 11-1-6 所列中平记录的计算。

表 11-1-6

| 测点 | 水准尺读数 | | | 视线高程 | 高程 | 备　注 |
|---|---|---|---|---|---|---|
| | 后视 | 中视 | 前视 | | | |
| $BM_5$ | 1.426 | | | | 417.628 | |
| K4 +980 | | 0.870 | | | | |
| K5 +000 | | 1.561 | | | | |
| +020 | | 4.251 | | | | |
| +040 | | 1.625 | | | | |
| +060 | | 2.301 | | | | |
| $ZD_1$ | 0.876 | | 2.402 | | | 已知:<br>$H_{BM5}=417.628\text{m}$<br>$H_{BM6}=414.311\text{m}$ |
| +080 | | 2.425 | | | | |
| +092.4 | | 1.873 | | | | |
| +100 | | 0.321 | | | | |
| $ZD_2$ | 1.286 | | 2.004 | | | |
| +120 | | 3.150 | | | | |
| +140 | | 3.041 | | | | |
| +160 | | 0.942 | | | | |
| +180 | | 1.884 | | | | |
| +200 | | 2.001 | | | | |
| $ZD_3$ | 1.325 | | 2.186 | | | |
| +220 | | 1.852 | | | | |
| $BM_6$ | | | 1.625 | | | |

### 任务评价

任务考核评价表见附表。

## 任务11-2 路线横断面测量

### 任务描述

某平原微丘区一级公路,进行各桩号的横断面测量,用于绘制各桩号所对应的横断面图。

### 任务目标

通过学习和完成本任务,你将能够:

1. 掌握横断面的基本知识;
2. 掌握横断面中边桩放样的操作方法。

### 建议课时

2课时。

### 任务引入和分析

横断面测量是测定路线中线桩两侧一定范围内的地面起伏形状,并绘制横断面图供路基断面设计,路基土方量计算或路基边坡放样使用。本任务的主要内容就是掌握横断面的测量方法以及横断面图的绘制方法。

### 任务准备

路线横断面测量是测定各中桩处垂直于中线方向上的地面起伏情况,然后绘制成横断面图,供路基、边坡、特殊构造物的设计、土石方的计算和施工放样之用。

横断面施测的密度和宽度,应根据地形、地质情况和设计需要而定。一般应在百米桩和线路纵、横向地形明显变化处及曲线控制桩处测绘横断面。在大桥桥头、隧道洞口、挡土墙重点工程地段及地质不良地段,横断面应适当加密。

横断面测绘宽度,根据地面坡度、路基中心填挖高度、设计边坡及工程上的需要来决定。应满足路基、取土坑、弃土堆及排水沟设计的需要和施工放样的要求。一般应在公路中线两侧各测15~50m。

进行横断面测量首先要确定横断面的方向,然后在此方向上测定中线两侧地面坡度变化点与中桩的距离和高差。

**(一)横断面方向的测定**

由于公路中线是由直线段和曲线段构成的,而直线段和曲线段上的横断面方向测定方法是有区别的,现分别介绍。

**1. 直线段上横断面方向的测定**

直线段横断面方向与路线中线垂直,一般要用方向架测定。如图11-2-1所示,将方向架置于 K4 +400 桩点上,方向架上有两个相互垂直的固定片,在 K4 +420 桩点上放一个标尺,用其中一个固定片瞄准该标尺,另一个固定片所指方向即为该桩点的横断面方向。

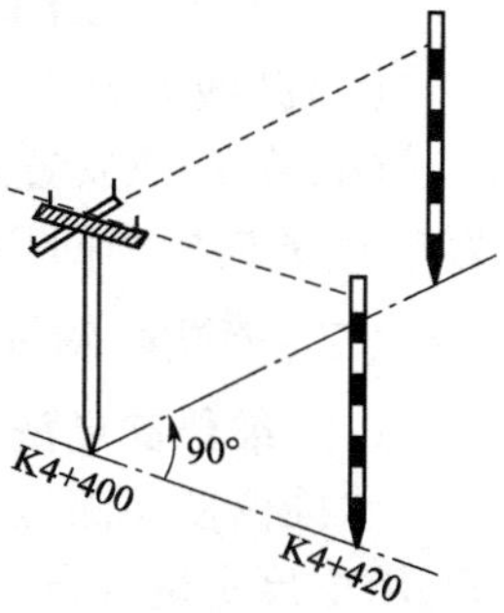

图 11-2-1　十字方向架

**2. 圆曲线上横断面方向的测定**

由几何知识可知,圆曲线上一点横断面方向必定沿着该点的半径方向。测定时一般采用求心方向架,即在方向架上安装一个可以转动的活动片,并有一制动钮将其固定,如图 11-2-2 所示。

用求心方向架测定横断面方向的步骤:

如图 11-2-3 所示,欲测定圆曲线上某桩点 $P_i$ 的横断面方向.

(1)将求心方向架置于 ZY(或 YZ)点上,用固定片 $aa'$瞄准交点,$aa'$即为切线方向,则另一固定片 $bb'$所指明方向即为 ZY(或 YZ)点的横断面方向。

(2)保持方向架不动,转动活动片 $cc'$瞄准 $P_i$ 点并将其固定。然后将方向架搬至 $P_i$ 点。

(3)用固定片 $bb'$瞄准 ZY (YZ)点,则活动片 $cc'$所指明方向即为 $P_i$ 点的横断面方向。

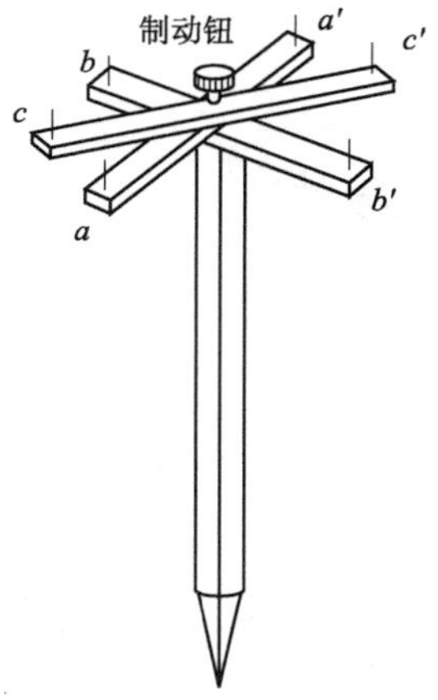

图 11-2-2　求心方向架

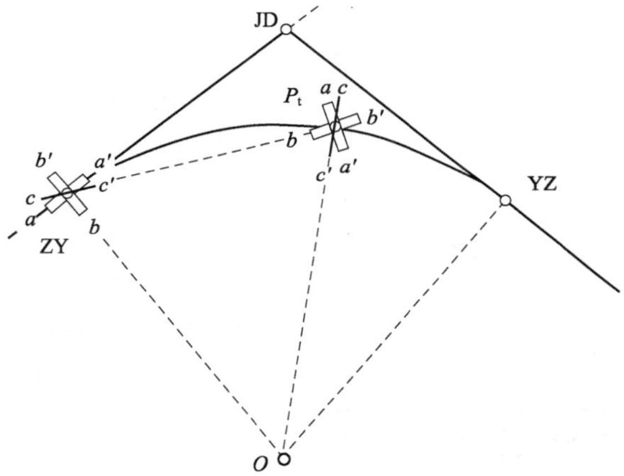

图 11-2-3　曲线上横断面方向确定

**3. 缓和曲线上横断面方向的测定**

如图 11-2-4 所示,$P_1$、$P_2$为缓和曲线上的两点,现要测设 $P_1$的横断面方向,方法如下:

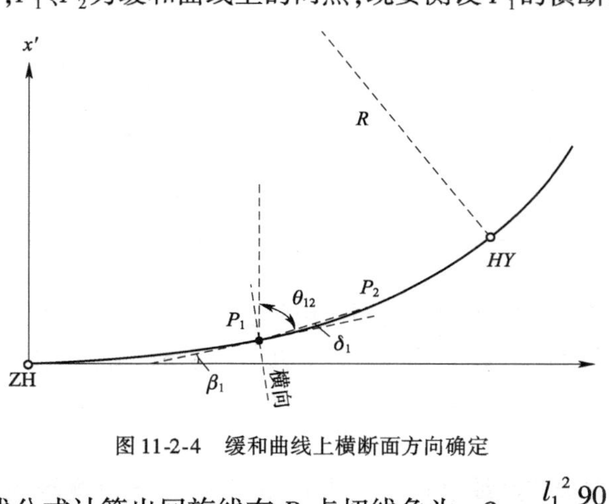

图 11-2-4　缓和曲线上横断面方向确定

(1)根据缓和曲线公式计算出回旋线在 $P_1$点切线角为:$\beta_1 = \dfrac{l_1{}^2 90}{RL_s \pi}$;

(2)根据独立坐标系中 $P_1$、$P_2$的坐标，求出弦线 $P_1P_2$的方位角 $\theta_{12}$；

(3)弦线 $P_1P_2$与 $P_1$点切线的水平夹角 $\delta_1$ 为：$\delta_1 = 90^0 - \beta_1 - \theta_{12}$；

(4)在 $P_1$点安置全站仪，照准 $P_2$点，将水平度盘读数配置为 0°00′00″，则水平度盘读数为 $\delta_1$ 的方向即为回旋线在 $P_1$点的切线方向，$90 + \delta_1$ 方向即为横断面方向。

**(二)横断面测量的方法**

**1. 水准仪皮尺法**

水准仪皮尺法是利用水准仪和皮尺，按水准测量的方法测定各变坡点与中桩点间的高差，用皮尺丈量两点的水平距离的方法。如图 11-2-5 所示，水准仪安置后，以中桩点为后视，在横断面方向的变坡点上立尺进行前视读数，并用皮尺量出各变坡点至中桩的水平距离。水准尺读数精确到厘米(cm)，水平距离精确到分米(dm)，记录表格如表 11-2-1 所示。此法测量精度较高，只适用于断面较宽的平坦地区，但安置一次仪器，可以测各个断面。

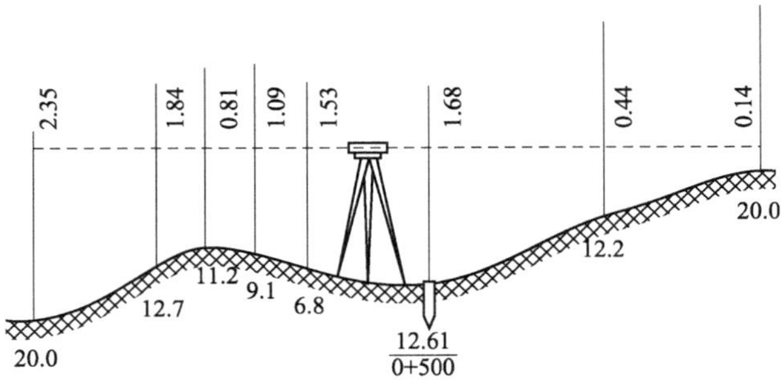


图 11-2-5　水准仪皮尺法

**水准仪皮尺法横断面测量记录**　　表 11-2-1

| 桩号 | 各变坡点至中桩点距离(m) | | 后视读数(m) | 前视读数(m) | 各变坡点至中桩点高差(m) |
|---|---|---|---|---|---|
| K0 + 500 | 左侧 | 0.00 | 1.68 | | |
| | | 6.8 | | 1.53 | 0.15 |
| | | 9.1 | | 1.09 | 0.59 |
| | 右侧 | 11.2 | | 0.81 | 0.87 |
| | | 12.7 | | 1.84 | -0.16 |
| | | 20.0 | | 2.35 | -0.67 |
| | | 12.2 | | 0.44 | 1.24 |
| | | 20.0 | | 0.14 | 1.54 |
| | | | | | |

**2. 经纬仪视距法**

经纬仪视距法是指在地形复杂、山坡较陡的地段采用经纬仪按视距测量的方法测得各变坡点与中桩点间的水平距离和高差的一种方法。施测时，将经纬仪安置在中桩上，用视距法测出横断面方向上各变坡点至中桩的水平距离和高差。

**3. 全站仪法**

全站仪法的操作方法与经纬仪视距法大致相同，使用光电测距的方法测量出地形特征点与中桩的平距和高差，该法适用于任何地形条件。

利用光电测距仪测量横断面，不仅速度快、精度高，而且安置一次仪器可以测多个断面。值得注意的是，由于视线长，为防止各断面点互相混淆，应画草图，做好记录。

横断面测量，高速公路、一级公路、二级公路一般采用水准仪皮尺法、经纬仪视距法、全站仪法，三级及三级以下可采用标杆皮尺法。检测限差应符合表 11-2-2 的规定。

**横断面检测限差** 表 11-2-2

| 公路等级 | 距离(m) | 高程(m) |
|---|---|---|
| 高速公路、一级公路 | $\pm(0.1+L/100)$ | $\pm(0.1+h/100+L/200)$ |
| 二级及二级以下公路 | $\pm(0.1+L/50)$ | $\pm(0.1+h/50+L/100)$ |

注：表中 $L$ 为测点至中桩点的水平距离；$h$ 为测点与中桩点间的高差。

### (三)横断面图的绘制

横断面图一般采取在现场边测边绘，这样既可省略记录工作，也能及时在现场核对，减少差错。如遇不便现场绘图的情况，必须做好记录工作，带回室内绘图，再到现场核对。

横断面图的比例尺一般是 1∶200 或 1∶100，横断面图绘在米格纸上，图幅为 A3，每厘米有一细线条，每 5cm 有一粗线条，细线间一小格是 1mm。

横断面图的绘制步骤如下：

**1. 地面线**

绘图时以一条纵向粗线为中线，以纵线、横线相交点为中桩位置，向左右两侧绘制。先标注中桩的桩号，再用铅笔根据水平距离和高差，将变坡点点在图纸上，然后用尺子将这些点连接起来，就得到横断面的地面线。一幅图上可绘多个断面图，一般规定：绘图顺序是从图纸左下方起，自下而上、由左向右，依次按桩号绘制。

**2. 设计线**

横断面图地面线画好后，就可以进行俗称“戴帽子”的工作：经路基设计，先在透明纸上按与横断面图相同的比例尺分别绘出路堑、路堤和半填半挖的路基设计线，称为标准断面图；然后按纵断面图上该中桩的设计高程把标准断面图套在实测的横断面图上，也可将路基断面设计线直接画在横断面图上，绘制成路基断面图。图 11-2-6 所示为半填半挖的路基断面图。

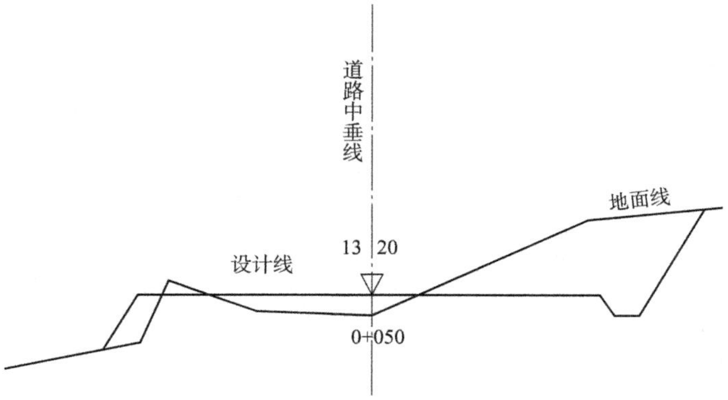


图 11-2-6 半填半挖路基断面图

**3. 填挖面积计算**

每个断面的填、挖面积分别计算，根据横断面的填、挖面积及相邻中桩的桩号，可以算出施工的土、石方量。

## 任务思考

1. 什么是路线的横断面？
2. 简述一下横断面图的作用。

## 任务评价

任务考核评价表见附表。

# 项目12　测量误差基础知识

## 项目内容

本项目为测量误差基础知识,主要包括以下三项内容:

1. 测量误差及其分类;
2. 评定观测值精度的标准;
3. 误差传播定律及其应用。

## 项目要求

通过本项目的学习,应做到:

1. 领会误差的种类和产生原因;
2. 能够计算观测值的中误差;
3. 能够利用误差的传播规律解决测量中的实际问题。

## 项目知识点、技能点

1. 测量误差及其分类

1)测量误差的基本知识;

2)测量误差产生的原因;

3)消除或减弱测量误差的方法。

2. 评定观测值精度的标准

1)中误差的概念;

2)观测值中误差计算;

3)算术平均值中误差计算;

4)容许误差和相对误差。

3. 误差传播规律及其应用

1)线性函数中误差;

2)误差传播规律的应用。

## 任务12-1　测量误差及其分类

### 任务描述

在水准测量中,用同一台仪器测两点的高差,甲同学测得数据为1.632m,乙同学读数测得数据为1.634m,换一台仪器测量相同两点的高差,结果却是1.635m,原因是什么?

## 任务目标

通过学习和完成本任务，你将能够：

1. 明确测量误差的概念和分类；
2. 知道产生误差的原因。

## 建议课时

1 课时。

## 任务引入和分析

在使用仪器进行测量工作时，我们发现测量结果会因各种因素发生变化，出现不同的数据，产生微小的差异，这就是误差。本任务的主要内容就是明确误差的概念和分类，找出产生误差的原因。

## 任务实施

### 一、误差的概念

**1. 测量误差**

每一个物理量都是客观存在，在一定的条件下具有不以人的意志为转移的客观大小，人们将它称为该物理量的真值。进行测量是想要获得待测量的真值。然而测量要依据一定的理论或方法，使用一定的仪器，在一定的环境中，由具体的人进行。由于实验理论上存在着近似性，方法上难以很完善，实验仪器灵敏度和分辨能力有局限性，周围环境不稳定等，待测量的真值是不可能测得的，测量结果和被测量真值之间总会存在或多或少的偏差，这种偏差就叫作测量值的误差，简称误差。

例如，对某一三角形的三个内角进行观测，其和不等于 180°；又如所测闭合水准路线的高差闭合差不等于零。这些都说明观测值中存在误差。研究误差的来源及其规律，采取各种措施消除或减小其影响，是本项目学习的一项主要任务。

**2. 观测条件**

构成测量工作的要素包括观测者、测量仪器和外界条件，通常将这些测量工作的要素统称为观测条件。

### 二、观测和观测值分类

**1. 同精度观测和不同精度观测**

在相同的观测条件下，用同一精度等级的仪器、用相同的观测方法、在相同的外界条件下、由具有大致相同的技术水平的人所进行的观测称为同精度观测，其值称为同精度观测值；反之，称为不同精度观测和不同精度观测值。

例如，水平大致相同的两人用 $J_2$ 经纬仪在相同的条件下各测得一测回水平角属于同精度观测值，若一人用 $J_2$、一人用 $J_6$ 测得一测回水平角属于不同精度观测值。

**2. 直接观测和间接观测**

为确定某未知量而直接进行的观测（被观测量就是所求未知量本身），称为直接观测，其观测值为直接观测值;通过被观测量与未知量的函数关系来确定未知量的大小的观测称为间接观测,其值称为间接观测值。

例如:用钢尺丈量两点间的距离属于直接观测,而用经纬仪通过视距测量的方法得到两点间的距离属于间接观测。

**3. 独立观测和非独立观测**

各观测量之间无任何依存关系,是相互独立的观测,称为独立观测,其值称为独立观测值;若各观测量间存在一定的几何或物理条件的约束,称为非独立观测,其值称为非独立观测值。

例如:观测三角形的三个内角,因三个内角之和应等于180°这个几何条件,因此,三角形的角度闭合差与三个内角之间属于非独立观测值。

## 三、测量误差产生的原因

在测量工作中,由于各种因素的影响,在对同一量进行若干次测量得到的结果并不相同,或在各观测值与其理论值之间仍存在差异,即存在着误差。为了消除或减少误差,需要对误差的来源、性质及其产生和传播的规律进行研究,来解决测量中经常遇到的一些问题。

测量的精度高,测量误差就小;测量的精度低,测量误差就大。测量误差的大小取决于所用仪器的质量、观测者的操作水平和观测时的环境等因素,这些因素就是测量误差产生的直接原因,具体概括如下。

**1. 测量仪器**

测量工作是用不同的测量仪器进行原,任何仪器都有一定限度的精密程度,使得观测值的精确度受到限制。如在用只刻有厘米分划的水准尺进行测量时,就无法保证估读毫米的准确度。同时,仪器本身在设计、制造、安装、校正等方面也存在自身的误差,如钢尺的刻划误差、度盘的偏心等。

**2. 观测者**

由于观测者视觉、听觉等感觉器官鉴别能力有一定的局限性,在仪器安置、照准、读数等方面都会产生误差。同时,观测者的技术水平、工作态度及状态都对测量成果有直接影响。如整平误差、瞄准误差、读数误差等。

**3. 外界条件**

测量工作都是在一定外界环境下进行的,观测时所处的外界环境中的温度、湿度、大气折光等因素都会对观测结果产生一定的影响。如温度使钢尺产生伸缩,大气折光使望远镜的瞄准产生偏差等。外界条件发生变化,观测结果将随之变化。

上述三方面的因素是引起观测误差的主要来源,因此把这三方面因素综合起来称为观测条件。观测条件的好坏与观测成果的质量有着密切的联系。测量外业工作就是要在一定的观测条件下,确保观测成果具有较高的质量,将观测误差尽量减小或控制在允许限度内。

## 四、测量误差的分类

测量误差按其对测量结果性质的不同可分为系统误差和偶然误差两类。前者是大误差,多发生于仪器设备;后者是小误差,多发生于观测者和外界环境条件。

**1. 系统误差**

在相同的观测条件下对某量进行的一系列的观测，若误差的数值大小和正负号保持不变，或按照一定的规律变化，这种误差称为系统误差。例如 30m 的钢尺经检定其实际长度为 30.003m，则用该尺每丈量一整尺就有 3mm 的误差，它在数值上和符号上都是固定不变的；经纬仪因视准轴与横轴不垂直而引起的方向误差，它随视线竖直角的大小而变，但符号不变；系统误差的特点是具有累积性，对测量结果影响较大，因此在测量工作中应该尽量设法清除或减弱系统误差的影响。

**2. 偶然误差**

在相同的观测条件下对某量进行一系列的观测，误差出现的大小及符号没有都不固定，没有明显的规律性，这种误差称为偶然误差（随机误差）。如估读误差、照准误差等。例如水准测量或钢尺量距中估读毫米数时，可能偏大，也可能偏小，其大小不一，这些都属于偶然误差。

产生偶然误差的原因很多，主要是由于人的感觉器官能力的限制以及环境中不能控制的因素所造成。偶然误差既无法把它找出后加以改正，也不能把它完全消除，但采用重复多次的观测可减少它的影响。

偶然误差是测量中不可避免的误差，它的大小和符号也无法预知，纯属偶然性质。但是在相同的条件下，进行重复观测所出现的大量偶然误差，却存在着一定的规律。这就是表面上看来毫无规律的一组偶然误差，其内部却隐藏着一种必然的规律。从下面这个例子中看到这种规律。

在某一测区，在相同的观测条件下共观测了 358 个三角形的全部内角，由于每个三角形内角之和的真值（180°）为已知，因此，可以上式计算每个三角形内角之和的真误差 $\Delta i$，将它们分为负误差和正误差，按误差绝对值由小到大排列次序。以误差区间 $d\Delta = 3''$ 进行误差个数 $k$ 的统计，并计算其相对个数 $k/n(n=358)$，$k/n$ 称为误差出现的频率。

从表 12-1-1 中可以看出：最大的误差没有超过 24″；小误差出现的个数较多，误差越大出现的个数越少；绝对值相等的正误差和负误差出现的个数接近相等。

**偶然误差分布统计表** 表 12-1-1

| 误差区间 dΔ(″) | 负误差 | | 正误差 | | 误差绝对值 | |
|---|---|---|---|---|---|---|
| | $K$ | $K/n$ | $K$ | $K/n$ | $K$ | $K/n$ |
| 0～3 | 45 | 0.126 | 46 | 0.128 | 91 | 0.254 |
| 3～6 | 40 | 0.112 | 41 | 0.115 | 81 | 0.226 |
| 6～9 | 33 | 0.092 | 33 | 0.092 | 66 | 0.184 |
| 9～12 | 23 | 0.064 | 21 | 0.059 | 44 | 0.123 |
| 12～15 | 17 | 0.047 | 16 | 0.045 | 33 | 0.092 |
| 15～18 | 13 | 0.036 | 13 | 0.036 | 26 | 0.073 |
| 18～21 | 6 | 0.017 | 5 | 0.014 | 11 | 0.031 |
| 21～24 | 4 | 0.011 | 2 | 0.006 | 6 | 0.017 |
| 24 以上 | 0 | 0 | 0 | 0 | 0 | 0 |
| Σ | 181 | 0.505 | 177 | 0.495 | 358 | 1.000 |

若以误差的大小为横坐标，以误差出现的百分比除以区间值为纵坐标，则表 12-1-1 中误

差出现的情况可用图 12-1-1 中和各个长方形来表示,称直方图。每一长方形的面积就是相应区间内误差出现的百分比,或称频率。若观测次数无限多,误差区间无限小,则连接各长方形的上端,可得出一条光滑的曲线,称为误差频率分布曲线,它可以说明偶然误差分布的一般规律。

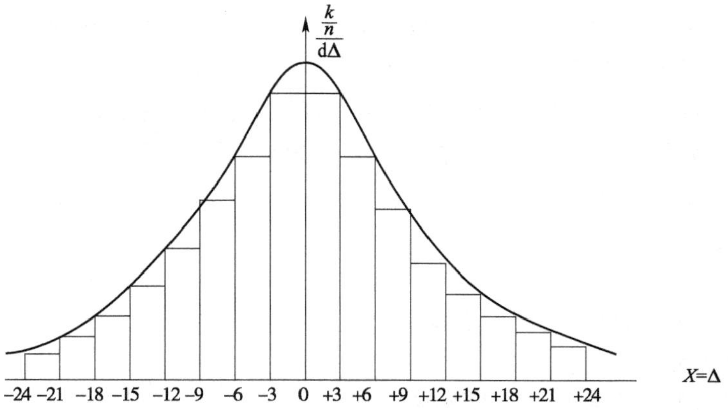


图 12-1-1　直方图

从表 12-1-1 的统计数据和大量实际测量数据的分析,可以总结出在相同条件下进行独立观测而产生的一组偶然误差,具有以下的统计特性:

(1)有界性:在一定的观测条件下,偶然误差的绝对值不会超过一定限值。

(2)单峰性:绝对值小的误差比绝对值大的误差出现的机会多。

(3)对称性:绝对值相等的正误差和负误差出现的机会相等。

(4)补偿性:偶然误差的算术平均值随着观测次数的无限增加而趋向于零。

第四个特性是从第三个特性中推导出来的。在误差总和中由于正负误差互相抵消,所以当个数 $n$ 无限增大时,偶然误差的算术平均值就趋近于零。因此在有限的观测次数时,取多次数观测值的算术平均值可以减少偶然误差的影响。

**3. 粗差**

由于观测者使用仪器不当或疏忽大意造成测错、读错、听错、算错等错误或因外界条件发生意外而引起的差错叫粗差。粗差是错误,不是误差,粗差往往超限。

例如:丈量距离时少计了一整尺,读数时 6 读成 9,1.6 读成 2.6 等。错误对观测结果影响极大,一旦发现,应将其从观测成果中剔除或重新观测。为了防止发生错误,除了要细心进行工作外,还必须做有效的检查和进行多余观测。

## 五、消除和减弱误差的方法

**1. 系统误差**

(1)计算改正。测定系统误差的大小,在观测结果中加入系统误差改正数。如用钢尺测距时,事先测定钢尺尺长的改正数,在丈量每一尺段时加入改正数即可消除尺长误差。

(2)对称观测。采用对称观测,使系统误差在观测值中以相反的符号出现,从而相互抵消或减弱。如水平角时采用盘左、盘右取平均值的方法消除视准轴误差。

(3)检校仪器。通过检校仪器将系统系统误差降低到最小限度,或限制在允许的范围内。如检校照准部水准管可减弱水准管轴不垂直于仪器竖轴所造成的误差;检校竖盘指标差来减弱其对竖直角的影响。

**2. 偶然误差**

(1)提高仪器等级。例如经纬仪测角时,用 $J_2$ 经纬仪代替 $J_6$ 经纬仪,可减小估读误差。

(2)进行多余观测。例如测三角形的两个内角大小时,可同时测出第三个内角的大小,检查三角形的三个内角和是否等于 180°,从而计算和分配闭合差,提高测量精度。

(3)求最或是值。一般情况下,未知量真值无法求得,可通过多余观测求出最接近未知量真值的估值,也叫最可靠值。具体方法见任务 12-2 的讲述。

总之,通过误差知识的学习,了解误差产生的规律、找出消除或减弱误差的方法,从而正确处理观测成果,衡量其精度;同时,可根据误差理论知识制定精度要求,指导测量工作选用适当的观测方法,提高测量精度。

## 任务思考

1. 在测量工作中,为什么会产生误差?
2. 测量误差各类有哪些?
3. 消除或减弱观测误差的方法有哪些?
4. 根据表 12-1-2 中的误差来源,判断误差类别,指出消除或减弱的方法。

**观测误差的分类和处理方法** 表 12-1-2

| 测量工作 | 误 差 名 称 | 误差种类 | 消除或减弱的方法 |
|---|---|---|---|
| 钢尺量距 | 尺长不准 | | |
| | 定线偏离 | | |
| | 尺子弯曲 | | |
| | 热胀冷缩 | | |
| | 拉力不匀 | | |
| | 读数不准 | | |
| 水准测量 | 有视差存在 | | |
| | 水准尺不直 | | |
| | 估读数不准 | | |
| | 水准尺下沉 | | |
| | 地球曲率影响 | | |
| 角度测量 | 对中不准 | | |
| | 仪器未整平 | | |
| | 目标倾斜 | | |
| | 瞄准目标不在同一位置 | | |
| | 估读数不准 | | |
| | 水准管轴不垂直于竖轴 | | |
| | 度盘刻划不均匀 | | |

## 任务评价

任务考核评价表见附表。

# 任务 12-2　评定观测精度的标准

## 任务描述

对 $A$ 边丈量三次，丈量值分别为 56.882，56.885，56.884；为了衡量测量精度，后又对 $A$ 边丈量了三次，丈量值分别为 56.882，56.883，56.883；两组数据哪一个精度高？

## 任务目标

通过学习和完成本任务，你将能够：

1. 明确衡量观测值精度的指标有哪些；
2. 会进行精度指标的计算和比较。

## 建议课时

2 课时。

## 任务引入和分析

在进行工程测量中，《公路勘测规范》（JTG C10—2007）规定了各种项目的测量精度要求，但怎样才能知道我们的测量结果符合精度要求，即怎样才能知道观测值的精度呢？这就是本任务要解决的问题。

## 任务实施

### 一、精度

测量成果中都不可避免地含有误差，在测量工作中，使用“精度”来判断观测成果质量好坏的。所谓精度，就是指偶然误差分布的密集或离散程度。误差分布密集，误差就小，精度就高；误差分布离散，误差就大，精度就低。

一组观测值对应一种分布，也就代表这组观测值精度相同。不同组观测值，分布不同，精度也就不同。一组观测值具有相同的分布，但偶然误差各不相同，如图 12-2-1 所示。

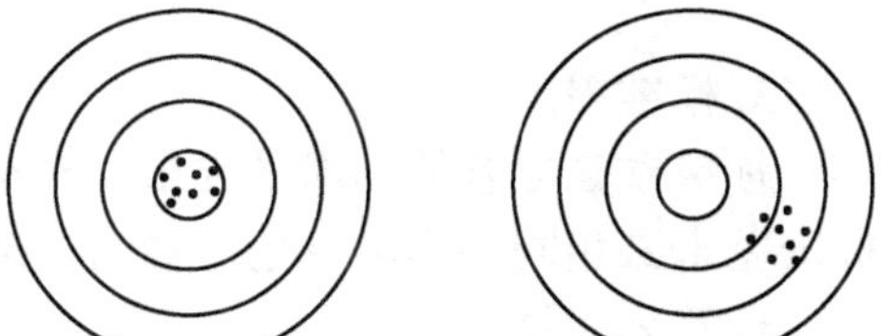

图 12-2-1　观测值误差的分布

为了衡量观测值精度的高低，要以采用误差分布表及频率直方图进行评定，但不方便，有时也不可能。因此，建立一个统一衡量精度的标准，使该标准及其数值的大小能反映出误差分布的离散或密集程度，这个标准就是衡量精度的指标。常用的有平均误差、中误差、相对误差、容许误差等。

### 二、平均误差、均方误差、标准差

**1. 平均误差**

就是指在等精度测量中，所测得所有测量值的随机误差的算术平均值。算术平均值最接近真值，因此，也称为最或是值、最可靠值。

在相同观测条件下对某量进行了 $n$ 次观测，观测值分别是 $l_1$、$l_2$、…、$l_n$，其算术平均值为：

$$L = \frac{l_1 + l_2 + \cdots + l_n}{n} = \frac{[l]}{n} \tag{12-2-1}$$

式中：[ ]为高斯求和记号，相当于数学中的 $\Sigma$ 符号，即表示总和的意思。

假设观测值的真值为 $X$，观测值为 $l_i$，则观测值的真误差为：

$$\begin{aligned} \Delta_1 &= X - l_1 \\ \Delta_2 &= X - l_2 \\ &\cdots \\ \Delta_n &= X - l_n \end{aligned} \tag{12-2-2}$$

将式(12-2-2)两边相加，并除以 $n$ 得：

$$\frac{[\Delta]}{n} = X - \frac{l}{n}$$

根据偶然误差的补偿性可得：

$$\lim_{x\to\infty} \frac{[\Delta]}{n} = 0$$

则

$$X = \lim_{x\to\infty} \frac{[\Delta]}{n}$$

即

$$\lim_{x\to\infty} x = X \tag{12-2-3}$$

由此可见，当观测次数趋于无限多时，算术平均值就是该量的真值。但实际上观测次数总是有限的，算术平均值不可能真的等于真值，但它确实是更接近于真值的值。

**2. 均方误差**

等精度观测时，各测量值误差平方和的平均值的平方根就是均方误差（计算器上用符号 $S$ 表示），也叫标准误差，它说明了样本的离散程度。

计算公式是：

$$S = \sqrt{\frac{\sum_{i=1}^{n} (X_i - \overline{X})^2}{n}} \tag{12-2-4}$$

**3. 标准差**

标准差是方差的算术平方根。标准差能反映一个数据集的离散程度。平均数相同的，标准差未必相同。标准差也被称为标准偏差，或者实验标准差。

计算公式是：

$$\sigma = \sqrt{\frac{\sum_{i=1}^{n} (X_i - \overline{X})^2}{n - 1}} \tag{12-2-5}$$

## 三、中误差

中误差是衡量观测精度的一种数字标准，亦称“标准差”或“均方根差”。因真误差不易求得，所以通常用最小二乘法求得的观测值改正数来代替真误差。它是观测值与真值偏差

的平方和观测次数 $n$ 比值的平方根。

中误差不等于真误差，它仅是一组真误差的代表值。中误差的大小反映了该组观测值精度的高低，因此，通常称中误差为观测值的中误差。

**1. 用真误差确定观测值的中误差**

在相同的观测条件下，对某未知量进行了 $n$ 次重复观测，以观测值分别为 $l_1$、$l_2$、…、$l_n$，若其真值为 $X$，根据式(12-2-2)，其真误差分别为 $\Delta_1$、$\Delta_2$、…、$\Delta_n$，则观测值的中误差为：

$$m = \pm\sqrt{\frac{[\Delta\Delta]}{n}} \tag{12-2-6}$$

式中：$[\Delta\Delta]$——真误差的平方和。

$$[\Delta\Delta] = \Delta_1{}^2 + \Delta_2{}^2 + \cdots + \Delta n^2$$

【例 12-2-1】对一个三角形用两组分别进行了 10 次观测，得出三角形内角的真误差分别为：第一组 −3″、−2″、+2″、+4″、−1″、0″、−4″、+3″、+2″、−3″；第二组 0″、+1″、−7″、−2″、−1″、+1″、+8″、0″、+3″、−1″。试比较两组观测值的精度。

**解** 两组观测值的平均误差（算术平均值）分别为：

$$L_1 = \frac{3+2+2+4+1+0+4+3+2+3}{10} = \pm 2.4''$$

$$L_2 = \frac{0+1+7+2+1+1+8+0+3+1}{10} = \pm 2.4''$$

计算表明，两组的平均误差相同、精度相同；故可用中误差衡量其精度。中误差和平均误差都决定于真误差的大小，但中误差较之平均误差更能灵敏地反映出观测的精度。

应用中误差的定义对上述两组观测值的中误差的计算分别为：

$$m_1 = \pm\sqrt{\frac{3^2+2^2+2^2+4^2+1^2+0+4^2+3^2+2^2+3^2}{10}} = \pm 2.7''$$

$$m_2 = \pm\sqrt{\frac{0+1^2+7^2+2^2+1^2+1^2+8^2+0+3^2+1^2}{10}} = \pm 3.6''$$

比较两组的中误差，可知第一组的观测精度比第二组高。中误差代表的是某一组的观测值的精度，而不是某一次的观测精度

**2. 用观测值的改正数确定观测值的中误差**

按式(12-2-6)计算中误差时需要知道观测值的真值来计算真误差，但在实际测量中，未知量的真值我们却无法知道，因此，真误差无法求得，我们往往通过观测值的改正数求中误差。

改正数

$$v_i = L - l_i \quad (i = 1, 2, \cdots, n)$$

改正数的代数和

$$[v] = 0$$

中误差计算公式：

$$m = \pm\sqrt{\frac{[vv]}{n-1}} \tag{12-2-7}$$

**3. 算术平均值中误差**

算术平均值的中误差可按下式计算

$$M = \pm \frac{m}{\sqrt{n}} \tag{12-2-8}$$

$$M = \pm \sqrt{\frac{[vv]}{n(n-1)}} \tag{12-2-9}$$

**【例 12-2-2】**丈量 A、B 两点间的距离共 5 次，结果如表 12-2-1 所示，求其算术平均值、观测值中误差和算术平均值中误差。

**直线 AB 丈量成果计算表** 表 12-2-1

| 观测次数 | 观测值 (m) | 观测值改正数 $v$ (mm) | $vv$ ($mm^2$) | 备 注 |
|---|---|---|---|---|
| 1 | 236.924 | -3 | 9 | |
| 2 | 236.925 | -2 | 4 | |
| 3 | 236.929 | 2 | 4 | |
| 4 | 236.930 | 3 | 9 | |
| 5 | 236.927 | 0 | 0 | |
| 平均值 | 236.927 | $[v]=0$ | 26 | |

**解** 观测值算术平均值：

$$L = \frac{[l]}{n} = 236.927(\text{m})$$

观测值的中误差：

$$m = \pm \sqrt{\frac{[vv]}{n-1}} = \pm \sqrt{\frac{26}{5-1}} = \pm 2.55(\text{mm})$$

算术平均值中误差：

$$M = \pm \frac{m}{\sqrt{n}} = \pm \frac{2.55}{\sqrt{5}} = \pm 1.14(\text{mm})$$

## 四、相对误差

中误差是绝对误差，在某些测量工作中，中误差不能准确地反映出观测的质量。例如，用钢尺丈量长 200m 和 40m 的两段距离，若观测值的中误差都是 ±2cm，不能认为两者精度相同，显然前者要比后者精度高。因此，当观测值的精度与观测值本身大小有关时，采用相对误差作为衡量精度的标准。

相对误差等于中误差的绝对值与观测值之比，并化为分子为一的分数来表示，即

$$K = \frac{|m|}{L} = \frac{1}{L/|m|} = \frac{1}{N} \tag{12-2-10}$$

则上述两段距离的相对误差分别为 $K_1 = 0.02/200 = 1/10000$ 和 $K_2 = 0.02/40 = 1/2000$，故前者精度较高。

作为分子的绝对误差可以用不同的精度标准，如用中误差、极限误差或闭合差等，则分别称为相对中误差、相对极限误差或相对闭合差等。在一般丈量距离中，为了方便起见，相对误差的分子采用往返丈量的较差，则又是另外一种精度标准。

相对误差是一个比值,是没有单位的,也不需要正负号。而真误差、中误差、极限误差等都是绝对误差,都是有单位的,且应采用正负号表示。

### 五、极限误差

如何判断观测值是否满足精度要求呢?由偶然误差的有界性可知,在一定条件下,偶然误差不会超过一定的限值。如果观测值超过了这个限值,就应该舍去这个观测值,这个界限叫容许误差或限差。根据概率理论和实践证明:在等精度观测的一系列误差中,绝对值大于1倍中误差的偶然误差($|\Delta|>m$)出现的可能性为32%;大于2倍中误差的偶然误差($|\Delta|>2m$)出现的可能性为5%;大于3倍中误差的偶然误差($|\Delta|>3m$)出现的可能性为3%。所以在有限的观测次数中,大于3倍中误差的误差实际上不大可能出现。因此,可把3倍中误差作为偶然误差的限值,在实际工作中更多的是取2倍中误差作为偶然误差的限值,这种限值称为极限误差,即:$\Delta_{容}=3|m|$。

当精度要求较低高时,常取2倍中误差作为容许误差,即:$\Delta_{容}=2|m|$。

**任务思考**

1. 衡量观测值精度的标准有哪些?
2. 什么叫容许误差?举例说明容许误差的作用。
3. 用水准仪测量$A$、$B$两点高差10次,其结果分别是(单位:m):1.253、1.250、1.248、1.252、1.249、1.247、1.251、1.250、1.249、1.251,试求$A$、$B$两点高差的最或是值、观测值中误差和算术平均值中误差。
4. 同精度丈量直线$AB$的长度6次,丈量结果如下(单位:m):125.535、125.548、125.520、125.529、125.550、125.537,试求:$AB$的最可靠值、观测值中误差、最可靠值的中误差及其相对误差。
5. 丈量$AB$、$CD$两段距离,其结果分别为300m、500m,中误差均为±2.6cm,分别计算其相对误差,并判断其精度高低。

**任务评价**

任务考核评价表见附表。

## 任务12-3　误差传播规律及其应用

**任务描述**

在水准测量中,$A$、$B$两点的高差$h_{AB}=a-b$,如何确定高差$h_{AB}$的精度呢?

**任务目标**

通过学习和完成本任务,你将能够:

1. 明确误差的传播规律;
2. 利用误差的传播规律进行中误差和精度的计算;

3. 利用误差的传播规律和精度计算方法解决工程中的实际问题。

## 建议课时

2 课时。

## 任务引入和分析

在实际的工程测量中,我们所求的量多数不是实际测得的,而是通过计算得到的,如高差、角度、距离等,但怎样才能知道我们所得到结果符合精度要求呢? 它们又有什么样的规律呢? 这就是本任务要解决的问题。

## 任务实施

任务 12-2 中介绍了对某一未知进行多次观测,通过求最或是值来求其中误差或相对误差及容许误差,进而衡量其精度,但在实际工作中,有些未知量是不能直接观测的,而是由一些可以直接观测的量通过函数关系间接计算得出,这些量称为观测值函数。例如,两点间的高差是通过直接观测值后视读数 $a$ 和前视读数 $b$ ,通过式 $h=a-b$ 求得的。由于直接观测值中不可避免地含有误差,因此未知量函数必然受到其影响而含有误差,称之为误差传播。欲求未知量的中误差,就必须求出观测函数的中误差。解决未知量函数中误差和观测值中误差之间关系的定律叫作误差传播定律。

### 一、线性函数的中误差

常用的简单函数式中误差公式如表 12-3-1 所示,计算时可直接应用。

**常用的简单函数式中误差公式** 表 12-3-1

| 函数名称 | 函 数 式 | 中误差传播公式 | 公式编号 |
|---|---|---|---|
| 和差函数 | $Z=x_1\pm x_2$ | $m_z=\pm\sqrt{m_1{}^2+m_2{}^2}$ | 12-3-1 |
| | $Z=x_1\pm x_2\cdots\pm x_n$ | $m_z=\pm\sqrt{m_1{}^2+m_2{}^2+\cdots+m_n{}^2}$ | 12-3-2 |
| 倍数函数 | $Z=kx$ | $m_z=\pm km$ | 12-3-3 |
| 线性函数 | $Z=k_1x_1\pm k_2x_2\pm\cdots\pm k_nx_n$ | $m_z=\pm\sqrt{k_1{}^2m_1{}^2+k_2{}^2m_2{}^2+\cdots+k_n{}^2m_n{}^2}$ | 12-3-4 |

注:$Z$-函数;$k$-任一常数;$x$-自变量;$m_z$-函数中误差;$m$-观测值中误差。

下面举例说明各种函数式中误差公式的应用。

**【例 12-3-1】**水准测量从 $A$ 进行到 $B$,得高差 $h_{AB}=16.698\text{m}$,中误差 $M_{hAB}=\pm0.018\text{m}$,从 $B$ 到 $C$ 得高差 $h_{BC}=2.518\text{m}$,中误差 $M_{hBC}=\pm0.008\text{m}$,求 $A$、$C$ 两点的高差及其中误差。

**解** $h_{AC}=h_{AB}+h_{BC}=16.698+2.518=+19.216(\text{m})$

$h_{AC}$的中误差为:

$$m_{hAC} = \pm\sqrt{m_{hAB}{}^2 + m_{hAC}{}^2} = \pm\sqrt{18^2 + 8^2} = \pm 19.7(\text{mm})$$

故：$h_{AC} = 19.216 \pm 0.020\text{m}$

**【例 12-3-2】**用长 30m 的钢尺丈量了 10 尺段，若每尺段的中误差为 ±5mm，求全长 $S$ 及其中误差。

**解** 全长 $S = 10 \times 30 = 300\text{m}$，但实际是丈量 10 个尺段之和，故函数式应为：

$$S = S_1 + S_2 + \cdots + S_{10}$$

应该用式(12-3-2)求全长的中误差，因各段中误差均相等，得：

$$m_S = \pm\sqrt{m_1{}^2 + m_2{}^2 + \cdots + m_{10}{}^2} = \pm\sqrt{10 \times m^2} = \pm 5\sqrt{10} = \pm 16(\text{mm})$$

若用公(12-3-3)计算，得 $m_S = \pm km = \pm 10 \times 5 = \pm 50(\text{mm})$，是错误的。

**【例 12-3-3】**在 1:500 的地形图上量得 $AB$ 两点间距离 $d = 234.55\text{m}$，量距中误差 $m_d = \pm 0.2\text{mm}$，求 $AB$ 两点间的距离及其中误差。

**解** 1. 列函数式并计算距离

$$D_{AB} = 500d = 500 \times 0.2345 = 117.25(\text{m})$$

2. 计算中误差

根据公式(12-3-3)得：

$$m_D = \pm 500\text{m}_d = \pm 500 \times 0.0002 = \pm 0.10(\text{m})$$

故 $D_{AB} = 117.25\text{m} \pm 0.10(\text{m})$

**【例 12-3-4】**试推导算术平均值中误差的公式。

**解** 算术平均值计算公式是：

$$L = \frac{[l]}{n} = \frac{1}{n}l_1 + \frac{1}{n}l_2 + \cdots + \frac{1}{n}l_n$$

设 $k = 1/n$，则上式变为：$x = kl_1 + kl_2 + \cdots + kl_n$

因为是等精度观测，各观测值的中误差均相等地，设为 $m$，则根据线性函数中误差公式(12-3-4)，可得算术平均值的中误差为：

$$\begin{aligned} M &= \pm\sqrt{k_1^2 m_1^2 + k_2^2 m_2^2 + \cdots + k_n^2 m_n^2} \\ &= \pm\sqrt{\frac{1}{n^2}(m_1^2 + m_2^2 + \cdots + m_n^2)} \\ &= \pm\sqrt{\frac{m^2}{n}} \\ &= \pm\frac{m}{\sqrt{n}} \end{aligned}$$

## 二、误差传播规律应用示例

在实际测量工作中，应用中误差传播公式可以为测量成果的精度及其限差提供理论依据，正面通过一些实例说明其应用方法

**【例 12-3-5】**水准测量精度计算。

**解** 欲测 $A$、$B$ 两点间的高差，在 $A$、$B$ 两点间设 $n$ 个测站，后视读数为 $a$，前视读数为 $b$，每个测站读数的中误差为 $m_{读}$，每个测站高差的函数式为 $h = a - b$。

根据和差函数中误差计算公式(12-3-1)，则每个测站的高差中误差 $m_h$ 为：$m_h = m_{读}\sqrt{2}$。

如果采用黑红尺测定高差，取两次高差的平均值作为每个测站的观测结果，则每测站高差平均值的中误差：

$$m_{站} = m_h / \sqrt{2} = m_{读}$$

又因 $A$、$B$ 两点间共设了 $n$ 个测站，则 $n$ 站总高差的中误差：

$$m = m_{站}\sqrt{n} = m_{读}\sqrt{n}$$

设每个测站的距离大致相等，故全长 $L = n \times S$，将 $n = L/S$ 代入上式得：

$$m = m_{站}\sqrt{1/S}\sqrt{L}$$

式中，$1/S$ 为每公里测站数；$m_{站}\sqrt{1/S}$为每公里高差中误差，如用 $\mu$ 表示，则上式可变为：

$$m = \pm\mu\sqrt{L}$$

上式表明，水准测量高差中误差与距离的平方根成正比。

因此《公路勘测细则》(JTG/T C10—2007)中规定，图根水准测量容许高差闭合差为：

$$f_{h容} = \pm 40\sqrt{L}(\mathrm{mm})$$

**【例 12-3-6】**J6 经纬仪一测回测角中误差的确定。

**解** J6 级经纬仪出厂时精度为：通过盘左、盘右观测同一方向的中误差 $m_{方} = \pm 6''$，即一测回方向中误差为 $\pm 6''$，由于水平角为两个方向观测值之差($\beta = b - a$)，根据误差传播规律，水平角的中误差为：

$$m_\beta = \pm m_{方}\sqrt{2} = \pm 6'' \times \sqrt{2} = \pm 8.5''$$

即 J6 经纬仪一测回的测角中误差为 $\pm 8.5''$，考虑仪器本身误差和其他不利因素影响，取 $m_\beta = \pm 10''$，若以 2 倍中误差作为容许误差，则

$$m_{\beta容} = 2m_\beta = \pm 20''$$

因此《公路勘测细则》(JTG/T C10—2007)中规定，J6 经纬仪一测回测角中误差为 $\pm 20''$。

**【例 12-3-7】**钢尺量距精度计算。

**解** 已知用尺长为 $L$ 的钢尺丈量长度为 $D$ 的距离，共丈量 $n$ 个尺段，每个尺段的量距中误差为 $m$。

则距离

$$D = L_1 + L_2 + \cdots + L_n$$

根据误差传播规律，距离中误差为：

$$m_D = \pm m\sqrt{n}$$

把整尺段数 $n = D/L$ 代入上式得：

$$m_D = \pm \frac{m}{\sqrt{L}}\sqrt{D}$$

在一定的观测条件下，采用相同的钢尺和相同的操作方法，其 $m$ 和 $L$ 值均为常数，令 $\mu = m/\sqrt{L}$，把 $\mu$ 值代入中误差计算公式得：

$$m_D = \pm\mu\sqrt{D}$$

上式表明，距离丈量中误差与距离的平方根成正比。

在实际丈量工作中，通常以往返丈量结果的较差 $\Delta D$ 与往返长度平均值的比来评定精度。则：

$$m_{\Delta D} = \pm\sqrt{2}m_D = \pm\sqrt{2}\mu\sqrt{D}$$

以2倍中误差作为容许误差，则：

$$m_{\Delta D容} = \pm 2\sqrt{2}\mu\sqrt{D}$$

在地形良好的路段，用钢尺丈量一尺段，完全可达到 $2\mu = \pm 0.005m$，则：

$$m_{\Delta D容} = \pm 0.005\sqrt{2}\sqrt{D} = \pm 0.007\sqrt{D}$$

以常用长度 $D = 200$m 代入上式得：

$$K_{容} = \frac{m_{\Delta D容}}{D} = \frac{1}{2020}$$

因此《公路勘测细则》(JTG/T C10—2007)中规定，距离丈量的相对误差不低于1/2000。

## 三、应用误差传播定律时应注意的问题

(1)要正确列出函数式。如[例12-3-2]中，求全长的函数式 $S = 10L$ 或 $S = S_1 + S_2 + \cdots + S_{10}$ 从数学上讲都是相同的，但应用误差传播公式得出不同的结果。实际情况应是10段距离之和，所以用和差公式是正确的，而用倍数公式则是错误的。

(2)在函数式中各个观测值必须是独立的。不是互相独立的观测值，不能直接应用误差传播的公式。

## 四、加权平均值简介

前面所述均为如何从 $n$ 次同精度观测中才求出未知量的最或是值，进而评定其精度。但在实际测量工作中，往往遇到对未知量进行 $n$ 次不同精度观测，那么又该如何评定其精度呢?

如对未知量进行了 $n$ 次不同精度观测，得 $n$ 个观测值 $l_1$、$l_2$、…、$l_n$ 等，对应的中误差分别为 $m_1$、$m_2$、…、$m_n$ 等，那么求其精度时就要引入权重和加权平均值的概念。在计算其精度时，精度高的观测值在其中占的比重在一些、精度低的观测值在其中占的比重小一些，这个比重就反映了观测的精度。比重可以用数值表示，在测量工作中，这个数值为观测值的权。权是一个相对的概念，是针对某一指标而言。某一指标的权是指该指标在整体评价中的相对重要程度。权表示在评价过程中，对被评价对象不同侧面的重要程度所做的定量分配，并据此对各评价因子在总体评价中的作用进行区别对待。事实上，没有重点的评价就不算是客观的评价。

加权平均值就是将各数值乘以相应的权数，然后加总求和得到总体值，再除以总的单位数。平均数的大小不仅取决于总体中各单位的标志值(变量值)的大小，而且取决于各标志值出现的次数。

设对某未知量进行了 $n$ 次不同精度的观测，观测值为 $L_1$、$L_2$、…、$L_n$，其相应的权为 $P_1$、$P_2$、…、$P_n$。则其加权平均值(广义算术平均值)的计算公式为：

$$L = \frac{P_1L_+ P_2L_2 + \cdots + P_nL_n}{P_1 + P_2 + \cdots + P_n} \tag{12-3-5}$$

**【例12-3-8】**设对直线 $AB$ 进行了三次不同精度的观测，观测值分别为 $L_1 = 88.23$m，$L_2 = 88.20$m，$L_3 = 88.19$m，其权分别为 $P_1 = 1$，$P_2 = 3$，$P_3 = 2$，试求其最或是值(加权平均值)。

**解** 由公式(12-3-5)得

$$
\begin{aligned}
L &= \frac{P_1L_1 + P_2L_2 + \cdots + P_nL_n}{P_1 + P_2 + \cdots + P_n} \\
&= \frac{88.23 \times 1 + 88.20 \times 3 + 88.19 \times 2}{1 + 3 + 2} \\
&= 88.20(\mathrm{m})
\end{aligned}
$$

加权平均值的计算在公路工程质量评定时将会用到。

## 任务思考

1. 用经纬仪测量水平角，一测回的中误差 $m = \pm 15''$，欲使测角精度达到 $m = \pm 5''$，需观测几个测回？

2. 设 $X$ 为独立观测值 $L_1$、$L_2$、…、$L_3$ 的函数，且 $X = L_1/7 + 2L_2/7 + 4L_3/7$，已知 $L_1$、$L_2$、$L_3$ 的中误差 $m_1 = \pm 3\mathrm{mm}$，$m_2 = \pm 2\mathrm{mm}$，$m_3 = \pm 1\mathrm{mm}$，试求 $X$ 的中误差。

3. 某三角形的三个内角分别为 $\alpha$、$\beta$、$\gamma$，现已测得 $\alpha$、$\beta$ 值，且测角中误差 $m_\alpha = \pm 4''$，$m_\beta = \pm 3''$，试求 $\gamma$ 的角值及其中误差。

4. 观测 $BM_1$ 至 $BM_2$ 间的高差时，共设 25 个测站，每测站观测高差中误差均为 ±3mm，问：(1)两水准点间高差中误差是多少？(2)若使其高差中误差不大于 ±12mm，应设置几个测站？

5. 正方形建筑物的边长为 $a$，其中误差为 $m_a = \pm 3\mathrm{mm}$，求其周长的中误差。若以相同的精度测量其四边，各边中误差均为 ±3mm，则周长的中误差又是多少？

## 任务评价

任务考核评价表见附表。

# 项目 13　桥梁施工测量

## 项目内容

本项目为使用全站仪进行桥梁施工测量,主要包括以下四项内容:

1. 桥梁墩台坐标计算;
2. 桥梁平面定位;
3. 桥梁墩台坐标放样;
4. 桥梁各细部高程测量。

## 项目要求

通过本项目的学习,应做到:

1. 能够计算桥梁墩台坐标;
2. 能够熟练操作全站仪对桥梁平面定位;
3. 能够熟练操作全站仪对桥梁墩台放样;
4. 能够熟练操作水准仪测量桥梁各细部高程。

## 项目知识点、技能点

1. 桥梁轴线测量

1)桥梁轴线测量概念;

2)曲线桥偏距计算;

3)桥梁轴线坐标计算;

4)曲线桥梁轴线放样;

5)进行数据校核。

2. 桥梁墩台施工测量

1)桥梁墩台施工测量概念;

2)桥梁墩台坐标计算;

3)桥梁墩台施工放样;

4)进行数据校核。

3. 桥梁施工高程测量

1)桥梁施工高程测量的概念;

2)桥梁施工高程测量的基本原理;

3)桥梁施工高程测量的注意事项;

4)桥梁施工高程测量内业计算;

5)进行数据校核。

# 任务 13-1　桥梁轴线测量

## 任务描述

某铁路桥梁，起止里程为 K3 + 726.738 ~ K4 + 900.127，全长 1173.389m，要求用极坐标法对本桥进行轴线测量。

## 任务目标

通过学习和完成本任务，你将能够：

1. 能进行桥梁轴线测量的内业计算；
2. 会进行桥梁轴线测量的外业施测。

## 建议课时

4 课时。

## 任务引入和分析

为了确保桥梁建成后其跨度和平面位置符合设计要求，并和既有道路、沟渠等设施相吻合，在桥梁施工前，必须现场测设墩台位置，确定桥梁工作线，即桥梁轴线测量。

## 任务准备

### 一、知识准备

**(一) 桥梁轴线测量概念**

桥梁轴线测量，就是将图纸上设计的桥梁墩台的中心位置标定于地面，据此指导施工，确保桥梁建成后其跨度和平面位置符合设计要求，并和既有道路、沟渠等设施相吻合。

**(二) 桥梁轴线测量外业施测**

桥梁轴线测量通常采用全站仪极坐标法施测，利用 2 个以上的控制点进行设站。将墩台坐标输入全站仪，由仪器自动计算方位角和放样距离，指挥前点人员定出墩台位置。

**(三) 桥梁轴线测量内业计算**

**1. 直线桥墩计算**

位于直线上的桥墩，其桥梁工作线和线路中心线重合，只要根据线路资料利用专用测量软件，计算出其线路中心坐标即可。

**2. 曲线桥墩**

由于曲线桥的线路中线是曲线，而所用的梁是直线，因此线路中线与梁的中线不能完全吻合。梁在曲线上的布置，实际是与线路中线基本相符的折线，这条折线便是桥梁的工作线。墩、台中心一般就位于这条折线转折角的顶点上。在桥梁设计中，梁中线的两端并不是位于路线中线上，而是向外侧移动了一段距离，称为偏距 $E$。如果偏距 $E$ 为梁跨跨中矢值的一半，这种布梁法称为平分中矢布置。如果 $E$ 等于中矢值，称为切线布置。偏移距计算完成后，再根据线路资料利用专用测量软件计算其墩位中心坐标，确定桥梁工作线。如图 13-1-1 所示。

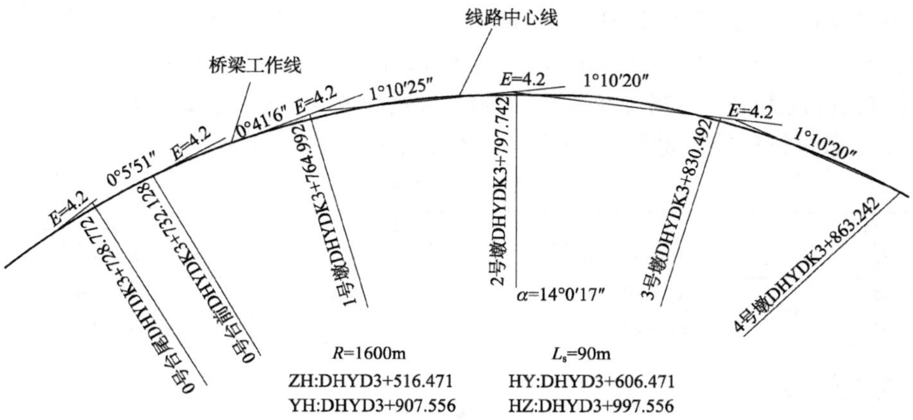


图 13-1-1　曲线桥墩曲线布置示意图

偏距 $E$ 的计算方法如下：

1)圆曲线

切线布置：

$$E=\frac{L^2}{8R}(\mathrm{m})$$

平分中矢布置

$$E=\frac{L^2}{16R}(\mathrm{m})$$

2)缓和曲线

切线布置：

$$E=\frac{L^2t}{8RL_0}(\mathrm{m})$$

为平分中矢布置

$$E=\frac{L^2t}{16RL_0}(\mathrm{m})$$

上述式中：$R$——曲线半径；

$L$——交点距；

$L_0$——缓和曲线长；

$t$——计算点至 ZH(HZ)的距离。

## 二、组织准备

以 4 个人为一组，每组选一名组长和一名副组长，组长负责组织进行理论知识学习和复习。副组长负责实际操作训练。

## 三、场地、仪器和材料准备

选择长约 400m 的实训场地。每组配备全站仪 1 台，强制对中杆 1 对，棱镜 1 对，工具包 1 个。锤子 1 把，木桩和钉子若干。学生每人带教材、记录表和计算器。

# 任务实施

## 一、任务描述

某铁路线路曲线要素资料如下：起点 K3 +000($X$ = 3387661. 0660，$Y$ = 510870. 8079)，交

点 K3 +758.018($X$ = 3387565.1963,$Y$ = 510118.877),终点 K5 +000($X$ = 3387711.1702,$Y$ = 508883.4808)。$\alpha_{右} = 14°00'17''$,$R$ = 1600,$L_s$ = 90,ZH:K3 +516.471,HZ:K3 +977.556。东环右线特大桥起止里程为 K3 +726.738 ~ K4 +900.127,全长 1173.389m,要求用极坐标法对本桥 5 号 ~9 号墩进行轴线测量(墩台定位)。各墩台里程见表 13-1-1。

**各墩台里程表** 表 13-1-1

| 墩 号 | 桩 号 | 墩 号 | 桩 号 |
|---|---|---|---|
| 4 号墩 | K3 +863.242 | 7 号墩 | K3 +961.465 |
| 5 号墩 | K3 +895.992 | 8 号墩 | K3 +994.176 |
| 6 号墩 | K3 +928.736 | 9 号墩 | K4 +026.877 |

## 二、内业计算

### 1. 偏距 *E* 计算

根据图纸要求,本桥梁采用平分中矢布置,根据平分中矢法偏距计算公式,编制成表 13-1-2。

**平分中矢外距计算** 表 13-1-2

| 编号 | 点号(墩号) | 桩号 | 线形 | 半径($R$) | 交点距($L$) | 缓和曲线长($L_s$) | 计算点至 ZH 或(HZ)点长度 $L_T$ | $E$ |
|---|---|---|---|---|---|---|---|---|
| 1 | 缓圆点 | 3606.471 | 圆右转 | 1600 | | | | |
| 2 | 4 | 3863.242 | 圆右转 | 1600 | 32.75 | | | 0.042 |
| 3 | 5 | 3895.992 | 圆右转 | 1600 | 32.75 | | | 0.042 |
| 4 | 圆缓点 | 3907.556 | 缓右转 | 1600 | | | | |
| 5 | 6 | 3928.736 | 缓右转 | 1600 | 32.744 | 90 | 68.82 | 0.032 |
| 6 | 7 | 3961.465 | 缓右转 | 1600 | 32.729 | 90 | 36.091 | 0.017 |
| 7 | 8 | 3994.176 | 缓右转 | 1600 | 32.711 | 90 | 3.38 | 0.002 |
| 8 | 缓直点 | 3997.556 | | | | | | |

### 2. 墩台坐标计算

墩台坐标采用专用测量软件计算,现以道路测设大师软件为例,计算本桥墩台中心坐标。

(1)打开软件,在全线测设、数据输入界面点击平面设计线数据,在右侧表格中输入线路曲线要素,如图 13-1-2 所示。

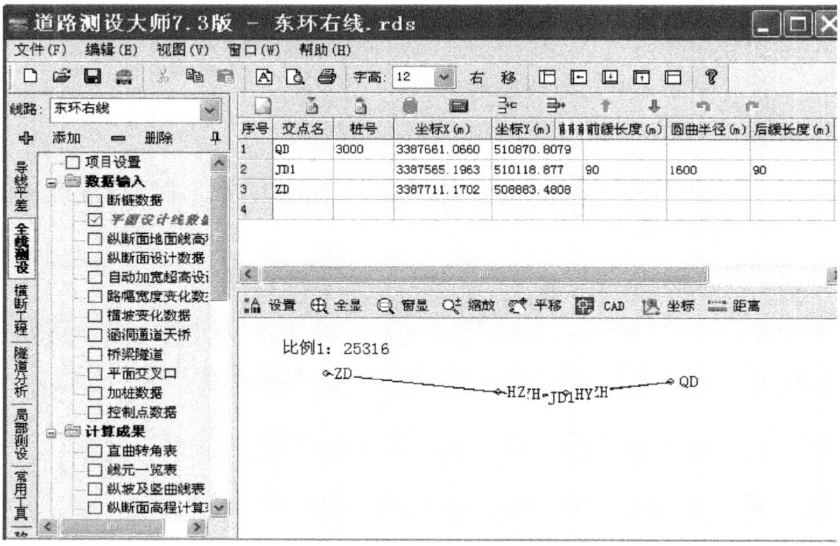


图 13-1-2 道路测设大师软件输入线路数据要素界面

(2)在查询与放样界面下点击单桩号边桩计算,在表格中输入各墩台桩号和偏移距 $E$,注意如曲线右转,则 $E$ 值为左偏,左转为右偏,如图 13-1-3 所示。

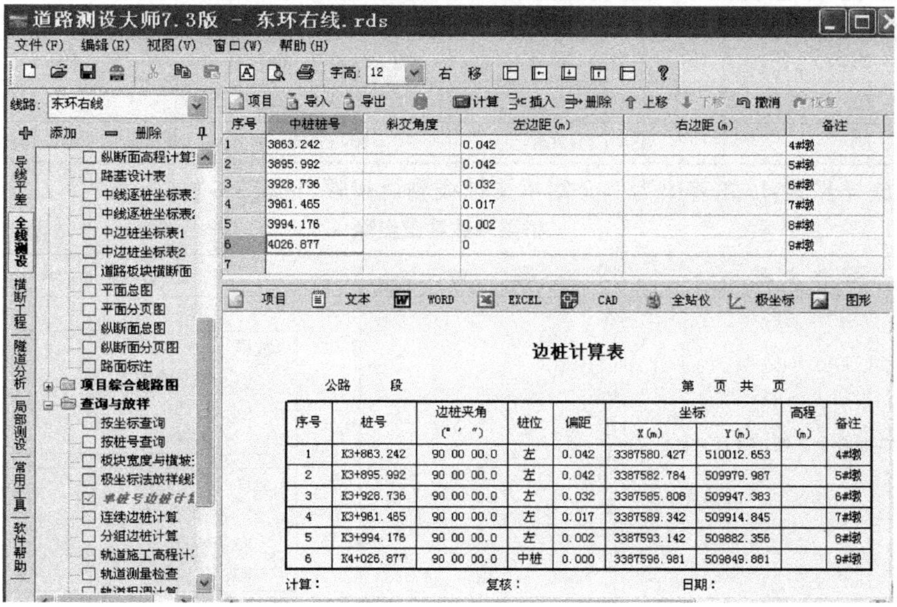


图 13-1-3 道路测设大师软件单桩号边桩计算界面

(3)点击上图中 EXCEL 图标,导出计算结果,见表 13-1-3,根据需要调整格式。

**东环右线大桥墩台中心坐标计算表** 表 13-1-3

| 序号 | 桩 号 | 桩位 | 偏距 | 坐 标 | | 备注 |
|---|---|---|---|---|---|---|
| | | | | $X$(m) | $Y$(m) | |
| 1 | K3 +863.242 | 左 | 0.042 | 3387580.427 | 510012.653 | 4 号墩 |
| 2 | K3 +895.992 | 左 | 0.042 | 3387582.784 | 509979.987 | 5 号墩 |
| 3 | K3 +928.736 | 左 | 0.032 | 3387585.808 | 509947.383 | 6 号墩 |
| 4 | K3 +961.465 | 左 | 0.017 | 3387589.342 | 509914.845 | 7 号墩 |
| 5 | K3 +994.176 | 左 | 0.002 | 3387593.142 | 509882.356 | 8 号墩 |
| 6 | K4 +026.877 | 中桩 | 0.000 | 3387596.981 | 3387596.981 | 9 号墩 |

## 三、外业施测

(1)现场示意图,详见图 13-1-4 所示。

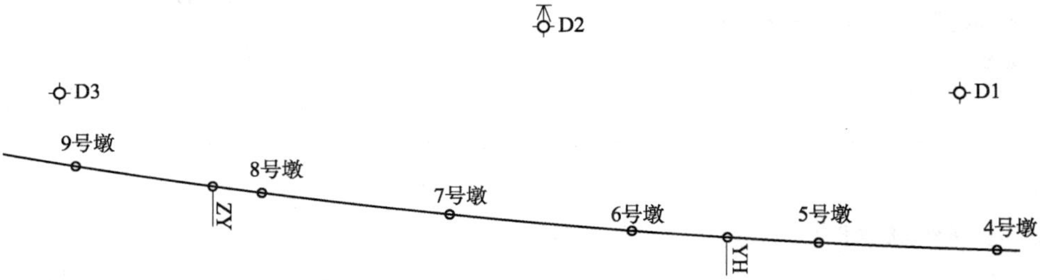


图 13-1-4 现场示意图

(2)已知控制点坐标,如表 13-1-4 所示。

**已知控制点坐标** 表 13-1-4

| 点　　号 | *X* | *Y* | 高　　程 |
| --- | --- | --- | --- |
| *D*1 | 3387637.6566 | 510071.6067 | 490.3325 |
| *D*2 | 3387656.3862 | 509948.0800 | 489.4531 |
| *D*3 | 3387635.7620 | 509853.8857 | 489.1355 |

(3)放样步骤:以拓普康为例介绍桥梁轴线测量步骤,见表 13-1-5。

**桥梁轴线测量步骤** 表 13-1-5

| 操 作 步 骤 | 按　　键 | 显 示 界 面 |
| --- | --- | --- |
| ①由放样菜单 1/2 按[F4](P↓),进入菜单 2/2 | [F4] | 放样 1/2<br>F1: 测站点输入<br>F2: 后视<br>F3: 放样 P↓<br><br>放样 2/2<br>F1: 选择文件<br>F2: 新点<br>F3: 格网因子 P↓ |
| ②按[F2](新点)键 | [F2] | 新点<br>F1: 极坐标法<br>F2: 后方交会法 |
| ③按[F1](测视)键注(1) | [F1] | 选择文件<br>FN: ________<br>输入　调用　---　回车 |
| ④按[F2](调用)显示坐标数据 | [F2] | COORDDATA　/C0123<br>→*TDKBDATA　/C0345<br>TOPCDATA　/C0739<br>---　查找　---　回车 |
| ⑤按[▲]或[▼]键可使文件表向下上滚动,选定一个文件注(2)(3) | [▲]或[▼] | *TOKBDATA　/C01345<br>→TOPCDATA　/C0789<br>SATIDATA　/C0456<br>---　查找　---　回车 |
| ⑥按[F4](回车)键,文件被确认 | [F4] | 极坐标法<br>点号: ________<br>输入　查找　---　回车 |

续上表

| 操作步骤 | 按　键 | 显示界面 |
|---|---|---|
| ⑦按[F1](输入)键,输入新点名称注(4)按[F4](ENT)键 | [F1]输入点号[F4] | 镜高<br>输入<br>镜高:　0.000m<br>---　---　[CLR]　[ENT] |
| ⑧按同样方法输入反射镜高 | [F1]输入点号[F4] | 镜高<br>输入<br>镜高:　1.235m<br>>照准?　[是]　[否] |
| ⑨找准新点,按[F3](是)键进行距离测量 | 照准[F3] | HR:　123°　40′　20″<br>VD*[n]　<m<br>VD:　m<br>>测量…<br><完成><br>↓<br>N:　100.000m<br>E:　100.000m<br>Z:　1.015m<br>>记录?　[是]　[否] |
| ⑩按[F3](是)键进行距离测量注(5)。点名与坐标值存入坐标数据文件。显示下一个新点输入菜单,点号自动加1 | [F3] | 极坐标法<br>点号:NP-101<br>输入　查找　---　回车 |

注:(1)如需直接输入文件名,请按[F1](输入)键,输入文件名;

(2)如文件已选定,则在该文件名的左边显示一个符合"＊",有关文件使用状态识别符号(＊、@、&)请参阅(拓普康 GTS-100N 1-80 说明书)"9.3 文件管理";

(3)按[F2](查找)键,可查看箭头所标定文件的数据内容;

(4)参阅(拓普康 GTS-100N 1-80 说明书)第2.5"字母数字输入方法";

(5)当内存空间存满时就会显示出错信息。

放样完成后,再次将棱镜置于后视点 $D_1$ 或 $D_3$,进行放样测量,以检查放样过程中仪器的稳定性。

(4)放样成果检核:放样完成后,应用钢尺逐跨丈量跨距,避免出现错误,并书写放样交底,交底表格见表13-1-6。

**桥梁墩台定位测量交底**　　表13-1-6

| 墩　号 | 桩　号 | 跨　距 | 实测跨距 |
|---|---|---|---|
| 4号 | K3+863.242 | 32.75 | 32.742 |
| 5号 | K3+895.992 | 32.744 | 32.747 |
| 6号 | K3+928.736 | 32.729 | 32.735 |
| 7号 | K3+961.465 | 32.711 | 32.701 |
| 8号 | K3+994.176 | 32.701 | 32.698 |
| 9号 | K4+026.877 | | |

#### 任务思考

1. 简述桥梁轴线测量的概念。
2. 采用极坐标法对桥梁轴线进行定位。

#### 任务评价

任务考核评价表见附表。

## 任务 13-2　桥梁墩台施工测量

#### 任务描述

某铁路桥梁,起止里程为 K3 + 726.738 ~ K4 + 900.127,全长 1173.389m.,要求用极坐标法对本桥进行墩台施工测量。

#### 任务目标

通过学习和完成本任务,你将能够:

1. 能进行桥梁墩台施工测量的内业计算;
2. 会进行桥梁墩台施工测量的外业施测。

#### 建议课时

4 课时。

#### 任务引入和分析

桥梁墩台施工测量,就是将图纸上设计的桥梁墩台位置标定于地面,据此指导施工,确保建成的桥梁在平面位置、高程位置和外形尺寸等方面均符合设计要求。

#### 任务准备

### 一、知识准备

**(一)桥梁墩台施工测量的概念**

桥梁墩台施工测量,就是紧随工程进展情况,根据施工需要,将图纸上设计的桥梁桩基、承台、墩身等位置标定于施工现场,据此指导施工,确保建成的桥梁在平面位置、高程位置和外形尺寸等方面均符合设计要求。

**(二)桥梁墩台施工测量的外业施测**

桥梁墩台施工测量的外业施测方法和桥梁轴线测量方法相同,通常采用全站仪极坐标法施测,利用 2 个以上的控制点进行设站。将放样点坐标输入全站仪,由仪器自动计算方位角和放样距离,指挥前点人员定出放样位置。

**(三)桥梁墩台施工测量的内业准备**

**1. 墩台施工测量的内容**

桥梁墩台施工测量的内容主要包括桩基放样、承台放样、墩台身放样等。

**2. 墩台施工测量内业计算方法**

由于墩台施工测量属于细部放样，点位较多，计算烦琐，一般将线路资料输入测量软件，根据细部点和线路中线的关系，计算细部放样点的坐标数据。

## 二、组织准备

以 4 个人为一组，每组选一名组长和一名副组长，组长负责组织进行理论知识学习和复习。副组长负责实际操作训练。

## 三、场地、仪器和材料准备

选择长约 200m 的实训场地。每组配备全站仪 1 台，强制对中杆 1 对，棱镜 1 对，工具包 1 个。锤子 1 把，木桩和钉子若干。学生每人带教材、记录表和计算器。

**任务实施**

## 一、任务描述

某铁路线路曲线要素资料如下：起点 K3 + 000（$X = 3387661.0660$，$Y = 510870.8079$），交点 K3 + 758.018（$X = 3387565.1963$，$Y = 510118.877$），终点 K5 + 000（$X = 3387711.1702$，$Y = 508883.4808$）。$\alpha_{右} = 14°00'17''$，$R = 1600$，$L_s = 90$，ZH：K3 + 516.471，HZ：K3 + 977.556。东环右线特大桥起止里程为 K3 + 726.738 ~ K4 + 900.127，全长 1173.389m，要求用极坐标法对本桥 6 号墩桩基、承台、墩身进行测量放样。施工示意图如图 13-2-1 所示。

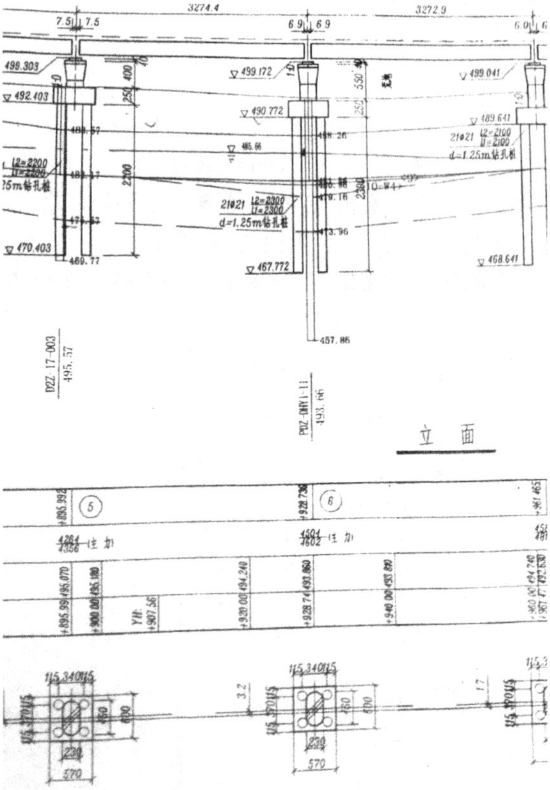


图 13-2-1　某桥 6 号墩桩基、承台、墩身施工示意图

## 二、内业计算

**1. 偏距 $E$ 计算**

具体计算方法见桥梁轴线测量。

**2. 桩基、承台、墩身坐标计算**

放样坐标均采用专用测量软件计算，现以道路测设大师软件为例，计算本桥桩基、承台、墩身坐标。

(1) 打开软件，在全线测设、数据输入界面点击平面设计线数据，在右侧表格中输入线路曲线要素，见图 13-2-2。

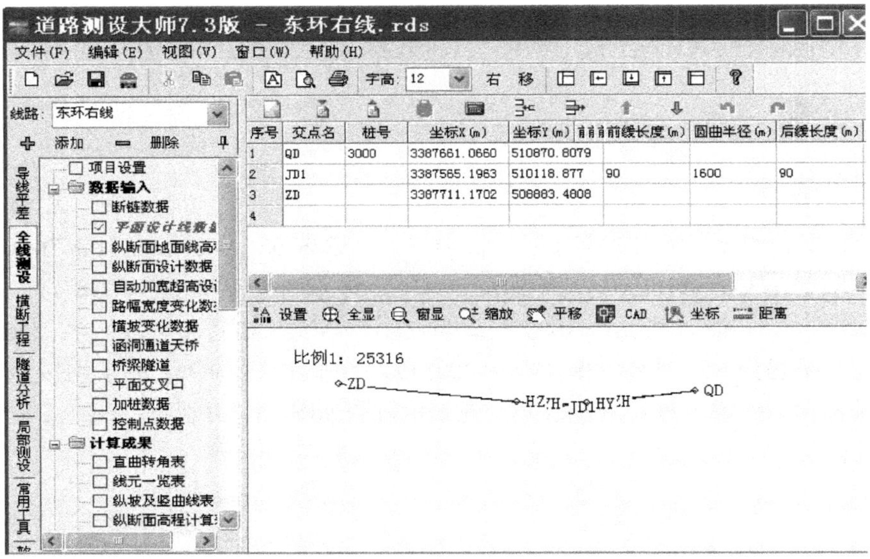


图 13-2-2　输入线路曲线要素图

(2) 在查询与放样界面下点击桥梁桩位坐标计算，在表格中输入各墩台桩号、偏移距 $E$、和相对于墩台中心的横向与纵向距离。如图 13-2-3 所示。

图 13-2-3　桥桩位坐标计算图

（3）点击上图中 EXCEL 图标，导出计算结果，根据需要调整格式，并将设计高程等设计数据输入到表格，具体详见表 13-2-1～表 13-2-3，以备现场使用方便。

**东环右线特大桥桩基坐标计算表** 表 13-2-1

| 墩台号 | 点号 | 坐标 X | 坐标 Y | 桩顶高程（m） | 桩长（m） | 桩间距（横＋纵） |
|---|---|---|---|---|---|---|
| 6 号墩 | 6-1 | 3387583.795 | 509948.888 | 490.772 | 23 | 3.7＋3.4 |
| | 6-2 | 3387587.476 | 509949.261 | | | |
| | 6-3 | 3387584.139 | 509945.505 | | | |
| | 6-4 | 3387587.820 | 509945.879 | | | |

**东环右线特大桥承台坐标表** 表 13-2-2

| 墩台号 | 点号 | 坐标 X | 坐标 Y | 承台顶高程 | 承台底高程 | 承台高度 | 承台尺寸 横×纵 |
|---|---|---|---|---|---|---|---|
| 6 号墩 | 6-1 | 3387582.535 | 509949.915 | 493.272 | 490.772 | 2.5 | 6×5.7 |
| | 6-2 | 3387588.504 | 509950.521 | | | | |
| | 6-3 | 3387583.111 | 509944.245 | | | | |
| | 6-4 | 3387589.080 | 509944.851 | | | | |

**东环右线特大桥墩身坐标表** 表 13-2-3

| 墩台号 | 点号 | 坐标 X | 坐标 Y | 墩顶高程 | 墩底高程 | 墩身高度 | 墩身底尺寸 横×纵 |
|---|---|---|---|---|---|---|---|
| 6 号墩 | 6-1 | 3387583.403 | 509948.295 | 498.772 | 493.272 | 5.5 | 4.6×2.3 |
| | 6-2 | 3387587.980 | 509948.759 | | | | |
| | 6-3 | 3387583.636 | 509946.007 | | | | |
| | 6-4 | 3387588.212 | 509946.471 | | | | |

## 三、外业施测

（1）外业放样方法和过程和桥梁轴线测量方法相同，不再介绍。

（2）放样成果检核。放样完成后，应用钢尺丈量点间距是否和图纸吻合，避免出现错误，并书写放样交底。见表 13-2-4～表 13-2-6。

**环右线特大桥桩基测量放样交底** 表 13-2-4

| 桩位编号 | 测 点 高 程 | 设计桩顶高程 | 高差（m） | 桩长 | 备 注 |
|---|---|---|---|---|---|
| 6-1 | 493.546 | 490.772 | 2.774 | 23 | |
| 6-2 | 493.768 | | 2.996 | | |
| 6-3 | 493.669 | | 2.897 | | |
| 6-4 | 493.561 | | 2.789 | | |

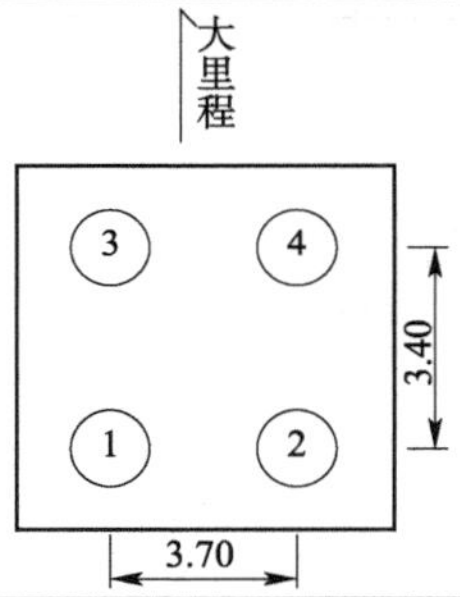

东环右线特大桥承台测量放样交底　　　　表 13-2-5

| 点号 | 测点高程(m) | 设计承台底高程(m) | 差值(m) | 备　　注 |
|---|---|---|---|---|
| 6-1 | 490.766 | 490.772 | -0.006 | “+”为高于设计，“-”为低于设计 |
| 6-2 | 490.764 | | -0.008 | |
| 6-3 | 490.765 | | -0.007 | |
| 6-4 | 490.77 | | -0.002 | |

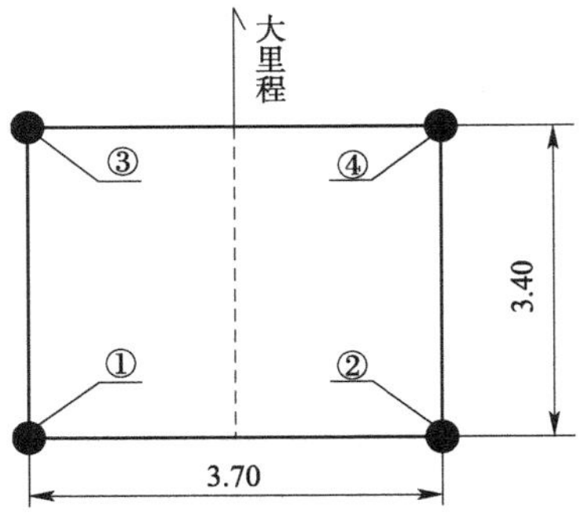


东环右线特大桥墩身测量放样交底　　　　表 13-2-6

| 点号 | 测点高程(m) | 设计墩底高程(m) | 差值(m) | 备　　注 |
|---|---|---|---|---|
| 1 | 493.268 | 493.272 | -0.004 | “+”为高于设计，“-”为低于设计 |
| 2 | 493.271 | | -0.001 | |
| 3 | 493.267 | | -0.005 | |
| 4 | 493.27 | | -0.002 | |

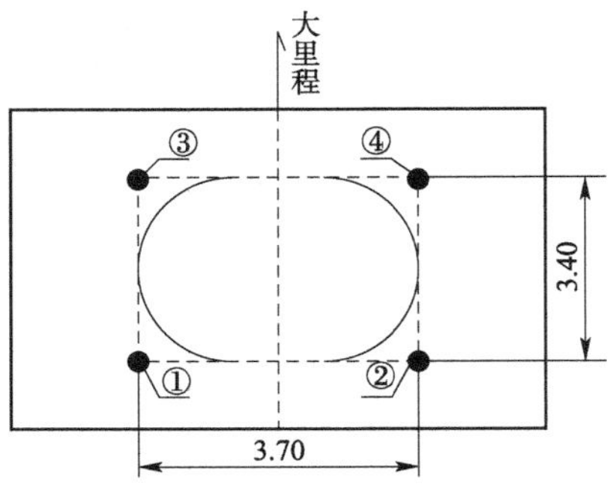


## 任务思考

1. 简述桥梁墩台施工测量的概念。
2. 采用极坐标法对桥梁墩台进行放样。

## 任务评价

任务考核评价表见附表。

# 任务13-3　桥梁施工高程测量

## 任务描述

某桥梁墩台,桩基已施工完成,且承台基坑开挖完毕,要求用水准仪对本桥墩桩顶高程进行检查,并提供承台施工的立模高程。

## 任务目标

通过学习和完成本任务,你将能够:

1. 能进行桥梁施工高程测量的内业计算;
2. 会进行桥梁施工高程测量的外业施测。

## 建议课时

2课时。

## 任务引入和分析

桥梁施工中,每一结构都有一个对应的高程,比如桩基高程、承台高程、墩身高程等,在施工过程中,必须紧随工程进展,随时提供各个部位的施工高度,进行高程测量。此项工作既是对上步施工工序的检查,又可以指导一步工序的施工。

## 任务准备

### 一、知识准备

**(一)桥梁施工高程测量的概念**

桥梁施工高程测量,就是将各施工部位的实际高程实测出来,然后和图纸上设计的高程相比较,得出高差,据此指导施工,确保桥梁各细部点的高程和平面位置一一对应。

**(二)桥梁施工高程测量的基本原理**

桥梁施工通常采用水准仪进行高程测量,利用水准仪提供的水平视线,测定待测点和已知水准点的高差,得出待测点高程,然后和设计高程相比较,从而得出高差。用于指导施工,如图13-3-1所示。

(1)$A$、$B$两点间高差:$h_{AB}=H_B-H_A=a-b$。

(2)测得两点间高程$h_{AB}$后,若已知$A$点高程$H_A$,则可得$H_B=H_A+h_{AB}$。

(3)视线高程:$H_i=H_A+a=H_B+b$。

(4)转点TP(turning point)的概念,当地面上两点的距离较远,或两点的高差太大,放置一次仪器不能测定其高差时,就需增设若干个临时传递高程的立尺点,称为转点。

**(三)桥梁施工高程测量的内业准备**

根据图纸,提前将施测部位的设计高程整理出来,并由上而下,从轨面(公路则从路面)高程开始,根据各结构高度,复核各细部点的设计高程,确保各部位高程和结构高度一致。

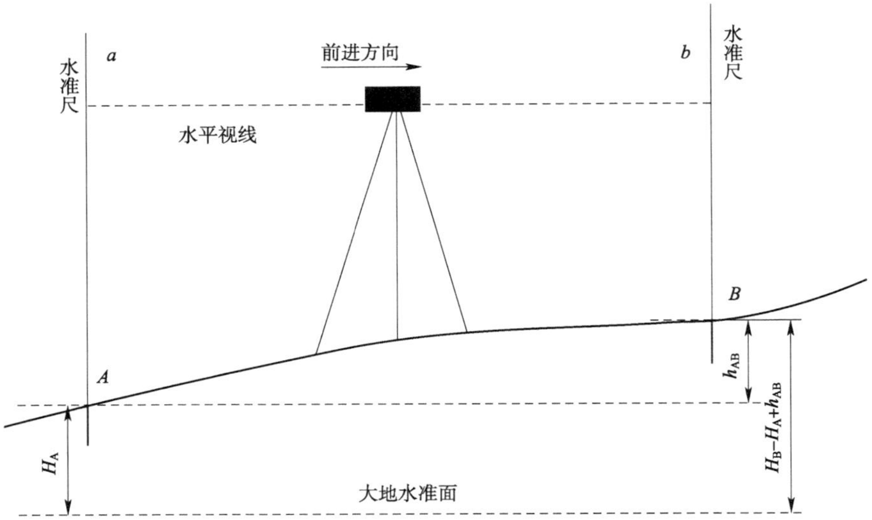


图 13-3-1　高程测量原理图

*a*-后视读数;*A*-后视点;*b*-前视读数;*B*-前视点

**(四)桥梁施工高程测量的注意事项**

(1)落尺。落尺是水准测量中最容易出现的问题,是接头处是否完全拉出或拉出后又向下脱落的一种现象。扶尺人必须时时注意,绝对避免这种现象。

(2)读数。目前常用水准尺的标注有两种,一种是字头齐,一种是字尾齐,在测量之前必须熟悉踏尺的标注方式。读数过程中切记不要只注意毫米、厘米而忽视米和分米,不要将上下丝读成中丝。

(3)转点。转点是由于水准基点太远,或高差太大而不能直接测定待测点高程,而采取的一种测量方法。转点必须选择在地基坚硬、机械车辆不能到达的位置,且保证前后视距大致相等,并将尺垫放牢。转点过程中,必须保证尺垫不被破坏,记录人员要注意把前后视分清。

(4)检核。水准测量必须采用附合测量或闭合测量,也就是从一个水准点附合至另一个水准点,或闭合至原水准点。这样可有效避免因水准基点下沉或破坏或测量读数错误而造成测量事故。

## 二、组织准备

以4个人为一组,每组选一名组长和一名副组长,组长负责组织进行理论知识学习和复习。副组长负责实际操作训练。

## 三、场地、仪器和材料准备

选择长约100m的实训场地。每组配备水准仪1台,5m水准尺1付,尺垫1个,记号笔1支。学生每人带教材、记录表和计算器。

## 任务实施

## 一、任务描述

某桥梁6号墩,承台底高程为490.772m,承台高度为2.5m,,桩顶嵌入承台10cm ,现桩基已施工完成，且承台基坑开挖完毕，要求用水准仪对桩基顶面高程进行检查，并提供承台施工的立模高程。6 号墩附近水准点高程见表 13-3-1。

**水 准 点 表**　　表 13-3-1

| 点　号 | 高　程 | 点　号 | 高　程 |
|---|---|---|---|
| $BM_1$ | 497.546 | $BM_2$ | 492.774 |

## 二、外业观测

桥梁施工高程测量步骤与图示见表 13-3-2。

**桥梁施工高程测量步骤与图示**　　表 13-3-2

| 标题 | 内　容 |
|---|---|
| 图示 | 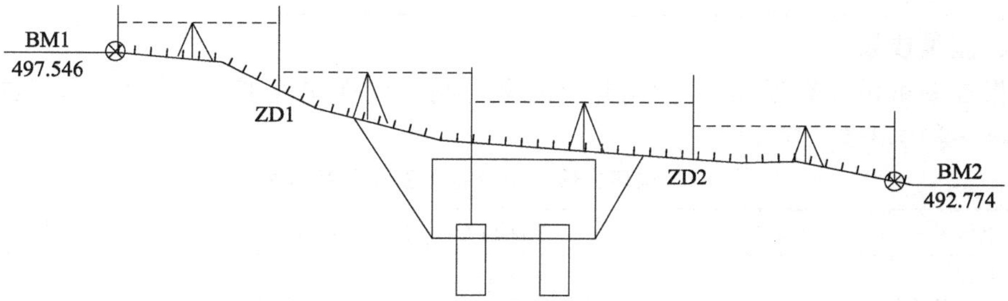 |
| 步骤 | 1. 将水准仪安置于 $BM_1$ 和 $ZD_1$ 之间，保持前后视距大致相等。<br>2. 整平仪器后，先照准后视点 $BM_1$ 处的水准尺，读取后视读数 0.345，记入表中。再照准前视点 $ZD_1$ 处的水准尺，读取前视读数 4.250，记入表中。<br>3. 迁站，将仪器安置在于基坑附近，易于观测基坑处，读取后视点 $ZD_1$ 的水准尺，读数 0.696，记入表中。<br>4. 仪器不动，依次观测待测点（记录表中称为中间点）桩基顶部和承台四个角处的水准尺读数，并记入表中。<br>5. 待测点观测完成后，将水准尺立于 $ZD_2$，读取前视读数 0.874，记入表中。<br>6. 继续迁站，将仪器安置在于 $ZD_2$ 和 $BM_2$ 之间，保持前后视距大致相等。此时 $ZD_2$ 为后视点，$BM_2$ 为前视点。观测后视和前视点的水准尺读数，分别为 0.665、1.346。填入记录表中，外业观测完成 |

## 三、内业计算

### 1. 外业测点高程计算

根据水准测量原理和计算公式，计算各点实测高程，记入水准测量记录表 13-3-3。

**水准测量记录表**　　表 13-3-3

日期：2015 年 8 月 6 日　　天气：晴　　观测：冯二江　　记录：罗岩

测量内容：东环右线桥 6 号墩桩基顶高程检查、承台立模高程测量

| 测点 | 后视 | 视线高 | 前　视 | | 测点高程 | 备　注 |
|---|---|---|---|---|---|---|
| | | | 转点 | 中间点 | | |
| $BM_1$ | 0.345 | 497.891 | | | 497.546 | |
| $ZD_1$ | 0.696 | 494.337 | 4.25 | | 493.641 | |
| 桩 6-1 | | | | 3.453 | 490.884 | |
| 桩 6-2 | | | | 3.462 | 490.875 | |

续上表

| 测点 | 后视 | 视线高 | 前视 | | 测点高程 | 备注 |
|---|---|---|---|---|---|---|
| | | | 转点 | 中间点 | | |
| 桩 6-3 | | | | 3.461 | 490.876 | |
| 桩 6-4 | | | | 3.479 | 490.858 | |
| 承 6-1 | | | | 3.57 | 490.767 | |
| 承 6-2 | | | | 3.578 | 490.759 | |
| 承 6-3 | | | | 3.565 | 490.772 | |
| 承 6-4 | | | | 3.549 | 490.788 | |
| $ZD_2$ | 0.665 | 494.128 | 0.874 | | 493.463 | |
| $BM_2$ | | | 1.346 | | 492.782 | 原 492.774 |

**2. 测量成果**

根据图纸设计高程和外业实测高程，书写测量放样交底书，交付现场用于施工，详见表 13-4-4、表 13-3-5。

**东环右线大桥桩基顶面高程检查表** 表 13-3-4

| 测点编号 | 设计桩顶高程 | 实测高程 | 差值(cm) | 备注 |
|---|---|---|---|---|
| 桩 6-1 | 490.872 | 490.884 | 1.2 | "+"为高于设计，"-"为低于设计 |
| 桩 6-2 | | 490.875 | 0.3 | |
| 桩 6-3 | | 490.876 | 0.4 | |
| 桩 6-4 | | 490.858 | -1.4 | |

**东环右线大桥承台立模高程放样表** 表 13-3-5

| 测点编号 | 设计承顶高程 | 实测高程 | 立模高度(m) | 承台设计高度 |
|---|---|---|---|---|
| 承 6-1 | 493.272 | 490.767 | 2.505 | 2.5 |
| 承 6-2 | | 490.759 | 2.513 | |
| 承 6-3 | | 490.772 | 2.5 | |
| 承 6-4 | | 490.788 | 2.484 | |

## 任务思考

1. 简述桥梁施工高程测量的基本原理。
2. 简述桥梁施工高程测量的注意事项。
3. 用水准仪测量桥梁施工高程并对数据进行校验。

## 任务评价

任务考核评价表见附表。

# 项目14　隧道测量

## 项目内容

本项目为隧道测量，主要包括以下两项内容：

1. 隧道洞外控制测量；
2. 隧道洞内控制测量。

## 项目要求

通过本项目的学习，应做到：

1. 掌握隧道测量的主要内容；
2. 能够进行隧道洞外控制测量；
3. 能够进行隧道洞内控制测量。

## 项目知识点、技能点

1. 隧道洞外控制测量

1）隧道测量的主要内容；

2）隧道洞外平面控制测量；

3）隧道洞外高程控制测量。

2. 隧道洞内控制测量

1）隧道进洞测量；

2）隧道洞内平面控制测量；

3）隧道洞内高程控制测量。

# 任务14-1　隧道洞外控制测量

## 任务描述

某双车道隧道，设计行车速度40km/h，起讫桩号ZK1+850～ZK2+600，全长750m；平面线形为直线，纵坡为1.5%（450m）和-1.0%（300m）的人字坡。隧道竖曲线变坡点里程为ZK2+300。采用进出口双向掘进，对该隧道进行洞外控制测量。

## 任务目标

通过学习和完成本任务，你将能够：

1. 掌握隧道洞外平面控制测量的方法；
2. 掌握隧道洞外高程控制测量的方法。

## 建议课时

2 课时。

## 任务引入和分析

对于设计单位所交付的洞外中线方向以及长度和水准基点高程，施工单位要进行复核，本任务的主要内容就是介绍隧道洞外平面控制测量、洞外高程控制测量的方法。

## 任务准备

### 一、知识准备

#### (一)隧道测量的主要内容

隧道测量分为洞外控制测量和洞内控制测量，控制测量的目的是建立洞内和洞外的控制网，以保证隧道施工在多个开挖断面的掘进中，使施工中线在贯通面上的横向及高程能满足贯通精度的要求。

洞外平面控制测量的主要内容对设计单位所交付的洞外中线方向以及长度和水准基点高程等进行复核；设置各开挖洞口的引测点，以利施工时据以进行洞内控制测量；测定相向开挖洞口各控制点的相对位置，结合路线中心线，根据洞口控制点开挖，保证贯通精度。洞内控制测量的主要内容是将隧道洞口投点引伸入洞，作为隧道开挖和衬砌搭设的基准点。

**1. 隧道施工测量精度**

隧道施工控制测量的精度，应以中误差衡量，最大误差(极限误差)规定为中误差的两倍。

**2. 隧道施工测量准备工作**

隧道施工测量时应做好下列工作：

(1)长隧道设置的精密三角网或精密导线网，应定期对其基准点和水准点进行校核。

(2)隧道洞外水准点、中线点应根据隧道平纵面、隧道长度等定期进行复核，洞内控制点应根据施工进度设定。

**3. 隧道洞内施工测量**

隧道洞内施工测量，桩点必须稳定、可靠，且通视良好。水准点应设在不易损坏处，并加以妥善保护。测量仪器、工具在使用前应进行检校，保证仪器和工具的技术状态符合使用要求。使用光电测距仪时，应按其使用规定要求进行。

**4. 隧道平面控制测量要求**

隧道平面控制测量的精度，隧道内两相向施工中线在贯通面上的极限误差，由洞外和洞口内控制测量误差引起在贯通面产生的贯通误差影响值，洞内导线测角、测距的精度以及两洞口水准点间往返测高差不符值，均应符合《公路勘测规范》(JTG C10—2007)的规定。

**5. 隧道竣工实测资料**

隧道竣工后应提交贯通误差实测成果和说明、贯通测量技术成果书、净空断面测量和永久中线点、水准点的实测成果及示意图。

隧道洞外平面控制测量参考精度，见表 14-1-1 和表 14-1-2。

洞外平面控制测量参考精度(一)　　表 14-1-1

| 测量方法 | 两开挖洞口间距离(km) | 测角中误差(″) | 最弱边边长相对中误差 | 起始边边长相对中误差 | 基线中误差 |
|---|---|---|---|---|---|
| 三角测量 | 4~6 | 2 | $\frac{1}{20000}$ | $\frac{1}{30000}$ | $\frac{1}{45000}$ |
| | 2~4 | 2 | $\frac{1}{15000}$ | $\frac{1}{20000}$ | $\frac{1}{30000}$ |
| | 1.5~2 | 2.5 | $\frac{1}{15000}$ | $\frac{1}{20000}$ | $\frac{1}{30000}$ |
| | <1.5 | 4 | $\frac{1}{10000}$ | $\frac{1}{15000}$ | $\frac{1}{25000}$ |

注:表列精度按下列情况考虑:

①按洞口投点为三角网端点,且距洞口为200m;

②起始边至最弱边的三角形个数不多于7个;

③一组测量。

洞外平面控制测量参考精度(二)　　表 14-1-2

| 测量方法 | 两开挖洞口间距离(km) | | 测角中误差(″) | 导线边最小长度(m) | | 导线边长相对中误差 | |
|---|---|---|---|---|---|---|---|
| | 直线隧道 | 曲线隧道 | | 直线隧道 | 曲线隧道 | 直线隧道 | 曲线隧道 |
| 导线测量 | 4~6 | 2.5~4 | 2 | 500 | 150 | $\frac{1}{5000}$ | $\frac{1}{15000}$ |
| | 3~4 | 1.5~2.5 | 2.5 | 400 | 150 | $\frac{1}{3500}$ | $\frac{1}{10000}$ |
| | 2~3 | 1.0~1.5 | 4.0 | 300 | 150 | $\frac{1}{3500}$ | $\frac{1}{10000}$ |
| | <2 | <1.9 | 10.0 | 200 | 150 | $\frac{1}{2500}$ | $\frac{1}{10000}$ |

注:表列精度按下列情况考虑:

①按洞口投点为导线网端点,且距洞口为150m;

②平曲线半径不小于350m;

③一组测量。

### (二)隧道洞外平面控制测量

隧道洞外平面控制测量常用方法有:敷设中线法、精密导线法、三角锁法。

#### 1. 敷设中线法

对地形、地质条件简单的中、短隧道,采用敷设中线法作洞外平面控制测量时,必须遵守下列规定:

(1)所用经纬仪、红外仪、全站仪应有良好性能。使用 $J_6$ 级经纬仪时,经纬仪的两倍视准轴误差 $2C$ 的绝对值,应不大于40″,使用 $J_2$ 级经纬仪时应不大于30″。超过上述限值时必须进行视准轴校正。

(2)对于直线隧道,可直接在地表沿隧道中线用经纬仪或全站仪正倒镜延伸直线法进行敷设。每个转点间距视测量仪器及地形而定,一般宜在200~1000m,且前后相邻导线长度之比不宜过大。以正倒镜法延伸直线钉转点桩时,应观测两次,两个分中点的横向差在每100m距离小于±5mm时,可用两个分中点的中点作前方导线点的位置。

(3)曲线隧道可用其切线及虚交点法的基线组成控制测量的导线,以联系两端洞口投点,导线偏角亦采用两次正倒镜法敷设。

(4)水平距离测量，宜优先考虑采用光电测距仪(如红外测距仪、全站仪)，也可采用经过检定的钢尺或2m横基尺，应满足测距精度要求。

(5)采用敷设中线法作平面控制测量，可与隧道洞顶轴线定测工作同时进行，但应按规定布设各开挖洞口应设置的洞口投点。

**2. 精密导线法**

精密导线法一般是采用正副导线组成的若干个导线环组成的控制网。主导线应沿两洞口连线方向敷设。每1~3个主导线边应与副导线联系。主导线边长视地形及测量仪具而定，一般不宜短于300m，与相邻边长不宜相差过大，须测水平角及边长；副导线应按测角方便选定，一般只测水平角，不测边长。洞口投点，应为主导线点，不宜另外联系。

主导线各边测距，应优先采用短程光电测距仪，也可用经过检定的钢卷尺或2m横基尺。采用这三种仪具测量主导线边长时，必须按照下列规定进行：

(1)主导线采用短程光电测距仪测量边长时，每边应往返测量1次，各照准1次，应取3个读数，其最大较差小于5mm时，取平均值。各边边长相对中误差不得大于设计值规定。一般以其精度最低者预计隧道贯通横向中误差。

(2)采用经过检定的钢尺测量导线边长，在地形允许时，宜取近似整尺长度钉设中间小桩，桩顶露出地面高度以能丈量为准。丈量时拉力宜与检定时的拉力相等，应往返各测量1次，每一尺段需移动尺端读数3次，最大较差不大于2mm时，取平均值。并读记观测时温度，当日完成各桩顶高程测量。采用钢卷尺测量，求算测边水平距离时，应按实测尺段分别计入：①尺段斜距的平均值；②尺长改正；③温度改正；④实测时拉力与钢尺检验时的拉力不符时，应计算钢尺弹性变形差和钢尺的垂度影响差；⑤零尺段的尺长、温度、拉力改正、应改化整尺段方程后计算；⑥倾斜改正。

(3)采用2m横基尺测量导线边长时，应按地形条件、测边长度及精度要求，选择合理的视差环节。横基尺所对视差角用复测法观测，当采用J2级经纬仪时，至少测4个测次。测角中误差应不大于2″。

(4)主导线各边边长观测值，经各项改正后应归算到隧道平均高程处。环形导线网用简单平差法进行平差。

(5)导线桩位置以坐标法表示，导线起始坐标值及坐标方位角，一般宜与隧道两端路线联系，并便利贯通误差计算。

(6)实测的洞顶中线应以导线计算值为准进行核对，断链桩应置于控制测量范围以外的整数桩上。

在直线隧道中，导线应尽量沿两洞口连接的方向布设成直伸式，因为直伸式导线量距误差只影响隧道的长度，而对横向贯通误差影响很小。在曲线隧道中，当两端洞口附近为曲线而中部为直线的隧道时，两端曲线部分可沿中线布设导线点；当整个隧道都在曲线上时，宜沿两端洞口的连接线布设导线点。

为了提高导线测量的精度和增加校核条件，一般将导线布置成多边形闭合环。当丈量距离困难时，可布设成主副导线闭合环，副导线只测其转折角而不量距离。如图14-1-1所示为一直线隧道的主副导线闭合环，在地面沿定测中线布置导线1、2、3、4…$n$，另布置副导线点$A$、$B$以形成主副导线闭合环。副导线不量边长，只测量水平角。图14-1-1中主副导线闭合环角，这种只是角度闭合的导线叫半闭合导线。导线的角度可采用$J_2$经纬仪或全站仪进行测回法观测及计算。

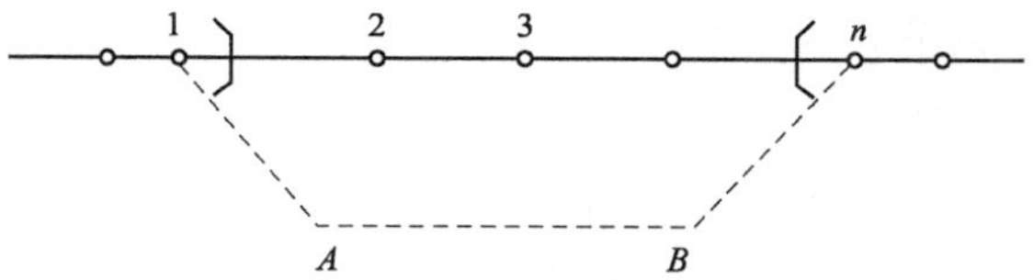


图 14-1-1　主副导线闭合环

洞外导线测量量距精度要求较高，一般要求为 1/5000 ~ 1/10000。在山岭地区，以钢尺丈量达到此精度较为困难，要求采用红外仪或全站仪，容易满足精度要求。

**3. 三角锁法**

当公路隧道较长，地形起伏多变，不便采用精密导线法作洞外平面控制测量时，常采用三角锁法测量。三角锁控制测量，必须重视三角网点位置的选择。布设时应配合地形及隧道平面线形，对布点位置要做周密的考虑，以保证达到以下各项要求：

(1)三角锁宜沿两洞口连线方向敷设，邻近隧道中线一侧的三角锁各边，宜尽量垂直于贯通面，避免较大的曲折。当地形、气候或其他特殊情况不允许时，方可少许离开隧道方向布设。

(2)三角锁的组成，以采用单三角形为主，近似等边三角形为佳。地形不许可时，也可采用任意三角形，其求距角应尽量接近 60°，不宜小于 30°，特别困难情况下应不小于 25°。为配合地形可部分采用大地四边形，以提高图形强度。为适应曲线隧道线形，个别图形也可采用中点多边形。

(3)组成三角锁的三角形个数以少为好，起始边至最弱边的三角形个数不宜超过 6 个，否则应增设起始边。全隧道三角形个数，一般不宜超过 12 个。

(4)三角锁一般宜在中部设置一条起始边(或基线网扩大边)，必要时可在较远处另设一条起始边以资检核。起始边长度不宜小于三角网最大边长的 1/3。增列基线条件时，起始边应分设于锁的两端。

(5)洞口投点(包括辅助坑道洞口)，如因地形不允许定为三角点时，可采用插点形式与三角锁联系，且以简单三角形联系为佳。

(6)三角点的位置，在确保精度的前提下应稳固，便于施测，且对邻近三角点有良好的通视条件，易于设立长期保存的标志。

(7)公路隧道三角锁法选点布网的方法：

隧道三角锁的图形，取决于隧道中线的几何形状、施工方法及地形条件。

①直线隧道以单锁为主，三角点尽量靠近中线，条件许可时，可利用隧道中线作为三角锁的一边，如图 14-1-2a)所示，可减少测量误差对横向贯通的影响。

②曲线隧道的三角锁，以沿两端洞口的连线方向布设较为有利；较短的曲线隧道可以布设成中点多边锁，如图 14-1-2b)所示。

③较长的曲线隧道，可以布置为任意三角锁形，如图 14-1-2c)所示。

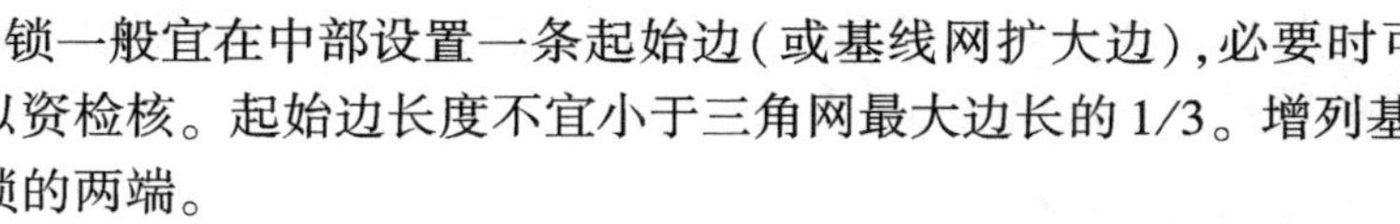

a)隧道中线为三角锁一边　b)短曲线隧道三角锁布设　c)长曲互隧道三角锁布设

图 14-1-2　三角锁测量方法示意图

**4. GPS 法**

对于特长隧道，通视条件差的山区，应使用 GPS 进行洞外控制测量。GPS 测量精度高，工作量小，且可以全天候观测。

**(三)隧道洞外高程控制测量**

洞外高程控制测量，是按照设计精度施测各开挖洞口附近水准点之间的高差，以便将整个隧道的统一高程系统引入洞内，以保证在高程方向按规定精度正确贯通，并使隧道各附属工程按要求的高程精度正确修建。高程控制测量方法：(1)常采用水准测量方法；(2)四、五等高程控制亦可采用光电测距三角高程的方法进行。高程控制路线：应选择连接各洞口最平坦和最短的线路，以期达到设站少、观测快、精度高的要求。每一个洞口应埋设不少于2个水准点，以相互检核；两水准点的位置，以能安置一次仪器即可联测为宜，方便引测并避开施工的干扰。高程控制水准测量的精度，一般参照表14-1-3所示。

**隧道洞外高程控制测量精度** 表14-1-3

| 测量部位 | 测量等级 | 每公里水准测量的偶然中误差 M(mm) | 两开挖洞口间水准路线长度(km) | 水准仪等级/测距仪精度等级 | 水准标尺类型 |
|---|---|---|---|---|---|
| 洞外 | 二 | ≤1.0 | >36 | $DS_{0.5}$、$DS_1$ | 线条式铟瓦水准尺 |
| | 三 | ≤3.0 | 13~36 | $DS_1$ | 线条式铟瓦水准尺 |
| | | | | $DS_3$ | 区格式水准尺 |
| | 四 | ≤5.0 | 5~13 | $DS_3$/Ⅰ、Ⅱ | 区格式水准尺 |
| | 五 | ≤7.5 | <5 | $DS_3$/Ⅰ、Ⅱ | 区格式水准尺 |

## 二、组织准备

以8个人为一组，每组选一名组长和一名副组长，组长负责全组组织以及实际操作训练，副组长负责组织进行理论知识学习和复习。

## 三、场地、仪器和材料准备

选择长约1000m的实训场地。每组配备全站仪1套，钢尺一把，水准仪1套，水准尺1对，尺垫2个。学生每人带教材、工作业、记录表和计算器。

## 任务实施

## 一、隧道洞外平面控制测量

隧道洞外平面控制测量步骤与图示见表14-1-4。

**隧道洞外平面控制测量步骤与图示** 表14-1-4

| 标题 | 内容 |
|---|---|
| 图示 | 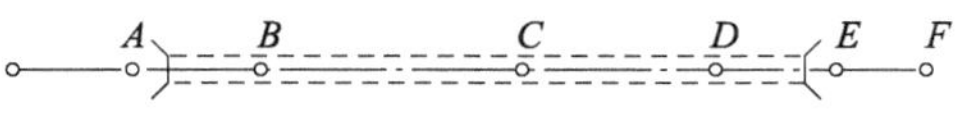  ①洞外控制点布置 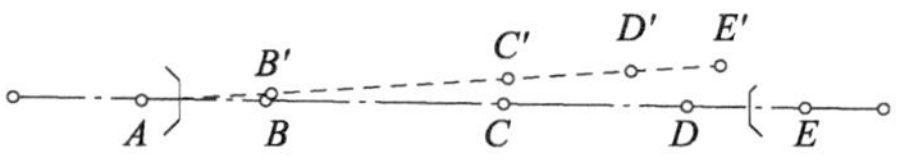  ②初步选点 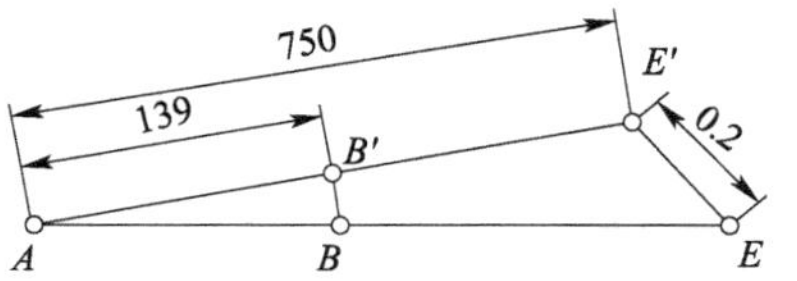  ③$EE'$计算示意图 |

续上表

| 标题 | 内容 |
| --- | --- |
| 步骤 | 1. 图①中 *A* 点为定测时路线中线进洞口控制桩 ZK1 +850，*E* 点为定测时路线的中线出洞口控制桩 ZK2 +600，*B*、*C*、*D* 为洞顶中线控制点。<br>2. 此隧道为直线隧道，周边地形较为简单，适合用敷设中线法进行平面控制测量。<br>3. *A*、*E* 两点互不通视，运用正倒镜分中延长直线初步确定洞顶控制点 *B′*、*C′*、*D′*，如图②所示。<br>4. 最后出口控制点 *E′*与 *E* 点并不重合，量取 *EE′*，记录。<br>5. 此时丈量出 *EE′*的长度 0.2m，按比例关系算出 *B* 点偏离中线的距离 $BB' = AB' \times EE'/AE' = 139 \times 0.2/750 = 0.037$m，如图③所示。<br>6. 然后在 *B′*按垂直方向量取 *BB′*的长度 0.037m，定出 *B* 点。<br>7. 再自 *A* 点开始，延长 *AB* 定出 *C*、*D* 各点，看是否通过 *E* 点，如有偏差仍按上述方法继续改正 *B* 点。<br>8. 通过几次趋近后，确定 *C*、*D* 各点中线控制点并埋设标志桩。<br>9. *AE* 的准确距离可用钢尺直接丈量或采用横基尺视距法求得，亦可用电子测距仪直接测得。<br>10. 隧道施工时可将全站仪置于洞口控制桩 *A* 或 *E* 上，瞄准 *B* 或 *D* 点，即可向洞内延伸中线 |

## 二、隧道洞外高程控制测量

该隧道已知定测时路线中线进洞口控制桩 $BM_A$ 点 ZK1 +800 高程为 478.168m，$BM_{A0}$点 ZK1 +795 高程为 478.552m，出洞口控制桩 $BM_E$ 点 ZK2 +650 高程为 479.112m，$BM_{E0}$点 ZK2 +661 高程为 479.234m，两开挖洞口小于 5km，采用附合水准测量测出隧道洞外中间点 *B*、*C*、*D* 高程。

### （一）外业观测

隧道洞外高程控制测量外业观测用表见表 14-1-5。

**隧道洞外高程控制测量外业观测用表** 表 14-1-5

| 标题 | 内容 |
| --- | --- |
| 图示 | 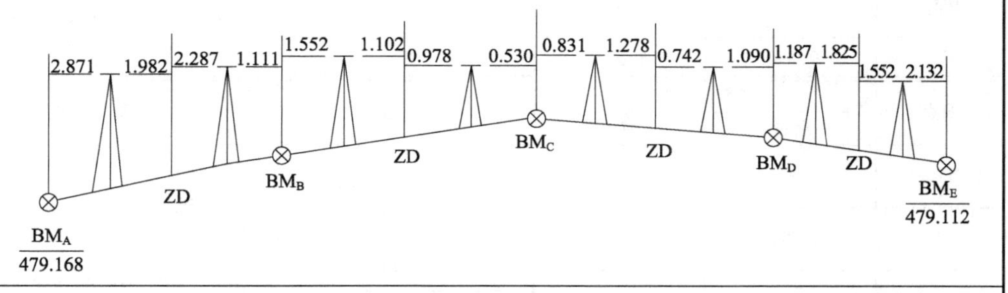 |
| 步骤 | 该隧道两开挖洞口小于 5km，采用附合水准测量测出隧道洞外中间点 $BM_B$、$BM_C$、$BM_D$ 高程。隧道进口、出口处各有两个控制点，以 $BM_A$、$BM_E$ 作为基准点布设一条水准路线，以 $BM_{A0}$、$BM_{E0}$为基准点布设另一条水准路线，运用两条附合水准路线进行联测。现以 $BM_A - BM_B - BM_C - BM_D - BM_E$ 水准路线为例说明测量步骤。<br>1. 先观测第一测段 $BM_A - BM_B$。<br>（1）将水准仪安置于 $BM_A$ 和 ZD 之间，保持前后视距大致相等。<br>（2）整平仪器后，先照准后视点 $BM_A$ 处的水准尺，消除视差，读取后视读数 2.871，记入表 14-1-6（即①的位置处）。再先照准前视点 ZD 处的水准尺，消除视差，读取前视读数 1.982，记入表 14-1-6（即②的位置处）。此为第一测站。<br>（3）迁站，将仪器安置在于 ZD 和 $BM_B$ 之间，保持前后视距大致相等。此时 ZD 为后视点，$BM_B$ 为前视点。同步骤 2，观测前后视点的水准尺读数，分别为 2.287（③）和 1.111（④），填入记录表中，此为第二测站 |

续上表

| 标题 | 内容 |
| --- | --- |
| 步骤 | (4)根据实际情况估计本测段长度,计入表 14-1-6。此时本测段观测完成。<br>2. 观测第二测段 $BM_B-BM_C$。观测步骤同第一测段,数据计入表 14-1-6 的第二测段相应位置。<br>3. 观测第三测段 $BM_C-BM_D$。观测步骤同第一测段,数据计入表 14-1-6 的第三测段相应位置。<br>4. 观测第四测段 $BM_D-BM_E$。观测步骤同第一测段,数据计入表 14-1-6 的第四测段相应位置。<br>5. 根据实测数据进行内业计算。<br>6. 按同样方法,对 $BM_{A0}-BM_B-BM_C-BM_D-BM_{E0}$ 进行附合水准测量 |

## (二)内业计算

隧道洞外高程控制测量内业计算用表见表 14-1-6、表 14-1-7。

**隧道洞外高程控制测量内业计算用表** 表 14-1-6

| 测点 | 水准尺读数 | | 高差(m) | 备注 |
| --- | --- | --- | --- | --- |
| | 后视 | 前视 | | |
| $BM_A$ | 2.871① | | | 第一测段。<br>测段长:139m<br>$\sum a-\sum b=5.158-3.093=2.065$<br>$\sum h=0.889+1.176=2.065$ |
| | | | 0.889⑤ | |
| ZD | 2.287③ | 1.982② | | |
| | | | 1.176⑥ | |
| $BM_B$ | | 1.111④ | | |
| Σ | 5.158⑦ | 3.093⑧ | 2.065⑨ | |
| 测点 | 水准尺读数 | | 高差(m) | 备注 |
| | 后视 | 前视 | | |
| $BM_B$ | 1.552 | | | 第二测段。<br>测段长:293m<br>$\sum a-\sum b=2.530-1.632=0.898$<br>$\sum h=0.450+0.448=0.898$ |
| | | | 0.450 | |
| ZD | 0.978 | 1.102 | | |
| | | | 0.448 | |
| $BM_C$ | | 0.530 | | |
| Σ | 2.530 | 1.632 | 0.898 | |
| 测点 | 水准尺读数 | | 高差(m) | 备注 |
| | 后视 | 前视 | | |
| $BM_C$ | 0.831 | | | 第三测段。<br>测段长:287m<br>$\sum a-\sum b=1.573-2.368=-0.795$<br>$\sum h=-0.447-0.348=-0.795$ |
| | | | -0.447 | |
| ZD | 0.742 | 1.278 | | |
| | | | -0.348 | |
| $BM_D$ | | 1.090 | | |
| Σ | 1.573 | 2.368 | 0.795 | |
| 测点 | 水准尺读数 | | 高差(m) | 备注 |
| | 后视 | 前视 | | |
| $BM_D$ | 1.187 | | | 第四测段。<br>测段长:131m<br>$\sum a-\sum b=2.739-3.957=-1.218$<br>$\sum h=-0.638-0.580=-1.218$ |
| | | | -0.638 | |
| ZD | 1.552 | 1.825 | | |
| | | | -0.580 | |
| $BM_E$ | | 2.132 | | |
| Σ | 2.739 | 3.957 | -1.218 | |

**附合水准测量成果计算表** 表 14-1-7

| 测段编号 | 测点 | 测段长（km） | 实测高差（m） | 改正数（m） | 改正后的高差（m） | 高程（m） |
|---|---|---|---|---|---|---|
| | $BM_A$ | | | | | 478.168(已知) |
| 1 | | 0.139 | 2.065 | −0.001 | 2.064 | |
| | $BM_B$ | | | | | 480.232 |
| 2 | | 0.293 | 0.898 | −0.002 | 0.896 | |
| | $BM_C$ | | | | | 481.128 |
| 3 | | 0.287 | −0.795 | −0.002 | −0.797 | |
| | $BM_D$ | | | | | 480.331 |
| 4 | | 0.131 | −1.218 | −0.001 | −1.219 | |
| | $BM_E$ | | | | | 479.112(已知) |
| Σ | | 0.850 | 0.950 | −0.006 | 0.944 | |

**精度校核**

$H_{终} - H_{始} = 479.112 - 478.168 = 0.944\text{m}$

$\sum h_{测} = 2.065 + 0.898 + (-0.795) + (-1.218) = 0.950\text{m}$

$f_h = \sum h_{测} - (H_{终} - H_{始}) = 0.950 - 0.944 = 0.006\text{m} = 6\text{mm}$

$\sum l = l_1 + l_2 + l_3 + l_4 = 0.119 + 0.273 + 0.267 + 0.111 = 0.75\text{km}$

$f_{h容} = 7.5 \times 0.85/1000 = 6.4\text{mm}, f_h < f_{h容}$， 精度合格

**成果计算**

1. 改正数计算：

$$v_1 = \frac{l_1}{\sum l} \times (-f_h) = \frac{0.139}{0.85} \times (-0.006) = -0.001$$

$$v_2 = \frac{l_2}{\sum l} \times (-f_h) = \frac{0.293}{0.85} \times (-0.006) = -0.002$$

$$v_3 = \frac{l_3}{\sum l} \times (-f_h) = \frac{0.287}{0.85} \times (-0.006) = -0.002$$

$$v_4 = \frac{l_4}{\sum l} \times (-f_h) = \frac{0.131}{0.85} \times (-0.006) = -0.001$$

$\sum v = v_1 + v_2 + v_3 + v_4 = -0.001 + (-0.002) + (-0.002) + (-0.002) = -0.006 = -f_h$

2. 改正后高差计算：

$h_{1改} = h_{1测} + v_1 = 2.065 + (-0.001) = 2.064$

$h_{2改} = h_{2测} + v_2 = 0.898 + (-0.002) = 0.896$

$h_{3改} = h_{3测} + v_3 = -0.795 + (-0.002) = -0.797$

$h_{4改} = h_{4测} + v_4 = -1.218 + (-0.001) = -1.219$

$\sum h_{改} = h_{1改} + h_{2改} + h_{3改} + h_{4改} = 2.064 + 0.896 + (-0.797) + (-1.219) = 0.944$

$= H_{终} - H_{始}$

3. 高程计算：

$H_B = H_{A理} + h_{1改} = 478.168 + 2.064 = 480.232$

$H_C = H_B + h_{2改} = 480.232 + 0.896 = 481.128$

$H_D = H_C + h_{3改} = 481.128 + (-0.797) = 480.331$

$H_{E测} = H_D + h_{4改} = 480.331 + (-1.129) = 479.112 = H_{E理}$

## 任务思考

1. 隧道控制测量的主要任务是什么？
2. 隧道洞外平面控制测量有哪些方法？
3. 简述隧道洞外高程控制测量步骤。

## 任务评价

任务考核评价表见附表。

# 任务 14-2　隧道洞内控制测量

## 任务描述

某工程合同段隧道范围：ZK03 +050 ~ ZK03 +950，全长 900m；隧道纵坡 -1.872% 的单向坡，试进行该隧道洞内控制测量。

## 任务目标

通过学习和完成本任务，你将能够：

1. 掌握隧道进洞测量的方法；
2. 掌握隧道洞内控制测量的方法。

## 建议课时

2 课时。

## 任务引入和分析

在隧道洞外控制测量完成之后，应把各洞口的线路中线控制桩和洞外控制网联系起来。如若控制网和线路中线两者的坐标系不一致，必须先进行坐标转换。

## 任务准备

### 一、知识准备

#### （一）隧道进洞测量

由于路线中线测量的精度远低于洞内、洞外控制测量的精度，很难满足隧道横向贯通的精度要求，所以要进行隧道进洞测量。

**1. 直线隧道进洞**

如图 14-2-1 所示，$A$、$D$ 为隧道的洞口投点，位于线路中线上，当以 $AD$ 为坐标纵轴方向时，可根据洞外控制测量确定的 $A$、$B$ 和 $C$、$D$ 点坐标进行坐标反算，分别计算放样角 $\beta_1$ 和 $\beta_2$。测设放样时，仪器分别安置在 $A$ 点，后视 $B$ 点；安置在 $D$ 点，后视 $C$ 点，相应地拨角 $\beta_1$ 和 $\beta_2$，就得到隧道口的进洞方向。

**2. 曲线隧道进洞**

如图 14-2-2 所示，曲线隧道每端洞口切线上的两个投点的坐标在平面控制测量中已计算出，根据四个投点的坐标可算出两切线间的偏角 $\alpha$（$\alpha$ 为两切线方位角之差），$\alpha$ 值与原来定测时所测得的偏角值可能不相符，应按此时所得 $\alpha$ 值和设计所采用曲线半径 $R$ 和缓和曲线长 $l_0$，重新计算曲线要素和各主点的坐标。

图 14-2-1　直线隧道进洞测量

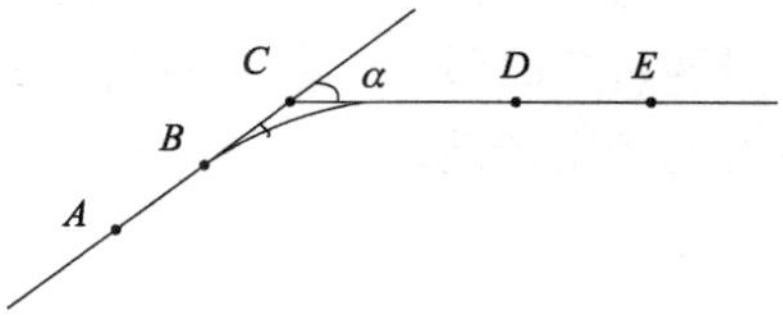


图 14-2-2　曲线隧道进洞

曲线进洞测量方法有洞口投点移桩法和洞口控制点与曲线上任一点关系计算法。

(1)洞口投点移桩法

即计算定测时原投点偏离中线(理论中线)的偏移量和移桩夹角，并将它移到正确的中线上，再计算出移桩后该点的隧道施工里程和切线方向，于该点安置仪器，再测设洞门位置或洞门内的其他中线点。

(2)洞口控制点与曲线上任一点关系计算法

将洞口控制点坐标和整个曲线转换为同一施工坐标系。无论待测设点位于切线、缓和曲线还是圆曲线上，都可根据其里程计算出施工坐标，在洞口控制点上安置仪器用极坐标法测设洞口待定点。

**(二)隧道洞内控制测量**

在隧道施工中，随着开挖掘进的不断延伸，为了保证贯通精度，应进行洞内控制测量。隧道洞内控制测量包括洞内平面控制测量和洞内高程控制测量。

**1. 隧道洞内平面控制测量**

隧道洞内平面控制测量有中线法和导线法两种形式。

1)中线法

中线法适用于小于 500m 的曲线隧道和小于 1000m 的直线隧道，中线法是指采用直接定线法，即以洞外控制测量定测的洞口投点为依据，向洞内直接测设隧道中线点，并不断延伸作为洞内平面控制。但该方法受施工运输的干扰大，不方便观测，点位易被破坏。

对于直线隧道，可以采用：

(1)中线延伸法；

(2)经纬仪延伸法；

(3)激光导向法；

(4)串线标定法。

对于曲线隧道可以采用：

(1)切线支距法；

(2)偏角法；

(3)弦线偏距法；

(4)弦支距法。

2)导线法

导线法适用于长大隧道,在隧道洞内采用布设精密导线进行平面控制。比较中线法,该方法形式灵活,点位易于选择,测量工作也较简单,而且可有多种检核方法;当组成导线闭合环时,角度经过平差,还可提高点位的横向精度。导线布设形式主要有:

(1)单导线

单导线法一般适用于短隧道,如图 14-2-3 所示。该方法导线布设灵活,但缺乏检测条件。测量转折角时最好半数测回测左角,半数测回测右角,以加强检核。施工中应定期检查各导线点的稳定情况。

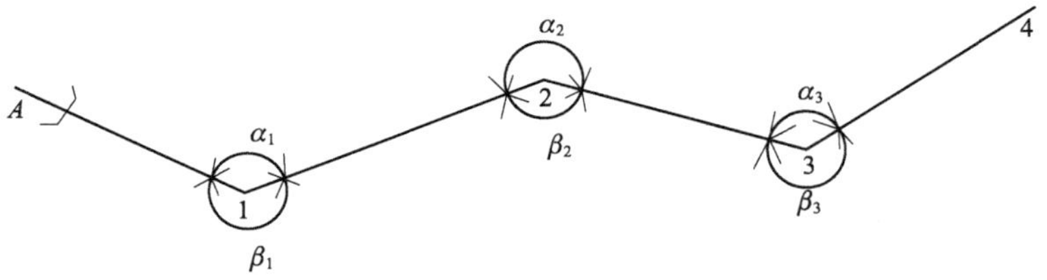


图 14-2-3 单导线

(2)主、副导线环

如图 14-2-4 所示,图中双线为主导线,单线为副导线。主导线既测角又测边长,副导线只测角不测边,增加角度的检核条件。在形成第二闭合环时,可按虚线形式,以便主导线在 3 点处能以平差角传算 3 ~4 边的方位角。主副导线环可对测量角度进行平差,提高了测角精度,对提高导线端点的横向点位精度非常有利。

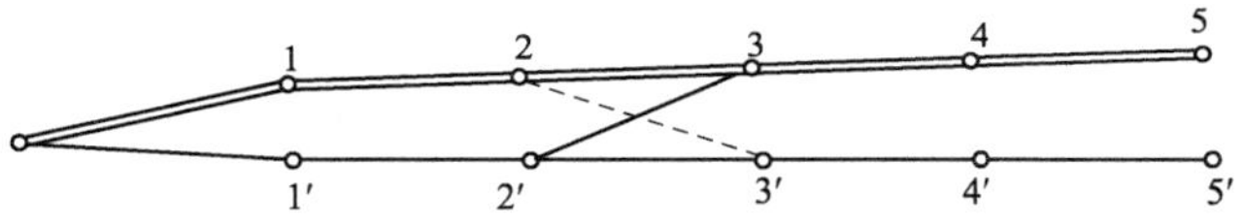


图 14-2-4 主副导线环

(3)导线网

导线网一般布设成若干个彼此相连的带状导线环,如图 14-2-5 所示。网中所有边、角全部观测,导线网除可对角度进行检核外,对导线点坐标也可进行检核。

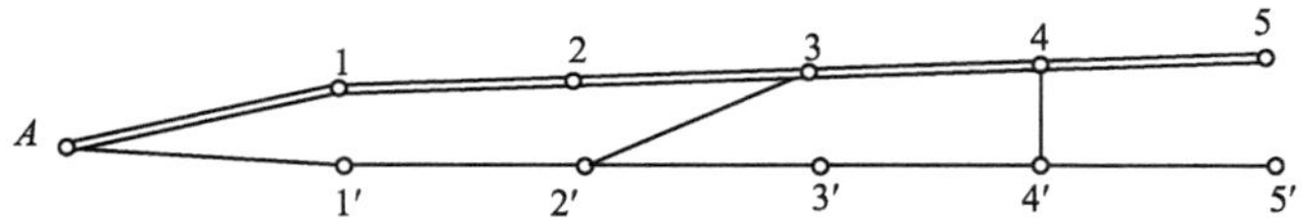


图 14-2-5 导线网

**2. 隧道洞内高程控制测量**

洞内水准测量是将洞口水准点高程引测到洞内,作为洞内高程控制和隧道构筑物施工放样的基础,以保证隧道在竖直方向的贯通精度。洞内水准测量的方法与洞外水准测量的方法基本相同,但有以下特点:

(1)在隧道贯通之前,洞内水准路线属于水准支线,故需往返多次观测进行检核。由于施工场地狭窄,施工任务烦琐,会影响到水准点的稳定性,应经常由地面水准点向洞内进行重复水准测量,若有移动及时归位。

(2)洞内三等及以上的高程测量应采用水准测量,进行往返观测;四、五等也可采用光电测距三角高程测量的方法,应进行对向观测。

(3)洞内应每隔200～500m设立一对高程控制点以便检核。为了施工便利，应在导坑内拱部边墙至少每100m设立一个临时水准点。

(4)洞内施工场地狭窄，施工干扰大，常使用挂尺传递高程，如图14-2-6所示。现$H_A$为后视点的已知高程，$H_B$为前视点欲求高程，$a$为后视尺读数，$b$为前视尺读数。在现场观测中经常会出现以下四种情况，

①当后视点，前视点同在隧道底板上时，采用双正尺法，则：$H_B = H_A + a - b$；

②当后视点、前视点同在隧道顶板上时，采用双倒尺法，则：$H_B = H_A - a + b$；

③当后视点在底板上而前视点在顶板上时，采用后正尺、前倒尺法，如图14-2-6a)所示，则$H_B = H_A + a + b$；

④当后视点在顶板上而前视点在底板上时，采用后倒尺、前正尺法，如图14-2-6b)所示，则：$H_B = H_A - a - b$。

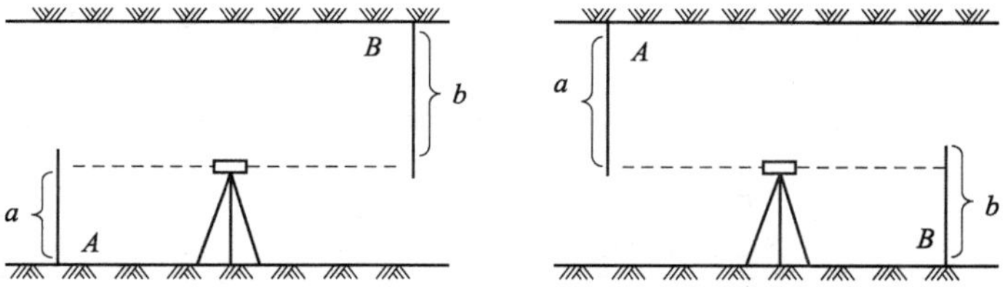


a)前视点在顶板上　　b)前视点在底板上

图14-2-6　洞内水准测量

综合以上四种情况，可得统一规律：不论前视尺读数或后视尺读数，凡置尺点设在底板上时(即正立尺)，读数记录均为"+"号；设在顶板上时(即倒立尺)，读数记录均为"-"号。则前视点高程可按统一公式计算：$H_B = H_A + a - b$。

(5)隧道洞内高程控制测量精度见表14-2-1。

**隧道洞内高程控制测量精度**　　表14-2-1

| 测量部位 | 测量等级 | 每公里水准测量的偶然中误差$M$(mm) | 两开挖洞口间水准路线长度(km) | 水准仪等级/测距仪精度等级 | 水准标尺类型 |
|---|---|---|---|---|---|
| 洞外 | 二 | ≤1.0 | >32 | $DS_1$ | 线条式铟瓦水准尺 |
| | 三 | ≤3.0 | 11～32 | $DS_3$ | 区格式水准尺 |
| | 四 | ≤5.0 | 5～11 | $DS_3$/Ⅰ、Ⅱ | 区格式水准尺 |
| | 五 | ≤7.5 | <5 | $DS_3$/Ⅰ、Ⅱ | 区格式水准尺 |

## 二、组织准备

以8个人为一组，每组选一名组长和一名副组长，组长负责全组组织以及实际操作训练，副组长负责组织进行理论知识学习和复习。

## 三、场地、仪器和材料准备

选择长约400m的实训场地。每组配备全站仪1套，单棱镜2个，水准仪1套，水准尺1对，尺垫2个。学生每人带教材、工作业、记录表和计算器。

## 任务实施

# 一、隧道洞内平面控制测量

## (一)外业测设

隧道洞内平面控制测量外业测设步骤与图示见表 14-2-2。

**隧道洞内平面控制测量外业测设步骤与图示** 表 14-2-2

| 标题 | 内　　容 |
|---|---|
| 图示 | 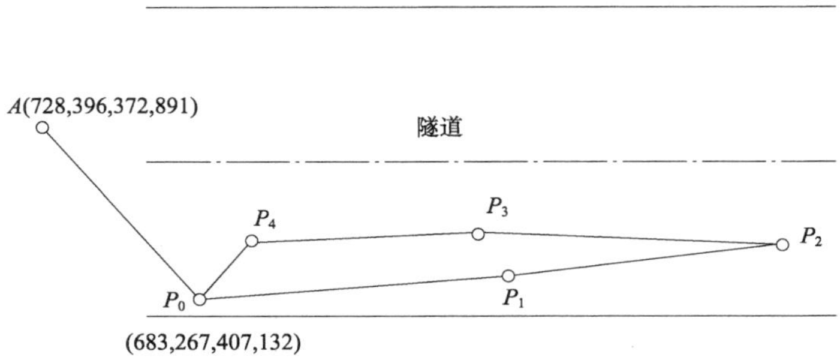 |
| 步骤 | (1)在隧道洞内进行平面控制测量,选点应与已知控制点构成闭合导线。点间视线应离开洞内设施 0.2m 以上。<br>(2)导线点应埋于坑道底板面以下 10～20cm,上面盖铁板以保护桩面及标志中心不受损坏,应在边墙上用红油漆予以标注。<br>(3)在已知控制点安置仪器,后视另一已知控制点 $A$,在仪器输入测站点 $P_0$ 坐标及 $P_0A$ 坐标方位角。<br>(4)照准待测点 $P_1$ 棱镜,即可测得 $P_1$ 点坐标。<br>(5)逐点测量,形成闭合导线回路 |

## (二)仪器操作

隧道洞内平面控制测量仪器操作图示见表 14-2-3。

**隧道洞内平面控制测量仪器操作图示** 表 14-2-3

| | | |
|---|---|---|
| ①单击[导线]键 | [导线] | 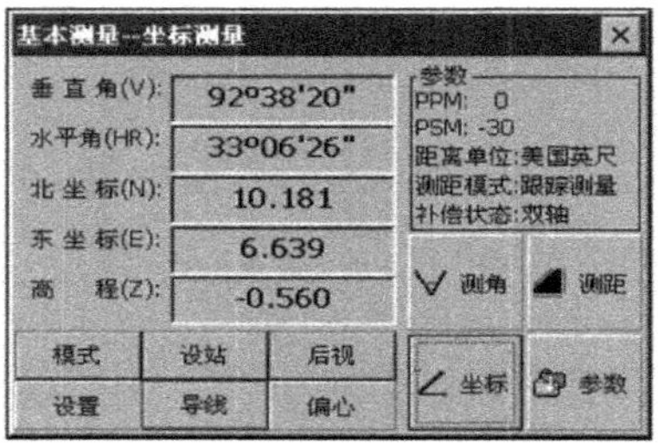 |
| ②用笔针选择“存储坐标” | [存储坐标] | 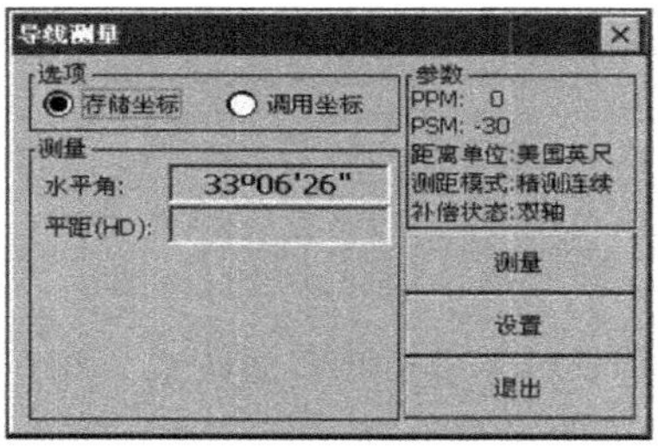 |

| | | |
|---|---|---|
| ③单击[设置]键可重新设置仪器高或棱镜高。设置完毕,单击[确定]或按[ENT]键退出 | [设置] | 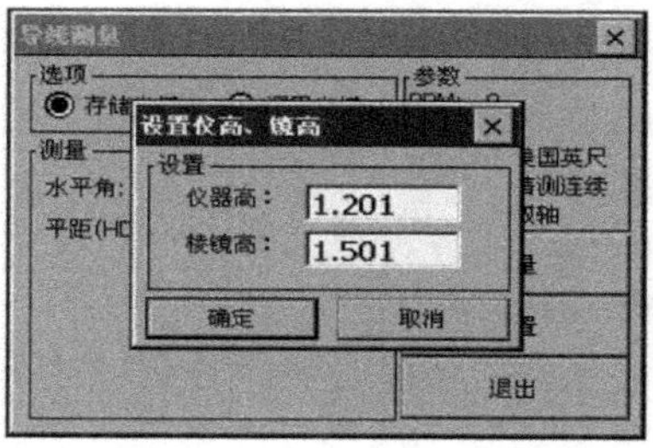 |
| ④照准仪器即将移至的目标点 $P_1$ 棱镜。单击[测量]键开始测量 | [测量] | 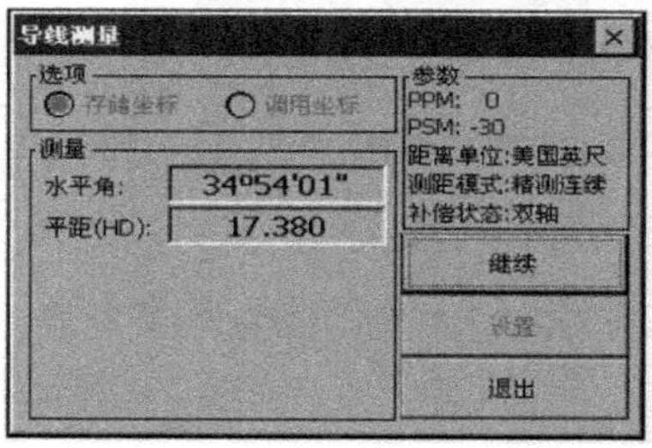 |
| ⑤单击[继续]键。<br>屏幕下方显示 $P_1$ 点坐标 | [继续] | 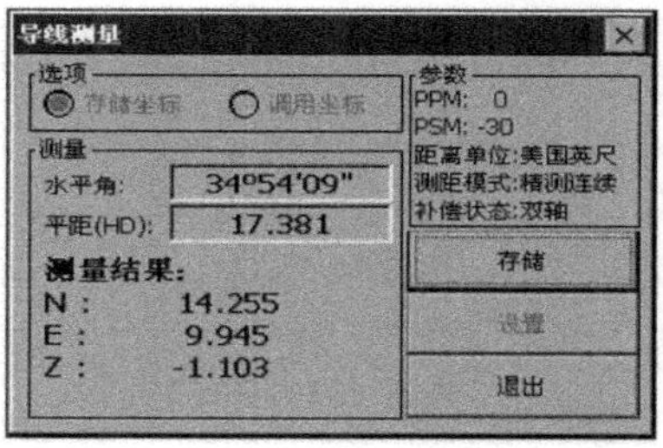 |
| ⑥单击[存储]键。<br>$P_1$ 点坐标被确认。<br>显示返回到主菜单。关闭电源,将仪器搬至 $P_1$ 点($P_1$ 点棱镜搬至 $P_0$ 点) | [存储] | 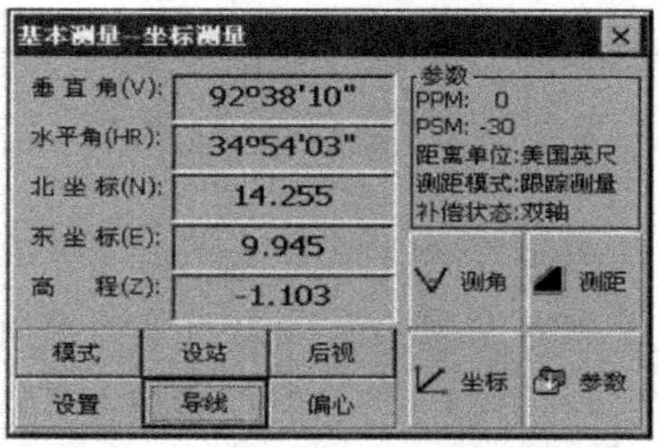 |
| ⑦仪器设置在 $P_1$ 点后,进入坐标测量功能,选择导线测量,并用笔针选择"调用坐标"。如右图所示[注] | | 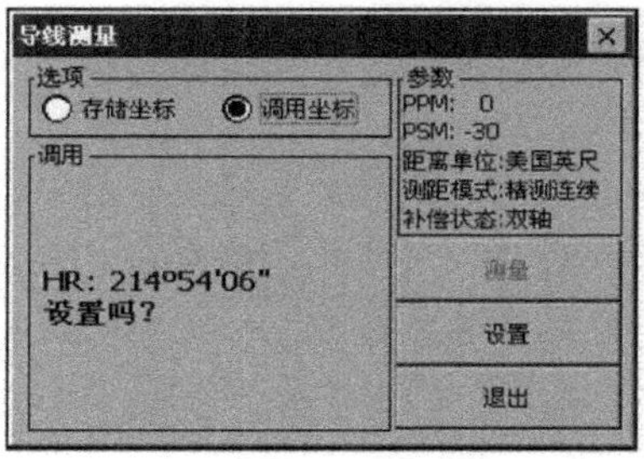 |

| | | |
|---|---|---|
| ⑧照准前一个仪器站点 $P_0$。单击[设置]键。<br>$P_1$ 点坐标及 $P_1$ 至 $P_0$ 的方向角即被设置。显示返回主菜单 | | 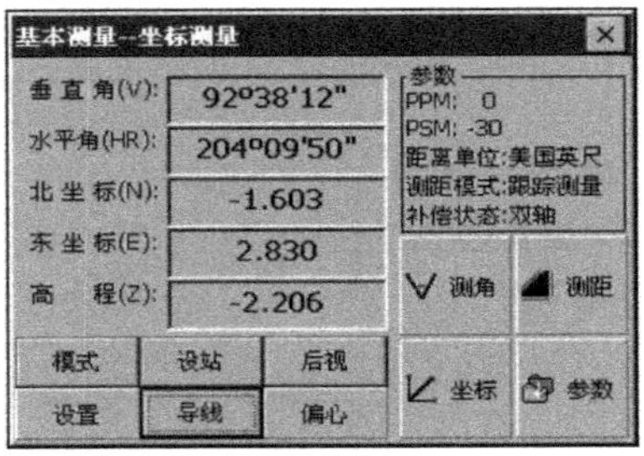 |
| ⑨重复步骤①～⑧,按照导线的顺序进行下去,直到完成整个导线的测量 | | |

注:若要退出,单击[退出]或按[ESC]键。

### (三)测量结果

隧道洞内平面控制测量结果见表14-2-4。

**隧道洞内平面控制测量结果** 表14-2-4

| 控制点 | $X$(m) | $Y$(m) | 备 注 |
|---|---|---|---|
| $A$ | 728.396 | 372.891 | 已知 |
| $P_0$ | 683.267 | 407.132 | 已知 |
| $P_1$ | 690.112 | 432.778 | 待测 |
| $P_2$ | 707.221 | 452.723 | 待测 |
| $P_3$ | 718.212 | 430.228 | 待测 |
| $P_4$ | 710.321 | 417.228 | 待测 |
| $P_0$ | 683.267 | 407.132 | 已知 |

## 二、隧道洞内高程控制测量

### (一)外业观测

隧道洞内高程控制测量外业步骤与图示见表14-2-5。

**隧道洞内高程控制测量外业步骤与图示** 表14-2-5

| 序号 | 标题 | 内 容 |
|---|---|---|
| 一、往测 | 图示 | 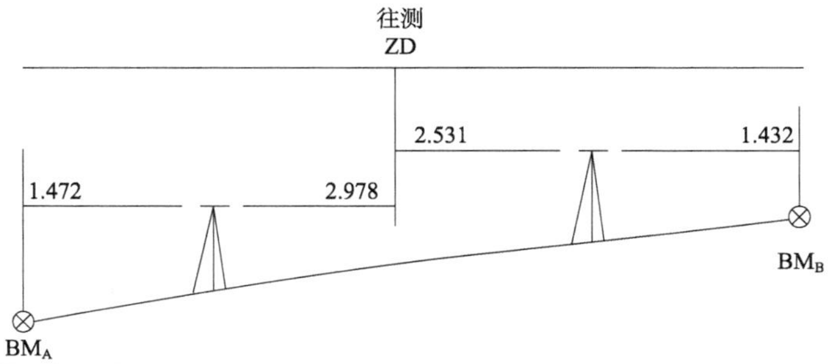 |

| 序号 | 标题 | 内　　容 |
|---|---|---|
| 一、往测 | 步骤 | 1. 此隧道洞内高程控制测量采用往返水准测量，已知水准点 $BM_A$，待测控制点 $BM_B$ 高程。<br>2. 隧道洞内高程控制测量，施工作业面狭窄，为适应地形及避免施工干扰，将转点设在洞顶，采用倒尺法传递高程。倒尺法传递高程时，将倒尺读数前加"－"，高差计算遵循后尺读数—前尺读数的规则。<br>3. 将水准仪安置于 $BM_A$ 和 ZD 之间，保持前后视距大致相等。<br>4. 整平仪器后，先照准后视点 $BM_A$ 处的水准尺，消除视差，读取后视读数 1.472，记入表 14-2-4（即①的位置处）。再先照准前视点 ZD 处的水准尺，消除视差，读取前视读数，由于 ZD 处为倒尺，将前尺读数加"－"，记为 －2.978 记入表 14-2-4（即②的位置处）。此为第一测站。<br>5. 迁站，将仪器安置在于 ZD 和 $BM_A$ 之间，保持前后视距大致相等。此时 ZD 为后视点，$BM_B$ 为前视点。同步骤 2，观测前后视点的水准尺读数，分别为 －2.531（③）和 1.432（④），填入记录表中，此为第二测站。往测完成 |
| 二、返测 | 图示 | 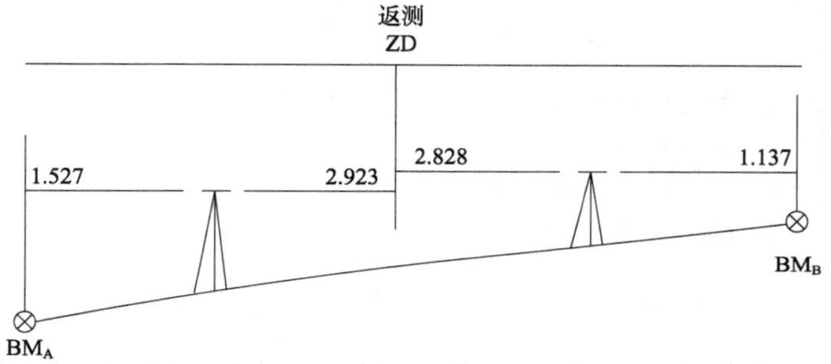 |
| | 步骤 | 1. 将水准仪安置于 $BM_B$ 和 ZD 之间，保持前后视距大致相等。<br>2. 整平仪器后，先照准后视点 $BM_B$ 处的水准尺，消除视差，读取后视读数 1.137，记入表 14-2-4（即⑤的位置处）。再先照准前视点 ZD 处的水准尺，消除视差，读取前视读数 －2.828，记入表 14-2-4（即⑥的位置处）。此为第一测站。<br>3. 迁站，将仪器安置在于 ZD 和 $BM_A$ 之间，保持前后视距大致相等。此时 ZD 为后视点，$BM_A$ 为前视点。同步骤 2，观测前后视点的水准尺读数，分别为 －2.923（⑦）和 1.527（⑧），填入记录表中，此为第二测站。返测完成 |

## （二）内业计算

隧道洞内高程控制测量内业计算见表 14-2-6。

**隧道洞内高程控制测量内业计算**　　　　表 14-2-6

| 测点 | 水准尺读数 | | 高差（m） | 高程（m） | 备　　注 |
|---|---|---|---|---|---|
| | 后视 | 前视 | | | |
| $BM_A$ | 1.472① | | | 232.676 | $A$ 点为已知高程点；<br>$H_A$ = 232.676m，水准点间路线长度为 300m |
| | | | 4.450⑨ | | |
| ZD | －2.531③ | －2.978② | | | |
| | | | －3.963⑩ | | |
| $BM_B$ | | 1.432④ | | | |
| Σ | －1.059⑬ | －1.546⑭ | 0.487⑮ | | |
| 计算校核 | $\sum a_{往} - \sum b_{往} = -1.059 - (-1.546) = 0.487$ | | $\sum h_{往} = 0.487$ | | |

续上表

| 测点 | 水准尺读数 | | 高差(m) | 高程(m) | 备　　注 |
|---|---|---|---|---|---|
| | 后视 | 前视 | | | |
| $BM_B$ | 1.137⑤ | | | | |
| | | | 3.965⑪ | | |
| ZD | −2.923⑦ | −2.828⑥ | | | |
| | | | −4.450⑫ | | |
| $BM_A$ | | 1.527⑧ | | | |
| Σ | −1.786⑯ | −1.301⑰ | 0.485⑱ | | |
| 计算校核 | $\sum a_{返}-\sum b_{返}=-1.786-(-1.301)$ $=0.485$ | | $\sum h_{返}=-0.485$ | | |
| 精度校核 | $f_h=\sum h_{往}+\sum h_{返}=0.487+(-0.485)=0.002\text{m}=2\text{mm}$<br>$l=300\text{m}=0.3\text{km}$<br>$f_{h容}=7.5\times0.3/1=2.25\text{mm}$<br>$f_h<f_{h容}$,是否满足精度要求?是 | | | | |
| 高程计算 | $H_B=H_A+\dfrac{\sum h_{往}-\sum h_{返}}{2}=232.676+\dfrac{0.487-(-0.485)}{2}=233.162\text{m}$ | | | | |

## 三、内业计算

### (一)高差计算

每站高差　$h_i=a_i-b_i$

即表中　⑨=①−②=1.472−(−2.978)=4.450　⑩=③−④=−2.531−1.432=−3.963

以此类推　⑪=⑤−⑥　　⑫=⑦−⑧

### (二)计算校核

**1. 往测计算校核**

往测后视读数之和$\sum a_{往}$　⑬=①+③=1.472+(−2.531)=−1.059

往测前视读数之和$\sum b_{往}$　⑭=②+④=−2.978+1.432=−1.546

往测高差之和$\sum h_{往}$　⑮=⑨+⑩=4.450+(−3.963)=0.487

$\sum a_{往}-\sum b_{往}=-1.059-(-1.546)=0.487=\sum h_{往}$,计算正确。

**2. 返测计算校核**

同上,$\sum a_{返}$　⑯=⑤+⑦=1.137+(−2.923)=−1.786

$\sum b_{返}$　⑰=⑥+⑧=1.527+(−2.828)=−1.301

$\sum h_{返}$　⑱=⑪+⑫=3.965+(−4.450)=−0.485

$\sum a_{返}-\sum b_{返}=-1.786-(-1.301)=-0.485=\sum h_{返}$,计算正确。

### (三)精度校核

见表14-2-6。

### (四)高程计算

见表14-2-6。

## 任务思考

1. 隧道进洞控制测量的主要任务是什么?
2. 隧道洞内平面控制测量有哪些方法?
3. 隧道洞内高程控制测量时,如选用倒尺法,如何正确读数及进行数据处理?

## 任务评价

任务考核评价表见附表。

# 附　　表

## 任务考核评价表

任务名称：________________

| 考核项目 | 评分标准 | 分　　值 | 组长评价 | 教师评价 |
| --- | --- | --- | --- | --- |
| 团队合作 | 是否和谐 | 5 | | |
| 活动参与 | 是否积极主动 | 5 | | |
| 安全生产 | 是否注意安全操作 | 10 | | |
| 任务方案 | 是否正确、合理 | 15 | | |
| 操作过程 | 是否正确、规范 | 30 | | |
| 任务完成 | 是否独立圆满完成 | 10 | | |
| 仪器设备使用 | 是否规范、标准 | 10 | | |
| 课堂纪律 | 是否严格遵守 | 10 | | |
| 课堂总结 | 是否完整、认真 | 5 | | |
| 总分 | | 100 | | |
| 平均得分 | | | | |

# 参考文献


[1] 谭荣一. 测量学[M]. 北京:人民交通出版社,2000.
[2] 李仕东. 工程测量[M]. 北京:人民交通出版社,2002.
[3] 徐霄鹏. 公路工程测量[M]. 北京:人民交通出版社,2005.
[4] 王景峰. 工程测量[M]. 北京:人民交通出版社,2007.
[5] 徐绍铨,张华海,杨志强,等. GPS 测量原理及应用[M]. 武汉:武汉大学出版社,2008.
[6] 梁启勇. 公路工程测量[M]. 北京:人民交通出版社,2009.
[7] 朱爱民. 工程测量[M]. 北京:人民交通出版社,2010.
[8] 张博. 数字化测图[M]. 北京:测绘出版社,2010.
[9] 许加东. 控制测量[M]. 北京:中国电力出版社,2012.
[10] 刘增理. 工程测量专项训练[M]. 北京:北京理工大学出版社,2014.
[11] 中华人民共和国行业标准. JTJ C10—2007. 公路勘测规范[S]. 北京:人民交通出版社,2007.
[12] 中华人民共和国国家标准. GB/T 18314—2009. 全球定位系统(GPS)测量规范[S]. 北京:中国标准出版社,2009.
[13] 中华人民共和国行业标准. CH/T 2009—2010 全球定位系统实时动态测量(RTK)技术规范[S]. 北京:测绘出版社,2010.